DE LA COLONISATION

CHEZ

LES PEUPLES MODERNES

AUTRES OUVRAGES DE M. PAUL LEROY-BEAULIEU

De l'état moral et intellectuel des populations ouvrières et de son influence sur le taux des salaires. Ouvrage couronné par l'Académie des sciences morales et politiques. Paris, 1868, librairie Guillaumin (*épuisé*).

Recherches économiques, historiques et statistiques sur les guerres contemporaines. Paris, 1869, librairie Lacroix-Verbœkhoven.

La Question ouvrière au XIXᵉ siècle. Deuxième édition. Paris, 1882, librairie Charpentier.

L'Administration locale en France et en Angleterre. Ouvrage couronné par l'Académie des sciences morales et politiques. Paris, 1872 librairie Guillaumin.

Le Travail des femmes au XIXᵉ siècle. Ouvrage couronné par l'Académie des sciences morales et politiques. Paris, 1873, librairie Charpentier.

Traité de la Science des finances. (troisième édition sous presse) 2 volumes in-8°, librairie Guillaumin.

Essai sur la Répartition des richesses et sur la Tendance à une moindre inégalité des conditions (deuxième édition), librairie Guillaumin.

4435-81. Corbeil. — Typ. et stér. de Crété

ÉCONOMISTES ET PUBLICISTES CONTEMPORAINS

DE LA
COLONISATION
CHEZ LES
PEUPLES MODERNES

PAR

Paul LEROY-BEAULIEU

MEMBRE DE L'INSTITUT
PROFESSEUR AU COLLÈGE DE FRANCE
DIRECTEUR DE L'*Economiste français*.

DEUXIÈME ÉDITION, REVUE, CORRIGÉE ET AUGMENTÉE

« On peut affirmer dans l'état actuel du monde que la fondation des colonies est la meilleure affaire dans laquelle on puisse engager les capitaux d'un vieil et riche pays. »
STUART MILL, *Principes d'économie politique*, liv. V, ch. XI, § 14.

PARIS
GUILLAUMIN ET Cie, LIBRAIRES
Éditeurs du Journal des Économistes, de la Collection des principaux Économistes,
du Dictionnaire de l'Économie politique,
du Dictionnaire universel du Commerce et de la Navigation, etc.
RUE RICHELIEU, 14

1882

40099

PRÉFACE

DE LA DEUXIÈME ÉDITION

Il y a huit ans qu'a paru la première édition de ce livre : il dut la naissance à un concours académique. Nous le publions de nouveau, après l'avoir remanié et agrandi.

Entre les ouvrages déjà nombreux que depuis quinze ans nous avons offerts au public, celui-ci particulièrement nous tient au cœur.

Chaque jour qui s'écoule nous convainc de plus en plus de l'importance de la colonisation en général, de son importance surtout pour la France. Aussi chaque occasion qui s'offre à nous pour faire comprendre à notre pays sa grande mission colonisatrice, nous la saisissons avec empressement, par la parole et par la plume. Articles de journaux et livres de doctrine, allocutions ou cours publics, nous employons tous les moyens pour rappeler à la France qu'elle a été une grande puissance coloniale, qu'elle peut et doit le redevenir.

Depuis deux siècles, à notre sens, la politique française a perdu sa voie. Après avoir, vers la fin du xviie siècle, conquis en Europe des frontières solides, la tâche qui lui incombait, c'était de mettre en valeur les immenses territoires que nous occupions dans les deux mondes, le Canada, les rives du Mississipi, la Louisiane, les Indes.

La politique continentale a prévalu : elle a duré deux cents ans, a laissé notre pays diminué en prestige, rapetissé en territoire. Nos colonies ont été la rançon de nos échecs continentaux ; nous les avons abandonnées avec une insouciance de prodigue. Rien de frivole comme le mot de Voltaire sur la perte des « quelques arpents de neige du Canada ». La Louisiane vendue pour quelques millions; Saint-Domingue, la perle des Antilles, nous échappant pour retomber dans une demi-barbarie ; notre immense empire des Indes se réduisant à cinq comptoirs, ce sont de ces catastrophes que la plupart de nos historiens mentionnent à peine ; il semble que pour eux ce soient des faits secondaires et de médiocre portée.

La conscience nationale paraît aujourd'hui être plus éclairée ; elle commence à concevoir l'importance des colonies. A l'immense domaine colonial que le xviii° siècle a perdu, le xix° peut en substituer un nouveau, moins grand sans doute, moins varié, mais considérable encore.

Des événements imprévus nous ont valu l'Algérie et, malgré des hésitations singulièrement maladroites, nous donnent aujourd'hui la Tunisie. En Asie, la Cochinchine peut être le noyau d'un empire qui, pour ne pas atteindre à l'importance des Indes, sera une des plus belles dépendances qu'une puissance européenne possède sur le vieux continent asiatique. En Océanie, la Nouvelle-Calédonie est plus qu'un îlot, et des archipels vacants peuvent encore, si nous nous pressons, être joints à cette possession lointaine.

Saurons-nous exploiter et développer ce domaine colonial qui vient de nous échoir? Ou bien, au contraire, sommes-nous voués à une irrémédiable incapacité colonisatrice ? Recommencerons-nous au xix° siècle ou au xx° les fautes du xviii° siècle ?

Nous croyons, quant à nous, à la vocation civilisatrice de la France et à ses facultés colonisatrices. Les dernières années en donnent la preuve : la France ne manque pas d'esprits entreprenants. Les plus grandes œuvres de ce temps, en fait de travaux publics extra-européens, ce sont des Français qui les ont accomplies ou qui les accomplissent. Nous avons de nos jours, en Cochinchine notamment, des explorateurs aussi hardis que l'était autrefois Cavelier de La Salle. Notre pays fournit à l'heure actuelle des aventuriers aussi originaux et aussi audacieux qu'il y a un siècle.

La France, dit-on, n'a pas d'exubérance de population, et ce serait un obstacle insurmontable à la fondation de colonies. L'objection n'est pas décisive ; les naissances présentent encore sur les décès un excédant annuel de 100,000 âmes environ. Il en faut beaucoup moins pour fonder des empires. On ne trouve pas 100,000 Anglais aux Indes, et il n'y a pas plus de 35,000 Hollandais aux îles de la Sonde. Les colonies sont de trois sortes : les colonies d'exploitation, comme les Indes et la Cochinchine ; les colonies de peuplement, comme l'Australie ; les colonies mixtes, telles que l'Algérie. Les secondes seulement exigent une immigration considérable. Les colonies d'exploitation n'en ont que faire, et les colonies mixtes peuvent se contenter d'un afflux modéré d'Européens. Si la France envoyait tous les ans 15 à 20,000 colons en Afrique, ce serait assez pour servir de cadres à une immigration d'Européens étrangers d'égale importance et à la considérable population indigène. L'arrivée régulière en Afrique de 15 ou 20,000 émigrants français chaque année constituerait, au bout d'un siècle, de l'autre côté de la Méditerranée, une société de dix ou douze millions d'hommes de langue française et d'esprit français.

Le véritable nerf de la colonisation, ce sont plus encore les capitaux que les émigrants. La France possède des capitaux à foison ; elle les fait volontiers voyager ; sa main confiante les dissémine aux quatre coins de l'univers. Elle en a déjà pour 20 ou 25 milliards de par le monde, et chaque année ce chiffre s'accroît d'un milliard au moins. Si le tiers ou la moitié de cette somme, si même le quart se portait vers l'Algérie, la Tunisie, le Sénégal, le Soudan, où nous finirons bien, j'espère, par assurer notre prédominance, quels splendides résultats nous obtiendrions en vingt-cinq ou trente ans !

Ce qui a manqué jusqu'ici à la France, c'est l'esprit de suite dans sa politique coloniale. La colonisation a été reléguée au second plan dans la conscience nationale; elle doit aujourd'hui se placer au premier. Notre politique continentale, sous peine de ne nous valoir que des déboires, doit être désormais essentiellement défensive; c'est en dehors de l'Europe, que nous pouvons satisfaire nos légitimes instincts d'expansion. Nous devons travailler à la fondation d'un grand empire africain et d'un moindre asiatique.

C'est la seule grande entreprise que la destinée nous permette. Au commencement du xxe siècle, la Russie comptera 120 millions d'habitants prolifiques, occupant des espaces énormes; près de 60 millions d'Allemands, appuyés sur 30 millions d'Autrichiens, domineront l'Europe centrale. Cent vingt millions d'Anglo-Saxons occuperont les plus belles contrées du globe et imposeront presque au monde civilisé leur langue qui domine déjà aujourd'hui sur des territoires habités par plus de trois cents millions d'hommes. Joignez à ces grands peuples l'empire Chinois qui, alors sans doute, recouvrera une vie nouvelle. A côté de ces géants, que sera la France ? Du grand rôle qu'elle a joué dans le passé, de l'influence, souvent décisive, qu'elle a exercée sur la direction des peuples civilisés, que lui restera-t-il ? Un souvenir, s'éteignant de jour en jour.

Notre pays a un moyen d'échapper à cette irrémédiable déchéance, c'est de coloniser. Si nous ne colonisons pas, dans deux ou trois siècles nous tomberons au-dessous des Espagnols eux-mêmes et des Portugais, qui ont eu le rare bonheur d'implanter leur race et leur langue dans les immenses espaces de l'Amérique du Sud, destinés à nourrir des populations de plusieurs centaines de millions d'âmes.

La colonisation est pour la France une question de vie ou de mort : ou la France deviendra une grande puissance africaine, ou elle ne sera dans un siècle ou deux qu'une puissance européenne secondaire; elle comptera dans le monde, à peu près comme la Grèce ou la Roumanie compte en Europe.

Nous ambitionnons pour notre patrie des destinées plus hautes : que la France devienne résolument une nation colonisatrice, alors se rouvrent devant elle les longs espoirs et les vastes pensées.

Paris, le 8 mai 1882.

INTRODUCTION
DE LA PREMIÈRE ÉDITION

On a dit que la colonisation avait commencé avec le monde : à un certain point de vue, ce peut être là une vérité. Le premier homme peut, à quelques égards, être considéré comme un colon : l'émigration a suivi de près la formation de la première famille humaine ; la terre ne s'est peuplée que successivement, de proche en proche, grâce à cette force d'expansion que possède toute société, si petite et si primitive qu'elle soit, grâce aussi à cet instinct naturel, très développé chez certains individus, qui pousse l'homme à l'inconnu et à l'aventure. Mais l'émigration, la prise de possession d'un sol nouveau, d'une contrée vierge, ne suffisent pas pour constituer, dans le vrai sens du mot, la *colonisation*. Celle-ci est quelque chose de plus grand et renferme un élément différent. L'émigration est un fait d'instinct, qui appartient à tous les âges des sociétés ; la colonisation est un fait réfléchi, soumis à des règles, qui ne peut provenir que des sociétés très avancées. Les sauvages ou les barbares émigrent quelquefois, souvent même : l'envahissement successif des îles de l'Océanie par la race malaise en est une preuve, entre bien d'autres ; les peuples civilisés seuls colonisent.

Tandis que l'émigration et la prise de possession d'un sol nouveau rentrent, généralement, dans la catégorie des faits individuels, la colonisation appartient incontestablement à la catégorie des faits sociaux : c'est une des fonctions les plus élevées des sociétés parvenues à un état avancé de civilisation ; c'est dans l'ordre social ce qu'est dans l'ordre de la famille, je ne dis pas la génération seulement, mais l'éducation. Une société colonise, quand, parvenue elle-même à un haut degré de maturité et de force, elle procrée, elle protège, elle place dans de bonnes conditions de développement et elle mène à la virilité une société nouvelle sortie de ses entrailles. La colonisation est un des phénomènes les plus complexes et les plus délicats de la physiologie sociale.

On a souvent comparé une colonie à un rameau que l'on détacherait d'un végétal plein de sève et que l'on planterait dans un terrain plus neuf, moins épuisé et plus fécond. C'est là un rapprochement ingénieux, mais dont l'exactitude n'est pas à l'épreuve de la réflexion. Tandis, en effet, qu'il ne subsiste plus aucune relation entre la bouture et la plante dont elle a été détachée, que chacune d'elles poursuit à l'écart son développement marqué par les lois invariables de la nature, il y a entre la société à l'état d'enfance et de formation et la société adulte qui lui a donné le jour un échange permanent d'influences, une réciprocité de services, une continuité de rapports, en un mot, une dépendance mutuelle, qui constituent précisément ce que l'on est convenu d'appeler la *colonisation*.

La formation des sociétés humaines, pas plus que la formation des hommes, ne doit être abandonnée au hasard. Sans doute, il se pourrait que, même dépourvue de tous soins, une société jeune parvînt à grandir et à se fortifier par la seule influence d'un milieu favorable, d'un tempérament vigoureux et de circonstances heureuses. Mais une telle croissance est un fait exceptionnel et, quand il se produit, aussi lent que laborieux. Le mérite d'un peuple qui colonise, c'est de placer la jeune société qu'il a enfantée dans les conditions les plus propres au développement de ses facultés naturelles, c'est, sans gêner son initiative, de lui aplanir la voie, de lui donner les moyens et les outils nécessaires ou utiles à sa croissance. La colonisation est donc un art qui se forme à l'école de l'expérience, qui se perfectionne par l'abandon des méthodes que l'application a condamnées, et par la mise en essai des procédés que l'observation suggère.

Aussi en est-il de la colonisation comme de l'éducation même : les principes ont varié et se sont transformés avec le temps ; la conception des rapports de la mère patrie et de la colonie a été bien différente autrefois de ce qu'elle est aujourd'hui. A l'origine de la colonisation moderne, les métropoles avaient principalement en vue leur intérêt propre auquel elles subordonnaient l'intérêt de leurs dépendances ; il y avait une sorte d'exploitation de la colonie par la contrée mère, analogue à l'exploitation de l'enfant par le père dans les sociétés qui ne sont pas encore très avancées dans la voie de la civilisation, de la justice et de la liberté. La colonie était en perpétuelle minorité : elle appartenait sans réserves ni garanties à la métropole ; elle lui devait obéissance et service en retour de la protection qu'elle recevait : situation vraiment analogue à celle du fils de famille dans le vieux droit romain. Sous l'influence du progrès des idées morales et politiques, et aussi par une conception plus juste de l'intérêt véritable des deux parties, les principes se modifièrent : on en vint à des notions plus conformes au droit naturel, qui veut que toutes les sociétés soient égales entre elles et qu'aucune, si petite et si jeune qu'elle soit, ne soit sacrifiée à une plus ancienne et à une plus grande.

Non seulement la conception théorique des rapports essentiels de la colonie et de la métropole se modifia, mais aussi les moyens pratiques de coloniser se transformèrent. Étant admis que le but de la colonisation c'est de mettre une société nouvelle dans les meilleures conditions de prospérité et de progrès, et que la métropole ne peut que tirer avantage du développement de la richesse, de la population et de la puissance de ses colonies, il restait à considérer par quelle voie on ferait arriver la colonie au plus haut degré de population, de puissance et de richesse. On usa le plus souvent de l'autorité et de la règlementation sous toutes les formes. La métropole crut avoir la sagesse infuse et voulut garder indéfiniment en lisière cette société jeune dont elle croyait pouvoir et devoir diriger tous les pas. On se rebuta, à la fin, de ce système de contrainte et de direction minutieuses : l'expérience et le raisonnement finirent par en signaler tous les maux ; on se laissa parfois glisser sur la pente contraire, et sous l'influence de systèmes économiques trop absolus et trop inflexibles, on arriva quelquefois à penser que la métropole n'avait rien à faire pour la colonisation, que les sociétés jeunes avaient dans leur propre tempérament assez de sève et de ressources pour surmonter toutes les difficultés de l'enfance et parvenir d'elles-mêmes à la maturité. On finit également par entrevoir les défauts de cette conduite facile et en apparence irréprochable. On arriva à ne plus confondre la liberté de la colonie avec la négligence et l'abandon de la part de la métropole : sans rien sacrifier des droits de celle-là, on détermina avec plus de précision les devoirs de celle-ci. Les peuples colonisateurs parvinrent, après des essais et des tâtonnements qui durèrent trois siècles, à un ensemble de règles, à un plan de conduite qui sont le résumé de l'expérience des générations et des suggestions de la science.

Ce plan de conduite, ce corps de préceptes, où se renferme tout l'art de coloniser, c'est ce que nous allons rechercher dans ce volume. Nous suivrons l'ordre du temps et l'enchaînement des faits. Nous commencerons par l'étude attentive des systèmes coloniaux des différents peuples ; nous les verrons à l'œuvre ; nous reviserons la route que les principales nations ont suivie et nous referons, pour ainsi dire pas à pas, l'expérience des trois derniers siècles. Dans l'examen de la croissance, de la prospérité ou de la souffrance de ces jeunes sociétés semées au delà des mers, nous nous efforcerons de dégager les principes qui peuvent être utiles à notre temps. Nous chercherons avec patience et sans parti pris les causes de la force ou de la débilité des différentes colonies, et nous examinerons avec autant de soin l'influence soit heureuse, soit funeste, qu'elles ont eue sur leurs métropoles. Analyse singulièrement compliquée et délicate! Il y a tant d'éléments divers qui influent sur le développement des sociétés! Quand on considère un homme parvenu à l'âge adulte, il est d'une difficulté extrême de déterminer ce qui revient dans son caractère et dans sa constitution à l'éducation, à la nature ou aux circonstances : entre ces causes entre-croisées, il est presque impossible de préciser avec exactitude ce qui appartient à chacune. De même pour les sociétés humaines : les lois politiques, l'organisation économique ne sont pas les seuls agents de leur développement; il faut tenir compte du climat, de la constitution géographique et géologique, du tempérament et des habitudes de la race, et enfin des circonstances historiques qui ont accompagné leur naissance et leur croissance. Les esprits affirmatifs, selon qu'ils considèrent l'un ou l'autre de ces agents, sont portés à lui attribuer la responsabilité de tout l'ordre social, qui résulte cependant de causes beaucoup plus complexes. Nous essaierons d'agir avec plus de circonspection.

Cet exposé historique n'est que la route qui doit nous mener au but, l'exposé des doctrines. Aussi essaierons-nous d'apporter dans ces études rétrospectives de la sobriété et de la méthode. Sur cette pente on pourrait être entraîné à des développements indéfinis, d'où résulterait pour notre tâche plus de confusion que de lumière. Tout le côté purement héroïque et esthétique de la colonisation, ce point de vue si séduisant qui a surtout fixé l'attention des écrivains, nous n'essaierons même pas de l'aborder; notre tâche est assez grande et assez complexe pour ne pas l'élargir et la compliquer outre mesure. Fixer les principes administratifs, économiques, politiques, qui doivent présider à la création et au développement des colonies, c'est là, à vrai dire, une œuvre presque encyclopédique. Il faudrait, pour y complètement réussir, l'érudition à la fois la plus vaste et la plus précise. Que de problèmes divers, en effet, ne soulève pas la colonisation? Au point de vue économique, toutes les grandes questions, presque sans exception, se présentent dès l'abord : l'appropriation du sol, les rapports du capital et du travail, la taxation; au point de vue de l'administration, le régime communal, la tutelle administrative, la part à faire à l'individu, à la commune et à l'État; au point de vue politique, la naturalisation, les rapports de la colonie avec la métropole et les puissances étrangères, la contribution dans les dépenses communes; au point de vue moral, philosophique ou religieux, d'autres questions non moins âpres viennent également réclamer une solution : le traitement des races inférieures, l'estimation juste de leurs droits et leur acheminement à la civilisation. Toutes ces questions hérissées de difficultés, nous nous efforcerons de les aborder sous leurs faces nombreuses et diverses; nous exposerons les solutions successives et différentes que l'expérience a tentées et qu'a provoquées la science. Nous ne chercherons pas à donner à ce sujet si complexe une simplicité qu'il n'a pas, et qui ne se pourrait obtenir que par le sacrifice de points de vue instructifs et importants. Par cet examen consciencieux, détaillé et méthodique, nous espérons qu'il nous sera donné de jeter quelque lumière sur le phénomène le plus curieux et le moins étudié de la vie des sociétés modernes, la colonisation.

Avril 1874.

PREMIÈRE PARTIE

HISTOIRE

LIVRE PREMIER

DE LA COLONISATION ANTÉRIEURE AU XIXe SIÈCLE.

CHAPITRE PREMIER
De la colonisation espagnole.

En quoi la fondation des colonies des peuples modernes diffère de la fondation des colonies des peuples anciens. — Les premières colonies modernes ont été en quelque sorte l'effet du hasard. — Situation de l'Espagne au moment de la découverte de l'Amérique. — Les trois éléments qui prennent part à la colonisation : la Couronne, les aventuriers de la noblesse et le clergé. — Influence persistante de ces trois éléments sur toute la conduite de la colonisation espagnole. — L'Espagne veut fonder une société vieille dans une contrée neuve.
Faiblesse de l'émigration espagnole vers l'Amérique. — Agglomération des immigrants dans les villes. — Nombreuse population blanche des grandes villes du Pérou et du Mexique au XVIIIe siècle. — Les majorats et les *encomiendas*. — La noblesse créole est exclue des emplois. — Distinctions nombreuses de classes dans l'Amérique espagnole. — Situation des indigènes. — Lois protectrices des Indiens. — Territoires interdits aux blancs. — Les Missions.
Influence du climat. — Les plaines et les plateaux. — Difficulté des relations des diverses provinces entre elles. — A ces difficultés naturelles la métropole en ajoute d'artificielles.
Le régime politique et administratif. — Les vice-royautés, les capitaineries générales et les *audiencias*. — Luxe obligatoire des vice-rois. — Mystère dont s'entoure l'administration. — Importance du clergé. — Extension de la mainmorte.
Le régime commercial et industriel : il est tout entier dominé par la jalousie et la défiance que ressent la métropole. — Exclusion complète des étrangers. — Au début de la colonisation il n'est pas interdit aux habitants de l'Amérique espagnole d'avoir des manufactures. — Le système mercantile ne fut appliqué à ces colonies qu'au XVIIIe siècle. — Les *oficios viles y baxos*. — Le privilège du port de Séville et la *Casa de contratacion*. — Les caravanes maritimes : la *flotte d'argent* et les *galions*. — Monopoles de fait qui résultent des règlements restrictifs. — Commerce analogue avec les Philippines. — Très faible développement du trafic sous ce régime.
Les réformes du XVIIIe siècle. — La contrebande, le traité de l'*asiento*. — Compagnies privilégiées. — Décadence des *galions*. — Régime plus libéral à partir de 1765. — Essor des colonies à la fin du dernier siècle.
Les griefs des colons : manifeste des autorités insurrectionnelles. — Vice de tout le système colonial de l'Espagne. — Faible importance des revenus que l'Espagne tirait du nouveau monde. — Comment le système colonial espagnol hâta la décadence de la métropole et arrêta le développement des colonies. — Nullité presque complète du commerce actuel de l'Espagne avec ses anciennes colonies.

« Le premier établissement des différentes colonies européennes dans l'Amérique et dans les Indes orientales n'a pas eu pour cause un intérêt aussi simple et aussi évident que celui qui donna lieu à l'établissement des anciennes colonies grecques ou romaines. »

C'est ainsi que s'exprime Adam Smith, au début de son chapitre de la colonisation. Cette observation pleine de sens est le préambule nécessaire à toute esquisse du système colonial espagnol. Qui veut comprendre soit l'organisation économique des provinces américaines de l'Espagne, soit leurs relations administratives et politiques avec la métropole pendant trois siècles, doit se reporter aux circonstances toutes spéciales au temps et au peuple qui découvrit le nouveau monde.

Une nation fonde ordinairement des colonies, quand sa population croissante se trouve à l'étroit dans son vieux territoire, ou quand les persécutions religieuses ou politiques en bannissent certaines classes d'habitants : ce sont là les seuls motifs qui aient porté les anciens à la colonisation, et ce sont, de nos jours encore, les deux causes principales de l'émigration européenne. Les raisons qui, à la fin du xve siècle, déterminèrent les peuples de l'Europe à fonder des établissements au delà des mers furent d'un ordre différent.

L'esprit d'aventure, que les croisades avaient éveillé en Europe et que les grandes monarchies européennes victorieuses de la féodalité ne pouvaient plier à la discipline, se porta avec une énergie toute particulière, au milieu du xve siècle, vers les entreprises maritimes. L'Orient, plein de mystères et de richesses, l'Orient, d'où venaient les soieries, les perles, les parfums, les épices, l'Inde et la Chine surtout, exercèrent sur les imaginations vives et curieuses de nos ancêtres une véritable fascination. Trouver une voie, soit plus courte, soit plus sûre, pour atteindre ces contrées privilégiées, faire concurrence aux Vénitiens qui avaient jusque-là le monopole du commerce le plus lucratif, tel était alors le but d'une foule d'esprits hardis et aventureux. De là vinrent ces tentatives persistantes que les marins portugais prolongèrent pendant près d'un siècle à leur éternel honneur avec une héroïque persévérance. Mais s'ils s'élançaient ainsi vers des pays inconnus, ce n'était pas pour s'y fixer eux, leurs femmes et leurs enfants et y former une nouvelle patrie : c'était pour y trouver des denrées précieuses, pour rapporter dans leur pays une récolte abondante et rapide. Parmi tous ces intrépides navigateurs, il n'y avait sans doute pas un homme qui eût l'esprit et le caractère du colon, ce caractère et cet esprit que possédaient, un siècle plus tard, à un très haut degré, les puritains et les quackers d'Angleterre, et que possèdent de nos jours les émigrants anglais ou allemands pour l'Australie ou l'Amérique.

« L'établissement des colonies européennes dans l'Amérique et les Indes orientales n'a donc pas été, dit encore Adam Smith, un effet de la nécessité. » Ce n'était ni l'exubérance de la population, ni des crises économiques intenses, ni des persécutions religieuses ou politiques, ni le besoin de débouchés pour l'industrie du vieux monde ; aucune de ces causes, depuis si puissamment actives, n'eut part à la fondation des premières colonies européennes. Si ces colonies, à l'état d'établissements territoriaux et permanents, furent fondées, ç'a été, à vrai dire, comme par hasard, sans plan préconçu, sans besoin pressenti.

La fortune voulut qu'un aventurier génois, éconduit par diverses puissances, trouvât crédit auprès de la reine Isabelle et du conseil de Castille. A coup sûr, à juger les choses de notre point de vue actuel, nul peuple n'était moins fait pour coloniser que l'Espagne. Quoi qu'en aient dit certains historiens, elle n'était alors, nous en aurons la preuve, ni très riche, ni très peuplée, ni très industrieuse ; son territoire lui offrait un sol et des richesses pour lesquels les bras étaient loin d'être superflus. Des guerres continuelles ne lui avaient pas laissé le loisir de se livrer en sécurité aux arts de la paix ; elle avait retiré des luttes séculaires contre les Maures un dédain du travail que nous retrouverons marqué dans toutes ses lois et toute son administration coloniale. Elle venait de terminer une guerre qui avait tenu plusieurs générations en haleine ; devenue enfin maîtresse incontestée de son territoire, il semblait qu'elle n'eût pas de tâche plus pressante que de consacrer par son travail la possession définitive que ses armes venaient de lui donner.

Il ne devait pas en être ainsi. Ces luttes héroïques qui avaient occupé, pendant plusieurs siècles, tout ce qu'il y avait dans la Péninsule d'esprits ardents et de caractères vigoureux, venant à cesser tout à coup, mettaient en disponibilité une foule d'aventuriers, impatients des loisirs de la paix et des perspectives bornées du travail. La découverte de l'Amérique, en leur offrant des pays lointains, vierges de toute civilisation européenne, pleins de richesses et de promesses plus séduisantes encore, leur ouvrait un débouché inespéré vers lequel ils s'élancèrent à l'envi. C'étaient des soldats qui couraient à une conquête.

Les nouvelles Indes étaient peuplées de races ignorantes et païennes. La catholique Espagne, qui venait d'achever sa longue croisade contre les Maures, dans l'exaltation de l'esprit religieux, avait appris à confondre en un sentiment unique le zèle pour la foi et l'amour de la patrie. Toute conquête pour la couronne devait être aussi une conquête pour la chrétienté. La propagande religieuse fut dès l'origine l'un des motifs principaux des établissements d'outre-mer. Dans l'esprit mystique de Colomb, dans l'âme pieuse d'Isabelle, comme dans les imaginations plus rudes et plus incultes des Cortez et des Pizarre, l'idée de prosélytisme catholique ne cessa de s'allier à l'ambition terrestre. Ç'a été l'un des principaux mérites de la grande et belle histoire de Prescott, de mettre en lumière l'influence que le sentiment religieux exerça sur la fondation et l'administration des colonies espagnoles en Amérique.

Derrière et au-dessus de ces aventuriers qui s'élançaient à la poursuite de trésors et de conquêtes, ou de ces moines et de ces prêtres qui s'enfonçaient dans la solitude pour la conversion des Indiens, venait la Couronne de Castille. Victorieuse de la féodalité et de l'Islamisme, la Couronne, devenue toute-puissante, revendiquait une domination absolue sur les provinces nouvelles ; c'était elle qui, par les encouragements, les subsides ou les récompenses, donnés aux *descubridores*, était le premier auteur de la découverte de l'Amérique : l'Amérique devant donc faire partie de son domaine, tout ce qui s'y rencontrait était soumis sans contrôle à sa puissance.

Tels furent les trois éléments qui prirent part à la fondation des colonies espagnoles : des aventuriers recrutés spécialement dans la noblesse et dans l'armée, que la fin des guerres contre les Maures laissait sans emploi et sans ressources : de là ce nombre prodigieux de nobles que contenaient les colonies de l'Amérique. A Lima, dit Ulloa, un tiers des blancs était noble et, dans cette seule ville, il y avait quarante-cinq familles de marquis ou de comtes : de là encore, en partie, car ce n'est pas la seule cause, l'affluence des blancs dans les villes et leur petit nombre dans les campagnes ; de là les majorats, les substitutions, les entraves à la libre disposition du sol. Le second élément était le clergé qui devait convertir les païens à la foi du Christ : de là les ordres religieux, les couvents et les moines mendiants ; de là les dîmes et les riches dotations des églises ; de là la haine de l'hétérodoxie, la restriction de l'instruction supérieure, les entraves mises à la presse, et enfin l'inquisition. Le troisième élément, c'était la Couronne, l'esprit monarchique, tel qu'on le comprenait à cette époque dans l'Europe occidentale, au sortir de la féodalité ; c'est-à-dire l'esprit de défiance, de soupçon, de jalousie et d'ingérence supérieure ; la crainte de l'initiative des particuliers, la prédilection pour le système de tutelle administrative : de là l'aristocratie de fonctionnaires ; de là encore la crainte que les peuples ne deviennent trop riches ou trop unis ; de là l'application incessante et pernicieuse de la maxime machiavélique: *divide ut imperes*.

Sans doute ces trois éléments ne furent pas les seuls qui entrèrent dans la constitution des colonies espagnoles. Il s'y forma à la longue une classe de marchands, une classe d'agriculteurs, et même, dans certains districts du moins, une classe d'industriels ; mais ce ne fut qu'après bien des années que ces industriels, ces agriculteurs et ces marchands furent en assez grand nombre pour être pris en considération et diminuer, sans l'effacer, l'importance des éléments primitifs. Ceux-ci n'en avaient pas moins, dès l'origine, imprimé leur caractère à l'organisation politique et économique de l'Amérique espagnole ; et il ne fallut rien moins que les luttes sanglantes et la violente scission du commencement du siècle pour l'en faire disparaître. Par l'établissement d'une noblesse nombreuse que soutenait un système rigide de majorats et de substitutions, par la constitution d'un clergé puissant doué de tous les anciens privilèges temporels dans toute leur plénitude, par l'omnipotence des fonctionnaires royaux, par les restrictions de toute sorte apportées à l'initiative des sujets, l'Espagne avait voulu fonder *une société vieille dans une contrée neuve :* c'est en ce mot que se peut résumer toute la colonisation espagnole, ainsi que d'amples détails vont nous le prouver surabondamment.

Nous avons dit que la prise de possession de l'Amérique par les Espagnols n'avait pas eu pour origine une pensée de colonisation ; c'est ce que Jean-Baptiste Say a parfaitement exprimé en ces termes : « Ceux qui fondèrent les premières colonies furent pour la plupart des aventuriers, qui cherchèrent non une patrie adoptive, mais une fortune qu'ils pussent rapporter pour en jouir dans leur ancien pays. » Un historien du temps, Pierre le Martyr, était également de cet avis quand, dans ses *Océanides*, il blâme en ces termes l'expédition pour la Floride : « Quel besoin avons-nous de contrées dont les productions sont les mêmes que celles du sud de l'Europe ? » Toutes les régions qui s'adaptaient le mieux à une colonisation agricole, Caracas, la Guyane, Buenos-Ayres, furent pendant des siècles négligées par les Espagnols. L'or, qui était à l'origine leur seul appât, n'avait même pas toujours le don de les fixer ; ils accouraient dans toutes les contrées où ils avaient l'espérance d'en trouver, non pas comme les émigrants européens qui se rendent aux *placers* de l'Australie pour fournir eux-mêmes le rude travail du mineur, mais comme des conquérants qui s'emparent des richesses et des personnes d'un peuple vaincu et le forcent à travailler à leur profit. Dans un pareil système, on conçoit que si la conquête fut rapide, le peuplement fut lent. On ne voit pas que pendant tout le siècle qui suivit la découverte de l'Amérique, il y eut une large émigration de la métropole. En 1546, d'après Herrera, il n'y avait pas au Pérou plus de 6,000 Espagnols. Gomara, dans son *Histoire générale des Indes*, ne compte pas plus de 2,000 familles européennes au Mexique, assez longtemps après l'expédition de Cortez ; et Benzoni ne croit pas qu'en 1550 il y eût plus de 15,000 Espagnols dans tout le nouveau monde. Les règlements de la mère patrie étaient et furent toujours très contraires à une émigration considérable. Depuis Charles-Quint, aucun Espagnol ne devait aller aux Indes sans une permission expresse de la couronne ; et cette permission n'était donnée que pour peu de temps, en général pour deux ans (*Recopilacion de leyes de los Reynos de las Indias*, IX, 26). Pour obtenir cette autorisation d'après une loi de 1518, il fallait justifier d'abord d'un motif suffisant et prouver en outre que depuis deux générations on n'avait subi dans sa famille aucune condamnation de la part du saint office. Une loi de 1566 vint encore aggraver ces prescriptions en statuant que la permission ne serait accordée que pour une province déterminée, et que le voyage pour cette province devait être direct. Chaque patron de vaisseau devait attester par serment qu'il n'avait pas à son bord de personne sans autorisation. Si l'on ajoute à toutes ces difficultés l'obligation de s'embarquer au port de Séville, c'est-à-dire à l'extrémité sud de l'Espagne, on conçoit que l'émigration dût, dans le siècle qui suivit la conquête, être très limitée et qu'elle se recrutât surtout parmi les gens d'épée, très peu, au contraire, parmi les paysans et les petits marchands. Aussi un historien, digne de foi, Depons, n'estime-t-il qu'à cent personnes le nombre annuel des immigrants dans la province de Caracas.

On a vu que la couronne d'Espagne n'épargnait pas les règlements ; il ne faudrait pas croire que les autorisations exigées fussent de simples mesures de sûreté générale et de police comme le furent nos passe-ports. C'étaient des justifications très sérieuses qui impliquaient un examen et une enquête. Elles avaient essentiellement pour but de limiter l'émigration et venaient d'un sentiment de défiance et de crainte qui inspira toujours le conseil de Castille dans le gouvernement de l'Amérique. Heeren nous paraît s'être parfaitement rendu compte du vrai motif de ces mesures, tout en se trompant singulièrement sur leur effet, quand il s'écrie : « Heureusement pour elle, l'Espagne sentit de bonne heure la nécessité de soumettre à une police sévère les émigrations de la métropole aux colonies, ce qui contribua puissamment à les tenir dans sa dépendance. » Les mêmes mesures de police étaient en usage pour les communications entre les diverses provinces de l'Amérique.

Une fois arrivés dans les colonies, les Espagnols se répartissaient d'une manière toute contraire à l'usage suivi par les colons modernes. L'esprit général de la colonisation européenne, c'est la dispersion des familles dans des fermes ou des plantations pour l'exploitation agricole. Les Espagnols procédaient autrement : ils s'agglomeraient dans les villes et laissaient les campagnes aux Indiens. Les raisons de cette répartition particulière de l'élément européen dans les colonies de l'Espagne sont multiples. Celui qui même de nos jours a voyagé en Espagne a pu remarquer que les maisons ou chaumières isolées sont excessivement rares et que la population rurale elle-même se groupe dans les villages. Il en est ainsi dans presque tout l'Orient. C'est là une cause de singulière infériorité pour l'agriculture et l'exploitation des richesses naturelles. De plus, les Espagnols ne possédaient l'Amérique que par conquête, et ils se trouvaient au milieu d'une population qui pouvait être considérée comme hostile, ce qui explique leur tendance à s'agglomérer pour se défendre, comme le font de nos jours les colons d'Algérie, par mesure administrative il est vrai. Enfin il était rare que les Espagnols établis en Amérique eussent appartenu à la population rurale de la métropole. Mais ce qui est remarquable, c'est que des auteurs graves ont pu supposer que la politique même du gouvernement espagnol était d'éloigner les colons des campagnes pour les rassembler dans les villes. Un voyageur des mieux informés, le capitaine Basil-Hall, a émis cette opinion qui n'est pas complètement repoussée par Mérivale (*Lectures on colonies*) et qui est soutenue par Roscher (*Colonien, Colonial-Politik und Auswanderung*). Il est parfaitement vrai, comme le remarque ce dernier auteur, que le gouvernement de la métropole tenait d'autant plus à l'institution des majorats que les provinces étaient plus éloignées, ce qui semble indiquer de sa part la crainte de voir se former une population agricole et créole très considérable. Il est de plus incontestable que les règlements des missions, ainsi que nous le verrons plus tard, écartaient systématiquement les blancs des districts occupés par les Indiens. Par toutes ces raisons l'on vit se former de bonne heure des villes très considérables. Humboldt nous dit qu'au milieu du xviiie siècle Lima comptait 18,000 blancs, et qu'en 1790 il y avait à Mexico 50,000 créoles et 23,000 natifs d'Espagne ; Adam Smith fait remarquer qu'il s'en fallait de beaucoup, de son temps, que Boston, New-York ou Philadelphie eussent une population aussi considérable que Mexico, Lima ou Quito. L'illustre auteur de *la Richesse des na-*

tions ne semble pas avoir recherché les causes de ce phénomène, ni s'être rendu compte de ses conséquences. Les conséquences cependant sont importantes. Quand dans un pays neuf on voit la population refluer tout entière vers les villes, on peut être sûr que la production y est faible, que la majorité des colons sont des oisifs, des spéculateurs ou des fonctionnaires, non des travailleurs, et qu'il y a au-dessous d'eux un peuple vaincu exploité au profit de la classe victorieuse.

C'est en effet ce qui arrivait dans les provinces de l'Espagne en Amérique. Rien n'est plus différent et plus caractéristique que la manière d'être et de penser de la population européenne dans les colonies espagnoles et dans les colonies anglaises. C'était un des principes du conseil des Indes que tout le sol de l'Amérique appartenait à la Couronne. Celle-ci, il faut le dire, en avait largement usé pour faire des libéralités, soit aux familles des *Conquistadores*, soit surtout aux favoris de la cour. Les majorats étaient nombreux et immenses. Quand Gasca soumit le Pérou d'une manière plus étroite à la Couronne, de simples officiers obtinrent en récompense des biens donnant un revenu annuel de 150,000 ou 200,000 *pesos*. Le majorat de la vallée d'Oaxaca, qui fut attribué à Cortez, comprenait, au temps de Humboldt, quatre villes, quarante-neuf villages et 17,700 habitants : ses revenus étaient, au temps de Cortez, de 60,000 ducats. Les fortunes dans l'Amérique espagnole étaient plus grandes que partout ailleurs au monde. Selon Humboldt on trouvait de son temps à Cuba des fortunes de 15 à 20,000 liv. sterl. de rente (375,000 et 500,000 francs); les plus considérables au Vénézuéla ne montaient pas au delà de 6 ou 7,000 liv. sterl. de rente (150,000 et 175,000 francs); mais au Mexique, dit Humboldt, on voyait des individus qui ne possédaient pas de mines et qui avaient 1,000,000 de francs de revenu : la famille du comte de Valenciana possédait à elle seule pour plus de 25,000,000 de francs de biens-fonds, sans compter la mine de Valenciana, qui, année moyenne, donnait 1,500,000 fr. de produit net, quelquefois jusqu'à 6,000,000 en un an. Quand il s'agit de mines on arrive à des chiffres fabuleux, comme pour cette veine possédée par la famille du marquis de Fazoaga dans le district de Sombrerete, qui, en six mois, donna un revenu net de 20,000,000. Mais ce qu'il importe de remarquer, c'est l'immensité et la fréquence de ces majorats ne contenant pas de mines et donnant cependant, selon Humboldt, 1,000,000 de francs de revenu. Quelle entrave ne devait-ce pas être pour l'agriculture, pour l'occupation des campagnes par des cultivateurs européens, que ces immenses propriétés inaliénables ?

Et cependant, observe encore Humboldt, tous ces grands propriétaires étaient sans cesse gênés, non seulement à cause des perpétuelles spéculations pour la découverte et l'exploitation de mines nouvelles, mais par l'habitude d'une vie extravagante et magnifique sans splendeur réelle et sans confortable judicieux ; et cherchant la raison de ces goûts et de ces habitudes déréglées, Humboldt la trouve dans la politique misérable du gouvernement qui privait la noblesse américaine d'une éducation virile et l'écartait de tous les emplois et de tous les honneurs. Autour de cette grande noblesse à majorats et à domaines immenses se pressait la masse des hobereaux. Nous avons vu qu'à Lima le tiers de la population blanche était noble. Il en était à peu près de même dans les autres villes. Le gouvernement, qui craignait fort que cette aristocratie ne devînt trop puissante, avait grand soin de l'empêcher de s'instruire : le vice-roi, Gil de Lémos, tenait aux collèges de Lima ce langage caractéristique : « Apprenez à lire, à écrire et à dire vos prières : c'est tout ce qu'un Américain doit savoir. » Ainsi cette noblesse si riche et si nombreuse que la Couronne d'Espagne avait instituée au delà des mers, était condamnée pour toujours au désœuvrement. Il suffisait d'être né en Amérique pour être écarté de toute fonction publique, si petite qu'elle fût. Les républicains de Buenos-Ayres, en arborant l'étendard de la révolte, se plaignaient que sur 160 vice-rois il n'y eût eu que 4 créoles, et sur 602 capitaines généraux ou gouverneurs seulement 14 créoles. On ne comptait que 12 créoles parmi 369 évêques que l'Amérique avait eus jusqu'en 1637. L'unique débouché de l'aristocratie américaine, c'était une compagnie de gardes du corps que Charles VI avait créée et qui se recrutait uniquement dans la noblesse créole. L'aristocratie de robe ne le cédait pas en nombre à celle d'épée : les avocats, les notaires, les huissiers, les *licenciados* abondaient. Un écrivain sérieux, Depons, parlant de l'amour des procès, a pu écrire ce paradoxe que tous les habitants de l'Amérique espagnole se divisent en deux classes, ceux qui se ruinent en procès et ceux qui s'enrichissent ou du moins vivent par eux. Dans la seule ville de Caracas, sur une population de 31,000 âmes, il y avait 600 juges, avocats et gens de loi. « Joignez à cela l'amour excessif des titres et des rangs parmi les créoles : il n'est point de personne distinguée qui ne prétende à être officier militaire sans avoir aucune des notions préliminaires et indispensables pour ce noble exercice. Il n'est pas de personne blanche ou *blanchie*, qui ne veuille être avocat, prêtre ou moine ; ceux qui ne peuvent point donner tant d'essor à leurs prétentions ont au moins celle d'être notaire, écrivain, commis, sacristain d'église ou attaché à quelque communauté religieuse comme frère lai, pupille ou enfant trouvé. Ainsi les champs restent déserts et leur fertilité accuse notre inaction. On méprise la culture : chacun veut être *Monsieur* ou vivre oisif. » Chaque homme un peu influent avait soin d'avoir à Madrid un chargé de pouvoir pour, à chaque occasion favorable, solliciter des titres et des ordres pour son mandant. Toutes les démarches de cet *apoderado* étaient payées ; et les autorités souvent recevaient également de l'argent pour chaque concession de titre ou d'ordre : une foule de créoles se ruinaient par cette vanité ridicule, excellente manière pour le gouvernement de les tenir sous sa main.

Telle était au Mexique, au Pérou, dans la Nouvelle-Grenade, l'immense majorité de la classe créole : voilà ce que l'avaient faite les majorats, les substitutions, les titres, les ordres, toutes ces vieilles institutions implantées dans une contrée neuve. La politique jalouse de la métropole la maintenait avec soin dans cet état d'inertie et d'abaissement. Toutes les qualités de la race européenne disparaissaient à la longue sous le poids de ce désœuvrement : non seulement les emplois, mais encore le trafic, le commerce de détail surtout, étaient pour la plus grande partie entre les mains des natifs d'Europe. « La dégénérescence de la race créole sous de telles institutions fut rapide à un degré sans précédent : même le courage des Castillans disparut : les descendants des *Conquistadores*, au bout de trois ou quatre générations, avaient oublié l'usage des armes. Les habitants des autres contrées d'Europe qui vinrent occasionnellement en contact avec eux, les trouvèrent aussi timides et craintifs que les Américains eux-mêmes l'avaient été à l'arrivée des Espagnols. Quand les Boucaniers du xviie siècle passèrent l'isthme de Darien et ravagèrent la côte de la mer du Sud, ils rencontrèrent une population sans défense qui courait en troupes aux églises au premier signal d'alarme. Les mêmes scènes se renouvelèrent quatre-vingts ans plus tard quand l'expédition d'Anson menaça le Chili et le Pérou. » Cette observation est de Merivale ; nous ne l'enregistrerons qu'avec une certaine réserve, car s'il est une qualité qui manque aujourd'hui aux Espagnols d'Amérique, on ne peut certainement pas dire que ce soit le courage militaire.

Cette faiblesse des créoles était entretenue avec grand soin par le gouvernement métropolitain. On peut résumer toute la politique de l'Espagne vis-à-vis ses colonies en ce seul mot : défiance, défiance envers les étrangers, défiance envers les colons eux-mêmes. L'application de la maxime *diviser pour régner* se retrouve dans toutes les branches de l'administration. Et d'abord, la métropole s'efforça constamment de répartir la population en castes rivales, si ce n'est ennemies. Aux créoles elle opposait les natifs d'Espagne ou *vieux Espagnols*, comme on les appelait : ceux-ci, comblés d'honneurs et de faveurs, étaient pour la mère patrie la plus sûre des garanties de la dépendance de l'Amérique; on en comptait, lors de l'insurrection au commencement de ce siècle, près de 300,000, dispersés dans toutes les provinces : de là vint la durée et la cruauté de la lutte entre des populations que de vieux ferments de haine et de jalousie avaient aigries. Au moins entre les créoles et les *chapitons* il n'existait pas d'inégalité juridique et légale : c'était une inégalité de faveur, toute de fait. Au contraire, les lois elles-mêmes avaient pris soin de parquer les autres parties de la population dans de véritables castes.

Dans un pays où la conquête avait juxtaposé deux races différentes, l'indienne et l'européenne, et où l'esclavage était venu encore introduire un troisième élément, l'élément nègre, il devait se former à la longue, par les unions légales ou naturelles, une foule de variétés physiques dans la population totale. De là vinrent les métis, les mulâtres, les tercerons, les quarterons. Ces différences dans le sang et la race, qui se manifestaient par des différences dans la couleur de la peau, devaient être un obstacle considérable à la fusion de toutes les parties de la population. Et cependant cette fusion, c'est là le but de toute colonisation intelligente. Tout au contraire, le gouvernement métropolitain s'appliqua à entretenir ces séparations et ces inimitiés qu'il eût dû s'efforcer d'effacer : « De ces variétés physiques, dit Heeren, sortirent des inégalités politiques bien plus considérables encore. » La place d'un homme dans la société dépendit de sa couleur. Les différentes nuances étaient classées avec une attention minutieuse, non seulement par la force de l'usage, mais encore par la loi. Quand il y avait seulement un sixième de sang nègre ou indien dans les veines d'un colon, la loi lui rendait le titre de blanc : *que se tenga per blanco*. Chaque caste était pleine d'envie pour celles au-dessus et de dédain pour celles au-dessous. Les mulâtres et les nègres, les nègres et les Indiens se détestaient autant entre eux que les métis et les créoles. Une des manœuvres du gouvernement métropolitain était d'accorder aux hommes de sang mêlé qui se signalaient par leur énergie et leur capacité *une patente de blanc*, afin d'enlever à une révolution ses chefs naturels ; par une politique analogue, les Caciques indiens étaient égalés aux blancs. Ce n'était pas la seule des distinctions que la métropole entretînt dans ses colonies. Roscher fait observer que les fonctionnaires s'efforçaient de fortifier les jalousies qui existaient à l'état traditionnel entre les habitants des côtes et ceux des plateaux, entre les citoyens de Vera-Cruz, par exemple, et ceux de Mexico, les premiers reprochant aux autres leur apathie et ceux-ci accusant ceux-là de légèreté. Si à tous ces motifs de désunion et de mésintelligence on ajoute encore toutes les différences de provinces par lesquelles l'Espagne se distinguait alors, si l'on pense que Catalans, Andaloux, Basques, conservaient même en Amérique leur provincialisme dans toute sa force, on verra combien peu une société aussi bigarrée était capable d'arriver à la prospérité qui résulte avant tout de l'harmonie des aspirations et des efforts.

De tout cet état social si lourd à soutenir, c'étaient les Indiens qui portaient le poids. Il importe ici de nous arrêter avec attention et persistance : le traitement des peuples inférieurs, leur acheminement à la civilisation est, au point de vue de la morale, du droit, de la politique et aussi de l'économie sociale, un des objets les plus importants de la colonisation. Quelque reproche que l'on puisse faire au système colonial de l'Espagne, il faut reconnaître que, seule parmi les nations modernes, elle a essayé de mettre en pratique dans les rapports avec les peuples vaincus les préceptes de l'humanité, de la justice et de la religion.

Dans les premiers temps de la conquête les Indiens furent abandonnés sans défense à la rapacité des aventuriers espagnols. « Les vies des pauvres indigènes, dit Merivale, furent gaspillées dans le travail des mines avec cette même profusion et cette même insouciance, dont le colon des temps modernes donne encore l'exemple dans l'usage des biens et des richesses que la nature a mis à sa disposition, c'est-à-dire les animaux sauvages des forêts et les ressources d'un sol vierge. » Mais une fois que la Couronne de Castille eut pu courber sous ses lois les bandes indisciplinées des premiers envahisseurs, le sort des Indiens s'adoucit à ce point, qu'on put se demander si la conquête n'avait pas, pour les Mexicains du moins, amélioré leurs destinées. Il faut se rappeler, en effet, que Prescott estime à 20,000 au moins le nombre des victimes que les sacrifices humains faisaient annuellement au Mexique. Il ne faut pas oublier non plus, ce que Prescott nous enseigne encore, les efforts sérieux et persévérants de Cortez pour ne pas imposer aux indigènes des charges ou des impôts plus lourds que ceux qu'ils supportaient sous le régime des Aztèques.

Les Indiens furent, aux diverses époques de la colonisation espagnole, considérés sous trois aspects différents : d'abord comme de véritables esclaves dont le sort était sans contrôle entre les mains des Européens ; puis comme des serfs attachés à la glèbe, soumis à la corvée et à des prestations pécuniaires et personnelles ; enfin comme des hommes libres, mais ne possédant pas dans toute leur plénitude l'exercice des droits civils, soumis à une tutelle supérieure et incapables de contracter valablement au delà d'une certaine limite. De la première époque pendant laquelle les Indiens furent traités en esclaves, nous n'avons rien à dire : c'est à cette période que se rapportent tous ces excès monstrueux des Espagnols, qui ont excité l'indignation des historiens ; c'est à elle que remontent le commerce ou la traite des Caraïbes et la disparition de la race indienne des îles du golfe du Mexique.

Des temps moins malheureux vinrent pour les indigènes : dans la répartition que fit la couronne des terres du continent, les Indiens suivirent le sort des domaines ou *encomiendas* sur lesquels ils étaient fixés. Ces domaines n'étaient pas des concessions à titre perpétuel, mais des sortes de fiefs de la Couronne qui étaient accordés pour deux générations ordinairement et, au Mexique, par exception, pour trois ou quatre. Le possesseur de l'*encomienda* ou *encomendero* avait envers les Indiens des devoirs de protection qu'il était tenu d'accomplir. Il s'engageait par serment à protéger ses Indiens, à travailler à leur conversion au christianisme et à faciliter leur avènement à la civilisation. Celui qui ne remplissait pas ces devoirs perdait son droit à l'*encomienda*. Les lois sur ce point sont formelles, mais les mœurs étaient-elles en conformité avec les lois ? Pour éviter toute oppression des indigènes par les Espagnols, il était défendu à l'*encomendero* de résider plus d'une nuit parmi ses Indiens, il lui était également interdit d'élever des fabriques dans l'étendue de son *encomienda* : il ne pouvait ni vendre, ni enlever à leurs demeures les Indiens de ses domaines. Ceux-ci n'étaient tenus qu'à une charge pécuniaire déterminée et à des prestations personnelles très limitées ; car les corvées ne pouvaient être requises que pour les travaux de première nécessité, la culture du maïs, la construction des ponts, l'entretien des routes, non pas pour la culture des vignes, des olives ou des cannes à sucre. Ainsi l'ordonnaient les lois ; mais ces lois sont tellement répétées, les mêmes prescriptions reviennent si souvent à si peu d'années d'intervalle qu'on peut se demander si elles n'étaient pas perpétuellement violées. De grands abus devaient se commettre. Humboldt affirme que le plus grand obstacle à l'introduction des chameaux dans les terres chaudes, où ils pouvaient rendre de grands services, provenait des propriétaires qui craignaient de perdre par cette amélioration leur droit aux corvées de la part des Indiens qu'ils employaient comme porteurs.

Le célèbre règlement de 1542 qui statua définitivement sur la franchise des Indiens vint régulariser leur situation. D'après ce règlement tous les Indiens relevaient soit des possesseurs d'*encomiendas*, soit directement de la Couronne ; et comme peu à peu les *encomiendas*, qui n'avaient été concédées que pour un certain nombre de générations, vinrent à faire retour au roi, tous les Indiens furent immédiatement soumis à la Couronne. Celle-ci prit en leur faveur une foule de mesures dans le détail desquelles il serait superflu d'entrer : il suffit d'indiquer la pensée maîtresse qui inspire tout le système. Cette pensée, c'est celle de séparer à jamais les Indiens des Espagnols par deux moyens : d'abord en plaçant les Indiens dans un état de minorité légale et perpétuelle, puis en interdisant autant que possible aux Européens l'accès des districts occupés par les populations indiennes ou tout au moins la résidence dans ces districts. C'est ainsi que les Indiens ne purent contracter valablement des dettes au delà de cinq piastres, « no pueden tratar y contratar ; « c'est ainsi que non-seulement leurs immeubles mais leurs meubles même ne pouvaient être vendus sans autorisation de justice, et cette autorisation ne devait être accordée que quand l'Indien y avait intérêt. Les populations indiennes se trouvaient ainsi placées dans la condition des mineurs du droit romain, qui pouvaient rendre leur condition meilleure, c'est-à-dire acquérir et obliger autrui envers eux-mêmes, mais n'avaient pas la capacité suffisante pour rendre leur condition pire, c'est-à-dire aliéner ou s'obliger envers autrui. On comprend quel obstacle devait être en Amérique la situation si anormale de la grande masse de la population : obstacle d'autant plus insurmontable, et c'est là le défaut du système, que cette minorité légale n'était pas considérée comme un état transitoire, comme un stage ; la métropole la regardait comme une situation définitive, les Indiens n'en devaient jamais avoir d'autre, l'égalité civile ne devait jamais leur échoir ; on ne peut dire si dans de telles prescriptions, faites en vue de l'éternité, il y avait plus d'injustice que d'imprévoyance. Ce fut là un des grands obstacles au développement de l'industrie en Amérique. Nous verrons plus loin que si la métropole empêcha ou arrêta à diverses reprises l'établissement de manufactures dans la Nouvelle-Espagne ou au Pérou, ce ne fut pas, ainsi que l'ont cru bien des historiens, Robertson en tête, pour obéir aux préceptes du système mercantile, mais bien pour protéger les Indiens et les empêcher d'échapper à l'état de minorité légale (1). Dans cette protection, il

---

(1) Le travail des Indiens dans les mines était réglé de façon à être bien moins oppressif qu'on ne se l'est figuré généralement. Au Mexique on ne pouvait prendre que 4 p. 100 du nombre des Indiens et au Pérou 7 p. 100 pour le travail forcé dans

faut le dire, il y avait autant de défiance que de bienveillance. La métropole craignait non seulement l'oppression des Indiens, mais encore leur émancipation.

Dans les districts où l'élément européen n'avait pas encore pénétré, les Indiens étaient organisés d'une façon toute particulière et tout exclusive : ils étaient soumis à des caciques de leur nation qui percevaient les impôts et les administraient. Des mesures de police éloignaient les Espagnols de ces territoires. Une loi de 1536 interdisait aux blancs et aux mulâtres de s'y fixer ; une autre loi de 1600 défendait aux marchands d'y séjourner plus de trois jours. Au-dessus de ces caciques étaient des fonctionnaires blancs, qui, sous le nom de protecteurs des Indiens, avaient mission de faire respecter leurs libertés et leurs droits dans toutes les circonstances. C'étaient des personnages respectables et consciencieux, dont Humboldt ne parle qu'avec éloge.

C'était le clergé surtout, qui aidait la métropole dans ses rapports avec les Indiens. Il convient à ce propos de jeter un coup d'œil sur les missions espagnoles. « L'autorité de l'Espagne, dit Heeren, tenait essentiellement au succès de ses missions. » On connaît le plan de Las Cases pour la colonisation de l'île Santa-Marta : ce plan échoua, mais il servit de modèle aux Jésuites pour le Paraguay. Las Cases ne voulait que des laboureurs, des artisans et des prêtres : aucun soldat et aucun Espagnol ne devait y entrer sans autorisation : toute cette colonie devait avoir pour but principal la conversion des indigènes.

Tel fut l'esprit général des Missions : la plupart furent fondées au XVIIe siècle, quelques-unes dans le XVIIIe, comme celles de Californie en 1772 et 1784. L'État n'avait à payer que les frais d'organisation : organisées, elles se suffisaient. Humboldt les a décrites avec détail : les huttes sont toutes semblables, les rues tirées au cordeau et à angle droit : on dirait une colonie de frères moraves. Chaque Indien adulte est astreint à travailler chaque jour une heure le matin et une heure le soir sur les terres de la communauté (*Conuco de la Comunidad*) ; le pasteur fait la répartition du produit de ce travail, dont une partie est attribuée aux besoins du culte et l'autre à ceux des Indiens. Près des côtes l'on cultive le sucre, l'indigo, le

---

les mines. Les Indiens seuls qui demeuraient dans un certain rayon d'exploitation étaient soumis à ce recrutement. Robertson, il est vrai, nous dit que ces prescriptions étaient souvent violées et nous n'avons pas de peine à le croire. Mais ce qui est certain, c'est que ces corvéables recevaient un salaire très élevé et qu'au Pérou même où la situation des Indiens était la pire, on voyait fréquemment des individus soumis à la *mita* (*mitayos*), dont le temps de service était expiré et qui, d'eux-mêmes, demandaient à le prolonger pour jouir du salaire qui y était attaché.

chanvre. Au centre de la mission, sur une place, se trouvent l'église, l'école, la maison du missionnaire et la *Casa del Rey*, sorte de caravansérail pour les voyageurs indigents. Dans les environs, jusqu'à une distance de 40 lieues carrées, se rencontrent des *haciendas* affermées pour l'élève du bétail en grand. Ces missions trouvent des points d'appui militaires dans les *présidios*, petits forts ayant chacun environ huit canons et soixante-dix hommes, parfaitement équipés et montés sur de bons chevaux ; six ou huit de ces soldats accompagnent la mission. La vie des Indiens est réglée par les missionnaires. Le nombre d'habitants par chaque mission variait dans le voisinage de la mer de 800 à 2,000 âmes ; dans l'intérieur il dépassait rarement 200. La plus belle mission de la Californie, Saint-Gabriel-Archange, comptait en 1834 près de 3,000 Indiens et possédait 105,000 têtes de gros bétail, 20,000 chevaux, plus de 40,000 têtes de petit bétail. Humboldt a qualifié ces établissements d'*états intermédiaires* entre les vraies colonies et le désert. C'étaient plutôt des campements de nomades que des résidences de tribus sédentaires. Ils étaient toujours prêts à se déplacer à la volonté du missionnaire. Les efforts des moines, qui dirigeaient ces missions, tendaient à préserver leur troupeau de tout contact avec les Européens, *gente de Razon*, gens *de raison*, comme ils les appelaient. C'est dans ces missions qu'étaient exécutées à la lettre les lois qui séparaient les blancs des Indiens. Il était rare que l'on accordât aux commerçants ou aux voyageurs la permission de s'y arrêter plus d'une nuit. Le missionnaire qui s'occupait lui-même, et d'ordinaire avec beaucoup d'intelligence et d'habileté, de toutes les affaires séculières et spécialement de commerce, était le seul intermédiaire entre la mission et le monde civilisé. Le plus parfait exemple de ces missions, ce sont celles des Jésuites au Paraguay : elles ne diffèrent que par une organisation plus vaste de celles que nous venons de décrire.

La fondation, le maintien et jusqu'à un certain point la prospérité de pareils établissements est un des faits les plus notables de la colonisation espagnole ; ces petites sociétés étaient productrices au delà de la consommation personnelle de leurs membres : elles faisaient un commerce assez notable soit de substances alimentaires, soit de denrées d'exportation ; elles échangeaient ce surplus de production contre des ornements d'église : elles répondaient ainsi, quoique dans une mesure singulièrement limitée, aux deux objets mercantiles de la colonisation : elles fournissaient à l'Europe des matières premières, elles en tiraient des objets manufacturés : elles étaient un marché et un débouché.

Avec tous ces éléments juxtaposés, qui formaient l'ordre social le moins compact et le moins homogène que l'on puisse imaginer, l'Amérique espagnole présentait encore dans ses nombreuses et vastes provinces des inégalités et des différences physiques considérables, qui modifiaient la constitution économique des sociétés qu'elle renfermait. C'est une observation de Humboldt qu'il n'y a pas de pays au monde où l'état social subisse autant l'influence du climat et de la disposition du sol que l'Amérique espagnole. L'examen de la constitution physique des diverses provinces est, en effet, indispensable à l'intelligence de leur organisation économique. Dans les districts extrêmes du Nord et du Sud, dans les provinces intérieures du Mexique et dans les *Pampas* de la Plata, d'immenses plaines un peu sèches et d'un climat tempéré devinrent le séjour d'une population pastorale. Les animaux domestiques de l'Europe multiplièrent d'une façon étonnante dans ces pâturages et y constituèrent la principale richesse des colons. Ceux-ci étaient, pour la plus grande partie, de pure race espagnole. Les Indiens n'étaient qu'en petit nombre dans ces districts et ils y avaient une humeur belliqueuse qui les préservait de la sujétion : d'autre part la pauvreté des colons empêchait l'importation de l'esclavage. Le créole dans ces régions obéissait à la loi qui gouverne de nos jours les colons d'origine européenne : il s'isolait de ses compatriotes pour avoir un espace plus grand et suffisant à la pâture de ses immenses troupeaux. C'est ainsi encore que font les bergers du Cap ou de l'Australie. Une lutte perpétuelle contre les Indiens, une vie rude de labeurs et de veilles trempait énergiquement ces rejetons des vieux Castillans. Les villes dans ces régions étaient rares et n'y servaient que de refuge contre les incursions indiennes. Cette colonisation pastorale devint éminemment utile à l'Europe par les matières premières, les laines et les cuirs, dont elle alimenta ses fabriques.

Les chaudes et fertiles régions qui possèdent un accès facile à la mer comme le Guatémala et le Venezuela offraient une civilisation tout autre : la grande richesse des habitants y consistait dans les produits d'exportation des climats des tropiques, le café, le coton, le sucre, le cacao. L'état de société s'y rapprochait de celui des Indes occidentales. Les blancs s'enrichissaient par le produit de leurs plantations qui augmenta beaucoup en quantité et en valeur pendant le xviii° siècle. Le travail manuel provenait des Indiens, là où ils étaient nombreux, des races mêlées qui abondaient dans certaines provinces et spécialement des nègres. Nous ne parlerons pas ici de l'introduction des nègres en Amérique et des effets économiques de l'esclavage. Nous consacrerons à cette importante tâche des considérations développées dans un chapitre spécial. Qu'il nous suffise de dire que la condition des esclaves sur la terre ferme était relativement tolérable, douce quelquefois. Ils n'étaient pas contraints à un travail excessif : l'indolence et la négligence même des maîtres étaient des garanties de bien-être pour la population servile. L'instruction religieuse, les soins moraux lui étaient largement prodigués. L'affranchissement était fréquent, très général par testament. Les châtiments allant jusqu'au sang étaient exceptionnels : l'esclave maltraité pouvait forcer son maître à le vendre pour un prix que fixait le juge ; enfin il pouvait posséder. Dans plusieurs provinces il y avait des officiers chargés de la protection des esclaves. Ces bons traitements s'expliquaient en partie par l'autorité illimitée des magistrats, en partie et surtout par le petit nombre des esclaves, lequel rendait inutiles ces mesures de sûreté impitoyables dont la crainte des révoltes a été l'origine dans les îles. Humboldt, en 1822, évalue à 387,000 le nombre total des nègres sur le continent espagnol ; dans la seule province de Caracas, Depons en compte 218,400, ce qui réduit singulièrement le nombre des noirs dans les autres provinces.

La masse de la population et de la richesse des colonies espagnoles était concentrée sur les plateaux et dans les hautes vallées des Cordillères. C'est là que s'établirent les premiers aventuriers parmi des nations d'Indiens agricoles ; c'est là qu'ils construisirent ces villes dont l'étendue et la splendeur faisaient envie, au temps de Smith, aux Anglais eux-mêmes : c'est là qu'ils découvrirent ces immenses richesses métalliques dont ils inondèrent le monde. Les plus remarquables de ces plateaux sont ceux de Mexico, de la Nouvelle-Grenade, de Quito et du Haut-Pérou. Ces plateaux étroits, se dressant à une hauteur énorme au-dessus de l'Océan, étaient les seules régions dans tout le continent espagnol où l'on pût trouver une nombreuse population. La plus belle de ces oasis est le plateau de Mexico : sur cinq millions d'hommes qui habitaient toute la vice-royauté du temps de Humboldt, il y en avait trois dans cette région centrale. La plupart des villes étaient situées dans de riches districts bien cultivés, mais d'une étendue limitée ; elles étaient séparées souvent du reste du monde par des déserts de glace ou de neige ou par des ravins auprès desquels les profondeurs des vallées des Alpes paraissent insignifiantes. C'est ainsi qu'un certain nombre de sociétés se formaient dans un isolement quelquefois complet : à ces barrières naturelles, la politique jalouse de l'Espagne ajoutait encore des obstacles artificiels.

Le voyage par mer entre le Pérou et le Mexique est contrarié par les vents et les courants qui contraignent, surtout les vaisseaux à voile, à une foule de détours et de retards : l'énorme côte orientale de la Nouvelle-Espagne ne possède pas de ports en dehors de Vera-Cruz et de Campêche ; la Nouvelle-Grenade ne communique avec la mer que par Santa-Marta et Carthagène : dans toutes les provinces les plus importantes la côte est presque inhabitée, au Mexique et dans la Nouvelle-Grenade à cause de l'insalubrité et de la chaleur, au Pérou à cause principalement de la sécheresse. Le gouvernement songeait à fortifier ces barrières naturelles. Humboldt nous apprend que la capitale de la Guyane ne put pas s'élever à l'embouchure magnifique de l'Orénoque et que, pour des raisons stratégiques et par ordre administratif, il fallut se placer à 85 lieues plus haut ; tout l'espace intermédiaire était condamné par la métropole à ne contenir aucune localité importante. Un autre observateur généralement exact, Depons, attribue également à des raisons politiques le mauvais état de la route de Caracas au port de Laguagra. C'est par des motifs du même genre que l'on explique l'indifférence de Charles III pour le percement de l'isthme de Panama. On verra plus loin que quand le commerce entre l'Amérique et l'Espagne fut rendu libre, on mit des droits assez considérables sur les ports d'Amérique les mieux situés, sous prétexte de protéger les ports moins favorisés de la nature, mais en réalité pour empêcher le développement en richesse et en importance de villes que la métropole se figurait pouvoir devenir redoutables. La politique jalouse de l'Espagne serait même allée plus loin : Roscher fait remarquer que pour rendre le commerce par terre entre les différentes provinces plus difficile, les Espagnols évitèrent à dessein de vaincre quelques tribus d'Indiens qui se trouvaient sur les limites des différentes colonies. Quoi qu'il en soit de cette appréciation, peut-être un peu exagérée, un observateur d'une grande autorité, Humboldt, rapporte que quand le comte Florida Blanca établit entre Buenos-Ayres et la Nouvelle-Californie l'union postale si nécessaire, beaucoup d'hommes aux anciennes doctrines regardèrent cette innovation comme très dangereuse et presque comme un crime d'État.

Dans toutes les circonstances on retrouve de la part de la métropole envers les colonies cette défiance persistante : c'est le caractère spécial du gouvernement qu'elle leur donna. Nous avons vu qu'elle écartait les créoles de toutes les charges publiques, conduite que la plupart des gouvernements d'Europe ont imitée depuis, mais qui était d'autant plus regrettable pour les colonies espagnoles, que la métropole y avait institué un corps de noblesse considérable, laquelle se trouvait condamnée à l'oisiveté par l'exclusion systématique de tous les emplois. C'était à des favoris de cour que toutes les fonctions, les plus grandes et les plus petites, étaient réservées : « Le système de gouvernement par vice-rois, capitaines généraux, *audiencias*, a été représenté avec raison, dit Merivale, comme une machine compliquée, destinée à faire de chaque membre du gouvernement un obstacle à l'action des autres membres. Il était impossible aux meilleurs gouverneurs de mettre en pratique les mesures les plus incontestablement utiles à l'intérêt public, tandis que des magistrats peu scrupuleux avaient pleine facilité pour s'enrichir eux et leurs favoris. » L'Amérique espagnole était divisée en vice-royautés et en capitaineries générales. Les vice-rois et les capitaines généraux avaient dans l'origine toute la plénitude de l'autorité royale : mais leur puissance devint bientôt fort limitée et il ne leur resta guère qu'un grand cérémonial, un énorme traitement et la faculté de s'enrichir par mille voies illégales. Les vice-rois étaient servis par des pages ; ils avaient des gardes du corps ; leur traitement fixe pour la Nouvelle-Espagne et le Pérou était de 60,000 piastres, pour Buenos-Ayres et la Nouvelle-Grenade de 40,000, à un moment où la valeur des métaux précieux n'était pas arrivée au quart, au cinquième peut-être de la dépréciation qu'elle a subie depuis la découverte de l'Amérique. Les vice-rois recevaient en outre d'énormes cadeaux, qui montaient d'ordinaire, pour le jour de leur naissance, à 60,000 *pesos :* quant aux profits irréguliers qu'ils pouvaient faire par la vente de titres ou de privilèges commerciaux, ils étaient illimités. La réception d'un nouveau vice-roi était l'occasion de fêtes exceptionnelles qui donnaient lieu à des dépenses inouïes. « Des cérémonies aussi coûteuses, dit avec raison Adam Smith, non seulement sont une taxe réelle que les colons riches ont à payer dans des occasions particulières, mais elles contribuent encore à introduire parmi eux des habitudes de vanité et de profusion dans toutes les autres circonstances. Ce sont non seulement des impôts fort onéreux à payer accidentellement, mais c'est une source d'impôts perpétuels du même genre, beaucoup plus nuisibles encore, les impôts ruineux du luxe et les folles dépenses des particuliers. » Les conditions nécessaires du développement rapide et de la prospérité solide des colonies, ce sont l'épargne, la simplicité des mœurs et l'égalité des conditions. L'Espagne semblait s'appliquer à détruire dans ses possessions ces qualités essentielles. Les vice-rois étaient tenus, par des lois soigneusement appliquées, à l'écart de tous les autres citoyens ; c'est ainsi qu'il leur était enjoint de n'admettre à leur table que leur famille et d'en éloigner toutes les autres personnes, de peur que, par une familiarité trop grande, ils ne prissent racine dans le pays, au point d'y devenir dangereux pour la métropole.

Aux côtés des gouverneurs siégeaient les *audiencias*, qui étaient chargées de surveiller leur conduite et de contrecarrer leurs desseins. C'étaient des compagnies analogues à nos Parlements, unissant des fonctions judiciaires aux fonctions administratives. A ce dernier point de vue elles étaient présidées par le gouverneur et elles ne pouvaient s'opposer à ses ordres que par des remontrances et non par voie d'annulation ou de veto. Une loi de 1620 leur reconnaissait le droit de communiquer directement avec le gouvernement métropolitain à l'insu des vice-rois et des capitaines généraux.

Au-dessus de ces diverses autorités planait le conseil des Indes, institué en 1511 et définitivement organisé en 1542. C'est lui qui conservait avec un zèle scrupuleux les traditions de la vieille administration coloniale : il se recrutait parmi les hauts fonctionnaires d'Amérique. Les nouvelles lois ne pouvaient être votées qu'à la majorité des deux tiers. Entouré d'une considération universelle, il était le soutien le plus opiniâtre de cette politique de défiance qui s'opposait plutôt aux progrès des colonies qu'elle ne les favorisait. Aussi devint-il nécessaire de le supprimer quand, sous la monarchie plus éclairée des Bourbons, on prit des mesures plus libérales en faveur des dépendances d'Amérique.

Les créoles n'avaient dans l'administration de leurs affaires ni voix délibérative ni même voix consultative. Les diverses localités, *lugares*, avaient bien à l'origine des municipalités ou *cabildos*, qui jouissaient d'une certaine indépendance : on finit par les supprimer complètement.

Le caractère du gouvernement des colonies espagnoles, c'était le mystère : rien ne s'y faisait au grand jour ; c'était une administration inquisitoriale et secrète ; des rapports des vice-rois ou des *audiencias*, rien ne transpirait au dehors ; on sait que le célèbre voyageur, Ulloa, a écrit deux récits de ses voyages, l'un destiné au public, l'autre au gouvernement, et chacun dans un ton très différent, comme les deux histoires de Procope. L'administration métropolitaine elle-même était souvent très mal renseignée : elle apprenait parfois par la voie des étrangers ce qui se passait dans ses possessions d'outre-mer. On a des preuves nombreuses du secret impénétrable qui enveloppait toutes les affaires. Robertson devait, en 1777, tirer sa connaissance des finances du Pérou d'un mémoire manuscrit de 1614, et, d'autre part, il estimait à 4,000,000 de piastres les revenus du Mexique qui étaient déjà de 15,000,000. Une foule d'autres passages de son histoire prouvent qu'il n'était pas le moins du monde au courant de l'état de l'Amérique espagnole au temps où il vivait. On fit au comte Revillagigedo un reproche très sérieux, en Amérique même, de ce qu'il eût publié une statistique de la population dans la Nouvelle-Espagne et porté ainsi à la connaissance de tous le petit nombre d'Espagnols établis dans cette colonie. Du manque de renseignements naissaient en Europe les opinions les plus fausses sur l'état des colonies de l'Espagne. Tandis que, au XVI° siècle, chacun s'exagérait leur prospérité, leur richesse, leur population, au XVIII° chacun les dépréciait outre mesure. La constitution de l'Église était au gouvernement d'un grand secours dans ce système d'étouffement et de ténèbres. La police de l'imprimerie était confiée à l'inquisition, et les instructions sur ce service, telles qu'on les trouve dans la *Recopilacion*, forment une œuvre unique au monde. Le vendeur d'un livre prohibé était puni de deux ans de suspension de son commerce, de deux ans de bannissement de son lieu de demeure et de 200 ducats d'amende; les commissaires de l'inquisition avaient droit d'entrer à chaque heure du jour et de la nuit dans les domiciles privés pour y rechercher les livres interdits.

Adam Smith place au nombre des causes de l'infériorité des colonies espagnoles le régime très oppressif du clergé. Ce n'est pas qu'au point de vue politique le clergé y eût une grande prépondérance. C'était un instrument plein de docilité entre les mains du gouvernement métropolitain, qui l'avait soustrait en grande partie à l'autorité du Saint-Siège. Des bulles d'Alexandre VI et de Jules II avaient mis le clergé d'Amérique vis-à-vis le souverain dans les mêmes conditions de dépendance où le Concordat a placé le clergé français. La Couronne d'Espagne avait la collation des bénéfices, la nomination aux charges ecclésiastiques et la haute surintendance des affaires de l'Église. Mais, faible au point de vue politique, le clergé était oppressif au point de vue économique. Il jouissait de dîmes plus étendues que partout ailleurs et perçues avec plus de rigueur. Dès l'année 1501, le paiement des dîmes dans toutes les colonies avait été ordonné et le mode de perception réglé par la loi. Toutes les productions de l'agriculture étaient soumises à cet impôt, le sucre, l'indigo, la cochenille aussi bien que le maïs ou le blé. Or on sait de quel poids est tout impôt foncier dans les colonies nouvelles; il est essentiellement prohibitif de la culture. Les peuples les plus avancés en colonisation en déchargent les terres récemment défrichées pendant une certaine période, et ne les soumettent ensuite qu'à de faibles taxes locales qui sont uniquement destinées aux routes et aux besoins locaux. Non moins que les dîmes, l'extension de la mainmorte est un obstacle à la culture ; dans les contrées vieilles la mainmorte présente plus de dangers politiques que d'inconvénients économiques, parce que les corporations morales trouvent facilement à louer leurs terres à des fermiers et sont en aussi bonne condition pour les améliorer que les autres propriétaires non cultivateurs. Mais dans les pays neufs, où les terres n'ont pas assez de valeur pour être affermées, les biens de main morte mal cultivés constituent souvent de vastes étendues de mauvaise pâture, qui arrêtent le développement agricole des districts où ils se trouvent. Or la mainmorte était incroyablement développée dans l'Amérique espagnole. D'après Humboldt (*Nouvelle-Espagne*, t. II, p. 138) on trouvait au Mexique des provinces où 80 p. 100 de la propriété foncière appartenaient à la mainmorte. Philippe III, dans une lettre au vice-roi du Pérou, en 1620, remarque que le nombre des couvents à Lima est si grand qu'ils couvrent plus de terrain que le reste de la cité. En 1644 la ville de Mexico présentait au roi une pétition pour demander qu'il ne se fondât plus de nouveaux monastères et que les revenus de ceux qui existaient fussent restreints, parce que, autrement, les maisons religieuses eussent acquis bientôt la propriété de toute la contrée. Les pétitionnaires réclamaient également qu'on imposât aux évêques des restrictions à la collation des ordres sacrés, parce qu'il y avait déjà au Mexique plus de 6,000 ecclésiastiques sans place. Et c'était en 1644, cent vingt ans après la conquête, quand le nombre des Espagnols au Mexique n'atteignait pas sans doute 300,000 âmes, que le clergé s'y trouvait si nombreux. Le nombre immense des moines mendiants ne constituait pas un moindre obstacle au développement de la colonisation, car il en résulte que « l'état de mendicité, dit Adam Smith, est une chose non seulement autorisée, mais même consacrée par la religion, ce qui établit un impôt excessivement lourd sur la classe pauvre du peuple, à laquelle on a grand soin d'enseigner que c'est un devoir de faire l'aumône à ces moines et un très grand péché de la leur refuser. » Or, il n'y avait pas encore de cultivateurs européens au Mexique, qu'il y avait déjà des couvents : c'est en 1625, quatre ans seulement après la conquête, que le premier monastère fut établi dans la Nouvelle-Espagne.

Nous nous sommes longuement arrêté sur l'organisation sociale, économique et politique des colonies espagnoles. Pour terminer cette esquisse, il convient de rechercher quelles étaient les lois qui réglaient le commerce et l'industrie des colonies, ainsi que les motifs et les conséquences de ces lois.

Dans cet ordre de réglementation comme dans tous les autres, le point de départ et la pensée première qui expliquent tout le système, c'est l'extrême jalousie de la métropole et la crainte perpétuelle que ses dépendances d'Amérique ne vinssent à lui échapper.

Comme tous les gouvernements despotiques qui sentent sur leur territoire beaucoup d'éléments d'opposition, comme la vieille Égypte, comme la Chine, comme le Japon, l'Espagne s'efforça de préserver ses sujets du contact des étrangers, et pratiqua dans toute sa rigueur le système d'isolation. A l'origine, une pensée toute naturelle et légitime de protection donna le jour à ce système : toute l'Europe était pleine d'envie pour les possessions espagnoles et la métropole pouvait craindre qu'on cherchât à les lui enlever. Plus tard ce fut contre les colons eux-mêmes que les soupçons furent éveillés ; on voulut empêcher l'introduction des idées étrangères, qui accompagne quelquefois l'importation des marchandises de l'étranger. Les lois furent draconiennes et les mœurs impitoyables. Le commerce avec l'étranger sans permission expresse était défendu sous peine de mort et de confiscation. Jusqu'au milieu du xviie siècle les Espagnols traitaient en criminel tout vaisseau étranger qui se trouvait dans les eaux des colonies. Les marins des autres contrées qui descendaient à terre étaient souvent exécutés ou condamnés aux travaux des mines. Les Français qui, de 1564 à 1567, visitèrent la Floride furent presque tous tués par les Espagnols. Tant que la puissance de l'Espagne fut florissante on ne put espérer d'adoucissement à la rigueur de ces lois ; plus tard, il est vrai, on changea en taxe la prohibition absolue, mais la position des étrangers n'en était guère meilleure : une fois descendus dans les colonies espagnoles, le saint office les inquiétait systématiquement sous prétexte d'hétérodoxie. La défiance métropolitaine persistait et se manifestait à toute occasion. Au milieu même du xviiie siècle, l'arrivée d'un vaisseau de Boston à l'île de Juan Fernandez pour y faire relâche ou l'apparition d'un vaisseau baleinier anglais dans la mer du Sud était l'occasion de remontrances et de changements dans le personnel de l'administration des colonies.

C'est presque uniquement à cet état maladif et chronique de défiance et de soupçon qu'il faut attribuer l'organisation exclusive et restrictive que l'Espagne imposa au commerce de ses colonies ; on a voulu voir à tort dans toutes ces restrictions une application du système mercantile : c'est confondre les temps ; il est parfaitement possible qu'à la longue de fausses théories économiques soient venues se greffer sur les motifs politiques qui avaient donné le jour au système commercial de l'Espagne, mais il est inexact que ce système eut sa cause première dans ces théories économiques. C'était pour éloigner les étrangers, non pour favoriser les fabricants et la métropole que l'Espagne réglementa si strictement les relations de l'Amérique avec l'Europe. « Si l'intérêt du commerce, dit Heeren avec grande raison, entra pour quelque chose dans les motifs qui déterminèrent les mesures restrictives, ce ne fut que d'une manière bien subordonnée. On put bien comprendre en Espagne que ces mesures n'étaient nullement favorables à la prospérité des colonies ; mais la prospérité des colonies, dans le sens ordinaire du mot, n'était pas ce qui importait le plus. »

C'est une observation de Humboldt que les rois d'Espagne, en prenant le titre de roi des Indes, considéraient ces possessions éloignées plutôt comme des provinces relevant de la couronne de Castille que comme des colonies dans le sens attaché à ce mot par toutes les nations d'Europe depuis le xvi° siècle ; et, suivant le même auteur, la conséquence pratique de cette doctrine, c'était qu'il n'était pas interdit systématiquement aux habitants de l'Amérique espagnole d'avoir des manufactures et des fabriques pour leurs propres besoins, interdiction qui fut d'usage dans la plupart des colonies des autres peuples d'Europe. La métropole, à la vérité, avait bien la prétention d'être seule à les fournir de marchandises européennes, mais elle n'exigeait pas que les colons prissent ces marchandises de préférence aux produits de leur propre industrie. Il est, en effet, parfaitement avéré qu'il existait à Quito et en d'autres lieux des manufactures florissantes d'objets destinés aux usages communs de la vie ; il est constant que la prohibition de raffiner le sucre ne fut pas connue dans les colonies espagnoles ; et si parfois les gouverneurs mirent obstacle au développement des manufactures américaines, il en faut chercher la cause dans des raisons locales ou transitoires, très souvent dans l'intérêt porté aux Indiens que l'on s'imaginait lésés par le travail des manufactures ; mais il faut se garder de voir dans des mesures exceptionnelles l'application systématique de principes économiques que l'Espagne n'avait pas, du moins dans les premiers siècles de la colonisation.

Il est plus difficile de se rendre compte des motifs qui portèrent le gouvernement à interdire dans certaines colonies la culture de certains produits, comme le lin, le chanvre, la vigne, parfois même le tabac. Humboldt lui-même nous apprend que pendant son séjour au Mexique, en 1803, un ordre fut envoyé de Madrid pour arracher toutes les vignes qui se trouvaient plantées dans la Nouvelle-

Espagne. Cet auteur raconte ce fait dont il fut témoin, sans y voir autre chose qu'une dérogation aux principes habituels de l'Espagne relativement à l'industrie et à l'agriculture de ses colonies. Il faut remarquer en effet que de pareilles mesures, si fréquentes qu'elles fussent, étaient singulièrement variables et arbitraires, et qu'il serait difficile d'y voir l'application d'un plan arrêté et systématique. Si l'on interdit à plusieurs reprises la culture du lin et du chanvre, il fut un temps où l'on favorisa, où l'on provoqua même ces cultures. Roscher cite un édit de Charles-Quint en 1545, qui commande expressément aux gouverneurs d'exciter les indigènes à la culture du lin et du chanvre ainsi qu'au filage et au tissage. Il est vrai qu'au xviii® siècle les théories mercantiles eurent plus de poids dans les conseils de la métropole, et c'est ce qui peut expliquer peut-être cette différence entre les règlements du xvi® siècle et ceux du xviii®.

Ce qui est constant, c'est qu'il est très inexact d'attribuer aux princes de la maison d'Autriche des principes économiques qui ne se développèrent que plus tard. Il s'en fallait de beaucoup, et Roscher l'a prouvé avec grande science, que l'Espagne, pendant le xvi® siècle et la première moitié du xvii®, pensât à favoriser les fabricants et les commerçants de la métropole aux dépens de ceux des colonies. En Espagne même, l'exportation des métaux précieux était prohibée, il est vrai ; mais on tendait également à prohiber l'exportation des marchandises espagnoles et à encourager l'introduction des produits manufacturés des autres pays. Les Cortès et le gouvernement s'accordaient sur ce point que la hausse des marchandises provenait de la perversité des marchands, qui voulaient en diminuer le nombre par l'exportation. Aussi l'exportation du bétail, du cuivre, des céréales et de beaucoup d'autres marchandises était-elle défendue. Un édit de Charles-Quint, en 1552, ordonnait que chaque étranger qui exporterait de la laine brute serait tenu d'importer à sa place une certaine quantité de laine manufacturée. En même temps on permettait l'entrée des soieries, on en défendait la sortie. On voit combien de tels principes sont en contradiction avec le système mercantile. Ce qui est également certain, c'est que Philippe II et son peuple avaient pour l'industrie un profond dédain, qui ne les portait pas à prendre des mesures restrictives dans l'intérêt supposé des fabricants et des commerçants métropolitains. Dans toutes les lois du temps les métiers de forgeron, de tanneur et autres sont qualifiés d'*officios viles y baxos*. Pendant que l'office de garçon de cuisine et de marmiton ne nuisait pas à la noblesse et la suspendait seulement, tout métier était une tache ineffaçable. La pensée d'exploiter les colonies au profit des manufacturiers de la métropole était donc absente. Le système mercantile, s'il fut un outrage à la raison humaine et une violation des droits naturels des peuples, fut, d'un autre côté, un hommage rendu au travail et à son importance politique et sociale ; il ne pouvait être en vigueur dans un pays où le travail était universellement méprisé.

Aussi, bien des faits prouvent que les princes et les ministres espagnols des deux premiers siècles de la colonisation n'étaient pas les adeptes de ce système. Nous avons déjà cité un édit de Charles-Quint pour qu'on excitât les indigènes au tissage et au filage : il existe également un édit de Philippe IV en 1621 qui porte que les artisans habiles seraient exemptés de la mesure qui défendait aux étrangers de se fixer en Amérique. Toutes les marchandises européennes dont avaient besoin les colonies leur venaient d'Espagne ; mais il ne faut pas croire que la plus grande partie se composât de produits espagnols. Les objets manufacturés, transportés en Amérique, pour les 19/20es du moins, étaient d'origine anglaise, hollandaise ou française, et ce n'était pas seulement la fraude qui était l'origine de cette répartition inégale. Le trésor espagnol y trouvait son compte par les droits dont il grevait les marchandises étrangères pour leur transit en Espagne ; ces droits étaient calculés de façon à n'être ni prohibitifs, ni même protecteurs, mais à avoir la plus grande énergie fiscale qu'il fût possible de leur donner.

Si les lois relatives à l'industrie des colonies étaient moins oppressives que dans la plupart des autres colonies européennes, et spécialement que dans les colonies anglaises, comme nous le verrons plus loin, d'un autre côté, l'organisation du commerce était infiniment plus nuisible que partout ailleurs : et les restrictions excessives apportées au commerce des colonies leur étaient beaucoup plus défavorables que ne pouvait leur être utile la liberté précaire et souvent interrompue, que l'on accordait en principe à leurs manufactures.

Dès 1503, avait été fondée pour la surveillance du commerce américain la célèbre *Casa de contratacion* à Séville. C'était une autorité, à la fois administrative et judiciaire, qui fut par la suite subordonnée au Conseil des Indes. Aucun vaisseau ne pouvait faire voile d'Espagne en Amérique sans avoir été inspecté par les employés de la *Casa*, qui tenaient registre du chargement et délivraient la patente obligatoire. Il était ordonné sous peine de mort et de confiscation de passer par Séville pour faire le voyage d'Amérique et de s'y rendre également pour retourner d'Amérique en Europe. La raison qui avait fait attribuer à cette ville assez mal placée le monopole du commerce américain, c'est que c'était le seul port que possédât le royaume de Castille, et comme les frais de l'expédition de Colomb avaient été supportés par la couronne de Castille, cette province réclamait pour elle seule les profits qui pouvaient résulter de l'occupation de l'Amérique. Il est difficile de se représenter l'esprit exclusif des diverses provinces espagnoles ; un exemple donnera la mesure de la force de ce provincialisme. Quand le Portugal fut réuni à l'Espagne, il resta interdit aux marins portugais, sujets cependant de la Couronne d'Espagne, de commercer des Moluques aux Philippines. Séville ne put garder toujours le monopole qui lui avait été attribué à l'origine : le Guadalquivir perdant en tirant d'eau et le commerce avec l'Amérique se développant, le monopole fut, en 1720, attribué à Cadix.

Pour faciliter le contrôle et la protection (*conserva*) des navires, le commerce avec l'Amérique fut limité à deux caravanes régulières. Nous n'entrerons pas dans le détail des raisons qui expliquaient cette organisation singulière que beaucoup de nations d'ailleurs reproduisirent : la principale de ces raisons, c'était l'insécurité des mers. Ces deux caravanes maritimes annuelles étaient destinées, l'une à la Nouvelle-Espagne, l'autre aux provinces de l'Amérique moyenne et méridionale. La première s'appelait *la flotte* et relâchait à Vera-Cruz, la seconde était connue sous le nom des *galions* et allait à Porto-Bello en faisant escale à Carthagène. Le chiffre des vaisseaux qui composait chacune de ces expéditions variait de treize à vingt-sept voiles.

C'était par Porto-Bello que devait se faire tout le commerce avec le Pérou et le Chili : les produits de ces deux provinces étaient transportés par mer au moyen d'une caravane analogue aux précédentes à l'isthme de Panama, qu'ils passaient à dos de mulet pour se rendre à Porto-Bello. Le trafic se faisait dans ce dernier port ; cette misérable petite ville malsaine, presque inhabitée le reste de l'année, prenait une animation extraordinaire pendant les quarante jours que durait la foire. Les marchands de l'Espagne et du Pérou y figuraient comme deux compagnies rivales, dont l'une avait à sa tête l'amiral des galions et l'autre le gouverneur de Panama. Ces deux personnages se rencontraient sur le vaisseau amiral et fixaient les prix auxquels chacun devait acheter chaque marchandise. C'est ici que trouve place une observation de Jean-Baptiste Say. « Les commerçants privilégiés élèvent leurs prix au-dessus du taux qu'établirait le commerce libre. Ce taux est quelquefois déterminé par le gouvernement lui-même, qui met ainsi des bornes à la faveur qu'il accorde aux producteurs et à l'injustice qu'il exerce envers les consommateurs. » Tout se passait de la même manière au Mexique pour la *flotte d'argent*, sauf qu'à cause de l'insalubrité de la côte le débit avait lieu à Jalapa. Humboldt avait parfaitement raison de dire qu'ainsi le commerce d'un grand royaume se faisait comme l'approvisionnement d'une place forte bloquée.

Robertson et Smith font remarquer que l'Espagne et le Portugal n'eurent jamais recours aux compagnies exclusives. Cette observation nous paraît manquer d'exactitude. Non seulement en effet les commerçants de Séville, qui seuls jouissaient du droit de commercer avec l'Amérique, avaient un intérêt évident à agir de concert, ainsi que Smith le reconnaît, ce qui constituait une perpétuelle coalition, mais les marchands de Séville, depuis Charles-Quint, et ceux de Mexico et de Lima, depuis Philippe II, avaient obtenu le droit de se former en corporation close, et constituaient par le fait une véritable compagnie parfaitement semblable, si ce n'est identique, aux compagnies anglaises et hollandaises de la fin du xvie et du commencement du xviie siècle ; l'analogie est d'autant plus frappante que la compagnie anglaise des Indes orientales ne constitua qu'à partir de 1612 une vraie société par actions : jusque-là les membres de la compagnie avaient fait le commerce « *by several separate stocks* ». Le commerce du Mexique avec la *flotte d'argent* était entre les mains, selon Humboldt, de huit ou dix maisons mexicaines seulement. Il y avait donc là comme deux compagnies traitant l'une avec l'autre pour l'exploitation du public. L'intérêt de ces diverses corporations de marchands de Cadix, de Lima ou de Mexico, c'était d'élever les prix jusqu'à ce point où la réduction dans la quantité des ventes leur aurait causé plus de préjudice que la cherté des marchandises ne leur procurait de profit. Le concert qui s'établissait entre eux les mettait en situation d'arriver à ces fins en tenant toujours le marché non complètement approvisionné, *understocked*, comme disent les Anglais. Ulloa nous dit que les Espagnols faisaient dans leur commerce avec l'Amérique un gain de 100 à 300 %. Il nous donne également des exemples frappants du haut prix des marchandises d'Europe en Amérique et spécialement du fer et de l'acier. Or, de pareilles marchandises ne sont pas seulement des objets de jouissance, ce sont encore des moyens de production, d'où il résulte que leur rareté et leur haut prix sont un très grand obstacle au développement de la production tout entière. Si le monopole de fait, qui existait en faveur des marchands de Séville ou de Cadix, avait pour conséquence de n'approvisionner l'Amérique que d'une manière insuffisante de marchandises européennes, ce même monopole avait pour conséquence également funeste de restreindre dans une mesure considérable la production des colonies. En effet toute compagnie privilégiée, et la corporation des marchands de Séville ou de Cadix rentre de fait, si ce n'est de nom, dans cette catégorie, a pour intérêt non seulement d'acheter au plus bas prix possible les marchandises de la contrée où elle trafique, « mais encore, dit avec raison Smith, de n'acheter de ces marchandises, même à ce bas prix, que la quantité seulement dont elle peut espérer disposer en Europe à un très haut prix ; son intérêt est non seulement de dégrader dans tous les cas la valeur du produit surabondant des colons, mais encore, dans la plupart des circonstances, de décourager l'accroissement de cette quantité et de la tenir au-dessous de son état naturel. » Le résultat le plus clair de cette organisation du commerce, c'était de diminuer l'approvisionnement des marchandises européennes en Amérique et celui des marchandises américaines en Europe : c'était par conséquent de restreindre et de déprécier la production tant en Europe qu'en Amérique, sans autre dédommagement que les profits énormes faits par une corporation de marchands. On peut dire que toutes les conditions économiques en Amérique et dans une certaine mesure en Europe souffraient gravement d'une organisation si radicalement défectueuse.

Le même régime était appliqué au commerce de l'Amérique avec les Philippines. Tout le trafic entre ces deux contrées se faisait par un seul vaisseau qui partait tous les ans de Manille pour Acapulco : ce grand vaisseau avait parfois jusqu'à 1,200 hommes à bord. Quand il fut pris, en 1762, par les Anglais, Anderson estimait le butin à 3,000,000 de piastres. Tout ce commerce était accaparé par quelques riches maisons mexicaines à Acapulco, et à Manille par les couvents.

On conçoit dans quelle langueur de pareils règlements devaient plonger la colonisation. Caracas, par exemple, ne pouvait écouler dans la mère patrie son excédent de peaux et de cuirs, parce que celle-ci avait déjà tiré de Montevideo et de Buenos-Ayres tout ce dont elle avait besoin, et que ces deux derniers pays étaient, sous ce rapport, supérieurs à Caracas. A l'époque de sa plus grande prospérité, le commerce de Séville, d'après les documents les plus dignes de foi, ne montait pas pour les deux flottes à plus de 27,500 tonneaux, tandis qu'une des plus petites colonies actuelles de la Grande-Bretagne, l'île Maurice, envoyait, en 1836, en Angleterre, 17,690 tonneaux et en recevait 18,576. En 1849, le commerce de Maurice avec la métropole employait plus de 65,000 tonneaux. Ainsi une petite île perdue dans l'Océan Indien avec une population moindre de 150,000 habitants a de nos jours un mouvement commercial beaucoup plus considérable que celui de l'Amérique espagnole entière lors des plus beaux temps du système des galions et de la flotte d'argent.

Il n'est pas étonnant que les vices d'un pareil système aient fini par devenir si évidents qu'on se résolût à le changer. La maison de Bourbon eut l'honneur de réformer graduellement, dans une proportion large quoique insuffisante, cette organisation défectueuse. Elle eut toutefois à vaincre les résistances de toute l'administration coloniale, et les ministres éclairés qui gouvernaient l'Espagne au xviiie siècle durent commencer par modifier cette administration même. Le Conseil des Indes perdit une grande partie de ses attributions par les empiètements de divers ministères : on créa bientôt un ministère des Indes, qui se trouvait toujours en contradiction avec le Conseil des Indes; celui-ci représentait la tradition, celui-là les idées nouvelles. Le ministère des Indes lui-mêmes fut supprimé sous Charles IV et les affaires d'Amérique furent partagées entre les cinq ministères de la métropole : guerre, marine, finances, affaires étrangères, justice et grâces. Aucun employé aux colonies ne devait exécuter un ordre qui ne lui vînt du ministère spécial auquel il ressortissait. Les *audiencias* virent restreindre considérablement leurs attributions administratives. Ce fut le renversement complet de la vieille constitution coloniale. Sans doute une pareille centralisation avait bien des inconvénients, quand elle s'étendait à des contrées situées à deux ou trois mille lieues du centre. Mais en brisant le faisceau de l'administration coloniale, le gouvernement brisait en partie le faisceau des traditions mauvaises.

Des réformes commerciales devinrent alors possibles : la contrebande les avait déjà devancées. Tant que l'Espagne avait été maîtresse des mers, elle avait pu faire exécuter ses lois draconiennes et éloigner de ses possessions d'Amérique les vaisseaux des autres puissances Mais, depuis la destruction de l'*invincible Armada* et le développement considérable des marines et du commerce de l'Angleterre, de la Hollande et de la France, les obstacles à l'application des lois maritimes de l'Espagne devenaient de plus en plus grands. Au commencement du xviiie siècle, la contrebande pour les colonies espagnoles s'était élevée à la hauteur d'une institution et avait atteint un degré de régularité et d'organisation que le monde ne connut ni auparavant ni depuis. Les Anglais surtout se distinguaient dans ce commerce interlope, ils y étaient puissamment aidés par l'avantage qu'ils avaient obtenu sous le nom d'*asiento* à la paix d'Utrecht : c'était le privilège de fournir à l'Amérique espagnole un nombre limité d'esclaves nègres. Les vaisseaux qui avaient obtenu licence pour le commerce d'esclaves se livraient avec un bien plus grand profit à celui des marchandises prohibées. Les Hollandais et les Français prirent aussi part à cette industrie lucrative. La Jamaïque et Saint-Domingue servaient d'entrepôts. Cette contrebande, si active et si régulière, fut très heureuse pour les colonies de l'Espagne. C'est vraiment dans ces circonstances que se trouve justifiée l'apologie, si souvent blâmée, qu'un éminent économiste, Senior, a fait du commerce de contrebande. « Le contrebandier, dit Senior, est un réformateur radical et judicieux; par malheur il ne peut exercer son industrie que sur des objets qui offrent peu de volume; mais dans le cercle où il est renfermé, il choisit toujours de préférence ceux dont la privation est le plus sensible à la société. Dans les pays où le système prohibitif a été poussé à un point extrême, le contrebandier est indispensable au bien-être de la nation entière. » Nous n'acceptons pas, à coup sûr, la responsabilité de ces paroles au point de vue moral : mais il est certain que si l'observation de Senior a trouvé une seule fois son application, ç'a été dans les colonies espagnoles au XVIII° siècle. Buenos-Ayres, station jusque-là sans importance, devint une cité considérable, grâce à la contrebande qui s'y faisait pour le Pérou. Les Espagnols gardaient leurs côtes avec des forces maritimes dispendieuses, ils recouraient, à l'intérieur, à l'étrange expédient de rendre les délits de contrebande justiciables de l'inquisition, mais tous ces efforts étaient insuffisants pour arrêter ce que sir Josiah Child a appelé avec tant de raison : « *la force et la violence du cours naturel du commerce.* » La flotte et les galions se réduisaient d'année en année, et leurs propriétaires étaient heureux de se servir de ces vaisseaux autorisés pour introduire des marchandises étrangères et prohibées. On en était arrivé à cette situation étrange que le commerce de Mexico, au dire de Humboldt, était toujours beaucoup plus florissant en temps de guerre qu'en temps de paix, parce que, en temps de guerre, les croisières espagnoles étaient poursuivies et traquées, et qu'ainsi la contrebande avait jeu libre.

Le soutien de la vieille politique coloniale devenait donc pour l'Espagne de plus en plus difficile. Les progrès des colonies en richesses et en lumière leur rendaient d'autant plus indispensables les marchandises européennes; les nations étrangères, d'un autre côté, par l'augmentation de leur industrie et de la concurrence internationale, recherchaient des débouchés au loin et y attachaient assez d'importance pour élever en *casus belli* le moindre grief commercial. La maison de Bourbon entra dans la voie des réformes. Déjà, pendant la guerre de succession, par pénurie de vaisseaux espagnols, on avait ouvert les ports de l'Amérique aux marchands de Saint-Malo, mais seulement jusqu'à la paix. Le traité de l'*Asiento*, en 1713, qui accordait à l'Angleterre, outre le privilège de la traite des nègres, le droit d'envoyer un vaisseau de 500 tonneaux à la foire de Porto-Bello, avait eu des conséquences plus durables. Les Anglais avaient tiré un énorme parti de cette concession minime. Non seulement le nombre des tonneaux était généralement dépassé; mais le vaisseau était accompagné de plusieurs autres qui se tenaient à l'ancre à quelque distance et renouvelaient le chargement du premier quand il était épuisé. Les Anglais en étaient arrivés à établir des factoreries dans les places les plus importantes : ils acquéraient ainsi une connaissance plus exacte des goûts et des besoins des colons en même temps qu'ils y avaient toute facilité pour diriger la contrebande. Les Hollandais, d'autre part, s'étaient emparés de tout le commerce de Caracas : de 1712 à 1728, il n'était parti qu'un vaisseau de Caracas pour l'Espagne, et de 1708 à 1728, il n'était allé que cinq vaisseaux d'Espagne à Caracas. De toutes les contrées du monde, Caracas est celle qui produit le plus de cacao, l'Espagne celle qui en consomme le plus, et, cependant, c'étaient les Hollandais qui avaient tout ce commerce entre les mains. Ces considérations portèrent la couronne d'Espagne à abandonner à une compagnie particulière, la compagnie du Guipuscoa, le commerce de Caracas. C'était une réforme bien imparfaite que la création d'une compagnie privilégiée; mais ce qui dans un autre temps et dans un autre pays eût été un expédient ruineux fut pour Caracas un bienfait. La compagnie ne pouvait commercer que par Cadix et Saint-Sébastien, mais elle y mit de l'activité: ses vaisseaux furent plus nombreux et firent des voyages plus fréquents que les galions; en peu de temps, grâce à l'exportation plus grande des cuirs, le bétail de Caracas tripla, la culture du cacao doubla, et son prix dans la métropole tomba de moitié. C'est ainsi qu'une organisation aussi défectueuse qu'une compagnie privilégiée l'emportait cependant de beaucoup sur les restrictions inouïes auxquelles le commerce de l'Amérique avait été soumis à l'origine.

La décadence du commerce espagnol se poursuivait dans toutes les branches qui restaient soumises à l'ancien régime : les galions tombèrent, vers 1737, de 15,000 tonneaux à 2,000 seulement. L'Espagne tenta d'abord de les relever en réprimant plus sévèrement la contrebande. Mais Robert Walpole, contraint par les classes dirigeantes de l'Angleterre, ne recula pas devant une guerre pour protéger le commerce interlope. Le gouvernement de Madrid fut ainsi amené à des réformes plus radicales : les galions furent supprimés vers 1748 et les vaisseaux espagnols purent faire voile directement vers le Pérou et le Chili par le cap Horn. Panama et Porto-Bello ne se relevèrent pas de ce coup. La même année, on avait essayé de rendre le commerce libre avec tous les ports de l'Espagne, mais les nombreuses faillites qui en résultèrent à Cadix firent reculer le gouvernement. Cadix conserva son monopole. En 1764, Charles III créa des bateaux mensuels pour la poste entre la Corogne et la Havane : tous les deux mois, un semblable bateau pour les lettres allait à Buenos-Ayres, et les lignes postales de l'Amérique, au grand effroi des partisans de l'ancien système, furent reliées entre elles. Les réformes graduelles se succédèrent : en 1765 on permit à tout Espagnol, moyennant une taxe de 6 p. 100 sur le chargement, de commercer avec les Indes occidentales de quelque port que ce fût. En 1768, la même autorisation fut étendue à la Louisiane ; en 1770, à Campêche et au Yucatan ; en 1778, au Pérou, au Chili, à Buenos-Ayres, à la Nouvelle-Grenade, au Guatémala ; en 1788, à la Nouvelle-Espagne. Ces dates et cette progression méritent qu'on s'y arrête. On voit combien c'est à contre-cœur que le gouvernement de Madrid se décide à ces innovations. Plus une colonie est importante, plus il diffère à l'ouvrir au commerce : il semble qu'il ait voulu faire un *experimentum in animâ vili* en sacrifiant d'abord Cuba et Porto-Rico, peu importantes alors, puis la Louisiane, quelques années après le Yucatan, pour arriver enfin, après bien des délais et bien des stages, à ouvrir sa colonie la plus chère, la Nouvelle-Espagne, au commerce libre avec la métropole. Les résultats du nouveau système ne se firent pas attendre. Le commerce de Cuba, qui employait à peine six vaisseaux en 1765, en réclamait en 1778, alors que tous les Espagnols, moyennant une taxe de 6 p. 100, avaient été admis à y trafiquer, plus de 200. La recette des douanes à la Havane tripla de 1765 à 1770 et l'exportation pour toute l'île fut quintuplée. L'exportation pour l'Amérique espagnole et l'importation, ou le mouvement général du commerce des colonies avec la métropole, ne portaient, en 1778, que sur 148,500,000 réaux(1), qui employaient plus de 200 vaisseaux et payaient 6,500,000 réaux de droits. Dix ans plus tard, quand le commerce eut été rendu libre à tous les Espagnols, moyennant une taxe modérée, le mouvement général du commerce portait sur 1,104,500,000 réaux, donnant 55,000,000 de droits. Il y eut une autre réforme non moins importante : les règlements qui

(1) Le real égale 25 centimes.

mettaient obstacle au commerce intérieur de l'Amérique furent rapportés.

Sous ce régime plus libéral, les possessions de l'Espagne en Amérique firent de grands progrès pendant la seconde moitié du xviii° siècle : Caracas et la Nouvelle-Grenade s'enrichissaient par les plantations; Buenos-Ayres prenait un très grand développement par l'agriculture et l'élève du bétail; le Mexique était dans le plus beau moment de sa splendeur, l'accroissement des richesses métalliques n'y nuisait en rien à l'essor de l'industrie agricole, le produit des dîmes, dit-on, y doublait tous les vingt-cinq ou trente ans. Il dépendait de l'Espagne de conserver, en le fortifiant, ce beau domaine. Si la métropole avait eu assez de prévoyance pour conformer sa politique aux besoins nouveaux de ses dépendances ; si elle avait cessé de voir dans ces possessions une pépinière de charges et d'offices pour sa noblesse besogneuse, si elle avait restitué aux villes ces municipalités, *cabildos*, qu'on leur avait enlevées contre tout droit et toute raison ; si on avait associé dans une large mesure l'élément créole à l'administration de ses propres affaires ; si on avait abandonné pour toujours la maxime machiavélique de *diviser pour régner*, dont l'application constante avait constitué toute la politique coloniale pendant trois siècles ; si on avait enfin fait le sacrifice des restes trop nombreux encore de l'ancien édifice de monopole, de privilèges et de restrictions économiques, la destinée du nouveau monde eût été bien différente.

Mais à l'Espagne manquaient à la fois la science, la puissance et la volonté. Elle continua à fomenter la jalousie entre les éléments variés de la population coloniale, et elle n'aboutit par ce déplorable système qu'à exciter, au commencement de ce siècle, cette effroyable guerre civile, pleine d'horreurs dont l'ancien monde lui-même, si fécond pourtant en crimes et en massacres, n'offre pas d'exemple depuis le christianisme.

Si l'on veut apprécier à sa juste valeur le système colonial de l'Espagne et condenser en quelques lignes, toutes les injustices et toutes les fautes que la métropole commit pendant trois siècles dans l'administration de l'Amérique, il suffit de jeter les yeux sur le manifeste si net et si ferme qu'à la fin de l'année 18 8 les autorités insurrectionnelles des colonies répandirent dans toutes les possessions de l'Espagne au delà des mers. Elles demandaient dans cette proclamation : 1° l'égalité de droits avec les habitants de la métropole ; 2° la liberté entière de culture et de manufacture ; 3° la liberté d'importation et d'exportation dans tous les ports d'Espagne et des nations amies ; 4° la liberté du commerce entre l'Amérique espagnole et l'Asie; 5° la même liberté avec les Philippines; 6° l'abolition de tout monopole du gouvernement, qui serait indemnisé par des taxes; 7° la liberté d'exploitation des mines d'argent; 8° la réserve de la moitié des fonctions publiques pour les Espagnols de l'Amérique; 9° l'établissement d'une junte dans chaque capitale pour veiller à ce que cette dernière disposition fût toujours appliquée. Telles étaient les justes demandes des mécontents. Et ce n'étaient pas seulement les classes élevées, c'était le bas peuple lui-même qui était pénétré de la nécessité de ces réformes. Quelques années après l'émancipation, un voyageur anglais, le capitaine Basil Hall, entendait dire à un paysan de la Cordillère du Mexique : « Voici quel est mon jugement sur la révolution ; auparavant je payais neuf dollars pour la pièce d'étoffe dont ce vêtement est fait, maintenant je ne paie plus que deux dollars. » De là vint la popularité de la guerre de l'indépendance. La tyrannie politique n'est perçue que par les classes élevées qu'elle rabaisse et dégrade : mais la tyrannie commerciale et administrative se fait sentir à tous les rangs par des vexations continuelles et incessantes : elle fomente ainsi dans tous les cœurs des haines et des rancunes qui n'attendent qu'une occasion pour renverser les institutions les plus anciennes et en apparence les plus solides.

En expliquant avec détails le système colonial de l'Espagne, nous avons signalé sa déplorable influence sur le développement des colonies; il convient maintenant de se demander quelle influence les colonies exercèrent à leur tour sur la métropole. Il suffit de jeter les yeux sur l'état de l'Espagne au commencement du XVI° siècle et sur sa situation actuelle, pour découvrir sans peine que cette influence ne peut être qualifiée de bienfaisante. Toutefois il importe ici encore de nous garder de jugements précipités et de ne pas attribuer à une cause unique un état de choses qui fut le résultat de causes nombreuses et différentes. Il convient d'abord de séparer avec soin l'ordre économique et l'ordre politique. Au point de vue politique, le premier effet de la découverte de l'Amérique fut pour l'Espagne une augmentation de puissance : les revenus qu'elle tira de ses colonies donnèrent à Charles-Quint, à Philippe II et à leurs descendants, des ressources pécuniaires que, à la même époque, les rois de France ou d'Angleterre ne se pouvaient procurer qu'avec de grandes dificultés et par l'oppression de leurs sujets. C'eût été là, évidemment, un avantage important pour l'Espagne, si ses princes eussent été doués de plus de sagesse, de prévoyance et de modération, s'ils avaient profité de l'accroissement de revenu que l'Amérique donnait au trésor pour dégrever la métropole et y diminuer les charges fiscales de façon que l'agriculture et l'industrie eussent plus de facilités de développement. Mais, tout au contraire, les revenus du Mexique et du Pérou inspirèrent aux princes espagnols une infatuation irréfléchie et complètement déraisonnable : ils conçurent une idée extravagante de l'importance de ces richesses ; ayant en proportion plus grande que leurs voisins ce *nerf de la guerre*, ils ne voulurent en user que pour une politique de conquête et de domination : ils furent aveuglés par des trésors dont l'importance réelle était singulièrement au-dessous de celle que l'imagination des Espagnols leur prêtait. En même temps ils s'habituèrent à dédaigner toute autre source de richesses que les mines d'Amérique : ils n'eurent que mépris pour l'industrie et l'agriculture métropolitaines : ils ne crurent pas s'appauvrir en bannissant des légions de citoyens industrieux, dont le seul crime était d'avoir la foi de leurs pères et plus de richesses que leurs vainqueurs. C'était bien peu de chose cependant que les revenus que l'Amérique donnait au trésor royal en comparaison de cette source vivante et inépuisable de richesses qui consiste dans l'industrie progressive d'un grand peuple laborieux. L'excédent réel de l'administration coloniale qui, au temps de Humboldt, arrivait à la caisse de l'État, était ainsi réparti : la Nouvelle-Espagne avait annuellement un excédent de revenu de 5 ou 6,000,000 de piastres, le Pérou produisait 1,000,000, Buenos-Ayres 7 ou 800,000 piastres, la Nouvelle-Grenade n'en rapportait que 4 ou 500,000. Dans les autres provinces, les dépenses égalaient au moins le revenu. Bien plus, des subsides montant à 3,500,000 piastres devaient être envoyés aux Indes occidentales, à la Floride, à la Louisiane, aux Philippines et au Chili. C'était donc au plus 5,000,000 de piastres que les colonies espagnoles rapportaient annuellement au trésor royal. Qu'est-ce que cette somme minime en comparaison des revenus qu'une population active et industrieuse peut sans souffrance fournir au trésor d'un grand pays ? L'Espagne ne tarda pas à s'en apercevoir quand, au commencement du xviiie siècle, elle se trouva en face de l'Angleterre. La découverte de l'Amérique eût pu, au point de vue politique, apporter à la métropole des ressources autrement importantes et durables par le développement de la marine. Si le commerce avec l'Amérique eût été libre pour tous les Espagnols, cette concurrence heureuse, en diminuant le fret, eût multiplié le trafic, les voyages et les retours. Tous les ports de la péninsule hispanique eussent pris part à la prospérité commune : la vie eût pénétré par les côtes dans toutes les provinces intérieures voisines, une marine marchande nombreuse, perfectionnée et progressive n'aurait pas tardé à sillonner les mers. Il en fût résulté pour l'Espagne, outre un accroissement de richesses, un accroissement de puissance. Elle aurait été dans des conditions meilleures pour exploiter, pour protéger, pour développer son domaine d'outremer. Mais le régime des galions et de la flotte d'argent réduisait aux proportions les plus minimes la marine marchande espagnole. Trente gros vaisseaux, lourds, pesants, lents à la marche, faisaient une fois l'an le voyage d'Espagne en Amérique et d'Amérique en Espagne. Le défaut de concurrence condamnait cette marine à l'immobilité : elle ne faisait aucun progrès, elle était au XVIII° siècle ce qu'elle se trouvait être au XVI° siècle. Quand elle se vit en face de ces légions de vaisseaux marchands anglais ou hollandais, bâtiments légers, d'un faible tirant d'eau, d'une marche rapide, elle éprouva quelle fécondité possède la concurrence et de quelle stérilité est naturellement le monopole.

Au point de vue économique le système colonial de l'Espagne fut encore plus pernicieux à la mère patrie. Le privilège du port et des marchands de Séville d'abord, puis de Cadix, en élevant prodigieusement le taux des profits dans ces deux villes et parmi ces classes de personnes, engendra un luxe sans précédent. Les excès du luxe sont aussi nuisibles à l'industrie d'une nation que le développement de l'aisance et du confortable lui est favorable. Rien qui détourne de la régularité du travail et de la permanence des occupations, rien qui corrompe à sa source l'honnêteté des sentiments et la dignité du caractère, deux des éléments essentiels d'une industrie productive et progressive, comme ces dépenses excessives et déréglées auxquelles se complaisent les fortunes promptement acquises. Le contraste des richesses énormes des privilégiés et de la pénurie des hommes industrieux et laborieux, auxquels les lois du pays interdisaient la branche la plus lucrative du commerce, est d'une influence singulièrement pernicieuse sur la situation économique d'une nation. Une autre cause venait encore accroître le mal causé par ces gros profits d'une classe privilégiée de marchands, c'était la multitude de fonctions largement rétribuées que l'Amérique offrait aux aventuriers d'Espagne. Il est toujours dangereux pour un peuple d'avoir une classe trop nombreuse de fonctionnaires : il en résulte nécessairement du discrédit pour les affaires et pour ceux qui s'y consacrent. Mais, quand non seulement la classe des fonctionnaires est très nombreuse dans le pays même, qu'en outre elle est encore doublée par la domination sur des dépendances éloignées, et quand ces légions de fonctionnaires qui partent au loin trouvent l'occasion d'y faire en peu de temps une grande fortune, on peut dire que l'industrie d'un peuple placé dans d'aussi défavorables con-

ditions doit être incapable de prospérer et de grandir. L'esprit public
se corrompt. Chacun abandonne les perspectives bornées du travail
pour mendier les faveurs plus amples que le pouvoir peut prodiguer
en foule : c'est alors que toute une classe de solliciteurs se forme
au-dessus du peuple dont elle paralyse les forces. La nation espagnole, de tout temps, n'était que trop portée aux charges de cour
et aux emplois publics : le système suivi dans l'administration de
l'Amérique poussa à l'excès cette disposition déjà vieille. On déserta
les métiers, ces « *officios viles y bajos* » ; on renonça aux profits
modestes qui ne s'acquièrent que par la patience ; on voulut du premier bond saisir la fortune au vol : que celui qui veut réussir, dit
Cervantes, aille à l'armée, à la cour ou aux Indes.

A ces conditions si défavorables s'en ajoutèrent d'autres d'une
influence plus grande encore pour détruire l'industrie de l'Espagne.
La métropole s'étant réservé tout le commerce avec l'Amérique, il
en résultait qu'elle était la première et pour ainsi dire la seule à
recueillir cette quantité énorme de métaux précieux, dont les mines
du Mexique et du Pérou inondèrent l'Europe dans le xvi° et le xvii°
siècle. Cela même était une condition funeste pour son industrie et
ce qui, aux yeux de son gouvernement, constituait le plus précieux
des avantages était, à y regarder de près, un inconvénient des plus
pernicieux. Les métaux précieux s'accumulaient en Espagne en
quantité bien plus grande qu'en Angleterre et en France : ils ne se
déversaient que très lentement de l'Espagne dans les autres contrées.
De cette plus grande et de cette plus prompte accumulation de
métaux, il résultait une plus grande et une plus prompte dépréciation
dans leur valeur : c'est-à-dire que les marchandises espagnoles haus-
saient dans une proportion supérieure à la hausse des marchandises
dans les autres pays. Il en résulta pour l'industrie espagnole, quand
elle se trouva en face des industries étrangères, ce qui arriva dès la
fin du xvii° siècle par le développement de la contrebande, une condition des plus défavorables. Même en supposant à l'Espagne autant
d'habileté et de travail chez les ouvriers, un taux des profits aussi
modéré et une masse de capitaux aussi considérable, elle se trouvait
néanmoins dans une grande inégalité de situation par rapport à ses
rivales et ne pouvait supporter la concurrence. De là vint, en partie,
croyons-nous, la prompte décadence de l'industrie de l'Espagne
après la découverte de l'Amérique. Quand un pays possède des
colonies à mines d'or ou d'argent, ce qu'il a de mieux à faire, c'est de
les ouvrir au commerce de tous les peuples ; prétendre se réserver
à soi seul ce trafic, c'est tourner une cause de richesses en une cause
de pauvreté : c'est, en accumulant stérilement chez soi les métaux

précieux, placer son industrie dans des conditions défavorables et, sous prétexte de s'enrichir, préparer infailliblement sa ruine.

On voit combien agissait à contre-sens le système colonial espagnol : il appauvrit à la fois la métropole et les colonies ; il hâta la décadence de l'une et entrava le développement des autres ; il avait pour but de consolider à jamais le lien qui unissait la mère patrie à ses dépendances ; non seulement il n'empêcha pas la rupture de l'union politique, mais il prépara la rupture presque complète des relations commerciales. Si l'on veut voir combien était faible le lien qui rattachait l'Amérique espagnole à l'Espagne, voici des faits qui le prouvent avec plus d'éloquence et de précision que tous les raisonnements : « L'exportation du Pérou pour l'Espagne, dit Roscher, n'a pas une valeur annuelle de 20,000 fr. ; l'exportation pour l'Angleterre atteint 30,000,000 ; l'importation d'Espagne au Pérou monte à 2,000,000 de fr. ; celle des marchandises de France à 5,000,000, et celle des marchandises d'Angleterre à 18,000,000 ; le nombre des tonneaux du commerce maritime espagnol avec le Pérou est de 3,200 ; celui du commerce maritime anglais est de 151,000. » D'après des documents plus récents, le commerce de l'Espagne avec le Pérou serait presque nul. En effet, pour l'année 1876 la navigation du Pérou se faisait sous les pavillons suivants :

PAVILLONS.	ENTRÉE.		SORTIE.	
	NAVIRES.	TONNEAUX.	NAVIRES.	TONNEAUX.
Péruvien............	274	43,876	262	40,788
Allemand............	20	11,807	22	14,186
Amérique centrale...	34	14,254	34	11,829
États-Unis..........	59	62,117	65	70,748
Anglais.............	147	130,835	175	160,800
Français............	41	19,771	47	23,233
Italien.............	47	34,695	87	61,040
Norvégien...........	15	9,909	18	10,229
Suédois.............	13	7,712	13	7,526
Divers..............	8	4,371	7	3,783
	658	338,547	730	404,462

La marine espagnole, comme on le voit, ne figure même pas dans ce tableau, elle vient parmi les divers ; c'est-à-dire que l'Espagne prend aujourd'hui moins de part au commerce du Pérou que la Suède, par exemple, pour ne pas parler de l'Italie.

Il n'en est pas autrement au Chili ; les statistiques de ce pays pour l'année 1873 mentionnent 18 pavillons différents qui ont flotté dans les ports du Chili, on n'y trouve pas le pavillon espagnol. Les statistiques de la République argentine donnent aussi des résultats du même genre. Les tableaux de la douane de ce pays font la répartition du commerce extérieur entre les principales nations. Huit contrées d'Europe, dont le Portugal, figurent nominativement dans ces relevés ; on n'y trouve pas l'Espagne, qui doit être comprise parmi les contrées dont le commerce est sans importance et qui sont réunies sous la rubrique « autres pays ». Ainsi les rapports de l'Espagne avec ses anciennes colonies ont presque cessé ; elle leur fournit encore, cependant, des immigrants en assez grand nombre.

Nous n'avons traité dans toute cette étude que des possessions continentales de l'Espagne en Amérique : nous avons omis de parler des îles, parce que le genre de culture auquel elles étaient adonnées, ainsi que des modifications considérables dans le régime auquel elles se trouvèrent soumises, faisaient d'elles des colonies à part, ayant peu d'analogie avec celles du continent.

Nous laisserons de côté les Philippines, occupées en 1564, en vue seulement, dit Heeren, d'y établir des missions. L'Espagne, dans l'administration de cet archipel, subordonna toujours et complètement le côté politique et commercial au côté religieux : les établissements monastiques devinrent bientôt les propriétaires presque exclusifs de l'archipel. Quand les possessions du Portugal eurent été réunies à celles de l'Espagne, il eût été facile à la métropole de développer l'importance commerciale et maritime des Philippines en les mettant en relations avec les Moluques et les Indes d'un côté, et de l'autre avec la Chine et le Japon. Mais le gouvernement de Madrid rejeta un plan qui eût été si utile au développement colonial de l'archipel. Le commerce des Moluques aux Philippines fut interdit aux Portugais, même pendant l'union des deux royaumes de la péninsule Hispanique ; on ne prit d'un autre côté aucune mesure pour assurer des relations constantes entre Manille et l'extrême Orient. Les missions florissaient : c'était tout ce que l'Espagne semblait désirer, et elle n'ignorait pas qu'un plus grand développement du trafic n'eût fait que gêner les progrès des missionnaires et affaiblir la puissance des couvents.

Les Antilles espagnoles offrent un tout autre spectacle de richesse ; Cuba et Porto-Rico surtout méritent qu'on s'arrête avec attention pour signaler ce qu'il y a de particulier dans la constitution économique de ces deux îles et les causes de leur prospérité. Mais cette étude ne nous retiendra pas dans ce moment : nous la réservons pour le chapitre spécial où nous traiterons des colonies de plantations, de l'abolition de la traite et de l'esclavage. Le développement de Cuba et de Porto-Rico est, en effet, de date récente et se lie étroitement aux mesures presque contemporaines, qui modifièrent dans les autres îles européennes les conditions de la production, sans rien changer à l'organisation intérieure des îles espagnoles.

CHAPITRE II

De la colonisation portugaise.

Caractère particulier de la colonisation portugaise. — Chaîne de comptoirs, de relais ou d'escales. — Le but des Portugais fut la possession non des Indes, mais de la route et du commerce des Indes. — L'idée de commerce lucratif se liait alors à l'idée de monopole. — Le principe du *mare clausum*. — Analogies de la colonisation portugaise et de la colonisation phénicienne.
Les deux systèmes de colonisation commerciale. — Reproches adressés aux Portugais dans l'Inde. — Organisation du commerce portugais : les *Carraques*. — Les Portugais dédaignent le rôle de commissionnaires et de courtiers. — Corruption de l'administration.
Après la perte de leur commerce asiatique, les Portugais se rejettent sur l'industrie de la *traite des noirs*. — Décadence de leurs colonies africaines.
La colonisation portugaise en Amérique. — Causes du développement de la colonisation au Brésil. — Cette colonie est plus dédaignée de la métropole et moins réglementée. — Temps d'arrêt par suite de l'institution des compagnies privilégiées. — Découverte tardive des mines ; régime oppressif des établissements miniers.
Malgré tous les vices de leur ancien système colonial les Portugais occupent une grande place dans l'histoire de la colonisation. — Avenir de la race portugaise au Brésil ; développement dont sont susceptibles les établissements portugais en Afrique.

On a dit avec raison qu'aucune nation au monde ne fit d'aussi grandes choses que le Portugal relativement à son étendue et à sa population. On sait quelle brillante série de découvertes suivit, au commencement du XVe siècle, l'initiative hardie et intelligente d'Henri le Navigateur, fils du roi Jean Ier. Le Portugal venait de transporter sa capitale de Coïmbre à Lisbonne, cette dernière ville devint bientôt le centre du commerce du monde. De 1415 à 1557, les navigateurs portugais ne cessèrent d'étendre en Afrique et en Orient le cercle de leurs découvertes, la puissance de leur patrie et le trafic de leurs concitoyens. Madère, les îles du Cap-Vert, les Açores, la Guinée, le Congo, furent autant de points de repère et de relâche sur la route périlleuse qui porta Barthélemy Diaz (1486) au delà du cap de Bonne-Espérance et Vasco de Gama (1498), puis Alméida et Albuquorque, jusqu'aux Indes : possessions immenses que la découverte du Brésil en 1500 et l'occupation de Macao en 1557 vinrent encore étendre.

Les Portugais, dans cette expansion ininterrompue qui les porta à l'extrémité du monde, obéissaient à un esprit d'aventure qu'ils tenaient des guerres perpétuelles contre les Maures, à une avidité mercantile que le spectacle de la prospérité de Venise avait enflammée et aussi, dans une large mesure, à un esprit de propagande chrétienne que l'on retrouve dans toutes les entreprises de ces temps de ferveur religieuse. L'excès de population, le besoin ou le désir de fonder au delà des mers une patrie nouvelle, la recherche de débouchés pour les produits de leur industrie ou de leur sol, ne furent pour rien dans leurs voyages, leurs découvertes et leurs établissements. Aussi, à l'exception du Brésil, dont la colonisation est relativement tardive, ce ne furent pas de véritables colonies dans le sens étroit du mot, c'est-à-dire des établissements territoriaux destinés à être peuplés par les habitants de la métropole, ce fut une chaîne de comptoirs et de points de ravitaillement, défendus par des forteresses, qui constitua les célèbres possessions portugaises.

Tous ces lieux qu'ils occupaient sur la côte d'Afrique étaient les différentes étapes de leurs premiers et périlleux voyages ; ils étaient placés à des points géographiques qui dominaient la route commerciale d'alors : c'étaient des escales où les vaisseaux pouvaient se radouber, se mettre à couvert et s'approvisionner ; c'étaient des relais, qui servaient également en cas de guerre avec d'autres puissances pour la protection des bâtiments nationaux. Les premiers navigateurs semaient la côte d'Afrique de distance en distance de pareils établissements. Quelquefois même ils n'avaient besoin d'y laisser ni garnison ni fonctionnaires. Quand ils trouvaient des îles inhabitées, ils y exposaient des cochons, des chèvres et d'autres animaux, qui, abandonnés à eux-mêmes, se multipliaient avec rapidité et servaient après quelques années à ravitailler leurs vaisseaux. Quand, plus tard, la navigation se perfectionnant, les vaisseaux de commerce cessèrent de suivre les côtes et, acquérant une plus longue haleine, purent à travers la haute mer fournir un long trajet sans s'arrêter, toutes ces stations perdirent la plus grande partie de leur valeur. Le Cap seul, qui a toujours appartenu successivement à la puissance qui dominait les mers, suffit au radoubement et à l'approvisionnement des vaisseaux allant aux Indes. Quant à tous ces points de la côte d'Afrique, ils étaient situés au milieu de populations trop barbares pour être l'objet d'un grand commerce, et les terres y étaient trop peu abondantes et trop peu fertiles pour une colonisation agricole, dont le Portugal, d'ailleurs, ne sentait pas le besoin. Aussi toutes ces stations d'Afrique furent-elles bientôt très négligées : ou elles servirent de colonies pénales comme Mozambique, ou elles furent abandonnées au zèle des missionnaires qui y firent d'assez grands progrès. Il n'y a que peu d'années, Livingstone découvrait dans ses voyages aux côtes d'Angola et de Mozambique les restes de vastes édifices construits par les Jésuites, le souvenir d'un monastère de Bénédictins noirs et des peuplades qui se sont transmis l'art de lire et d'écrire qu'elles avaient reçu des religieux portugais. Quand le commerce de la traite eut pris une grande extension, les possessions du Congo et de la Guinée acquirent de nouveau une grande importance par ce trafic aussi lucratif que honteux.

Le but de la colonisation portugaise, c'était la possession, non des Indes elles-mêmes, mais du commerce des Indes ; c'était dans l'espoir de se procurer les marchandises indiennes si rares et si recherchées en Occident, que le Portugal avait poursuivi avec tant de persévérance pendant près d'un siècle ses périlleux voyages à la recherche d'une route nouvelle. Toute la politique, toute l'administration portugaise se ramenait à ces deux points : s'assurer le commerce de l'Orient et le rendre aussi productif que possible. Il importe d'examiner quelles furent les mesures prises dans cette vue et comment ces mesures répondirent à la fin qu'on se proposait.

Le premier principe qui inspira la politique coloniale portugaise fut celui d'accaparer, à l'exclusion de toute autre puissance, le commerce entier de l'Orient. Ce n'était pas seulement pour leur propre consommation et en échange de leurs propres produits que les Portugais voulaient se procurer les denrées et les produits de l'Inde. A l'exemple de Venise, ils voulaient concentrer dans leurs mains tout le trafic des peuples civilisés avec l'Orient : ils voulaient acheter pour revendre, être les intermédiaires de l'Europe avec l'Asie, s'enrichir par les profits qu'ils prélèveraient arbitrairement sur le prix de vente comparé au prix d'achat. A cette époque on ne pouvait comprendre un commerce lucratif sans y joindre l'idée de monopole. Dans chaque trafic nouveau avec un peuple d'une civilisation inférieure, il y a pendant longtemps place à d'énormes profits : les prix ne sont pas fixés, et les commerçants appartenant à la contrée la plus civilisée peuvent pour des objets de peu de valeur, des miroirs, des ferrailles, des liqueurs fortes, obtenir des objets d'une valeur bien supérieure : dès que l'étranger élargit la concurrence, ces profits exorbitants viennent à cesser. Quand les habitants d'un port ou d'une petite nation parviennent à séquestrer entre leurs mains une branche de trafic important, il y a encore d'autres circonstances qui rendent leurs gains considérables : en tenant le marché toujours approvisionné d'une manière insuffisante, *understocked*, disent les Anglais, en ayant soin que l'offre soit toujours inférieure à la demande, on peut réaliser d'immenses profits ; non pas que ces profits soient toujours très considérables d'une manière absolue, mais ils sont exorbitants quant à leur taux qui résulte de la comparaison du gain avec les dépenses ; or les peuples qui ne sont pas parvenus à un état très avancé de civilisation et qui n'ont pas une grande expérience du commerce, attachent toujours une importance exagérée au taux des profits ; ils préfèrent gagner beaucoup sur une petite quantité de marchandises; que gagner modérément sur une quantité considérable, quoique à la longue ces profits médiocres sur un grand nombre d'opérations soient infiniment plus avantageux que des profits énormes sur des opérations réduites. Toutes ces raisons faisaient qu'on ne pouvait alors concevoir de commerce avantageux, s'il n'était exclusif. Il était dans la nature des choses que la politique des colonies commerciales reposât essentiellement sur la jalousie. Les anciens eux-mêmes, fait remarquer Roscher, avaient connu le principe de la mer close, « *mare clausum* ». Les Phéniciens, par exemple, répandaient sur les périls du commerce avec l'Angleterre les bruits les plus mensongers et employaient la force et l'adresse pour éloigner leurs rivaux. Un marin carthaginois, dit Strabon, quand il s'apercevait qu'un vaisseau romain le suivait avec persistance sur une mer inconnue, courait à dessein sur un banc de sable, quand il découvrait un point de relâche pour sauver son équipage, certain d'être indemnisé par ses concitoyens pour ce sacrifice patriotique. Cette vieille politique des Phéniciens fut aussi celle des Portugais.

Cette nation crut ou feignit de croire que le mérite d'avoir découvert la route du Cap lui créait un titre à la possession exclusive de tout le trafic fait par cette voie nouvelle : c'était comme un brevet d'invention qu'elle voulait prendre : cette prétention exorbitante, elle la fit sanctionner par la plus grande puissance du temps. Dès 1481 une bulle de Sixte IV avait concédé à la couronne de Portugal toutes les découvertes faites par les Portugais au delà du cap Bayador. Une bulle plus récente d'Alexandre VI, en partageant le monde extra-européen entre l'Espagne et le Portugal, sanctionna de nouveau les prétentions des Portugais. Pendant de longues années le monopole que cette nation s'était arrogé ne fut contesté par aucune autre ; elle put à loisir organiser et développer sa puissance coloniale.

Partout où se pouvait faire un trafic avantageux on vit accourir les aventuriers et les marchands de Lisbonne. Ils eurent des entrepôts à Malacca pour la partie des Indes située au delà de la presqu'île, à Aden pour l'Arabie et l'Égypte, à Ormus pour la Perse et le continent de l'Asie. Ils nouèrent des relations entre leurs comptoirs d'Afrique qui leur fournissaient de la poudre d'or et l'Inde où ils trouvaient des denrées à profusion. Ils rapportaient en Europe des épiceries, des étoffes de coton et de soie, des perles et d'autres marchandises de peu de volume : ils s'étaient établis à Ceylan en 1518 ; ils eurent aussi un établissement à Camboia, puis ils rayonnèrent dans tout l'archipel de la Sonde, à Java, à Célèbes, à Bornéo. Ils étendirent encore plus loin la sphère de leur action. Grâce à leurs missionnaires qu'ils envoyaient en avant-coureurs au Japon et en Chine, ils purent établir des relations avantageuses avec ces riches contrées : ils se fixèrent à Ningpo et à Macao et ils organisèrent, entre le Japon, la Chine et l'Inde, un trafic d'une grande régularité.

Pour exploiter un pareil commerce, deux systèmes sont en présence : ou renoncer à toute possession territoriale, à toute ambition politique, se présenter en commerçants aux peuples orientaux, n'user des armes que pour faire respecter les propriétés des nationaux, les conventions privées ou publiques et la liberté du trafic ; ou bien, au contraire, s'établir dans le pays même, y construire des forteresses, y entretenir des armées, prendre sous sa protection ou remplacer par des fonctionnaires européens les chefs indigènes. Les Portugais hésitèrent un instant entre ces deux systèmes contraires. Un même de leurs plus illustres vice-rois se prononça pour le premier : mais cet avis ne prévalut pas. Ce fut une faute. Sans doute dans l'origine il pouvait être utile de frapper quelques coups d'éclat, de vaincre la résistance ou la jalousie des Égyptiens, des Arabes, des Persans et de quelques souverains de l'Inde ; mais après avoir donné la preuve de la supériorité guerrière, il valait mieux pour les Portugais éviter tout établissement militaire sur le continent et agir en commerçants, non en dominateurs. La sécurité eût pu être maintenue par les flottes qui auraient facilement fait la police des côtes et des ports ; les frais eussent été bien moindres par l'économie de toute armée de terre et d'une légion de fonctionnaires ; les jalousies, les inimitiés eussent disparu ; l'influence définitive du Portugal n'eût fait que gagner à cette modération.

Les Portugais eux-mêmes durent s'en apercevoir : leur trafic avec la Chine et le Japon se faisait avec la plus grande régularité et sans la moindre entrave ; aux îles de la Sonde, où ils n'avaient guère d'établissement solide et où ils se contentaient de fréquenter les foires du pays, ils n'éprouvaient également aucune difficulté sérieuse ; tandis que leurs prétentions territoriales, leurs allures dominatrices, parfois aussi leur despotisme et leurs excès les forçaient à batailler sans cesse aux Indes et en Perse.

Un Anglais de grande perspicacité, sir Thomas Roe, envoyé en 1613 comme ambassadeur à la cour du Grand Mogol par la première compagnie anglaise, s'exprimait ainsi à son retour : « A mon arrivée dans ce pays je compris qu'il nous était nécessaire d'avoir un fort ; mais l'expérience m'apprit que nous devions nous féliciter de ce que le Grand Mogol se fût opposé à ce que nous en possédions un : si l'empereur m'en offrait maintenant dix, je n'en accepterais pas un seul. » Sir Thomas Roe détaille ensuite les raisons de cette opinion qui était peu partagée de son temps ; il montre d'abord combien la possession de forteresses serait inutile au commerce : « Secondement, dit-il, ce serait une trop grande charge pour que le trafic pût la supporter ; l'entretien d'une garnison absorberait tous nos profits : des guerres et du commerce ne peuvent aller ensemble. Si vous me demandez mon avis, vous ne quitterez pas la mer où vous avez toute chance pour vous. Voyez les Portugais : malgré toutes leurs belles résidences, ils sont réduits à l'état de mendicité (*are beggared*) par l'entretien de soldats ; et cependant leurs garnisons ne sont que médiocres. Voyez encore les Hollandais, qui cherchent le trafic à la pointe de l'épée ; ils ont d'immenses capitaux, ils dominent dans beaucoup de villes ; mais les faux frais absorbent tous leurs profits. Prenez comme règle de conduite cette maxime : Celui qui cherche du profit doit tenir la mer et mener pacifiquement son commerce ; mais s'embarrasser, de gaieté de cœur, de garnisons et d'expéditions dans le cœur des Indes, c'est pure folie. »

C'était vraiment, ainsi que le dit dans sa grande Histoire des Indes James Mill auquel nous empruntons cette citation, c'était un homme de grand sens et d'un rare discernement que sir Thomas Roe. Le récit de son ambassade, qui date des premières années du XVIIe siècle, alors que la puissance portugaise commençait à décroître, est l'un des plus curieux témoignages que l'on puisse invoquer contre les abus de ce système de colonisation. Ce n'est pas le nombre des ports, des résidences et des factoreries qui vous profitera, dit sir Thomas Roe ; en avoir beaucoup serait une augmentation de dépenses sans suffisante compensation : ayez-en un bien placé pour vos flottes et vos établissements, et si vous employez bien vos agents, c'est tout ce qu'il vous faut. » — Si sir Thomas Roe avait vécu de nos jours, ajoute ici James Mill, il aurait cité le commerce de la Chine comme preuve de la justesse de son opinion. — « L'établissement de votre trafic dans ce pays n'exige pas autant d'appui à la cour du Grand Mogol que vous le supposez ; ayez seulement de la tenue et imposez de la modération à vos agents, et sans grande difficulté vous ferez de grands profits... Une ambassade à la cour du Mogol est de la plus parfaite inutilité : un agent inférieur vous rendrait beaucoup plus de services parmi ces peuples et vous coûterait moins. » Plus loin, sir Thomas Roe s'élève contre la permission de trafiquer accordée par la Compagnie à ses agents : il demande qu'on paie ceux-ci davantage, qu'on en ait un moins grand nombre, mais qu'on soit sévère envers eux. Dans un autre passage de sa *Relation*, sir Thomas Roe, parlant des différentes nations qui commercent aux Indes, émet cette maxime remarquable : « Pourquoi vous quereller ? il y a dans ce pays-ci assez de marchandises pour vous tous. »

C'est ainsi que pensait dès le début du xviie siècle un sage et prudent Anglais : il comprenait le commerce avec l'Inde comme nous comprenons, de nos jours, le commerce avec la Chine et le Japon, et trouvait aussi ridicule qu'une puissance européenne voulût s'installer au cœur de l'Hindoustan, qu'il nous le paraîtrait à nous de vouloir faire de Pékin ou de Yeddo la capitale d'une colonie. A notre sens, sir Thomas Roe avait entièrement raison. Si les Portugais d'abord, les Hollandais, les Anglais et les Français ensuite, eussent compris de cette manière pacifique et pratique le commerce avec l'Orient, que de guerres eussent été évitées ! que de capitaux gaspillés en frais de guerre ou d'administration eussent été conservés ! et croit-on que le trafic avec les peuples d'Orient en serait aujourd'hui moins florissant ?

Nous avons déjà fait ressortir deux des points principaux de la colonisation portugaise aux Indes : la prétention de réserver tout le trafic au Portugal seul à l'exclusion de toute autre nation, puis le soutien de ce principe par des forteresses, des garnisons, des guerres sur le continent indien. Il importe maintenant d'examiner quelle fut la politique intérieure du Portugal vis-à-vis ses propres sujets, relativement au commerce de l'Orient. On n'institua pas de compagnie privilégiée, mais l'organisation du commerce n'en fut guère moins restrictive ; il était, tout entier, en droit, entre les mains de la Couronne : et bien qu'en fait il parût ouvert à tous les Portugais, on ne pouvait cependant l'entreprendre sans la permission du gouvernement, qui, de plus, se réservait certaines branches particulières de trafic. Un tel système entraînait presque tous les inconvénients du monopole. Le commerce se faisait par des vaisseaux énormes armés pour la guerre, chargés d'un nombreux équipage de marins et de soldats. Ces grands vaisseaux, connus sous le nom de *carraques*, répandaient la terreur dans tout l'Orient ; mais s'ils étaient des objets de crainte pour les Persans et les Indiens, ils contribuèrent à exciter l'envie des autres puissances européennes et à entretenir leurs espérances par les riches et énormes cargaisons qu'ils contenaient. Les hasards de la guerre en firent tomber plus d'un entre les mains des Anglais et des Hollandais. Sir Francis Drake, dans son expédition sur les côtes d'Espagne sous le règne d'Elisabeth, prit un de ces grands navires, et la valeur de sa cargaison enflamma l'imagination des marchands de Londres. En 1593, une expédition, que Walter Raleigh destinait aux Indes occidentales, rencontra près des Açores un autre de ces grands vaisseaux et s'en empara : il jaugeait 1,600 tonneaux, portait 700 hommes et 36 canons. C'était, dit James Mill, le plus grand vaisseau qu'eût vu l'Angleterre ; il était tout chargé d'épices, de calicot, de soie, de poudre d'or, de perles, de drogueries, de porcelaine et d'ivoire : on conçoit si les Anglais furent impatients de prendre leur part dans un trafic que leur imagination leur peignait sous de si splendides couleurs.

Ce commerce par vaisseaux de guerre avait beaucoup d'inconvénients pour peu d'avantages : il détournait le trafic de ces mille petits canaux qui alimentent seuls dans une juste mesure et avec abondance la consommation ; les échanges en étaient beaucoup moins nombreux, les transactions se trouvaient, de toute nécessité, très limitées ; les riches cargaisons des *carraques* faisaient illusion, mais au fond le trafic était beaucoup moins développé qu'il n'aurait dû l'être. Il se produisait aux Indes ce que nous avons déjà signalé à Porto-Bello en Amérique : une surexcitation extraordinaire quand un de ces vaisseaux arrivait, suivie de la plus grande torpeur dès que ce vaisseau était parti. La continuité des échanges, leur multiplicité, l'abondance des transactions plus que leur importance : voilà ce qui donne au commerce de l'essor, ce qui en entretient l'activité, ce qui le rend productif et progressif. Les Portugais ne s'en rendaient pas compte. D'autre part, ces vaisseaux de guerre avec tous leurs canons, nous l'avons vu, n'étaient pas toujours une défense suffisante pour leurs riches cargaisons. Il se trouvait qu'on avait ainsi sacrifié la promptitude et la multiplicité des échanges en vue d'une sécurité que l'on n'obtenait même pas.

Telle était la lourde organisation, pleine d'*impedimenta*, du commerce de l'Inde avec Lisbonne ; et c'était à Lisbonne même que ce commerce s'arrêtait. Les Portugais ne le poussaient pas plus loin ; ils ne se chargeaient pas de répartir eux-mêmes les produits de l'Orient à chaque nation d'Europe ; ils dédaignèrent ce rôle de commissionnaires que les Hollandais recherchèrent depuis avec tant de soin et d'avantage. Etait-ce de la part du Portugal négligence ou calcul ? Etait-ce à dessein que l'on voulait forcer tous les étrangers à venir eux-mêmes s'approvisionner à Lisbonne et, suivant l'expression si inexacte du système mercantile, payer tribut à ce port? Nous admettrions volontiers cette hypothèse : nous croyons que l'orgueil portugais était flatté de voir toutes les nations d'Europe accourir dans la capitale du Portugal pour y chercher les denrées de l'Orient. Politique étroite et à courte vue. Les Portugais ne voyaient pas qu'ils excitaient la concurrence en éveillant la jalousie, et qu'ils entretenaient chez leurs rivaux des espérances pleines d'illusions sur la portée réelle du commerce des Indes. Comment pouvaient-ils croire que ces marchands de Hollande, qui s'habituaient à accaparer le commerce de cabotage que les Portugais dédaignaient tant, borneraient toujours leur ambition à ce modeste rôle?

Ainsi l'organisation même du commerce des Portugais avec les Indes était pleine de défauts, dont le temps devait montrer toute la gravité. Mais la conduite et les mœurs, soit administratives, soit privées, des Portugais, contribuèrent également à miner une puissance qui avait toujours eu plus d'apparence que de solidité. « La démoralisation des classes supérieures de la société, dit Heeren, était parvenue à son comble en Portugal : de là un besoin et des habitudes de violence et de rapacité qui se déployaient dans toute leur énergie et qui produisirent de nombreux scandales dans le gouvernement des Indes ; de telle sorte que le nom et la puissance des Portugais y devinrent bientôt l'objet de la haine publique. Chacun de ceux qui étaient appelés à prendre part à la direction des affaires, ne songeant qu'à s'en faire un moyen de fortune, bientôt l'administration du pays coûta au roi de Portugal plus d'argent qu'elle n'en rapportait ; et comme cette administration était en outre fort mal organisée, elle ne put résister longtemps à tant de désordres. »

Pour maintenir dans sa dépendance un empire aussi immense que celui qui constituait ses colonies, il eût fallu au Portugal une grande modération, une grande rigueur de principes et de hautes vertus chez ses fonctionnaires et ses marchands. Toute injustice et tout excès produisaient aux Indes un ferment de haine et de rancune : les fautes des particuliers compromettaient dans ce pays lointain la condition de la nation tout entière. Malheureusement le gouvernement semblait prendre à tâche, dans ses règlements, d'aider la mauvaises mœurs de ses sujets et de laisser pleine carrière à li tir instincts vicieux. L'administration coloniale était changée tout entière tous les trois ans, ce qui était un très grand mal; car chaque fonctionnaire ayant pour but invariable de faire sa fortune, était contraint de se presser et d'agir d'une manière plus vexatoire que s'il fût resté plus longtemps en charge. On permettait aux employés militaires et civils de faire le commerce pour leur compte, ce qui a également une foule d'inconvénients, comme sir Thomas Roe le signalait dès 1613, et ce qui conduit à un grand nombre de monopoles particuliers, ainsi que le fait remarquer Adam Smith. L'administration de la justice était très corrompue : enfin le clergé qui, à l'origine, avait rendu de vrais services par ses missions, finit par se montrer oppressif et par exaspérer les esprits en introduisant à Goa l'inquisition.

Il était dans la nature des choses que cette organisation vicieuse minât aux Indes l'autorité des Portugais : des circonstances extérieures et propres à l'Europe vinrent encore la compromettre davantage. L'union de l'Espagne et du Portugal eut les plus fâcheuses conséquences pour les colonies de ce dernier pays. L'Espagne était tellement infatuée de ses dépendances d'Amérique, qu'elle négligeait presque complètement ses nouvelles acquisitions en Orient. Ce qui est plus grave, c'est que les ennemis de l'Espagne devinrent par cela même les ennemis du Portugal et obtinrent le droit de courir sus à ses vaisseaux et d'attaquer ses établissements : ils ne furent que trop aidés par les souverains et les peuples de l'Inde et de la Perse.

Le déclin de la puissance portugaise en Orient fut ainsi d'une grande rapidité, et, de nos jours, c'est à peine s'il en reste trace. A notre sens, c'est justice. Le Portugal accumula tant de fautes dans ses relations avec les Indes : établissement de forts et garnisons, immixtion dans les affaires intérieures du pays, politique continentale, prétention au commerce exclusif, trafic par licences royales et au moyen de vaisseaux de guerre, administration excessive et corrompue ; voilà des défauts qui devaient un jour amener la ruine du système tout entier. Malheureusement, nous le verrons bientôt, le régime des Hollandais et celui des Anglais ne valut guère mieux ; plus intelligent, il est vrai, au point de vue commercial, il fut aussi oppressif, sanglant et ruineux au point de vue politique. Le branle était donné ; les nations européennes avaient associé l'idée du trafic en Orient à l'idée d'établissement continental et de domination politique dans cette contrée ; c'était un système faux, injuste et qui se montra calamiteux ; mais c'était le préjugé du temps, et quelques esprits d'un discernement rare, comme sir Thomas Roe, échappaient seuls à la contagion de ce préjugé.

Pendant que son commerce aux Indes lui échappait, le Portugal en développait un autre de triste mémoire et de profits dégradants, la traite des nègres. L'essor que prit ce trafic pendant le XVIIe et le XVIIIe siècle compensa en partie, pour les négociants portugais, la diminution de leur commerce avec les Indes. Naturellement la corruption ne fit que s'accroître au Portugal par une aussi lugubre et homicide industrie. La Guinée, les provinces du Congo et d'Angola furent les principaux théâtres de cette exploitation humaine : Saint-Paul de Loanda, fondé en 1578, devint le port le plus important pour l'exportation de cette marchandise si recherchée. Les guerres contre les Maures avaient été l'origine de l'esclavage des noirs ; les chrétiens victorieux empruntèrent cette institution aux mahométans vaincus. On vendait déjà, dit M. Augustin Cochin, des nègres à Lagos en Portugal en 1464 ; on en vendait à Séville peu de temps après ; ce commerce se développa à Madère et aux Canaries avant la découverte de l'Amérique ; il s'introduisit à Saint-Domingue en 1510 et à Cuba en 1521 ; il fut donné en privilège par Charles-Quint aux Flamands en 1517 : il se développa dès lors rapidement par le régime des *asientos*. Un philanthrope américain, le révérend Dana, dans un discours prononcé en 1790, estimait que pour recruter l'esclavage aux États-Unis et aux Indes occidentales, qui contenaient ensemble 1,601,302 esclaves, il fallait une importation de 70,000 à 80,000 nègres demandés tous les ans à l'Afrique ; il en concluait que, depuis le commencement de la traite, l'Afrique avait fourni près de 20 millions d'esclaves, soit, à 30 livres sterling par tête, une valeur de 600,000,000 de livres sterling ou pour 15 milliards de francs d'êtres humains. Cette estimation nous semble très arbitraire et exagérée, d'autant plus que l'esclavage ne prit qu'au XVIIIe siècle des développements considérables aux Antilles françaises et anglaises et aux États-Unis : ce fut en 1620 qu'un vaisseau négrier hollandais débarqua pour la première fois des noirs sur le rivage des colonies anglaises du continent, à James Town. Mais l'usage de la servitude fut lent à se développer. Ce ne fut qu'à partir de la paix d'Utrecht que le commerce d'esclaves prit une certaine activité : le nombre des noirs (*piezas de Indias*) qui chaque année étaient exportés d'Afrique, devint alors considérable ; la plus grande partie provenait des colonies portugaises. C'était au point de vue pécuniaire et mercantile une source de profits assez notables pour le Portugal. Ce n'est pas que ses colonies d'Afrique y gagnassent en prospérité réelle ; tout au contraire, toutes les autres sources de revenu, l'agriculture et le trafic des productions naturelles du pays, étaient abandonnées ; tout était tourné vers la traite, et cependant les possessions du Portugal, sur la côte orientale d'Afrique spécialement, sont, sur plusieurs points, salubres, arrosées de cours d'eau, ombragées de forêts, peuplées d'animaux nombreux que nourrit un sol fertile. « A force de vendre des esclaves, dit M. Vogel, on a dégarni les plantations, fait fuir les travailleurs, exaspéré la population indigène, et, par l'appât d'infâmes profits, fait de ces provinces un exutoire de la société portugaise ; qui donc voulait salir son nom en plaçant ses fonds dans des entreprises si aventureuses et si honteuses ? » C'est ainsi que les colonies portugaises d'Amérique, exploitées uniquement en vue de la traite, ont perdu presque toute importance par son abolition.

Un des principaux débouchés du commerce des esclaves, ce fut le Brésil. Ce vaste empire tomba entre les mains des Portugais par suite d'une erreur géographique. La bulle du pape Alexandre VI assignait au Portugal toutes les terres découvertes à l'est d'une ligne, qui devait passer à cent lieues à l'ouest des Açores : ignorance ou calcul, on plaça le Brésil à l'est de cette ligne, et des traités en étendirent les limites au point qu'il englobait toute l'Amérique tropicale au sud de l'équateur : cette immense région, d'une prodigieuse fertilité naturelle, ne fut pas prisée à l'origine par les Européens ; désespérant d'y trouver de l'or ou de l'argent, les Portugais faillirent l'abandonner ; ils s'en servirent comme lieu de déportation pour les condamnés et pour les Juifs. Il est remarquable que les colonies qui furent peuplées à leur berceau par des éléments irréguliers, des dissidents, des criminels, prospérèrent beaucoup plus vite que celles dont les métropoles surveillèrent et dirigèrent avec soin l'enfance. Ces Juifs industrieux introduisirent au Brésil la culture de la canne à sucre ; et, au bout d'un certain temps, le développement rapide de la richesse agricole, joint à la liberté d'action que l'on trouvait dans ce pays peu gouverné, attira des émigrants.

La colonisation portugaise en Amérique, du moins pendant les deux premiers siècles, diffère beaucoup de la colonisation espagnole et se rapproche plutôt du système anglais. On ne remarque pas, du moins dans les premiers temps, de grandes concessions féodales, soit de terres, soit d'Indiens ; on peut signaler l'absence complète de tout système régulier et compliqué d'administration. L'organisation coloniale ne précéda pas, elle suivit le développement de la colonisation. Ainsi la facile appropriation des terres fertiles, des libertés civiles très étendues, l'absence de tous règlements vexatoires, un sol d'une merveilleuse richesse, une population laborieuse et industrieuse, comme les Juifs, aventurière et hardie, comme les condamnés, c'étaient là les conditions les plus favorables pour la rapide croissance d'une colonie à la fois agricole, de plantations et de mines. Les colons portugais se rapprochèrent des colons espagnols sur ce point, du moins, qu'ils réduisirent les Indiens en esclavage : ceux-ci, d'ailleurs, étaient beaucoup moins nombreux et infiniment moins avancés en civilisation que les Indiens du Mexique ou du Pérou. En 1570, l'influence bienfaisante du clergé sur le gouvernement de Lisbonne obtint un décret, qui interdit de faire esclaves d'autres Indiens que les prisonniers de guerre; mais l'autorité de la métropole était très faible dans cette colonie et le décret fut souvent violé : la conquête d'une grande partie du Brésil par la Compagnie occidentale hollandaise, en 1624, fut un obstacle à son exécution. Quand les Hollandais eurent été chassés, en 1640, des districts qu'ils avaient occupés, la métropole tenta de nouveau de soustraire les indigènes à la servitude : 200,000 Indiens, vivant dans le territoire occupé par les planteurs, furent fixés dans des villages et placés sous la direction des Jésuites ; ce fut là le premier établissement de cette célèbre Compagnie dans l'Amérique du Sud ; il ne paraît pas que cet arrangement ait été respecté par les colons ; le gouvernement métropolitain, par des décrets en date de 1647 et de 1684, dut de nouveau intervenir pour protéger les indigènes : en fait, ceux-ci, pour la plupart, restèrent en esclavage jusqu'en 1755. Un ministre philosophe, Pombal, établit que les Indiens devaient avoir la même liberté personnelle et réelle, les mêmes honneurs et les mêmes droits que les colons. Tant qu'ils n'étaient pas capables de se diriger eux-mêmes, ils devaient rester sous la tutelle d'administrateurs laïques. La métropole, à cette époque, avait assez d'autorité aux colonies et le gouvernement de Pombal assez d'énergie pour que cet arrangement fût exécuté à la lettre. Il ne paraît pas que les administrateurs laïques aient eu, pour civiliser les Indiens, la capacité que montrèrent les missionnaires et les religieux, soit espagnols, soit portugais. L'édit de Pombal fut l'origine du grand développement de la traite des noirs au Brésil. Jusque-là elle avait été faible; elle s'accrut dans des proportions inouïes pour durer jusqu'à nos jours. Diverses circonstances tendaient à propager l'esclavage au Brésil plus que dans l'Amérique espagnole; c'était d'abord la plus grande étendue et la fertilité supérieure de cette portion de la colonie portugaise qui convient à la culture des plantes tropicales : on sait que nulle contrée au monde n'a une aussi grande largeur de sol hautement productif que le Brésil ; c'était ensuite la plus grande proximité du Brésil de la côte d'Afrique, ce qui constitue un avantage immense pour un commerce où une grande partie de la cargaison périt dans le voyage.

Le commerce du Brésil était, comme celui de l'Amérique espagnole, soumis au régime des caravanes régulières; mais les règlements portugais rendaient ce régime beaucoup moins oppressif qu'il ne l'était pour les colonies de l'Espagne : les vaisseaux, en effet, étaient en plus grand nombre et s'arrêtaient à plus de ports. Il y avait six étapes : Lisbonne, Oporto, Rio-Janeiro, Paraïba, Olinda, San-Salvador. Quelque restrictif que ce système fût encore, le commerce du Brésil ne laissa pas de se développer avec rapidité, au point d'entrer pour un quart dans les revenus du Portugal et d'égaler à lui seul le commerce que la mère patrie faisait avec toutes les contrées d'Europe. Mais la prospérité de cette colonie subit, au milieu du xviii° siècle, une sérieuse interruption, par le fait d'un des hommes d'État réputés les plus libéraux et les plus éclairés du temps. Le marquis de Pombal était l'ennemi des caravanes commerciales ; il les remplaça par les compagnies privilégiées de Maragnon et de Pernambuc. Adam Smith ne peut assez s'étonner que le Portugal soit entré dans cette voie, au moment où toutes les nations d'Europe l'abandonnaient. Heeren, qui cherche la raison de cette prédilection, étrange à cette époque, pour les compagnies privilégiées, l'attribue au désir d'enlever le commerce aux Jésuites, qui s'en étaient rendus maîtres. Un tel motif serait fort concevable de la part du marquis de Pombal. Mais on s'étonnera moins de la résolution de ce ministre, si l'on songe que la création des compagnies de Maragnon et de Pernambuc suivait, à vingt ans de distance, la fondation par l'Espagne de la compagnie exclusive du Guipuscoa pour le commerce de Caracas : cette dernière compagnie ayant produit d'excellents résultats par des motifs que nous avons déjà indiqués plus haut, Pombal, par une fausse analogie, pouvait croire qu'il en serait de même au Brésil : la situation cependant était différente, spécialement par cette raison, que le régime des caravanes était dans l'Amérique portugaise infiniment moins restrictif que dans l'Amérique espagnole. Le fameux ministre portugais, d'ailleurs, avait une prédilection marquée pour les monopoles et les privilèges : c'est lui qui institua la compagnie privilégiée d'Oporto pour le commerce de ce vin si renommé, mais que des falsifications nombreuses avaient fait tomber en discrédit. Quoi qu'il en soit des motifs qui portèrent le gouvernement de Lisbonne à l'institution de compagnies exclusives pour le trafic du Brésil, les résultats en furent bientôt visibles. La production de cette colonie se restreignit dans une proportion considérable. Le commerce de Para, qui occupait auparavant treize ou quatorze vaisseaux, depuis la création de la Compagnie en 1755, n'en occupa plus que quatre ou cinq. Comme les objets manufacturés que le Brésil obtenait en échange de ses productions ne provenaient pas de la métropole et étaient seulement transportés des autres parties de l'Europe sur des vaisseaux portugais, le privilège fut moins sensible au Portugal qu'à la colonie.

La décadence des provinces septentrionales du Brésil par l'institution des compagnies privilégiées coïncide avec le développement des provinces centrales par la découverte des mines de diamant. Il est heureux pour les progrès agricoles de cette riche contrée que les métaux précieux n'y aient été rencontrés qu'après que l'agriculture et le commerce avaient déjà grandi. Ce n'est qu'en 1700 que les premières mines d'or furent exploitées dans les *serras* arides de l'intérieur. Les mineurs les plus intrépides et les plus opiniâtres furent les *Paulistas*, race issue de condamnés déportés et de femmes indiennes et qui avaient toutes les qualités et tous les défauts des deux éléments dont ils provenaient : une énergie presque sauvage, des goûts d'aventure et d'indépendance portés à l'extrême et des mœurs républicaines. Ils s'étaient établis à Saint-Paul dans le Brésil du sud et ils échappèrent pendant un siècle à l'action de la métropole ; ils ne reconnurent qu'en 1730 le gouvernement du Brésil, et ils conservent, même de nos jours, assure-t-on, au point de vue intellectuel et physique, une physionomie toute différente de celle des autres Brésiliens.

Les mines d'or, au Brésil, ne furent qu'une source temporaire et très limitée de richesses ; le métier de chercheur d'or devint bientôt très hasardeux. Le gouvernement abandonnait aux particuliers l'exploitation des mines moyennant un droit de cinq pour cent. Le diamant, découvert au Brésil en 1730, acquit une bien plus grande importance et fut soumis à des règlements bien autrement minutieux, restrictifs et sévères. La recherche du diamant fut d'abord confiée à une compagnie exclusive, sur laquelle le gouvernement exerçait une surveillance jalouse. Elle ne pouvait employer qu'un nombre limité d'esclaves, sans doute par la même raison qui poussait les Hollandais à réduire le nombre des arbres à épices cultivés dans les îles Malaises, c'est-à-dire pour en élever la valeur. Mais quoique présentant entre eux une grande analogie, le raisonnement des Portugais se trouva être juste, tandis que celui des Hollandais était faux. Il n'en est pas, en effet, des objets de luxe dont la valeur réside surtout dans la vanité et dans l'opinion des hommes, comme des denrées de consommation qui offrent une utilité et un agrément d'un goût naturel et universel. Celles-ci, quand elles subissent une baisse de prix qui les met à portée de toutes les classes, prennent un accroissement de débit tellement considérable, que le producteur ne perd souvent rien à la diminution des prix, et que parfois même il y gagne. Il en est tout différemment des objets de luxe, dont la valeur est tellement liée à l'idée de rareté, que l'accroissement de leur quantité les déprécie bien au delà de ce qu'on eût pu penser au premier abord. Il se produit alors ce phénomène que la quantité des objets précieux, pris en masse, quoique devenue plus considérable, a une moindre valeur que la quantité plus restreinte qui existait auparavant. On conçoit donc que les Portugais eussent intérêt à limiter la quantité de diamants qu'ils fournissaient à l'Europe : il n'y avait sur ce point de leur part aucune erreur économique ; mais où était l'erreur, c'était la croyance qu'on peut facilement arriver par des moyens artificiels à limiter la production de richesses naturelles ; car si le Portugal, comme nation, avait intérêt à limiter la production du diamant, chaque mineur, considéré à part et comme individu, avait un intérêt incontestable à augmenter sa production particulière. Toute tentative pour restreindre la production d'objets précieux est donc une folie, à moins qu'elle ne dégénère en une tyrannie odieuse ; c'est ce qui arriva au Brésil : les Portugais ne reculèrent pas devant les moyens les plus terribles pour limiter la contrebande dans un commerce où la contrebande avait si beau jeu. La peine de mort fut d'abord prononcée contre les contrebandiers, mais cela même ne suffit pas. Toute la contrée autour des mines dans une circonférence de cent lieues fut convertie en un désert, où aucune maison ne pouvait être bâtie en dehors du village où résidaient les travailleurs des mines. De telles mesures de rigueur et de désolation nuisirent certainement au développement de la colonie, et cependant un homme d'une grande autorité en pareille matière, M. Eschwege, a calculé que la valeur des diamants travaillés pendant une période de quatre-vingts ans, depuis 1740 environ jusqu'à 1820, montait à peine au produit de dix-huit mois des plantations de sucre et des caféieries du Brésil ; exemple frappant des illusions que se font les politiques de tous les âges sur l'importance des mines et des gisements de métaux précieux. Ce fut pourtant le commerce des districts miniers qui éleva Rio-Janeiro au-dessus de Bahia.

La fin du xviiie siècle et le commencement du xixe n'apportèrent au Brésil aucune de ces calamités, qui fondirent sur les possessions anglaises et espagnoles. Le Portugal, suivant dans tous les conflits de l'Europe la destinée de l'Angleterre, qui était maîtresse des mers, il en résultait que la libre circulation entre la métropole et les colonies ne fut jamais interrompue : le Brésil dut plutôt gagner que perdre à la guerre maritime des Européens, qui frappait les îles à sucre ses rivales en le laissant lui-même intact. Si la séparation du Brésil et du Portugal s'opéra sans violence et presque sans secousse, il ne faut pas voir là un fait fortuit. Ce ne fut pas seulement la petitesse et l'impuissance de la métropole, qui rendit la transition si facile : la colonie était prête pour l'indépendance, et, quand elle se fut détachée de son tronc comme un fruit mûr, elle ne cessa de grandir et de prospérer. C'est que l'administration portugaise au Brésil, malgré les erreurs et les fautes que nous avons notées, n'avait pas été très oppressive ; la liberté avait été le berceau de la colonisation : l'abondance des terres fertiles, l'absence de réglementation exagérée, le peu de puissance de la mainmorte, malgré quelques restrictions et quelques monopoles, avait permis à la colonie d'arriver dans des conditions normales et régulières à l'âge adulte.

On sait par suite de quels événements la maison de Bragance, dépouillée de son trône en Europe, dut en 1808 se transporter au Brésil. La Couronne émigrait. Ce n'était, sans doute, qu'à titre temporaire ; mais un événement de cette importance et de cette singularité ne pouvait pas être sans une influence durable sur les destinées du Brésil. Rien de pareil ne s'était vu dans l'histoire de la colonisation. Débarqué dans ses possessions d'outre-mer devenues les seules qui lui fussent restées, le roi fut obligé d'accorder à ses sujets américains beaucoup de libertés dont jusque-là ils avaient été frustrés. Le 28 janvier 1808 les ports brésiliens étaient déclarés ouverts au commerce étranger. L'exercice de toutes les industries fut proclamé libre. Une banque était créée ; on constitua un Comité consultatif de l'agriculture et des manufactures. On s'occupa des routes et des écoles. L'émigration de la Couronne au Brésil avait, d'ailleurs, plus duré qu'on ne l'eût pensé et voulu. Pendant sept ans le Brésil fut administré directement par des personnes qui y résidaient, par un souverain qui y vivait. Lorsque la maison de Bragance recouvra le Portugal, les Brésiliens avaient conçu de leurs droits, de leur importance, une idée nouvelle ; ils avaient été habitués à être en quelque sorte un État indépendant. On leur accorda en 1815 le titre de royaume ; mais une satisfaction nominale ne pouvait leur suffire. Les Cortès portugaises ayant manifesté l'imprudent désir de revenir sur quelques-unes des libertés accordées au Brésil, un congrès national se réunit à Rio-Janeiro, et en 1822 cette assemblée conférait à Don Pedro, fils du roi Jean VI, le titre de « protecteur perpétuel » du Brésil, titre qui devait bientôt se changer en celui d'empereur constitutionnel.

La Métropole n'avait pas les moyens de lutter contre les séparatistes. Le Portugal était dans cette situation particulière d'avoir moins d'habitants et peut-être même moins de richesses que sa colonie. Il se résigna de bon cœur à un fait inéluctable.

Le Brésil s'est donc détaché du Portugal, comme un fruit mûr se détache de l'arbre, sans effort, ni peine, ni dislocation. Devenu libre, il a prospéré par l'immensité de ses ressources naturelles, par la sagesse aussi de son gouvernement et de sa population. C'est l'une des plus vastes contrées du monde, ayant 8,330,000 kilomètres carrés, soit quatorze fois la superficie de la France, comptant déjà plus de dix millions d'habitants, ayant environ 3,000 kilomètres de chemin de fer, un budget de 300 millions de francs et un commerce extérieur qui approche d'un milliard. Ce pays est réservé à de splendides destinées ; 2 ou 300 millions d'habitants au moins et même 500 millions, seront à l'aise sur ces immenses espaces. La race portugaise continuera-t-elle à y dominer? la langue de Camoëns y aura-t-elle toujours la prépondérance? Ce sont des questions qu'il est difficile de trancher. La métropole ne peut fournir une émigration nombreuse. Dans les années où les Portugais ont le plus afflué au Brésil, en 1853, 1854, 1855 par exemple, il en est venu dans cette contrée neuve 8 ou 9,000 par an. On s'est efforcé, dès 1825, de provoquer vers le Brésil un courant d'immigration allemande ; le gouvernement passa une série de contrats pour l'introduction de 150,000 Allemands, qui devaient être installés sur des terrains embrassant une superficie de 2 millions et demi d'hectares. Il y a quelques années on n'estimait pas que cette émigration germanique eût porté au Brésil plus de 96,000 individus, lesquels résidaient particulièrement dans les provinces du Rio Grande, de Santa Catharina et d'Esperito-Santo. Quant aux Italiens on en comptait 15 ou 20,000 dans tout l'Empire en 1874. L'Italie est le seul pays de race latine qui soit prolifique ; c'est de la péninsule italienne que le Brésil devrait solliciter des émigrants. Malheureusement plusieurs des colonies étrangères au Brésil semblent avoir médiocrement réussi, d'où il est resté sur cette contrée une certaine défaveur dans l'esprit des émigrants européens.

Cette question de l'immigration et du rapide peuplement du Brésil a une énorme importance. Si, en effet, la population ne se développait pas très rapidement dans cette contrée, si dans un demi-siècle il ne s'y rencontrait pas trente ou quarante millions d'habitants parlant le portugais, il serait très possible que le Brésil finît par être soumis à l'influence anglo-saxonne. Quand les États-Unis auront cent millions d'habitants, ce qui arrivera avant trente ans, quand ils en auront 150 ou 200, ce qui se produira dans soixante ou quatre-vingts ans au plus, ils commenceront à leur tour à devenir colonisateurs au loin, à envoyer dans tous les pays de l'Amérique du Sud des émigrants américains du Nord et de nombreux capitaux. Si durant ce temps, c'est-à-dire avant un demi-siècle, la population du Brésil n'avait pas quadruplé, tout en gardant sa langue et son cachet portugais ou latin, il ne serait pas impossible qu'elle devînt à la longue plus ou moins anglo-saxonne, et que l'élément américain du Nord y dominât.

On peut espérer, grâce aux progrès récents du Brésil, que cette transformation lui sera épargnée, que les deux races, la latine et l'anglo-germanique, continueront à se partager le Nouveau Monde, sans que la seconde acquière sur la première une complète et oppressive prépondérance Il aura été alors dans les destinées du petit royaume de Portugal de faire parler sa langue par un nombre d'habitants cent fois plus grand que le sien propre, et d'avoir donné le cachet de sa race à une population énorme. Les rapports du Portugal avec le Brésil sont, d'ailleurs, beaucoup plus familiers, beaucoup plus intimes, beaucoup plus fréquents, que ceux de l'Espagne avec ses anciennes colonies américaines. On l'a vu par le nombre de Portugais qui émigrent au Brésil. Sur 34,548,000 milreis (le milreis égale 6 francs) qui composaient l'importation du Portugal en 1876, le Brésil figurait pour 1,934,000 ; à l'exportation il était inscrit pour 3,736,000 milreis sur un total de 22,674,000. Le commerce avec le Brésil représente donc environ le sixième à l'exportation et le dix-huitième à l'importation du commerce total du Portugal. Ce n'est pas énorme, mais c'est infiniment plus que le commerce de l'Espagne avec le Pérou, le Chili ou le Mexique.

Le Brésil, c'est le chef-d'œuvre de la colonisation portugaise ; et, bien qu'il ne lui appartienne plus, c'est néanmoins une gloire pour le Portugal que de l'avoir conduit où il est actuellement, d'avoir protégé son enfance sans l'opprimer, et d'avoir su se séparer de lui sans haine ni rancune. Aux Indes, une politique jalouse, étroite et ambitieuse, ne tarda pas à ruiner l'édifice de la puissance portugaise : en Afrique, un commerce honteux et dégradant enrichit le Portugal en l'avilissant : au Brésil seul, les Portugais se montrèrent des colons ; ils surent allier dans une juste mesure l'esprit d'aventure à la patience pratique et à la persévérance laborieuse, et ils réussirent ainsi à atteindre l'un des buts, si ce n'est le seul, de la colonisation, la création d'un grand État riche, industrieux et libre.

Les colonies que possède le Portugal sur les deux côtes d'Afrique, épaves importantes de l'ancien empire colonial portugais, semblent appelées depuis quelques années à des destinées brillantes. L'attention européenne se porte plus que jamais sur le continent africain. La France cherche à pénétrer à l'intérieur en partant du Nord et du Nord-Ouest ; les Anglais, les Italiens et les Belges lancent des expéditions sur la côte orientale à partir de la baie d'Assab jusqu'à Zanzibar; les Anglais s'épuisent dans des luttes sans fin avec les indigènes du Sud ou avec les races européennes dissidentes; pendant ce temps les Portugais ne sont pas restés inactifs. Ils sont admirablement campés sur les deux côtes, celle de Benguela et du Congo, et celle de Sofala et de Mozambique : le territoire immense dont ils occupent les deux extrémités est arrosé par les deux plus grands fleuves de la moitié méridionale de l'Afrique, à savoir le Congo et le Zambèze. Les peuplades de ces régions sont en général douces et facilement accessibles à la civilisation; le territoire paraît très riche. Le Portugal fournit en ce moment des explorateurs, le major Pinto, MM. Capello et Ivens que l'on peut nommer à côté des Livingstone et des Stanley. Le gouvernement portugais se préoccupe des moyens de mettre en œuvre ces vastes régions; il fait des plans pour y construire des routes et des chemins de fer. Les capitaux malheureusement lui manquent, et c'est une des raisons qui lui ont fait accepter les offres un peu équivoques de l'Angleterre pour la construction d'une ligne ferrée aboutissant à la baie de Delagoa. Le patriotisme portugais s'est alarmé de certaines clauses du traité connu sous le nom de Lourenço Marquez qui, en retour de la construction de ce chemin de fer, donnait à la Grande-Bretagne certains droits mal définis sur le territoire environnant la baie de Delagoa. Les Chambres de Lisbonne ont repoussé cette convention. Sans avoir besoin de solliciter ou de subir aucun vasselage vis-à-vis de l'étranger, le Portugal, en continuant ses explorations dans ces contrées, en établissant son influence morale à l'intérieur, en faisant des traités avec les indigènes, et en garantissant aux Européens la sécurité, attirera facilement dans ses provinces d'Afrique les capitaux des riches pays, notamment les capitaux français. Il y a donc un grand espoir que l'on verra se reconstituer dans le prochain demi-siècle un solide et florissant empire portugais en Afrique; cet empire pourrait s'étendre sur trois ou quatre cents lieues de long et sur six ou sept cents lieues de largeur.

Le Portugal redeviendrait ainsi une des premières puissances colonisatrices du monde entier.

CHAPITRE III

De la colonisation hollandaise.

Les Hollandais préludent à leur puissance coloniale en accaparant le commerce de grand cabotage entre Lisbonne et les contrées d'Europe. — Élan que la révolution donne à l'esprit d'entreprise des Hollandais. — Grand nombre d'expéditions particulières pour les Indes dans les dernières années du xvie siècle.
Création de la célèbre Compagnie des Indes en 1602. — Motifs qui ont pu déterminer les Anglais et les Hollandais à créer des compagnies privilégiées : difficulté du commerce avec des peuples demi-barbares ; lenteur et incertitude des retours; absence de grandes maisons commerciales et de division du travail dans le commerce extérieur; supériorité de loyauté du grand commerce concentré relativement au commerce disséminé. — Constitution intime de la compagnie hollandaise des Indes. — Les *Chambres* ; le capital social, l'administration.
L'unité de but et la simplicité des moyens de la colonisation hollandaise. — Excellent esprit de l'administration dans la première période d'existence de la Compagnie. — Éloges que font les écrivains anglais et allemands de la colonisation hollandaise. — Fascination qu'exerce sur les Hollandais le commerce des épices. — Abus qui en résultent. — Esprit étroit de jalousie des Hollandais. — Corruption du personnel de la Compagnie. — Circuit obligatoire et absurde que les règlements imposent à la marine. — Mauvais état des finances de la Compagnie. — Causes de la décadence de la compagnie hollandaise des Indes.
Fâcheuse influence qu'exerce sur la métropole la mauvaise politique de la compagnie. De l'esclavage aux Indes hollandaises. — Prompte dégénérescence des mœurs.
La colonie hollandaise du Cap. — Administration oppressive.
La colonisation hollandaise en Amérique. — Grandeur et décadence de Surinam.

Entre tous les peuples qui ont essayé d'exploiter à leur profit les contrées lointaines, la Hollande se place au premier rang. Elle a donné à la colonisation une direction toute spéciale et, suivant un système tout différent de celui que les nations rivales mettaient en pratique, elle a su s'élever pendant deux siècles au plus haut point de prospérité. Le caractère particulier des relations de la Hollande avec l'Orient et le degré presque inouï de richesse, auquel cette petite nation sut parvenir par une méthode de trafic toute nouvelle, nous impose l'obligation de nous arrêter avec attention sur le rôle de la Hollande en Asie et sur la création et la gestion de ses colonies dans cette contrée

Les Hollandais avaient été, de tout temps, un peuple aventureux, industrieux et économe : la mer qui les entoure et les pénètre de tous côtés n'avait pas tardé à devenir leur champ d'action et le théâtre favori de leurs travaux ; la culture des champs ne suffisait pas à leur activité pleine d'audace, quoique la terre chez eux fût très bien cultivée ; la pêche du hareng était devenue pour eux comme une sorte de culture plus rémunératrice et plus étendue que l'autre ; la navigation était aux Hollandais comme une production naturelle de leurs pays ; leurs vaisseaux étaient comme des fonds de terre qu'ils savaient exploiter avec une infatigable ardeur ; aussi ce n'était pas seulement une classe spéciale et limitée de la nation qui se livrait à cette branche d'industrie ; c'était la masse du peuple même, qui se sentait portée par ses instincts, ses habitudes et ses traditions vers les hasards et les profits du commerce des mers. Bien avant leur séparation de l'Espagne, les Hollandais étaient déjà les rouliers et les facteurs de l'Europe ; ils faisaient le commerce de cabotage, auquel les préparait si admirablement leur sol découpé, déchiqueté et pénétré de tous côtés par les eaux ; ils luttaient avec avantage contre les villes hanséatiques et, depuis la découverte des Indes, ils étaient parvenus à accaparer le commerce de Lisbonne avec le reste de l'Europe, commerce si maladroitement dédaigné par l'orgueil portugais.

A ces admirables dispositions naturelles, qui tenaient au sol, à la race, à la constitution sociale et à l'éducation, vinrent se joindre, au commencement du xvii° siècle, des circonstances spécialement favorables à la prospérité de la Hollande. Quand cette petite nation pleine d'énergie rompit les liens qui l'asservissaient à l'Espagne, le le roi Philippe II, qui venait de fondre le Portugal dans ses vastes possessions, interdit aux marchands des Pays-Bas toute relation avec ses sujets : la Hollande se trouvait dans l'alternative de renoncer aux marchandises des Indes, jusque-là le principal aliment de son commerce de transport, ou d'aller chercher ces productions dans les Indes mêmes. Les Hollandais n'hésitèrent pas. Nul moment n'est plus propre aux grandes entreprises, et nulle situation sociale n'est plus favorable au développement de l'activité et de la hardiesse nationales, que le moment qui suit une grande révolution politique heureuse et la situation sociale qui en résulte : les esprits sont alors montés à un degré d'enthousiasme national qui porte à toutes les tentatives hasardeuses et héroïques ; la vitalité politique imprime à toutes les actions un caractère nouveau d'énergie et de grandeur ; un peuple qui vient de s'affranchir par ses seules forces, est dans les meilleures conditions pour dominer les autres. Les Hollandais, toutefois, suivant la pente naturelle de leur génie, tournèrent vers les œuvres du commerce et de l'industrie ce surplus d'activité et de confiance en eux-mêmes, que leur émancipation politique venait de leur donner. Les entreprises du commerce étaient alors tellement semées de hasards et de périls, qu'elles s'accommodaient non seulement au caractère national et permanent des Hollandais, mais encore à cette situation d'esprit, toute transitoire et accidentelle, qui résultait de leur révolution récente.

Après d'inutiles tentatives pour découvrir un passage au nord, qui menât au Japon et à la Chine, les Hollandais osèrent entreprendre, au mépris de la puissance de l'Espagne et du Portugal, de se rendre aux Indes par la route du Cap ; c'était pour eux comme une nouvelle découverte ; ils s'élançaient sur une route dont les pilotes portugais gardaient avec soin le secret. Deux voyages de reconnaissance furent néanmoins heureux ; les Hollandais en revinrent avec une idée plus exacte de la faiblesse de la puissance portugaise en Asie, et des facilités qu'une nation prudente et habile pourrait avoir pour s'emparer de la plus grande partie du commerce de l'Orient.

Un grand nombre d'expéditions particulières partirent presque immédiatement des ports de la Hollande pour les ports de l'Inde ; et il se fit pendant quelques années, entre l'Asie et la Hollande, un commerce libre assez prospère ; mais on crut remarquer que le trafic serait plus avantageux et plus sûr, si ces opérations privées se régularisaient et si une grande compagnie par actions concentrait toutes les forces et tous les efforts individuels que l'on craignait de voir se nuire réciproquement ; c'est alors en 1602 que fut fondée la célèbre Compagnie des Indes, l'origine et le type accompli de toutes les compagnies privilégiées que les diverses nations de l'Europe constituèrent plus tard à l'envi.

La création de ces corporations exclusives a été sévèrement blâmée par les économistes les plus illustres ; et l'on s'est tellement arrêté sur les maux que ces monopoles engendrent, que l'on est au premier abord saisi d'étonnement en voyant le peuple le plus industrieux et le plus libre de l'Europe recourir à un semblable expédient après avoir joui pendant quelques années de la pleine liberté du commerce. Avant de prononcer, au nom de la rigidité des principes, une condamnation absolue contre l'institution de la Compagnie hollandaise, il importe d'étudier les circonstances politiques et économiques du temps, et de se demander s'il n'y avait pas, dans les conditions du commmerce de l'Orient à cette époque, des faits qui expliquent la fondation de la Compagnie hollandaise des Indes orientales.

Un économiste allemand contemporain, qui a toujours cherché à allier dans ses travaux le sens historique au respect des principes, M. Roscher a exposé avec un soin minutieux tous les motifs qui ont pu déterminer la Hollande et l'Angleterre à instituer des compagnies privilégiées pour l'exploitation du commerce de l'Orient : s'il faut reconnaître que le maintien prolongé et indéfini de ces monopoles eut sur le développement de la richesse et sur la situation politique tant en Europe qu'aux Indes les conséquences les plus fâcheuses, du moins doit-on avouer qu'il y avait à l'origine des raisons sérieuses pour la création, à titre temporaire, de ces grandes corporations.

Le fameux principe de la liberté des mers, que Grotius revendiqua et fit prévaloir, était alors universellement méconnu. On admettait que les eaux comme la terre appartenaient au premier occupant, et que les mers devaient être closes à ceux qui ne s'y étaient pas aventurés les premiers. Aussi doit-on considérer les premières entreprises des Hollandais et des Anglais aux Indes orientales comme des dérogations au droit public du temps et des violations manifestes du droit de propriété des Portugais. On conçoit que de pareilles tentatives ne pouvaient s'opérer que par des vaisseaux nombreux, navigant de concert, chargés de soldats autant que de matelots, et de munitions de guerre non moins que d'objets d'échange ; d'autant plus qu'il fallait lutter contre ces terribles *carraques* ou galions portugais, que nous avons décrits plus haut. Dans de telles circonstances, on regardait comme nécessaire que le commerce des Indes fût soumis à une organisation rigide et presque militaire. En supposant même que l'on parvînt à éviter les *carraques* ou à les vaincre, d'autres difficultés se présentaient sur les côtes d'Asie. Le commerce ne se pouvait faire qu'avec l'agrément de princes semi-barbares, souvent infidèles à leur parole et auxquels la force seule imposait. Des commerçants isolés eussent été impuissants à résister aux vexations et aux prétentions arbitraires ou tyranniques de ces petits souverains. Il est vrai que de nos jours, dans les mêmes circonstances, le commerce privé et libre sait parfaitement se tirer d'affaire : c'est que nos grands gouvernements se sont beaucoup perfectionnés sous le rapport de leur action à l'extérieur ; dans tous les lieux importants ils ont des consuls ou chargés d'affaires ; ils ont dans toutes les mers des escadres toujours prêtes à protéger leurs nationaux. Les États européens du commencement du XVIIe siècle n'avaient pas cette étendue et cette variété de ressources : ils étaient renfermés en eux-mêmes et leur action à l'extérieur était très faible ; ils ne savaient pas encore protéger leurs nationaux à l'étranger et bien moins dans les pays lointains ; l'organisation consulaire n'existait pas ; les gouvernements ne se chargeaient de la protection du commerce au loin que quand ils trafiquaient par eux-mêmes et à leur compte, ou bien encore par des vaisseaux enregistrés ayant obtenu licence à prix d'argent ; en dehors de ces conditions spéciales, les commerçants se trouvaient sans protection, obligés d'aviser eux-mêmes à leur défense. Ce qui aggravait la situation de la marine privée, c'est que les diverses nations de l'Europe se faisaient dans les pays lointains une concurrence sans scrupule, se tendant des pièges réciproquement, excitant les indigènes contre leurs rivaux et recourant à tous les stratagèmes que peuvent inventer une avidité et une jalousie éhontées ; tandis que, aujourd'hui, au contraire, les différents peuples de l'Europe ont entre eux dans les mers lointaines des procédés courtois, se soutiennent les uns les autres et se prêtent mutuellement, en cas de danger ou d'injustice, le secours de leurs flottes et l'appui de leurs consuls. En l'absence de ces institutions tutélaires et de ces mœurs humaines, qui font que dans les contrées les plus lointaines les négociants contemporains sont assurés d'être protégés, on conçoit que les armateurs d'il y a deux ou trois siècles aient éprouvé le besoin de constituer une compagnie qui eût assez de richesse et de puissance pour faire respecter son pavillon.

En dehors de ces raisons politiques qui tiennent à l'état des gouvernements et des institutions d'alors, nous trouvons des raisons économiques qui tiennent à l'état des sociétés européennes au moment où furent créées les grandes compagnies. Les capitaux étaient peu nombreux et d'une excessive timidité ; on ne les risquait que rarement à l'étranger : pendant tout le xvie siècle les marchands de Londres, qui faisaient le commerce avec l'Allemagne et les Pays-Bas, étaient connus sous le nom significatif de *merchant aventurers;* on conçoit que les premiers voyages aux Indes étaient des aventures d'une autre sorte et qui effrayaient bien plus, si ce n'est les matelots, du moins les marchands ; un vaisseau mettait deux ou trois ans (1) à faire son trafic aux Indes, et les risques de perte étaient grands : sur les vingt-quatre années qui forment la période de 1611 à 1634, il y en eut treize où la Compagnie Hollandaise des Indes orientales ne put pas donner de dividende (2). On comprend qu'avec de si grandes chances de perte, des retours aussi lents et des capitaux aussi rares, il eût été difficile que le commerce privé aux Indes pût grandir ; il fût resté bien des années et peut-être plus d'un siècle à l'état d'enfance ; la création de compagnies privilégiées

---

(1) Le premier voyage de la Compagnie Hollandaise dura du 2 avril 1595 au 18 août 1597 ; le premier voyage de la Compagnie Anglaise se prolongea du 2 mai 1601 jusqu'en septembre 1603.

(2) Ce sont les années 1611, 1613, 1614, 1617, 1619, 1621, 1622, 1624, 1626, 1628, 1630, 1632, 1634.

avait donc sa raison d'être dans les circonstances du temps. « Le privilège d'une compagnie est justifiable, a dit J.-B. Say, quand il est l'unique moyen d'ouvrir un commerce tout neuf avec des peuples éloignés ou barbares. Il devient alors une espèce de brevet d'invention, dont l'avantage couvre les risques d'une entreprise hasardeuse et les frais d'une première tentative, mais, de même que les brevets d'invention, ce privilège ne doit durer que le temps nécessaire pour indemniser complètement les entrepreneurs de leurs avances et de leurs risques. » (*Traité d'économie politique*, t. I, p. 313.) Tandis que les capitaux privés ne se fussent engagés qu'en très petit nombre et à la longue dans le commerce des Indes, le capital des compagnies, divisé en actions d'une valeur à la portée de beaucoup de bourses, se recrutait avec facilité ; on prenait une action comme un billet de loterie, et c'est ainsi qu'un capital considérable put être consacré immédiatement au commerce lointain, le commerce le plus propice, assurément, au développement de la civilisation et de la richesse de l'Europe.

De nos jours, quand on ouvre un commerce lointain, on peut se fier à l'industrie privée ; on ne le pouvait pas autrefois : c'est qu'alors ce n'était pas seulement tel ou tel commerce étranger qui était neuf, c'étaient tous les peuples d'Europe qui se trouvaient novices et sans expérience pour toute espèce de commerce lointain. Il n'y avait pas alors de grandes maisons commerciales, riches en capitaux, en réputation, en crédit et en traditions ; il n'y avait pas non plus de division du travail, ou du moins cette division n'existait dans le commerce qu'à l'état embryonnaire. Le commerce de commission et de courtage était presque inconnu : celui qui exportait des marchandises pour les Indes devait veiller lui-même à leur débit et faire lui-même aux Indes son approvisionnement pour l'Europe. Le même négociant était tenu de réunir des occupations qui font aujourd'hui l'objet de quatre ou cinq commerces différents. Quelle perte de temps et de capitaux ce cumul n'entraînait-il pas ! Aussi dans les expéditions qui furent faites par les commerçants privés y eut-il une déplorable confusion : et cette confusion, il n'y avait pas apparence qu'elle vînt à cesser bientôt. Ne tenant compte que de la vivacité de procédés et d'allures que trois siècles d'expérience nous ont léguée, on est enclin à penser généralement que l'ordre et la régularité des échanges seraient bientôt sortis de ce désordre primitif ; il y a toute probabilité qu'avec l'insuffisance des connaissances géographiques, avec le manque de capitaux et le défaut d'éducation commerciale, il eût fallu un long apprentissage. C'est ce que les Hollandais crurent comprendre. Dans leurs premières expéditions aux Indes faites sous le régime de la libre concurrence ils avaient éprouvé des pertes sérieuses. Tel vaisseau arrivait trop tard dans tel port après que d'autres avaient tout enlevé, ou bien ils se rencontraient tous sur un même point, et leurs demandes réunies, dépassant de beaucoup les offres, produisaient une énorme hausse dans le prix des marchandises indigènes. Tout le commerce était plein de contre-temps qui décourageaient les négociants. Les sources de renseignements étaient alors si rares qu'il eût été difficile que le commerce privé avec sa grande inexpérience parvînt en peu de temps à la régularité qui est la condition de toute prospérité. Un autre avantage que l'on croyait entrevoir dans la fondation de grandes compagnies, c'était de rendre le commerce lointain plus loyal et par conséquent plus solide. Cette prétention peut étonner au premier abord, car il est constant, et nous en verrons plus tard la preuve, qu'il n'y a pas de trafic aussi oppressif que celui des compagnies privilégiées dans les pays où elles ont la souveraineté. Mais les compagnies n'arrivent ordinairement que tard à cet état d'injustice et de mauvaise gestion, quand toute concurrence a disparu et quand elles ont conquis les pays où elles trafiquent ; autrement, et à l'origine, elles présentent aux barbares avec lesquels elles traitent infiniment plus de garanties que ne pouvait en offrir le commerce privé à la fin du xvie et au commencement du xviie siècles.

Dans le commerce d'exportation et surtout dans le commerce lointain qui se fait avec des peuples demi-barbares, il y a toujours un élément de trouble et d'instabilité, qui provient de la déloyauté et des fraudes des petits commerçants appartenant aux peuples civilisés. Dans les pays et dans les siècles où de vieilles traditions, aidées d'une forte éducation nationale, n'ont pas constitué des mœurs industrielles sévères, il est rare que le petit commerçant se fasse scrupule de frauder des clients qui sont séparés de lui par des milliers de lieues, qui ignorent jusqu'à son nom et avec lesquels il n'aura peut-être pas à traiter de nouveau dans sa vie. Tous ces petits trafiquants retirent de leurs fraudes un gain immédiat, direct et considérable, que ne parvient pas à balancer dans leur esprit la pensée du tort qu'ils font au commerce de leur pays et, dans une certaine mesure, à leur propre intérêt permanent. Or ces fraudes, souvent répétées, ruinent à la longue le commerce d'une nation. Aussi le commerce d'exportation, surtout avec des peuples lointains et d'une civilisation inférieure, n'est possible qu'à deux conditions : ou une grande surveillance de l'État sur les machandises qui s'exportent, ainsi que pendant longtemps cela s'est pratiqué aux États-Unis ;

ou la concentration de la plus grande partie du trafic dans quelques grandes maisons universellement connues : en effet, les grands établissements qui sont connus dans le monde entier ont un intérêt de premier ordre à conserver intacte leur bonne renommée. Mais, quand la Hollande commença son trafic avec les Indes, il n'y avait pas encore de grandes maisons commerciales ; celles-ci ne se forment qu'à la longue et par le commerce du monde ; les capitaux étaient disséminés dans beaucoup de mains, il n'y avait que de petits marchands ; aussi pensa-t-on que dans les conditions de concurrence de la part des Portugais et des Anglais, il y avait avantage pour la solidité du commerce à recourir à une compagnie privilégiée.

En résumé, l'hostilité de nations européennes puissantes et déjà établies aux Indes orientales ; la difficulté d'imposer autrement que par la force aux petits tyrans indigènes ; l'absence de toute protection nationale soit à l'aide d'escadres et de flottes, soit par l'intervention d'agents résidents ; les nombreux risques de perte ; la lenteur des retours et la rareté des capitaux ; l'insuffisance de renseignements géographiques et commerciaux ; le défaut de toute division du travail dans le commerce d'exportation et l'absence de toutes les branches accessoires de ce commerce ; la non-existence de grandes et riches maisons commerciales : telles sont les raisons multiples qui portèrent les Hollandais et les Anglais à fonder des corporations privilégiées, et si nous n'hésitons pas à proclamer que ces motifs ne suffisent pas à justifier le maintien de ces privilèges pendant plusieurs siècles, nous devons d'un autre côté reconnaître qu'ils expliquent parfaitement l'origine et l'institution, à titre transitoire, de ces corporations.

Les écrivains contemporains qui blâment avec tant de sévérité l'institution des compagnies privilégiées au XVIIe siècle oublient que, malgré le développement de l'initiative privée et les progrès de la science économique, nous perpétuons des établissements qui prêtent à peu près autant à la critique. Nos compagnies de navigation subventionnées, qui reçoivent de l'État chacune dix, douze ou quinze millions par an, ne peuvent guère invoquer, pour justifier les subsides énormes qu'elles demandent au trésor, d'autres arguments que ceux qui déterminèrent les hommes d'État du XVIIe siècle à la création des compagnies privilégiées de commerce.

Ces compagnies d'ailleurs, dans le principe, n'offraient pas le caractère de cohésion qu'elles atteignirent plus tard ; il y avait, dans leur sein, place à une assez grande liberté d'action et à une sorte d'indépendance pour les membres qui en faisaient partie. La Compagnie Hollandaise, telle qu'elle fut fondée en 1602, était plutôt une réunion et un syndicat de différentes sociétés similaires, qu'un corps parfaitement un et homogène. Les petites sociétés commerciales qui, par leur agrégation, formèrent la Compagnie Hollandaise des Indes, restèrent longtemps distinctes sous le nom de *chambres;* et dans l'intérieur même de chaque *chambre* toute ville ou toute province qui avait versé au moins 50,000 florins au capital social constituait une sorte d'*unité tertiaire,* qui avait sur certains points des intérêts distincts de la *chambre* et de la Compagnie même. Chacun de ces différents groupes pourvoyait lui-même et à son propre compte à l'équipement des vaisseaux et aux achats nécessaires sous la surveillance de ses propres directeurs. Quant aux affaires communes à tous les groupes, lesquelles consistaient principalement dans la gestion même des colonies, dans les relations politiques avec les princes et les populations orientales, dans les traités de commerce ou d'alliance, dans l'entretien de l'armée et des forts et aussi dans la haute et générale direction imprimée au trafic, c'était du ressort de la Compagnie. Il y avait donc, à l'origine, une distinction assez tranchée entre les affaires communes et les affaires privées de chaque chambre ou de chaque groupe. On voit que cette organisation primitive ne présente nullement le caractère de cette centralisation rigide et absorbante qui finit cependant par dominer et par étouffer toute initiative individuelle. Le génie national des Hollandais, leur sens municipal et provincial si développé se prêtaient avec facilité à cette sorte de fédération commerciale.

Le capital social, qui ne fut jamais augmenté, consistait en 2,153 actions, chacune de 3,000 florins de banque ; la chambre d'Amsterdam possédait à elle seule 56. 9 p. 100 du capital ; la chambre de Zélande 20. 6 p. 100 ; celle de Delft 7. 3 p. 10 ; celle de Rotterdam 2.7 ; celle de Hoorn 4. 1 ; celle d'Enkhuysen 8. 3 p. 100. La conduite des affaires communes était confiée à dix-sept directeurs, c'étaient les États Généraux eux-mêmes qui nommaient les directeurs sur une liste de candidats que présentaient les différentes chambres. Sur tout le territoire qui lui était attribué, la Compagnie avait le droit de nouer des négociations politiques avec les princes indigènes, d'élever des forteresses, d'entretenir des troupes. Mais tous les employés civils ou militaires devaient prêter un serment d'allégeance aux États Généraux. Quand la Compagnie était dans toute sa prospérité, elle avait, outre un gouverneur général à Batavia, sept gouverneurs subordonnés, résidant à Amboine, Banda, aux Moluques, à Malacca, Ceylan, Macassar et au Cap.

Telle était l'organisation intestine de cette célèbre corporation ; son système de colonisation s'inspire du caractère essentiellement commercial et mercantile qui forme le trait saillant de sa constitution. Ce qu'il y a de remarquable dans la manière de coloniser de la Hollande, c'est l'unité de but et la simplicité des moyens : les Hollandais n'eurent jamais dans leurs établissements au loin qu'un seul but, le commerce. Cet esprit de propagande religieuse, qui fut l'un des ressorts principaux des colonisations espagnole et portugaise, leur resta toujours inconnu ; toute pensée d'ambition, de domination et de gloire, pour elle-même et sans une augmentation de richesses matérielles, fut également absente de leurs desseins ; enfin le besoin de créer au loin des colonies peuplées de nationaux, servant de débouchés à la population exubérante de la métropole, et en réflétant l'image sous un ciel lointain, ne se retrouve pas non plus dans l'histoire de la Hollande. Les Hollandais n'émigrèrent pas pour s'établir ailleurs et cultiver des terres ; ils ne quittaient leur patrie qu'avec esprit de retour pour s'adonner aux professions commerciales. La Hollande n'eut ni missionnaires, ni aventuriers militaires, ni même, sauf l'exception assez insignifiante du Cap et de Surinam, de véritables colons dans le sens étroit du mot ; elle n'eut que des facteurs, des commissionnaires et des matelots.

Cette unité de but, le trafic, qui ne fut jamais perdue de vue, amenait à sa suite une politique des plus simples et d'une grande netteté ; cette politique, c'est celle de l'intolérance commerciale à son plus haut degré ; exclure par la force ou par la ruse toute espèce de rivaux des marchés où elle avait accès, écarter toute concurrence, ce fut toujours le grand et presque le seul principe de la Hollande en matière de commerce. Nous allons étudier de près ce que produisit dans l'application ce système presque unique dans l'histoire du monde, et nous verrons par quelles mœurs et quelles mesures administratives put se fonder, se maintenir et décroître la grandeur coloniale des Hollandais.

Nous n'entrerons pas dans le détail des premières difficultés qui accueillirent les négociants des Pays-Bas dans les Indes. Nous y avons déjà fait allusion ; dès le principe se manifesta l'originalité du nouveau système ; dans leurs luttes contre les Portugais, les Hollandais eurent plus souvent recours à la ruse qu'à la force ; ils se présentèrent aux princes et aux populations indigènes, comme des commerçants qui ne poursuivaient que l'intérêt de leur trafic : « Ils surent, dit Heeren, se conduire avec modération et profitèrent habilement de la haine que les Portugais avaient excitée dans le pays. » Vainqueurs de leurs rivaux, ils détruisaient les forteresses au lieu de les prendre à leur propre compte et s'y établir à leur tour. Ils évitaient avec soin tout établissement continental : ils suivaient en cela le conseil donné par Alméida et par Thomas Roe. C'était seulement aux points d'intersection des grandes routes commerciales qu'ils estimaient utile d'élever un comptoir fortifié. Ils faisaient aux habitants du continent indien des conditions très favorables. James Mill nous dit que l'un des principaux griefs de la Compagnie Anglaise des Indes contre les Hollandais, c'était que ceux-ci vendaient à Surate les produits d'Europe à meilleur marché et achetaient les produits de l'Inde plus cher que ne le pouvaient faire les commerçants de Londres. (*Mill's British India*, t. I, p. 64 et 94.) Cet esprit de mesure les faisait respecter et accueillir partout sur les côtes de l'Asie : ils s'emparèrent peu à peu du commerce de cabotage entre les différents ports de l'Inde, de Siam, de la Chine et du Japon ; ils se montraient partout réservés, fidèles à leur parole, ne sortaient jamais de leur rôle de marchands et évitaient de compromettre leur situation commerciale par des interventions politiques ou religieuses. Au Japon, après l'expulsion des Portugais, ils surent seuls se maintenir par leur discrétion et leur mesure. Non seulement ils évitaient de construire des forteresses, dispendieuses par leur entretien, dangereuses par les jalousies qu'elles excitent et les querelles dont elles sont la cause, mais ils limitaient même le nombre de leurs factoreries : « Les Hollandais, dit James Mill, qui servaient leurs intérêts avec vigilance et économie, faisaient un grand commerce dans une foule de places sans y avoir de factoreries ; ils se procuraient les marchandises, qu'ils vendaient au Japon, dans le pays de Siam, de Cambodge, de Tonquin, non pas en bâtissant des factoreries dispendieuses, mais en faisant des contrats avec les marchands indigènes. Ceux-ci, à des époques fixées, apportaient dans les ports les marchandises qu'ils s'étaient engagés à fournir, et, quoiqu'il fût souvent nécessaire de leur avancer le capital avec lequel ils faisaient leurs achats, ils remplissaient régulièrement leurs engagements. » (*British India*, t. I, p. 105.) On voit quel était l'esprit de la Compagnie Hollandaise ; elle recherchait les profits de l'exploitation des Indes, en évitant les dépenses de leur occupation ; elle renonçait à toute aspiration de domination et de conquête ; elle ne cherchait pas à imposer par la force, mais elle s'efforçait de se faire admettre partout par ses services. On ne peut comparer sa manière d'agir dans l'extrême Orient, aux bons temps de sa prospérité, qu'à la conduite prudente et pratique de l'Union Américaine dans ses relations actuelles avec la Chine ou le Japon.

Les mœurs de la Compagnie n'étaient pas alors moins rigides dans ses rapports avec ses employés que dans ses relations avec les peuples indigènes du continent. « La compagnie, dit Heeren, ne tarda pas à manifester les principes d'action qui la dirigeaient : sévérité excessive dans l'exercice du monopole et dans la surveillance de tous ses agents ; interdiction absolue à ceux-ci de faire aucun commerce pour leur propre compte; reconnaissance empressée pour les bons services et exactitude scrupuleuse dans tous les paiements, tels furent les principaux éléments de son crédit et de ses succès. » D'après Roscher, la simplicité des mœurs était si grande à Batavia dans toute la première partie du xvii° siècle, que les membres du gouvernement y étaient vêtus, dans le cours ordinaire de la vie, comme de simples matelots et ne prenaient d'habits distingués que dans le lieu même de leurs réunions officielles.

C'est cependant dans les îles que les mœurs privées et administratives commencèrent à se corrompre. Les Hollandais, qui évitaient avec tant de sagacité de former des établissements sur le continent, se mirent, au contraire, de bonne-heure à élever des forteresses dans les îles de la Sonde. Ils se firent une idée exagérée de l'importance du commerce des épices, et l'on peut dire que cette conception inexacte fut la cause principale de toutes leurs erreurs et de toutes leurs fautes; ils voulurent concentrer dans leurs seules mains cette branche de trafic ; à l'origine, ils laissaient les Anglais y prendre part, mais bientôt leurs prétentions au monopole s'accentuèrent; ils chassèrent les autres Européens des Moluques et de l'archipel de la Sonde ; ils firent dans ces îles des établissements considérables et ils réduisirent la population indigène, non pas à l'esclavage, mais à une sujétion qui s'en rapprochait. C'était une erreur, presque universelle alors, qui inspirait cette détestable politique. On pensait que le commerce monopolisé d'une denrée précieuse était beaucoup plus profitable que le commerce libre d'une denrée vulgaire. L'expérience et la réflexion ont corrigé ce préjugé. S'il est une maxime vraie du commerce moderne, c'est que le trafic ou la production d'une denrée de consommation générale est de beaucoup plus avantageuse que la production ou le trafic d'une marchandise de haut luxe. Une bonne mine de cuivre, de fer ou de charbon vaut mieux que la plupart des bonnes mines d'or ou de diamant. Il se fait plus de grandes fortunes dans la production ou la vente des tissus grossiers ou des meubles vulgaires que dans la vente ou dans la production des meubles élégants et des tissus de prix. Ce n'était pas par le simple raisonnement que l'on pouvait arriver à la découverte d'une vérité aussi certaine, mais aussi paradoxale en apparence. Il n'est pas étonnant qu'au xvii° siècle les Hollandais l'aient ignoré.

Maîtres uniques du commerce des épices, ils firent de ce monopole l'objet principal de leur administration ; toutes les autres branches de commerce furent regardées comme accessoires et on ne recula devant aucune injustice et aucune barbarie pour conserver le privilège exclusif de la vente des épiceries. Pour élever la valeur de ces produits recherchés que l'on appelait « *les mines d'or de la Compagnie* », ils en prohibèrent la culture dans un grand nombre d'îles. Bien plus, comme la libéralité de la nature prodiguait d'elle-même et sans travail ces denrées proscrites, les gouverneurs d'Amboine et de Banda devaient chaque année, à des époques fixées, faire des tournées dans les îles où la production des épices était interdite pour en détruire et en extirper les arbustes que le monopole mettait à l'index. On a agité la question de savoir si, au point de vue de leur propre intérêt, les Hollandais n'eussent pas dû encourager une production plus grande : l'augmentation des transactions, a-t-on dit, eût largement compensé la perte que le monopole eût pu leur faire subir, nous le croyons aussi ; mais les Hollandais, par ces destructions barbares, n'avaient pas seulement pour but d'élever le prix des épices en réduisant leur quantité, ils voulaient aussi se prémunir contre la contrebande et la concurrence étrangère en restreignant la production de ces denrées précieuses à quelques îles d'une facile surveillance. Ce monopole, toutefois, les induisait en grande dépense : ils étaient contraints d'avoir beaucoup d'établissements dont le produit était nul et dont la seule utilité était d'écarter les contrebandiers et les puissances rivales : leurs forts de Timor et de Célèbes n'avaient pas d'autre objet. Le même esprit de monopole et la jalousie commerciale les entraînaient à des cruautés inouïes, qui avaient pour résultat final des révoltes, des guerres et des frais considérables. C'est ainsi qu'à Banda ils détruisirent presque toute la population indigène et réduisirent Polaroon à l'état de désert ; c'est ainsi qu'à Amboine ils massacrèrent toute une troupe d'Anglais et de Japonais après les avoir mis à la torture ; c'est ainsi encore qu'en 1740 on fit à Java un massacre épouvantable de Chinois. Ces barbaries et ces vexations amenaient souvent des guerres. Quand on exigea du roi de Ternate qu'il extirpât le girofle de tous ses États, sauf Amboine, ce prince résista par les armes à des conditions aussi contre nature. Il fallut également faire la guerre pour conserver le commerce exclusif de Sumatra ; les troubles étaient perpétuels à Ceylan et à Java même, parce que la Compagnie ne voulait jamais mettre un prix raisonnable et rémunérateur aux denrées qu'elle achetait des indigènes.

Cette prédominance accordée au monopole des épices fut la cause principale des embarras financiers et politiques qui ne tardèrent pas à entraver la Compagnie dans toutes ses opérations. Dans les premiers temps de son existence, alors qu'elle n'avait pas encore constitué à Batavia cette grande administration, dont la complication et l'éloignement furent pour elle une cause de pertes énormes, il n'y avait pas de fonctionnaires sédentaires dans les îles ; un amiral était chargé d'inspecter et de surveiller le trafic aux Indes : cette surveillance était réelle et loyale ; il en fut autrement quand des administrateurs et des directeurs furent établis à demeure aux antipodes ; les guerres devinrent plus coûteuses, parce qu'elles furent plus mal conduites ; les chefs cherchant surtout leur intérêt particulier, les établissements inutiles, si rares à l'origine, se multiplièrent à l'infini : la corruption pénétra toutes les branches de l'administration et le haut personnel de la Compagnie ; les actionnaires ou ceux qui étaient chargés de les représenter devinrent ouvertement les complices des employés infidèles et dilapidateurs. De cette dégénérescence des mœurs, les exemples sont aussi nombreux que frappants ; le règlement de 1658, qui défendait avec tant de raison aux employés de la Compagnie de faire le commerce à leur compte, fut quotidiennement enfreint. L'autre mesure, corrélative à la précédente, qui n'autorisait les employés revenant en Europe à rapporter avec eux des marchandises indiennes, que pour une valeur égale à quatre années de leur traitement, tomba également en désuétude. On vit au Bengale des commis inférieurs et des teneurs de livres avoir sur mer des vaisseaux de deux ou trois cents tonneaux. Quand, pour arrêter ce désordre, on envoya de Batavia dans l'Inde un inspecteur des finances et du commerce avec mission spéciale d'arrêter le trafic illicite, tout ce qui en résulta, ce fut le partage de ces profits interdits entre les employés et le haut fonctionnaire qui les devait surveiller. Arrêter la fraude était d'autant plus difficile que la Compagnie s'obstinait à n'accorder à ses agents que des traitements minimes. Le gouverneur général à Batavia n'avait qu'un traitement de 12,000 florins ; on peut juger de la rémunération des commis inférieurs ; la fraude était aussi intense qu'elle était étendue, et les mauvais règlements de la Compagnie en étaient cause ; elle s'obstinait, à partir de 1700, à changer fréquemment ses fonctionnaires, ce qui augmentait incontestablement le mal en contraignant les employés avides à faire leur fortune en peu de temps. Un employé de finances qui mourut en 1709, après trois ou quatre ans de charge, laissa une fortune de 300,000 thalers. Le gouverneur général Walckenier (1737-1741) rappporta, à son retour en Europe, 5 millions de florins qu'il avait amassés ; on vit deux hauts fonctionnaires, à Cheribon, gagner par la fraude chacun 100,000 thalers par an. Le gouvernement finit par fermer les yeux ou se mettre de connivence avec ses agents : il régularisa les irrégularités des fonctionnaires de Cheribon en prélevant une large part sur les profits illicites et leur abandonnant le reste. Les marchandises prohibées en vinrent à se vendre publiquement à Batavia, après qu'on eût donné un pot-de-vin aux directeurs. Au Japon, le trafic des commis était plus important que celui de la Compagnie même. Si les vaisseaux de la Compagnie faisaient si souvent naufrage à leur retour en Europe, la cause en était, dit-on, à l'excès de charge provenant des marchandises particulières dont les commis trafiquaient malgré les règlements. Et cependant le nombre des vaisseaux était d'un tiers plus considérable que le trafic de la Compagnie ne l'exigeait, afin de pouvoir être employé au commerce privé des agents. Le nombre des employés à Batavia était hors de proportion avec les exigences des affaires de la Compagnie.

La haute administration dans la métropole ne le cédait pas en corruption à l'administration de Batavia. Chaque année, la centralisation était devenue plus sévère et l'union de la Compagnie avec l'État plus étroite. En 1748, l'héritier du trône fut constitué gouverneur général et directeur en chef de la Compagnie des Indes orientales, avec pouvoir de nommer à tous les emplois importants sur une liste de présentation de trois candidats, de convoquer les assemblées et de les présider : comme rémunération, il lui était alloué 200,000 florins par an. Ce qui résulta d'un pareil système, il est facile de le deviner : toutes les grandes fonctions de la Compagnie devinrent héréditaires ; les places de directeurs, confiées d'abord à des négociants habiles, tombèrent à la longue dans des maisons puissantes où elles se perpétuèrent ; on s'habitua à ne voir dans ces charges importantes que les émoluments considérables qu'elles rapportaient et la facilité de placer sa famille dans des emplois secondaires. L'administration véritable fut abandonnée à un secrétaire qui, sous le nom d'avocat, devint le centre de toutes les affaires. Les administrateurs, qui ne se réunissaient que deux fois par an, au printemps et à l'automne, à l'arrivée et au départ des flottes, ne pouvaient suivre une gestion qui aurait demandé une attention soutenue. Les États Généraux, qui auraient dû arrêter ce désordre, craignant d'affaiblir le crédit de la Compagnie en signalant sa mauvaise administration, fermaient les yeux et approuvaient les comptes embrouillés et obscurs qu'on leur présentait.

Le résultat pratique d'une direction aussi mauvaise, c'était l'esprit de routine le plus opiniâtre. Il en est ainsi, à la longue, pour toute corporation privilégiée : l'esprit d'initiative se perd au bout de peu d'années ; chacun est plus amoureux de son repos qu'ambitieux des progrès de la chose publique ; on s'attache aux règlements anciens sans se demander s'ils ont encore leur raison d'être. La Compagnie Hollandaise offrait en ce genre les abus les plus criants : on persistait à obliger les vaisseaux revenant des Indes à faire un détour énorme pour passer au nord de l'Écosse près des Orcades, au lieu de traverser la Manche : c'était une perte de temps et d'argent considérable. Une mesure non moins extravagante était appliquée en Orient même avec la dernière rigueur : tous les vaisseaux qui faisaient le commerce de cabotage entre les divers pays de l'Asie devaient passer à Batavia pour y être visités ; ce règlement tua le cabotage hollandais dans l'Inde, d'autant plus qu'à la même époque les Anglais entrèrent pour le commerce entre les différents ports d'Orient dans la voie féconde de la liberté.

Les finances de la Compagnie se ressentaient de la direction de sa politique coloniale et de la gestion routinière de ses affaires ; à partir de 1750, les dettes s'accumulaient dans une proportion effrayante ; une preuve de la négligence que ces grandes corporations finissent par apporter aux opérations les plus simples, c'est que la Compagnie Hollandaise par orgueil et pour ne pas ébranler son crédit en Europe, s'obstinait à emprunter à Batavia, à 9 ou 10 p. 100 d'intérêt, tandis qu'elle eût pu trouver en Europe du crédit à 3 pour 100. En 1781, les états généraux durent la dispenser de l'obligation de payer sa dette flottante. Immédiatement avant sa dissolution, d'après l'apurement des comptes du 31 mai 1794, elle n'avait que 15,287,832 florins d'actif contre 127,553,280 de passif. Ces chiffres sont la condamnation non seulement de la Compagnie des Indes hollandaises, mais de toute compagnie de commerce privilégiée : la cause principale, en effet, de ce gaspillage financier, c'était la multitude des guerres et l'inutilité d'une foule d'établissements en Orient : or, ces guerres sans cesse renaissantes, ces établissements inutilement prodigués dans des stations sans trafic, c'était l'esprit de monopole qui leur donnait fatalement naissance. Les plans des meilleurs administrateurs échouaient contre l'indifférence de la haute direction et la routine des fonctionnaires subordonnés. Mossel, le plus habile des gouverneurs qui aient administré, au XVIII° siècle, les Indes hollandaises, voulut transformer les îles de la Sonde en une véritable colonie agricole peuplée d'Européens : il y attira les Allemands en grand nombre ; d'un autre côté les Chinois abondaient dans l'île ; la Compagnie déjoua les projets de son gouverneur en ne voulant acheter les denrées produites par les

Européens qu'à des prix très bas, qui n'étaient pas rémunérateurs : il en résulta que les colons abandonnèrent la culture ingrate des denrées d'exportation et que le développement agricole de Java fut retardé de cinquante années. On établit aussi une capitation sur les Chinois et l'on alla même, nous l'avons dit, jusqu'à les massacrer de la manière la plus odieuse. Ainsi ces îles qui eussent pu devenir dans le dernier siècle ce qu'elles ont été plus tard, des colonies de plantations d'une extraordinaire richesse et d'un énorme revenu pour la métropole, restèrent enchaînées dans les liens d'un commerce que la compagnie semblait s'efforcer de réduire à des proportions rudimentaires. Mossel avait coutume de dire qu'il regardait la Compagnie comme un corps épuisé qui ne se soutenait que par des cordiaux : c'était, disait-il encore, un vaisseau qui coulait bas et dont la submersion n'était retardée que par la pompe.

Tout semblait se réunir pour hâter cette submersion : les bénéfices que faisait la Compagnie dans le commerce de cabotage entre les divers pays de l'extrême Orient couvrirent longtemps les pertes que sa tyrannie et ses désordres lui occasionnaient dans l'archipel de la Sonde. Les autres nations européennes lui enlevèrent ce dédommagement. Les Anglais prirent le parti d'admettre les commerçants particuliers au commerce d'*Inde en Inde*, c'est-à-dire au commerce de transport d'une contrée de l'Asie à une autre contrée de l'Asie, de la Chine, du Japon, de Surate, aux Philippines, en Perse et en Arabie ; l'activité, l'esprit de progrès et d'économie, dont fit preuve, comme toujours, le commerce libre, réduisirent infiniment le commerce de transport dont les Hollandais avaient joui jusque-là à l'exclusion de tous autres. L'expérience cependant n'apprenait rien à la Compagnie Hollandaise, qui continuait à forcer les navires, allant d'un port de l'Asie à l'autre, à passer par Batavia.

Vers le même temps le commerce des épices, pour lequel elle avait fait tant de sacrifices, lui échappait par la force des choses et par suite aussi des mesures même qu'elle prenait pour le conserver. Le haut prix auxquel elle tenait ces denrées estimées encourageait les recherches pour en découvrir ou pour en implanter dans d'autres territoires. En 1774 les Anglais découvraient des arbres à épices sur la côte de Guinée ; dès 1771 les Français s'étaient mis à cultiver dans leurs îles de l'océan Indien le giroflier et le muscadier ; plus éclairé que la Compagnie Hollandaise le gouvernement français, loin de chercher à limiter cette production à une seule de ces îles, s'efforçait au contraire de la répandre ; les autres nations à leur tour venaient aussi prendre part à cette culture avantageuse, et c'est ainsi que des productions assujetties pendant des siècles à un monopole contre nature tombèrent dans le patrimoine commun de tous les peuples.

La Compagnie Hollandaise ne résista pas à tant de coups : après divers essais d'améliorations, essais tardifs et incomplets qui ne purent réussir, on se résolut en 1795 à ne conserver à la Compagnie que le monopole du commerce du Japon et de la Chine, et on rendit libre le commerce des Indes orientales. Vers la même époque une transformation complète s'opéra dans l'administration des îles de la Sonde : on se décida, comme l'avait voulu Mossel, à en faire des colonies de plantations pour la production des denrées coloniales qui faisaient la richesse des Antilles; le développement de Java sous une administration plus intelligente et moins oppressive appartient au XIX° siècle : nous l'étudierons dans le second livre de cet ouvrage.

Ainsi avait fini la fameuse Compagnie Hollandaise des Indes orientales : sa grandeur et sa décadence, également rapides, offrent à l'histoire les plus utiles enseignements : la prudence, la modération, l'activité des Hollandais, l'absence de tout projet de conquête et d'établissement continental, avaient donné à son commerce initial le plus vif essor. Mais le monopole exclusif, la permanence injustifiable du privilège, les tyrannies, les massacres, les guerres qui en furent les conséquences fatales compromirent et finirent par ruiner cette prospérité originaire. Cette administration colossale et routinière, qui enveloppait l'Orient tout entier dans la sphère de son action, étonna le monde par ses fautes multipliées et ses persistantes erreurs; tout esprit d'initiative, de réforme et de progrès était banni de ses plans. Quand, après deux siècles de monopole injuste et vexatoire, il fallut enfin recourir à un système plus équitable et plus productif à la fois, on découvrit que la célèbre Compagnie n'avait rien fondé : son commerce de transport en Orient, elle l'avait laissé échapper et passer en des mains qui ne le lâchèrent plus, ses restrictions surannées et ses règlements compliqués en étaient la cause; ces îles immenses et fertiles, dont elle avait pris possession, elle n'avait pas su exploiter leurs richesses naturelles et leur grandeur; elle avait borné toute leur production à trois ou quatre articles d'épicerie, et la production même de ces trois ou quatre articles, elle l'avait limitée à deux ou trois îles : en réalité, elle n'avait pas créé de colonie; elle avait lâché la proie pour l'ombre; elle avait sacrifié au monopole de quelques denrées, dont elle s'exagéra l'importance dès l'origine, le commerce permanent de l'Orient et la culture appropriée de ses vastes et fécondes possessions. Quand, au commencement de ce siècle, les Hollandais débarrassés du privilège de la Compagnie essayèrent d'un autre régime et se mirent à cultiver Java et les autres îles, ils apprirent bientôt combien était faible la valeur des muscades et des girofles, dont ils s'étaient engoués pendant deux siècles, auprès du sucre, du café, de l'indigo, du riz, du bétail et des subsistances, dont un seul de leurs gouverneurs, Mossel, avait su soupçonner la valeur : ils apprirent, en même temps, combien le commerce libre et l'initiative toujours vivante et créatrice des particuliers l'emportent, pour l'exploitation intelligente, pour le développement de la richesse et pour la prospérité permanente des colonies et de la métropole, sur le monopole d'une compagnie exclusive, qui ne tarde pas à être en proie à ces trois fléaux : la corruption, la routine, l'injustice.

Ce n'est pas que la domination hollandaise en Asie ait été sans influence sur le développement de la richesse et de la puissance de la métropole. Si erroné que soit un système colonial, le seul fait pour une nation commerçante de posséder des colonies est d'une incomparable utilité : c'est toujours un aliment à l'esprit d'entreprise, un champ fécond d'exploitation, un débouché pour les capitaux, et quand le peuple colonisateur est actif, laborieux, économe, quand il est doué de cette faculté merveilleuse qui lui permet de s'enrichir indéfiniment sans tomber dans le luxe et dans la mollesse, si grandes que soient ses erreurs et ses fautes dans l'administration de ses dépendances, il ne laisse pas de retirer de leur possession un accroissement considérable de prospérité. La Compagnie, il est vrai, se ruinait dans ce commerce lointain, mais il n'en était pas de même de la métropole et des nombreux armateurs, marchands et commis de la Hollande. Le gouvernement, en premier lieu, trouvait dans les colonies et le trafic dont elles étaient l'objet une source abondante de revenus. La Compagnie achetait par de grosses sommes la concession ou la confirmation de ses privilèges. Elle avait payé, en 1602, 25,000 florins pour l'octroi de son monopole; en 1647, elle paya 1,500,000 florins, et en 1696, 3,000,000 de florins pour le renouvellement de sa charte; en 1665, elle s'obligea à fournir et à entretenir gratuitement vingt vaisseaux de guerre, qui devaient être à la disposition de l'État ; elle fit en outre de nombreuses livraisons gratuites de salpêtre. Les marchandises qui étaient envoyées aux Indes, celles qui en arrivaient, étaient dans l'origine soumises à des droits assez notables ; on les convertit en une somme fixe que la compagnie dut payer annuellement au trésor; les droits sur les obligations et les actions de la société entraient aussi pour une part importante dans les revenus de l'État. Ces impôts qui rentraient avec tant de facilité faisaient illusion aux États Généraux :

ils supputaient ce produit régulier et d'une perception aisée et auraient regardé comme une folie de changer ce produit certain contre le revenu aléatoire qu'aurait procuré le commerce libre. « Ce qui fait, dit J.-B. Say à propos des compagnies privilégiées, que les gouvernements se laissent entraîner si facilement à ces sortes de concessions, c'est, d'une part, qu'on leur présente le gain sans s'embarrasser de rechercher comment et par qui il est payé; et que ces prétendus gains peuvent être, bien ou mal, à tort ou à raison, appréciés par des calculs numériques; tandis que l'inconvénient, tandis que la perte affectant plusieurs parties du corps social, et l'affectant d'une manière indirecte, compliquée, générale, échappe complètement au calcul. » Quand nous étudierons le système colonial de la Hollande au XIXe siècle, nous verrons que les revenus, que lui procurent ses colonies ouvertes au commerce libre, sont certainement décuples de ceux qui lui provenaient de la Compagnie des Indes orientales.

Le monopole de la Compagnie fut de beaucoup d'autres manières nuisible à la prospérité de la mère patrie. Il est d'abord indiscutable que la tyrannie des Hollandais en Asie, les vexations de toutes sortes qu'ils faisaient subir à leurs rivaux européens, entrèrent pour beaucoup dans la haine que diverses nations de l'Europe et spécialement l'Angleterre conçurent au XVIIe siècle contre la Hollande. Les premiers démêlés des Hollandais et des Anglais en Asie, démêlés dont l'esprit exclusif et tyrannique de la Compagnie Hollandaise fut la cause première, engendrèrent entre ces deux peuples cette antipathie nationale, profonde et traditionnelle, d'où résultèrent des guerres, des prohibitions et, en fin de compte, l'abaissement de la puissance hollandaise. Quand les terribles lois de navigation, édictées par Cromwell et les derniers Stuarts, mirent en péril la marine des Pays-Bas, elle eût pu trouver une compensation dans le commerce de cabotage et de transport entre les différentes contrées de l'Asie, si ce trafic eût été libre : mais le monopole de la Compagnie des Indes orientales lui ferma ce nouveau champ d'action ; de cette façon encore l'organisation vicieuse de son commerce et de ses colonies porta un coup funeste à la richesse et à l'industrie de la Hollande.

Une des autres conséquences de la prospérité, quelque temps réelle et longtemps apparente, de la Compagnie des Indes orientales, ce fut l'engouement général dont les Hollandais furent tout à coup saisis pour les sociétés privilégiées; ils ne conçurent bientôt plus d'autre organisation de l'industrie et du commerce que le privilège ; tout devint monopole dans le courant du XVIIe siècle; on peut concevoir quelle entrave ce fut au développement économique de la Hollande. On allait dans cette voie jusqu'aux systèmes les plus absurdes. On lit dans la *Richesse de la Hollande* (t. I, p. 96), qu'en 1629 les États Généraux formèrent le projet de fonder une compagnie privilégiée qui aurait le monopole des assurances maritimes et en outre le commerce exclusif de la Turquie et des pays barbaresques avec le droit de fonder des colonies et de faire la guerre. Ce beau plan n'échoua que par la résistance opiniâtre que les autres sociétés commerciales privilégiées ne cessèrent de lui opposer. De quelle vitalité extraordinaire devait être doué ce petit peuple de Hollande pour se développer et s'enrichir malgré tant d'entraves!

Une autre suite encore de l'organisation vicieuse des établissements lointains, ce fut la dette énorme dont se chargea la Compagnie d'abord et bientôt aussi l'État. Une opinion exagérée de ses propres ressources, l'habitude de la mauvaise gestion dans les affaires des Indes, l'irrégularité des comptes, le nombre toujours croissant des entreprises, des guerres et des établissements, tous ces fléaux ne se bornèrent pas à miner sourdement la prospérité de la Compagnie privilégiée, ils gagnèrent par contre-coup l'État lui-même. Ce n'est jamais impunément qu'un peuple commet des fautes nombreuses et persistantes dans une des branches principales de son activité : toute la vie économique et politique d'une nation s'en ressent à la longue. Cette dette écrasante, sans aucune proportion avec le nombre des citoyens et l'importance des capitaux, fut, d'après l'observation unanime des historiens et des économistes, une des causes principales de la décadence de la Hollande, et il n'est pas possible de douter que le monopole de la Compagnie des Indes, les jalousies et les guerres qui en furent la suite, pardessus tout l'exemple permanent de la mauvaise gestion de la Compagnie, accompagnée de sa prospérité apparente, n'aient contribué à entretenir le gouvernement dans la voie ruineuse des emprunts : on voit combien est juste le mot de Say que nous rapportions plus haut : « La perte (causée par les compagnies privilégiées) affectant plusieurs parties du corps social et l'affectant d'une manière indirecte, compliquée et générale, échappe complètement au calcul ». De quelle perspicacité n'était pas doué Jean de Witt, quand, en 1668, il s'opposait au renouvellement du privilège de la Compagnie!

Si nous passons de la métropole aux colonies, il est impossible d'exagérer les effets désastreux que le système colonial hollandais eut sur leur prospérité et sur le sort de leurs habitants. Adam Smith décrit avec complaisance l'influence mauvaise des compagnies privilégiées sur les populations qui sont soumises à leur pouvoir, il s'arrête avec insistance sur les vexations nombreuses dont les indigènes sont victimes plus encore de la part des agents de la compagnie que de la part de la compagnie même. Nous ne referons pas ce chapitre trop précis et trop plein de détails pour que l'on puisse le reprendre ou le résumer. Qu'il nous suffise de dire que de toutes les grandes compagnies privilégiées, celle de Hollande fut assurément la moins scrupuleuse. Corrompue par l'avidité mercantile, d'autant moins réservée qu'elle avait moins d'ambition et de goût pour la gloire et qu'elle subordonna toujours son rôle de souveraine à son rôle de marchande, elle écrasa les peuples qui lui étaient soumis sous le joug de la plus odieuse tyrannie. On a vu les prescriptions sévères qui interdisaient aux indigènes de certaines villes la culture de denrées agréables ou utiles que la nature leur avait prodiguées : on ne peut imaginer pour un peuple de despotisme plus vexatoire à la fois et plus humiliant. Cette interdiction de la culture des produits naturels au sol et qui en feraient la richesse est de tous les abus que présente le système colonial des peuples modernes un des plus criants : c'est une odieuse expropriation sans indemnité et sans utilité publique. On a vu galement les mesures homicides que dans bien des circonstances la Compagnie Hollandaise prit de gaieté de cœur et sans raison atténuante contre les indigènes de ses possessions : les massacres des Malais de Banda et des Chinois de Java ne furent pas des faits isolés et exceptionnels ; beaucoup d'autres du même genre, qui sont restés plus obscurs parce que le nombre des victimes était moins grand, vinrent déshonorer le nom hollandais dans tout l'Orient. La Compagnie marchande d'Amsterdam s'était proposé ce double but : limiter la production des îles dont elle s'était emparée, en limiter également la population, pour rendre la contrebande plus difficile et la surveillance plus aisée ; elle ne réussit que trop bien dans cette tâche inhumaine.

Malgré l'étendue de ce despotisme, deux circonstances tendirent à le rendre moins lourd pour les populations indigènes. D'abord les Hollandais, exclusivement commerçants, n'eurent jamais la pensée de faire de la propagande chrétienne parmi leurs sujets : ils les abandonnèrent soit au mahométisme, soit au paganisme ; de quelque façon qu'on juge, au point de vue religieux, cette négligence de la part du peuple dominant pour les croyances du peuple soumis, il n'en est pas moins vrai qu'au point de vue purement humain et terrestre cette indifférence fut un bonheur pour les indigènes. Ils ne se virent pas en butte à des persécutions religieuses, ils ne furent pas recherchés et inquiétés pour leurs convictions et leur culte ; tous les excès de l'inquisition portugaise aux Indes demeurèrent inconnus dans les possessions hollandaises.

D'un autre côté, le mode d'exploitation adopté par les Hollandais leur rendit inutile de réduire la population en esclavage ; comme ils ne se livrèrent pendant les deux derniers siècles à aucune culture intensive qui réclamât beaucoup de main-d'œuvre, qu'ils se bornèrent, au contraire, à recueillir le produit des arbres à épice que le seul bienfait de la nature faisait pousser avec abondance dans leurs îles, ils n'eurent pas besoin de recourir au régime du travail forcé. La servitude domestique pour les travaux de la maison fut seule en usage parmi les Hollandais : cette servitude était douce et humaine ; l'importation des nègres de Guinée fut peu considérable : « Depuis une époque fort éloignée, 1688, dit M. Augustin Cochin, la traite avait été interdite ; un recensement des esclaves avait été prescrit ; les ventes ne devaient plus être opérées (1669) que devant les officiers publics ; les prisonniers faits dans les guerres ne devaient plus être réduits en servitude (1784). La race nègre s'est éteinte ou confondue dans la race indigène : les esclaves orientaux ont diminué de nombre, le gouvernement ne s'en servait plus que pour recruter l'armée en 1808. » Le nombre des esclaves était d'ailleurs si peu considérable que, d'après M. Augustin Cochin, on n'en comptait en 1830 que 20,680 au-dessus de huit ans et en 1843 seulement 9,907. « Cet esclavage, dit le même auteur, n'a jamais été qu'une domesticité abusive n'ayant rien de commun avec les travaux des champs. » L'absence ou l'atténuation de ce fléau qui désola les Indes occidentales fut une compensation aux maux que la Compagnie fit subir aux indigènes.

Cette même Compagnie des Indes orientales, contrairement au système qu'elle suivait dans les îles de la Sonde, fonda au Cap de Bonne-Espérance une véritable colonie agricole. A ce point d'intersection qui divise en deux moitiés la route des Indes, elle crut utile à ses intérêts de ravitaillement et de défense d'avoir un établissement plus solide et plus considérable que partout ailleurs. La beauté du climat et la fertilité du sol favorisait la colonisation, mais la compagnie ne sut guère profiter de ces avantages. Un homme remarquable, Van Riebeck, présida à la naissance de cette colonie. On décida qu'on donnerait un terrain convenable à tout homme qui se voudrait fixer au Cap, qu'on lui ferait des avances de grains, de bestiaux et d'ustensiles, qu'au bout de trois ans ceux qui ne pourraient s'acclimater pourraient disposer de leurs domaines et revenir en Europe ; et, afin que la colonie pût s'accroître, on y transporta des femmes tirées des maisons de charité de la métropole. Ces dispositions étaient bien prises, mais trois circonstances empêchèrent le développement de cette colonie dont le plan avait été conçu avec assez de sagesse. La première fut le monopole exclusif de la Compagnie pour l'achat des denrées et les restrictions de toutes sortes apportées au libre commerce des colons. La Compagnie s'arrogeait le droit d'acheter au prix qu'elle fixerait elle-même les denrées dont elle aurait besoin : il était défendu aux colons d'expédier le moindre bâtiment pour communiquer entre eux ou pour aller chercher sur les côtes voisines les bois qui manquent au Cap même : enfin des formalités multipliées, accompagnées toujours de taxes très élevées, apportaient une foule d'entraves aux transactions et à l'extension des cultures. D'après un des principaux historiens de la colonisation, Merivale, les Hollandais auraient même suivi un plan systématique pour arrêter les progrès de l'agriculture. A l'en croire, la lenteur relative du développement de la colonie du Cap tiendrait à un usage des plus vicieux de l'administration hollandaise qui, pour prévenir l'accroissement trop rapide de la population, n'accordait des terres que par parcelles isolées et éloignées les unes des autres. En second lieu la Compagnie eut avec les habitants du pays ou Hottentots une politique peu scrupuleuse qui lui valut des luttes incessantes. Le premier gouverneur hollandais du Cap, dans une dépêche à la Compagnie écrivait que du haut des murs en terre de la forteresse, il contemplait les troupeaux des indigènes, plein d'étonnement sur les vues de la Providence qui faisait à ces payens de si riches dons ; « si nous y eussions été autorisés, ajouta-t-il, nous avions l'occasion de leur prendre dix mille têtes de bétail ; d'ailleurs l'occasion se représentera, si nous obtenons des ordres à cet effet, et nous aurons d'autant plus de facilité que les indigènes auront pris confiance en nous. » Nous ne savons si cette fois la Compagnie accorda au gouverneur l'autorisation qu'il réclamait, mais ce qui est certain, c'est que les Hottentots furent toujours traités avec injustice et que cette fière peuplade, qui aurait accepté avec facilité un joug tutélaire, troubla par ses constantes révoltes le développement de la colonie. En dernier lieu la Compagnie Hollandaise, contre son habitude, se montra au Cap intolérante en matière religieuse : soit souvenir des luttes sanglantes qui, à une certaine époque, avaient éclaté à la métropole, soit crainte que l'élément hétérodoxe venant à dominer dans la colonie, le lien qui unissait celle-ci à la métropole ne fût compromis, elle se montra hostile aux luthériens qui formaient la masse des colons ; il en résulta que leur nombre ne s'accrut pas comme il aurait pu le faire sous un régime de parfaite indépendance et d'égalité religieuse. Ces trois motifs empêchèrent le rapide développement de la colonie du Cap : les Hollandais cependant y avaient jeté des racines assez profondes pour que le changement de souveraineté et le passage de la colonie à l'Angleterre ne rompît pas toute relation entre le Cap et la Hollande. De nos jours encore les Boërs ont conservé dans toute sa force leur originalité nationale ; ils ont même fondé deux petits États indépendants, et l'on retrouve jusque dans notre siècle un courant permanent d'émigration de la Hollande pour l'Afrique méridionale ; filet mince mais ininterrompu, qui maintient dans sa pureté primitive et accroît légèrement à la longue la colonisation hollandaise au sud de l'Afrique.

La prospérité originaire de la Compagnie des Indes orientales encouragea les Hollandais à fonder une compagnie des Indes occidentales, qui obtint en 1621 le privilège du trafic avec toute l'Amérique depuis Terre-Neuve jusqu'à la mer du Sud avec le droit de fonder des colonies et de bâtir des forts dans les contrées inhabitées. Cette compagnie, en fait, eut deux objets : faire la contrebande avec les colonies espagnoles et créer des établissements soit agricoles, soit de plantations. Le premier de ces objets obtint dans le principe la prépondérance ; grâce aux petites îles de Curaçao et de Saint-Eustache dont elle s'empara aux Antilles, la Compagnie put faire sur une très grande échelle un commerce interlope avec le continent américain : les ports de ces petites îles qui furent déclarés francs devinrent excessivement actifs, et de ce chef la compagnie fit des gains très considérables, mais elle compromit sa situation par des essais de conquêtes et d'établissements continentaux. Elle s'attaqua au Brésil et y conquit, de 1630 à 1640, plusieurs provinces importantes ; mais ce pays était alors peu riche et ne donnait pas lieu à un trafic étendu ; elle fut d'ailleurs bientôt forcée, par les Brésiliens mêmes, d'abandonner cet établissement, et depuis lors elle ne fit que décroître ; elle « eut occasion de reconnaître, dit Heeren, que la piraterie et les guerres sont des moyens peu solides pour la fondation de grands établissements commerciaux. » Après la perte du Brésil, elle ne put donner de dividende, et en 1667 elle voulait vendre tout ce qui lui appartenait pour payer ses dettes ; elle fut réellement dissoute sept ans plus tard. Elle avait fondé au nord une colonie agricole appelée à une grande prospérité sous des mains plus habiles ; c'était l'établissement qui devint plus tard New-York. Jean de Witt fait remarquer dans ses mémoires qu'une compagnie commerciale ne convient pas pour la colonisation proprement dite, parce que les déboursés ne se recouvrent que très tard et que la compagnie contrainte par ses actionnaires de donner tous les ans des dividendes considérables ne peut faire d'aussi lointaines avances. La colonie de la Nouvelle-Amsterdam vient à l'appui de cette assertion ; elle resta à l'état embryonnaire, alors que dans le voisinage la Nouvelle-Angleterre atteignait déjà un haut degré de prospérité. La Nouvelle-Amsterdam, établissement agricole insignifiant, port sans mouvement et sans essor, malgré les pêcheries voisines qu'il eût été si facile d'exploiter, n'annonçait nullement la grandeur et l'opulence future de New-York.

Un établissement plus considérable et que les Hollandais surent conduire à un haut degré de richesse, c'est celui de Surinam : à force de patience et de travaux ils parvinrent à faire de cette terre malsaine une splendide colonie de plantations ; les fondateurs de Surinam se montrèrent dignes de leurs ancêtres d'Europe ; par leurs digues et leurs desséchements ils conquirent les terres sur la marée et sur la pluie, ils firent sortir des eaux une immense étendue de terrain, qui, couvert d'une couche épaisse de fumier végétal, présente les conditions les meilleures pour la culture de la canne, du coton, du café et du cacao. L'histoire de cette colonie offre les plus grandes vicissitudes. Fondée, dit-on, par des protestants français en 1634, puis occupée par les Anglais la même année, défrichée par des Juifs chassés d'Espagne et de Portugal, elle tomba enfin en 1667 entre les mains des Hollandais, qui l'ont perdue et recouvrée trois fois.

Surinam présenta tous les caractères ordinaires des colonies de plantations ; l'absentéisme des propriétaires en est un des plus fâcheux : il en résulta le manque d'esprit de progrès dans la culture et le défaut d'humanité dans le traitement des esclaves qui de tout temps furent très nombreux à Surinam. Les plantations étaient dirigées par des régisseurs et économes, qui sortaient de la lie de la population européenne, mandataires déplorables des riches propriétaires résidant à Amsterdam. Les nègres étaient traités à Surinam avec une extraordinaire rigueur, le code noir de 1784 est bien le plus honteux monument de la tyrannie et de l'injustice humaine. Dans les districts où les propriétaires résidaient, comme dans celui de Nickerie, on remarquait une grande supériorité de culture et de civilisation sur la masse des autres districts, Commewyne, Mattapica, Cottica, etc. Comme toutes les colonies de plantations, Surinam offrait, dans le temps même de sa plus grande prospérité, les caractères d'une organisation économique morbide. En 1776, la dette de Surinam, d'après Malouet, montait à 80,000,000 de florins. Sur quatre cents propriétaires, à peine en trouvait-on vingt qui fussent libres de toute dette et vraiment riches ; cent autres avaient des dettes jusqu'à concurrence du tiers ou du quart de la valeur de leurs propriétés, cent cinquante jusqu'à concurrence de la moitié, et les autres jusqu'à concurrence des trois quarts ou de plus encore (Malouet, *Les colonies*, t. III, p. 87). Cependant la colonie était parvenue à un état de grande prospérité relative ; à la fin du dernier siècle 80,000 esclaves, distribués sur 600 établissements, produisaient annuellement une valeur de 40,000,000 de fr. de denrées ; c'était pour le temps une production magnifique. La cause de cette prospérité se trouve dans les dispositions libérales que les Hollandais n'hésitèrent pas à prendre dans l'intérêt de leurs colonies d'Amérique : la Compagnie des Indes occidentales autorisa tout vaisseau hollandais à commercer avec Surinam moyennant une taxe qui montait à 2 1/2 p. 100 de la valeur de la cargaison, droit d'une grande modération relative. Le voisinage des petites îles de Curaçao et de Saint-Eustache, dont les ports étaient francs, assurait à la Guyane un approvisionnement abondant et à bon compte. Nous ne nous arrêterons pas plus longtemps sur cette colonie : nous aurons l'occasion d'y revenir dans le chapitre spécial que nous consacrons plus loin à l'étude détaillée des colonies de plantations.

Nous avons essayé d'esquisser rapidement le système colonial hollandais : nous nous sommes efforcé de mettre spécialement en lumière l'action de ce peuple industrieux dans les mers et dans les contrées de l'Orient ; c'est l'Asie en effet qui fut pour la Hollande le champ le plus vaste et le plus fécond ; nous avons signalé toute la supériorité du système hollandais sur les systèmes espagnols et portugais, nous avons noté cependant toutes les défectuosités d'une organisation coloniale conçue dans un esprit étroit et inspirée par des vues trop égoïstes. La conclusion de cette étude, c'est que malgré les admirables qualités dont la nature l'avait doué, malgré les fortes vertus que l'éducation avait développées en lui, en dépit de son énergie, de sa persévérance, de sa modération, de son esprit d'ordre et d'économie, le peuple hollandais n'avait réussi à rien fonder de grand et de durable, parce qu'il avait eu recours, d'une façon permanente, à une forme économique que l'intérêt et la justice se réunissent pour condamner, le monopole.

CHAPITRE IV

De la colonisation anglaise.

Caractère tout particulier qu'a dès le début la colonisation anglaise. — Elle ressemble, dès l'origine, à la colonisation contemporaine.
Situation économique de l'Angleterre au xvıᵉ siècle. — Crise agricole par suite des changements de culture : substitution du pâturage au labourage. — Un curieux sermon de l'évêque Latimer en 1548. — Peinture des différentes classes de société sous Élisabeth.
La colonisation anglaise est la seule qui ait eu pour première cause une crise économique intérieure. — Attrait qu'exerce la colonisation sur les grands esprits d'Angleterre. — Les doctrines coloniales sont, dès le début, beaucoup plus justes en Angleterre que partout ailleurs.
Les trois classes de colonies anglaises : les colonies de propriétaires ; les colonies à charte et les colonies de la Couronne. — Trois faits caractéristiques de la colonisation anglaise au xvıᵉ et au xvııᵉ siècle ; le gouvernement ne prend aucune part réelle à la fondation des colonies ; les colonies une fois fondées, l'ingérence de la métropole dans ces établissements est très limitée ; les citoyens anglais sont regardés comme portant avec eux les droits inaliénables dont ils jouissaient dans la mère-patrie.
Différences entre les trois classes de colonies : caractère aristocratique des colonies de propriétaires ; caractère démocratique des deux autres sortes de colonies.
Expéditions d'Humphrey Gilbert et de Raleigh. — Fondation de la Virginie, du Maryland, des Carolines, de la Pensylvanie. — A l'origine, les propriétaires sont des entrepreneurs de colonisation ; postérieurement, sous Jacques II, on concède des colonies à des favoris de cour. — Émancipation successive des colons dans les colonies de propriétaires.
Les colonies à charte : elles sont fondées par des compagnies privilégiées. — Les principales compagnies privilégiées. — Comment des associations d'affaires se changent en des communautés de colons.
Institutions locales et judiciaires dont jouissent toutes ces colonies. — Constitution économique intérieure. — Pour le régime des terres, pour les lois de succession, pour la modération des impôts, les colonies anglaises l'emportent de beaucoup, dès le début, sur toutes les autres colonies européennes.
Examen du régime des terres. — Communauté primitive des colons. — Absence de substitutions, de majorats et de mainmorte. — Libre trafic des terres sous le régime de la vente ou du *libre soccage* ; en quoi consistait ce dernier mode. — Les grandes concessions de terres à l'origine ; les dépenses faites par les « propriétaires » et par les compagnies. — Le régime des terres réalise dès l'abord les conditions les plus favorables : la liberté, la sécurité et la perpétuité. — Comment les compagnies furent moins nuisibles dans les colonies anglaises qu'ailleurs.
Les lois de successions favorisent dans ces colonies l'égalité des conditions.
Le bon marché du gouvernement dans les colonies anglaises. — Jusqu'au conflit de la fin du xvıııᵉ siècle la métropole n'impose aucune taxe aux colons. — Médiocrité des dépenses de l'administration intérieure ; les causes de cette médiocrité.
L'émigration pour les colonies : attrait qu'exercent les libertés religieuses. — Les *indented servants* et le *Kidnapping*. — Introduction de l'esclavage. — Résistance

des législatures et des colons à la traite et à l'esclavage. — Traitement des Indiens.
Asservissement commercial des colonies. — Le système mercantile. — L'acte de navigation. — Les marchandises « énumérées » et les marchandises « non énumérées ». — Protestations constantes des colonies contre le régime commercial imposé par la métropole.
Fondation et développement des Antilles anglaises. — Échec de la colonisation officielle, succès de la colonisation spontanée. — Prospérité et décadence de la Barbade.
Altérations, dans un sens plus restrictif, de l'acte de navigation à la fin du xvii° siècle et dans le courant du xviii°. — Le pacte colonial. — Interdiction rigoureuse aux colonies d'avoir des manufactures. — Entraves mises au commerce international. — Faveurs et primes décernées à certains produits coloniaux. — Irritation croissante des colons. — La révolution d'Amérique est universellement prévue.
Absurdité démontrée du vieux système colonial. — Le commerce de l'Angleterre avec les États-Unis avant et depuis l'émancipation. — Persistance du système colonial aux Antilles. — Détriment qui en résulte pour ces îles. — Les circuits maritimes obligatoires.
Influence de la colonisation anglaise sur la métropole. — Augmentation de puissance et accroissement d'industrie ; ces deux bénéfices sont diminués par le mauvais système colonial. — Les inconvénients du monopole pour la marine, pour le commerce intérieur.
De la prétendue influence de l'acte de navigation. — De la possession et de l'administration des Indes orientales par l'Angleterre.

Nous sommes arrivé au peuple qui s'élança l'un des derniers dans la carrière coloniale, et qui cependant mérite d'être appelé le peuple colonisateur par excellence. Si l'on examine avec détail l'origine de la colonisation anglaise, on voit que rien n'est fortuit dans le développement inouï des colonies de l'Angleterre et que la nation anglaise présente dès la fondation des premiers établissements d'Amérique les signes d'une aptitude toute spéciale à coloniser.

Ce ne fut pas la soif de l'or, l'ambition des conquêtes, ni même l'esprit d'aventure et de trafic, qui détermina en Angleterre le mouvement colonial et lui imprima cette impulsion qu'il a toujours gardée depuis. Une nécessité plus pressante, des besoins plus intimes, nés de la situation économique du pays, poussèrent le peuple anglais dans cette voie féconde de l'émigration et des établissements d'outre-mer. Ceux qui quittèrent les Iles-Britanniques pour franchir l'Océan ne furent ni des aventuriers et des soldats comme en Espagne et au Portugal, ni des marchands, des commis ou des facteurs comme en Hollande, ce furent des agriculteurs et des artisans, en un mot, de vrais colons.

L'Angleterre sous le règne d'Élisabeth traversa une crise économique, qui a été trop perdue de vue par les historiens et qui cependant a exercé sur le développement de ce pays une influence décisive. Cette longue période de paix qui succéda aux guerres éternelles de la fin du xv° et du commencement du xvi° siècle ne fut pas pour la nation une ère de prospérité calme et universelle. La société, en état de transformation, était travaillée par des souffrances intérieures, dont il est difficile de s'exagérer l'intensité. La cause de ce mal, que l'on retrouve peint au vif dans tous les écrits du temps, c'étaient les modifications radicales qui s'opérèrent alors dans le système d'agriculture. Dans toute l'étendue du pays on commença à sacrifier le labourage au pâturage, à proscrire la charrue pour faire place au gros et au petit bétail. Quelque heureuse que pût être dans ses résultats cette transformation de la culture, elle produisit une crise, qui, pour être transitoire, n'en fut pas moins des plus profondes. Il se manifesta à cette époque ce que nous avons vu se produire dans notre siècle en Écosse et en Irlande : des changements subits et généraux dans le mode d'exploitation des terres laissèrent une foule de bras sans travail et sans rémunération ; l'émigration devait s'en suivre : la crise était d'autant plus grave au XVI° siècle que l'industrie, qui commençait cependant à naître et à se développer d'une manière sensible, était loin d'avoir les ressources et la puissance d'absorption que nous lui connaissons aujourd'hui. Ce qui rendait encore la transition plus dure, c'est que la dépréciation rapide des métaux précieux, par suite de la découverte des mines d'Amérique, troublait toutes les transactions et compromettait une foule de situations acquises. Le mal de ce côté était d'autant plus grand que personne n'en devinait la cause et qu'on ne pouvait recourir à aucune mesure pour en atténuer les effets. Enfin la suppression des couvents et de la propriété de mainmorte, quelque excellents résultats qu'elle dût amener avec le temps, privaient subitement les classes pauvres des secours si multipliés que les moines avaient l'habitude de leur prodiguer et sur lesquels elles avaient fini par compter. De toutes ces circonstances réunies, il résulte que le règne si glorieux, si pacifique, et en apparence si prospère, d'Élisabeth, couvait un malaise intérieur aussi profond qu'universel. Les lois des pauvres qui prirent alors naissance et les tentatives multipliées de colonisation sont les principaux effets de ce malaise.

Un historien économiste, dont l'autorité en pareille matière est appréciée par tous les hommes spéciaux, William Jacob, dans sa belle et philosophique histoire des métaux précieux (1), a donné sur la situation économique de l'Angleterre, à la fin du XVI° siècle, des détails caractéristiques qui méritent de trouver place dans notre travail. Il s'est arrêté principalement sur les difficultés, transitoires il est vrai, mais profondes, que la transformation des terres labou-

---

(1) *An historical inquiry into the production and consumption of the precious metals,* by William Jacob.

rables en prairies produisait alors dans toute l'étendue de l'Angleterre. Tous les écrits contemporains sont remplis, à ce sujet, des plaintes les plus vives qui ressemblent presque à des cris de désespoir. Voici comment s'exprime l'évêque Latimer dans un sermon prêché en 1548, devant le roi Édouard VI. « Tous ceux qui font des clôtures, des conversions de labours en herbe, attentent à l'honneur du roi ; car là où il y avait un grand nombre d'habitants et de ménagers, l'on ne voit plus qu'un berger et son chien : quel attentat n'est-ce pas contre l'honneur de la couronne ! *These graziers, inclosers, and rentrearers are hinderers of the king's honor : for where as have been a great many of housholders and inhabitants, there is now but a shepeherd and his dogge ; so they hinder the king's honor most of all.* » Jamais, dit Jacob, les cris de détresse ne semblent avoir été aussi fréquents et violents qu'à l'époque qui nous occupe. Un livre de valeur, publié sous Élisabeth en 1581, est très curieux à ce point de vue : *A Briefe Conceipte touching the Common Weale of this Realme of England*. Il est écrit sous forme de dialogue entre un chevalier, un propriétaire foncier qui a un siège au Parlement, un agriculteur tenancier du chevalier, un marchand ou boutiquier d'une grande ville, un fabricant de chapeaux et un docteur en théologie. L'auteur de cet ouvrage déploie une grande étendue de connaissances et se montre parfaitement au courant du changement qui s'opérait à cette époque dans les relations des différentes classes de la société. La conclusion de son livre, c'est que l'Angleterre est en voie de terrible et rapide décadence. Voici, par exemple, commen s'exprime le laboureur : « Ces clôtures et pâturages nous ruinen tous : nous ne pouvons plus avoir de terre à labourer, tout est pris par la pâture, soit de moutons, soit de gros bétail ; si bien que j'a vu autour de moi, dans les sept dernières années et sur un espace d'environ six milles, une douzaine de charrues être abandonnées ; où trente personnes auparavant trouvaient leur nourriture, on ne voit plus qu'un berger avec son troupeau ; et ce n'est pas là l'une des moindres causes des récents mouvements séditieux ; car ces clôtures enlèvent à beaucoup de gens leur gagne-pain et leur occupation : c'est pourquoi, la nécessité les pressant, ils désirent des changements, ayant l'espérance d'en retirer quelque chose, et sachant bien que leur sort ne peut s'empirer : toutes les choses sont devenues si chères, qu'avec les gages d'aujourd'hui il n'est pas moyen de vivre. Ces troupeaux de moutons sont la cause de tous ces malheurs, car ils ont chassé du pays le labourage : maintenant l'on ne voit plus partout que des moutons, des moutons, des moutons : « *Now altogether sheepe, sheepe, sheepe.* » Le fabricant de chapeaux n'est guère moins pessimiste : « Nous autres artisans, dit-il, nous ne pouvons avoir que peu ou point d'apprentis ; les villes qui étaient autrefois très habitées et riches, comme vous le savez tous, sont maintenant réduites à la plus grande pauvreté et désolation. Le bon temps est passé pour les pauvres artisans, depuis que les *gentlemen* changent toute la terre en pâturages : aussi les ouvriers, ceux de notre métier et les tailleurs, et de toutes les autres professions, se trouvant à manquer d'ouvrage, forment la plus grande partie de ces émeutiers, qui ont fait les dernières séditions au grand détriment de la majesté royale et du bonheur du peuple. » Le marchand ou boutiquier se plaint dans des termes analogues et affirme que la pauvreté règne dans les villes d'Angleterre, à l'exception de Londres, et que leurs maisons, leurs rues, leurs murs, leurs ponts, leurs routes, se détériorent rapidement chaque année : « *Are hastening rapidly to decay.* » Enfin, comme conclusion, le chevalier résume ainsi les points sur lesquels tous les interlocuteurs sont d'accord : « Le mal consiste en ceci : une disette de toutes choses en comparaison des temps qui ont précédé, bien qu'on ne puisse dire qu'il y ait manque d'aucune denrée ; la campagne changée en solitude par les pâturages ; le manque de travail et le chômage des métiers dans les villes ; la division des opinions en matières religieuses, qui pousse les hommes dans des partis différents et les induit à se combattre les uns les autres. *The griefes standeth in these poynts, a dearth of all things in comparison of the former age, though there be scarceness of nothing ; desolation of countryes by enclosures : desolation of townes for lacke of occupation and craftes : and division of opinions in matters of religion, which haleth men to and fro, and maketh them to contend one against another.* » Rien ne donne mieux une idée de la situation économique de l'Angleterre à l'époque que nous étudions que ces extraits d'écrivains contemporains. La plupart des auteurs, cependant, qui ont écrit sur ce temps et sur ce pays, ont négligé de tenir compte de ces phénomènes économiques sans la connaissance desquels l'histoire n'a ni portée, ni enseignement. Ces phénomènes n'ont pas échappé, toutefois, à l'œil pénétrant de Roscher, qui, sans entrer dans les détails que nous avons cru utile de fournir, cite aussi parmi les causes de la colonisation anglaise : « une sorte d'excès de population qui se serait manifesté sous Élisabeth ainsi que le prouvent les lois des pauvres ; le rude coup porté aux basses classes en partie par la substitution des pâturages (*Feldgrasswirthschaft*), avec le gros et le petit bétail, à l'antique assolement triennal (*Dreifelderwirthschaft*), ce qui réduisait à la misère une foule de paysans, en partie par suite de la baisse des métaux précieux, ce qui réduisait le salaire réel ; en même temps l'éveil des idées socialistes ; et enfin sous Jacques Ier l'avènement d'une longue paix, qui, remplaçant un état de guerre presque permanent, força une foule de forces aventurières à chercher de l'emploi dans la colonisation. »

La colonisation anglaise eut donc pour origine une nécessité réelle, une crise économique intense ; ce fut une des causes de son succès et de son influence heureuse, tant sur la mère patrie que sur les pays où elle se porta. Aussi, dès le commencement du xvie siècle, les premiers entrepreneurs de colonisation montrent-ils en Angleterre un sens bien plus sérieux, des connaissances économiques bien plus développées, que n'en avaient les Espagnols et les Portugais. Tandis que ceux-ci se signalent par des visées chimériques, que toutes leurs tentatives et leurs conceptions sont marquées au coin de l'utopie, qu'ils cherchent dans le monde entier l'Eldorado de leurs rêves, les aventuriers anglais sont animés d'un esprit pratique et positif ; ils sont pleins de mesure dans leurs désirs et ne se laissent jamais entraîner par une imagination exaltée. Ce qu'ils cherchent, ce sont, avant tout, des terres à cultiver pour l'occupation des bras que la transformation agricole laisse sans travail dans la mère patrie ; ce sont de nouveaux moyens d'échange, des débouchés nouveaux, un écoulement pour l'excédant de la population anglaise dont Walter Raleigh, tout le premier, redoutait la rapide multiplication.

Le grand chancelier d'Angleterre, lord Bacon, a écrit sur les colonies un livre de théorie où se trouvent toutes ces vues pleines de sagesse pratique et de bon sens politique. Dans son « *Essay on plantations* » Bacon émet des propositions qui, pour être devenues plus tard des aphorismes, n'en étaient pas moins des nouveautés au temps de la colonisation espagnole et portugaise. Il ne faut coloniser, dit-il, que sur un sol vierge et non sur une terre qui ne peut devenir vacante que par l'extermination des indigènes. L'éminent penseur met ses compatriotes en garde contre l'avidité à courte vue, qui veut moissonner aussitôt après la semence et qui détruit à leur berceau les colonies les plus pleines d'avenir. Il tient en peu d'estime les mines de métaux précieux, parce que l'appât de la loterie qu'elles présentent détourne les colons des longs et patients travaux. Il recommande, au contraire, avec insistance la recherche et le travail du fer. Ces idées n'étaient pas propres au philosophe : la Couronne, les aventuriers, le peuple même, les partageaient. Déjà, en 1502, Henri VII, l'un des rois les plus judicieux d'Angleterre, en accordant à une compagnie de marchands de Bristol un privilège pour des voyages de découverte, s'était exprimé en ces termes :

« C'est notre volonté que dans les terres découvertes les hommes et les femmes d'Angleterre puissent se fixer librement et, de plus, que le commerce avec les colonies soit réservé aux sujets anglais. » Trois quarts de siècle plus tard, quand Frobischer entreprit son voyage pour la découverte du passage du Nord-Ouest (1576-1578), Richard Hackluyt donna à quelques *gentlemen*, qui faisaient partie de l'expédition, une courte instruction sur la manière de fonder des colonies. Il recommande d'abord une bonne position maritime, qui puisse servir à la défense ainsi qu'à l'importation et à l'exportation d'un grand marché. Une colonie, dit-il encore, doit être dans un climat tempéré, pourvue d'eau douce, offrant en abondance des provisions et des vivres, du combustible et des matériaux à bâtir. Entre les productions coloniales, Hackluyt cite au premier rang : le vin, le sel marin, l'huile, la cochenille pour les draps anglais, les pelleteries, le bois de construction, et enfin la canne à sucre. Telle est aussi la manière de voir de sir Humphrey Gilbert dans sa description de Terre-Neuve, et de Thomas Harriot (1587) dans son rapport sur la Virginie. Presque tous les personnages éminents du règne d'Élisabeth, Carlyle et Peckham entre autres, émettent les mêmes idées sur la colonisation. On voit dans quelles dispositions d'esprit différentes les Espagnols et les Portugais, d'un côté, les Anglais, de l'autre, s'élançaient au delà des mers pour fonder des établissements coloniaux ; les premiers n'avaient en vue que des contrées peuplées, déjà mises en rapport, dont on pourrait aisément exploiter les habitants et les richesses existantes ; les autres ne désiraient que des terres vacantes, mais bien douées de la nature, où ils pourraient par le travail de plusieurs générations créer une grande richesse agricole et industrielle.

Un concours heureux de circonstances fit que ces trois peuples obtinrent dans le partage des découvertes les contrées qui se prêtaient le mieux aux aptitudes de chacun. Les hardis et habiles marins portugais eurent pour domaine les Indes orientales où ils purent s'enrichir par un trafic aisé et inépuisable. Les entreprenants mais lourds aventuriers de la Castille obtinrent les mines de l'Amérique centrale et méridionale qu'ils purent exploiter sans effort. Aux judicieux et patients colons d'Angleterre échut cette immense contrée inculte et presque vacante, qui devait devenir la plus splendide des colonies du monde. Nulle terre ne répondait mieux aux projets d'Hackluyt, aux théories de Bacon, aux vœux de Walter Raleigh et de Humphrey Gilbert. C'était bien là cette contrée sans maître, féconde, riche de toutes les productions naturelles des climats tempérés, admirablement située pour la navigation tant intérieure qu'extérieure. Roscher fait remarquer qu'au point de vue géographique et agricole l'Amérique anglaise et l'Amérique espagnole présentent entre elles le même contraste que l'Angleterre et l'Espagne. Dans l'Amérique du Sud on ne rencontre qu'un mille de côte pour 96 milles carrés de terre, dans l'Amérique du Nord on en trouve un sur 56. L'Amérique du Sud par sa configuration simple et sans membres rappelle l'Afrique : l'Amérique du Nord, au contraire, semble reproduire l'Europe. La côte du nord de l'Amérique abonde en ports et en lieux de refuge. La langue de terre entre le Saint-Laurent et le Potomac n'a sous ce rapport point de rivale dans le monde entier. Enfin la proximité de l'Europe vient encore constituer un autre avantage inappréciable pour le développement du commerce et de la navigation. L'intérieur de cette immense contrée n'est pas moins bien doué que l'extérieur. On ne peut citer un pays au monde qui ait autant de grands fleuves si bien répartis et rattachés les uns aux autres. Le système du Mississipi et celui du Saint-Laurent se relient si bien entre eux que la grande masse des États-Unis devient une sorte d'île. Tout ce réseau de cours d'eau est navigable par le seul bienfait de la nature jusqu'à un grand éloignement des côtes : c'est ainsi que la ville de Pittsbourg, à 800 milles de la mer, est comptée par la douane parmi les *ports of entry*. Pour l'établissement de routes et de canaux la prédominance des plaines dans l'Amérique du Nord offre les plus grandes facilités ; que l'on compare cette situation géographique si favorable à celle que nous avons décrite en parlant du Mexique et du Pérou. Dans les colonies espagnoles, tout était obstacle aux relations des diverses provinces : les hauts plateaux isolés se dressant au milieu des plaines, le manque de cours d'eau secondaires, la différence des climatures ; dans les colonies anglaises, tout invitait à l'expansion continue et au développement ininterrompu de la culture et du peuplement. Le même contraste se présente dans les productions : au sud ce sont les métaux précieux, au nord c'est le fer et la houille ; ici ce sont les bois de construction, dont le débouché est indéfini pour la marine, là ce sont les bois riches destinés à la marquetterie et aux meubles élégants ; au sud, les épices et les denrées de luxe ; au nord, le riz et le blé ; chez les Espagnols ce sont les teintures, chez les Anglo-Américains c'est le coton. Telle était la différence que la nature avait mise entre les deux parties de l'Amérique qui échurent aux deux peuples alors rivaux. Les systèmes politiques et économiques vinrent encore augmenter le contraste et, s'ajoutant à l'inégalité des dons naturels, rendre plus grande encore la distance entre les deux colonisations.

La fondation des colonies anglaises du Nord-Amérique est très compliquée, dit Merivale, par les droits contraires des propriétaires et des commerçants aventuriers, par la séparation des provinces, par l'abandon des vieux établissements et la création de nouveaux. On a divisé les colonies anglaises en trois classes : les colonies de propriétaires, les colonies à charte et les colonies de la Couronne. Nous allons étudier avec quelques détails chacune de ces trois classes de colonies : trois faits se dégageront de cet examen attentif : le gouvernement anglais, contrairement à ce qui se passa pour l'Espagne et le Portugal, ne prit aucune part réelle à la fondation des colonies ; même ces colonies une fois fondées, l'ingérence de la métropole dans leur administration intérieure fut toujours très limitée en droit et presque absolument nulle en fait ; enfin, malgré toutes les divergences de constitutions que présentent les diverses provinces de l'Amérique, un même esprit les rapproche les unes des autres, c'est que les citoyens anglais étaient regardés comme portant avec eux, partout où ils se rendaient, les droits inaliénables dont ils jouissaient dans la mère patrie.

La principale différence originaire entre les trois classes de colonies, c'est que les colonies de propriétaires était fondées par des particuliers appartenant aux classes élevées de la nation et qui avaient obtenu de la Couronne, soit moyennant finances, soit par concession gracieuse, l'exercice des droits de souveraineté dans les pays où ils firent des établissements ; les colonies à charte remontent, au contraire, à des compagnies privilégiées de marchands ; quant aux colonies de la Couronne, elles furent rares à l'origine, c'étaient celles où l'initiative des émigrants, sans l'appui de grands seigneurs ou de compagnies par actions, avaient créé des établissements par le seul essor des forces individuelles ; mais, si ces colonies furent au début une exception, elles tendirent bientôt à devenir la règle par l'effort persévérant de la métropole pour réduire en colonies de la Couronne les vieilles colonies de propriétaires et les colonies à charte. La différence d'origine emportait avec soi des régimes intérieurs qui différaient sur certains points par l'esprit et les tendances. Les colonies de propriétaires conservèrent pendant longtemps un caractère aristocratique ; elles grandirent sous la protection et par les ressources des grands seigneurs auxquels elles étaient échues ; les colonies à charte, qui s'étaient vite émancipées des compagnies commerciales auxquelles elles devaient leur fondation, eurent dès l'origine une tendance radicale et démocratique ; Il en fut à peu près de même des colonies de la Couronne. Quant à savoir laquelle de ces formes était le plus favorable au développement de la colonisation, c'est ce qu'il est assez malaisé de fixer d'une manière absolue : les deux principaux auteurs qui, dans les derniers temps, ont traité la question de la colonisation, ont sur ce point des avis opposés : les établissements à charte, dit Merivale, eurent une prospérité plus prompte que ceux où les propriétaires cherchaient à faire valoir leurs droits ; pour les colonies, dit d'autre part Roscher, l'existence des propriétaires était un bienfait, car au début de pareils établissements il faut de toute nécessité une protection et une direction une ; en réalité, continue le même auteur, les colonies de propriétaires ont plus tôt prospéré, elles ont traversé de moins grandes épreuves. Chacune de ces deux opinions peut se soutenir dans une certaine mesure, et il n'est pas impossible de les concilier ; les colonies à charte avaient l'avantage d'une grande liberté, les colonies de propriétaires l'emportaient par l'abondance des capitaux : nous serions disposé à croire que dans les colonies où les propriétaires, intelligents et dévoués, firent de grandes dépenses pour le premier établissement et eurent le bon sens de concéder sans résistance aux colons la puissance législative, la prospérité fut plus grande que partout ailleurs ; dans les colonies, au contraire, où les propriétaires trop nombreux eurent entre eux des luttes et des divisions, où, trop pauvres, ils ne firent que peu d'avances et de travaux, où, trop égoïstes et trop peu prévoyants, ils voulurent contester aux colons le droit de s'administrer eux-mêmes, le développement de la colonie dut être singulièrement entravé. Cette opinion mixte va se trouver justifiée par l'examen que nous allons faire des principes selon lesquels furent fondées et administrées les premières colonies.

La première tentative de *Proprietary colony* est l'entreprise de sir Humphrey Gilbert, le compagnon de Raleigh (1578) ; il avait obtenu par patente royale la propriété perpétuelle de toutes les terres qu'il découvrirait, à la seule condition d'y former un établissement dans les six ans, les colons devaient avoir tous les droits des Anglais de la mère patrie, mais le lord-propriétaire posséderait sur un territoire de deux cents lieues carrées la plénitude des pouvoirs législatif, exécutif et judiciaire. En 1584, Raleigh obtint une patente analogue pour la Virginie : on prétend qu'il dépensa pour cette entreprise 40,000 livres sterling sans obtenir de résultat, aussi dut-il céder ses droits à une compagnie dont Hackluyt faisait partie ; et la Virginie ne fut pas une colonie de propriétaire.

Un demi-siècle plus tard, en 1632, lord Baltimore réussissait mieux au Maryland : il avait la pleine disposition des terres, il jouissait du droit de créer des barons, de nommer à tous les offices, de déclarer la guerre, de faire grâce et de lever des impôts, toutefois avec le consentement des colons. La Couronne ne retint pas même le droit de confirmation pour les lois nouvelles et d'appellation pour les causes civiles ; il était dit seulement que la législation devait se conformer autant que possible aux lois en usage dans la métropole ; ce fut uniquement dans les affaires maritimes que la mère patrie retint sur la colonie sa juridiction pleine et entière. Lord Baltimore fit de grands frais pour le premier établissement : il dépensa judicieusement près de 40,000 livres sterling en travaux publics et d'exploitation ; sa colonie ne tarda pas à prospérer. Le propriétaire émettait des principes aristocratiques qui approchaient un peu du despotisme : c'est ce que témoigne l'extrait suivant d'un discours tenu en 1688, à l'ouverture de l'assemblée du Maryland, par le remplaçant de lord Baltimore. « La Providence divine nous a rassemblés ; nous sommes réunis ici par un pouvoir qui, incontestablement, a été transmis par Dieu au roi, par le roi à Son Excellence le lord-propriétaire, par celui-ci à nous-mêmes. Notre but et nos devoirs se résument donc en ces quatre points : Dieu d'abord, le roi ensuite, puis le lord et enfin nous-mêmes. » Mais les actes répondaient peu aux paroles : en fait les colons jouissaient des libertés les plus grandes ; le premier héritier du fondateur de la colonie eut de grandes difficultés avec l'esprit démocratique des colons, ainsi qu'avec la mère patrie à cause de ses prétentions mercantiles et de l'intolérance de l'Église établie. Jacques II se préparait à changer le Maryland en une *crown colony* ; ce projet fut exécuté en 1691 par Guillaume III ; la famille Baltimore ne conserva que ses propriétés particulières : en 1715, toutefois, le chef de la famille ayant abandonné le catholicisme pour le protestantisme, se vit restituer tous ses droits primitifs. Ces changements n'affectaient guère la position des colons, qui continuaient à s'administrer eux-mêmes et s'élevaient chaque jour à un plus haut degré de prospérité.

Sous Charles II, en 1663 et 1665, huit grands personnages, parmi lesquels Clarendon, Monk, Shaftesbury et les frères Berkeley obtinrent par patente royale la propriété de la Caroline avec tous les territoires de l'Ouest jusqu'à la mer du Sud. Les droits qui leur étaient concédés étaient les mêmes que ceux dont lord Baltimore jouissait au Maryland : toutefois il était stipulé qu'ils ne pourraient accorder comme titres de noblesse que ceux qui n'étaient pas en usage dans la métropole comme landgrave, cacique. Les propriétaires entrèrent franchement dans une voie libérale pour attirer des colons. Ils promirent l'établissement d'une législature, ne se réservant à eux-mêmes que le droit de veto : à côté de la chambre des représentants devait se trouver un conseil du gouverneur, mais les membres du conseil étaient également élus par les colons. On limitait l'impôt foncier à un demi-penny par acre. Ces institutions libérales ne furent pas le seul appât dont les propriétaires se servirent : ils firent aussi des dépenses considérables de premier établissement. Il paraît toutefois qu'ils revinrent bientôt sur leurs idées démocratiques : ils chargèrent le théoricien Locke de faire une constitution pour leur colonie. Le philosophe voulut instituer une aristocratie foncière avec les titres ridicules de cacique et de landgrave. Les colons, en 1693, firent à ces projets une si vive opposition qu'il fallut bien les abandonner. Dans la Caroline, comme au Maryland, la vitalité démocratique triompha facilement des visées des propriétaires.

William Penn, qui reçut sa patente en 1681 pour une créance de 16,000 livres sterling qu'il avait sur Charles II, n'eut jamais de prétention au pouvoir absolu. Il accorda de sa propre initiative à la colonie une constitution démocratique, ne se réservant que le droit de veto. La couronne d'Angleterre s'était dessaisie en sa faveur de toutes ses prérogatives, sauf du droit de taxer arbitrairement le commerce et du droit d'appel en matière civile. Les lois pensylvaniennes devaient être soumises à la Couronne dans les cinq ans qui suivaient leur promulgation, et elles étaient regardées comme tacitement approuvées, si la Couronne n'y formait pas opposition dans les six mois à partir de la communication qui lui en était faite. Penn fit de grandes dépenses de premier établissement, il fut même induit en si grands frais qu'il dut aller en prison pour dettes, ce qui prouve et la libéralité du gouverneur propriétaire et la parfaite égalité qui régnait dans la colonie.

Au commencement du XVII° siècle les propriétaires étaient uniquement des entrepreneurs de colonisation et des fondateurs de colonies ; à ce titre ils rendaient d'incontestables services et leur action était bienfaisante. Il en fut tout autrement quand la coutume s'introduisit d'accorder des colonies déjà fondées et en voie de prospérité à des favoris de cour, comme une source de revenu et de puissance : c'est ainsi que le duc d'York, plus tard Jacques II, avait obtenu le New-York et le New-Jersey, récemment enlevés aux Hollandais. Il y établit un gouvernement absolu, supprima toute représentation populaire ; mais on finit par s'apercevoir que ce système ne réussissait pas et arrêtait le développement de la colonie : aussi une patente nouvelle de 1674 y introduisit des tempéraments importants. C'est cet esprit de favoritisme qui porta Charles II à acheter le Maine et New-Hampshire pour le duc de Monmouth et qui fit accorder en 1673 pour une période de trente et un ans la possession de la Virginie aux lords Culpeper et Arlington : c'était remettre en lisière des adolescents ; mais ces concessions tardives et arbitraires étaient, en fait, presque complètement inefficaces contre la résistance des colons. La vitalité démocratique était tellement forte aux colonies que toute prétention finissait par se briser contre elle sans pouvoir l'entamer. La Couronne ne se souciait pas, d'ailleurs, de se créer des embarras aux colonies ; elle en disposait facilement par des actes scellés du grand sceau, mais elle ne se préoccupait pas de tenir la main à l'exécution de ces actes.

En 1688, le nouveau gouvernement métropolitain, réagissant contre les habitudes du régime précédent, s'efforça de restreindre les attributions des propriétaires. C'était pour lui un principe que l'on peut concéder des domaines, mais que l'on ne saurait aliéner la puissance publique. Les gouverneurs nommés par les propriétaires durent être agréés par le roi et prêter serment. En 1693, Penn lui-même fut suspendu pendant une année et remplacé par une commission royale. La Couronne était aidée dans sa tâche par les colons, qui ne demandaient pas mieux que de voir expirer la puissance des propriétaires dont ils avaient oublié les bienfaits pour ne plus ressentir que leurs vexations. Dès 1715, on fit une motion dans la chambre basse pour supprimer toutes les *proprietary or charter colonies* et les transformer en *crown colonies :* le bill ne passa pas ; mais dans plusieurs provinces les colons, usant de cette initiative qui fut toujours le trait marquant de leurs mœurs politiques, mirent fin à un gouvernement qui leur était à charge : c'est ainsi qu'en 1720 une révolution du peuple de la Caroline brisa la puissance politique et administrative des propriétaires.

L'origine des colonies à charte remonte aux compagnies privilégiées. En 1606, Jacques Ier confirma la formation de deux de ces corporations exclusives composées de lords, de chevaliers et de marchands. L'une d'elles avait son siège à Londres (*London adventurers*) et devait coloniser la partie sud des États Unis actuels, du 34° au 38° degré ; l'autre avait pris naissance dans l'Angleterre occidentale, Bristol, Exeter, Plymouth (*Plymouths adventurers*), et avait pour champ d'action toute la contrée entre le 41° et le 45° degré. Sauf un droit d'un cinquième sur les produits des mines d'or et d'argent et d'un quinzième sur ceux des mines de cuivre, ces compagnies n'étaient tenues à aucune contribution envers la Couronne. Un conseil fixé en Angleterre et dont les membres seraient nommés par le roi devait avoir la haute direction des colonies fondées par ces corporations. Le roi avait également le droit d'approuver la nomination des gouverneurs et des principaux magistrats coloniaux. Il n'était pas dit un mot du droit des colons, silence naturel de la part de Jacques Ier.

Une telle organisation n'était pas faite pour hâter la prospérité des colonies qui y seraient soumises. Aussi la principale d'entre elles, la Virginie, eut-elle une enfance laborieuse. Mais c'est le mérite du gouvernement anglais, en quelques mains qu'il soit placé, de ne pas persister indéfiniment dans ses erreurs. En 1609 et en 1612, l'organisation de la compagnie fut considérablement amendée ; le pouvoir de la Couronne fut restreint ; la compagnie fut constituée d'une manière toute démocratique et les assemblées générales des actionnaires, qui furent toujours très fréquentes, décidèrent sans intervention royale les affaires les plus importantes. En 1619, on fit un pas de plus dans l'intérêt des colons. Le pouvoir du gouverneur de la Virginie fut limité par un conseil de fonctionnaires de la compagnie et surtout par la représentation populaire des *boroughs*. Le gouverneur n'eut plus qu'un droit de veto contre les résolutions de ces assemblées, qui furent en outre soumises à l'approbation de la compagnie siégeant à Londres. La compagnie s'engageait de son côté à ne faire aucun changement aux lois de la colonie sans l'adhésion de l'assemblée coloniale. La liberté de la législature de Virginie devint si grande que Jacques Ier en prit ombrage et supprima la compagnie en 1621 : les colons purent sauver leurs libertés ; rien ne fut changé au fond : seulement le gouverneur tint ses pouvoirs du roi et non d'une compagnie privilégiée.

La Compagnie de l'Angleterre occidentale, à laquelle était échu comme champ d'action tout le pays entre le 41e et le 45e degré, fut beaucoup plus démocratique dans ses principes et ses institutions. A vrai dire, ce libéralisme vint en grande partie de son impuissance. Les premiers établissements, dans les contrées qui étaient de son domaine, provenaient des puritains qui les avaient fondés en 1620 par leurs ressources. Ces émigrants avaient institué un gouvernement tout républicain. C'étaient eux-mêmes qui élisaient à New-Plymouth leur gouverneur ; ils avaient fondé un gouvernement populaire où toutes les lois se faisaient dans l'assemblée générale des citoyens sans l'intermédiaire d'une législature. Ce ne fut que plus tard, quand la population se fut fort accrue, qu'on eut recours à une assemblée de représentants. Dans de pareilles conditions le rôle politique et administratif de la compagnie fut fort effacé.

En 1629, fut fondée une troisième compagnie sous le nom de Compagnie de la baie de Massachussets : elle obtint de Charles Ier une charte très favorable. L'assemblée générale de la compagnie nommait le gouverneur et les principaux magistrats, elle décidait en dernière instance de toutes les grandes affaires. Le roi ne se réservait même pas le droit de confirmer les actes de la compagnie, à la condition qu'ils ne seraient jamais contraires aux lois d'Angleterre. Il résultait de cette organisation que les colons étaient soumis sans restriction à la compagnie et que celle-ci était presque indépendante de la Couronne. Mais un événement inusité vint transformer cet état de choses : l'année même de sa fondation, par une résolution des plus sages, la compagnie transporta son siège dans la colonie, et selon la juste expression de Roscher, « une association d'affaires se changea en une communauté de colons ». Il arriva que les membres de la compagnie se confondirent avec les colons, et il en résulta une démocratie radicale, qui poussa de fortes racines pendant le Long Parlement et se trouva tellement vigoureuse à l'époque de la Restauration, que Charles II consentit à la reconnaître par des chartes.

Les petites colonies de Connecticut et de Rhode-Island, qui se séparèrent de leur tige, le Massachussets, atteignirent encore un plus haut degré de liberté, Rhode-Island surtout. Non seulement elles eurent le droit de légiférer, de nommer tous leurs fonctionnaires, y compris le gouverneur, qui n'eut plus besoin d'être soumis à l'approbation royale, mais encore la Couronne renonça au droit d'appellation et consentit même que les lois passées par les assemblées coloniales ne fussent pas portées officiellement à sa connaissance. C'était l'indépendance absolue.

Sous toutes ces différences provinciales et à travers toutes les transformations dans les formes ou les rouages des gouvernements des colonies, il est facile de reconnaître d'après l'esquisse qui précède que toutes jouirent dans une large mesure, quoique à des degrés divers, du droit de s'administrer elles-mêmes et de gérer souverainement leurs propres affaires. Quand ces droits ne leur étaient pas formellement concédés, elles les revendiquaient et les exerçaient par leurs actes. On s'était tellement habitué à leur initiative qu'on regardait comme non existants tous les règlements qui s'y trouvaient contraires. La charte royale n'accordait aucune législature à la Virginie, mais en 1619, selon l'énergique et simple expression de l'historien du Massachussets : *« a house of burgess broke ont in Virginia »*. (Hutchinson's *History of Massachusets*.) C'était comme une éclosion selon le cours habituel des choses, c'était là aux yeux de tous un fait si conforme à l'ordre de la nature que personne ne semblait y trouver à redire et que la métropole elle-même, l'accueillait sans protestation ni remontrance ; partout les descendants des Anglais émigrés jouissaient des droits des citoyens de l'Angleterre ; ils avaient le jury, les *justices of peace*, les institutions civiles comme les institutions politiques ; ils avaient même les unes et les autres à un plus haut degré de perfection et de pureté, parce qu'il n'existait aux colonies aucun de ces éléments perturbateurs, qui entravaient parfois dans la métropole le libre jeu de ces institutions, c'est-à-dire les ambitions et les cupidités royales, le favoritisme des cours : l'organisation simple, élémentaire des colonies, et cependant complète au point de vue des libertés et des garanties des citoyens, se prêtait admirablement au développement de la culture, de la population et de la richesse.

La constitution économique intérieure des colonies anglaises du continent ne servait pas moins les progrès de la colonisation que leur constitution politique. Ce qui fait la prospérité des sociétés nouvelles, c'est, outre le droit de s'administrer elles-mêmes, un bon régime d'appropriation des terres ; un système de succession qui favorise l'égalité des conditions et la transmission rapide des biens et qui excite au travail ; en troisième lieu, la modération des impôts et, que l'on nous permette cette expression, le bon marché du gouvernement. Sous ces trois rapports les colonies anglaises l'emportaient de beaucoup sur les colonies de toutes les autres nations.

Le régime des terres vacantes et leur mode d'appropriation est peut-être le point principal de tout système colonial. Selon que sur ce point on aura pris de bonnes ou de mauvaises mesures, on aura assuré ou découragé la culture et le peuplement du pays. Or, quelque imparfaits qu'aient été sous ce rapport, à l'origine, les procédés des Anglo-Américains, si on les rapproche des savants et méthodiques systèmes suivis de nos jours par les États-Unis et l'Angleterre, ils ne laissent pas que d'avoir été bien supérieurs aux méthodes adoptées par les Espagnols dans l'Amérique du Sud et même par les Français au Canada. La métropole, en général, ne conservait aucune prétention sur le sol compris dans le territoire des colonies ; contrairement à ce qui se passe de nos jours, elle laissait toutes les terres vacantes à la disposition soit des propriétaires fondateurs, soit des compagnies de commerce, soit des assemblées coloniales, suivant que la colonie appartenait à l'une des trois catégories que nous avons étudiées plus haut. A l'origine la disposition des terres ne fut pas soumise à une réglementation systématique. Les premiers colons cultivaient les terres autour de leurs villages en commun, non pas tant par principe religieux que sous l'influence d'habitudes qui n'étaient pas encore éteintes en Angleterre : c'est ainsi qu'en Virginie ils s'étaient tous groupés sur le bord des nombreuses rivières navigables, donnant au pays l'aspect d'un comté anglais. Mais ce mode primitif de culture ne put durer longtemps. La terre, qui était travaillée sans relâche et exploitée à outrance, selon l'usage suivi de tout temps par les colons, devenant chaque année moins productive, les cultivateurs durent s'enfoncer de plus en plus à l'intérieur ; c'est ainsi qu'ils firent en Virginie, délaissant leurs champs de tabac établis sur le bord des rivières ; c'est ainsi qu'ils agirent également au Massachussets, où, vingt ans après leur premier établissement, ils débordaient dans le New-Hampshire, abandonnant la baie aux nouveaux émigrants. Dans ce déplacement continu qui dilatait sans cesse le domaine de la colonisation, les colons n'étaient arrêtés, d'ordinaire, par aucun obstacle artificiel ; ils n'étaient pas soumis à ces lois, qui, dans les colonies espagnoles, cantonnaient les Européens dans des districts déterminés et leur interdisaient l'accès des régions occupées par les Indiens : ils n'avaient pas non plus à se plier à ces précautions gênantes que l'administration française a longtemps imposées, sous prétexte de le protéger, au colon d'Afrique, lui indiquant le lieu où il doit fixer sa demeure et la limite qu'il ne lui est pas permis de franchir ; il ne risquait point enfin de se heurter contre de grands domaines inaliénables, concédés à perpétuité avec défense de s'en défaire à de grandes familles fainéantes. Partout où il se portait, il trouvait des terres qu'il lui était loisible d'occuper moyennant une rente annuelle ou un prix modique une fois payé. Les substitutions, les majorats, la mainmorte, toutes les entraves à la libre circulation des biens-fonds étaient inconnues ; c'est en vain que Locke pour la Caroline et Oglethorpe pour la Georgie avaient inventé un système de propriété foncière qui, par les privilèges et les obligations personnelles ou réelles qu'il créait, se rapprochait du système féodal. Le bon sens des colons avait fait promptement justice de ces méthodes surannées qui n'auraient eu d'autre effet que de créer une société vieille dans une contrée neuve. Les terres obtenues des propriétaires fondateurs, ou des compagnies, ou des gouvernements coloniaux, étaient toutes possédées sous le régime du *libre soccage :* « c'est, dit Germain Garnier, une sorte de tenure qui ne donne au seigneur droit à autre chose qu'à une redevance fixe et annuelle en argent, ce qui ressemble à nos *censives*, si ce n'est que les droits seigneuriaux en cas de mutation par vente ou succession ont été abolis en Angleterre par un statut de Charles II » ; cela équivaut à dire que la cession à titre de *libre soccage* n'est autre chose qu'une aliénation moyennant une rente, sans aucune obligation ultérieure. Adam Smith a donc raison de dire que « ce genre de propriété facilite les aliénations ». Les grandes concessions de terre n'avaient pas manqué aux colonies de l'Angleterre sur le continent ;

sans parler des propriétaires fondateurs qui avaient la libre disposition de tout le sol des colonies où ils s'étaient établis, bien d'autres grands domaines avaient été créés soit à titre gracieux, soit par suite de vente : c'est ainsi que lord Fairfax avait obtenu en Virginie une étendue de sol qui forme aujourd'hui vingt-cinq *townships;* dans le New-York les familles de Portland, Livingstone, Philips, Reusselaer, avaient des propriétés colossales ; la compagnie de l'Angleterre occidentale, qui avait reçu le privilège de fonder des établissements du 40° au 45° et bientôt au 48° degré nord, avait cédé le Connecticut actuel au comte de Warwick, qui le vendit plus tard à lord Say et à lord Brooke. Mais ces grands domaines n'étaient pas inaliénables, ils ne formaient pas des *entails* et par conséquent ne constituaient pas des barrières insurmontables à la colonisation. Il existait même, dit Adam Smith, une loi qui, pour n'être pas toujours appliquée, n'était pas dépourvue de toute action, et qui « imposait à chaque propriétaire l'obligation de mettre en valeur et de cultiver dans un temps fixé une portion déterminée de ses terres et, en cas de défaut de sa part, déclarait que les terres négligées pourraient être adjugées à d'autres ». L'intérêt même des concessionnaires était une garantie beaucoup plus efficace de la vente en détail des terres achetées ou obtenues en gros. Aussi voit-on lord Baltimore, Penn, Berkeley et les autres grands propriétaires faire des dépenses très considérables en routes et en arpentage, pour rendre plus facile l'aliénation de leurs vastes domaines ; plusieurs mêmes se ruinèrent en ces *preparatory expenses* dont leurs héritiers seuls recueillirent les fruits. Dès la fin du XVII° siècle les tuteurs du jeune lord Baltimore estimaient à 3,000 livres sterling le produit annuel des ventes de terre appartenant à leur pupille; les successeurs de Penn, vers 1750, se faisaient ainsi un revenu de 30,000 livres sterling ; on voit que dans de pareilles conditions la constitution primitive de grands domaines ne nuisait pas au développement de la colonie, car ces grands domaines n'avaient de valeur que si on les morcelait peu à peu ; et l'intérêt de leurs possesseurs était de faire de grands frais pour en faciliter le morcellement. A examiner avec attention les résultats de cet état de choses, on peut dire qu'il était difficile de rencontrer fortuitement un plus heureux système : cela équivalait, en effet, au mode prôné depuis comme une nouveauté de la vente des terres incultes à un prix relativement élevé ; deux siècles avant Wakefield et sans que la théorie du *sufficient price* eût été formulée, la distribution des terres se faisait en Virginie, au Maryland et dans d'autres colonies encore, comme elle se fit de nos jours dans l'Australie du Sud et à Port-Philip. Le grand avantage de ces ventes ou de ces tenures à *libre soccage*, c'est qu'elles étaient définitives ; une fois consenties, elles devenaient irrévocables : la propriété jouissait ainsi des conditions les meilleures, la liberté, la sécurité et la perpétuité. Sans doute l'on n'arriva que tardivement et après bien des tâtonnements à donner à la propriété des terres nouvelles toutes les garanties nécessaires ; ce qui importe au plus haut degré dans les colonies, c'est que les terres vacantes soient mesurées, divisées mathématiquement, qu'un plan fidèle en soit dressé et que les titres d'acquisition, nettement rédigés, soient conservés avec soin par des fonctionnaires publics ; c'est seulement par ces précautions minutieuses que l'on peut éviter les contestations fréquentes, qui, dans les colonies mal organisées, enlèvent tout crédit à la propriété des terres nouvelles et éloignent les colons de leur acquisition. Il était naturel que l'on n'arrivât pas du premier coup à la perfection qui se rencontre dans le système Wakefield en Australie ou dans la méthode suivie par l'Union Américaine. En Pensylvanie, ce ne fut que sous le gouverneur Hamilton, pour la première fois (1759-1763), qu'on institua un office chargé de la conservation des divisions territoriales et des titres d'acquisition. Mais à pareille époque quelle était la colonie européenne qui entourât de tant de précautions et de garanties l'acquisition des terres incultes, et, de nos jours encore, combien de colonies riches et grandes auraient à prendre exemple sur les provinces anglaises du continent au xviiie siècle ?

On a beaucoup blâmé l'existence des grandes compagnies foncières qui, dans les colonies anglaises du Nord, possédaient à l'origine la presque totalité du sol. Peut-être a-t-on exagéré les mauvais côtés de ces compagnies, tout en négligeant de considérer leurs avantages. Sans doute nous admettons avec Jean de Witt qu'une compagnie par actions n'est pas propre à la colonisation agricole ; mais quand Jean de Witt parlait ainsi dans ses mémoires, il avait en vue une compagnie privilégiée qui voudrait exploiter en régie son territoire et se ferait ainsi agriculteur. Assurément, il ne pourrait y avoir, dans un semblable projet, que pertes pour la compagnie et pour le pays même. Mais il en est tout autrement d'une compagnie qui ne possède le sol que pour y faire les premiers travaux indispensables à sa mise en rapport, routes, dessèchements, arpentage, et pour l'aliéner ensuite en petites portions. La constitution de pareilles compagnies a d'abord pour premier avantage d'attirer des capitaux dans une contrée neuve où ils seront infiniment plus productifs que partout ailleurs. Comme le remarque excellemment Bancroft, par le moyen de la division du capital social en actions, le risque devient, pour chaque actionnaire, infinitésimal et l'on peut ainsi se procurer des fonds considérables pour des entreprises auxquelles personne n'aurait voulu confier sa fortune entière. Ces *preparatory expenses* sont d'une utilité inappréciable pour une jeune colonie, et parfois toute sa prospérité en dépend. On prétend, il est vrai, que les compagnies territoriales ont une tendance à accaparer la terre et à la laisser en friche sans la vendre, attendant que le développement de la culture alentour donne aux terrains de la compagnie une plus haute valeur. Il est incontestable que ces abus se sont présentés plus d'une fois ; mais nous ne croyons pas qu'ils soient la conséquence nécessaire de pareilles sociétés anonymes ; c'est, selon nous, un effet non de leur existence, mais de leur mauvaise gestion. L'intérêt bien entendu pousse, au contraire, la compagnie à vendre en détail et peu à peu ses terres : c'est le seul moyen d'attirer des colons et de donner de la valeur aux terrains non aliénés ; c'est, en outre, le seul mode d'arriver à distribuer des dividendes, ce que toute compagnie est obligée de faire, si elle veut conserver son crédit. Un propriétaire peut maintenir sa terre en friche pendant vingt années sans en retirer aucun revenu : une société anonyme, au contraire, est toujours obligée de courir après le gain le plus proche en lui sacrifiant même le produit à venir. On a donc exagéré, selon nous, l'inconvénient des compagnies foncières dans les sociétés nouvelles ; dans les colonies anglaises de l'Amérique spécialement, elles rendirent, au témoignage même de Merivale, d'incontestables services : si elles ne firent pas toutes de bonnes affaires, le préjudice tomba sur elles, non sur la colonie ; si quelques-unes bornèrent leur rôle à l'accaparement des terres, comme cette compagnie de Pensylvanie, citée par Roscher, qui, en 1793, possédait 647,000 acres d'excellente qualité, il n'en est pas moins vrai que pour la plupart elles accélérèrent le défrichement en se chargeant des dépenses préparatoires au moyen de capitaux qu'elles puisaient en Angleterre.

De bonnes lois de succession qui entretiennent l'égalité des conditions, qui favorisent la circulation des propriétés et excitent au travail, sont une autre condition de prospérité pour une colonie agricole. Sous ce rapport, les provinces de l'Angleterre, sur le continent de l'Amérique, étaient admirablement bien douées. Il n'y avait aucune distinction entre les propriétés foncières ; on ne connaissait pas de biens nobles et de biens roturiers, de substitutions ou de majorats. Les coutumes de succession étaient simples et s'appliquaient à tous les biens quoiqu'elles différassent d'une colonie à l'autre. En Pensylvanie il n'y avait pas de droit de primogéniture ; les terres se partageaient comme les biens meubles par portions égales entre tous les enfants : dans trois des provinces de la Nouvelle-Angleterre, l'aîné avait seulement double portion comme dans la loi de Moïse ; il est vrai que dans les autres colonies anglaises le droit de primogéniture existait comme en Angleterre ; mais ce droit d'aînesse était loin de constituer un obstacle considérable à la colonisation, ainsi que l'auraient fait des majorats ou des substitutions. Le grand point, c'est que la circulation et la libre disposition des terres n'étaient pas entravées et que, d'une autre part, il n'existait point de classe parmi les colons qui pût se considérer comme formant une caste à part, ayant des priviléges, des droits et des devoirs autres que ceux du plus grand nombre des citoyens.

Le bon marché du gouvernement, l'égalité et la modération des taxes mettaient le sceau à cette excellente organisation administrative, qui fut l'une des causes du développement des colonies anglo-américaines. La métropole ne chercha pas à tirer un revenu direct de ses colonies : « Les colons anglais, dit Adam Smith, n'ont pas encore payé la moindre contribution pour la défense de la mère patrie ou pour l'entretien de son gouvernement civil. » Plusieurs fois, il est vrai, on posa la question de principe, si le parlement métropolitain avait le droit d'imposer les établissements d'outre-mer. Dès 1624, la Virginie maintenait que sa législature seule avait le droit de lever des taxes ; le Maryland soutenait la même thèse en 1634. Il est vrai qu'en 1691 Guillaume III apposait son veto à une résolution de l'assemblée de New-York, qui tendait à ériger ce principe en loi. Mais ces controverses étaient purement théoriques, elles ne conduisirent à des difficultés pratiques qu'après la guerre de Sept ans. Jusqu'au mémorable conflit qui fut l'origine de la séparation des provinces d'Amérique, la métropole n'imposa aucune taxe aux colons. Quand, en 1728, l'ex-gouverneur de Pensylvanie, sir William Keith, demandait l'extension à l'Amérique de l'impôt du timbre, le ministre Walpole répondit par ces remarquables paroles : « Je veux laisser le soin d'imposer les colonies anglaises à ceux de mes successeurs qui auront plus de courage que moi et moins de faveur pour le commerce. Mon principe est d'exciter, autant que possible, le commerce des Américains ; il faut fermer les yeux sur les irrégularités qu'il présente ; car si par la prospérité de leur commerce ils gagnent 500,000 livres, j'ai la conviction qu'avant deux ans la moitié de ce gain viendra tomber dans les caisses de Sa Majesté par les produits de la mère patrie qui sont exportés pour l'Amérique en quantités inouïes. Plus les Américains étendent leur commerce étranger, plus ils ont besoin de nos produits ; c'est là la meilleure manière d'imposer les colonies. » Que ces paroles dû fameux ministre couvrent les hérésies du système mercantile, nous ne le contestons pas ; mais elles indiquent nettement la politique que l'Angleterre suivit avec persistance jusqu'à la fin du xviii° siècle, de ne pas lever de taxe sur les colons. Les Anglo-Américains n'avaient donc à pourvoir qu'aux frais de leur administration intérieure, et ils le faisaient avec la plus grande parcimonie. Rien parmi eux qui rappelât les hauts traitements et le luxe royal des fonctionnaires espagnols. « La dépense de leur gouvernement civil, dit Adam Smith, a toujours été très modique; elle s'est bornée, en général, à ce qu'il fallait pour payer des salaires convenables aux gouverneurs, aux juges et à quelques autres officiers de police et pour entretenir un petit nombre d'ouvrages publics de première utilité. La dépense de l'établissement civil du Massachussets, avant le commencement des derniers troubles, ne montait, pour l'ordinaire, qu'à environ 18,000 livres sterling par an ; celle du New-Hampshire et de Rhode-Island, à 3,500 livres pour chacun ; celle du Connecticut, à 4,000 livres ; celle de New-York et de la Pensylvanie, à 4,500 livres ; celle de la Virginie et de la Caroline du Sud, à 8,000 livres pour chacune. La dépense de l'établissement civil de la Nouvelle-Écosse et de la Georgie est en partie couverte par une concession annuelle du parlement ; mais la Nouvelle-Écosse paye seulement environ 7,000 livres par an pour les dépenses publiques de la colonie, et la Georgie 2,300. En un mot, tous les différents établissements civils de l'Amérique septentrionale, à l'exception du Maryland et de la Caroline du Nord, dont on n'a pu se procurer aucun état exact, ne coûtaient pas aux habitants, avant le commencement des troubles actuels, au delà de 64,700 livres par année, exemple à jamais mémorable du peu de frais qu'exigent trois millions d'hommes pour être non seulement gouvernés, mais bien gouvernés. » D'après ces données de Smith, les dépenses du gouvernement ne se seraient élevées, pour les Anglo-Américains, qu'à 54 centimes par tête de colon. Outre l'esprit parcimonieux de la race anglo-saxonne, plusieurs causes rendent compte de ce bon marché de l'administration. D'abord l'existence des propriétaires fondateurs des colonies ou des compagnies foncières qui faisaient à leurs frais les dépenses de viabilité pour mettre leurs terrains en rapport et aider au morcellement de leurs terres ; puis la prédominance des plaines, l'abondance des rivières navigables, le grand nombre de ports et de lieux de refuge qui couvraient les côtes, avantages naturels qui rendaient moins indispensables de grands travaux d'art ; et enfin le sens municipal, l'esprit d'association, qui ont toujours été inhérents à la race anglo-saxonne, et qui, plus que tous les dons naturels, ont contribué à la prospérité des colonies de l'Angleterre. Grâce à toutes ces faveurs de la nature et à ces qualités éminentes des colons, les impôts étaient presque nuls dans l'Amérique anglaise.

L'abondance des terres, leur facile circulation, les garanties qui entouraient leur acquisition et leur mise en culture, les bonnes lois successorales et la modicité des impôts, n'auraient pas suffi à la prospérité des colonies si le peuplement n'avait été accéléré par la rapide émigration de la métropole. Dès l'origine, cette émigration fut nombreuse. En 1660, le nombre des habitants du Maryland était de dix à douze mille, et nous avons vu que vingt ans après la fondation du Massachussets, les colons quittaient la baie pour déborder dans le New-Hampshire. Bien des causes contribuèrent à alimenter ce flot continu d'émigrants qui venaient chaque année accroître la population des colonies. Nous avons vu, au début de ce chapitre, que la situation économique de la métropole, les transformations qui s'opéraient dans l'agriculture à la fin du XVIe et au commencement du XVIIe siècle, laissaient sans emploi un excédent de bras. Les troubles politiques et l'exaltation religieuse contribuèrent également à multiplier les départs. L'Amérique était d'autant plus attrayante que, au point de vue politique et religieux, elle offrait aux hommes indépendants toute liberté en même temps que, au point de vue économique, elle leur donnait toute facilité de s'enrichir. L'Église d'Angleterre n'avait été constituée en Amérique que dans deux colonies, la Virginie et la Caroline ; encore n'y avait-elle pas eu longue durée; elle avait bientôt succombé sous l'antipathie des colons. Les puritains jouissaient de leur organisation ecclésiastique toute spéciale. « Il appartient à la Nouvelle-Angleterre de se rappeler toujours qu'elle a été à l'origine une colonie religieuse et et non une colonie de commerce : si donc quelqu'un parmi nous estime la religion comme douze et le monde comme treize (*makes religion as twelve and the world as thirteen*), celui-là n'a pas l'esprit d'un véritable *Nouvel-Anglais* (*of a true New-Englandman*). » La Nouvelle-Angleterre ne laissait cependant pas de s'appliquer au commerce et à l'industrie. La sévérité des mœurs, le goût du travail, l'esprit d'ordre, d'économie, d'honnêteté dans les transactions, toutes ces qualités que la religion bien entendue recommande, ont leur prix même au point de vue purement terrestre et sont les éléments les plus sûrs de la grandeur et de l'opulence des sociétés. Quoique l'esprit religieux dominât partout dans la Nouvelle-Angleterre, nulle part le culte et l'établissement ecclésiastiques ne furent moins dispendieux et plus en harmonie avec les besoins d'une société adolescente et laborieuse. Tandis que dans les colonies espagnoles le clergé pesait de tout le poids de la dîme, de la mainmorte, des couvents, sur le développement de la contrée, dans l'Amérique anglaise le culte plein de simplicité ne poussait pas au luxe, le clergé peu nombreux ne détournait des des travaux terrestres que les hommes en petit nombre que réclamait impérieusement le soin des âmes ; les ministres se contentaient d'une rétribution modique qui leur venait des cotisations des fidèles ; la mainmorte aussi bien que la dîme et les couvents étaient complètement inconnus ; la société se développait sans entrave sous l'influence d'une Église animée de l'esprit de travail, de simplicité et de fraternité véritable.

Si grands que fussent tous ces avantages, ils ne suffisaient pas pour attirer en Amérique tous les bras dont les Anglo-Américains avaient besoin. L'émigration spontanée, quoique notable, était encore trop peu considérable aux yeux des colons : ils eurent recours à d'autres sources pour rendre la main-d'œuvre abondante, ce qui, dans les colonies nouvelles, est une des conditions essentielles de prospérité. La déportation des criminels et l'immigration par engagement furent tour à tour employés par les colonies de concert avec la métropole. Cromwell avait imaginé de vendre les condamnés politiques aux planteurs des Indes occidentales. Jacques II suivit cet exemple et vendit pour dix ou quinze shellings les mécontents compromis dans la conspiration de Monmouth. La déportations des criminels ordinaires en Amérique devint, dans le courant du xviiie siècle, assez régulière. En 1750 le Maryland, qui était alors la plus importante colonie pénale, comptait 1,981 condamnés (*convicts*). Mais ce n'était là qu'un bien faible appoint relativement à la population des colonies d'Amérique ; ces *convicts*, d'ailleurs, exerçaient sur les mœurs une influence mauvaise, ce qui fit que le Maryland et la Virginie finirent par s'opposer à la déportation. L'immigration par engagement eut des résultats plus considérables. Dès l'origine de la colonisation on chercha avidement ces « *indented servants* », Européens libres que des spéculateurs américains avaient engagés en Angleterre ou en Allemagne et auxquels ils avaient avancé les frais d'émigration moyennant une sorte de servitude personnelle temporaire. La Compagnie de Virginie, dès sa fondation, recruta une foule de ces serviteurs. Leur nombre diminua peu à peu, et en 1617 il n'en restait plus que 54, y compris les femmes et les enfants. La spéculation ne laissa pas de continuer ce trafic avantageux qui prit bientôt une très grande extension. Une branche d'industrie se fonda pour le raccolement en Europe et le transport en

Amérique de ces émigrants engagés. Les frais de passage pour chacun d'eux ne montaient pas à plus de 7 ou 8 livres sterling, et le travail des *indented servants* pour tout le temps de leur engagement était souvent cédé pour 40 ou 60 livres. Dans les principaux ports d'Europe il y avait des agents connus sous le nom de *redemptioners*, qui usaient de ruse et souvent de force pour recruter les vagabonds et les envoyer aux colonies. De là de grands abus et ce que Merivale appelle : « *this odious system of misrepresentation and kidnapping by the managers of the trade in England*. » En 1686, le conseil privé d'Angleterre dut interdire ce scandaleux trafic.

La condition de ces émigrants variait dans les diverses colonies : elle était généralement très malheureuse; en Pensylvanie l'émigrant débiteur devait être bien nourri et bien vêtu, mais n'avait droit à aucun salaire. Pendant la durée du service convenu le maître, moyennant l'agrément du juge de paix, avait droit de le livrer à un autre. L'*indented servant* ne pouvait se marier qu'avec l'autorisation de son maître. La durée du service était prolongée pour toute tentative de s'y soustraire. A l'âge de dix ans les enfants étaient souvent livrés moyennant la nourriture et le logement pour rester jusqu'à dix-huit ans dans ce servage légal. Dans le Maryland, une loi de 1715 dispose que les enfants au-dessous de quinze ans peuvent être donnés en service jusqu'à l'âge de vingt-deux et les enfants de quinze à dix-huit peuvent être donnés en service pour une période de sept années. La condition des *indented servants* était meilleure à New-York. Les nombreuses familles allemandes qui allaient se fixer moyennant engagement dans les parties vierges de cette colonie obtenaient, outre les frais de voyage, un peu de bétail, des ustensiles de ménage et de culture et en outre 23 acres de terre; ils étaient libres d'impôts, ils devaient donner la moitié de leurs produits au propriétaire du sol; c'étaient de vrais métayers; au bout de six ans la terre qu'ils occupaient et qu'ils avaient reçue inculte était vendue au plus offrant : les émigrants qui l'avaient défrichée avaient un droit de préemption avec 10 p. % de rabais. C'était surtout en Virginie qu'on rencontrait beaucoup de ces *indented servants* : à chaque planteur qui en importait un à ses frais, la colonie promettait comme récompense ou prime la concession de 50 acres de terre ; aussi ces émigrants devinrent-ils très nombreux et, en 1663, ils étaient assez forts pour se révolter et donner des inquiétudes au gouvernement colonial. L'immigration par engagement, bonne en théorie, vexatoire et inique en pratique, ne donna pas tous les fruits qu'on en attendait. Il était très difficile de retenir ces engagés. Quand un colon avait beaucoup dépensé pour se procurer des serviteurs de cette sorte, ils lui étaient soutirés par des voisins, qui étaient d'autant plus à même d'offrir des gages plus élevés qu'ils n'avaient pris aucune part aux dépenses d'importation de ces immigrants. Le peu de population et l'impuissance des autorités coloniales rendaient difficile l'exécution de ces contrats ; il n'y avait que les pauvres Allemands qui, par l'ignorance de la langue, étaient indissolublement liés à leur engagement; et la situation de ceux-ci était, il faut l'avouer, bien près de l'esclavage.

L'esclavage, lui-même, dans sa réalité et avec toutes ses horreurs ne demeura pas longtemps inconnu aux colonies anglaises. Le vaisseau négrier hollandais, qui, pour la première fois, en 1620, débarqua en Virginie à James Town 20 esclaves nègres, eut de nombreux successeurs. L'usage inhumain de recourir à la main-d'œuvre servile se propagea du Sud au Nord. La présence des esclaves se fait sentir dès la première moitié du XVIIe siècle dans les lois des colonies. En 1639 on refuse les droits politiques aux esclaves dans le Maryland. Les deux Carolines deviennent le marché principal de cet infâme trafic. Ce qu'il y a de remarquable dans l'histoire de l'esclavage aux États-Unis, c'est que de tout temps les colonies du Nord s'opposèrent à l'invasion de ce fléau, qui devait au bout de deux siècles leur causer d'incommensurables malheurs. Ce fut la métropole qui insista avec opiniâtreté pour que ce trafic ne fût pas prohibé par les lois coloniales : les marchands anglais qui se livraient à la traite usaient de toute leur influence pour que le gouvernement protégeât leur industrie ; l'on peut dire que sur ce point la métropole fit violence à quelques-unes de ses colonies. La Virginie résista plusieurs fois, mais en vain ; en 1776, au nombre des griefs articulés contre Georges III, la convention de Williamsbourg lui reprochait l'usage inhumain de la prérogative royale qui empêcha la Virginie de prohiber par une loi l'importation des nègres. « On trouve, dit M. Augustin Cochin, la même résistance dans une déclaration du congrès du 8 octobre 1774. Dans la Georgie une loi interdisait l'importation des nègres et des spiritueux, il fallut l'abroger en 1749. Cependant en 1790 la Confédération ne renfermait pas du Nord au Sud plus de 670,633 esclaves. » (Cochin, *Abolition de l'esclavage*, t. III, p. 14.) En dépit des législatures de quelques états, les planteurs de l'extrême Sud faisaient cause commune avec les négriers d'Angleterre et développaient rapidement une institution qui devait devenir si funeste à leurs descendants.

Ainsi, malgré les sévères principes religieux et politiques qui avaient présidé à la fondation de la plupart des colonies anglaises, les colons semblaient perdre de vue les enseignements de la religion et de la démocratie, quand ils avaient à les transgresser un intérêt considérable. Le traitement des Indiens est encore une preuve de cette inconséquence ou de cette faiblesse, grâce auxquelles les sociétés nouvelles, si civilisés que soient leurs membres, ont toujours dans leur conduite un reste de barbarie et d'inhumanité qui se fait violemment jour toutes les fois que la cupidité de la majorité est en jeu. Il est un fait incontestable et qui trouve sa preuve à chaque page de l'histoire des colonies, c'est que les naturels, possesseurs primitifs du pays, ne sont à l'abri des violences et des injustices que quand le gouvernement métropolitain exerce une grande surveillance sur les colons et les empêche par des lois sévères et une répression sans pitié de se livrer à leur haine ou à leur jalousie contre les indigènes. Partout où les colons sont libres et maîtres de leurs actions, à Hispaniola, dans les colonies anglaises du continent américain, à l'origine de l'occupation de l'Australie et de la Nouvelle-Zélande, ils se montrent d'une rapacité et d'une cruauté sans scrupules et sans limites contre les pauvres aborigènes.

Ce qui tenait presque le premier rang dans la colonisation espagnole, la conversion et la tutelle des Indiens, n'est plus qu'accessoire dans la colonisation anglaise. A leur débarquement en Amérique et tant qu'ils sont faibles et peu nombreux, les Anglais se montrent toujours grands amis des indigènes. En Virginie cette amitié est due à l'aimable Pocahontas, fille du chef Powhattan, laquelle délivra par ses prières le prisonnier John Smith, puis épousa un colon et fit un voyage à la cour d'Angleterre. Mais en 1622 commence une guerre terrible qui ne devait finir que par l'extermination ou l'expulsion des Indiens : c'est alors que parut dans la colonie un manifeste vraiment sauvage où l'on se réjouit d'une récente incursion des Indiens parce qu'on y trouve un prétexte pour les exterminer et les dépouiller. « Maintenant, y est-il dit, l'emplacement de leurs villages, qui sont situés dans les lieux les plus fertiles du pays, nous appartiendra et sera habité par nous, tandis que, auparavant, nous étions obligés de défricher des bois à grand renfort de travail. Il est bien plus simple de conquérir ces Indiens que de les civiliser par des moyens loyaux (*fair means*) : car c'est une race rude, barbare et nue, ce qui facilite la victoire et arrête, au contraire, la civilisation : *which are helps to victory, but hindrance to civility.* » En 1630, un statut de la colonie porte que l'on ne doit jamais faire la paix avec les Indiens ; ce statut est renouvelé en 1643. Le Maryland commence sa colonisation en 1634 par l'achat fait à l'amiable d'une grande quantité de terres; mais en 1642 une grande guerre éclate. Les relations entre les Européens et les indigènes furent plus faciles dans la Nouvelle-Angleterre par plusieurs raisons. D'abord quand les Anglais s'établirent dans cette contrée, une grande peste venait de désoler les côtes et de les rendre pour ainsi dire vacantes ; puis la colonie était peuplée de puritains, gens plus austères, plus justes et plus pacifiques que les aventuriers avides de Virginie. La paix conclue en 1621 dura plus d'un demi-siècle. Les fondateurs du Massachusets spécialement, se proposaient comme un de leurs buts la conversion des indigènes. Les armes de la colonie prenaient dans cette pensée leur signification : c'était un Indien debout, une flèche à la main, avec ce moto « *come over and help us* ». Nul ne fut plus ami des indigènes que Penn. Il établit avec eux que toute difficulté entre blancs et rouges serait jugé par un tribunal de conciliation composé également d'arbitres des deux races. Les quakers par leur taciturnité, la simplicité, la rudesse et la franchise de leurs manières, avaient une bien plus grande influence sur les Indiens que les autres colons. Ils ont réussi à apprendre à différentes tribus la culture de la terre et le travail du fer. Malgré ces exceptions honorables, la politique des Anglo-Américains relativement aux Indiens a presque toujours été dépourvue d'esprit de justice et d'humanité. Le servage des engagés européens, l'esclavage des nègres, l'extermination des Indiens, ce sont les trois taches de ce brillant tableau de la colonisation anglo-américaine.

A la pleine liberté politique et administrative, dont jouissaient les colonies anglaises d'Amérique, il n'est pas de plus grand contraste que la complète sujétion en matière de commerce et d'industrie, où la métropole les tint à partir du milieu du XVIIe siècle. « Les colonies, dit Merivale, avaient droit au *selfgovernment* et à la *selftaxation;* elles avaient encore droit à la liberté religieuse ; elles avaient toute indépendance dans l'organisation et la direction de leurs municipalités ; mais elles n'avaient pas le moindre droit de contrôle ou d'amendement sur les règlements commerciaux de l'autorité métropolitaine. » Le gouvernement d'Angleterre, en matière de commerce et d'industrie, fut d'une inflexibilité inexorable ; il eut pour politique constante d'exploiter ses possessions d'outremer au profit supposé des marchands de la métropole. L'Espagne cherchait à exploiter ses colonies d'abord pour le fisc, puis pour les fonctionnaires, les prêtres, et les officiers ; l'intérêt des marchands et des fabricants n'était qu'accessoire ; il en fut tout autrement en Angleterre. Lord Sheffield exprimait la pensée universelle des citoyens anglais quand il disait : « Le seul usage des colonies d'Amérique et des Indes occidentales, c'est le monopole de leur consommation et le transport de leurs produits. » S'assurer par tous les moyens ce monopole de consommation et de transport, ce fut le but de la politique des parlements et des cabinets de Londres : cette politique, Adam Smith l'a nommée de son vrai nom, *politique de boutiquiers*, non pas qu'elle convînt, dit-il avec raison, « à une nation toute composée de gens de boutique, mais elle convient parfaitement bien à une nation dont le gouvernement est sous l'influence des boutiquiers. »

Ce n'est pas de prime abord que le régime commercial auquel l'Angleterre soumit ses colonies atteignit la perfection sophistique du système mercantile; ce ne fut qu'à la longue que se forma l'échafaudage de restrictions et de faveurs qui compose le pacte colonial. A l'origine des colonies, rien de pareil n'existait. Le commerce des établissements d'outre-mer, dans la période qui suivit leur fondation, fut presque complètement libre. Avant 1620 la compagnie de Virginie prétendait, il est vrai, à un monopole pour le commerce de la colonie, mais, moyennant un faible droit différentiel, les étrangers eux-mêmes étaient admis au trafic. Les patentes de 1606 et de 1609 sont expresses sur ce point; celle de 1612, moins explicite, indique encore clairement la liberté de navigation. Il arriva que les Hollandais s'emparèrent presque complètement des transports maritimes dans les colonies anglaises. Soit rivalité politique, soit jalousie commerciale, le gouvernement de Londres vit d'un mauvais œil ces progrès de la marine de Hollande; il essaya de l'entraver, non directement et ouvertement, mais par des voies secrètes et détournées. Le fameux acte de navigation fut précédé de différentes mesures moins radicales, quoique tendant au même but. Dès 1640, sir William Berkeley, gouverneur de la Virginie, reçut avis de limiter le commerce de cette provinces avec la métropole et d'écarter les étrangers : l'opposition des colons empêcha l'exécution de ce projet; cinq ans après le parlement résolut d'affranchir de tout droit, pendant trois ans, l'exportation d'Angleterre pour les colonies, si les colonies, de leur côté, restreignaient leur exportation à des vaisseaux anglais. Il ne paraît pas que de telles tentatives aient eu du succès. En 1651 parut le célèbre *acte de navigation*. D'après ce règlement fameux, que l'on a appelé *la grande charte de la marine anglaise*, aucune marchandise extra-européenne, particulièrement provenant des colonies anglaises, ne devait être transportée en Angleterre autrement que par des navires bâtis en Angleterre, appartenant à des sujets anglais, ayant un capitaine anglais et les trois quarts de leur équipage anglais. Après avoir ainsi assuré aux armateurs anglais le commerce d'importation en Angleterre des marchandises provenant de l'Asie, de l'Afrique et de l'Amérique, cet acte leur garantit, en outre, autant que cela était possible, le commerce d'importation des marchandises provenant du continent européen. A cet effet, il fut expressément dit que les produits provenant de n'importe quel pays d'Europe, ne pourraient être importés en Angleterre que sur des navires anglais ou sur des vaisseaux qui seraient la propriété réelle de la nation et du pays d'où ces produits seraient exportés. L'intention et la portée de cet acte étaient exclusivement politiques. « Il avait, dit Mac-Culloch, un double but ; il devait, d'un côté, donner de plus grands développements à notre navigation et frapper un coup décisif à la puissance maritime des Hollandais qui avaient alors le monopole du commerce de transport et contre lesquels différentes circonstances avaient fait naître en Angleterre une grande aigreur. » Nous ne croyons pas que les théories mercantiles aient eu grande part à la confection de cet acte du Long Parlement ; mais Charles II, qui le confirma dès la première année de son règne, y ajouta d'importantes annexes qui en firent la base du système commercial de l'Angleterre. On divisa les produits des colonies en deux catégories : la première comprenait les marchandises détaillées dans les annexes de l'acte de navigation et connues pour cette raison sous le nom d'*enumerated commodities*, lesquelles ne pouvaient être transportées que dans la mère patrie ou dans les autres colonies britanniques ; la seconde catégorie renfermait toutes les marchandises autres que celles spécialement nommées par les règlements, lesquelles pouvaient s'exporter directement dans tous les pays pourvu que ce fût sur des vaisseaux anglais satisfaisant aux conditions exigées par l'acte de navigation. On ajouta, en 1663, que toutes les marchandises européennes, même chargées sur des vaisseaux anglais, ne pouvaient être transportées aux colonies qu'en partant de ports anglais, ce qui les contraignait à un circuit pour passer par la métropole. D'après les termes mêmes du règlement, ces marchandises de provenance européenne et en destination des colonies devaient être transportées en Angleterre et là portées sur la côte, c'est-à-dire débarquées. On alla encore plus loin et l'on déclara que les citoyens anglais de naissance ou de naturalisation, pourraient seuls s'établir dans les colonies comme marchands ou facteurs, ce qui fut la ruine d'une foule de factoreries hollandaises. On voit combien les règlements rédigés sous les Stuarts comme annexes à l'acte de navigation dépassaient la portée de l'acte primitif : celui-ci n'avait eu pour objet que de relever la marine anglaise au détriment de la hollandaise ; les règlements des Stuarts contenaient des faveurs spéciales à la métropole au détriment des colonies.

Les colonies accueillirent fort mal ces mesures restrictives ; aussi

Cromwell ne songea pas à faire exécuter rigoureusement, en Amérique, l'acte du Long Parlement. En 1656 les Virginiens envoyèrent une députation au Protecteur pour que leur vieille liberté du commerce leur fût laissée : il n'y a pas apparence que la réponse de Cromwell ait été complètement défavorable, car on trouve encore, en 1660, un statut exprès de la Virginie qui accorde à toute nation chrétienne et amie de l'Angleterre, la complète liberté du commerce. La Nouvelle-Angleterre agissait de même. Les règlements des Stuarts excitèrent des protestations plus énergiques : les colons s'y opposèrent avec persistance ; ce fut la principale cause du soulèvement de la Virginie en 1676 ; le Massachusets ne les reconnut qu'en 1679 ; Rhode-Island ne s'y soumit qu'en 1700.

Avant d'entrer dans l'examen attentif des effets du système commercial que ces règlements constituèrent, il convient de dire quelques mots de la fondation et du développement des Antilles anglaises ; nous nous sommes occupé jusqu'ici exclusivement des colonies du continent, parce que ce sont les seules qui présentent un grand intérêt au point de vue politique et administratif. Les premiers établissements des Anglais aux Indes occidentales furent dus à des particuliers, qui, au commencement du XVIIe siècle, se mirent à fonder des comptoirs dans quelques îles. Bien qu'alors la culture de la canne à sucre ne fût pas connue aux Antilles, les établissements de l'Angleterre et surtout la Barbade ne laissèrent pas de prospérer et de croître avec rapidité. La parfaite indépendance, dans laquelle vivaient à l'origine ces petites colonies, fut bientôt troublée par les prétentions de la métropole ; fidèle à ces traditions de favoritisme, qui caractérisent la dynastie des Stuarts, la Couronne en 1627 céda la Barbade et les autres Caraïbes au comte de Carlisle, qui n'était pour rien dans la fondation et le progrès de ces établissements. Les colons, qui seuls avaient supporté tous les frais de la colonisation, protestèrent. Le comte de Carlisle ne put faire respecter son autorité ; mais la Barbade n'en fut pas moins cédée de nouveau par la Couronne au comte de Malborough d'abord, puis au comte de Pembroke. Déjà, en 1622, le duc de Montague avait obtenu les îles de Sainte-Lucie et de Saint-Vincent ; le noble lord y avait envoyé six vaisseaux, deux gouverneurs avec des secrétaires et d'autres fonctionnaires, en tout 51 personnes de distinction et 425 commis, domestiques ou artisans ; l'expédition était escortée par un vaisseau de guerre de la marine royale. On promettait aux artisans et aux ouvriers, outre le transport et l'entretien, un salaire annuel de 25 ou 30 livres sterling. Cette tentative fut sans succès. Tandis que la colonisation officielle et patronnée échouait, la colonisation libre et spontanée prenait de grands développements. La période républicaine donna une vive impulsion à la Barbade, qui fut le rendez-vous privilégié de l'émigration royaliste. Cette petite île, pas plus grande que l'île de Wight, atteignit un degré extraordinaire de richesse et de population. En 1650, selon Merivale, elle contenait 50,000 blancs et 100,000 noirs et employait pour son commerce 400 vaisseaux jaugeant 60,000 tonneaux, et cela lorsque la culture de la canne à sucre était à peine connue dans l'île. Cette prospérité précoce venait de la liberté du commerce, qui se faisait surtout par bâtiments hollandais, et de la contrebande avec les établissements espagnols. La décadence fut aussi rapide que la croissance l'avait été ; on en a donné deux raisons : l'acte de navigation, destiné, dit Blackstone, à ruiner les planteurs royalistes, et le prompt épuisement du sol ; on pourrait en trouver une troisième dans l'aristocratie foncière et la grande propriété que les Stuarts, après la Restauration, essayèrent d'y fonder. Charles II conféra des baronies à treize des principaux royalistes de la Barbade ; quelques-unes de ces seigneuries produisaient 10,000 livres sterling par an et aucune ne rapportait moins de 1,000 livres. En 1655, les Anglais avaient conquis la Jamaïque ; la culture du sucre, qui commença à se développer à cette époque (1) dans les Antilles anglaises, en changea complètement la physionomie et l'état social.

Les premiers habitants des Antilles étaient de petits propriétaires qui vivaient sur leurs domaines. La culture de la canne et la production du sucre eut pour effet de diminuer la petite propriété, de constituer les grandes plantations et de réduire le nombre des blancs en augmentant outre mesure celui des noirs. Les petits planteurs ne pouvaient lutter contre les grands. La production du café et du sucre ressemble sous beaucoup de rapports à une exploitation industrielle plus qu'à une exploitation agricole telle que nous la comprenons en Europe : c'est presque une manufacture où les capitalistes ont tout l'avantage. On a dit que pour faire 10 boisseaux de sucre il faut à peu près la même dépense en bêtes de somme et en ustensiles que pour en faire 100. Aussi était-il passé en proverbe qu'une propriété de moins de 50 arpents ne pouvait servir pour la production de la canne. Une cause particulière à la Barbade détermina une réduction de la population blanche, ce fut le prompt épuisement du sol. Mise la première en culture, cette

1) D'après Merivale ce ne serait qu'en 1670 qu'aurait eu lieu l'introduction de la canne à sucre à la Barbade. D'après Heeren, ce serait en 1641, et la même plante aurait été cultivée en 1660 à la Jamaïque.

île tomba la première en souffrance. « Tous les rapports des Indes occidentales au xviiie siècle, dit Merivale, accusent la disparition des petits propriétaires et la réduction de la société en deux classes : les riches planteurs et les esclaves..... Les blancs de la Barbade étaient, dit-on, 70,000 en 1670; en 1724 seulement 18,000; en 1843 seulement 16,000; à Antigoa il y avait 5,000 blancs sous Charles II, 2,500 en 1840 ; la Jamaïque, par l'étendue de sa surface et son aptitude à toutes les productions, ne présenta pas la même diminution : le nombre des blancs y demeura cependant stationnaire de 1670 à 1720, environ 8,000. » Les petites îles n'avancèrent que lentement : la Jamaïque, au contraire, fit des progrès prodigieux ; c'était au dernier siècle le plus grand producteur de sucre du monde ; malgré des tremblements de terre, des famines, des révoltes d'esclaves (on en compte 20 avant 1775), en dépit de toutes les perturbations politiques ou naturelles, cette île ne cessa de prospérer jusqu'à la guerre d'Amérique pour tomber depuis lors d'abord dans le marasme, puis dans une rapide décadence. Les causes de ce développement et de cette anémie qui le remplaça ne se peuvent comprendre que par l'explication détaillée du système économique et commercial suivi par l'Angleterre dans ses relations avec ses colonies d'Amérique.

Pendant la seconde moitié du xviie siècle et la première partie du xviiie l'acte de navigation subit diverses altérations, tantôt dans un sens qui l'atténuait, plus souvent dans un sens qui l'étendait et le rendait plus rigoureux. La liste des *enumerated commodities*, dont l'exportation de l'Amérique n'était permise que pour l'Angleterre, s'augmenta à diverses reprises. Le principe dominant en pareille matière et auquel on se conforma presque sans exception, c'est que toute marchandise qui n'était pas produite dans la métropole ou qui n'y était produite qu'en quantité très insuffisante pour les besoins soit de l'industrie soit de la consommation, était rangée parmi les *enumerated commodities* et réservée pour le marché métropolitain. On espérait ainsi encourager les manufactures de la mère patrie en leur donnant des matières premières à bon marché et en abondance. Toutes les marchandises, au contraire, qui eussent pu faire concurrence aux produits similaires ou analogues de la métropole, si elles y avaient afflué en trop grande quantité, étaient rangées parmi les *not enumerated commodities* et pouvaient être exportées partout selon le bon vouloir des colons. On croyait ainsi donner pleine satisfaction aux colonies, et en même temps on voulait détourner de l'Angleterre l'avalanche des produits coloniaux qui eussent pu abaisser par une affluence trop grande sur les marchés de la mère patrie les prix des produits de la métropole. A partir de 1766 on renforça encore les restrictions primitives par une restriction nouvelle. On décida que les marchandises non énumérées, qui, d'après les actes des Stuarts, pouvaient être exportées librement dans tous les pays, ne devraient plus être dirigées que sur les contrées situées au sud du cap Finistère. Le motif de cette prohibition nouvelle, c'est que les contrées plus au nord eussent pu devenir de terribles rivales pour l'industrie anglaise, si elles avaient eu les matières premières à bon marché. C'est au xviii° siècle, on le voit, que le système mercantile se développa et prit consistance ; il n'existait qu'à l'état embryonnaire dans l'acte du Long Parlement ; il finit par former un échafaudage, laborieusement organisé, de prohibitions et de faveurs.

Il ne faudrait pas croire, en effet, que le système mercantile fut conçu uniquement dans l'intérêt de la mère patrie. Il est vrai que les prescriptions de ce régime étaient le plus souvent inspirées par un esprit de bienveillance exagérée et mal comprise pour l'industrie et le commerce des métropolitains : mais il y avait un revers à la médaille; les colonies prenaient leur revanche, quoique incomplète, dans les règlements qui leur assuraient le monopole exclusif des marchés de la mère patrie pour quelques-uns de leurs produits les plus importants, et dans les primes ou droits différentiels qui protégeaient leurs denrées contre les denrées similaires de l'étranger. C'était un échange de faveurs et de restrictions, qui constituèrent ce que l'on est convenu d'appeler depuis le *pacte colonial*. L'on s'était habitué à regarder les immenses possessions anglaises dans les deux mondes comme formant un tout, composé de deux parties distinctes, l'une où se produisaient certaines matières premières et certaines denrées naturelles spéciales, l'autre fournissant surtout des produits manufacturés; et l'on avait jugé que ces deux parties se pouvaient suffirent l'une à l'autre, si les habitants de l'Angleterre s'engageaient à ne consommer que les denrées coloniales produites par les colons anglais, et si les colons anglais, d'autre part, s'engageaient à n'employer que les objets manufacturés fabriqués par l'Angleterre.

Ce n'est pas qu'il n'y eût un certain nombre de dérogations à cette pensée que l'Angleterre et ses colonies ne devaient former qu'un seul système économique dirigé contre l'étranger. L'Angleterre se montra même sur certains points d'un libéralisme inusité à l'époque dont nous parlons. Pendant, en effet, que la plupart des autres États d'Europe, grâce à leurs droits d'entrepôt, ne laissaient les marchandises étrangères s'expédier aux colonies que quand elles avaient payé dans la mère patrie tous les droits usuels, le gouvernement anglais accorda pour la réexportation des marchandises étrangères dans ses colonies le même *drawback* que si la réexportation avait lieu pour les pays étrangers. C'était là une de ces inconséquences heureuses, telles qu'on en rencontre toujours dans l'application des systèmes faux. Les partisans de la théorie mercantile ne tardèrent pas à s'apercevoir que ces *drawbacks* étaient peu en harmonie avec l'ensemble du système et ils s'efforcèrent d'en limiter le nombre. Sous la reine Anne on supprima le *drawback* sur le fer; en l'année 1763 on limita la restitution des droits aux vins, aux calicots non teints et aux mousselines. Jusque-là plusieurs de ces marchandises étrangères, même en passant par l'Angleterre, coûtaient moins cher aux colonies que dans la métropole ; c'est pour cette raison que les fabricants anglais se plaignaient fort que la toile allemande eût chassé du marché américain la toile anglaise.

Il existait, soit à titre temporaire, soit à titre permanent, bien d'autres dérogations au système : il faut rendre cette justice à l'Angleterre que dans les cas de nécessité elle était plus prompte que toutes les autres nations à violer ou à suspendre l'application de ses principes économiques les plus constants ; en dépit des théories fausses l'esprit pratique se faisait jour dans les moments d'urgence. C'est ainsi que dans les années de cherté, comme en 1757, on admettait même les vaisseaux neutres pour l'exportation du blé d'Amérique en Europe; il est vrai que l'exportation du blé d'Amérique était dans de pareilles circonstances, et par exception, restreinte à la métropole. De même en 1730 et en 1735 on dispensa du circuit obligatoire par l'Angleterre le riz des colonies qui était transporté dans les contrées au sud du cap Finistère. Cette dispense du circuit par la mère patrie était nécessaire parce que un si grand détour pour une denrée volumineuse eût rendu impossible au riz des colonies la concurrence des riz de Lombardie et d'Égypte. De telles dérogations sont inhérentes aux systèmes artificiels dans lesquels on prétend enfermer pour toujours le commerce et l'industrie : quoiqu'on fasse, il y a des circonstances où l'on est obligé, à moins de se condamner à un dommage considérable et évident, de briser le cadre trop étroit qui arrête la libre disposition des produits de la nature ou de l'homme. Il résulte de cet état de choses des variations multipliées, une législation instable et mobile qui porte un préjudice incontestable au développement régulier de l'industrie et du commerce.

L'une des grandes iniquités du système colonial de l'Angleterre, c'était l'interdiction faite aux colonies d'avoir des manufactures :

c'était là l'un des principes essentiels de la politique anglaise ; il ne date que de la fin du xvii° siècle ; quoiqu'on en ait dit, cette interdiction causa aux colonies un préjudice considérable. Il est bien vrai qu'une contrée neuve où la terre est abondante, les capitaux rares et la main-d'œuvre chère, n'a aucun avantage à se livrer à la grande industrie ; mais il faut reconnaître qu'une telle contrée a le plus indispensable besoin de fabriques grossières et qu'elle a parfois même de grandes facilités pour réussir dans le premier degré d'élaboration, si ce n'est de fabrication. Vers la fin du xvii° siècle on crut remarquer que les draps d'Irlande et d'Amérique chassaient les draps anglais de quelques marchés étrangers ; aussitôt, en 1699, on défendit rigoureusement sous peine de confiscation et d'amende l'exportation des articles de laine de quelque colonie que ce soit.

« L'exportation d'une province à l'autre par eau et même le transport par terre, à chariot, ou à dos de cheval, des chapeaux, des laines et lainages du produit de l'Amérique » (Adam Smith, t. II, p. 365) fut également prohibée. On ne pouvait agir aussi arbitrairement avec l'Irlande : on connait la célèbre adresse du Parlement anglais contre la fabrication alors très florissante de la laine en Irlande, Guillaume III y répondit par ces mémorables paroles : « *I will do all that in me is, to discourage the woollen manufacture in Ireland.* » La prohibition fut exécutée en Amérique avec une grande rigueur. Même pour leur usage les matelots anglais ne pouvaient s'y pourvoir d'articles de laine pour plus de 40 shellings. Ces restrictions rigoureuses de la part de la métropole suffisent à prouver que la fabrication de la laine convenait parfaitement aux colonies d'Amérique, qu'elles avaient toutes les conditions nécessaires pour y réussir. Cette fabrication aurait été un très grand encouragement à l'élève du bétail et par conséquent à l'agriculture ; c'était donc leur faire un tort considérable que de la leur défendre. En 1719 on passa un bill qui interdisait d'élever dans les colonies des forges ou fourneaux pour faire l'acier ainsi que des moulins de fonderie : « *forge going by water or other works whatsoever* » ; une pareille loi devait prohiber non seulement la production des articles de fer, mais encore la construction des navires en Amérique. Bien plus, aux termes de la loi, il n'était pas permis aux colons de faire un clou, un anneau ou un fer à cheval, bien que la fabrication sur les lieux de pareils objets soit complètement indispensable à l'industrie agricole. On alla dans cette voie jusqu'aux plus grandes minuties : en 1732 on décida que tout chapelier des colonies devait avoir fait un apprentissage de sept ans et qu'il ne pouvait avoir plus de deux apprentis. Un tel règlement rapproché de la loi qui interdisait le transport des chapeaux d'une colonie dans l'autre, indique nettement l'intention systématique de détruire toute industrie chez les colons. Ces prohibitions frappaient surtout l'Amérique continentale : en voici une qui s'adressait uniquement aux Antilles et qui fut une des causes d'arrêt dans leur développement. Le raffinage du sucre était, en fait, interdit aux planteurs par des droits énormes : tandis que le sucre moscouade des colonies ne payait en Angleterre que 6 shellings 4 pence et le sucre blanc 21 shellings, le sucre raffiné en pains était soumis à une taxe de 82 shellings 5 pence le le centner. C'était causer aux plantations un préjudice considérable, car le raffinage du sucre est une opération très simple et qui se fait sur les lieux à peu de frais. Mais on voulait fournir plus de travail aux raffineurs de la mère patrie et plus de fret à la marine. On a attribué à une plus grande liberté sur ce point la prospérité supérieure des îles françaises. Brougham a trouvé une comparaison frappante qui montre l'absurdité des règlements par lesquels il est interdit aux planteurs de raffiner leur sucre; autant voudrait, dit-il, interdire l'exportation de la farine des contrées à blé, bien pourvues en cours et en chutes d'eau et par conséquent en moulins hydrauliques pour donner le monopole de la minoterie à une autre contrée pourvue seulement de moulins à vent.

La contrepartie des règlements qui prohibaient les manufactures aux colonies se trouve dans les faveurs et les primes qui encourageaient la production de certaines denrées et de certaines matières premières, dont les marchands de la métropole avaient spécialement besoin pour leur fabrication. Sous Charles II, on frappe la culture du tabac dans la métropole et l'on finit par l'interdire complètement, par faveur, disait-on, pour la Virginie et le Maryland. Au commencement du XVIIIe siècle on accorda une prime pour l'importation en Angleterre des munitions navales d'Amérique, mâts, vergues, goudron, térébenthine. Ces deux règlements ne venaient pas d'un sentiment de bienveillance et d'intérêt pour le progrès des colonies. Le premier, qui prohibait la culture du tabac dans la métropole, avait été inspiré par des raisons principalement fiscales, parce qu'on pensait qu'il serait plus facile de percevoir les droits sur le tabac uniquement à l'importation. Le second règlement, qui fondait une prime pour les matériaux de construction d'Amérique, était une réponse à une hausse de prix de la compagnie suédoise, qui jusque-là fournissait presque exclusivement les marchés d'Angleterre. En 1748, à la prière commune des commerçants de la Caroline et des teinturiers d'Angleterre, on accorda une prime pour l'indigo qui serait exporté directement des colonies pour la mère patrie. En 1764 ce fut au lin et au chanvre des colonies qu'une prime fut accordée. Dès 1737 une adresse au Parlement, vivement soutenue par la presse, réclamait des primes et des droits protecteurs pour les fers bruts coloniaux. Mais la résistance des propriétaires de forêts et de minerais de fer en Angleterre, empêcha le succès de cette adresse. En 1770 on accordait une prime pour l'importation en Angleterre de la soie brute d'Amérique. Ces primes étaient souvent fort considérables, mais elles n'étaient pas créées pour durer éternellement; c'était, dans l'intention des hommes d'État d'Angleterre, non une mesure permanente, mais un expédient temporaire, destiné à susciter et à développer certaines productions aux colonies, et à les protéger dans la période de leur enfance. Les mêmes règlements qui les instituaient, fixaient un terme à leur durée. Lors du traité de paix avec les colonies dissidentes d'Amérique, la plupart de ces primes étaient légalement éteintes. L'autre forme de faveur pour les produits coloniaux, c'étaient les droits différentiels qui frappaient les produits similaires étrangers; le sucre moscouade étranger devait payer le double de celui des colonies; le café étranger paya 140 shellings le *centner* pendant que le café colonial ne payait que 56 shellings; on arriva au commencement de ce siècle à établir un droit de 55 shellings sur les bois de construction d'Europe pendant que ceux des colonies ne payaient que 10 shellings. Ainsi s'achevait lentement dans l'espace d'un siècle et demi le laborieux échafaudage de restrictions et de primes, de prohibitions et de droits différentiels qui constitua le pacte colonial. D'un côté, interdiction aux colonies de s'adonner aux manufactures, et obligation, sauf quelques exceptions, de se fournir d'objets manufacturés anglais; de l'autre côté, faveurs spéciales accordées aux colons pour la production de certains produits naturels nécessaires à la métropole, et obligation pour la mère patrie de prendre les denrées coloniales de préférence aux denrées étrangères. On se persuadait en Angleterre qu'on était ainsi arrivé au système le plus parfait et le plus pratique qui pût être mis en application dans un grand empire possédant de grandes colonies; on croyait également satisfaire la justice et l'intérêt bien entendu des deux parties, et l'on contemplait avec admiration ce régime que l'on croyait d'autant plus sage qu'il était plus compliqué, et auquel quatre ou cinq générations de politiques déliés et subtils avaient à l'envi mis la main.

Mais les colons ne partageaient pas cette satisfaction facile, qui était de tradition dans la métropole. Leur mécontentement sourd et continu se manifestait par une résistance persistante, quoique obscure. Quand le *board of trade and plantations* réclamait des gouverneurs un rapport sur l'état des métiers dans les colonies, ces rapports étaient toujours d'une brièveté pleine d'aigreur, et l'on y cachait ou dissimulait tout ce que l'on pouvait dissimuler ou cacher. Les colonies à charte et entre autres le Connecticut refusaient parfois de répondre. Ces entraves et ces prohibitions que la mère patrie imposait aux colonies avaient engendré une irritation générale et continue, comme un levain de rébellion qui n'attendait qu'une occasion pour se révéler au grand jour. Les observateurs sagaces qui parcouraient l'Amérique vers le milieu du xviii° siècle étaient fortement frappés de ces symptômes. Quand le voyageur suédois, Peter Kalm, visita New-York en 1748, il y remarqua la vivacité de l'opinion publique contre la métropole par suite de ces restrictions apportées à l'industrie. « J'ai entendu dire, non seulement à des personnes nées en Amérique, mais encore à des émigrants anglais, et cela ouvertement, que d'ici 30 ou 40 ans les colonies anglaises du Nord de l'Amérique formeront probablement un État indépendant de la mère patrie. » Le mécontentement était grand, surtout dans la Nouvelle-Angleterre, de toutes les colonies la plus propre aux manufactures. Ce n'était pas seulement dans la fabrication des objets manufacturés que les colons se trouvaient frappés, c'était encore dans la navigation. La métropole prenait à tâche de la décourager. Malgré l'étendue de leurs côtes, le nombre infini de leurs ports, l'abondance de leurs bois de construction et de leurs mines de fer, le voisinage des pêcheries, la proximité des Antilles, en dépit de tous ces avantages naturels, les colons se voyaient systématiquement éloignés d'une industrie dans laquelle ils avaient tant de supériorité. En 1672, année où l'on s'occupa de créer la pêche à la baleine, les pêcheurs coloniaux furent taxés à 6 shellings par tonne d'huile, alors que les pêcheurs métropolitains n'étaient soumis à aucun droit. Le statut 12, George II, c. 30, qui ouvrit aux sucres coloniaux tous les marchés étrangers, exclut du trafic direct tous les vaisseaux construits dans les colonies d'Amérique ou appartenant aux colons. On faisait profession en Angleterre de mépriser complètement les colonies continentales. Roscher affirme avoir trouvé dans beaucoup d'écrits du temps cette pensée que la Nouvelle-Angleterre n'avait de valeur pour la Grande-Bretagne qu'en tant qu'elle pouvait fournir du blé, de la viande et du bois aux Indes occidentales. Loin de s'adoucir, le système de restrictions s'aggravait d'année en année. Après la guerre de Sept ans le ministère de lord Granville réorganisa d'une manière plus sévère la police des côtes, ce qui fit sentir davantage aux colonies le poids des entraves qu'on leur imposait. On ne peut douter qu'en dehors de toute question de taxe, ce redoublement de rigueur, comblant la mesure du mécontentement presque séculaire, n'ait été pour beaucoup dans la révolution d'Amérique. Et cependant, en Angleterre, tout le monde fermait les yeux. Le grand défenseur des colonies, lord Chatam, lui-même, ne comprenait pas la véritable cause de leurs maux et de leur irritation. Il s'opiniâtrait à ne voir qu'une question d'impôts là où tout le régime économique était en question. Lui aussi, il s'écriait en plein Parlement que les colons d'Amérique ne devraient pas même fabriquer un clou ou un anneau de fer; si grande est la puissance des préjugés traditionnels qu'ils dérobent aux esprits les plus droits et les plus fermes la notion exacte de l'équité et la conception juste de l'intérêt véritable.

On ne peut échapper à un sentiment d'inquiétude et d'effroi en voyant quelles déceptions et quels démentis les événements infligent aux politiques les plus célèbres. La révolution d'Amérique, qui couvait depuis plus d'un demi-siècle, qu'un voyageur suédois annonçait dès 1748 et que Turgot prédisait également en 1750, personne en Angleterre ne l'avait prévue. Les conséquences de cette même révolution en train de s'effectuer, il n'est pas un homme d'État dans toute l'Angleterre, si fertile alors en politiques, qui les ait entrevues avec quelque justesse. La même irréflexion et la même précipitation de jugement, qui faisaient regarder les colonies continentales comme d'une importance médiocre en 1773, une fois que le mouvement d'insurrection se fut propagé et que la séparation devint à craindre, portèrent les esprits à croire tout perdu, et le commerce et l'industrie nationale ruinés pour jamais. Sauf deux économistes, Josiah Tucker et Adam Smith, il y avait unanimité parmi les commerçants, les écrivains, les législateurs et les ministres pour annoncer qu'échappée au joug de la métropole et aux restrictions mercantiles l'Amérique devenait pour l'Angleterre un marché fermé. Quand on traita dans la chambre basse de la reconnaissance des colonies révoltées, un membre demanda si l'on admettait qu'un géant pût, de son propre gré, se réduire à la taille d'un nain. Les habitants de Bristol s'imaginaient que, dans le cas de l'indépendance de l'Amérique, leur port deviendrait désert et que ses revenus ne suffiraient plus aux frais d'entretien.

Or, dans toute l'histoire moderne, il n'est pas un fait qui prouve d'une manière plus évidente l'inanité et l'absurdité même du vieux système colonial que le changement qui se manifesta dans les relations commerciales de l'Angleterre et de l'Amérique après le traité de paix de 1783. Les relations entre les deux pays, loin de cesser, se multiplièrent. L'analogie des mœurs, la communauté des langues, et plus encore les habitudes commerciales invétérées, rattachaient l'un à l'autre les deux pays par un lien beaucoup plus fort que le pacte colonial. C'était toujours en Angleterre que les Américains trouvaient le plus long crédit et au meilleur marché. L'exportation de l'Angleterre pour les États-Unis, qui de 1771 à 1773 avait été, en moyenne, de 3,064,000 livres sterling, monta, dès 1784, à 3,359,864 ; c'était d'autant plus remarquable, que dans les années qui avaient précédé la lutte, les colons avaient énormément importé en prévision des troubles et de l'interruption des communications ; au contraire, immédiatement après la guerre, l'Amérique naturellement était appauvrie. En 1806, l'exportation de l'Angleterre pour les États-Unis était de 12,389,000 liv. sterling. Le total des exportations anglaises, dans les années 1771-1774, était, en moyenne, de 16,027,937 livres et en 1806, de 38,732,000 livres. Ainsi le commerce avec l'Amérique affranchie s'était augmenté dans une proportion double du commerce avec le reste du monde, y compris les colonies fidèles. Quelques années après la paix, les habitants de Bristol, qui s'étaient montrés si inquiets de la reconnaissance de l'Amérique, adressaient une supplique au Parlement à l'effet de pouvoir agrandir leur port devenu insuffisant par l'augmentation du nombre de vaisseaux. On sait dans quelles proportions, depuis lors, s'avivèrent et se multiplièrent les échanges entre les deux contrées. Échappée aux restrictions qui gênaient son industrie, son commerce et par contre-coup son agriculture, car l'agriculture ne peut prospérer et progresser sans un certain degré de commerce et d'industrie, l'Amérique grandit et s'enrichit dans une proportion inouïe. L'Angleterre dut éprouver qu'il vaut mieux, pour une contrée manufacturière, avoir un client riche qu'un client pauvre, alors même que ce client riche fabriquerait certains produits qu'il avait auparavant l'habitude d'acheter à la contrée manufacturière ; il vaut mieux également, pour une contrée industrielle, qui a besoin de matières premières, être en relations avec une nation agricole florissante qu'avec une nation agricole dans la gêne, alors même que cette nation agricole florissante vendrait à toutes les nations quelques-uns de ses produits qu'elle vendait auparavant exclusivement à la contrée industrielle à laquelle elle était liée.

Cependant, longtemps encore après la reconnaissance de l'indépendance de l'Amérique, l'Angleterre persévérait dans son vieux système colonial ; la permanence de ce lien suranné fut une des causes de la ruine des Antilles anglaises. Si florissantes à la fin du XVIIe et au commencement du XVIIIe siècle, vers 1750 elles commencèrent à subir un temps d'arrêt. La cause principale était le développement rapide des îles françaises. On verra dans un des chapitres suivants que, pour la production du sucre, les sols les plus neufs ont des avantages qui défient toute concurrence de la part du capital et de l'habileté. La Jamaïque devait donc céder le pas à Saint-Domingue par la simple raison que, mise en culture la première, elle devait être plutôt épuisée par cette exploitation sans ménagement qui est de tradition aux colonies. A ce désavantage naturel les règlements de la métropole ajoutaient de nouvelles causes d'infériorité. La prohibition de raffiner le sucre sur les plantations, qui s'appliquait à toutes les colonies anglaises, tandis que pendant longtemps elle fut inconnue dans les françaises, plaçait la Jamaïque, la Barbade et les autres îles de l'Angleterre dans des conditions très mauvaises relativement aux îles de la France. Aussi les planteurs se plaignaient-ils. Pour leur donner en partie satisfaction, on permit l'exportation du sucre pour toutes les contrées du monde ; mais « les restrictions, dit Adam Smith, avec lesquelles cette liberté a été accordée, l'ont rendue, en grande partie, sans effet. » Les jalousies les plus vives existèrent entre les Antilles anglaises et les colonies continentales ; les premières se plaignaient de ce que les colons du continent fissent commerce avec les îles françaises, d'où ils remportaient, en échange de leurs bois et de leurs grains, du rhum et même du sucre. Les colonies du continent invoquaient la nécessité de placer leurs produits et d'avoir du rhum à bon marché pour leur trafic avec les Indiens et pour les pêcheries. Chacune des deux parties faisait valoir auprès de la métropole la quantité d'objets manufacturés qu'elle tirait d'Angleterre et la quantité de métaux précieux qu'elle y versait. La mère patrie se décida d'abord pour les Antilles, qui lui paraissaient des colonies plus importantes. La séparation de l'Amérique fut un coup terrible pour les Antilles anglaises, non seulement parce que les Etats-Unis purent alors se fournir de rhum et de sucre à Saint-Domingue, mais surtout parce que les règlements coloniaux obligèrent les Indes occidentales anglaises à faire leur provision de vivres et de combustible au Canada qui était loin et non aux États-Unis qui étaient tout près. Le cours naturel du commerce fut ainsi interverti au grand détriment des Antilles. En 1772, sur 1,208 chargements de bois et de vivres qui vinrent du continent américain anglais aux îles anglaises, il n'y en avait que deux qui provinssent du Canada et de la Nouvelle-Écosse ; et cependant ce fut au Canada et à la Nouvelle-Ecosse qu'après la révolution d'Amérique les Antilles furent obligées de s'approvisionner. Ce fut pour elles une cause de ruine. En outre, dans les années 1779-1782, il y eut au Canada une cherté de grains qui en fit défendre l'exportation ; les îles anglaises furent réduites à la famine. En fait, avant comme depuis l'indépendance de l'Amérique, c'était la Pensylvanie et les provinces avoisinantes qui fournissaient le fond de la consommation des îles anglaises. Seulement ces produits volumineux, le blé, le riz, le bois, n'en pouvaient être transportés directement ; il fallait faire un détour par Montréal : quelle augmentation de frais ! C'est comme si les vaisseaux de charbon de Newcastle, dit avec raison Roscher, étaient tenus de passer par Gibraltar pour se rendre à Londres. Le renchérissement considérable de ces denrées de première nécessité et dont dépendait la nourriture des esclaves des îles, c'est-à-dire l'entretien des moyens de production, n'était pas encore le plus grand mal de ces mesures aussi insensées qu'iniques. Quand une partie des Antilles, comme cela arrive souvent, était menacée de famine par un ouragan, qui détruisait ou avariait les provisions, l'éloignement du Canada, dont le principal fleuve, le Saint-Laurent, était chaque hiver fermé par la glace pendant quatre ou cinq mois, causait aux îles anglaises un préjudice inappréciable. On dit que, à la Jamaïque, de 1780 à 1787, plus de 15,000 nègres périrent par mauvaise nourriture ; et ce défaut de nourriture insuffisante provenait des difficultés de l'approvisionnement qui devait se faire au loin, et aussi de ce que le monopole avait développé outre mesure la culture de la canne à sucre dans les îles, si bien que celles-ci étaient devenues de véritables usines où il n'y avait ni place ni bras pour la production des subsistances. Les planteurs ne cessaient de se plaindre qu'on sacrifiât leurs intérêts à la prospérité de la marine canadienne. Mais on était persuadé, dans la mère patrie, que le Canada serait plus porté à l'indépendance que les Antilles qui regorgeaient d'esclaves ; et pour cette raison on croyait d'une bonne politique de protéger la marine canadienne aux dépens de la subsistance des habitants des îles à sucre ; ces règlements homicides duraient encore sous Huskisson. C'est ainsi que le système mercantile, appliqué par l'Angleterre avec une rigueur excessive, fut pour les colonies soit une cause de lenteur dans leur développement, soit une cause de rapide décadence.

Il convient de se demander quels avantages l'Angleterre retira de ses colonies et du régime auquel elle les soumit. Dans la seconde partie de cet ouvrage nous traiterons d'une manière complète et au point de vue général la question si importante de l'influence que les colonies exercent, d'ordinaire, sur les métropoles. Nous ne voulons donc étudier dans ce chapitre qu'à un point de vue particulier et restreint les conséquences de la colonisation anglaise pour l'Angleterre même. Si l'on se reporte au tableau que nous avons dressé plus haut de la situation économique de l'Angleterre à la fin du XVIe et au commencement du XVIIe siècle, on découvrira sans peine quelques-uns des effets bienfaisants de la fondation des colonies anglaises sur l'état social et économique de la mère patrie. Il est hors de doute, selon nous, que l'émigration, qui fut dès l'abord considérable, infiniment plus que dans tout autre temps sauf au XIXe siècle, n'ait eu une influence heureuse sur la métropole. On peut juger de l'étendue de l'émigration par ces trois faits, que la Barbade, d'après Merivale, avait en 1650, c'est-à-dire 25 ans à peine après son occupation, une population de 50,000 blancs, le Maryland 20 ans après le premier établissement comptait plus de 12,000 colons, et que 20 ans également après la fondation de la colonie du Massachusets, les colons quittaient la baie, qui regorgeait de population, pour se déverser dans le New-Hampshire. Ces faits laissent croire à un courant d'émigration régulier et considérable, qui détourna vers l'Amérique une portion des forces oisives en Angleterre, qui dégagea en partie le marché du travail alors si encombré dans cette contrée, et qui, en transportant au-delà des mers une partie des éléments perturbateurs ou dissonants au point de vue politique, religieux et social, contribua à prévenir ou à atténuer les crises politiques et économiques. La fondation des colonies anglaises apporta, toutefois, à l'Angleterre des avantages plus grands et plus permanents. « Les avantages généraux, que l'Europe, considérée comme un seul grand pays, a retirés de la découverte de l'Amérique et de sa formation en colonies, dit Adam Smith, consistent en premier lieu dans une augmentation de jouissances et en second lieu dans un accroissement d'industrie. » Il est incontestable, en effet, que le produit superflu de l'Amérique importé en Europe fournit aux habitants de cette partie du monde une foule de marchandises nouvelles, qui ne pourraient être produites dans nos climats et qui contribuent à augmenter nos jouissances. Il est tout aussi évident, d'autre part, que ces marchandises spéciales aux colonies ne se pouvant acheter qu'avec les produits manufacturés d'Europe, il en résulte un grand essor pour l'industrie européenne, une demande nouvelle et intense pour les produits de nos manufactures et par conséquent un accroissement de profits et de salaires pour les fabricants et les ouvriers européens. La fondation des colonies présente donc deux avantages inappréciables : c'est un champ de production plus fécond où le travail et les capitaux de ceux qui s'y portent sont plus amplement rémunérés ; c'est de plus pour les vieilles contrées l'ouverture d'un marché, qui grandit rapidement et où la demande des produits manufacturés européens devient de plus en plus intense.

Mais « le commerce exclusif des métropoles, dit encore Adam Smith, tend à diminuer à la fois les jouissances et l'industrie de l'Europe en général et de l'Amérique en particulier, ou au moins il tend à les tenir au-dessous du degré où elles s'élèveraient sans cela. C'est un poids mort qui pèse sur l'action d'un des principaux ressorts dont une grande partie des affaires humaines reçoit son impulsion. » C'est cette assertion que nous allons examiner. Étant admis, ce qui ne se peut nier, que le commerce et l'industrie de l'Angleterre prirent un essor très considérable par l'étendue de ce marché qu'elle s'était fondé au delà des mers, nous nous demandons si toutefois le développement économique et l'accroissement de prospérité de ce pays n'eussent pas été supérieurs encore sans les restrictions nombreuses et le système artificiel dans lequel il enchaîna ses colonies.

Adam Smith sur ce point est si complet et entre dans des détails si précis, que nous pouvons nous borner à glaner dans cette ample récolte d'observations fines, pleines de sagacité et d'exactitude. Le privilège de la métropole renchérissait toutes les denrées étrangères pour les colonies et toutes les denrées coloniales pour l'étranger. La conséquence en était aux colonies une diminution non seulement de la consommation ou des jouissances, mais de la production ou des richesses. Les toiles d'Angleterre, par exemple, étant plus chères que celles d'Allemagne, l'obligation pour le colon de se vêtir des premières constituait un véritable impôt dont l'effet inévitable était de le forcer soit à être moins bien vêtu, soit à dépenser pour son vêtement une somme plus considérable et à limiter, par conséquent, d'autant ses autres dépenses de consommation ou la part de revenu qu'il consacrait à l'épargne. Tout renchérissement des marchandises nécessaires ou utiles a, en définitive, pour effet inévitable de rendre l'épargne plus difficile et, par conséquent, de ralentir l'accumulation des capitaux. Or, l'accumulation des capitaux est dans toutes les contrées et spécialement dans les contrées nouvelles le nerf de la civilisation et le ressort du progrès. D'une autre part, la prohibition de manufacturer la laine, de faire des chapeaux autrement que pour la consommation du district même, de donner au fer les premiers degrés de fabrication, empêchaient les colons de tirer de leurs matières premières tout le profit qu'ils eussent pu en attendre. L'élève du bétail, l'exploitation des gisements de fer en étaient, en fin de compte, moins productifs : de pareils règlements agissaient comme des causes naturelles qui eussent tout à coup frappé les gisements de fer en Amérique et les eussent rendus moins riches, ou qui eussent fait la laine des troupeaux américains moins belle et à moins bon marché. Il en résultait que les profits de ceux qui se livraient à ces industries étaient amoindris et qu'on était moins porté à étendre et à développer ces branches de production. C'est ce qui est encore plus sensible pour la prohibition de raffiner le sucre. D'un côté ce raffinage eût pu se faire à meilleur marché aux colonies, sans quoi la prohibition eût été inutile : c'était donc frapper directement les planteurs en leur enlevant un profit légitime et que la nature elle-même mettait entre leurs mains ; c'était d'un autre côté frapper les consommateurs de la métropole en renchérissant pour eux ce produit si utile. Il y avait dans une telle prohibition trois causes de renchérissement : d'abord l'opération du raffinage se serait faite sur les lieux à moins de frais, les déchets eussent été mieux utilisés ; puis le transport était singulièrement renchéri par l'excédent de volume et de poids du sucre brut sur le sucre raffiné, et enfin le planteur qui se voyait enlever une partie de ses profits était moins sollicité à étendre sa production. C'est le cas de répéter le mot d'Adam Smith, que de pareils règlements agissaient comme « un poids mort qui pesait sur le ressort » dont la prospérité coloniale reçoit son impulsion. Il est vrai que la nuisance portée aux colonies du chef de ces règlements prohibitifs fut en partie atténuée par des faveurs et des primes accordées à certains produits coloniaux. Nous avons vu que l'exportation de certaines marchandises, le fer, le bois, l'indigo, avaient été l'objet de diverses mesures d'encouragement et de protection : la liberté d'exportation laissée aux principaux produits bruts, grains, bétail vif ou mort, tendait encore à rendre moins difficile la condition des colonies, mais ce n'était pas suffisant pour balancer le préjudice qui résultait de l'interdiction de manufacturer leurs produits. L'exportation du blé favorisait la culture : les primes à l'exportation du bois poussaient au défrichement. Mais, d'un autre côté, l'interdiction d'exporter certaines denrées au nord du cap Finistère, c'est-à-dire dans les pays riches et manufacturiers qui en avaient le plus besoin et qui eussent été le plus à même pour les payer, agissaient en sens contraire. Ce qui arrêtait le plus le développement des colonies, c'était l'interdiction de manufacturer leurs produits. On peut dire avec raison qu'une contrée nouvelle n'a ni assez de capitaux, ni assez de bras, ni assez d'habitude et de capacité industrielles, pour réussir dans la grande industrie, que tout son avenir est dans l'exploitation des terres qu'elle a en abondance, et que se détourner de la culture du sol pour se livrer aux manufactures, ce serait dans de pareilles conditions lâcher la proie pour l'ombre. Nous n'hésitons pas à reconnaître l'exactitude de cette observation, à la condition toutefois qu'on ne la dénature pas en l'exagérant. En dehors de la grande industrie, qui ne peut réussir que montée sur une grande échelle et dans une contrée très developpée sous le rapport de la population, des capitaux, de l'expérience, des traditions et des mœurs industrielles, il y a comme une industrie primaire, qui est indispensable à toutes les contrées, si primitives qu'elles puissent être, et qui est l'auxiliaire essentiel de la culture, du défrichement et de la mise en rapport des produits naturels. Sans ce premier degré de manufactures, sans cette élaboration élémentaire donnée sur les lieux aux produits bruts, il est difficile qu'un peuple puisse s'enrichir et croître : nous ne doutons pas que le développement des colonies d'Angleterre n'eût été singulièrement ralenti, si la métropole eût pu faire appliquer rigoureusement et toujours ces règlements sauvages qui défendaient aux colons de fabriquer, ainsi que le disait lord Chatam, soit un clou, soit un fer à cheval. Au point de vue des importations des produits étrangers dans les colonies, nous avons vu que par le système des *drawbacks* longtemps appliqué de la manière la plus libérale, la métropole favorisait les consommateurs coloniaux : mais que dire de l'obligation imposée à tous les navires, en provenance de l'étranger et en destination des colonies, de passer par l'Angleterre et d'y déposer sur la côte leurs marchandises pour les reprendre ensuite et continuer leur trajet? N'est-ce pas là encore, selon l'expression si littéralement exacte d'Adam Smith, un poids mort qui pesait sur le ressort d'où l'industrie des colons recevait son impulsion ?

L'Angleterre profitait-elle, et dans quelle proportion, de ces règlements oppressifs pour les colons ? Il est incontestable que les citoyens de la métropole pouvaient, grâce à ce système, avoir les produits des colonies anglaises à meilleur marché que les habitants des pays étrangers et que, d'un autre côté, ils pouvaient également, du moins après la suppression des *drawbacks*, avoir les produits étrangers à meilleur marché que les colons. Cet avantage purement relatif frappait beaucoup les politiques du xviii° siècle, mais nous avons vu que sans les restrictions mises sur l'industrie et le trafic des colonies les produits coloniaux seraient devenus plus abondants et à meilleur marché. Dans un tel état de choses la métropole eût acheté les denrées au même prix, il est vrai, que l'étranger, mais moins cher qu'elle ne les achetait sous le régime mercantile : on consentait donc à payer les produits coloniaux cher, à condition que les étrangers les payassent encore plus cher. C'était sacrifier un avantage absolu, c'est-à-dire réel, pour un avantage relatif, c'est-à-dire de vanité et d'imagination.

La marine anglaise retirait-elle un grand profit des règlements qui prohibaient aux Antilles le raffinage du sucre et qui interdisaient le trafic direct entre les pays étrangers et les colonies, forçant les vaisseaux qui faisaient ce trafic à relâcher dans les ports d'Angleterre? Au premier abord, on serait tenté de croire que ces mesures, si nuisibles qu'elles fussent aux colons, étaient avantageuses aux marins de la métropole : elles contribuaient, en effet, en leur livrant le sucre brut au lieu du sucre raffiné, à augmenter leur chargement et par suite le fret, et, d'un autre côté, en allongeant le trajet du continent européen en Amérique, à augmenter le prix des transports. A regarder de près, cependant, on arrive à penser ou que ces règlements ne servirent pas la marine métropolitaine dans la mesure qu'on le croit ordinairement, ou plutôt ne lui servirent pas du tout, ou peut-être même qu'ils lui portèrent un véritable détriment. Le sucre, en effet, n'est pas une de ces marchandises dont la consommation soit fixe et invariable : essentiellement utile et agréable, d'un goût et d'un besoin universels, cette denrée trouve un débit d'autant plus grand que le prix en est plus bas, ce qui permet de croire que si le prix de cette marchandise n'avait pas été artificiellement élevé par les règlements qui prohibaient le raffinage aux colonies, la consommation en aurait été notablement augmentée dans la métropole. La marine anglaise n'aurait donc pas cessé de trouver dans le transport de cette denrée un fret considérable ; les consommateurs auraient eu le sucre à meilleur marché ; et les planteurs, libres de se livrer sur les lieux à cette industrie facile, auraient pu augmenter leur production sans la renchérir, et trouver dans l'accroissement de leurs affaires un surcroît de profit ; producteurs, intermédiaires, consommateurs y auraient également gagné. Quant à la prohibition du trafic direct entre le continent européen et les colonies et à l'obligation du circuit par la métropole, il nous paraît incontestable que la marine anglaise fut la première à souffrir de cette mesure prise pour la favoriser. En effet, il en résultait que les marchandises européennes autres que les anglaises, en destination des colonies, et les marchandises coloniales en destination des pays de l'Europe autres que l'Angleterre, se trouvaient grevées d'un fret très considérable qui les renchérissait en proportion de leur volume et de leur poids. Or, on sait que les denrées coloniales sont d'un poids considérable relativement à leur valeur et que, de plus, les produits manufacturés qu'on importe dans les colonies nouvelles sont, en général, des objets assez grossiers ayant peu de valeur pour beaucoup de volume : le renchérissement produit par l'obligation du circuit était donc considérable sur les unes et les autres de ces marchandises, ce qui tendait à diminuer notablement la quantité des denrées coloniales qui s'exportaient pour les pays étrangers et la quantité des marchandises étrangères qui s'exportaient aux colonies. Les échanges entre les colonies anglaises et les pays d'Europe autres que l'Angleterre étaient donc beaucoup moins nombreux qu'ils ne l'eussent été si l'on avait permis le trafic direct, et la marine avait par conséquent une bien moins grande quantité de transports à effectuer, et, par suite, un fret beaucoup moins considérable. Cela est si vrai qu'on reconnut l'inconvénient de ce système relativement à certaines marchandises et qu'on fut obligé d'y faire des dérogations. C'est ainsi que le riz fut dispensé, en 1730 et en 1735, de l'obligation du circuit par l'Angleterre : on s'était aperçu que l'obligation du circuit équivalait, pour une marchandise d'un si grand poids relativement à sa valeur, à une prohibition absolue de l'exportation pour les pays étrangers. Il n'en est pas moins vrai que jusque en 1730 le riz, étant soumis à l'obligation du circuit, ne s'exportait pas et que la marine anglaise se trouvait par conséquent privée d'un transport avantageux qui eût donné lieu à un fret considérable, en même temps que le producteur des colonies se voyait empêché de placer d'une manière profitable l'un de ses principaux produits, et que les consommateurs d'Europe manquaient d'une denrée alimentaire saine et à bon marché. Il n'y a pas de doute que beaucoup d'autres produits coloniaux se trouvaient, par l'importance de leur poids relativement à leur valeur, dans des conditions voisines de celles du riz, si ce n'est analogues, et que, aucun règlement spécial n'étant intervenu pour les dispenser du circuit obligatoire, ils ne pouvaient s'exporter ou ne s'exportaient, du moins, qu'en très petite quantité. Ainsi la marine anglaise était privée de transports importants par l'effet même des règlements qui avaient pour but de la favoriser.

Le monopole du commerce colonial, selon Adam Smith, et les grands profits qui en résultèrent, éloignèrent les capitaux des branches de commerce non privilégiés ou du moins tendirent à y faire hausser les profits dans une proportion notable, ce qui constitua une cause d'infériorité pour l'industrie anglaise relativement aux industries du continent. Cette conséquence du monopole colonial, sur laquelle Adam Smith a beaucoup appuyé, a été niée depuis par beaucoup d'économistes. Quant à nous, nous inclinons à croire à son exactitude. Il nous paraît incontestable que l'acte de navigation qui éloigna subitement toutes les nations de l'Europe du trafic avec les possessions anglaises d'Amérique, causa dès l'abord dans l'industrie britannique une véritable perturbation, dont nous donnerons plus bas des preuves, et que cette perturbation se prolongea longtemps parce que, selon la remarque de Roscher, la production des colonies et le commerce que l'on fait avec elles est en bien plus grande croissance que le capital dans la mère patrie. L'Angleterre était donc forcée de restreindre d'autres branches de production. Il en résulta que toutes les branches d'industrie non privilégiées et exposées à la concurrence des étrangers tombèrent en souffrance. En un mot, l'acte de navigation et ses compléments développèrent le commerce colonial, mais aux dépens de tous les autres emplois de capitaux. Aussi voit-on que l'Angleterre, au XVIIIe siècle, était loin d'avoir la supériorité industrielle qu'elle acquit depuis ; notamment pour l'industrie des tissus qui prit chez elle dans ce siècle un si grand essor, elle ne pouvait alors supporter la concurrence de la Hollande ou de l'Allemagne.

L'étude du système colonial anglais nous impose l'examen d'une autre question très controversée même de nos jours. Toutes les restrictions imposées au commerce anglais ont eu leur origine dans l'acte de navigation ¡dont le principal objet était de relever et développer la marine anglaise. Il importe de rechercher quel fut, en effet, dans le développement et la grandeur de la marine d'angleterre, la part des règlements de la République et des Stuarts. Dès le principe ce fut là un sujet de controverse. Un des écrivains du XVIIe siècle les plus experts en pareille matière, sir Josiah Child, dans son *Discourse of trade* (1669), prétend que sans l'acte de navigation, qu'il appelle la *magna carta* de la marine anglaise, l'Angleterre n'eût pas eu la moitié du nombre de vaisseaux et de marins qu'elle eut plus tard. Un grand politique du même temps, qui, plus d'une fois, s'est fait remarquer par la justesse précoce de ses vues en affaires commerciales et d'économie politique, Jean de Witt, dans ses Mémoires, se montre de l'avis de sir Josiah Child. Enfin Adam Smith, lui-même, soit par esprit de timidité et de ménagement calculé, soit par conviction réelle, finit par se ranger à l'opinion de ceux qui accordent à l'acte du Long Parlement l'honneur d'avoir créé la puissante marine d'Angleterre. Il faut avouer que l'opinion de la plupart des contemporains de ces mesures fut bien différente de celle des auteurs que nous venons de citer. L'acte de navigation, à son apparition, excita en Angleterre même les plaintes les plus vives. Toute l'économie du commerce et de l'industrie en fut troublée. Roger Coke (*Discourse of trade*, 1670) assure, conformément aux probabilités, que la construction des navires fut en 1653 environ de 30 p. 100 plus chère qu'immédiatement avant l'acte de navigation. Le même auteur ajoute que les salaires des matelots s'élevèrent si rapidement par suite de ces mesures que l'Angleterre perdit pour cette raison le commerce de la Russie et du Groënland qui passa aux Hollandais. Il est donc certain que l'acte de navigation fut, du moins pendant un certain temps, une cause de malaise et de souffrances pour l'Angleterre. Mais comme ce malaise et ces souffrances accompagnent, d'ordinaire, dans une certaine mesure, tout changement notable dans la législation commerciale, que ce changement soit un progrès dans la voie libérale ou un retour à l'esprit restrictif, il n'en résulte pas nécessairement que le but que se proposaient le Long Parlement, Cromwell et les Stuarts, quand ils édictèrent les actes de navigation, n'ait pas été atteint.

Un économiste contemporain, qui a toujours fait preuve d'un grand penchant à justifier les faits historiques et à indemniser nos pères d'une partie des fautes qu'on leur attribue, Roscher, a donné avec sa sagacité habituelle toutes les raisons qui peuvent faire croire que l'acte de navigation, si nuisible qu'il ait pu être au commerce et à l'industrie en général, a exercé une heureuse influence sur la marine anglaise. Nous reproduisons d'après lui ces raisons : plus le voyage qu'un vaisseau doit faire est long, dit Roscher, plus on doit l'équiper fortement ; d'où il résulte qu'un chiffre donné de tonneaux emploie plus de marins dans le commerce colonial que dans le commerce avec les contrées voisines. Dans un long voyage qui dure six mois les matelots sont bien plus longtemps en service actif et bien moins longtemps dans les ports que pendant trois courts voyages de deux mois : or ce qui forme les matelots, c'est le service sur mer ; pour les longs voyages on emploie des vaisseaux plus grands et d'un plus fort tonnage, qui se convertissent plus facilement en vaisseaux de guerre. Un vaisseau marchand, qui a vingt hommes d'équipage, peut bien plus facilement céder une demi-douzaine de matelots à la marine militaire que cinq vaisseaux marchands qui n'ont que quatre hommes chacun. Enfin les marchandises que l'on exporte pour les colonies ou qu'on y va chercher sont en général d'un volume et d'un poids considérable relativement à leur valeur, ce qui donne un fret plus important. De tous ces arguments il résulte, selon Roscher, qu'au point de vue purement *politique* et à ne considérer que le développement de la marine *militaire*, l'Angleterre avait un intérêt évident à se réserver exclusivement le commerce de transport avec ses colonies au risque de perdre ou de diminuer son commerce avec les autres contrées d'Europe.

Nous ne saurions donner une complète adhésion à ces raisons, si ingénieuses qu'elles puissent être. Les maux de l'acte de navigation au point de vue commercial sont aussi certains que ses bons effets au point de vue politique sont problématiques. Il est incontestable que cet acte produisit, à son origine, une perturbation considérable dans tout le système économique de la métropole ; il nous semble également vraisemblable que la direction artificielle et exclusive imprimée subitement par cet acte à l'industrie de l'Angleterre dut porter un dommage permanent aux autres industries non privilégiées ; enfin nous croyons, avec Mac Culloch, avec la commission d'enquête de 1847, qu'il est pour le moins douteux que les lois de navigation aient été la cause de la grandeur maritime de l'Angleterre. Leur effet ne s'était pas encore fait sentir au XVIIe siècle, quand Blake, à la tête des flottes anglaises, mettait la Hollande aux abois. Un peuple aussi bien doué que le peuple anglais, aussi actif, aussi persévérant, ayant une étendue de côtes incomparable, possédant des colonies dans le monde entier, sachant s'enrichir sans tomber dans l'inertie ou dans un luxe désordonné, serait certainement arrivé par le cours naturel des choses, grâce à ces avantages de situation géographique et au tempérament de sa race, à s'élever au premier rang comme puissance maritime et à réunir dans ses mains la plus grande partie du commerce du monde. Tout au plus peut-on dire que l'acte de navigation eut pour effet d'opérer subitement et au prix de beaucoup de souffrances et de perturbations, ce que le développement régulier et continu de l'industrie de la nation anglaise n'eût pu manquer de produire un peu plus tôt ou un peu plus tard sans la moindre secousse.

Nous avons examiné en détail les principales questions qui se présentent à l'occasion de la colonisation anglaise ; il en est quelques-unes sur lesquelles nous reviendrons encore à un point de vue plus général dans la seconde partie de cet ouvrage. Nous ne dirons rien de l'empire britannique aux Indes orientales ; cet établissement dans l'Hindoustan ne présente aucun des caractères constitutifs de la colonisation proprement dite. Les Anglais n'eurent pas la pensée de s'y approprier les terres pour les cultiver et d'émigrer dans cette contrée pour s'y fixer définitivement eux et leurs enfants. La compagnie anglaise diffère peu de la compagnie hollandaise qui la devança dans ces régions ; nos observations sur l'une s'appliquent également à l'autre. Tout ce que nous avons dit de l'incapacité politique et commerciale de ces immenses compagnies à monopole, du trafic oppressif des employés et des fonctionnaires, de la mauvaise organisation inévitable de ces corporations gigantesques et hybrides, nous n'aurions qu'à le répéter. Plus honnête, en général, dans ses procédés que la compagnie hollandaise, plus ambitieuse aussi de conquêtes et de gloire, la compagnie anglaise devint promptement plus politique que commerciale. L'administration célèbre de Clive et de Hastings, qui jeta tant d'éclat sur le nom anglais, fut, au point de vue du trafic, d'une utilité douteuse et causa à l'Angleterre plus de danger et de frais que d'avantages réels et permanents. On avait oublié les conseils de sir Thomas Roe et d'Alméida; on voulut fonder un empire territorial; combien n'en coûta-t-il pas pour l'acquérir et combien n'en coûte-t-il pas aujourd'hui pour le conserver! Cette expérience, toutefois, a porté ses fruits. Instruits par les erreurs de nos pères, devenus nous-mêmes plus pratiques et plus modérés, moins épris de fausse gloire, plus respectueux de la justice, nous essayons avec succès de fonder en Orient, sur une politique de bonne foi, de solidarité européenne et de non-intervention dans les affaires indigènes, ce trafic que l'on ne croyait possible autrefois d'établir et de développer qu'à l'aide de la ruse, de la violence, de l'oppression des Orientaux et de l'exclusion des autres Européens; c'est la seule bonne politique commerciale (1). Mais peut-être était-il nécessaire, pour y arriver, d'apprendre à l'école de l'expérience par les fautes multipliées des Hollandais, des Anglais et des Français dans l'Inde, que c'est folie de vouloir conquérir les peuples pour faire avec eux des échanges lucratifs.

Si nombreuses, toutefois, et si nuisibles qu'aient été les erreurs

(1) Nous reproduisons ici textuellement l'opinion que nous avons émise dans la première édition de cet ouvrage. Mais nous ne devons pas cacher que nos idées se sont depuis lors modifiées. Nous approuvons que les nations européennes établissent leur domination effective chez les peuples qui ou bien sont barbares, ou sont tombés dans l'anarchie et n'ont pas en eux-mêmes de principe de gouvernement régulier et progressif. C'est un bonheur pour le monde en général que les Anglais aient occupé et occupent les Indes. Ce peut être aussi un avantage pour la civilisation que les Français occupent la Cochinchine et tout l'Annam. Seulement la domination de ces peuples européens doit tendre à élever la population aborigène, à l'instruire, à l'habituer peu à peu au gouvernement d'elle-même par la pratique des libertés locales et de la décentralisation. Un jour le gouvernement des Anglais aux Indes devra se transformer en une sorte de protectorat, et il en devra être ainsi à la longue de la plupart des colonies d'exploitation établies dans des climats où l'Européen ne peut pas cultiver lui-même le sol ni par conséquent s'y établir en grandes masses. La colonisation alors est une sorte de stage destiné à durer, non pas quelques dizaines d'années, mais un, deux ou trois siècles. Déjà dans les Indes anglaises il se manifeste certaines tendances à l'émancipation. Un discours remarquable fait, il y a deux ans, en Angleterre par un Hindou, élève des universités anglaises, en est la preuve. Ce discours, auquel applaudissaient M. Bright et les radicaux anglais, était plein de menaces cachées. Dans un certain nombre d'années l'Angleterre devra prendre les devants pour émanciper les Indes, si elle ne veut avoir la main forcée.

(*Note de la 2me édition.*)

de l'Angleterre dans l'organisation commerciale de ses colonies, on ne peut lui refuser une grande supériorité sur toutes les nations de l'Europe. Plus que toute autre, elle entra sérieusement et par une vocation bien déterminée, qui ne se démentit pas un seul jour, dans la voie de la colonisation. Elle n'eut pas pour but de recueillir promptement une moisson d'or ou d'articles rares et de haut prix. Elle fonda ses colonies sur la seule base vraie et durable de prospérité et de grandeur ; l'appropriation du sol par des colons européens et le défrichement des terres incultes ; les libertés civiles et administratives, qu'elle ne contesta jamais à ses enfants d'outremer, furent les plus précieux encouragements à la colonisation ; cet heureux esprit d'initiative individuelle, ces mœurs de travail et d'économie, ce sens éminemment pratique et sagement progressif, que les générations anglaises se transmettaient les unes aux autres, ce furent là les causes du développement inouï des colonies d'Angleterre.

« De quelle manière la politique de l'Europe a-t-elle donc contribué, soit au premier établissement, soit à la grandeur actuelle des colonies d'Amérique? D'une seule manière, et celle-là n'a pas laissé d'y contribuer beaucoup : « *Magna virum mater.* » Elle a élevé, elle a formé les hommes qui ont été capables de mettre à fin de si grandes choses, de poser les fondements d'un aussi grand empire ; et il n'y a pas d'autre partie du monde, dont les institutions politiques soient en état de former de pareils hommes ou, du moins, en aient jamais formé de pareils jusqu'à présent. Les colonies doivent à la politique de l'Europe l'éducation de leurs actifs et entreprenants fondateurs et les grandes vues qui les ont dirigés ; pour ce qui regarde le gouvernement intérieur, c'est presque là tout ce que lui doivent quelques-unes des plus puissantes et des plus considérables. »

Ainsi parle Adam Smith. C'est le vigoureux tempérament politique et industriel de la mère patrie, qui peut seul assurer la grandeur et la prospérité des colonies.

CHAPITRE V

De la colonisation française.

Les qualités et les défauts des Français en colonisation. — Les premiers essais colonisateurs de la France sous Charles V. — Les expéditions en Amérique sous François Ier, sous Henri IV. — Opposition de Sully.
La colonisation sous Richelieu. — Les nombreuses compagnies françaises à monopole. — Préférence invétérée des Français pour ces sortes de compagnies. — Étendue déraisonnable des privilèges de ces sociétés.
Le Canada : lenteur de l'immigration ; les ordres monastiques et les couvents ; les institutions du moyen âge ; la propriété féodale. — Différence avec les colonies anglaises. — Absence au Canada de la liberté commerciale, des libertés municipales et provinciales. — Dépenses extravagantes de l'administration. — Faiblesse de la population à la fin du xviie siècle. — Brillants exploits des explorateurs laïques ou religieux. — Développement du Canada depuis Law jusqu'en 1759. — Interdiction de la Nouvelle-France aux protestants français.
La colonisation française aux Antilles : ses débuts. — Lenteur de la colonisation sous le régime d'une compagnie privilégiée. — Développement rapide sous le régime de liberté : rôle utile des flibustiers, et des boucaniers. — Excellence de la colonisation française dans les îles ; les divers éléments dont elle se compose : les cadets de noblesse, le clergé médiocrement austère mais entreprenant, les petits marchands ou les petits capitalistes, les engagés blancs. — Tolérance religieuse aux Antilles. — Mérites des colons français. — Indépendance relative des îles.
Grande prospérité des Antilles au xviiie siècle à partir de Law. — Essor de Saint-Domingue. — Bonne administration relative des îles. — Le régime économique des îles françaises est meilleur que celui des îles anglaises.
Infériorité de notre colonisation sur le continent, à la Guyane. — Oppression des Hollandais. — Mauvais régime d'appropriation des terres. — Excellentes observations de Malouet. — Essai de colonisation officielle tenté par le duc de Choiseul sur les rives du Kourou. — Création des assemblées coloniales par Turgot et Necker.
Les colonies françaises de commerce. — La Guinée, le Sénégal et Madagascar. — Les compagnies privilégiées dans ces régions. — Causes de l'échec à Madagascar. — La politique française aux Indes. — Causes générales de l'insuccès de la colonisation française.

La France tient dans l'histoire de la colonisation une place infiniment plus grande que celle qu'elle occupe aujourd'hui sur la carte du monde ; entrée en même temps que l'Angleterre dans la carrière des découvertes et des colonies, elle lutta pendant près de deux siècles avec cette puissante rivale et l'on put croire qu'elle l'égalerait toujours si elle ne parvenait même à la surpasser. Et cependant, si vastes que fussent les provinces occupées par les aventuriers français, il était facile de voir que la colonisation, à proprement parler, sauf aux îles des Antilles et dans un territoire étroit au nord de l'Amérique, n'avait aucune base solide et durable. Ce ne fut pas, ainsi qu'on l'a pensé et écrit, la faute d'un règne, si nous perdîmes cette vaste étendue de terres ; quelles que soient l'incapacité et la négligence de la cour et des ministres dans la seconde moitié du xviii° siècle, elles n'auraient pas suffi pour nous enlever nos dépendances d'outre-mer, si notre domination y avait été fermement assise, si notre race y avait poussé de fortes racines, si une population abondante avait pris, par la culture, possession du sol. La ruine subite de nos établissements d'Amérique est la meilleure preuve qu'ils avaient plus d'apparence que de solidité. D'où vient donc que, malgré tant d'efforts, la France, cette contrée agricole par excellence, peuplée d'hommes laborieux, actifs, industrieux, doués du génie de l'aventure, n'ait pu maintenir sur le continent américain cette domination qu'elle semblait y avoir acquise ? Nulle nation au monde ne fournit des hommes plus intrépides et plus audacieux que nos voyageurs et nos commerçants (1). Il n'est pas de peuple qui sache mieux se plier à tous les climats et à toutes les conditions d'existence, qui soit plus sympathique aux races étrangères et primitives, qui sache mieux se fondre avec les aborigènes et s'approprier aux différents milieux. Nos trafiquants et nos chasseurs pénétrèrent de toutes parts le continent américain ; ils s'établirent dans les solitudes les plus reculées parmi les tribus sauvages. Ils devancèrent de deux siècles les défricheurs *yankees*. « Même de nos jours, dit Merivale, sur les rives les plus éloignées des grandes rivières qui traversent l'Union, bien au delà de la limite extrême atteinte par le *backwoodsman*, le voyageur découvre des villages où l'aspect et les usages sociaux des habitants, leurs fêtes et leurs solennités, la réunion sur le pied d'égalité de l'homme blanc et de l'homme rouge, contrastent étrangement avec les mœurs anglo-américaines et annoncent dès l'abord une origine française. » D'où vient que ces établissements hardis, jetés dans le fond des forêts par les aventuriers du xviii° siècle, n'aient pas constitué des colonies puissantes et progressives ? Les causes en sont plus nombreuses et plus complexes qu'on ne l'a jusqu'ici généralement pensé. Ce ne sont pas seulement les erreurs du système politique, ce sont encore les défauts de la constitution économique et de l'organisation so-

---

(1) A ceux qui pourraient croire que ces vertus sont aujourd'hui éteintes chez le peuple français, nous citerions les exemples de Francis Garnier et de Dupuy au Tonquin, et même ceux d'aventuriers, parfois ridicules, mais entreprenants, comme Raousset-Boulbon, Orélie-Antoine de Tonneins, le marquis de Rays, etc.

ciale de ces premiers établissements, ce sont aussi certains traits inhérents à notre caractère national. Non, sans doute, les Français ne sont pas fatalement éloignés de la colonisation par un vice de constitution insurmontable ; mais s'ils veulent coloniser comme ils l'ont voulu, comme ils le voudront peut-être encore, ils doivent se mettre en garde contre certaines inclinations de leur nature, contre des penchants innés qui les égarent ; ils doivent savoir résister surtout à ces deux qualités qui sont bien près d'être deux défauts, le goût outré des aventures et la facilité à prendre les mœurs et les idées des populations primitives.

On a essayé de reporter *les premières créations coloniales de la France* au règne de Charles V, c'est-à-dire au xiv° siècle (1). « Entraînés, dit-on, par cet amour du lointain et de l'inconnu, qui est le signe de la vocation des peuples voyageurs, les marins dieppois armèrent en 1364 deux navires de 100 tonneaux chacun, qui firent voile vers les Canaries déjà découvertes, arrivèrent à Noël au cap Vert, mouillèrent dans une baie, qu'ils appelèrent *baie de France*, parcoururent la côte de Sierra-Leone, s'arrêtèrent dans un lieu qu'ils nommèrent *Petit-Dieppe* (plus tard Rio Sestro), échangèrent avec les naturels contre leurs propres marchandises de l'or, de l'ivoire, du poivre, dont ils tirèrent de grands profits à leur retour en Normandie. » (Jules Duval, p. 4.) L'année suivante, les marchands de Rouen s'unirent aux marchands de Dieppe, et quatre vaisseaux abordèrent en un lieu qu'ils nommèrent Paris, plus tard Grand-Sestre, visitèrent la côte de Malaguette et trafiquèrent jusqu'à la côte d'Or. Tant que dura le règne de Charles V, les relations entre la Normandie et la côte d'Afrique furent fréquentes : des comptoirs appelés *loges* furent fondés ; les indigènes, dit-on, s'approprièrent beaucoup d'expressions françaises. Des postes dits *la Mine* (Elmina), Fantin, Sabon, Cormentin, devinrent des escales pour le troc. « Par ces entreprises réussies et réitérées en des parages jusqu'alors inconnus et inabordés de toute autre nation (les Génois, les Portugais et les Espagnols n'avaient pas dépassé les Canaries), les Français ont le droit, écrit l'auteur auquel nous empruntons ces détails, de se dire les pères de la colonisation moderne. » C'est pousser un peu loin, selon nous, l'amour-propre national. Des voyages de découverte et de trafic, des comptoirs fondés pour le troc, des noms de la patrie donnés à des rives étrangères, ne suffisent pas pour constituer des colonies. Coloniser, c'est tout autre chose. C'est s'approprier des terres lointaines par la culture, c'est s'y établir sans esprit

---

(1) Jules Duval, *les Colonies et la Politique coloniale de la France*.

de retour dans la patrie primitive, c'est fonder une société civilisée dans un pays soit vacant, soit d'une population insuffisante. Mais ces simples escales, lieux de relâche et de trafic, qui souvent sont abandonnées quelques années après qu'on les a visitées pour la première fois, n'ont aucun droit au nom de colonies. Aussi voit-on que dès le règne de Charles VI, en 1410, le comptoir de la Mine était délaissé, et le pavillon français ne reparaissait plus sur la côte d'Afrique qu'à la fin du xve siècle, en 1488, avec le capitaine Cousin, qui renoua les relations commerciales de la France avec le Sénégal et la Guinée. Au début du xvie siècle, les marins de la Normandie, de la Bretagne et de la Gascogne, poursuivirent leurs voyages dans les mers encore inconnues ou peu visitées : c'était une pensée de gain qui les attirait sans aucune initiative du pouvoir royal ou de grandes compagnies. Nos hardis matelots dans leurs voyages de trafic abordaient à des côtes que les autres Européens n'avaient pas encore foulées : tantôt à la poursuite des baleines ils pénétraient les mers septentrionales jusqu'au banc et peut-être à l'île de Terre-Neuve et au cap Breton et ils y fondaient la pêche de la morue. Tantôt ils se dirigeaient vers les Indes et rencontraient sur leur trajet des îles encore sans nom, comme ce marin de Honfleur, Binot Paulmier de Gonneville, qui, en 1503, doublait le cap de Bonne-Espérance, se trouvait jeté par la tempête en Australie, y restait six mois et revenait en France avec le fils d'un chef sauvage : comme 25 ans plus tard, les frères Parmentier, qui débarquaient à Sumatra, visitaient les Moluques et revenaient à Dieppe avec une riche cargaison d'épices en passant par Madagascar. Mais ces entreprises isolées, sans suite, sans plan et sans but d'établissement, entretenaient l'activité de nos marins sans donner des territoires à la France.

Ce n'est que sous François Ier que la couronne entre à son tour dans la carrière des découvertes pour patroner les navigateurs et prendre possession des terres par eux visitées. Le Florentin Verazzani reçoit la mission de parcourir les régions boréales de l'Amérique, plante l'étendard français sur l'île de Terre-Neuve et meurt assassiné au cap Breton. Un marin de Saint-Malo, Jacques Cartier, visite de nouveau Terre-Neuve, en 1535, remonte le Saint-Laurent et prend au nom de la France possession des deux rives de ce fleuve. Dès ce jour le Canada devint une terre française, bien que le peuplement en fût d'une très grande lenteur ainsi que nous le verrons plus bas.

Les guerres de religion détournèrent la royauté de ces entreprises lointaines et en écartèrent aussi les particuliers, qui, compromis par les exactions et les pillages, cherchaient plutôt à cacher leurs richesses qu'à les augmenter. Ces dissensions civiles n'eurent pas pour la France l'avantage qu'elles eurent pour l'Angleterre. Le grand et audacieux esprit de Coligny avait conçu la pensée de fonder avec les réformés une France protestante au delà des mers. Il fit visiter tour à tour la Guyane, le Brésil, la Floride : mais l'incapacité de ses agents, l'opposition de la couronne et l'éloignement de la noblesse calviniste pour l'émigration empêchèrent la réalisation de ce plan patriotique.

La paix et la prospérité du règne de Henri IV donnèrent une vive impulsion à la navigation lointaine : on visita de nouveau le Brésil, on découvrit la Louisiane, mais les explorateurs ne se fixèrent pas dans ces terres désertes et sans produits naturels d'une facile appropriation. C'est au Canada plutôt qu'ils se portèrent, à la recherche des pelleteries, ou dans les îles de la Sonde et les Moluques, attirés par les épices. Des compagnies furent fondées pour l'exploitation de ces pays : en 1599, la compagnie du Canada et de l'Acadie; en 1600, la compagnie de Sumatra, de Java et des Moluques. Quand le XVII° siècle s'ouvrit, la France dépassait de beaucoup l'Angleterre et la Hollande dans la voie des établissements lointains, mais les Français avaient pour but le commerce plutôt que la culture ou le peuplement des terres : ils les visitaient sans les occuper. Les Hollandais allaient bientôt leur enlever les îles de l'Océanie, et les Anglais, qui commencèrent vers cette époque à se fixer en troupes nombreuses sur les côtes de l'Amérique du Nord, allaient devenir de terribles rivaux pour les chasseurs du Canada.

Les entrepreneurs privés n'avaient pas d'autre objet que la récolte immédiate des produits des pays lointains : ils faisaient en Orient, la cueillette des épices et en Occident ils troquaient avec les sauvages pour se procurer des pelleteries; il était réservé à la couronne et à la pensée politique de Henri IV de voir les choses de plus haut et de plus loin et de jeter les vraies bases de la colonisation française. Henri IV voulut avoir une compagnie des Indes pour lutter avec celle qui commençait à faire la fortune de la Hollande : on en institua une par lettres patentes du 1er juin 1604, mais elle ne paraît pas avoir eu le moindre succès. On fut plus heureux en Amérique : dès 1598, Henri IV nomma le sieur de la Roche *lieutenant général ès pays de Canada et autres* avec mission d'y établir des colons et d'y porter la religion catholique : le roi fournissait les vaisseaux, les armes et les vivres, mais le premier bâtiment expédié échoua sur un banc de sable. Ce ne fut que quelques années plus tard, en 1604, que le sieur de Monts, qui avait obtenu des privilèges fort étendus, fonda une petite colonie dans l'île Sainte-Croix, puis au Port-Royal et sur la côte de l'Acadie. On construisit un fort, on défricha quelques champs. Mais sur les réclamations des pêcheurs de morue et des marins basques et rochelois, auxquels les privilèges du sieur de Monts enlevaient la liberté de leur commerce, la petite compagnie du Port-Royal rentra en France : une nouvelle expédition eut lieu, en 1608, sous la conduite d'un gentilhomme de Saintonge, Champlain, qui fonda Québec et fut le vrai créateur de la colonie du Canada. Sans négliger les pêcheries et le commerce des pelleteries, Champlain s'efforça d'attirer des agriculteurs. Néanmoins ces premiers essais furent laborieux. La petite compagnie avait bien des difficultés à traverser et beaucoup d'obstacles à vaincre, entre autres, la mauvaise volonté de Sully, qui écrivit dans ses Mémoires : « Je mets au nombre des choses faites contre mon opinion la petite colonie qui fut envoyée cette année au Canada ; il n'y a aucune sorte de richesse à espérer de tous les pays du nouveau monde, qui sont au delà du 40° degré de latitude. »

La mort de Henri IV plongea de nouveau ces établissements naissants dans l'abandon. Richelieu seul vint les en tirer. Ce fut, au XVIIᵉ siècle, la pensée constante des deux grands ministres, Richelieu et Colbert, de doter la France de puissantes colonies dans les deux hémisphères. Malheureusement les plans de ces deux grands hommes étaient d'une exécution bien difficile ; la nation ne se sentait pas portée d'elle-même à l'émigration ; les marins de Normandie, de Bretagne et de Gascogne étaient toujours prêts à courir les mers ; mais il n'y avait guère dans tout le royaume d'hommes qui voulussent se chercher une autre patrie sous d'autres cieux et se transporter avec leurs familles dans les pays d'outre-mer sans esprit de retour. Les mécontents religieux ou politiques étaient les seuls qui eussent une vocation déterminée pour les pays lointains ; mais c'était précisément ceux qu'une politique étroite en écartait systématiquement. En Angleterre, c'étaient principalement les dissidents, puritains, catholiques, quakers, royalistes, qui avaient fondé les colonies de l'Amérique ; en Espagne, l'appât des grandes richesses métalliques du Pérou et du Mexique avait déterminé une émigration considérable et continue ; au Brésil, c'étaient des condamnés et des juifs qui avaient jeté les premières assises de la colonisation, puis les mines de diamant, la culture lucrative de la canne et du café, la fertilité du sol avaient attiré un grand nombre de colons. Les pelleteries du Canada, ses immenses forêts vierges, son climat rude et extrême n'avaient pas la même force d'attraction. Il fallut l'intervention de la couronne pour former par des moyens artificiels un faible courant d'émigration vers le fleuve du Saint-Laurent. Les

Français ne se portèrent spontanément qu'aux Antilles, où ils pouvaient s'enrichir par la contrebande et par la culture facile de la canne et du café au moyen de bras esclaves.

La couronne ne fut pas heureuse dans les moyens qu'elle employa pour la fondation et le développement de ses établissements lointains. Au commencement du XVII° siècle la Compagnie hollandaise des Indes orientales, par le développement rapide donné à son commerce d'Asie et par les beaux dividendes qu'elle distribua pendant les premières années de son privilège, s'était attiré l'admiration et l'envie de toutes les puissances de l'Europe. Les Français, en particulier, déjà portés à la centralisation, déjà sevrés d'une grande partie de leurs libertés municipales et provinciales, ne concevaient pas d'autre voie pour réussir dans de grandes entreprises que la fondation de grandes compagnies à monopole. Aussi pendant un siècle et demi leur commerce extérieur fut enchaîné dans le cadre étroit des corporations privilégiées. Morellet, en 1769, comptait 55 compagnies à monopole pour le commerce lointain qui avaient échoué. La plupart étaient des compagnies françaises. Jamais nation ne s'attacha avec tant d'opiniâtreté à une institution que l'expérience ne cessait de condamner. Nous avons déjà noté la création en 1599 de la Compagnie du Canada et de l'Acadie, en 1600 de la Compagnie de Sumatra, Java et Moluques, et en 1604 de la Compagnie des Indes orientales. Il y faut ajouter la Compagnie de *la Nacelle de Saint-Pierre fleurdelisée* sous Richelieu, celle du Morbihan ou des Cent Associés, la Compagnie des Indes orientales créée en 1628 à la Rochelle ; en 1626 *la Compagnie des îles de Saint-Christophe, de la Barbade et autres à l'entrée du Pérou ;* en 1635 la Compagnie des îles de l'Amérique; en 1633 la Compagnie du Cap-Vert ; en 1634 la Compagnie de la Guinée ; en 1635 la Compagnie du cap Blanc ; en 1615 une seconde Compagnie des Indes orientales ; en 1642 une troisième Compagnie pour le commerce d'Orient et de Madagascar (1). Sous Colbert il y eut une recrudescence de compagnies privilégiées pour le commerce et les établissements dans les pays lointains ; en 1664 les deux grandes Compagnies des Indes orientales et des Indes occidentales ; en 1669 la Compagnie du Nord; en 1670 la Compagnie du Levant et d'autres moins importantes formées du démembrement des premières ; en 1673 une nouvelle Compagnie du Sénégal qui devint, en 1679, Compagnie du Sénégal et de la Guinée ; en 1681 une troisième Compagnie du Sénégal ; en 1683 la Compagnie de l'Acadie ; en 1685 celle de Guinée ; en 1698 celle de Saint-

---

(1) Voir Caillet, *Administration de Richelieu*, pages 333-357.

Domingue ; en 1700 celle de la Chine ; en 1706 celle du Canada ; en 1710 celle de la baie d'Hudson ; en 1712 une seconde Compagnie de la Chine ; puis sous Law la célèbre Compagnie du Mississipi, qui devait du moins avoir le mérite d'ouvrir enfin les yeux du gouvernement et du commerce et de déterminer l'abandon d'un grand nombre d'autres. On conçoit combien toutes ces corporations devaient entraver la prospérité des établissements d'outre-mer : « Quelques nations ont abandonné tout le commerce de leurs colonies à une compagnie exclusive, dit Smith, obligeant leurs colons à lui acheter toutes les marchandises d'Europe dont ils pouvaient avoir besoin et à lui vendre la totalité de leur produit surabondant. De tous les expédients dont on puisse s'aviser pour comprimer les progrès d'une nouvelle colonie, c'est sans doute là le plus efficace. »

Ces corporations, les premières du moins, avaient des privilèges d'une étendue vraiment inouïe. La Compagnie de la *Nacelle de Saint-Pierre fleurdelisée*, qui fut fondée par Richelieu, avait pour « but d'établir dans le royaume de France un grand négoce de toutes les marchandises qui entrent dans le commerce, introduire les pêcheries, la fabrique des vaisseaux et de divers autres ouvrages qui n'y sont communs, mettre en valeur plusieurs terres et lieux qui ne rendent que peu ou point de profits, fouiller chacun des lieux et endroits des terres de Sa Majesté, dresser des forges, fondre et forger l'or, l'argent, le fer. » A cette tâche gigantesque qui devait s'exécuter à l'intérieur de la France, Richelieu ajoutait comme appoint l'entretien et le développement des colonies existantes et la fondation de nouvelles ; « entreprendre des voyages au loin, faire des peuplades, établir des colonies aux lieux qu'elle avisera, même en Canada et Nouvelle-France, négocier et trafiquer en tous les pays qui ne sont ennemis déclarés de cette couronne...... (1). » On voit par ce seul exposé combien on était éloigné alors en France de cet esprit pratique, qui n'embrasse que le possible, qui sait limiter et diriger ses efforts vers un but unique, qui, en un mot, a une vue nette du plan et de l'objet qu'il se propose. La *Compagnie de la Nacelle de Saint-Pierre*, il n'est pas besoin de le dire, ne fit rien pour le Canada pas plus que pour l'intérieur du royaume. L'insuccès de cette première tentative ne fit pas abandonner ces plans gigantesques. Durant son séjour en Bretagne, après l'exécution de Chalais, Richelieu résolut de fonder une « Compagnie générale du commerce, tant par terre que par mer, ponant, levant et voyages de long cours ». Cette compagnie fut appelée *Compagnie du Morbihan*. « Il sera ac-

---

(1) Caillet, *Administration de Richelieu*, 335-337.

cordé auxdits associés qu'eux et leur compagnie puissent posséder les terres de la Nouvelle-France, tant le continent que les îles et autres lieux que ladite compagnie pourra conquérir en toute seigneurie et propriété avec tout pouvoir et autorité à la charge de les relever de Sa Majesté en titre de foi et hommage. Il leur sera permis de tirer hors du royaume tous ceux qui y pourront aller volontairement, les enrôler et armer ; comme aussi tous les mendiants valides et vagabonds de tous sexes et âges, lesquels y pourront être contraints et par emprisonnement de leurs personnes (1). » Cette seconde compagnie ne réussit pas mieux que la première ; les directeurs ne se souciaient pas de satisfaire à leurs engagements et n'avaient d'autre but que de réaliser de gros profits immédiats au moyen de leur monopole.

L'illustre Champlain, qui s'était adonné avec beaucoup de hauteur d'esprit à la colonisation du Canada, ne cessait de protester contre la politique étroite et injuste des compagnies. Quelques rares esprits, doués d'un sens pratique remarquable pour leur temps, entrevoyaient aussi et proclamaient les défauts du système : « On eut une preuve bien sensible de ce qu'un État est en droit d'attendre des monopoleurs, dit Forbonnais : en sept années il n'avait passé que 40 hommes au Canada ; aucune espèce de culture n'avait été poussée et la compagnie se contentait d'un commerce relatif à ses capitaux avec les sauvages et d'entretenir dans un de ses forts une si petite garnison qu'elle n'était pas en état de résister à aucune attaque. » On voit que la compagnie n'avait guère abusé du droit, d'ailleurs exorbitant, de transporter de force au Canada tous les mendiants et vagabonds du royaume. En sept ans il n'y avait pas eu 40 nouveaux colons : et cependant, moins de 20 ans après sa fondation, le Maryland comptait 12,000 Européens. Les plaintes de Champlain et l'insuccès de la Compagnie du Morbihan déterminèrent Richelieu à une nouvelle tentative plus modeste cette fois et plus heureuse. Une nouvelle compagnie, composée de 107 associés parmi lesquels était Champlain, reçut ses patentes au camp de la Rochelle en 1628. « Le roi donnait en don à la nouvelle compagnie, comme à la précédente, Québec, le Canada et toute la côte de l'Amérique septentrionale depuis la Floride jusqu'au cercle Arctique. La compagnie obtint aussi le monopole perpétuel des cuirs et des pelleteries et celui de toutes les autres marchandises pour 15 ans dans la Nouvelle-France. Les Français établis au Canada, qui ne seraient pas entretenus par la compagnie, pouvaient traiter librement avec les sauvages, à condi-

---

(1) Caillet, *Administration de Richelieu*, 335-339.

tion de ne vendre leurs pelleteries qu'aux agents de la compagnie qui devaient les leur payer 40 sous. Les marchandises provenant de la Nouvelle-France devaient être exemptées de toute imposition à leur entrée dans le royaume. Tout artisan qui aurait séjourné six ans dans la colonie obtenait la maîtrise, les nobles pouvaient entrer dans la compagnie sans déroger, et, parmi les associés, le roi pouvait en anoblir jusqu'à douze. La compagnie s'engagea à faire passer, dans l'année 1628, 300 hommes de tous les métiers et, dans les 15 années suivantes, jusqu'à 4,000 personnes. Elle se chargeait de nourrir et entretenir les nouveaux habitants pendant trois ans : au bout de ce temps elle ne leur devait plus que la quantité de terres défrichées nécessaires pour assurer leur subsistance. Il était aussi stipulé que tous les colons seraient catholiques. La compagnie devait entretenir pendant 15 ans sur chaque point occupé par elle au moins 3 missionnaires. » (Caillet, *Administration de Richelieu*, 339-340.) Enfin il était dit que non seulement les Français qui se fixeraient au Canada et leurs descendants, mais encore les sauvages qui se convertiraient, seraient censés régnicoles. On voit combien cette charte est supérieure aux précédentes : c'est une des pièces les plus remarquables de l'époque, au point de vue de la justice et du bon sens pratique : on y sent l'âme et l'esprit de Champlain.

Le Canada sous cette direction nouvelle commença à se développer lentement, mais d'une manière continue. Cependant, même alors, se manifestaient les causes qui devaient entraver les progrès ultérieurs de la colonie et amener finalement sa ruine. Le Canada devint une colonie moitié religieuse : le clergé et les ordres monastiques, les Jésuites surtout, y eurent, dès l'origine, la haute main. « Les premiers habitants, dit le père Charlevoix, étaient ou des ouvriers qui ont toujours été occupés à des travaux utiles, ou des personnes de bonne famille qui s'y transportèrent, dans la seule vue d'y vivre plus tranquillement et d'y conserver plus sûrement leur religion qu'on ne pouvait faire alors dans plusieurs provinces du royaume où les religionnaires étaient fort puissants. Je crains d'autant moins d'être contredit sur cet article que j'ai vécu avec quelques-uns de ces premiers colons presque centenaires, de leurs enfants et d'un assez bon nombre de leurs petits-fils : tous gens plus respectables encore par leur probité, leur candeur et la piété solide dont ils faisaient profession que par leurs cheveux blancs et le souvenir des services qu'ils avaient rendus à la colonie. » Cet esprit religieux, judicieux et pratique, eût pu être d'une grande ressource pour le développement de la colonie : la religion bien comprise donne des habitudes de travail, de régularité, d'amour de la famille, qui sont très favorables à la culture, au peuplement et à l'épargne, les trois sources de la grandeur des contrées nouvelles. Mais, si la piété sensée des laïques peut être un secours normal pour les colonies, le trop grand nombre des ecclésiastiques, leur puissance et leur richesse excessives peuvent être considérées comme des obstacles. C'est précisément ce qui arriva au Canada. Quand Champlain retourna à Québec après la restitution de cette ville par le traité de Saint-Germain (1632), il se fonda plusieurs établissements religieux importants dans la province. Sur les pentes encore incultes du cap Diamant, un jésuite, fils du marquis de Gamache, construisit un couvent; la duchesse d'Aiguillon y fonda un hôpital, et une jeune veuve, madame de la Peltrie, y établit un monastère d'Ursulines. Ce sont là, on doit le reconnaître, malgré les bonnes intentions de leurs auteurs, des institutions qui n'ont pas pour effet de hâter les progrès du défrichement, de la population et de la richesse, les trois assises des colonies naissantes.

Beaucoup de gens s'accoutumèrent à ne regarder les établissements coloniaux que sous le point de vue religieux et comme un moyen d'agrandir le christianisme par les conquêtes des missionnaires. De grands seigneurs et de grandes dames firent beaucoup de frais pour l'établissement et la dotation de couvents. Il en résulta plusieurs inconvénients graves : d'abord l'extension de la mainmorte qui fut bientôt en possession d'une partie considérable des bonnes terres ; or, on sait que, si en tout pays les biens de mainmorte sont un obstacle aux progrès de l'agriculture et de la population, c'est surtout dans les contrées neuves qu'ils entraînent ces conséquences préjudiciables à l'intérêt de tous. Le grand nombre des ecclésiastiques rendit la dîme plus pesante : or la dîme, ainsi que tout impôt foncier considérable, agit sur le défrichement comme un obstacle prohibitif ; c'est une expérience acquise que dans les terres nouvelles l'impôt foncier doit être absent ou du moins réduit à son expression la plus minime : la seule existence de la dîme est une cause de ralentissement dans les progrès d'une colonie. C'est pour cette raison qu'Adam Smith a écrit que dans les colonies de la France, de l'Espagne et du Portugal « le gouvernement ecclésiastique est extrêmement oppressif ». Il l'était encore au Canada d'une autre manière : s'il arrêtait le défrichement, d'un autre côté il entravait les transactions. Par des vues qui s'inspiraient de la religion et pour arriver plus facilement à la conversion des Indiens, les missionnaires voulaient séparer les indigènes des Européens, tenir les premiers en tutelle et écarter les colons des districts où les Indiens étaient cantonnés. C'est ainsi, nous l'avons vu, qu'avaient agi les jésuites espagnols et portugais : on verra dans la suite de cet ouvrage que les missionnaires protestants voulurent appliquer le même système à la Nouvelle-Zélande. Il faut pourtant le constater, ce régime, si louable qu'en soit le motif, est condamné par l'expérience : il est à la fois inexécutable et oppressif. Il devient à la longue oppressif pour les Indiens que l'on tient en une tutelle forcée, comme aux missions de la Californie et du Paraguay ; il est dès l'abord oppressif pour les colons qui se voient entravés dans l'exercice du droit d'aller et de venir et de trafiquer librement ; il est de plus inexécutable parce que l'appât du gain attire toujours quelques aventuriers qui violent les règlements et les prescriptions et vendent aux Indiens les marchandises prohibées. Ce système était encore plus impraticable et nuisible au Canada que partout ailleurs. On redoutait pour les indigènes l'usage des liqueurs fortes que les Européens leur échangeaient contre les pelleteries : mais, comme on l'a très bien remarqué, « notre commerce souffrait de ces scrupules sans que les mœurs des sauvages y gagnassent beaucoup. En effet, les Anglais et les Hollandais, établis dans notre voisinage, n'étant pas arrêtés par les mêmes motifs, exerçaient un commerce de contrebande très actif et finissaient par accaparer au grand détriment de la compagnie presque tout le commerce des pelleteries. » (Caillet, *Administration de Richelieu*, p. 344.) On voit de combien de manières le trop grand nombre, la richesse excessive et l'autorité presque illimitée des missionnaires et surtout des jésuites nuisirent au développement de la colonisation française au Canada.

Un autre obstacle non moins grand aux progrès de la culture, de la population et de la richesse, c'était la constitution toute féodale de la propriété. On accordait à des gentilshommes d'énormes étendues de terres pour être possédées à titre de *seigneuries :* ces terrains, les seigneurs les recédaient souvent par parcelles et *en roture* à des paysans, mais ils restaient grevés de charges et de redevances féodales. Le seigneur qui avait ainsi aliéné sa terre en roture, avait droit non seulement à une rente annuelle, mais encore à une redevance seigneuriale en cas de mutation par vente ou toute autre cause ; ce système différait donc essentiellement du système du *libre soccage* que nous avons décrit dans le chapitre précédent. On conçoit combien cet impôt seigneurial sur les mutations devait arrêter le développement de la culture. Beaucoup d'autres institutions du moyen âge, telles que *le four et le moulin banal*, s'étaient transportées dans la Nouvelle-France. Toutes ces charges, qui pesaient sur la culture, arrêtaient le défrichement. « Dans les colonies françaises, si une partie quelconque d'un bien noble ou tenu à titre de fief est aliénée, dit Adam Smith, elle reste assujettie pendant un certain temps à un droit de retrait ou rachat, soit envers l'héritier du seigneur, soit envers l'héritier de la famille, et tous les plus gros domaines du pays sont tenus en fief, ce qui gêne nécessairement les aliénations. Or, dans une colonie nouvelle une grande propriété inculte sera bien plus promptement divisée par la voie de l'aliénation que par celle de la succession. La quantité et le bon marché des bonnes terres, comme on l'a déjà observé, sont les principales sources de la prospérité rapide des colonies nouvelles. Or, la réunion des terres en grandes propriétés détruit par le fait et cette quantité et ce bon marché. » Aussi l'histoire du Canada nous apprend-elle que le défrichement y fut d'une extraordinaire lenteur ; la classe des paysans ne s'y constitua que tard ; la production agricole fut toujours très faible ; la colonie était sans cesse affligée de disette, si ce n'est de famine, et devait souvent, au milieu de l'abondance des terres fertiles, faire venir des vivres de France. Un autre inconvénient de la constitution féodale de la propriété, c'est que la colonie n'exerçait aucune attraction sur les habitants de la métropole. Si elle avait joui de l'égalité des conditions, de la liberté et de la sécurité des propriétés, il est à présumer qu'à la fin du XVII° siècle et pendant toute la durée du XVIII°, alors que le paysan français sentait si vivement, et déjà avec impatience, le poids des charges féodales, on eût pu recruter dans les classes rurales de la métropole un grand nombre de colons pour le Canada. Mais pourquoi le paysan français aurait-il franchi les mers, s'il devait retrouver dans cette contrée nouvelle toutes les institutions vermoulues de la contrée vieille, les grandes propriétés, la mainmorte, la dîme, les droits seigneuriaux de toutes sortes, censives, droits de rachat, moulin banal ? Dans de pareilles conditions, c'eût été miracle si l'émigration de la métropole eût été considérable.

Un Français du Canada, qui a écrit, il y a quelques années, une histoire détaillée de cette colonie, s'exprime ainsi sur les causes de l'insuccès des Français en Amérique : « On ne saurait trop redire à la France qui cherche aujourd'hui à répandre sa race, sa langue, ses institutions en Afrique, ce qui a ruiné son système colonial dans le nouveau monde où elle aurait dû prédominer. Le défaut d'association dans la mère patrie pour encourager une émigration agricole, l'absence de liberté et la passion des armes répandue parmi les colons, telles sont les principales causes qui ont fait languir le Canada. » (Garneau, *Histoire du Canada*, t. II, page 175.) L'absence d'émigration agricole tenait à des causes d'origine différente, les unes propres à la colonie, et que nous venons de développer :

elles se résument dans la constitution toute féodale de la propriété, système qui ne pouvait séduire les paysans de France au xviie et au xviiie siècle ; les autres tenaient à l'état politique et social de la France dans le même temps ; cet état social a été peint de main de maître par M. de Tocqueville dans son beau livre *l'Ancien régime et la Révolution*. On y voit combien les classes rurales étaient alors ignorantes, délaissées, sans initiative, abandonnées par les classes nobles et bourgeoises ; comment auraient-elles pu s'associer, ainsi que l'aurait voulu M. Garneau, pour former un courant notable d'émigration au Canada, en supposant que le Canada, par une organisation meilleure, eût mérité qu'on y émigrât ?

Quant au défaut de liberté, il se faisait sentir dans l'ordre économique et dans l'ordre administratif. Dans l'ordre économique, la liberté primordiale, celle du trafic, était mutilée par les privilèges de la compagnie ; dans l'ordre administratif, les libertés municipales et provinciales étaient absentes. Si nuisible que puisse être l'institution d'une compagnie privilégiée au développement du commerce, elle l'est beaucoup plus encore au développement de l'agriculture. Jamais la compagnie au Canada ne songea à asseoir l'établissement français sur des bases solides ; elle n'eut en vue que le profit immédiat qu'elle s'appliquait à grossir par tous les moyens, même en compromettant l'avenir. Elle n'importait au Canada que des produits d'une qualité souvent très inférieure, qu'elle prétendait faire payer très cher, soit par les colons, soit par les sauvages, tandis qu'elle ne voulait acheter qu'à très bas prix les produits que la colonie pouvait fournir. Il en résultait pour les colons que leur production était coûteuse et leurs produits à vil prix, ce qui tendait à décourager toute espèce d'industrie et tout esprit de travail. Il en résultait pour les Indiens qu'ils préféraient trafiquer par la contrebande avec les Anglais et les Hollandais qui leur faisaient des conditions meilleures. C'était là, il faut l'avouer, des circonstances bien défavorables aux progrès de la colonisation. Aussi est-ce avec raison qu'Adam Smith a pu écrire : « La colonie française du Canada a été, pendant la plus grande partie du dernier siècle et une partie de celui-ci, sous le régime d'une compagnie exclusive. Sous une administration aussi nuisible les progrès furent nécessairement très lents en comparaison de ceux des autres colonies nouvelles ; mais ils devinrent beaucoup plus rapides lorsque cette compagnie fut dissoute après la chute de ce qu'on appelle l'*affaire du Mississipi*. »

Le défaut de libertés provinciales et municipales était aussi complet que possible ; l'institution des intendants, dont Tocqueville a si bien décrit le despotisme souple et artificieux, avait passé les mers : les colons n'étaient consultés dans aucune des affaires qui touchaient le plus leurs intérêts. Ce système n'avait même pas pour résultat de donner plus d'unité et de régularité au gouvernement et à l'administration de la colonie. Dans aucun pays il n'y eut tant de divisions et de rivalités parmi les fonctionnaires de différents ordres. Le gouverneur et le général étaient presque constamment en lutte ; l'autorité ecclésiastique venait encore avec sa grande puissance morale augmenter la discorde ; il en résultait qu'il n'y avait pas de plan suivi dans la direction des affaires. L'administration était extraordinairement dépensière et pleine de malversations. Les lettres de change tirées sur la France montèrent dans chacune des années 1758, 1759, à 30,000,000 de livres (Garneau, t. III, p. 80 et 282). Des interventions souvent malheureuses dans les affaires des sauvages venaient encore accroître les difficultés de la situation.

Ce qui y mettait le comble, c'était la passion des armes qui animait les colons : cette passion les détournait des travaux de la paix et notamment du défrichement et excitait les susceptibilités de leurs voisins, sauvages ou anglais. Le Canada regorgeait d'aventuriers et manquait d'agriculteurs. On s'enfonçait dans l'intérieur des terres, le long des grands cours d'eau, on en prenait possession au moyen de forts et de petites garnisons et on éparpillait ainsi des bras, qui, réunis sur un même point et adonnés au travail de la terre, eussent multiplié la richesse et la force de la colonie. Et, cependant, combien elle était peu peuplée pour qu'on songeât ainsi à l'étendre démesurément! En 1666, elle n'avait que 3,418 colons, en 1683, elle n'en comptait que 10,682. Et ses gouverneurs les plus célèbres, Talon, Courcelles, Frontenac, ne semblaient avoir d'autre pensée que de disséminer cette petite population sur des milliers de lieues carrées. On n'avait d'attention que pour les découvertes : toute la vitalité de la colonie se portait aux voyages d'exploration, à la chasse et à la lutte contre les Indiens non soumis. Le gouverneur Frontenac remonte le Saint-Laurent vers les grands lacs, d'où il sort, jusqu'au centre de l'Amérique septentrionale : il s'occupe d'assurer à la France la possession de ces rives par des postes militaires. Le jeune et célèbre Rouennais, Cavelier de la Salle, élève un fort sur le lac Ontario ; des voyageurs laïques ou religieux se lancent dans toutes les directions à travers ce continent inconnu. Cavelier de la Salle, cherchant la route de la Chine par l'Ohio, découvre inopinément le Mississipi (1670-72). En 1671, le jésuite Albanel et le colon canadien Saint-Simon pénètrent par la rivière de Saguenai dans la mer d'Hudson. En 1673, le jésuite Marquette et le Canadien Joliet arrrivent au Mississipi par la rivière Ouisconsin. Toutes ces découvertes exaltent les espérances et l'ambition des gouvernements de la colonie et de la métropole. Colbert veut fonder dans le golfe du Mexique un établissement naval et militaire pour assurer à la France la libre navigation des mers de la Nouvelle-Espagne et pour relier le Canada aux Antilles. Le recollet Hennepin et le Canadien Accault remontent le Mississipi jusqu'à ses sources. Cavelier, en sens contraire, descend le fleuve jusqu'au golfe du Mexique et prend possession, au nom de Louis XIV, de cette contrée, qu'il appelle la *Louisiane:* on fonde aussitôt de distance en distance des postes militaires pour relier le golfe du Mexique au Saint-Laurent. C'était en 1682 et la Nouvelle-France avait à peine 10,000 habitants. On prenait ainsi possession de ces immenses régions non pas par la culture, ni même par le trafic, mais par des poteaux plantés sur les points principaux de ce vaste et verdoyant désert, par des forts ou plutôt des retraites palissadées dans lesquelles se confinaient quelques soldats et quelques chasseurs. C'est ainsi que les Français déployaient dans cette vie d'aventure une merveilleuse énergie et les qualités les plus rares de l'intelligence et du caractère. Mais, au point de vue de la colonisation, combien n'eût-il pas été préférable de condenser sur un point limité ces efforts prodigieux si inutilement gaspillés, de se faire agriculteurs ou commerçants, mais non pas chasseurs, soldats ou voyageurs, de tirer du sol les richesses et les éléments de prospérité qu'il offrait en abondance, de fonder sur la rive du Saint-Laurent une population nombreuse, rapidement croissante, riche par l'agriculture et par ses mœurs de travail et de patience ! Au lieu de s'élancer de toutes parts dans l'immensité des forêts à la recherche des pelleteries et du gibier, de prendre les habitudes des Indiens et de quitter la nature civilisée pour la nature sauvage, combien n'eût-il pas mieux valu, au point de vue de la grandeur permanente et de la gloire durable, défricher laborieusement les forêts du Canada, y fonder des villes, y créer des marchés, y constituer enfin une société vivace et active, qui peu à peu se serait étendue de proche en proche, qui aurait été envahissante parce qu'elle eût été productive, qui se fût approprié les terres par la culture et la résidence ! Le monde n'appartient pas aux curieux qui le parcourent et l'explorent : c'est aux patients seuls et aux travailleurs qu'il finit par rester. Après l'inertie et l'indifférence, qui paralysent l'esprit et les membres de l'homme et le sèvrent de toute initiative hardie, je ne connais pas de plus grand obstacle à la colonisation que l'esprit d'aventure qui pousse l'homme à une activité fébrile et changeante, qui le détourne de la poursuite persévérante des résultats modestes et utiles et qui consume sans profit durable les plus éminentes qualités de l'esprit et du cœur.

Tels furent, dès l'origine et pendant toute la durée de notre occupation, les vices de la colonisation française dans le nord de l'Angleterre ; quelques-uns, il est vrai, s'atténuèrent et permirent à la colonie un développement moins lent qu'au début. Depuis Law et après la suppression des privilèges de la compagnie, le Canada grandit plus rapidement. En 1721, il avait 25,000 âmes ; en 1744, 54,000 ; 82,000 en 1759 ; mais son commerce était bien faible ; en 1753, son exportation ne dépassait pas la valeur de 1,700,000 francs, et son importation, à cause des envois du gouvernement, allait à 5,200,000 francs. La Louisiane également commença à prospérer quand la compagnie, qui n'en pouvait tirer parti, la rétrocéda en 1731 au gouvernement ; la liberté du commerce individuel y fut proclamée, tandis que, sous le régime précédent, la compagnie se réservait tout le commerce avec la France et prohibait tout trafic avec les colonies étrangères voisines.

Cependant ces progrès étaient bien peu de chose auprès du développement rapide des colonies d'Angleterre. L'incapacité et la négligence de notre gouvernement métropolitain vinrent encore ajouter à l'infériorité de nos dépendances d'Amérique ; et elles finirent par nous échapper, sans qu'il nous reste un pouce de terrain sur ce vaste continent dont, les premiers, nous avions fouillé toutes les profondeurs, mais qu'un mauvais système politique et économique nous avait empêchés de nous approprier et de mettre en rapport.

Que ne fussent pas devenues ces colonies si on les avait ouvertes à tous les cultes, si du moins l'on avait montré en fait cette tolérance dont nous trouverons des preuves aux Antilles ! Les demandes ne manquèrent pas, ni les offres de service de la part des calvinistes bannis du sol natal. C'était un calviniste français, que ce David Kertk de Dieppe qui, à la tête des Anglais, détruisit Québec à sa naissance (1629) ; lors de la révocation de l'édit de Nantes, une foule de protestants demandèrent au roi que l'accès de la Nouvelle-France leur fût permis ; on fit la même supplique au régent qui s'y refusa avec la même étroitesse d'esprit. Que de forces vives nous échappèrent ainsi pour accroître l'industrie et la puissance de nos voisins ! « Des neuf présidents de l'ancien congrès, qui ont dirigé les États-Unis à travers la guerre de la Révolution, dit le Canadien Garneau, trois descendaient de réfugiés protestants français, savoir : Henry Laurens de la Caroline du Sud ; le célèbre Jean Jay de New-

York, Elias Boudinot de New-Jersey. » (Garneau, t. II, p. 181.) Ainsi les déplorables fautes de notre politique soustrayaient à nos colonies une émigration qui y était naturellement portée et la contraignaient, en la repoussant, à enfler la population et l'opulence des provinces anglaises.

La France fut bien plus heureuse aux Antilles, et, en général, dans les colonies de plantations. Elle y acquit même, pendant tout le XVIIIe siècle, une supériorité incontestée sur toutes les autres nations d'Europe, y compris l'Angleterre. Les lois, les mœurs et la nature eurent part à ce développement remarquable des îles françaises. La culture des produits d'exportation, le café, le coton, la canne surtout, ressemble beaucoup plus à une opération industrielle qu'à une opération agricole. Les qualités natives des Français se prêtaient bien mieux à cette industrie animée, largement rémunératrice, qu'aux longs et patients travaux qu'exige la production des céréales et du bétail; l'esprit d'aventure, d'invention et de jeu, trouve sa place dans cette culture hâtive, pleine d'aléas, où les gains sont énormes, où la tâche de l'Européen consiste dans la surveillance et la direction générale, dans la spéculation plutôt que dans le labeur physique, la persévérance et la parcimonie.

C'est à des particuliers, à des cadets de noblesse en recherche de gros profits et de lointaines aventures, que la France dut ses îles d'Amérique. Le mouvement tout spontané vint du Nord. Un petit gentilhomme de Normandie, M. d'Enambuc, partit de Dieppe, en 1625, sur un brigantin monté de quatre pièces de canon, de quelques pierriers et de cinquante hommes; échappant à la poursuite d'un galion d'Espagne, il se jeta sur l'île de Saint-Christophe. Il revint au bout de deux ans en France pour solliciter des secours de la couronne. « Il étonna tellement la cour par son faste, que le cardinal de Richelieu, ayant favorablement écouté l'exposé qu'il lui fit des richesses qu'on pourrait tirer de ce pays, loua son zèle et autorisa une compagnie dont l'acte d'association fut passé le 31 octobre 1626. » (Caillet, 345.) Dans la commission donnée par le cardinal de Richelieu à d'Enambuc et du Rossey, son ami, pour l'occupation de Saint-Christophe et de la Barbade, le roi se réservait les *droits de dixième* sur tout ce qui proviendrait desdites îles, pendant un espace de vingt ans. Il était aussi enjoint à ceux qui prendraient passage pour Saint-Christophe aux frais de la compagnie de s'obliger par devant les juges de l'amirauté « à demeurer pendant trois ans avec ces capitaines pour lesquels ils s'engageraient pendant ce laps de temps. » La même année, une déclaration exemptait du droit de 30 sous sur chaque livre de tabac apporté des pays étrangers, le tabac des îles de Saint-Christophe, la Barbade et autres appartenant à la compagnie des îles de l'Amérique, « pour favoriser d'autant plus l'établissement et accroissement de la compagnie, qui a été dressée pour le bien général de notre royaume.

Ainsi se trouvait constitué le régime colonial des Antilles, tel qu'il se maintint pendant un demi-siècle ; une compagnie souveraine, des engagés blancs soumis pendant trois ans à une quasi-servitude, et enfin des faveurs et des droits différentiels pour protéger les produits des colonies françaises contre les produits similaires étrangers.

La colonisation fut lente ; la culture de la canne à sucre et du café, qui devait enrichir les Antilles, n'était pas encore connue ; les capitaux manquaient et les bras de même. Saint-Christophe était singulièrement dépassé par la Barbade qui avait fini par appartenir complètement aux Anglais, et qui était devenue la retraite favorite des riches émigrés royalistes chassés de leur patrie par les troubles révolutionnaires. On se livrait, à Saint-Christophe, à la production modeste du tabac, du roucou, du piment et, en petite quantité, du coton. Cependant même alors prédominait cette tendance exclusive et funeste qui devait durer deux siècles et plus, et qui portait les colons à ne cultiver que les denrées d'exportation et à délaisser les *cultures vivrières;* c'est ainsi que l'on a toujours appelé aux colonies la production des subsistances. La mauvaise administration de la compagnie, sa négligence, son désir de faire de gros bénéfices, mettaient notre établissement dans une situation critique ; les habitants vinrent à manquer de vivres : « un vaisseau zélandais, chargé de toutes sortes de provisions d'Europe, ayant mouillé par hasard à Saint-Christophe, sauva en quelque sorte la vie à ces infortunés et se trouva si bien de ses échanges, qu'il y revint ; son exemple fut suivi par plusieurs navires de Flessingen, en sorte qu'en peu de temps les Hollandais exclurent du commerce de la colonie la compagnie qui l'avait fondée. » (Caillet, p. 347.) Cette exclusion ne faisait pas le compte des associés de 1626 : ils se plaignirent et obtinrent gain de cause. Un édit royal vint confirmer en termes explicites leur privilège ; il était fait « défense à tous ceux qui partiront de nos ports et havres, soit qu'ils passent pour aller aux Indes orientales, soit qu'ils aillent exprès à la dite île de Saint-Christophe et autres îles circonvoisines, d'y accepter ou faire acheter ou en rapporter le tabac, roucou et coton qui y croissent, sans l'exprès vouloir et consentement par écrit des directeurs de ladite compagnie, ou que ce soit pour le compte d'icelle à peine de 1,000 livres d'amende et de confiscation, tant des vaisseaux que dudit tabac et autres marchandises qui seront apportées dedans. »

Ces défenses ne relevèrent pas la compagnie et portèrent à la colonie un préjudice notable ; on n'abandonna pas cependant le système, si défectueux qu'il fût ; on l'étendit au contraire et on le précisa davantage en réorganisant, en 1635, la compagnie sur un plan non moins exclusif; on lui accordait la propriété de toutes les îles qu'elle mettrait en valeur depuis le 10ᵉ degré jusqu'au 30ᵉ. Les associés devaient faire leurs efforts pour convertir les sauvages à la foi catholique et entretenir dans chaque colonie au moins deux ou trois ecclésiastiques. Ils s'engageaient à faire passer aux îles, dans vingt ans, au moins 4,000 personnes. Tout colon devait être français et catholique. Le roi se réservait la nomination du gouverneur général desdites îles, qui ne devait s'entremettre ni du commerce ni de la distribution des terres. Pendant vingt années il était fait défense à tous autres vaisseaux français que ceux de la compagnie d'y porter des marchandises ou d'en rapporter. De son côté, la compagnie devait prendre les mesures les plus sévères pour s'assurer du commerce qui faisait la richesse des Hollandais. Les Français « *habitués auxdites îles* » et les sauvages convertis devaient être réputés régnicoles. Enfin pour faciliter la propriété de la compagnie en lui fournissant des actionnaires et des engagés, on décida que les nobles pourraient y entrer sans déroger et que les artisans, après six ans de séjour dans les villes, obtiendraient la maîtrise dans toutes les villes du royaume, sauf à Paris ; pour passer maître dans cette dernière ville, il fallait rester dix ans aux colonies.

Sous un tel système le développement pacifique de la colonisation, malgré les faveurs accordées aux engagés, ne pouvait être très rapide : le commerce et l'agriculture, en effet, devaient singulièrement souffrir des restrictions qu'on leur imposait ; mais la période qui suivit cette concession fut une période de conquête et de dilatation guerrière. C'est alors que les capitaines l'Olive, du Plessis, Duparquet et autres s'établirent à la Guadeloupe et à la Martinique. C'étaient de rudes et fières natures que ces petits gentilshommes normands ou picards, et il ne leur manqua, pour se faire un nom plus glorieux, qu'un théâtre plus retentissant. Toutes les aventures, tous les exploits, tous les périls, toutes les péripéties, qui remplissaient la vie des conquérants, ils les éprouvèrent, et ils montrèrent dans leurs luttes contre les Caraïbes, les Anglais, les Espagnols, cette énergie sauvage, cette bravoure pleine de ressources, cette fécondité d'expédients que l'on n'est que trop accoutumé à rencontrer dans les Français de cette époque. Mais leur œuvre était toute de destruction : ils faisaient un grand massacre de Caraïbes, le capitaine l'Olive surtout. Comme l'a très bien dit M. Augustin Cochin dans son histoire de l'*Abolition de l'esclavage:* « L'extermination des indigènes, c'est presque en tous lieux la première page de l'occupation des colonies ; l'exploitation rapace du sol par les occupants, par les compagnies, par les gouvernements, est, en général, la seconde page. » La Compagnie des îles avait autant de rapacité que d'humeur guerrière : l'égoïsme et la cupidité des associés, qui exploitaient uniquement à leur profit et non à celui des établissements qu'ils avaient fondés, furent pour les colonies une cause de stagnation. Les associés virent bientôt que la prospérité de sociétés naissantes s'accommode mal d'un régime de perpétuels combats et de monopoles vexatoires: pour éviter une ruine totale, la compagnie ne vit d'autre moyen que d'user de son droit de vendre les îles comme étant sa pleine propriété.

Quelque temps auparavant, d'autres aventuriers, sans patentes royales, normands pour la plupart, s'étaient établis ou plutôt campés sur la côte septentrionale de Saint-Domingue qu'ils trouvèrent abandonnée par les Espagnols. Ces nouveaux occupants, qui passaient leur vie à la chasse, reçurent le nom de *boucaniers*, parce qu'ils avaient l'habitude de se réunir après avoir chassé pour *boucaner*, c'est-à-dire faire sécher à la fumée, selon le procédé des sauvages, les bœufs qu'ils avaient tués. Bientôt ces hardis chasseurs s'aperçurent que la contrebande et même la piraterie seraient d'une ressource plus grande que la poursuite du bétail sauvage. Ils s'adonnèrent avec succès à cette industrie nouvelle et en reçurent le nom de flibustiers. Ce nid de hardis matelots et d'intrépides chasseurs s'accrut insensiblement par l'attraction qu'exerçait alors sur un grand nombre de natures cette vie irrégulière. Il y eut des luttes nombreuses pleines de vicissitudes entre les flibustiers, les Espagnols et les Anglais ; mais, en fin de compte, une grande partie de Saint-Domingue resta aux aventuriers français. La couronne finit par intervenir sous Richelieu, d'abord pour conférer des privilèges ; mais pendant longtemps encore les ordres de la cour et de ses représentants n'eurent qu'une précaire autorité.

Ainsi se formèrent les colonies françaises des Antilles, elles durent leur origine à l'audace et même aux méfaits de particuliers, avides d'entreprises et de gains. La couronne n'apparut qu'au second plan avec une puissance d'apparat, dénuée presque de toute influence réelle. Constituées par ces éléments irréguliers, les colonies de la France en gardèrent toujours la trace. « La colonie française de Saint-Domingue, dit Adam Smith, fut fondée par des pirates et des flibustiers qui y demeurèrent longtemps sans recourir à la protection de la France et même sans reconnaître son autorité ; et quand cette race de bandits eut assez pris le caractère de citoyens pour reconnaître l'autorité de la mère patrie, pendant longtemps encore il fut nécessaire d'exercer cette autorité avec beaucoup de prudence et de circonspection. Durant le cours de cette période la culture et la population de la colonie prirent un accroissement excessivement rapide. L'oppression même de la compagnie exclusive, à laquelle ainsi que toutes les autres colonies françaises elle fut assujettie pendant quelque temps, put bien sans doute ralentir un peu ses progrès, mais ne fut pas encore capable de les arrêter tout à fait. Le cours de sa prospérité reprit le même essor qu'auparavant aussitôt qu'elle fut délivrée de cette oppression. » C'était aussi l'opinion de Raynal, et c'est encore l'avis de Merivale, qu'une des raisons du développement et de la prospérité des îles françaises, ce fut l'irrégularité de leur fondation. « Les colons étant toujours disposés à reconnaître le maître le plus fort et le plus sûr protecteur, le gouvernement craignait de les irriter par des restrictions oppressives pour leur industrie. » Il serait peut-être encore plus exact de dire que, quand la couronne voulait imposer aux colonies des règlements trop vexatoires, celles-ci savaient ou les violer ouvertement ou les rendre inefficaces en pratique.

Le peuplement des Antilles fut infiniment plus rapide que celui du Canada; un édit de mars 1642, qui confirme la Compagnie des îles, constate qu'elle a introduit aux colonies 7,000 colons au lieu de 4,000, comme elle y était tenue par son contrat. Toutes les classes de la nation avaient des représentants dans la population coloniale. C'était d'abord la noblesse aventurière, les cadets de famille, un grand nombre de gentilshommes qui n'avaient pu faire fortune dans la mère patrie, ou qui fuyaient leurs créanciers, ou qui voulaient échapper à un passé peu favorable ; les lettres de cachet, les édits qui punissaient le duel trouvaient aussi place parmi les motifs de cette émigration de haute souche. C'était là l'élément irrégulier qui apportait le plus d'activité, d'ardeur à la poursuite de la fortune, d'esprit de spéculation et d'entreprise. « La souche nobiliaire des premiers fondateurs, dit un historien très versé dans la connaissance des colonies françaises, s'accrut successivement des greffes qui lui vinrent de la grande propriété territoriale, des hauts fonctionnaires établis dans le pays, enfin de quelques Français émigrés qui avaient remarqué à la cour la beauté et la richesse des filles créoles. Grâce à ces émigrations et à ces alliances, il n'y avait guère au dernier siècle de famille en France qui n'eût son représentant aux colonies; aussi nos possessions d'outre-mer tenaient-elles dans le cœur de la patrie une place qu'elles ont perdue. »

(Jules Duval, *les Colonies et la Politique coloniale de la France*, 142.)
A cette classe de haute lignée, qui versait au fonds social de la colonie l'entrain et l'audace sans scrupule, venaient s'en joindre d'autres, qui tempéraient par un heureux alliage l'esprit général de la société coloniale.

C'était d'abord le clergé plein de sève et d'activité : les dominicains, les jésuites, animés d'une sincère estime pour la colonisation, le développement de la richesse, les progrès de la culture, l'amélioration de l'industrie et l'extension du commerce. Loin de dédaigner les poursuites mondaines, ils s'adonnaient avec un zèle sans pareil à tous les travaux productifs et contribuaient autant que les laïques eux-mêmes à la prospérité matérielle de la colonie. C'étaient eux qui remplissaient dans les îles les fonctions d'ingénieurs, de géomètres, d'architectes, de mécaniciens et qui suffisaient à toutes ces professions délicates, moitié de science, moitié d'application, si souvent négligées dans les sociétés nouvelles. Ils étaient aussi planteurs, commerçants, spéculateurs même. Toutes ces natures actives, qui abondent dans les grands ordres religieux, se déployaient à l'aise et au profit de tous dans mille industries bienfaisantes et largement rémunératrices. Tels étaient le père Dutertre, le père Labat surtout, qui couvrit les rivages de la Martinique de forts, d'églises, d'écoles et de plantations, qui inventa des appareils pour la distillation du sucre et dont le nom demeure encore parmi les créoles, entouré de cette vénération légendaire dont les anciens avaient l'habitude d'orner le souvenir des inventeurs de leurs cultures ou de leurs-instruments agricoles. Tel était encore ce père Lavalette, de moins heureuse mémoire, vicaire général des jésuites et préfet apostolique de la Martinique, qui fit faillite en 1762 et fut l'occasion de la suppression de son ordre. Cette catastrophe particulière est elle-même une preuve frappante de l'impulsion que le clergé cherchait à donner à l'industrie et à la culture des Antilles.

Au-dessous de cette double aristocratie de naissance et de profession, ou plutôt à côté d'elle, car les distinctions de la métropole se perdaient aux Antilles dans la fusion de toutes les classes blanches, venait l'élément bourgeois avec sa consistance héréditaire, son esprit de prudence et de patience pratique, sa laborieuse persévérance et sa bienfaisante parcimonie. C'étaient des négociants qu'entravaient dans la métropole des privilèges de toutes sortes, de petits capitalistes qui venaient chercher à leurs épargnes un intérêt plus rémunérateur, tous ceux à qui pesaient dans la mère patrie des habitudes trop routinières, un avancement trop lent, ou qui avaient dans leur propre passé quelque erreur, quelque faute à racheter ou à cacher.

Enfin, au dernier rang, pour former la base de la société, arrivaient les engagés blancs : de pauvres artisans qu'arrêtaient les privilèges des corporations, des domestiques congédiés et sans place, des paysans las de la corvée et des modestes gages, aspirant à devenir propriétaires, même au prix des plus pénibles et des plus longs efforts, des fils de famille déshérités. Le recrutement de ces travailleurs était une industrie courante à Dieppe, au Havre et à Saint-Malo. Pendant 148 ans, de 1626 à 1774, un courant régulier s'était établi de ces ports aux Antilles. Transportés sans qu'on calculât pour ces Français, comme on fait aujourd'hui pour les Indiens et les Chinois, la hauteur du pont, la quantité d'air respirable et d'eau potable, s'adonnant pendant trois ans dans l'origine et plus tard pendant dix-huit mois au travail des plantations sous le soleil des tropiques, sans autre salaire que 100 livres de petun ou de tabac, ils supportaient vaillamment ce pénible apprentissage et parvenaient souvent aux positions les plus élevées ; l'un de ces anciens engagés entra, en 1780, au conseil souverain. Ainsi se constituait aux Antilles, avant que la traite des noirs eût fait irruption, une société solide, douée de tous les éléments de progrès et de consistance, animée dans toutes ses couches de l'esprit de vie et d'entreprise, capable de se suffire et de grandir par sa force intérieure d'impulsion, société sans rivale qui pouvait hardiment défier toutes les colonies de plantations des autres peuples de l'Europe. « Il est à remarquer que le capital qui a servi à améliorer les colonies à sucre de la France et en particulier la grande colonie de Saint-Domingue, dit Adam Smith, est provenu presque en totalité de la culture et de l'amélioration progressive de ces colonies. Il a été presque en entier le produit du sol et de l'industrie des colons, ou, ce qui revient au même, le prix de ce produit graduellement accumulé par une sage économie et employé à faire naître toujours un nouveau surcroît de produit. Mais le capital qui a servi à faire naître et à améliorer les colonies à sucre de l'Angleterre a été, en grande partie, envoyé d'Angleterre et ne peut nullement être regardé comme le produit seul du territoire et de l'industrie des colons. La prospérité des colonies à sucre de l'Angleterre a été, en grande partie, l'effet des immenses richesses de l'Angleterre, dont une partie, débordant, pour ainsi dire, de ce pays, a reflué sur les colonies ; mais la prospérité des colonies à sucre de la France est entièrement l'œuvre de la bonne conduite des colons, qui doit par conséquent l'avoir emporté de quelque chose sur celle des colons anglais ; et cette supériorité de bonne conduite s'est, par-dessus tout, fait remarquer dans leur manière de traiter les esclaves. » On ne peut mieux rendre justice à la vitalité des colonies des Antilles : sans soustraire à la mère patrie qu'une partie insigniflante de son capital, elles accumulèrent par leurs patientes et intelligentes épargnes une énorme quantité de richesses, qui agit de la manière la plus bienfaisante sur la situation de la métropole en stimulant son industrie et son commerce.

L'origine irrégulière de ces colonies et les mœurs exclusivement industrielles de leurs habitants y amenèrent dans la pratique un esprit de tolérance religieuse, qui contrastait avec les lois de la métropole et la puissance des ordres monastiques. « En 1641, le commandant de Poinci, gouverneur général des îles du Vent, chargea Le Vasseur, un de ses officiers appartenant au calvinisme, d'aller prendre le commandement des aventuriers français et d'expulser les Anglais de l'île (la Tortue). Il l'investit du commandement de la Tortue et, par une convention spéciale, garantit la liberté de conscience à lui et à tous ceux qui le suivraient. Le Vasseur réunit tout ce qu'il put de protestants parmi lesquels se trouvèrent bientôt 50 boucaniers de Saint-Domingue. » (Caillet, *Administration de Richelieu*, 350.) Ce n'était pas là un fait exceptionnel. « J'écrivis, dit le célèbre dominicain Labat dans son *Voyage aux Antilles*, j'écrivis au supérieur de notre mission de la Guadeloupe, qui avait scrupule de se servir d'un luthérien nommé Corneille, natif de Hambourg, de me l'envoyer bien vite à la Martinique, parce qu'il m'était indifférent que le sucre qu'il ferait fût luthérien ou catholique, pourvu qu'il fût bien blanc. » C'est vers 1644, on le sait, que la canne de Batavia, cultivée de toute antiquité dans l'Inde et la Chine, importée en Espagne par les Arabes, fut portée dans les Antilles; c'est à un juif, venu du Brésil, Benjamin Dacosta, que la Martinique est redevable de l'introduction de cette culture, ainsi que des premiers engins de distillation. C'est ainsi qu'au berceau de toutes les colonies florissantes, on trouve en fait, si ce n'est en droit, la tolérance religieuse, et l'on voit les dissidents bannis des pays en décrépitude apporter à la constitution des jeunes sociétés le contingent de leur travail et de leur industrie. Même après l'édit de Nantes, nombre de calvinistes pénétrèrent dans les îles françaises, et les mœurs laborieuses des colons, qui n'avaient d'estime que pour le travail et l'intelligence productive de résultats matériels, accueillirent avec faveur ces précieuses recrues que des lois étroites et surannées voulaient bannir. La métropole, elle-même, se montra facile envers les juifs : il s'en était établi un grand nombre à la Martinique à la suite de Dacosta et ils avaient fait de grandes dépenses pour la culture des terres. Colbert obtint du roi qu'on les y laisserait avec la liberté de conscience. (Pierre Clément, *Histoire de Colbert*, p. 179.) D'un autre côté et en sens contraire, l'esprit d'exclusion métropolitain éloignait des îles françaises les étrangers ; cette exclusion pouvait avoir à l'origine sa raison d'être, tant que le peuplement n'avait pas atteint un certain degré et que la nationalité des îles n'était pas définitivement établie ; mais, cette première époque une fois passée, la prospérité des établissements français n'eût fait que gagner par la résidence de colons d'autres nations qui y auraient apporté leurs capitaux et leur expérience, sans pouvoir constituer eux-mêmes un noyau assez grand pour relâcher d'une manière sensible le lien qui unissait la colonie à la métropole. On sait que Cuba, de nos jours, doit la plus grande partie de son opulence aux capitaux et aux planteurs anglais, et elle n'en garde pas moins sa physionomie et ses mœurs espagnoles. Mais, quelles que fussent les restrictions que l'esprit réglementaire et exclusif de la couronne pût imposer à nos Antilles, elles avaient assez de vitalité propre pour en surmonter les inconvénients, assez d'énergie et d'initiative pour en éluder l'application quand elle devenait trop vexatoire.

C'est ce qu'elles montrèrent à plusieurs reprises en matière de commerce : la Compagnie des Indes occidentales, que Colbert avait fondée, ne devint pas moins oppressive que sa devancière instituée par Richelieu ; elle voulait interdire aux planteurs le trafic avec les Hollandais, et elle n'était pas en état, cependant, par ses propres ressources, de suffire à l'approvisionnement des îles ; il en était résulté une disette. Les planteurs de la Martinique et de la Guadeloupe avaient été sur le point de se révolter ; les colons de Saint-Domingue, flibustiers, boucaniers, et autres, avaient été plus loin que les menaces ; ils s'étaient insurgés ouvertement contre le monopole de la compagnie, qui leur vendait les marchandises deux tiers plus cher que ne le faisaient les Hollandais. Le gouverneur, d'Ogeron, avait été contraint de céder, et par ses instances il avait obtenu de Colbert un arrêt du conseil, qui autorisait tout navire français à faire le commerce des Antilles avec la permission de la compagnie et moyennant un droit. Deux ou trois ans après, des mesures complémentaires étendirent et assurèrent les bons effets de ce régime de *permissions*.

A l'origine, le tabac, le roucou, le cacao et l'indigo se partageaient les champs. Quoique les cultures vivrières fussent, par un déplorable aveuglement, abandonnées, les denrées d'exportation, qui obtenaient alors la préférence des colons, s'adaptaient à la moyenne et à la petite propriété. La terre était alors très divisée, et l'aisance aussi générale que les grandes fortunes étaient rares ; la culture de la canne changea toute l'économie de la société. Les grands capitaux, les nombreuses bandes d'esclaves devinrent nécessaires pour une production à bon marché. Cette modification, qui servit à quelques-uns, qui développa considérablement les valeurs d'exportation et d'importation, fut cependant au point de vue social une calamité. La traite s'étendit avec approbation royale ; on vit la propriété se concentrer dans quelques mains, les ouvriers européens ou *petits blancs* refluer vers les villes, et dans les campagnes se dresser de distance en distance ces vastes ateliers connus sous le nom d'*habitations*, « ces prisons sans murailles, dit M. Augustin Cochin, manufactures odieuses produisant pendant des siècles du tabac, du café, du sucre et consommant des esclaves ». Alors l'agriculture recula aux procédés les plus grossiers. « La charrue, que les émigrants français avaient introduite à l'origine, dit M. Jules Duval, disparut dès que Colbert eut autorisé la traite des nègres et procuré aux planteurs une main-d'œuvre à vil prix. Du jour où le rang social se mesura au nombre des nègres que l'on possédait, le dédain de tout autre instrument que la houe de l'esclave devint à la mode pendant deux cents ans, et ce ne fut que vers la fin du dernier siècle, lorsque le régime de la servitude avait été ébranlé, que reparurent quelques charrues. » (*Les colonies de la France*, 154.) Les colons français, dit Adam Smith, étaient d'une humanité toute spéciale envers leurs esclaves, et cela même fut une cause de la prospérité des îles françaises, car selon les termes de l'auteur de la *Richesse des nations :* « De même que le profit et le succès d'une culture qui se fait au moyen des bestiaux dépend extrêmement de l'attention qu'on a de les bien traiter et de les bien soigner, de même le produit et le succès d'une culture qui se fait au moyen d'esclaves doit dépendre également de l'attention qu'on apporte à les bien traiter et à les bien soigner ; et, du côté des bons traitements envers leurs esclaves, c'est une chose, je crois, généralement reconnue, que les planteurs français l'emportèrent sur les anglais. » Ce n'est pas que la métropole fût toujours d'une très grande clémence envers la classe asservie ; en dépit du fameux *code noir*, qui contient d'ailleurs divers articles effroyables de cruauté, il nous reste plusieurs édits, qui prouvent combien le gouvernement de la mère patrie était rigoureux envers la classe inférieure aux colonies. Craignant toujours de la part des colons des velléités d'indépendance, il était porté à toutes les mesures qui semblaient propres à entretenir la division entre les divers éléments coloniaux et à affaiblir par conséquent la société coloniale. Cette jalousie métropolitaine se manifesta surtout par de criantes injustices envers les hommes de couleur. A l'origine, les enfants de couleur suivaient le sort de leurs pères et étaient libres, en principe, dès leur naissance, en réalité à l'âge de vingt-quatre ans. Mais, vers 1684, Louis XIV, qui eut pourtant tant de faiblesse pour ses enfants illégitimes, précipita dans l'esclavage les enfants nés du commerce des blancs avec les négresses. Il en devint des Antilles françaises comme des colonies espagnoles : la moindre tache de sang noir fut un titre d'exclusion de tout emploi : « Dans un pays, disait-on, où il y a quinze esclaves contre un blanc, on ne saurait trop tenir de distance entre les deux espèces. » Louis XIV en vint à défendre tout mariage entre un blanc et une femme de couleur d'une nuance quelconque par ce motif que, « cessant d'être ennemis, le mulâtre et le blanc auraient pu s'entendre contre l'autorité métropolitaine..... Si, par le moyen de ces alliances, les blancs finissaient par s'entendre avec les libres, la colonie pourrait se soustraire facilement à l'autorité du roi. » — « Il me paraît de grande conséquence, lit-on dans un édit de 1731, qu'on pût parvenir à empêcher l'union des blancs avec les négresses et mulâtresses, parce que, outre que c'est une tache pour les blancs, cela pourrait trop les attacher aux intérêts de leurs alliés. » Par des motifs analogues on multiplia les difficultés qui entouraient les affranchissements au point de les rendre très rares.

Cette altération dans la composition de la société et dans l'agriculture modifia l'esprit général des colonies. L'absentéisme avec toutes ses conséquences funestes devint de mode ; la culture des produits d'exportation fut poussée à outrance ; les îles ne furent plus que de grandes fabriques, exploitées sans merci en vue du plus grand profit présent, sans pensée de l'avenir. « Tel est le tableau mouvant d'une ville de colonie, d'une ville de Saint-Domingue, écrit Malouet : on n'y voit point d'homme assis à son foyer, parlant avec intérêt de sa ville, de sa paroisse, de la maison de ses pères. On n'y voit que des auberges et des voyageurs. Entrez dans leurs maisons, elles ne sont ni commodes ni ornées ; ils n'en ont pas le temps, ce n'est pas la peine, voilà leur langage. Est-il question d'un bâtiment, d'une machine, d'une transaction, d'un acte de partage, d'un règlement de compte : rien n'est fini, rien ne porte l'empreinte de la patience et de l'attention. » (*Mémoire sur les colonies*, t. IV, p. 127.)

Les colonies des Antilles étaient conçues comme d'immenses fabriques, dont le but était de produire le plus possible de denrées d'exportation avec des instruments appelés esclaves ou *piezas de Indias*, selon le langage des *asientos :* leur prospérité dépendait des débouchés qu'on ouvrirait à ces produits, des facilités qu'on offrirait à leur fabrication, de la légèreté des impôts auxquels on les soumettrait. Pour le débouché, les colonies françaises étaient limitées au marché français, mais, en revanche, ce marché leur était garanti par des droits différentiels qui frappaient les produits étrangers ; c'était ce même système de *pacte colonial* qui existait également entre l'Angleterre et ses colonies et dont nous étudierons plus tard en détail les pernicieux effets ; quant à la fabrication même du sucre, différentes restrictions, qui varièrent suivant les temps, tendaient à la rendre plus difficile et plus coûteuse qu'elle ne l'eût naturellement été ; en revanche les impôts, lourds à l'origine, finirent par devenir très légers comparativement à ceux qui existaient dans les îles à sucre d'autres nations.

Ce ne fut qu'au XVIII° siècle que les îles françaises furent placées dans les conditions les plus favorables pour la production du sucre ; jusque-là et spécialement sous Colbert, des règlements oppressifs arrêtèrent leur essor. Les impôts étaient lourds et multipliés au XVII° siècle : il y avait une capitation écrasante de cent livres de sucre brut par tête de colon libre ou non libre ; le tabac, l'indigo, le coton, le cacao et toutes les autres denrées étaient soumis à des droits spéciaux. C'étaient autant d'obstacles au développement de la production et de causes de renchérissement. Bien que tous les navires français eussent reçu l'autorisation de commercer avec les îles moyennant une redevance à la compagnie, cependant tous les navires qui trafiquaient entre la France et les Antilles devaient faire retour au port même d'où ils étaient partis, afin d'éviter la fraude, la contrebande et le commerce interlope avec les étrangers ; c'était encore là un obstacle grave apporté à la vente et au débit des denrées coloniales. Ce qui frappait les colons plus sérieusement encore dans leurs intérêts, c'est que la réexportation des sucres bruts amenés des Antilles en France fût prohibée. Cette restriction était parfaitement conforme à l'esprit du pacte colonial ; néanmoins elle était nouvelle et fut une des causes de la stagnation ou plutôt du recul de l'industrie et de l'agriculture des colonies dans la seconde partie du XVII° siècle. La production du sucre était arrivée, en 1682, à 27 millions de livres par an, alors que la France n'en consommait que 20. Quand les marchés étrangers furent fermés aux sucres bruts coloniaux, la production du sucre aux Antilles dut rétrograder. La mauvaise administration et la misère n'ayant fait que croître en France dans les dix années qui suivirent, les colonies se virent enlever la compensation espérée par Colbert dans l'accroissement du marché intérieur. Ce fut une douloureuse époque pour les îles françaises ; la quantité et la valeur de la production du sucre baissèrent dans d'effrayantes proportions ; le sucre brut, qui valait 14 ou 15 francs le quintal en 1682, s'était avili jusqu'à 5 et 6 francs en 1713; aussi, en 1696, avait-on abandonné volontairement l'île de Sainte-Croix; en 1698, il n'y avait pas 20,000 noirs dans toutes nos Antilles, et le commerce de nos îles n'était alimenté que par une cinquantaine de navires de médiocre tonnage. C'était alors l'époque de la grande prospérité de la Barbade et de la Jamaïque. Ainsi l'établissement du pacte colonial, en bornant les Antilles françaises au marché de la métropole, avait causé la ruine pendant trente ans de nos îles à sucre et avait porté du même coup un détriment considérable à l'industrie et au commerce français, en réduisant des deux tiers, si ce n'est de plus, les importations de la métropole dans les colonies à sucre.

A partir de 1717, un revirement se manifesta dans l'administration coloniale sous les auspices du célèbre Law. Un règlement salutaire, conçu dans les principes libéraux qui disparurent à la fin du xviii° siècle, affranchit de tous droits les marchandises françaises destinées aux îles, diminua considérablement les droits sur les marchandises des îles destinées à la consommation française et, ce qui valait encore mieux pour les colonies, autorisa les denrées des îles, amenées en France, à en ressortir moyennant un droit de 3 p. 100. Les sucres étrangers furent frappés d'une taxe générale. D'autres mesures furent prises pour favoriser le développement des îles françaises. Contrairement à l'état de choses précédent, Marseille fut admise parmi les ports qui jouissaient du commerce de l'Amérique. En même temps le monopole des compagnies avait été aboli radicalement, sauf à la côte sud de Saint-Domingue qui dépendait de la Compagnie des Indes; or, cette côte méridionale était la moins féconde et la moins riche de l'île. On conçoit que sous ce système fort libéral, si on le compare au régime antérieur, les îles françaises durent prendre un rapide essor. Rien n'égala leur prospérité à partir de cette époque et durant toute la fin du siècle. La Martinique, qui n'avait pas 15,000 noirs en 1700, en comptait 72,000 en 1736; le numéraire y abondait ainsi que les marchandises européennes; elle recevait dans ses ports, chaque année, 200 vaisseaux de France et 30 du Canada. La Guadeloupe, quoique dans une proportion moindre, suivit le même mouvement d'ascension. Le café, introduit de la Guyane hollandaise dans ces deux îles, fut pour les planteurs une source de richesses incalculable. Les caféières couvraient alors le sol de ces deux belles colonies. En même temps, le coton de la Guadeloupe alimentait les manufactures de l'Alsace et de la Flandre. D'un autre côté, Saint-Domingue devenait le plus grand producteur de sucre au monde. « Son exportation, dit Merivale, monta de 11,000,000 de livres tournois en 1711 à 193,000,000 en 1788 ou près de 8,000,000 sterling ; c'est presque le double de l'exportation actuelle de la Jamaïque, calculée en monnaie, et c'est plus du double calculé en quantité ; son commerce employait 1,000 navires et 15,000 marins français. » Les ports privilégiés pour le commerce d'Amérique participaient largement à cette prospérité ; c'est alors que furent construits les édifices somptueux qui couvrirent Nantes, Marseille et surtout Bordeaux. On voit quel développement rapide et considérable l'allègement des droits et des prescriptions avait subitement produit aux colonies; et combien, cependant, ces restrictions et ces droits n'étaient-ils pas vexatoires ! mais, comparés avec le régime établi par les nations rivales, ils paraissaient faibles et assuraient ainsi, par leur modération, un avantage relatif à nos colonies. « C'était la mode en Angleterre, dit Merivale, de vanter l'administration coloniale des Français et avec justice. Les colonies françaises ne pouvaient que se louer de la métropole. La prohibition du sucre étranger sur les marchés français n'était pas compensée comme dans nos possessions par des taxes et des restrictions portant sur le producteur colonial. Les frais du gouvernement étaient presque en entier supportés par la métropole. Le gouvernement français du xviii° siècle était tombé dans cette double erreur : se taxer lui-même pour ses colonies, et négliger sa force maritime qui, seule, pouvait les conserver. » — « Le gouvernement adopté par la France, dit le même auteur, fut meilleur, au moins en théorie, que celui de quelque autre puissance européenne que ce fût. L'administration des colonies était confiée au conseil du commerce composé de douze officiers de la couronne et d'autant de délégués des principales villes commerciales. Chaque colonie était régie par un gouverneur, un intendant pour le fisc et les droits de la couronne, et un conseil royal composé de planteurs distingués. Tous ces fonctionnaires n'étaient payés que par des salaires, tandis que dans les colonies anglaises les épices et les extorsions faisaient la principale rétribution des agents. C'était un règlement établi que les capitaines de vaisseaux, à leur retour des colonies, étaient soumis à une enquête sur les traitements qu'ils avaient éprouvés dans les transactions, sur l'état des marchés et la conduite des agents coloniaux. Dans toutes les colonies françaises, la terre était concédée par don gratuit, les taxes étaient très légères ; une capitation sur les esclaves, un léger droit d'exportation montant à peine à 2 p. 100 de la valeur de chaque article; c'était tout ce que le planteur avait à payer. Un procédé aisé et sommaire était employé pour lever les dettes dues aux marchands dans la mère patrie, une des plus grandes difficultés pratiques dans l'administration des colonies. »

Il ne faudrait pas croire, d'après ce tableau un peu flatté, que l'administration des îles françaises pût être considérée comme un parfait modèle. A tout considérer, les Antilles étaient soumises à un régime arbitraire, mais cet arbitraire était tempéré par certaines institutions accessoires et surtout par les traditions et les mœurs. Le bureau du commerce, dont parle Merivale, n'eut jamais une autorité propre et une initiative indépendante : simple conseil facultatif où, à partir de Louis XV, les délégués des colonies se trouvaient côte à côte avec les délégués des ports, il inspirait, il est vrai, les décisions, mais il n'avait pas le pouvoir de les prendre. D'ailleurs il faudrait se garder de considérer ce bureau du commerce comme une assemblée coloniale, même consultative ; les délégués coloniaux n'y furent admis qu'à partir du règne de Louis XV et ils n'y eurent jamais la majorité : l'influence prépondérante appartenait aux ports de la métropole. Le conseil souverain de la Martinique était loin de posséder les pouvoirs suprêmes que ce titre ferait supposer : il avait néanmoins une autorité étendue en matière d'administration : mais son mode de recrutement en faisait une aristocratie, à l'exemple des anciennes assemblées de notables. La grande supériorité du régime d'alors sur le régime postérieur, c'est que l'esprit local trouvait un ample champ d'activité : si les règlements généraux échappaient trop souvent à la participation des intéressés, il n'en était pas de même des actes locaux ; les députés des paroisses votaient l'assiette et la répartition des impôts et décidaient des travaux des localités. Il y avait en outre des chambres d'agriculture et de commerce et, à partir de Louis XVI, on connut les assemblées coloniales qui furent instituées en même temps que les assemblées provinciales de France. Si, dans le règlement des affaires générales, les colons n'avaient pas plus qu'au commencement du xixe siècle l'initiative et la décision suprême, on peut dire qu'ils étaient beaucoup plus consultés et qu'on tenait un plus grand compte de leurs conseils : il y avait loin cependant de cet arbitraire tempéré au *selfgovernment* des îles anglaises.

Mais la prospérité des colonies de plantations, dont l'industrie et l'agriculture sont dirigées exclusivement en vue de l'exportation, tient moins aux libertés des colons qu'au régime économique auquel elles sont soumises : et si ce régime est libéral, alors même que les libertés administratives ou politiques des habitants seraient moindres, la prospérité de la colonie sera beaucoup plus considérable que si, les libertés politiques et administratives étant plus grandes, la liberté économique était plus restreinte. C'est précisément ce qui arriva pour les îles françaises : la liberté de fabrication et de trafic y était soumise à beaucoup moins de restrictions que dans les îles anglaises. Nous l'avons déjà vu dans un passage emprunté à Merivale et nous en trouvons un exemple frappant en ce qui concerne la raffinerie du sucre. « Tandis que le sucre moscouade des colonies anglaises, dit Adam Smith, ne paie à l'importation que 6 sh. 4 deniers le quintal, le sucre blanc paie 1 livre 1 sh. 1 pen.; et quand il est raffiné double ou simple, il paie 4 livres 2 sh. 4 pences 8 dixièmes. Lorsque ces droits énormes furent établis, la Grande-Bretagne était le seul et elle est encore aujourd'hui le principal marché sur lequel puisse être exporté le sucre de ses colonies; ces droits équivalaient donc à une prohibition d'abord de terrer ou raffiner le sucre pour tout marché étranger quelconque et ensuite de terrer ou raffiner pour le marché qui emporte peut-être à lui seul les neuf dixièmes du produit total; aussi les fabriques pour terrer ou raffiner le sucre qui ont été très florissantes dans toutes les colonies françaises n'ont guère été en activité pour celles de l'Angleterre que pour le marché des colonies elles-mêmes. Lorsque la Grenade était entre les mains des Français, il y avait presque sur chaque plantation une raffinerie pour terrer au moins le sucre; depuis que cette île est tombée entre les mains des Anglais, presque tous les travaux de ce genre ont été abandonnés, et à présent (octobre 1773) il ne reste pas, à ce qu'on m'a assuré, plus de deux ou trois fabriques dans toute l'île. » La liberté de raffiner sur place les sucres bruts constituait pour les colonies françaises un immense avantage; la quantité de matière exportable se trouvait diminuée, la valeur en était augmentée et les frais de transports réduits; il en résultait que le sucre coûtait moins cher dans la métropole que s'il eût dû être raffiné par l'industrie métropolitaine : ce meilleur marché était une cause de consommation plus grande, ce qui tendait à encourager la production dans les îles; d'un autre côté, le producteur bénéficiait du rhum et du tafia, produits par la distillation des basses matières provenant du sucre, industrie qu'on nommait autrefois la *guildiverie* : c'était donc là un gain considérable pour le planteur et un encouragement notable à l'extension des cultures. Il ne faudrait pas croire cependant, d'après le passage d'Adam Smith que nous avons cité, que le raffinage du sucre fût toujours permis aux îles françaises. Les raffineries métropolitaines et les ports se liguèrent pour obtenir des restrictions à la liberté des colons sur ce point : ils réussirent. Un arrêt du conseil du 21 janvier 1684 interdit aux colonies d'établir de nouvelles raffineries, et l'on mit sur les raffinés coloniaux un impôt qui fut, dans l'origine, de 8 livres, puis de 22 livres 10 sous le quintal et qui fut remplacé, en 1698, par une prohibition absolue. Néanmoins, les îles françaises restèrent encore dans une situation meilleure que les îles anglaises ; à défaut du raffinage, les colonies adoptèrent le terrage, procédé moins complet, et ce ne fut qu'en 1791 que l'on surtaxa les sucres terrés coloniaux. On sait que la loi du 17 décembre 1814 renouvela la prohibition sur les sucres raffinés aux colonies et la loi du 28 avril 1816 sur les sucres terrés. On voit donc que, jusqu'à la fin du XVIII° siècle, les planteurs conservèrent la faculté de terrer leurs sucres et les avantages qui en résultaient. Sous beaucoup d'autres rapports les règlements de la France furent moins restrictifs que les règlements de l'Angleterre. On a vu que des prohibitions qui durèrent jusqu'à Huskison produisirent plusieurs fois des disettes et même des famines dans les colonies à sucre de l'Angleterre. La France se montra plus libérale : dès 1784, elle autorisait ses îles à chercher leurs vivres, provisions et combustible, dans les États de l'Union américaine et elle s'habitua par degrés à autoriser l'entrée sur navires étrangers, moyennant des surtaxes généralement assez légères, des produits les plus nécessaires à l'existence.

C'est par ce système économique moins restrictif, autant que par la fertilité naturelle des îles françaises, que s'explique le grand et rapide essor de nos colonies à la fin du dernier siècle. C'est une loi presque sans exception, dans l'histoire des colonies de plantations, que celle qui est mise en culture la dernière ne tarde pas à primer toutes les autres. On comprend, en effet, qu'avec l'exploitation à outrance des terres, qui est de tradition aux colonies, et par l'habitude de demander au sol pendant des siècles un seul et même produit, les sols nouveaux et vierges aient une grande supériorité sur les sols depuis longtemps en culture et par conséquent épuisés par une production ininterrompue. La Jamaïque avait remplacé la Barbade, Saint-Domingue devait remplacer la Jamaïque, de même que Bourbon et Maurice devaient primer les petites Antilles et enfin Cuba, mise la dernière en culture, devait supplanter toutes les autres colonies à sucre. Cette supériorité toute naturelle de Saint-Domingue au dernier siècle, aidée par un régime économique relativement peu oppressif, suffit à expliquer la prospérité des îles françaises sous Louis XV et Louis XVI. Selon M. Augustin Cochin, même après la perte du Canada, le mouvement de nos opérations coloniales l'emportait sur celui de tous les États européens, y compris l'Angleterre. En 1787, ce mouvement représentait 600,000,000 de francs et celui de la Grande-Bretagne ne dépassait pas 450,000,000.

Cependant ce n'est qu'aux îles que notre colonisation était prospère. Sur le continent nous étions dans un état d'infériorité incontestable relativement aux autres peuples, les Anglais et les Hollandais, par exemple : la Guyane en est une preuve. Venus les premiers dans ces régions, nous laissâmes les Anglais et les Hollandais s'emparer des lieux les plus favorables et nous ne créâmes qu'un établissement pauvre, peu peuplé et languissant, tandis que nos deux rivales, l'Angleterre et la Hollande, fondèrent deux opulentes et grandissantes colonies. Cayenne et les côtes voisines furent reconnues pour la première fois en 1604 par le Breton La Révardière ; depuis lors pendant 40 ans un grand nombre d'expéditions furent faites vers ces contrées par des navigateurs de Normandie ; une compagnie fut créée par Richelieu avec le privilège de la navigation de l'Orénoque et de l'Amazone ; les Français s'établirent même à Surinam ; mais le terrain bas et marécageux et l'air malsain décidèrent les colons à quitter ces lieux dont les Hollandais plus industrieux et plus patients devaient faire le centre d'une riche exploitation agricole et commerciale. Trois causes devaient empêcher particulièrement le développement de la colonie : d'abord l'imprévoyance de la couronne qui abandonna à nos rivaux les grands cours d'eau presque indispensables à la prospérité de l'établissement ; en second lieu, l'administration à courte vue des compagnies, qui se montrèrent à la Guyane plus oppressives et plus ignorantes que partout ailleurs ; et enfin le mode défectueux d'appropriation des terres. « Deux voies restaient ouvertes au génie colonisateur, écrit M. Jules Duval, les magnifiques cours de l'Orénoque et de l'Amazone, qui, jusqu'en deçà du xvi° siècle, limitèrent seuls la Guyane française, comme en font foi les chartes de compagnies octroyées par Louis XIII et Louis XIV, simples ratifications des entreprises individuelles des marchands de Rouen et des marins engagés sous leurs ordres. Les compagnies et la royauté ont fait perdre à la France cette double et incomparable richesse. Uniquement préoccupés de leurs gains immédiats et manquant de l'intelligence des grandes affaires autant que de résolution et de patriotisme, les compagnies privilégiées laissèrent les Hollandais s'implanter au delà de l'Orénoque, si bien que, lorsque l'établissement de Cayenne, commencé en 1636, prit quelque consistance, nous étions déjà resserrés sur la rive droite du Maroni. A l'autre extrémité, il restait encore, pour nous ouvrir les profondeurs du pays, l'Amazone et le Rio-Negro, l'un de ses principaux affluents. Par le traité d'Utrecht, Louis abandonna cette limite, renonçant même à tout droit de navigation sur l'Amazone et ses tributaires, sacrifiant ainsi d'un trait de plume au Portugal, maître du Brésil, un itinéraire commercial de 1,500 lieues, comme il abandonnait l'Acadie et Terre-Neuve à l'Angleterre à titre d'appoint de ses combinaisons dynastiques. » (Jules Duval, *les Colonies françaises*, 198.) Ainsi, fermée de toutes parts aux entreprises du commerce, la Guyane ne vit pas s'élever dans son sein de grandes villes maritimes. Dans ses plus beaux jours, Cayenne ne dépassa pas 5,000 habitants, tandis que Paramaribo, capitale de la Guyane hollandaise, en a compté plus de 20,000 et Demerari, chef-lieu de la Guyane anglaise, plus de 25,000.

S'il était une colonie qui ne pût être exploitée par une compagnie exclusive, c'était la Guyane. Comme prélude de toute colonisation dans cette contrée humide et pleine de marécages, il fallait établir un réseau de canaux et de routes, faire des desséchements et se livrer ainsi à de grandes dépenses préparatoires. Il fallait, pour y réussir, beaucoup d'expérience, de patience et de parcimonie. Une compagnie de commerce ayant sa résidence dans la métropole était complètement incapable de suffire à cette tâche : il n'y avait que des colons, indépendants de tout lien, habitués à s'associer et à s'administrer eux-mêmes, qui eussent pu entreprendre avec fruit ces travaux nécessaires. Préoccupées de gains immédiats et faciles, les compagnies se gardaient d'enfouir leurs rares capitaux dans des opérations aussi coûteuses et aussi lentes à produire. Elles se firent remarquer plus que partout ailleurs par l'incapacité de leur administration, l'infidélité de leurs agents et l'âpreté vexatoire de leur trafic. Quant aux colons, étouffés par l'esprit de monopole, gênés dans toutes leurs entreprises par l'absence de liberté et par l'insécurité de la propriété, ils ne purent se livrer à ces ouvrages considérables qui auraient pourtant si largement récompensé leurs labeurs. La métropole mettait plus de soin qu'aux Antilles à écarter de l'établissement les protestants et les juifs, c'est-à-dire les éléments les plus laborieux, les plus entreprenants et les plus industrieux. Dès le XVIIe siècle les colons néerlandais, débarrassés au bout de peu de temps du joug de la Compagnie des Indes occidentales, habitués par leurs usages municipaux à s'associer librement en vue d'un résultat d'intérêt commun, avaient réussi par les seuls efforts des particuliers à assainir Surinam et toute la contrée par des travaux hydrauliques : ce ne fut que cent ans après sous l'administration de Malouet que des travaux analogues furent entrepris à Cayenne et dans le quartier d'Approuague aux frais de l'État et avec l'aide d'un ingénieur étranger, le Suisse Guizan. Quand un peuple est privé dans sa patrie de la tâche laborieuse, mais honorable et fortifiante, d'administrer ses intérêts locaux, il pourra peut-être, dans un sol naturellement fertile et qui ne demandera pas de grands travaux préparatoires, fonder une colonie prospère ; mais dès que, pour jeter les premières bases de la colonisation, il y aura de grandes difficultés à vaincre, de grands travaux à entreprendre, un tel peuple échouera inévitablement, parce que de tels ouvrages ne se peuvent exécuter et de telles difficultés ne se peuvent surmonter que par l'esprit d'association, par la patience et par la parcimonie, trois qualités qui font défaut à un peuple n'ayant pas l'habitude de s'administrer lui-même.

Le mode défectueux d'appropriation des terres n'était pas non plus un des moindres maux de cette vaste colonie continentale. L'État, qui succéda aux grandes compagnies, accordait de grandes concessions, mais sans limites précises et à titre seulement provisoire. Aussi la propriété était-elle complètement dépourvue de sécurité. Tout régime de concessions produit le favoritisme et l'arbitraire : l'administration, se regardant comme donatrice, croyait pouvoir imposer des conditions aux donataires : on les obligeait souvent, sous peine d'annulation de la concession, à des cultures que les fonctionnaires déterminaient ; c'est ainsi que les colons se virent détourner des productions *vivrières* pour lesquelles cependant la Guyane présentait tant de facilités. Par ses vastes forêts facilement exploitables, par ses immenses savanes si propres à l'élève du bétail, par l'étendue des terres où les grains étaient d'une production aisée, la Guyane eût dû être une colonie agricole en même temps qu'une colonie de plantations. L'agriculture extensive, qui convient si bien à l'enfance des sociétés et qui est une des conditions de leur développement, eût dû devancer l'agriculture intensive. La Guyane sous un régime moins artificiel eût pu nourrir une nombreuse population blanche et contribuer à l'approvisionnement de nos Antilles : mais les gouverneurs, les compagnies, les ministres n'avaient de faveur que pour les denrées d'exportation. Cette contrée si riche en pâturages recevait de France la viande qui devait nourrir ses colons. En revanche elle produisait à grand'peine sur vingt sucreries, au temps du père Labat (1726), 2,500,000 kilogrammes de sucre de qualité inférieure : elle avait à la même époque 86 rocoueries : elle réussissait mieux dans la culture du café qui lui vint de Surinam en 1716, du cacao, du cotonnier et du giroflier dérobé aux Hollandais en 1777. La production générale cependant resta toujours chétive et languissante. Comment en eût-il été autrement quand les travaux hydrauliques les plus indispensables étaient négligés et quand la propriété foncière était dépourvue de toute garantie ? Un administrateur habile, Malouet, sentit le défaut de ce système ; il eut le mérite d'entrevoir le régime le meilleur ; mais il ne put le faire adopter. Il conçut le projet de vendre les terres au lieu de les concéder : c'était à la fois un moyen de se créer des ressources pour des travaux utiles et de rendre la propriété plus sûre et plus productive. « On redemande des concessions de terres dans la Guyane, dit-il ; je propose de les vendre. Les Anglais, qui aiment à se rendre raison de leurs usages, disent que la concession des terres en Amérique est nuisible au défrichement, que le plus grand nombre de ceux qui se présentent pour obtenir des concessions n'ayant pas le moyen de les mettre en valeur, en privent ceux qui sont en état d'en tirer un meilleur parti ; que, en vendant à un prix modique les terres à défricher, le colon aisé ou celui qui projette des établissements n'en peut être empêché par une légère avance qui assure la propriété, tandis que l'homme pauvre et stérile est dans l'impuissance d'usurper sa place. Ces raisons sont infiniment plus sensées que celles sur lesquelles nous fondons les concessions gratuites. » Une loi qui proclamerait la mise en vente des terres de la Guyane, ajoutait Malouet, attirerait l'attention sur cette colonie. Les acheteurs feraient quelques avances pour défricher et l'émulation multiplierait les essais. C'est avec cette hauteur de sens et cette fermeté de jugement que Malouet concevait tous les problèmes coloniaux, trouvant *à priori* la solution que les expériences de l'Australie et du *farwest* américain ont démontré être la seule bonne et vraie. Mais Malouet était seul de son avis au milieu de l'ignorance et de la routine où vivaient, sauf quelques glorieuses exceptions, les hommes d'État de son temps.

Rien ne forme un contraste plus frappant avec les vues pleines de justesse de Malouet, que le déplorable essai de colonisation tenté par le duc de Choiseul à la Guyane. Honteux d'avoir fait perdre à la France le Canada, ce ministre voulut fonder une colonie nombreuse, riche et prospère : il jeta les yeux sur la Guyane. Il commença par en partager la propriété à titre de fiefs héréditaires entre les deux branches de sa famille, puis il dirigea sur les rives désertes du Kourou, où rien n'avait été préparé pour les recevoir, 15,000 misérables. Ils étaient conduits par des agents sans expérience ; on les avait embrigadés et répartis sous les noms divers de seigneurs, vassaux et manants; on n'avait fait aucune étude préalable des localités, on ne s'était même pas entendu avec les autorités de Cayenne : ces bandes de mendiants sans industrie manquèrent d'abris et de vivres ; il en mourut plus de 12,000 ; 20 ou 30 millions de francs furent engloutis dans ce gouffre ; un discrédit bien concevable en rejaillit sur la Guyane : jamais l'on n'avait vu entreprise plus insensée et qui montrât mieux combien les hommes d'État réputés les plus habiles étaient peu au courant des affaires coloniales et des conditions nécessaires à la fondation et à la prospérité d'une colonie.

Le règne de Louis XVI, si remarquable par l'impulsion donnée au commerce et à l'industrie, ne passa pas sans bienfaits pour les colonies. C'est alors que furent instituées les assemblées coloniales par l'initiative de Turgot et de Necker : la réunion des députés de la Guyane reçut avec enthousiasme cette innovation heureuse : « Jamais, écrit Malouet au ministre, cette pauvre colonie ne s'était vue honorée d'une marque aussi flatteuse de la bonté du roi et de la bienveillance de son ministre..... La Guyane s'est agrandie aux yeux des colons, et cet instant a vu naître un esprit public et des vues générales. Ils sentent tous que leurs opinions vont décider de leur sort en déterminant le parti à prendre. En effet, Monsieur, si, avant de faire des projets, d'aventurer ici des hommes ou de l'argent, on eût pris le parti que votre sagesse a adopté, ce pays-ci serait déjà florissant ou n'occuperait plus personne. » Mais cette résolution venait bien tard : le sort de la Guyane était décidé pour toujours ; une colonie qui languit pendant un siècle et demi n'est point faite pour se relever : les trente années de lutte ou d'abandon qui suivirent le règne de Louis XVI n'étaient guère propres à ranimer la vie dans cette province à demi morte.

Ainsi, au midi comme au nord, la colonisation française échouait sur le continent. Sous des climats différents et dans des conditions diverses les mêmes causes générales produisaient cependant les mêmes effets. Les monopoles des compagnies privilégiées, l'absence de libertés municipales et provinciales, le mauvais régime d'appropriation des terres entraînaient à la Guyane comme au Canada un échec incontestable. Heureuse la France, si elle tirait de ses revers des leçons utiles et non pas seulement de tristes souvenirs et si elle savait associer aux stériles regrets les réflexions sérieuses et fécondes!

La France fut-elle plus heureuse dans les colonies de commerce? Dans de pareils établissements, qui ont pour but non la formation de sociétés de colons, mais uniquement le trafic avec les indigènes, le mode d'appropriation du sol, les lois et les libertés n'ont plus qu'une importance secondaire. Notre nation ne réussit guère mieux cependant dans les colonies de ce genre que dans les colonies agricoles; et là encore, nous avons à enregistrer, après quelques succès à l'origine, un échec définitif. C'est sur les côtes et dans les îles d'Afrique que les marins de Dieppe firent d'abord connaître le nom français. De ce côté se porta d'abord la libre activité de nos navigateurs et l'initiative hardie de nos commerçants. Ces tentatives du xiv° siècle que nous avons déjà rapidement esquissées se renouvelèrent au xvii°. Il se forma, en 1634, une compagnie pour faire le commerce du Sénégal. Richelieu lui accorda des privilèges et sa protection spéciale au point d'envoyer une escadre de la marine royale dans les parages où la compagnie devait trafiquer. C'est alors que fut fondé dans l'île Saint-Louis le premier établissement français permanent. A côté de cette première compagnie se formèrent successivement la Compagnie du Cap-Vert, celle du Cap-Blanc et celle de Guinée. C'est probablement à cette dernière que se rapportent les lignes suivantes qu'on lit dans le numéro du 28 octobre 1634 de la *Gazette de Renaudot* : « Arrivée à Dieppe de la côte d'Afrique au delà du cap Vert de 4 vaisseaux français chargés de gomme, cuir, ivoire, singes, guenons et autres richesses et raretés de cette zone torride pour apprendre à notre nation que nul climat ne lui est non plus inaccessible qu'aux autres. » Les compagnies des côtes d'Afrique subirent beaucoup de vicissitudes : elles disparurent, se fondirent les unes dans les autres, se séparèrent, renaquirent, au point que les actes et les décrets ayant rapport au commerce de la Guinée et du Sénégal sont plus nombreux que ceux qui visent le commerce des Antilles ou celui des Indes orientales. Quand la traite eut pris de l'extension avec la faveur royale, ce devint le commerce principal des Français sur la côte d'Afrique : ils s'acquittèrent de ce trafic inhumain avec assez de succès, sans pouvoir cependant lutter avec les Portugais qui, des côtes de Loanda, fournissaient le Brésil et la plupart des colonies d'Amérique ; à la traite des noirs les Français unirent le trafic de la gomme, de l'ivoire et de la poudre d'or, mais ils ne pensèrent pas à s'asseoir solidement dans le Sénégal, à prendre possession du sol et à en exploiter les richesses agricoles.

Nos visées furent plus hautes dans les Indes orientales ; nos projets et nos plans de conquête, l'audace et le bonheur de quelques aventuriers nous y valurent pendant quelque temps la première place ; et cependant, nous devions finir par disparaître presque complètement de ces vastes et riches régions, si fertiles en objets d'échange, si capables d'alimenter un immense commerce. Trois compagnies successives furent fondées sous Henri IV et Richelieu pour l'exploitation de ce grand et lointain marché. On jeta d'abord les yeux sur Madagascar, dont on considérait la possession comme capitale pour la sécurité de notre trafic dans les mers d'Orient. « Le cardinal, dit l'académicien Charpentier, fondait de grandes espérances pour notre commerce sur un établissement solide à Madagascar. Il pensait que l'on pourrait entretenir avec cette île des relations qui seraient très avantageuses pour notre marine, augmenteraient le nombre de nos matelots et de nos vaisseaux et favoriseraient ainsi le développement de notre commerce. Il espérait encore rendre cette colonie assez forte pour servir non seulement de station à nos vaisseaux qui iraient aux Indes, mais encore de point d'appui à notre commerce dans cette contrée. » Les faits ne répondirent pas à ces ambitieux projets. Quelques marins et quelques marchands abordèrent dans la grande île Malgache pour y chercher de l'ébène. Mais jusqu'à Colbert nous n'y fîmes pas de navigation suivie et nous n'y eûmes pas d'établissement sérieux. Le grand ministre de Louis XIV reprit sur ce point comme sur beaucoup d'autres les projets inachevés du ministre de Louis XIII. Il entreprit, en 1664, de fonder une compagnie des Indes orientales et il n'oublia rien de ce qui pouvait, dans les idées du temps, assurer sa prospérité et sa durée. Toutes les faveurs, tout l'appui, tout le retentissement dont le grand roi pouvait entourer une entreprise favorite furent prodigués à la fondation de la Compagnie des Indes orientales. On chargea l'académicien Charpentier de faire, en style oratoire, un manifeste patriotique où seraient célébrées, avec tout l'appareil de la rhétorique, les richesses de l'Orient, la gloire et l'opulence qui nous y attendaient. Cet appel officieux et littéraire lancé dans le public fut suivi bientôt de provocations plus directes et plus précises. Des lettres furent expédiées par le roi et par les syndics de la compagnie aux maires et échevins des bonnes villes pour les prier de convoquer les principaux habitants et de dresser la liste de ceux qui voudraient prendre des actions de la société nouvelle. Les corps de magistrature, les gens en place et en dignité reçurent sur ce point des invitations spéciales qui, sous le règne du grand roi, équivalaient à des ordres. Les étrangers eux-mêmes étaient engagés à souscrire. Chacun pouvait s'y intéresser sans dérogation de noblesse ni perte de privilège; qui tenait à la faveur de la cour devait prendre soin de figurer parmi les actionnaires. La compagnie devait être régie sur le modèle de la hollandaise par une chambre de 21 directeurs électifs et temporaires; elle devait jouir pendant 50 ans du privilège du commerce et de la navigation dans les Indes orientales et dans toutes les mers d'Orient et du Sud. Elle obtenait à perpétuité la concession de toutes les terres, places et îles qu'elle pourrait conquérir, y compris Madagascar. Les appâts ordinaires devaient attirer les artisans et paysans français dans ces mers lointaines; c'était l'obtention de la maîtrise et la dispense du chef-d'œuvre après quelques années de séjour dans les établissements coloniaux. Le roi promettait de faire escorter par sa marine les convois de la compagnie jusqu'aux Indes. Pendant la durée du privilège, les objets nécessaires à la construction et au ravitaillement des navires de la compagnie seraient exempts du droit d'entrée. Les marchandises des Indes, déchargées pour être réexportées dans les pays étrangers, jouiraient du bénéfice d'entrepôt sans payer de taxe. Le roi avancerait le cinquième de la valeur des trois premiers armements non seulement sans intérêts, mais encore en s'engageant à supporter sur cette avance les pertes que pourrait essuyer la compagnie pendant les six premières années. On accordait en outre à la compagnie une prime de 50 francs par tonneau à l'importation et de 75 francs à l'exportation pour les vaisseaux qui seraient équipés et chargés en France. Pour compléter toutes ces faveurs on fit don à la compagnie de toutes les terres vagues qui appartenaient au domaine, à Port-Louis et dans la baie que forment les embouchures du Blavet et du Scorff, emplacement où devait naître et grandir le port de Lorient. Enfin, pour mettre le sceau à toutes ces promesses de prospérité, une patente royale conférait à la compagnie pour devise une fleur de lis avec légende : « *Florebo quocumque ferar* ».

Telle fut la naissance de cette fameuse compagnie des Indes orientales sur laquelle le roi et le ministre fondaient tant d'espérances. Un discours d'académie, des souscriptions de courtisans et de gens en place qui voulaient capter ou conserver la faveur du maître ; une publicité officielle à laquelle coopéraient par ordre les agents du gouvernement, des provinces et des municipalités ; des subventions royales qui devaient mettre les associés à l'abri de tous risques : c'est dans cette atmosphère artificielle que l'on vit éclore à force de soins cette vaste association sans racines profondes dans le pays et dans la nation, dénuée de toute vitalité et de toute activité spontanée, issue non des besoins ou des instincts nationaux, mais de la volonté et de l'ambition d'un ministre et d'un roi. Et l'on croyait qu'une telle compagnie était douée des mêmes éléments de vie que la Compagnie hollandaise, qui était sortie presque toute formée des mœurs et des aspirations du peuple hollandais, qui avait grandi sans faveur spéciale et sans protection de l'État et qui trouvait en elle-même, en elle seule, le principe de son développement et de sa grandeur.

La nouvelle compagnie débuta par un échec : cette île de Madagascar qu'on avait baptisée du nom flatteur d'île Dauphine et dont, par une idée bizarre, on voulait faire le siège de la colonisation française en Orient, la compagnie n'y put fonder d'établissement durable ; elle dut rétrocéder l'île à la couronne. Ce n'est pas que nous n'ayons eu à Madagascar de glorieux et intéressants épisodes. Nulle nation ne compte tant d'aventuriers que la France. Un de ces hommes hardis avait mis le pied parmi les Malgaches et s'y était fait une de ces positions singulières qui plaisent tant à la nature de l'esprit français. Cet aventurier, nommé Lacase, avait épousé une princesse malgache, avait acquis un grand ascendant sur cette peuplade sauvage, et quelques historiens ont pu décorer du grand nom de colonisation cet épisode tout personnel d'aventure et de bravoure. On ne saurait pourtant trop le répéter : les Français ont excellé partout à s'identifier avec les peuplades primitives qu'ils ont rencontrées; ils ont plus que tous autres su quitter le vieil homme pour revêtir l'homme nouveau. On les a vus au Canada, à Madagascar, en mille autres lieux devenir chefs de sauvages, presque sauvages eux-mêmes, mais ce n'est pas là coloniser : ce n'est pas par ces exploits pittoresques et héroïques que l'on fonde une société civilisée. La ténacité des mœurs, la patience dans le travail, l'économie dans l'usage des richesses acquises, ce sont là les vraies qualités du colon, ce sont aussi celles qui nous ont le plus fait défaut. En réalité Madagascar était un lieu bien mal choisi pour y fonder une colonie prospère : il était impossible de rencontrer plus d'obstacles et moins de ressources. Un peuple nombreux et guerrier, des cours d'eau dont les embouchures sont barrées par des bancs de sable et qui débordent en lacs stagnants, des côtes partout insalubres, d'immenses forêts impénétrables et peuplées d'animaux féroces, un climat chaud, humide et débilitant, une situation géographique qui équivalait à l'isolement par l'éloignement des Indes, des Moluques et de la Chine. Le choix d'une telle île pour en faire le point central de la colonisation française est à lui seul la preuve de la parfaite ignorance dans laquelle on était alors en France des conditions nécessaires à la prospérité des colonies.

On fut mieux inspiré en fondant des comptoirs à Surate, à Masulipatam et en s'établissant à Bantam dans l'île de Java. Et cependant, c'est encore une faute pour une nation qui entre tard dans la carrière de la colonisation de créer des établissements dans le voisinage immédiat de positions acquises par d'autres nations civilisées, douées de marines considérables et faisant un grand commerce. C'est se condamner à l'impuissance ou à des guerres terribles et longues dans lesquelles se consument inutilement des forces et des capitaux qui auraient trouvé un emploi productif sur un théâtre mieux choisi. En 1672 on fut guidé par des vues plus sages et plus pratiques en organisant une expédition sur l'île de Ceylan. C'était assurément pour le commerce de l'Orient le lieu le plus favorable, nulle autre nation européenne ne s'y était encore établie. Si la France avait concentré tous ses efforts dans les Indes sur un établissement solide dans cette grande et belle île, elle aurait pu y fonder une colonie puissante douée de toutes les conditions de vitalité et de durée. Mais cette inspiration heureuse n'eut pas de suite : on négligea les îles encore vacantes où il eût été facile de s'asseoir solidement. La politique continentale prévalut dans les conseils de la couronne et de la compagnie. Une prédilection instinctive et invincible portait nos aventuriers aux conquêtes dans les Indes. On voulait y supplanter les Anglais et soumettre tout le pays. On était dirigé, non par les vues pratiques et judicieuses du colon et du commerçant, mais par les hautes visées de l'aventurier et du conquérant. Ce que nos ministres, nos gouverneurs, nos capitaines en Orient recherchaient, ce n'était pas les résultats féconds pour le commerce et l'industrie, ce n'était pas le développement pacifique de notre trafic, c'était la gloire. François Martin, Dupleix, Labourdonnais, hommes de mérite sans doute, mais mauvais agents de compagnies commerciales et coloniales, ne songeaient qu'à fonder un vaste empire, quel qu'en fût le prix. L'admiration, que leur ont attirée les hautes qualités de leur esprit et de leur caractère a donné à beaucoup d'écrivains le change sur l'utilité réelle et la portée pratique de leurs projets. Quant à nous, nous ne saurions assez déplorer que tant de facultés précieuses se soient perdues dans des tentatives aussi vaines, et en repassant notre histoire coloniale au Canada, à la Louisiane, à Madagascar, aux Indes, en voyant combien de nobles et grandes intelligences, combien de vies et de forces ont été inutilement gaspillées dans ces vastes entreprises, dont il reste à peine trace aujourd'hui, nous ne pouvons que nous écrier : le principal obstacle au succès et à la grandeur coloniale de la France, ç'a été l'esprit exagéré d'aventure, l'impatience des résultats progressifs et lents, la dissémination des forces sur un territoire trop indéfini, et, transformant légèrement un mot de Rossi : ce dont les Français doivent le plus se défier dans la colonisation, dirons-nous, ce sont leurs habitudes.

Quand Colbert fondait toutes ces grandes compagnies, « la nation française, dit un historien économiste, n'avait pas encore des mœurs propres au grand commerce : elle ne connaissait pas la puissance de l'association. « Vous m'alléguez, écrivait Colbert à un de ses agents
« établis à Marseille, vous m'alléguez les Anglais et les Hollandais qui
« font dans le Levant pour 10 ou 12 millions de commerce, ils le font
« avec de grands vaisseaux : messieurs de Marseille ne veulent que des
« barques afin que chacun ait la sienne, et ainsi l'un réussit et l'autre
« non. » La nation manquait non seulement de l'esprit de discipline, mais de l'esprit de suite et d'économie. Chacun voulait s'enrichir en un jour sans s'assujettir à de longs labeurs. On mettait à la tête des

compagnies des administrateurs que la faveur plus que leur expérience portait à ces postes élevés. On faisait, dès le principe, de grands frais sans attendre les bénéfices. On s'installait magnifiquement et ensuite on n'avait plus de capitaux pour agir : on empruntait à la grosse aventure et on se ruinait. » (Levasseur, *Histoire des classes ouvrières*, t. II, p. 229.)

Nous avons déjà vu plus haut un historien canadien attribuer principalement notre échec en Amérique au « manque d'association dans la mère patrie pour provoquer une émigration agricole et aux goûts militaires parmi les habitants de la colonie ». Voilà pourquoi nous avons eu tant d'aventuriers et si peu de colons, pourquoi nous avons parcouru et exploré les continents américain et indien sans savoir nous y faire une large part, pourquoi notre histoire coloniale est si retentissante, si pleine de luttes, de péripéties et d'exploits, et nos colonies cependant sont si rares, si dispersées et si peu dignes de notre grandeur.

CHAPITRE VI

De la colonisation danoise et suédoise. — Résumé de la colonisation antérieure au XIXe siècle.

Avantages et inconvénients de la colonisation pour les petits peuples. — Les compagnies privilégiées danoises et suédoises pour le commerce oriental. — Causes de leur prospérité intermittente. — Réflexions d'Adam Smith sur l'appauvrissement dont la manie coloniale fut cause en Suède et en Danemark. — Les essais de colonisation suédoise dans le New-Jersey et la Delaware. — De l'importance de l'émigration en Suède ; de l'utilité qu'il y aurait à ce que cette émigration constituât une colonie scandinave (note).
Caractères généraux des systèmes de colonisation antérieurs au xixe siècle. — Absence de libertés commerciales ; monopoles et privilèges, pacte colonial. — Travail forcé, asservissement des races indigènes et esclavage. — Mauvais régime des terres et administration intrusive.

Nous ne pouvons terminer cette étude de la colonisation antérieure au xixe siècle, sans dire quelques mots des tentatives des petits États du Nord, le Danemark et la Suède, pour fonder aussi des établissements, soit aux Indes orientales, soit aux Indes occidentales. Ces petites contrées à vastes territoires et à population disséminée, dont il semblait que le principal devoir eût été de consacrer tous leurs capitaux et tous leurs bras à la mise en rapport de leurs terres, se tournèrent aussi vers les entreprises lointaines, attirées par la force irrésistible de l'exemple et de l'émulation. On les vit essayer de prendre timidement part à cette curée des richesses de l'Orient que les grandes nations de l'Europe se disputaient au prix de tant de sang ; on les vit consacrer leurs capitaux au défrichement de quelques îlots des Antilles, avoir aussi leurs esclaves, leurs plantations et leur pacte colonial. Ce fut-il un bien pour ces peuples nains d'imiter ainsi les grands peuples de l'Europe? Furent-ils poussés dans cette voie par un instinct naturel et légitime ou par une vanité déplacée, et les résultats qu'ils en retirèrent valurent-ils les sacrifices qu'ils s'étaient imposés ?

Dans les Indes orientales, les Danois eurent, par intervalles, quelques succès. Ils eurent recours, eux aussi, au régime des compagnies privilégiées ; la première compagnie danoise orientale, fondée en 1616, fit de mauvaises affaires et, à sa dissolution (1634), ses dettes absorbaient son actif. Le Danemark ne se découragea pas par cet échec et montra la même opiniâtreté que la France. Il constitua une seconde compagnie en 1634, une troisième en 1686 et une quatrième en 1732 : cette dernière compagnie jouit de privilèges tout à fait exceptionnels ; elle avait le monopole de l'approvisionnement de la mère patrie en marchandises des Indes, mais elle n'était pas limitée à ce marché et elle pouvait vendre en franchise de droits à toutes les nations d'Europe. Cette clause lui valut une certaine prospérité. Comme elle n'était pas assez forte pour tenter des conquêtes continentales, elle se borna à des opérations commerciales et elle prit un grand essor pendant les guerres maritimes où le Danemark était neutre. Les actions montaient prodigieusement quand la France et l'Angleterre étaient en lutte, et elles descendaient rapidement dès que ces deux contrées faisaient la paix. C'est ainsi que les actions, qui avaient été émises au taux de 500 thalers, s'élevèrent, en 1782, jusqu'à 1,800 et 1,900 thalers, pour redescendre, en 1788, à 700, et, en 1790, à 420. La Compagnie suédoise des Indes orientales eut un rôle plus effacé. Elle fut dissoute en 1671 avec un déficit considérable. Le commerce de ces petites compagnies en Orient se rapprochait beaucoup plus des conditions normales et naturelles du trafic que celui des compagnies de la France, de l'Angleterre et de la Hollande. L'absence de tout esprit de conquête, d'ingérence ou de propagande religieuse donnait une supériorité notable aux établissements de ces petits peuples. Mais, d'un autre côté, leurs relations commerciales étaient nécessairement peu étendues, leurs débouchés très bornés ; la jalousie des grandes nations était un obstacle à la liberté et à la sécurité de leurs opérations. Au point de vue des métropoles on ne peut qu'adhérer à l'observation d'Adam Smith. « De pauvres pays, tels que la Suède et le Danemark, dit-il, n'auraient probablement jamais occupé un seul vaisseau pour les Indes orientales, si le commerce n'eût pas été mis sous le régime d'une compagnie exclusive. L'établissement d'une telle compagnie encourage nécessairement les entreprises maritimes. Le monopole des entrepreneurs de ce commerce les garantit de tous concurrents sur le marché intérieur et, pour les marchés étrangers, ils ont la même chance que les commerçants des autres nations ; leur monopole leur présente la certitude d'un très gros profit sur une quantité assez considérable et la chance d'un profit assez considérable sur une très grande quantité de marchandises. Sans un encouragement extraordinaire comme celui-là, les pauvres commerçants de ces pauvres pays n'auraient vraisemblablement jamais songé à hasarder leurs petits capitaux dans une spéculation aussi incertaine et aussi éloignée qu'aurait dû leur paraître naturellement le commerce des Indes orientales..... Or, s'il est vrai que sans compagnie exclusive le commerce de la Suède et du Danemark aux Indes orientales serait moindre que ce qu'il est actuellement ou, ce qui est peut-être plus probable, n'existerait pas du tout, dès lors ces deux derniers pays doivent pareillement souffrir une perte considérable de ce qu'une partie de leur capital se trouve ainsi entraîné dans un emploi qui est plus ou moins mal assorti à leur situation particulière. Il vaudrait mieux peut-être pour eux, dans leur situation actuelle, acheter des autres nations les marchandises de l'Inde, quand même ils devraient les payer un peu plus cher, que d'aller porter une si grande portion de leur petit capital dans un commerce d'une distance si considérable, dont les retours sont si excessivement tardifs, et dans lequel ce faible capital ne peut entretenir qu'une faible partie du travail productif qu'il entretiendrait dans leur pays où ils en ont tant besoin, où il y a si peu de chose de fait et tant à faire. »

En Amérique, les Suédois s'établirent dans le New-Jersey et la Delaware où ils fondèrent une colonie agricole ; mais cette nouvelle Suède fut bientôt envahie par la colonie hollandaise de New-York. « A cette époque, l'émigration parut prendre des proportions assez inquiétantes pour appeler des règlements restrictifs qui firent bientôt place à la liberté pure et simple, l'inexactitude des renseignements relatifs aux partants ayant été démontrée. » (Jules Duval, *Histoire de l'émigration*, p. 138.) Cette émigration, selon nous, ne pouvait que nuire à la mère patrie qui, dans tous les temps, a manqué à la fois de bras et de capitaux. « La densité de la population n'était pour rien dans ces départs : on sait que la Suède est un des pays où elle est la moindre (à peine 8 habitants par kilomètre carré) ; quelque large part qu'il y ait à faire aux montagnes stériles, aux forêts, aux sables, le sol convenablement cultivé, avec le complément des industries propres au pays, peut nourrir largement une population plus serrée. » (Duval, *Émigration*, p. 139.)

C'est surtout aux Antilles que les peuples du Nord firent des établissements durables. Les petites îles danoises de Saint-Thomas et de Sainte-Croix, après avoir langui longtemps sous le monopole d'une compagnie exclusive, atteignirent, à la suppression de la compagnie, un haut degré de prospérité. La liberté du commerce en fit des entrepôts florissants et des nids de contrebandiers pour les provinces espagnoles. Ce libre trafic et ce commerce interlope les enrichit au plus haut point. On peut se demander cependant si la mère patrie retira un profit réel de la prospérité des îlots des Antilles. Nous inclinons à croire qu'il en fut autrement. Les colonies de plantations détournent les capitaux de la métropole pour les fixer aux colonies ; or, quand un pays est pauvre, cette émigration des capitaux est pour lui une cause de stagnation et de langueur. Si grands que soient les profits de ces placements lointains, ils ne compensent pas pour la mère patrie, quand elle est naturellement pauvre et peu cultivée, le tort que la soustraction des capitaux fait à la culture des terres et au développement de l'industrie métropolitaine. « On doit se demander, dit Roscher, quel but l'on cherche dans la fondation d'une colonie. Ainsi des Allemands ont fait des plans pour établir des colonies de plantations. Mais il est certain qu'en Allemagne, ce n'est pas le capital qui est en excès, d'où il résulte que de telles colonies iraient contre leur but. » Le capital était encore bien plus insuffisant en Suède et en Danemark, et on peut dire que ces deux pays, en consacrant une grande partie de leurs richesses à des placements lointains, ont nui d'une manière permanente à leur développement intérieur. Ils semblent revenir de nos jours à des vues plus judicieuses et, en vendant à haut prix leurs îlots d'Amérique, ils se procurent un capital qui trouvera un champ largement productif dans le Danemark même ou dans la Suède (1).

(1) Nous avons tenu à maintenir le texte de la première édition de cet ouvrage ; mais nous devons dire que notre opinion s'est quelque peu altérée depuis lors. La Suède et la Norvège fournissent depuis quelques années une émigration considérable qui va se perdre dans ce vaste océan humain que l'on appelle les États-Unis. Dans ces derniers temps les pays scandinaves n'ont pas donné moins de 25,000 à 40,000 émigrants annuellement, soit, si ce train devait continuer, un million environ par quart de siècle. Dans ces circonstances il nous paraît qu'il eût été préférable, pour la civilisation en général, pour la conservation des variétés utiles de la race humaine, que la Suède et la Norvège eussent eu des colonies, non pas des colonies d'exploitation ou de plantations qui absorbent des capitaux, mais des colonies de peuplement vers lesquelles se serait dirigé ce courant d'émigration qui, en dépit de l'absence de colonies, se produit d'une manière constante en Norvège et en Suède. Le genre humain est menacé de voir, dans quatre ou cinq siècles, disparaître presque, au moins comme influence, la plupart des peuples européens. Quand les trois grands peuples envahisseurs, les Anglo-Saxons, les Russes et les Chinois auront peuplé la presque totalité du globe et compteront chacun plusieurs centaines de millions ou même des demi-milliards d'habitants de leur langue et de leur civilisation, quand les Allemands, en outre, auront dans l'Europe centrale un noyau de 200 millions d'âmes, que deviendra, je ne dis pas l'indépendance politique, mais l'indépendance intellectuelle et sociale des autres peuples européens, des Français, des Espagnols, des Portugais, des Italiens, des Hongrois, des Scandinaves ? La langue, les habitudes, les goûts des peuples prédominants anglo-saxons, russes, chinois et allemands, refouleront et confineront sur d'étroits espaces les idiomes, les littératures, les arts des peuples qui n'auront pas de colonies. L'originalité de ceux-ci, leur dignité intellectuelle et morale, leur conscience nationale en éprouveront une grave atteinte. Ces vieux peuples sans colonies, à l'exception de l'Allemagne qui aura en quelque sorte colonisé par infiltration tout le centre de l'Europe, ne seront plus guère que des satellites.

Il eût mieux valu pour maintenir, dans leurs proportions actuelles, les différents types de la race humaine, les variétés essentielles, que chaque nation d'Europe

Nous avons essayé d'esquisser rapidement la conduite coloniale des différentes nations d'Europe depuis les grandes découvertes jusqu'à la fin du xviiie siècle. On a dû remarquer combien ces divers régimes présentaient entre eux d'analogies et se rapprochaient de l'identité. En réalité ils se ramènent à un seul et même système qui offre comme traits distinctifs les trois caractères qui suivent: en premier lieu, l'absence de toute espèce de liberté commerciale, des monopoles et des privilèges plus ou moins restrictifs, un lien étroit entre la colonie et la métropole, organisation économique tout artificielle qui constitue le *pacte colonial ;* en second lieu le travail forcé, la violation des droits de l'homme par l'asservissement des races inférieures, en un mot l'esclavage ; en troisième lieu, la concession gratuite des terres soit à de grandes associations, soit à des particuliers, système qui entraîne avec soi les grands domaines, l'ingérence administrative et d'une manière générale l'insécurité de la propriété. Ces caractères sont communs à toutes les colonies modernes antérieures au xixe siècle, sans exception. Si l'on retranche les colonies de l'Angleterre, on trouve un autre trait commun à toutes les colonies européennes. C'est l'absence de libertés administratives, d'indépendance municipale et provinciale, la sujétion complète aux ordres du gouvernement métropolitain. Contre cet état de choses le xixe siècle devait réagir avec énergie, soit en modifiant d'une manière radicale les conditions des colonies anciennes, soit en suivant dans la fondation des colonies nouvelles un plan essentiellement différent de celui qu'avaient appliqué nos pères pour la création de leurs établissements. Toutes les nations d'Europe devaient l'une après l'autre porter la main sur l'édifice

---

eût dans le nouveau monde et dans l'extrême Orient des colonies correspondant à sa propre importance dans le vieux monde. L'Espagne a pourvu au maintien de la langue et de la civilisation espagnoles en occupant un bon quart de l'Amérique. Le Portugal a fait de même. La France peut encore se sauver de l'obscurité et de la médiocrité dont elle est menacée en ayant une politique résolue et active en Afrique, en prenant virilement possession des dépendances naturelles de l'Algérie et du Sénégal et en occupant le Soudan. Mais n'eût-il pas été utile à la civilisation générale que l'Italie eût aussi sa place dans le Nouveau Monde, et que les 40 ou 50,000 émigrants italiens eussent constitué, soit dans l'Amérique du Sud, soit dans quelqu'une des grandes îles de l'Océanie une population italienne de plusieurs millions d'âmes? Il en est de même de la Suède et de la Norvège : si ces petits peuples avaient formé dans le nord de l'Amérique ou de l'Asie, une population scandinave de quelques millions d'individus, le genre humain n'aurait qu'à s'en féliciter. Il ne faut pas désirer la disparition des espèces ou des races, quand elles ont des qualités solides. Or l'amoindrissement de son rang relatif dans le monde, l'abaissement indéfini du coefficient qu'il représente dans la population totale du globe, équivalent presque pour un peuple à sa disparition. Les Français, les Italiens pourraient dans le monde civilisé de l'avenir ne pas occuper plus de place, que n'y tiennent aujourd'hui les Roumains ou les Grecs. (*Note de la deuxième édition.*)

savant de sacrifices et de faveurs réciproques qui constituait le pacte colonial. Dans un autre ordre d'idées et de faits, la plupart des peuples européens devaient aussi détruire cette vieille organisation intérieure sur laquelle reposait le travail et la production des colonies à sucre : l'esclavage devait précéder ou suivre au tombeau le pacte colonial. En troisième lieu dans la création de ces magnifiques colonies de l'Australie, la Tasmanie, la Nouvelle-Zélande, l'Angleterre devait inaugurer un mode tout nouveau d'appropriation des terres. Enfin, quoique dans une moindre mesure, le système administratif des colonies devait recevoir un autre coup par la reconnaissance du droit des colons à prendre part à l'administration de leurs intérêts. Sous quelque aspect que l'on considère la conduite coloniale des principales nations au XIXe siècle, on ne peut qu'adhérer à cette observation de Roscher : « *Der Grundgedanke in der Geschichte der Colonien ist der stufenweise Uebergang von Beschrænkung zur Freiheit.* Le point fondamental dans l'histoire des colonies, c'est leur passage progressif du régime de restriction au régime de liberté. »

LIVRE DEUXIÈME

DE LA COLONISATION AU XIXᵉ SIÈCLE.

CHAPITRE PREMIER

Les colonies d'exploitations ou de plantations.

Le xixᵉ siècle doit complètement transformer le commerce, le travail et la propriété dans les établissements coloniaux.
Caractère artificiel de la société et de la propriété dans les colonies de plantations. — Phases successives de médiocrité, d'opulence et de décadence par lesquelles passent toutes ces colonies. — Prépondérance de la colonie qui met en culture des sols vierges. — A la fin du xviiiᵉ siècle, les Antilles anglaises sont arrivées à la période de crise. — Infériorité de la Jamaïque relativement à Saint-Domingue. — Mortalité des noirs. — Révoltes des esclaves, abandon des propriétés. — Décroissance des exportations.
Le vieux système colonial perd du crédit. — Wilberforce et les abolitionnistes anglais. — Abolition de la traite en 1812. — Impossibilité de maintenir par elle-même la population esclave. — Les colonies européennes autres que les anglaises continuent pendant plusieurs dizaines d'années à pratiquer la traite clandestine. — Grande perturbation dans les îles anglaises. — Propositions incessantes pour l'abolition de l'esclavage. — Les mesures protectrices de 1821. — Abolition définitive en 1833. — Clauses de l'acte d'émancipation. — Apprentissage pendant six ans. — Dans la plupart des colonies cet apprentissage est supprimé ou diminué.
Effets de l'émancipation au point de vue de la criminalité. — Effets économiques. — Substitution partielle des cultures vivrières aux cultures d'exportation. — Abandon des plantations. — Nombre considérable de noirs devenus propriétaires. — Souffrances des planteurs. — Progrès de l'outillage agricole; les usines centrales.
L'immigration par engagement d'Indiens, de Chinois et d'Africains remplace en partie la traite et offre quelques-uns des vices de ce trafic. — Importance de de l'importation des coolies dans les différentes sortes de colonies. — Relèvement de la plupart des colonies anglaises.
De la destruction graduelle du pacte colonial. — Les premières atteintes à ce système économique remontent à la fin du xviiiᵉ siècle. — Sous Napoléon Iᵉʳ dispense du circuit par l'Angleterre pour les bâtiments anglais trafiquant des colonies avec les ports de la Méditerranée. — Acte de 1822 qui règle les rapports des colonies d'Amérique avec les autres contrées américaines. — Autre acte de 1822 réglant le commerce colonial avec les contrées d'Europe. — Mesures importantes adoptées sur la proposition d'Huskison en 1825 et 1826. — Dégrève-

ments sur les produits coloniaux à l'entrée de la Grande-Bretagne. — Jusque-là les modifications au pacte colonial n'avaient profité qu'aux colonies.
Manifeste de la Chambre du commerce de Manchester en 1841 contre les droits différentiels. — Diminution de ces droits malgré l'opposition des antiesclavagistes. — Propositions fréquentes pour la suppression absolue des droits différentiels. — Mesures votées en 1846 et en 1848. — Suppression absolue de toute protection accordée aux produits des colonies à partir de 1854. — Abolition de toute protection aux colonies pour les produits anglais. — Suppression de l'acte de navigation en 1849.
Données statistiques sur l'état actuel des colonies anglaises de plantations.

Le nouveau régime qui devait changer dans les colonies de l'Europe les conditions du travail, de la propriété et du commerce, fut inauguré par l'Angleterre. C'est le peuple anglais qui, le premier, porta la main sur la traite d'abord, sur l'esclavage ensuite : c'est lui qui, peu à peu, en 30 ans, par les réformes successives d'Huskison, de Robert Peel et de lord Russell, enseigna à l'Europe à détruire de fond en comble le vieil édifice du pacte colonial ; c'est encore lui qui, suivant le système américain en le perfectionnant, introduisit dans la fondation des colonies un élément inconnu de prospérité, la vente des terres incultes à des prix relativement élevés. Ces trois réformes considérables qui transformaient le travail, le commerce et la propriété dans les établissements coloniaux, nous les devons étudier scrupuleusement dans leur histoire, dans leurs diverses phases d'application et dans leurs résultats. Nous verrons combien la société coloniale se trouve radicalement modifiée par cet ensemble de mesures heureuses, et, comparant l'état actuel des colonies à leur état passé, nous constaterons ce qu'elles ont gagné au point de vue de la justice, de l'équilibre intérieur des divers éléments qui constituent la société, de la production et du trafic.

Nous ne suivrons pas dans cette étude l'ordre exact que nous nous étions prescrit dans le livre précédent. Nous grouperons dans un même chapitre les colonies à plantations et à esclaves des différentes nations d'Europe ; nous ouvrirons l'étude de la colonisation au XIX° siècle par l'examen de l'abolition de l'esclavage, de l'immigration par engagement, et de la suppression plus ou moins complète du pacte colonial dans les établissements des tropiques adonnés presque exclusivement jusqu'à ce jour à la production de denrées d'exportation. La situation économique de ces colonies, à quelque nation qu'elles appartiennent et malgré les différences des régimes administratifs et politiques, est tellement identique qu'il convient de l'examiner d'un seul tenant.

COLONIES A PLANTATIONS DE L'ANGLETERRE.

On a vu dans le premier livre de cet ouvrage que, sous la double influence de l'esclavage et du pacte colonial, les colonies des tropiques adonnées à la culture des denrées d'exportation et que l'on est convenu d'appeler *colonies de plantations,* étaient arrivées à une situation tout à fait anormale et artificielle, sans exemple jusquelà dans l'histoire des peuples modernes. Ces établissements étaient devenus de vraies usines, n'ayant d'autre but que de fournir du sucre, du café et quelques autres denrées de haut prix ; les cultures vivrières n'y existaient pas ; la terre y était exploitée à outrance en vue d'un seul produit ; il n'y avait pas, à proprement parler, de société dans ces colonies : l'absentéisme des propriétaires, la nonexistence de classes moyennes, l'oppression d'une multitude d'hommes sans droits que l'on considérait comme des instruments et que l'on recrutait sans cesse par la traite, tous ces faits antisociaux donnaient aux établissements européens des tropiques le caractère le plus triste et le plus contraire aux principes généraux de notre civilisation.

Rien n'était plus fragile que la prospérité extérieure et d'apparat dont jouissaient ces colonies. Il n'avait fallu que peu d'années pour faire disparaître la plus belle et la plus riche de toutes, la reine des Antilles, Saint-Domingue. Cette prospérité était calculée uniquement sur la valeur des exportations. On ne tenait aucun compte du degré de bien-être ou de malaise de ces milliers de travailleurs coloniaux que l'on s'était habitué à regarder comme des machines. Que ces machines fussent mal alimentées et de peu de durée, qu'il fallût les renouveler au bout de dix ou quinze ans, on ne s'en inquiétait guère. Toute épargne sur leur entretien était comptée parmi les bénéfices comme diminution dans les prix de revient et économie dans les frais de production. Une île comme Saint-Domingue, qui ne comptait qu'un blanc sur vingt nègres, et qui, à force de réduire les besoins du plus grand nombre, donnait une grande valeur de produits d'exportation, passait pour infiniment plus florissante qu'une île comme Porto-Rico, où la population blanche était très nombreuse, où la petite propriété était fréquente, qui se livrait aux cultures vivrières et exportait relativement peu, parce qu'elle consacrait toutes ses forces à subvenir directement aux besoins de ses habitants. On avait, en un mot, pour juger de la prospérité des établissements des tropiques, une tout autre mesure que celle qui servait à apprécier la prospérité des sociétés européennes.

L'exploitation hâtive et à outrance, qui était de tradition dans ces colonies, les condamnait toutes à un déclin plus ou moins rapide, mais inévitable. Tandis que la civilisation se manifeste dans les contrées d'Europe par une prospérité continue et incessante que chaque jour vient augmenter et qui n'a aucune raison, même après une longue série de siècles, pour disparaître ou diminuer, la force des choses réservait aux colonies tropicales, adonnées à la production sans merci d'un seul produit, une décadence prompte et la ruine à courte échéance. Merivale a tracé avec une grande précision les différentes phases par lesquelles devaient passer nécessairement toutes ces sociétés artificielles : « Les événements qui se sont succédés dans l'histoire des Indes occidentales, présentent dit-il, une remarquable uniformité ; à chaque époque de l'histoire, les mêmes causes produisent des effets identiques. L'ouverture d'un sol vierge avec la liberté du commerce est un stimulant subit pour la colonisation et l'industrie ; le sol se couvre de propriétaires libres ; c'est une prospérité générale, mais médiocre. Vient une époque de culture plus soigneuse : les domaines s'agrandissent, des bandes d'esclaves remplacent les associations d'hommes libres ; ce sont partout des factoreries productives; mais la fertilité diminue, les frais de production augmentent, le travail esclave enchérit par la difficulté de l'entretenir. Des colonies plus récentes se développent, les vieilles colonies incapables de lutter avec les nouvelles, malgré les droits protecteurs, tombent dans un état inférieur, où le capital, l'économie et l'habileté ne parviennent pas à compenser la perte de la fertilité. Ainsi grandissent d'abord les petites Antilles anglaises avec de nombreuses populations de blancs : bientôt elles ont recours aux importations d'esclaves et elles obtiennent la fourniture de toute l'Europe. La Jamaïque les détrône : celle-ci à son tour est dépassée par Saint-Domingue, brusquement détruite avant d'atteindre l'époque de la décadence. Enfin Cuba et Porto-Rico prennent le premier rang. La vie de pareils établissements artificiels et anti-sociaux peut être brillante pour un temps, mais ce temps est court. »

A la fin du xviiie siècle les Antilles anglaises étaient arrivées à cette époque de crise, qui constitue la troisième phase décrite par Merivale. L'épuisement du sol était la cause principale de leur décadence, mais non pas la seule. Les règlements restrictifs et le pacte colonial avaient une part notable dans leurs souffrances. Enfin, les rigueurs de l'esclavage, qui, au témoignage même d'Adam Smith, était plus dur dans les îles anglaises que partout ailleurs, agissaient également comme cause perturbatrice. Les plantations de la Jamaïque ne produisaient que 8 quintaux de sucre par acre, tandis que celles de Saint-Domingue produisaient 24 quintaux. Aussi, en 1784, le prix du sucre moscouade français était-il à l'anglais comme 5 est à 7. La seule supériorité des Anglais en travail et en capital, spécialement dans la traite des noirs, maintenait les îles anglaises. L'indépendance des États-Unis avait encore porté un coup fatal à la prospérité des plantations britanniques : d'abord, parce que les habitants de ces provinces allaient naturellement s'approvisionner aux marchés les moins chers, c'est-à-dire à Saint-Domingue, et ensuite parce que les habitants des Antilles anglaises, en vertu du pacte colonial, ne pouvaient plus se fournir de bois et de vivres dans les anciennes provinces continentales de l'Angleterre. Les colons de la Jamaïque et de la Barbade devaient faire venir leurs provisions du Canada ; il en résultait qu'ils eurent souvent à souffrir de la famine. On prétend que, de 1780 à 1787, à la Jamaïque seule, 15,000 noirs moururent par mauvaise nourriture. Les plaintes incessantes des colons ne trouvèrent aucun écho dans la métropole ; ils n'eurent pas eux-mêmes la pensée ou le courage de modifier leur organisation économique et de consacrer une partie de leurs vastes terres aux cultures vivrières : ils aimèrent mieux produire exclusivement du sucre. Même après les allègements apportés par Robinson en 1822 et en 1825 par Huskison aux règlements qui obligeaient les Antilles à s'approvisionner dans les possessions anglaises, on estimait encore en 1831 à 187,000 livres sterling par an le renchérissement des frais de production auquel ces règlements, même mitigés, contraignaient les planteurs des îles. Le régime de l'esclavage amenait la plus grande insécurité dans l'état des colonies. Les révoltes des nègres étaient fréquentes : on en compte jusqu'à 20 à la Jamaïque avant 1795. Sous l'action de toutes ces causes la détresse et les plaintes des planteurs grandissaient d'année en année. A la Jamaïque seule, de 1772 à 1793, 177 propriétés avaient été vendues pour dettes, 55 abandonnées, 92 exploitées par les créanciers, et le greffe avait vu passer 80,121 saisies. La catastrophe de Saint-Domingue et la paralysie des autres colonies françaises pendant les guerres de la révolution et de l'empire ne suffirent pas à relever les îles anglaises : « Même alors il se manifestait de temps en temps, dit Merivale, des faits qui prouvaient combien était trompeuse la prospérité que l'on supposait aux colons. Le rapport du comité des Indes occidentales en 1801 établit qu'un revenu de 10 p. 100 sur le capital est nécessaire pour rémunérer les planteurs et que cependant les profits nets ne montaient pas au tiers de ce taux par année. » En 1807 on comptait à la Jamaïque 67 habitations abandonnées depuis six ans ; en 1812 l'assemblée de cette île déclara au roi « que la détresse était telle qu'elle ne pouvait plus s'accroître » ; en 1832 « la ruine était imminente », écrivaient les planteurs au Parlement. Les faits confirmaient les plaintes des colons.

Comme le marché anglais était assuré aux colonies, le prix du sucre haussa. Mais la concurrence des Indes orientales et de Maurice arrêta la hausse. Depuis lors la décadence des Antilles fut constante, comme le prouvent les quantités de sucre exportées de la Jamaïque : en 1805 elles s'élevaient à 137,906 centners ; en 1811, à 127,751 ; en 1833, à 78,375 ; les frais de production continuèrent à s'élever par l'épuisement de la terre et la cherté du travail esclave. Pendant que la population de l'empire britannique augmentait rapidement, le produit total des colonies à sucre du golfe du Mexique restait stationnaire : en 1814, les importations des Antilles en Angleterre, d'après Mac-Culloch, étaient de 3,581,516 quintaux, et en 1833 de 3,648,000 ; aussi la quantité de sucre consommée par chaque habitant de l'Angleterre diminuait par suite de l'accroissement de la population, l'approvisionnement restant stationnaire. D'après une estimation de M. Montgommery Martin, dans sa déposition devant le comité du libre-échange avec l'Inde, chaque habitant de la Grande-Bretagne et de l'Irlande consommait, en 1801, 440 onces de sucre annuellement ; en 1811, 429 ; en 1821, 333 ; en 1831, 358 ; et en 1840, seulement 256 (Merivale, *On colonies*, t. I, p. 85). Un autre déposant, M. Mac Gregor, affirmait devant le comité d'enquête que si la consommation totale du sucre était beaucoup plus grande en Angleterre que partout ailleurs, à ne considérer que les basses classes elle était moindre à cause du haut prix.

C'est à ce degré de décadence qu'étaient tombées ces belles colonies du golfe du Mexique. Tout dans ces établissements avait été tourné à la production du sucre, et cependant cette production exclusive n'avait pu prendre les développements qu'on en attendait et ne pouvait plus suffire à l'approvisionnement de la métropole. En dépit des quantités considérables et toujours croissantes que les Indes orientales et Maurice versaient sur les marchés d'Angleterre, le citoyen anglais voyait diminuer chaque année sa portion de cette denrée si utile, parfois même nécessaire à l'existence. Les hauts droits protecteurs, la traite et l'esclavage n'avaient pu maintenir les colonies à sucre dans cet état de prospérité que l'on croyait être la suite naturelle de ces mesures autrefois si respectées. Le crédit du vieux système colonial fut singulièrement affaibli par le sentiment, d'année en année plus vif, des misères sans compensation qui en résultaient pour la mère patrie. On ouvrit les yeux sur cette organisation tout artificielle, sur cette constitution antisociale des établissements coloniaux et sur ces restrictions anormales, qui entravaient à la fois la prospérité de la métropole et de ses dépendances. Aussi, quand les chrétiens et les philanthropes se levèrent pour réclamer des modifications au régime du travail dans les colonies, quand les partisans de la liberté du commerce mirent en avant l'idée de la suppression du pacte colonial, les planteurs trouvèrent à peine dans le Parlement, la presse ou la nation, des défenseurs pour ces droits injustes ou ces privilèges surannés, qui, les uns et les autres, avaient été notoirement impuissants pour assurer la prospérité des colonies.

C'est en 1773 pour la première fois qu'une âme généreuse et profondément chrétienne, William Wilberforce, alors simple étudiant sur les bancs de l'école de Poklington, écrivit un pamphlet contre la traite des noirs. En 1780, un autre esprit élevé, Thomas Clarkson, propose au Parlement l'abolition de cet infâme trafic. Wilberforce reprend cette motion en 1787 et la réitère chaque année : il finit par la faire triompher ; l'année 1812 voit l'Angleterre abolir ce commerce odieux qui, pendant trois siècles, avait déshonoré la civilisation européenne. Trois ans après, au congrès de Vienne, les puissances cosignataires s'engagent à faire tous leurs efforts pour obtenir l'abolition entière et définitive de ce trafic « hautement réprouvé par les lois de la religion et de la nature ».

Nous n'avons pas à nous arrêter sur la valeur morale de cette solennelle et tardive réparation. Mais nous devons juger cet acte dans ses conséquences économiques et nous le devons faire en toute impartialité, sans nous préoccuper de circonstances étrangères. Assurément toutes les mesures qui devaient conduire à une modification radicale de l'organisation artificielle et vicieuse des colonies à sucre étaient bonnes en principe et devaient l'être aussi dans leur résultat définitif. C'eût été folie de perpétuer le vieux système fondé sur la traite, l'esclavage et le pacte colonial ; l'expérience n'avait que trop prouvé que malgré toutes ces faveurs, les unes injustes, les autres odieuses, les colonies de l'Angleterre étaient tombées dans un état de décadence et de marasme. Mais, si heureuse que fut l'abolition de la traite dans son principe et si bienfaisante qu'elle dut être dans son résultat définitif, il n'en est pas moins vrai qu'elle augmenta singulièrement pendant de longues années la crise déjà si intense que traversaient les Antilles anglaises. Le système de l'esclavage continuant à subsister, la prospérité des colonies à sucre dépendait en partie de la facilité qu'elles avaient à recruter des esclaves. C'était par leur supériorité dans la traite que les Anglais avaient compensé dans une certaine mesure la diminution de fertilité de la plupart de leurs îles. La population esclave en général était incapable de se maintenir, encore plus de s'accroître par soi-même. Ce fait lamentable est surabondamment prouvé par l'histoire. Les décès sont nombreux et les naissances rares parmi les esclaves : dans le milieu du dernier siècle, sur les 80,000 nègres de la Barbade, il en mourait tous les ans 5,000. Un observateur plein d'autorité, Bryan Edwards, calculait la décroissance de la population noire à 2 1/2 p. 100 par an. La Jamaïque, en 1817, d'après Merivale, comptait 346,000 esclaves ; en 1829 elle n'en avait plus que 322,000 ; la Trinité, qui en avait 26,000 en 1816, n'en avait plus que 21,000 en 1831 ; la Dominique, qui en 1817 en comptait 18,000, n'en avait plus que 15,000 en 1826. Les affranchissements qui étaient très rares ne donnaient pas la raison de cette diminution constante, et cependant il n'y avait pas de disproportion de nombre entre les sexes : mais le climat, le traitement, l'absence de la famille, et peut-être aussi une loi naturelle d'après laquelle l'esclavage serait à l'homme ce qu'est la domesticité aux animaux faits pour vivre en liberté et le rendrait moins apte à se reproduire : telles sont les causes vraisemblables de ce fait incontestable. Une population esclave doit se recruter au dehors et ne peut se maintenir en général par elle-même. Étant donné cet état de choses, il en résultait, pour les îles anglaises où la traite est abolie, une infériorité notable relativement aux autres colonies sucrières, où, en fait, la traite était encore en vigueur. On sait que ce trafic ne cessa complètement pour les îles françaises qu'après 1830, qu'il continua au Brésil jusqu'en 1850 et qu'en 1849 il importait encore 50,000 noirs dans cet empire, qu'il dura plus encore à Cuba et que, d'après un discours prononcé en 1860 par M. Cave à la Chambre des communes, la traite portait annuellement 30,000 noirs à la Havane. Ainsi les autres colonies recrutaient abondamment leur main-d'œuvre en dépit des traités et des croisières ; les colonies anglaises seules ne pouvaient alimenter leur travail à cette source inépuisable. Voici quelles étaient dans la pratique les conséquences de cet état de choses. Dans les colonies de l'Angleterre, qui étaient d'exploitation relativement récente et qui possédaient une grande étendue de sol fertile, l'abolition de la traite rendit impossible l'extension de la culture ; dans toutes les colonies, en général, la diminution constante des esclaves, qui provenait de l'excédent continu des décès sur les naissances, empirait chaque année davantage la situation des planteurs. Enfin la grande dépréciation dans le prix des nègres, qui fut la conséquence des craintes de voir un jour l'esclavage aboli, porta un rude coup au crédit des colons. Sans doute ils eussent pu sortir de cette situation mauvaise en recourant à des remèdes radicaux, en changeant leur mode de culture et d'exploitation, qui était complètement primitif et routinier, en remplaçant les bras par les machines, en revenant à une agriculture progressive et avancée ; mais tant que l'esclavage et le pacte colonial subsistaient, ils s'attachaient avec ténacité à ces deux vieux débris, ils n'avaient aucune initiative pour modifier un système qui durait depuis deux siècles et ils comptaient sur un revirement dans les idées et dans la législation de la métropole, sans tenter un effort viril et raisonnable, qui eût pu améliorer leur situation. Ainsi l'abolition de la traite, précédant de 21 ans l'abolition de l'esclavage, fut pour les colonies anglaises une blessure d'autant plus funeste que les planteurs ne firent rien pour lui porter remède. Mieux aurait valu, selon nous, supprimer d'un même coup la traite et l'esclavage ; les colonies elles-mêmes s'en seraient mieux trouvées : l'on ne gagne rien à de pareils atermoiements ; l'histoire des îles anglaises fournit la preuve de la différence entre les demi-mesures et les mesures définitives. Quand la traite fut abolie, les colons se plaignirent et souffrirent ; quand la liberté des noirs fut prononcée, les colons, après de courtes plaintes, se mirent courageusement à l'œuvre et firent de mâles et intelligents efforts pour remédier à leur position. L'esprit humain est ainsi fait qu'il ne recourt aux grandes résolutions que quand une situation est nette et définitive, il ne se dégage de la routine et ne prend possession de toutes ses ressources que quand il voit s'échapper tout autre espoir de salut.

Les auteurs de l'abolition de la traite ne renonçaient pas à la pensée de provoquer l'abolition de l'esclavage ; mais ils espéraient que, faute de se recruter, l'esclavage s'arrêterait comme un cours d'eau dont on coupe la source : ils croyaient d'autre part qu'il était sage d'arriver à la liberté pas à pas par des améliorations progressives, et ils avaient coutume de dire que « cette plante céleste ne peut fleurir que sur un sol préparé à la recevoir ». Le 15 mai 1823 une motion de M. Buxton, amendée par M. Canning et portant que « des mesures décisives et efficaces seraient prises pour améliorer le sort de la population esclave », fut adoptée par la Chambre des communes. La même année, lord Bathurst, secrétaire d'État des colonies, adressait aux gouverneurs, pour être soumises aux législatures, un programme d'améliorations précises qui auraient été des mesures préparatoires à l'émancipation. Voici les principales de ces améliorations proposées.

1° Fortifier, répandre la religion ; le gouvernement contribuerait au paiement d'un clergé plus nombreux, dès que la législature aurait rendu possible l'action de ce clergé par l'abolition des marchés du dimanche et par la concession aux esclaves d'un jour autre que le dimanche pour la culture de leur champ ;

2° Accorder le témoignage en justice aux esclaves qui seraient pourvus d'un certificat de moralité, délivré par l'ecclésiastique de l'habitation ou de la paroisse ;

3° Favoriser les mariages, surtout entre nègres de la même habitation ;

4° Encourager les affranchissements par l'abolition des taxes et l'enregistrement des naissances ;

5° Prohiber la vente des esclaves sans la terre, spécialement de l'un des époux sans l'autre et de la mère sans les enfants au-dessous de quatorze ans et réciproquement ;

6° Rendre les punitions moins rigoureuses, affranchir les femmes de la peine du fouet ;

7° Assurer aux esclaves la jouissance des biens qu'ils sont aptes à posséder, établir des banques d'épargne et permettre au déposant de déclarer à qui son dépôt doit revenir après lui.

Les colonies à charte déclarèrent inconstitutionnelle l'intervention du gouvernement, et les colonies de la couronne, elles aussi, résistèrent énergiquement, en fait, à l'application de ces mesures.

Au lieu de conseils le gouvernement dut donner des ordres: en 1831 fut décrétée la création de *magistrats protecteurs* des esclaves et de *cours de requête* pour juger la classe servile ; des mesures minutieuses réglèrent la nourriture, l'entretien, le logement, les soins médicaux. C'étaient encore là des atermoiements qui rendaient plus difficile la position des planteurs sans les décider à des remèdes énergiques. Le travail et la propriété aux colonies souffraient gravement de ces prescriptions, qui détruisaient en partie le vieux système et le rendaient moins productif sans amener aucune tentative sérieuse de réforme. Il fallait cependant sortir de cet état d'indécision et de marasme où, depuis 20 ans, se trouvaient plongées les colonies, il fallait prendre une résolution définitive qui simplifiât la situation des Antilles et, en ôtant aux colons tout espoir de revirement dans les idées de la métropole, les contraignît à d'intelligentes réformes dans leur mode de culture et de production. Cette résolution fut prise en 1833 : l'esclavage fut définitivement aboli. A partir du 1ᵉʳ août 1834, les esclaves habitant les colonies étaient transformés en apprentis travailleurs (*apprenticed labourers*) devant travailler au profit de leurs anciens maîtres. Cet état intermédiaire de l'apprentissage, stage préparatoire à la liberté, devait durer pour les apprentis ruraux, c'est-à-dire habituellement employés sur les plantations, jusqu'au 1ᵉʳ août 1840, pour les apprentis non ruraux jusqu'au 1ᵉʳ août 1838. Les apprentis étaient sous la tutelle de juges de paix spéciaux. Toutes les mesures propres à assurer l'exécution de la loi et des contrats étaient confiées aux législatures locales ou aux pouvoirs locaux. La loi assurait aux anciens maîtres une indemnité de 20 millions sterling à répartir par des commissions d'arbitres nommés par la couronne.

On pouvait craindre que cet état transitoire et intermédiaire, l'apprentissage, prolongé pendant six ans, ne devînt dangereux : il irritait les passions sans les satisfaire, il promettait la liberté sans la donner ; ce n'était pas une situation suffisamment nette et déterminée. Mieux aurait valu l'affranchissement immédiat, sauf les mesures si sagement prises dans une de nos îles, la Réunion, contre le vagabondage et l'obligation pour l'esclave de justifier d'un engagement de deux ou trois ans auprès d'un planteur et de se pourvoir d'un livret. Toutefois la sagesse des gouverneurs, l'influence de la religion sur les nègres et, dans beaucoup de colonies, l'intelligence et la modération des maîtres prévinrent tout désordre. D'ailleurs les législatures coloniales et le gouvernement métropolitain évitèrent de prolonger cette situation transitoire et périlleuse pendant toute l'étendue du délai légal. L'émancipation définitive eut lieu pour quelques colonies dès 1833, pour la plupart en 1838, pour les dernières en 1839 ; aucune n'attendit le mois d'août 1840.

Le secrétaire d'État des colonies, lord Glenelg, affirme dans ses dépêches que le passage des noirs de l'esclavage à la liberté s'effectua sans commotion ; que, de 1834 à 1838, les crimes et les délits, presque nuls à l'égard des personnes, diminuèrent à l'égard des biens, enfin que la production moindre sur certains points, égale ou supérieure sur certains autres se maintint en général pendant les quatre années de l'apprentissage.

Cet apprentissage, il le faut avouer, était encore une variété de servitude, et, quand on l'abolit, il était nécessaire de prendre des mesures de précaution contre les désordres qui pourraient se produire. Par une singulière anomalie, la métropole et les administrations coloniales, jusque-là si prévoyantes, n'en prirent aucune. Le passage de cette demi-servitude à la complète liberté s'effectua sans mesures ou garanties spéciales contre le vagabondage, auquel il était cependant naturel de s'attendre sur une grande échelle ; il en résulta une crise terrible pour les plantations, qui se virent tout à coup abandonnées par la grande majorité de leurs habitants. « Il est généralement admis, écrivait lord Grey en 1853, que la mesure de l'abolition de l'esclavage, votée en 1833, a été très malheureusement défectueuse en ce qu'elle ne contenait aucune prescription suffisante pour obliger les noirs au travail, au moment où les moyens de contrainte directe auxquels ils étaient soumis comme esclaves, viendraient à être retirés aux maîtres. »

Pour juger les effets économiques de l'abolition de l'esclavage, il convient de se placer à différents points de vue, si l'on veut éviter un jugement exclusif, c'est-à-dire en partie erroné. Nous avons insisté plus haut sur l'organisation artificielle que le pacte colonial et l'esclavage avaient faite aux colonies des tropiques : elles étaient devenues des fabriques n'ayant en vue que l'exportation du sucre, du café et de quelques autres denrées ; elles importaient du dehors la plus grande partie de leurs vivres. L'abolition de l'esclavage eut pour effet de changer toute cette économie. Devenus libres, beaucoup de noirs se rendirent propriétaires, se firent agriculteurs à leur compte et, au lieu de se consacrer en entier à la production du sucre, se livrèrent aux cultures vivrières jusque-là délaissées. Il devait en résulter une diminution dans les importations, ainsi que dans les exportations. Mais était-ce la preuve d'une diminution de travail et d'une diminution de richesse ? Pas d'une manière absolue. On conçoit qu'une partie des affranchis produisant des vivres au lieu de sucre, la quantité de sucre exportée en même temps que la quantité de vivres importée devaient baisser. Au lieu de se procurer les provisions dont ils avaient besoin par voie indirecte, au moyen de l'échange avec l'Angleterre ou le Canada, les habitants des îles émancipées se les procuraient par voie directe en les produisant eux-mêmes. De ce chef il n'y avait aucune perte réelle pour l'ensemble des habitants des colonies, bien qu'il y eût une perte apparente à ne consulter que les tableaux d'importation et d'exportation.

Mais si l'ensemble des habitants des colonies ne perdait pas à ce changement dans la production, il n'en est pas moins vrai que les planteurs, les anciens propriétaires d'esclaves, ceux qu'on était habitué à regarder comme les seuls colons, y perdirent considérablement. Les abolitionnistes, dans leur courageuse campagne contre l'esclavage, avaient souvent émis cette idée que l'homme libre travaille mieux que l'esclave ; le sentiment de sa responsabilité, les gains qu'il reçoit, l'espoir d'élever sa condition lui donnant plus d'activité et de cœur à l'ouvrage. De cette maxime générale, éminemment vraie, on tirait la conséquence particulière que les nègres travailleraient mieux en liberté qu'en servitude, et que les planteurs, malgré leurs plaintes, n'auraient, en définitive, qu'à se féliciter de l'abolition qui leur donnerait des ouvriers plus dispos, plus actifs, plus courageux. On peut dire, sans exagérer, que la croyance en l'amélioration du travail des nègres par la liberté eut une part notable à l'acte de 1833. C'était là, il le faut avouer, une croyance mal justifiée et que la connaissance exacte de la situation des colonies aurait dû facilement dissiper. Dans la plupart des établissements européens des tropiques, une partie minime du sol est seule mise en culture, le reste est délaissé ; or, la fécondité y est cependant si grande, que ces terres incultes, faciles à mettre en rapport, peuvent nourrir, avec peu de travail, toute une famille. Il était donc naturel que les noirs affranchis quittassent les plantations aux souvenirs odieux pour défricher ces terres dédaignées, d'une si facile appropriation et qui donnaient en cultures vivrières un rendement si abondant. Et cependant nul ne semblait avoir prévu que les noirs quitteraient les habitations pour cultiver à leur compte des produits servant directement à leurs besoins. Voilà pourquoi l'on n'avait pris aucune mesure, lors de la fin de l'apprentissage, pour retenir les anciens esclaves autant que possible sur les plantations à sucre. On comprend que par cet éloignement des nègres, par leur dissémination dans les terres de l'intérieur, les planteurs se virent réduits à une grande détresse. Aussi, si l'on examine avec attention, on voit que les colonies où la perturbation a été le plus grande, sont celles où le territoire est le plus vaste relativement à la population, comme la Guyane ou la Jamaïque ; celles, au contraire, qui se sont moins ressenties de la crise, sont les petites îles où la population était très abondante relativement au territoire, et où la presque entière étendue étant en culture, les noirs ne pouvaient acquérir facilement de la terre, comme la Barbade ou Sainte-Lucie.

Il convient encore de se placer à un troisième point de vue, celui de la métropole. A supposer qu'elle dût rester enchaînée par le pacte colonial, il n'y avait pas de doute qu'elle ne souffrît considérablement et d'une manière permanente de l'abolition de l'esclavage, car, par suite des circonstances que nous venons d'énoncer, la production du sucre ayant baissé dans les colonies, il en résultait que les habitants de la métropole étaient réduits à une ration plus petite de cette denrée si utile, et qu'ils la devaient payer à un prix plus élevé qu'auparavant. Aussi l'abolition de l'esclavage devait-elle conduire nécessairement à la réforme du pacte colonial par les souffrances mêmes qui résultaient pour les populations ouvrières de l'Angleterre de l'amoindrissement de la production sucrière aux colonies. Tandis que plusieurs écrivains se sont étonnés de la coïncidence de ces deux réformes, nous trouvons, nous, cette coïncidence parfaitement logique, naturelle et légitime.

Si ces considérations sont justes, c'est se placer à un point de vue étroit et porter un jugement erroné que de dire que l'abolition de l'esclavage a détruit le travail et la prospérité des colonies ; elle a seulement modifié d'une manière radicale les conditions de ce travail et de cette prospérité ; mais cette modification était nécessaire, et, quelles que soient les souffrances passagères qu'elle ait entraînées, il ne faut pas moins se féliciter de cette transformation, non seulement au point de vue moral, mais même au point de vue économique.

Les faits sont parfaitement conformes aux considérations que nous venons d'exposer. En 1842, lord Stanley, secrétaire d'État des colonies, s'expliquait en ces termes sur les résultats de l'acte de 1833. « Le nombre des noirs devenus propriétaires par leur industrie et leur économie s'élevait, pour toute l'île de la Jamaïque, à 2,114 en 1838 ; deux ans après, en 1840, on en comptait 7,340. A la Guyane, on a vu 150 ou 200 noirs s'associer pour acheter des domaines de 150,000, 250,000 ou même 400,000 francs. Des villages importants s'étaient formés, composés de jolies chaumières avec une bonne église et occupés par des habitants nombreux, appliqués au travail et convenablement vêtus. » Dans un rapport sur la Guyane anglaise en 1840, on lit que le nombre des noirs propriétaires, y compris les membres de leurs familles, était déjà de 15,906 individus, qui avaient construit à leurs frais 3,322 maisons. Le rapport se terminait ainsi : « Lorsque le paysan de la Guyane s'élève d'un degré dans l'échelle sociale et devient propriétaire d'une petite étendue de terres fertiles, il est peu de conditions aussi dignes d'envie que la sienne, peu de contrées aussi heureusement partagées. A l'aspect de cette prospérité des labours de la Guyane anglaise, on est tenté de dire de la partie cultivée de la colonie, ce que Goldsmith disait de la vieille Angleterre et de ses produits : chaque morceau de terre nourrit son homme. » Un officier de la marine française qui a fourni aux colonies la plus grande partie de sa carrière, M. le capitaine de vaisseau Layrle, envoyé en mission à la Jamaïque, s'exprimait ainsi : « Les noirs n'ont pas abandonné les cultures, c'est un fait. Maintenant, si par travail on entend celui qui rapporte au planteur, celui qui, sous le régime précédent, profitait à une poignée de blancs qui le monopolisaient, il se fait moins de travail, cela est vrai ; mais si l'on fait entrer en ligne de compte le travail des noirs sur leurs propres terrains (car il est notoire qu'il a été fait depuis trois ans pour 2,500,000 francs d'achats de terre par les affranchis), on trouve que la diminution du travail n'a pas été aussi considérable qu'elle le paraît d'abord ; seulement le travail a pris une autre direction. » C'est à ce point de vue que se justifient les expressions enthousiastes de lord Stanley en 1842, et de lord Russell en 1848. « En somme, disait le premier, le résultat de la grande expérience d'émancipation, tentée sur l'ensemble de la population des Indes occidentales, a surpassé les espérances les plus vives des amis, même les plus ardents, de la prospérité coloniale : non seulement la prospérité matérielle de chacune des îles s'est grandement accrue, mais ce qui est mieux encore, il y a eu progrès dans les habitudes industrieuses, perfectionnement dans le système social et religieux... Tels sont les résultats de l'émancipation ; son succès a été complet quant au but pricipal de la mesure. » Et lord Russell disait de son côté : « L'objet de l'acte de 1833 était de donner la liberté à 800,000 personnes, d'assurer l'indépendance, la prospérité, le bonheur de ceux qui étaient esclaves. Personne ne nie, je pense, qu'il n'ait été rempli. Je crois qu'il n'y a pas une classe de travailleurs plus heureuse que la population affranchie des Indes occidentales. »

Telle est l'une des faces de la question ; voici l'autre : « Le bas prix des terres, conséquence d'une fertilité qui fournit au delà des besoins de la population, la mauvaise volonté des propriétaires, la sévérité des lois qui règlent les rapports des ouvriers et de ceux qui les emploient, voilà les principales causes des difficultés éprouvées. » C'est ainsi que s'exprime le comité d'enquête de 1842 et il continue : « Le haut prix des salaires a ruiné plusieurs grandes propriétés, surtout à la Jamaïque, à la Guyane, à la Trinité, et diminué les produits d'exportation. Il y a lieu de faire avec les ouvriers des arrangements plus équitables, de réviser les lois, de provoquer, sous la surveillance d'officiers publics responsables, l'immigration d'une population nouvelle. » Les souffrances des plantations n'étaient donc pas sans remède et l'événement le prouva. Dès 1844, une grande partie des affranchis, après s'être livrés quelque temps au vagabondage, étaient revenus aux habitations ; et les documents de cette année nous apprennent qu'à la Jamaïque la proportion des terres en culture était la même qu'au temps de l'esclavage, et que le salaire de la journée de travail de 9 heures était descendu à 1 shelling 6 deniers au maximum. C'était aussi l'opinion de lord Elgin dans son rapport de 1846 : « Je ne puis admettre, dit-il, que le taux des salaires ait été exorbitant ; si ce n'est dans quelques circonstances où un tarif a été établi par les planteurs eux-mêmes, le travail n'a jamais été payé plus de 1 shelling 6 pence. »

L'abolition de l'esclavage avait cependant fait aux planteurs des conditions nouvelles : ils ne pouvaient plus compter sur la même quantité de bras ; ils devaient recourir à des procédés nouveaux, aux machines, aux engrais, à l'alternance des cultures, à tout ce qui constitue une exploitation progressive et prévoyante ; ils pouvaient en même temps chercher à attirer des pays étrangers où l'émigration est nombreuse, comme l'Inde et la Chine, des travailleurs à engagement temporaire. Ils recoururent à l'un et l'autre de ces moyens et tous deux furent également productifs au point de vue économique, quoique le second laisse beaucoup à désirer au point de vue moral et social.

On ne peut méconnaître l'ardeur et le succès avec lesquels les planteurs anglais, dès qu'ils furent fixés sur leur sort, s'adonnèrent à des réformes radicales dans leur agriculture. Jusque-là ils ne s'étaient servis pour instruments que d'esclaves, machines humaines dont les bras sont des leviers de médiocre puissance. Ils recoururent à tous les ustensiles de l'agriculture européenne. La charrue remplaça la houe, la herse devint d'un usage général ; des machines compliquées dont personne n'eût eu l'idée auparavant s'introduisirent dans les champs de sucre. On créa des usines centrales, on améliora le mode de plantation de la canne, les voies de communication furent perfectionnées : on construisit des chemins de fer à la Jamaïque, à la Barbade, à la Guyane, à la Trinité. « Les avantages résultant de l'emploi de meilleurs instruments d'agriculture, écrivait-on d'Antigoa en 1845, sont incalculables..... Déjà la colonie a fait cette année avec moins de 10,000 bras une récolte à peu près égale à celle pour laquelle la Barbade a employé 30,000 travailleurs. » Ainsi on parvenait à économiser les ouvriers dans la proportion de 3 à 1. La Barbade suivait à quelques années de distance l'exemple d'Antigoa. Une commission française chargée, en 1853 par le gouverneur de la Martinique, de visiter les deux îles de la Barbade et de la Trinité, s'exprimait en ces termes : « L'aspect de la Barbade est éblouissant au point de vue agricole et manufacturier : l'île entière est un vaste champ de cannes qui se tiennent et se suivent, plantées à une distance moyenne de six pieds carrés. Pas une herbe ne salit ces belles et régulières cultures. Les sucreries sont vastes, propres et tout le matériel de la fabrication installé avec luxe. »

Nous aurions voulu voir les colonies anglaises recourir uniquement à ces intelligentes améliorations dans l'emploi de la main-d'œuvre et dans le matériel de leur culture ou de leur fabrication. Elles auraient de ce côté trouvé des ressources considérables. Mais elles voulurent aussi avoir plus de bras et elles encouragèrent sur une grande échelle l'immigration. Le problème de l'immigration est des plus graves et des plus difficiles à résoudre. Ce qu'il y aurait de mieux dans l'intérêt des mœurs et de l'avenir des colonies, ce serait d'abandonner ce moyen parfois injuste et souvent périlleux de se procurer des ouvriers. Nous réservons cette question pour la traiter plus loin en détail. Le gouvernement anglais s'aperçut dès l'abord des dangers de l'immigration : il craignait avec raison de voir renaître sous ce nom une traite déguisée et un esclavage temporaire. La dépêche ministérielle du 6 février 1843 permit l'enrôlement des Africains libres, mais seulement sur trois points, Sierra-Leone, Bonavista, Loanda. L'enrôlement par mode d'achat d'esclaves de la côte d'Or, même dans l'intention de les émanciper immédiatement et de les transporter de leur plein gré aux colonies, fut sévèrement interdit : cette mesure juste et prudente eut pour effet de rendre insignifiante l'immigration africaine.

Les colons eurent alors recours à l'immigration indienne, ce fut un plus grand malheur à notre sens : car le nègre qui se fait chrétien, qui prend notre langue et nos mœurs, se fond dans la société où il entre ; l'Indien reste en dehors d'elle ; une grande accumulation d'Indiens fait revivre à la longue cette organisation tout artificielle et antisociale que l'abolition de l'esclavage avait détruite. Dès 1815 les criminels de Calcutta avaient été transportés à l'île Maurice et l'immigration avait précédé l'abolition de l'esclavage dans cette colonie. En 1837, Maurice avait reçu 20,000 Indiens. Le gouvernement s'alarma de ce courant grossissant et défendit l'immigration en 1838. Un acte du Parlement la rétablissait en 1842, tout en la soumettant à de minutieuses formalités. De 1834 à 1847 on introduisit 94,000 coolis à Maurice, qui n'employait autrefois que 23,000 esclaves aux travaux des champs. « La colonie, dit M. Augustin Cochin, avait alors dépassé les chiffres de production antérieurs à l'émancipation, portés de 73 millions de livres de sucre en 1832 à 80 millions en 1846, mais en dépensant 17,493,340 francs, en se grevant d'une dette énorme, en s'exposant à une immoralité effrayante, en devenant une colonie asiatique au lieu d'une terre africaine. » (T. I, p. 409.)

L'exemple donné par cette colonie de l'Orient fut bientôt suivi par les Indes occidentales : de 1840 à 1847 elles n'avaient reçu que sept ou huit mille immigrants africains ; en 1846 et 1847 elles avaient accueilli 15,000 Madériens. Le transport des coolis de l'Inde dans les établissements du golfe du Mexique date de 1844. La Jamaïque reçut cette année-là 250 coolis, la Guyane 556, la Trinité 220 : ce chiffre s'éleva rapidement les années suivantes. En 1845 la Jamaïque reçut 1,735 Indiens, la Guyane 3,497, la Trinité 2,083 ; en 1846 la Jamaïque obtint 2,515 coolis ; la Guyane 4,120 ; la Trinité 2,076. Le nombre total des immigrants engagés introduits dans les colonies anglaises, depuis l'émancipation jusqu'à la fin de 1849, monte, d'après M. Augustin Cochin, à 179,223 et, dans ce chiffre, Maurice figure pour 106, 638 : il ne reste donc pour les autres colonies que 72,585 immigrants qui se répartissent comme il suit :

Guyane	39,043	Antigoa	1,075
Jamaïque	14,519	Dominique	732
Trinité	13,356	Sainte-Lucie	665
Grenade	1,476	Nevis	427
Saint-Vincent	1,197	Saint-Cristophe	95

De 1849 à 1855 ces colonies reçurent 31,861 nouveaux immigrants, dont 19,519 pour la Guyane, tandis que l'île Maurice à elle seule en recevait encore 76,342.

En résumé les colonies anglaises, d'après les données de M. Augustin Cochin, jusqu'à la fin de 1855, avaient reçu 235,999 immigrants, dont :

27,906 Africains. 2,107 Chinois.
26,533 Madériens. 151,191 Indiens.

Si fâcheuse que soit au point de vue social cette vaste introduction aux colonies d'ouvriers de civilisation inférieure, il est indiscutable qu'au point de vue de la production elle rendit de grands services et contribua à relever les exportations de sucre des établissements anglais. On peut se demander, cependant, si de plus grands efforts n'eussent pas été faits par les colons sans cet approvisionnement incessant de bras, et si des réformes plus importantes dans l'économie des plantations n'eussent pas amené les mêmes effets bienfaisants sans entraîner les mêmes inconvénients graves. Toutefois, c'est une opinion qui s'est accréditée que, depuis l'émancipation, l'immigration seule a sauvé le travail. C'est un préjugé à nos yeux et c'en était un aussi pour la commission anglaise de l'immigration, qui, dans son rapport de 1858, a nettement affirmé que le salut des colonies ne venait ni des coolis de l'Inde ni des Madériens.

Ce qui est certain, c'est que les colonies, même considérées au point de vue de l'exportation du sucre, se relevèrent après quelques années de souffrance. La quantité moyenne de sucre, importée annuellement des Indes occidentales pendant les six années qui précédèrent l'émancipation, avait été de 3,965,034 quintaux. Elle fut pendant les quatre années d'apprentissage de 3,058,000; pendant la première année de liberté de 2,824,000 ; pendant la deuxième année de 2,151,117 quintaux. Si l'on examine les chiffres de chaque colonie, on voit que Maurice, grâce à l'immigration, dès la première année de liberté, avait exporté plus de sucre qu'avant l'émancipation. Antigoa, la Barbade, Sainte-Lucie, la Dominique, c'est-à-dire les îles les plus petites et dont tout le sol était occupé, ainsi que la Trinité, qui avait eu recours dès l'abord à une immigration considérable, étaient chaque année en progrès. Presque toute la perte retombait sur la Jamaïque, la Guyane, la Grenade et Tabago.

En 1845 l'exportation du sucre des Indes occidentales remontait à 2,854,000 quintaux ; elle atteignait 3,199,821 en 1847, et en 1848 elle s'élevait à 3,795,311, regagnant ainsi le niveau antérieur à l'émancipation. La Jamaïque seule restait toujours en souffrance : mais nous avons vu que depuis un demi-siècle cette île était en décadence, et la triste conduite des planteurs et des autorités coloniales, dont l'on a eu il y a une dizaine d'années encore, sous l'administration de M. Eyre, de déplorables preuves, n'était pas faite pour lui rendre sa prospérité.

La même époque, qui vit les colonies des tropiques se transformer radicalement par l'émancipation des esclaves, apporta une réforme non moins importante, l'abolition graduelle des restrictions et des faveurs réciproques qui constituaient le pacte colonial. Les premières atteintes portées à ce système économique datent de la fin du xviiie siècle. On commença alors à multiplier peu à peu les exceptions à la règle qui obligeait les colonies à ne recevoir les articles européens que de la métropole : c'est ainsi que durant la guerre avec Napoléon on permit l'importation des fruits, des vins et des huiles sur bâtiments anglais provenant des ports de la Méditerranée : c'était la dispense du circuit par l'Angleterre. En 1797 les colonies émancipées de l'Amérique du Nord obtinrent de renouer avec les Antilles les relations qu'elles entretenaient avant leur indépendance. Cette réforme, capitale en principe, était cependant dans l'application soumise à tant de formalités, qu'elle fut de peu d'utilité en fait. Il n'en résulta dans la pratique que de nombreux différends, auxquels on voulut mettre fin par l'acte de 1822, qui régla les rapports des colonies d'Amérique avec les autres contrées américaines. Les objets de consommation et les matières brutes provenant de ces contrées purent être importés sur bâtiments anglais ou sur bâtiments du pays producteur dans des ports désignés : et des mêmes ports tous les articles coloniaux, sauf les munitions navales et militaires, purent être exportés dans les pays américains sous pavillon britannique ou sous pavillon du pays de destination. Un autre acte du Parlement, à la même date, permettait aux colonies de communiquer directement avec les ports étrangers de ce côté-ci de l'Atlantique de même qu'avec Gibraltar, Malte, Guernesey, etc., qui jusque-là avaient été pour les colonies comme des pays étrangers. Les colonies étaient autorisées à y exporter leurs produits et à en recevoir, sous un droit en moyenne de 7 1/2 p. 100 de la valeur, les denrées et matières brutes que l'acte énumérait. Mais, à la différence du commerce avec les contrées américaines, le commerce avec les pays d'Europe ne pouvait se faire que sous pavillon anglais.

C'était là une large brèche au pacte colonial et les planteurs retiraient de grands avantages de ces modifications. En 1825 Huskison proposa à la Chambre des communes un remaniement plus profond du vieux système. A la nécessité d'abolir des restrictions qui arrêtaient la prospérité des colonies se joignait, disait-il, celle de faire équilibre à la redoutable puissance maritime des États-Unis. Il fallait mettre les puissances d'Europe sur le même pied que celles d'Amérique et autoriser ainsi les colonies à communiquer avec le monde entier. A partir de 1826, toute marchandise non formellement exclue put être importée dans les colonies d'Amérique de toute place étrangère, sur bâtiment du pays de production aussi bien que sur vaisseaux anglais, moyennant des droits variant de 7 1/2 à 30 p. 100, droits qui devaient être versés dans les caisses des colonies. L'exportation des denrées coloniales sous pavillon étranger fut également autorisée. Enfin les colonies étaient dotées d'entrepôts recevant en franchise de droits pour la réexportation les produits de tout l'univers.

Il résultait de ces graves modifications que le privilège des bâtiments anglais dans la navigation avec les colonies se trouvait réduit en principe à l'intercourse de la métropole avec ces établissements et de ces établissements entre eux. Mais, en fait, ce libre accès concédé à la navigation étrangère était subordonné à la réciprocité de la part des puissances qui possédaient elles-mêmes des colonies et à un traitement libéral du pavillon britannique de la part des autres (1).

A la même époque d'autres mesures favorables à la prospérité des colonies furent votées par le Parlement. Le droit sur le rhum colonial, diminué successivement en 1824 et 1825, fut ramené au même taux que les taxes d'excise sur les esprits distillés dans le pays. Le café fut dégrevé de moitié en 1825. Ainsi la réforme commerciale avait commencé par des modifications à l'acte de navigation et par des dégrèvements sur les produits coloniaux. Les colonies ne pouvaient que s'en féliciter et elles trouvaient dans l'atténuation des restrictions à leur commerce avec l'étranger une source

---

(1) Richelot, *Histoire de la Réforme commerciale en Angleterre*, tome I, p. 50-55.

de profits considérables : mais il était naturel que la réforme ne s'arrêtât pas là. Si le pacte colonial avait subi des atteintes au profit des colonies, il était logique qu'il en reçût aussi au profit de la métropole. Les colons avaient été autorisés à s'approvisionner à l'étranger, il paraissait tout aussi juste que les ouvriers anglais fussent autorisés à se fournir de sucre et de café en dehors des possessions britanniques. Il n'y avait rien que de légitime et de concordant dans la coexistence de ces deux réformes : il semblait que les colons qui avaient été les premiers à réclamer le nouveau système et à profiter de son application n'eussent aucun droit à se plaindre si ce système nouveau était également inauguré au profit des consommateurs métropolitains.

Au mois de mars 1841, la Chambre de commerce de Manchester lança un manifeste pour réclamer des mesures urgentes à l'égard des blés, des sucres, des cafés et des bois de construction. Dans l'enquête de 1840, il avait été prouvé, par d'abondantes et compétentes dépositions, que le sucre était devenu plus cher que jamais depuis 1816, que son usage s'était sensiblement restreint et qu'il avait fini par être complètement interdit aux classes pauvres. Les sucres du Brésil valaient en entrepôt deux fois moins que ceux des Indes occidentales. La protection du sucre colonial occasionnait au trésor une perte annuelle de 3 millions de livres sterling et faisait supporter aux consommateurs une perte indirecte au moins égale. Le droit sur les cafés étrangers était prohibitif. Le consommateur anglais payait le café 80 ou 100 p. 100 plus cher que le consommateur du continent. Indépendamment du revenu public et des consommateurs, le régime des sucres et des cafés préjudiciait aux exportations et à la navigation britanniques. Le traité de commerce avec le Brésil allait expirer ; les négociants s'inquiétaient de la concurrence probable des produits français ou allemands dans cet empire ; on était surtout préoccupé du désavantage où le défaut de retours plaçait la marine anglaise relativement à la marine étrangère.

Dans cet état de choses et après la sommation de la Chambre de commerce de Manchester, le ministère whig se décida à proposer une réforme. Les sucres coloniaux restaient taxés à 24 sh. par quintal, mais le droit de 63 sh. sur le sucre étranger était réduit à 36. Outre les avantages de cette réduction pour les consommateurs de la métropole, le gouvernement espérait de ce chef une augmentation de revenu de 700,000 livres sterling. Les promoteurs et les partisans de l'abolition de l'esclavage, ou du moins une partie d'entre eux et à leur tête le comité central de Londres, firent une vive opposition à cette mesure. On ne devait, disaient-ils, sous aucun prétexte, autoriser l'accès du marché anglais au sucre produit par le travail esclave. En vain lord John Russell soutint-il avec autant d'intelligence que d'énergie le dégrèvement proposé par le ministère ; l'accès du marché anglais aux sucres étrangers ne ferait que stimuler, selon lui, dans les Indes occidentales les efforts des planteurs pour améliorer les grossiers procédés de culture. « Nous avons fait pour les noirs tout ce que nous pouvions faire, disait lord Russell, ils nous doivent la liberté, une bonne administration de la justice et d'autres avantages. Je ne pense pas que leurs intérêts doivent nous préoccuper exclusivement, lorsque dans ce pays le peuple souffre et manque des nécessités les plus impérieuses de la vie. Je vous ai fait assister au spectacle du bien-être de la population de la Jamaïque et de nos autres possessions des Indes occidentales ; je vais maintenant, sur des documents dignes de foi, vous faire connaître la situation des ouvriers de Bolton et de Manchester... Un danger sérieux existe et une partie considérable de la classe laborieuse de ce pays sera obligée avant la fin de l'année de demander sa part de l'assistance accordée aux indigents. » Les abolitionnistes répliquaient par des invectives philanthropiques contre le sucre produit par le travail esclave ; c'est en vain que Macaulay s'écria : « Quel est donc ce principe de morale, cette grande loi d'humanité et de justice, qui permet de se vêtir de coton et d'aspirer le tabac emprunté au travail esclave, et qui défend de mélanger du sucre et du café provenant de la même source, qui autorise l'introduction d'une denrée à Terre-Neuve et à la Barbade, et qui l'interdit dans les comtés d'York et de Lancastre ? » Par les efforts de M. Gladstone, de lord Stanley et de Robert Peel le dégrèvement des sucres étrangers fut repoussé.

Mais la question n'était qu'ajournée, elle revenait périodiquement toutes les fois que se présentait au Parlement la législation des sucres qui était l'objet d'un vote annuel. Il faut convenir que cet état d'indécision nuisait infiniment plus aux colonies que n'eût pu le faire un dégrèvement considérable. En pareille matière, plus tôt un parti est pris, mieux cela vaut pour les intéressés mêmes qui en doivent souffrir. Ils savent du moins quelle est la situation définitive qui leur est faite et ils prennent des mesures en conséquence. En 1844, le ministère tory, qui avait renversé le ministère whig, proposa d'admettre à un droit intermédiaire le sucre étranger produit par le travail libre, c'est-à-dire le sucre de Chine, de Java, de Manille, sans toucher aux droits sur le sucre colonial, ni à ceux sur le sucre étranger produit par le travail esclave. Ce bill mal conçu, d'une application presque impossible, passa néanmoins. L'année suivante, le même ministère proposa un autre remaniement, qui faisait une distinction nouvelle entre le sucre terré blanc et le sucre brun moscouade et, d'un autre côté, réduisait les droits sur les sucres coloniaux et les sucres étrangers produits par le travail libre. Les premiers n'étaient plus taxés qu'à 16 shellings 4 pence et 14 shellings selon qu'ils étaient terrés blancs ou bruns moscouades, les autres étaient taxés à 28 shellings et respectivement à 23 shellings.

La question n'était pas résolue cette fois encore ; cette méthode impraticable de distinction entre le sucre libre et le sucre esclave devait disparaître et l'intérêt de tous exigeait qu'une solution prompte fût enfin donnée à ce problème qui chaque année s'agitait à nouveau, au désespoir des planteurs dont l'initiative était paralysée par l'incertitude. Le cabinet whig était revenu au pouvoir en 1846 : dans l'intervalle un fait grave s'était passé ; la protection avait été retirée à l'agriculture de la métropole ; pouvait-on la maintenir au profit de l'agriculture des colonies ? Lord Russell posa la question de la manière la plus habile : « A notre avis, dit-il, le régime actuel porte au pays le plus grand préjudice. Nous pensons que la masse des consommateurs est lésée grandement par l'élévation du prix d'une denrée pour laquelle il se dépense annuellement, dans la Grande-Bretagne, de 11 à 12 millions de livres sterling (275 à 300 millions de francs); nous pensons que le mode de perception des droits et la prohibition qui exclut certains sucres portent au revenu une certaine atteinte ; nous sommes d'avis, enfin, qu'il est dans l'intérêt du commerce de soustraire cette question aux discussions et aux incertitudes auxquelles elle est soumise chaque année et d'adopter une règle définitive. » Voici en quoi consistait le plan ministériel : adoption pour tous les sucres moscouades étrangers indistinctement du droit de 21 shellings par quintal ; réduction graduelle de ce droit dans une période de cinq années jusqu'au taux des sucres coloniaux, soit 14 shellings, par conséquent égalisation de toutes les provenances à partir du 5 juillet 1851. Pour atténuer les souffrances que cette mesure ne manquerait pas de produire aux planteurs, le ministère proposait, en même temps que le dégrèvement des sucres, toute une série de mesures favorables aux colonies; des facilités plus grandes accordées à l'immigration : les engagements de travailleurs passés à Sierra-Leone ou dans tout autre établissement anglais de la côte d'Afrique seraient à l'avenir reconnus valables. On diminuait les droits sur les rhums coloniaux à l'importation dans la métropole. Par une mesure bien autrement radicale, les produits anglais cessaient d'être protégés aux colonies, ou du moins les colonies étaient autorisées à régler elles-mêmes leurs tarifs sans l'ap-

probation de la couronne et à en effacer les droits différentiels de
ou de 7 p. 100 en faveur des produits anglais. Le temps était venu,
disait lord Russell, de briser le cercle vicieux de l'ancien système
colonial. La nouvelle législation sur les sucres, destinée d'après le
ministère à produire annuellement 18 millions de francs de plus que
le plan du dernier cabinet, était présentée à titre de solution définitive. Les sucres devaient cesser d'être l'objet d'un débat annuel,
source d'une inquiétude toujours nouvelle pour les colons. Le bill
ministériel passa, malgré les réclamations des promoteurs de l'émancipation des esclaves. La question qu'on avait cru tranchée pour
toujours fit une nouvelle apparition dans le Parlement en 1848, sur
la plainte des planteurs qui réclamaient une enquête et des modifications tant à la loi des sucres de 1846 qu'aux restrictions qui pesaient encore sur eux en vertu du pacte colonial. Une enquête eut
lieu et elle amena de la part du ministère et du Parlement de nouvelles décisions. L'immigration aux colonies fut favorisée, même
aux dépens des mesures protectrices de la liberté des immigrants.
En effet, les nègres, libérés par les croiseurs, qui auparavant étaient
réintégrés en Afrique, furent mis par le ministre des colonies à la
disposition des planteurs. On faisait en outre aux colonies, pour
favoriser l'immigration, un prêt de 500,000 livres sterling en sus de
160,000 livres sterling déjà votés pour le même objet. Le ministre
des colonies devait prendre des mesures pour régler convenablement les engagements entre les maîtres et les ouvriers et pour prévenir le vagabondage. Le droit sur le sucre des colonies devait être
abaissé à 13 shellings par quintal, puis, par des réductions graduelles
de 1 shelling à 10 shellings, à partir de 1851 ; le droit protecteur
serait maintenu jusqu'en 1854, époque où tous les sucres seraient
admis à l'égalité. Ainsi on offrait aux colons des bras, de l'argent
et la prolongation de la protection pendant une durée de trois ans.
Ce fut cette fois la solution du problème ; la question était tranchée
pour toujours et le pacte colonial était détruit, quant aux obligations,
du moins, qu'il imposait à la métropole. Il subsistait encore en partie quant aux restrictions qu'il faisait peser sur les colonies. Les bâtiments étrangers étaient toujours exclus du cabotage et de l'intercourse entre la métropole et ses colonies ou d'une colonie à l'autre.
Quand, en 1849, l'acte de navigation, cette grande charte de la marine anglaise, comme l'avaient appelé les écrivains du XVIIe siècle,
fut violemment attaqué et dépouillé de son prestige séculaire, plusieurs orateurs, M. Labouchère entre autres, attirèrent l'attention
sur les conséquences de ces restrictions relativement aux colonies.
Sous le régime protecteur, disait-il, l'histoire l'attestait, les colonies

avaient impatiemment supporté les entraves à la navigation, mais jamais elles n'avaient été plus fondées à les repousser. Par la liberté de la navigation, les Indes occidentales espéraient alléger leur détresse ; la Jamaïque, en particulier, deviendrait le grand entrepôt des pays situés sur le golfe du Mexique. L'acte du 26 juin 1849 détruisit pour toujours les actes de Cromwell et des Stuarts. Il n'en resta qu'un débris. Le cabotage des colonies était réservé en principe, mais il pouvait être ouvert par la couronne sur la demande de leurs législatures. D'ailleurs, la navigation extérieure de l'empire britannique, directe ou indirecte, devenait libre pour tous les pavillons.

Il n'est pas sans intérêt de jeter un rapide coup d'œil sur l'état présent des colonies à plantations de l'Angleterre. Sans jouir d'une prospérité éblouissante, elles sont cependant presque toutes dans une bonne situation. Elles ont gagné en population, en commerce et en richesse. Elles ne tiennent plus, il est vrai, qu'une place secondaire dans l'immense empire britannique. De nouveaux venus comme le Canada et l'Australie attirent beaucoup plus l'attention du monde. La laine ou le blé, le fer et le charbon produisent de bien plus grandes richesses que le sucre ou même le café. Les « arpents de neige » du Canada et les pâtures d'Australie ont dans le commerce de l'univers une bien plus grande importance que les plantations de la Jamaïque ou de la Barbade. Néanmoins, quoique descendues à un rang plus modeste, elles vivent d'une vie plus naturelle, plus normale, moins agitée, et leur obscurité, leur médiocrité présentes valent mieux que la splendeur dont elles étaient autrefois entourées. Les chiffres suivants en donneront la preuve.

L'ensemble des îles connues sous le nom des Indes occidentales, à savoir les îles Bahames, l'île du Turc (*Turk's Island*), la Jamaïque, Sainte-Lucie, Saint-Vincent, la Barbade, Grenade, Tobago, les îles de la Vierge (*Virgin Island*), Saint-Christophe, Nevis, Antigoa, Montserrat, la Dominique, la Trinité, tout ce groupe de possessions britanniques contenait 934,006 habitants d'après le recensement de 1861 et il en avait 1,061,338 d'après celui de 1871 ; c'était, en dix ans, une augmentation de plus de 127,000 âmes ou de 13 à 14 p. 100, ce qui indique un progrès assez notable. De 1871 à l'heure présente l'accroissement de la population ne semble pas, d'ailleurs, avoir cessé. Nous n'avons de chiffres précis pour cet intervalle que sur quatre îles. Sainte-Lucie, qui comptait 26,705 habitants en 1861 et 31,610 en 1871, en avait 35,474 en 1878 ; la Grenade est passée de 31,900 habitants en 1861 à 37,684 en 1871 et à 42,235 en 1878 ; à la dernière de ces dates Tobago comptait 18,650 âmes, au lieu de

17,054 en 1871 et de 15,400 en 1861. Enfin l'île de Nevis qui ne possédait que 9,822 habitants en 1861 en avait 11,735 en 1871 et 11,680 en 1878. Sauf pour cette dernière île où il y a eu une légère perte de 1871 à 1878, l'augmentation de population est très marquée; il est probable qu'il en a été ainsi pour toutes les autres îles sur lesquelles nous n'avons pas de renseignements précis postérieurs à 1871. La Jamaïque était passée de 441,264 habitants en 1861 à 506,154 en 1871, et la Barbade de 152,727 à 162,042 dans le même intervalle.

Les autres possessions anglaises du golfe du Mexique, qui n'entrent pas officiellement dans le groupe des Indes occidentales, sont dans des conditions analogues. Ainsi Bermude, qui n'avait que 11,881 habitants en 1861 en comptait 13,812 en 1878. Le Honduras britannique est resté plus stationnaire : il comptait 25,635 habitants en 1861, et le dernier recensement, celui de 1871, portait le chiffre de 24,710. Dans l'intervalle de 1861 à 1871 la Guyane anglaise a singulièrement accrû sa population. De 148,026 elle s'est élevée à 193,491 ; l'importation des immigrants asiatiques par engagement doit être pour beaucoup dans ce mouvement ascendant. C'est aussi, sans doute, la même cause qui explique que la population de l'île Maurice, dans l'océan Indien, se soit notablement augmentée depuis une quarantaine d'années. En 1861 elle montait à 320,167 âmes et en 1878 à 354,623 ; mais sur ce chiffre près des deux tiers se composaient d'hommes, la population masculine étant, en 1878, de 210,560 âmes et la population féminine ne montant qu'à 144,063. L'écart entre les chiffres d'habitants des deux sexes était, cependant, plus grand encore en 1861, époque où il y avait à Maurice 208,890 hommes et seulement 111,267 femmes. Dans presque toutes les îles des Indes occidentales, au contraire, les deux sexes, du moins jusqu'en 1871, s'équilibraient : à cette dernière date on recensait à la Jamaïque 246,573 habitants du sexe masculin contre 259,581 du sexe féminin (1). Les Antilles sont ainsi dans une situation beaucoup plus naturelle que Maurice et même que la Guyane anglaise.

Si de la population nous passons au revenu de ces différentes colonies de plantations, nous trouvons aussi des chiffres satisfaisants et qui marquent un progrès continu. Les revenus des différentes îles formant le groupe des Indes occidentales anglaises était de 912,552 livres sterling, environ 23 millions de francs, en 1864, il s'est élevé graduellement à 1,409,118 livres, plus de 35 millions en

---

(1) Tous ces chiffres et ceux qui suivent sont extraits du *Statistical Abstract for the several colonial and other possessions of the Trinited Kingdom*, 1880.

1878, ayant dans ces quinze ans augmenté de plus de moitié. Les dépenses qui montaient à 939,751 livres, soit 23 millions et demi de francs en 1864, s'élevaient à 1,292,785 livres (32 millions et demi) en 1878, laissant ainsi un léger excédent de recettes. La dette publique coloniale ne s'était pas accrue pour tout ce groupe de colonies pendant ces quinze années. De 1,176,564 livres (29 millions et demi de francs) en 1864 elle était même descendue à 1,134,635 livres, soit 28 millions et demi de francs en 1878. Ainsi le capital de la dette publique s'était réduit et il n'atteignait pas le montant du revenu annuel. Maurice est, sous le rapport des finances, dans une situation analogue à celle des Indes occidentales. Le revenu de Maurice était de 638,000 livres sterling (16 millions de francs) en 1864, il s'élevait à 789,000 livres (environ 20 millions) en 1878 ; les dépenses étaient montées, dans cette période, de 602,000 livres (15 millions) à 734,000 livres (18 millions et demi), laissant un certain excédent de recettes. La dette de Maurice qui était, en capital, de 600,000 livres (15 millions) en 1864 atteignait 700,000 livres (17 millions et demi) en 1878, chiffre encore modique. On retrouve les mêmes traits dans les finances de la Guyane britannique : de 314,000 livres (7 millions 800,000 francs) en 1864, le revenu de cette colonie est passé à 409,000 livres (10 millions 225,000 francs) en 1878 ; les dépenses à la dernière date étaient de 417,000 livres (10 millions 425,000 francs), dépassant légèrement les recettes ; mais ce déficit était exceptionnel, car de 1864 à 1878, le capital de la dette de la Guyane avait baissé de 593,000 livres (15 millions de francs) à 303,000 livres (7 millions 100,000 francs).

Ce que nous venons de dire des colonies de plantations de l'Angleterre annonce une situation satisfaisante, qui s'améliore, qui progresse, sans sortir toutefois du cercle d'une certaine médiocrité. Les chiffres du commerce extérieur sont, du moins au premier abord, moins satisfaisants. Le mouvement maritime, il est vrai, s'est considérablement accru dans les ports de ces colonies depuis quinze ans. Le tonnage des vaisseaux de toutes nationalités à l'entrée et à la sortie des îles formant le groupe des Indes occidentales était de 1,559,025 tonnes en 1864 et s'élevait à 2,611,194 en 1878. Dans la Guyane britannique ce même mouvement maritime est passé dans la même période de 316,000 tonnes à 554,000. Maurice a été plus stationnaire : de 558,000 tonnes en 1864 le mouvement maritime ne s'est élevé qu'à 563,000 en 1878. En ce qui concerne les importations et les exportations, si l'on se contentait de comparer les chiffres de 1864 à ceux de 1878, on serait surpris de trouver une assez forte diminution ; mais la cause en est à la contrebande qui se faisait avec les États confédérés pendant la guerre de sécession qui désolait l'Union américaine du Nord. De simples îlots, comme les Bermudes et surtout les Bahames et l'île du Turc (Turk's Island) avaient alors un mouvement d'importation et d'exportation de plusieurs centaines de millions. En 1866 avec le rétablissement de la paix cette activité exceptionnelle cessa brusquement. Dans cette dernière année les importations des différentes îles formant le groupe des Indes occidentales anglaises montaient à 4,268,000 livres sterling (107 millions de francs environ); les exportations atteignaient 4,879,000 livres sterling (122 millions de francs). Douze ans plus tard, en 1878, les importations des Indes occidentales anglaises s'élevaient à 5,625,000 livres (141 millions de francs) et les exportations à 5,382,000 livres (135 millions de francs). Le progrès avait été de 30 p. 100 environ pour les importations et de 12 1/2 p. 100 seulement pour les exportations. De 1864 à 1878 les importations de la Guyane anglaise étaient montées de 1,508,000 livres sterling (37 millions et demi de francs) à 2,150,000 livres (54 millions de francs), et les exportations s'étaient élevées dans la même période de 1,845,000 livres (46 millions et demi de francs) à 2,507,000 (63 millions environ). Ici le progrès est de 30 à 35 p. 100. Quant à Maurice, les importations y étaient de 2,582,000 livres (65 millions de francs) en 1864, elles avaient fléchi à 2,229,000 livres (56 millions de francs) en 1878. Les exportations de cette île s'étaient, au contraire, développées, et de 2,249,000 livres (56 millions de francs) en 1864 elles étaient parvenues à 3,777,000 livres (95 millions de francs) en 1878.

Telle est la situation des colonies anglaises de plantations qui ont tant fait parler d'elles et qui à diverses époques ont fixé l'attention du monde. Les Indes occidentales britanniques que l'on a considérées longtemps comme des joyaux si précieux ont à peine un million d'habitants de toutes races ; leurs exportations et leurs importations réunies ne montent guère qu'à 250 millions, et l'Angleterre n'entre que pour les trois cinquièmes dans ce mouvement d'échanges déjà si modeste. En 1878 les importations britanniques aux Indes occidentales ne montaient qu'à 54 millions de francs (2,161,795 livres), et les exportations des Indes occidentales pour l'Angleterre atteignaient seulement le chiffre de 90 millions de francs en chiffres ronds (3,552,173 livres sterling). Ce groupe d'îles ne figure donc que pour 1 pour 100 dans le tableau des importations britanniques et pour moins de 1 p. 100 dans celui des exportations. En effet les exportations de l'Angleterre atteignent dans ces dernières années le chiffre de 6 milliards de francs en moyenne, et les importations en Angleterre s'élèvent à 9 ou 10 milliards de francs environ chaque année.

Si les Indes occidentales venaient par quelque commotion physique à être englouties au fond de l'Océan, l'Angleterre y perdrait un peu moins de 1 p. 100 de son commerce. C'est assez pour montrer la vanité de certains tableaux que l'on a faits de ces possessions, et l'exagération ou le ridicule des mesures arbitraires, despotiques et inhumaines par lesquelles on voulait leur donner une prospérité factice. Il serait toutefois inexact et injuste de mesurer au simple développement du commerce extérieur l'utilité d'une colonie. Telles qu'elles sont, avec leur situation modeste, leur importance secondaire, leur aisance ou leur richesse lentement croissantes, les Indes occidentales anglaises tiennent une place honorable et jouent un rôle utile dans l'immense empire de la Grande-Bretagne. Elles forment au milieu du golfe du Mexique de petites communautés de langue et de nationalité anglaises, où les races, il faut l'espérer, iront en se fusionnant et en s'apaisant, où un champ d'emploi s'ouvre aux capitaux britanniques, où des points de relâche s'offrent au pavillon de la Grande-Bretagne, et, par voie de rapprochement, elles exercent sur les contrées environnantes une influence favorable à l'Angleterre. L'avenir réserve à ce groupe de dépendances des destinées moins retentissantes que celles qu'il a eues dans le passé, mais aussi, il faut l'espérer, une prospérité plus solide quoique moins bruyante.

CHAPITRE II

Les colonies de plantations. — Suite. — Colonies françaises.

Causes spéciales des souffrances des colonies françaises à la fin du XVIIIe siècle et au commencement du XIXe.
Protection dont l'ancienne monarchie entoure la traite des noirs. — Mesures des assemblées révolutionnaires au sujet des hommes de couleur, de l'esclavage et de la traite. — La Martinique et les îles de l'océan Indien furent en fait soustraites à la domination révolutionnaire. — Le Consulat rétablit l'esclavage et la traite. — Les colonies sont régies par des règlements.
La perte pour la France de sa marine et de ses colonies a toujours été la conséquence de sa politique d'intervention sur le continent. — La Restauration rétablit dans les colonies qui lui reviennent l'ancien système colonial. — Mesures réparatrices prises par la Restauration. — Ignorance de l'art de coloniser. — Les deux tentatives malheureuses de colonisation officielle à la Guyane et au Sénégal.
La Charte de 1830 décide que les colonies seront régies par des lois. — Mesures humanitaires prises par le gouvernement de Juillet relativement aux noirs ; résistance des tribunaux coloniaux. — Les projets d'émancipation. — L'émancipation immédiate et simultanée en 1848. — Négligences qui contribuent à accroître la perturbation que cet acte produit aux colonies. — La modicité et le retard de l'indemnité. — Effets immédiats de l'émancipation. — Diminution, puis relèvement dans les exportations. — La modification de l'agriculture et de l'industrie : les usines centrales, les banques.
L'immigration par engagement des Indiens et des Chinois. — Inconvénients de cette immigration. — Réapparition d'un trafic analogue à la traite. — L'immigration des Indiens perpétue les procédés agricoles routiniers.
Abolition partielle des restrictions qui formaient le pacte colonial. — Cette abolition est d'abord uniquement favorable aux colonies. — Traité de réciprocité avec l'Angleterre et les États-Unis. — La législation sur les sucres. — Inconvénients de la complication et de l'instabilité de cette législation. — Lutte du sucre indigène et du sucre colonial. — Les colons réclament le droit de s'approvisionner à l'étranger, la suppression des surtaxes de pavillon et la pleine liberté de leur industrie sucrière. — Satisfactions graduelles qui leur sont données. — Les colonies reçoivent le droit de régler elles-mêmes leurs tarifs de douanes.
État présent des colonies françaises de plantations. — Prédominance politique de l'élément nègre aux Antilles. — Danger de l'élimination de la race blanche des Antilles françaises et du retour de ces îles à la barbarie comme Saint-Domingue.

Si les colonies anglaises des tropiques tombèrent vers la fin du dernier siècle dans un état de marasme, dont plusieurs d'entre elles ne sont pas encore complètement sorties, les souffrances des colonies françaises furent encore plus vives, plus pénétrantes, plus persistantes. Le mal des établissements anglais venait d'une législation commerciale tyrannique et, pour quelques-uns, de la diminution de fertilité du sol. Le mal, beaucoup plus intense, des établissements français, provint du déchirement social que la révolution produisit dans la métropole et aux colonies, et de la longue et terrible guerre qui priva les planteurs pendant un quart de siècle du débouché naturel de leurs produits.

Comme toutes les nations, la France, bientôt après la fondation de ses colonies, y introduisit l'esclavage ; comme toutes les nations encore, non seulement elle toléra la traite des noirs, mais elle l'encouragea, la favorisa, la consacra par des traités. Depuis l'année 1701, où le roi très chrétien reçut du roi très catholique le monopole de la traite pour dix ans et où les deux rois prirent dans l'affaire un intérêt personnel d'un quart, le trafic des nègres devint un commerce privilégié que l'on cherchait à étendre par des primes et les autres faveurs usitées dans le système mercantile. La grande prospérité de nos possessions à sucre et surtout de Saint-Domingue justifiait, aux yeux des hommes d'État, la protection dont jouissait la traite des noirs. Quand la révolution de 1789 vint changer les principes politiques et sociaux qui gouvernaient la métropole, on put se demander si les noirs des colonies auraient le bénéfice des droits de l'homme, dont la proclamation fastueuse avait été une révélation pour le vieux monde. On put croire, à l'origine, qu'il en serait de cet acte fameux comme de la déclaration des droits par laquelle les colons des États-Unis avaient préludé à leur indépendance, et que les personnes de race blanche seraient seules admises à ce bienfait. La question de l'esclavage ne fut pas posée dans les deux premières assemblées de la Révolution ; l'une et l'autre semblèrent craindre l'application logique aux colonies des principes que l'on acclamait en France avec un enthousiasme qui n'était honnête qu'à la condition d'être désintéressé ; elles détournèrent les yeux de nos possessions d'Amérique de peur d'y découvrir une plaie, qu'elles n'avaient pas, au fond de l'âme, le courage de panser et de guérir. La seule question que la Constituante osa aborder, et il était impossible qu'elle l'évitât, c'était celle de savoir si les hommes de couleur libres auraient aux colonies les mêmes droits politiques que les blancs. Tranchée avec timidité, appliquée avec irrésolution et résistance dans nos établissements, cette question fut l'origine des luttes sanglantes qui nous firent perdre Saint-Domingue. Ce ne sont pas les nègres, ce sont les mulâtres libres et repoussés des droits politiques, qui mirent en feu cette colonie si productive et l'arrachèrent de nos mains. Tout ce que fit l'Assemblée législative, ce fut de supprimer en 1792 la prime accordée en 1784 à la traite des noirs ; mais l'esclavage continua d'exister et la traite aussi. On chercherait même en vain chez les agents supérieurs du gouvernement de cette époque aux colonies des principes ou des actes philanthropiques empreints de bienveillance pour la classe esclave. Tout au contraire, il existe, en date du 19 brumaire an II une instruction du capitaine général de la Martinique et de Sainte-Lucie dans lequel il est ordonné « de faire fermer toutes les écoles publiques où sont admis les nègres et les gens de couleur », et « ce fut le 16 pluviôse de la même année que, dans la Convention, l'abolition de l'esclavage fut décrétée, dit M. Augustin Cochin, par acclamation, mais par surprise. » Cette émancipation sans aucune des mesures préparatoires qu'exigeait la prudence la plus élémentaire fut bien, selon la juste expression de l'auteur que nous venons de citer, « un arrêt de la justice exécuté par la violence. »

La plupart de nos colonies furent par des circonstances diverses soustraites à l'action funeste d'un acte aussi précipité. La Martinique était entre les mains des Anglais qui l'occupèrent jusqu'à la paix d'Amiens ; l'île Bourbon et l'île de France nous restaient encore, mais notre éloignement et la faiblesse de notre marine les rendaient, en fait, indépendantes. Dès le 8 août 1794, l'assemblée coloniale de Bourbon, pour diminuer les chances de troubles, avait défendu l'introduction des noirs de traite. C'est à la même époque que le décret de la Convention fut connu, mais les autorités coloniales se refusèrent à le publier ; et quand, en 1796, le gouvernement de la métropole envoya à cette île deux agents pour faire appliquer la loi d'émancipation, la population entière s'opposa à leur débarquement. Les deux îles continuèrent jusqu'en 1803 à se gouverner elles-mêmes et, bien que les nègres fussent en plus grand nombre que les blancs (il y avait alors à Bourbon 16,000 blancs contre 44,800 noirs), l'administration coloniale agit avec tant de prudence et de tact qu'il n'y eut aucun trouble à regretter.

La Guyane et la Guadeloupe portèrent seules le poids accablant des mesures brusques et précipitées de la Convention. Aux désordres sociaux, à l'abandon des cultures, résultat inévitable d'une émancipation subite et sans précaution dans un pays immense et où les blancs étaient en petit nombre, se joignirent pour la Guyane les tristes conséquences de la déportation politique. Le Directoire expédia dans cette colonie les nombreuses victimes de ses coups d'État. Plus de 500 déportés, parmi lesquels Billaut-Varennes, Collot d'Herbois, Barbé-Marbois, Pichegru, furent envoyés sur divers points de cette vaste province sans qu'on prît en leur faveur, pour leur garantir la vie, aucune des mesures que l'humanité réclame et que le bon sens impose. Les noms funestes de Konanama et Sinnamary vinrent se joindre à celui de Kourou que la déplorable expédition de Choiseul avait si tristement illustré, et notre pauvre colonie, bouleversée à l'intérieur, fut encore discréditée au dehors par les souvenirs lugubres que la déportation y attacha.

A la Guadeloupe, étroitement bloquée par les Anglais, la proclamation sans ménagement de l'indépendance des nègres produisit des excès qui ruinèrent l'agriculture et l'industrie. Il fallut revenir en fait et par la contrainte administrative sur l'émancipation décrétée. En 1794 il est défendu sous peine de mort de voler et d'arracher des vivres : bientôt on ordonne le travail sous la même peine ; on arrive à embrigader les noirs, à mettre en réquisition ces prétendus hommes libres ; et, malgré ces mesures tardives, en 1796 cultivateurs et cultures, bâtiments et bestiaux étaient presque anéantis. Un gouverneur habile, Desfourneaux, parvint à rétablir l'ordre et le travail par l'application du système heureux du colonat partiaire et l'institution bienfaisante d'inspecteurs de culture. Quand les plantations commençaient à renaître, le Consulat arriva et rétablit non seulement l'esclavage, mais encore la traite. Le même décret de floréal qui rapportait l'acte d'émancipation, dont l'application, d'ailleurs, n'avait eu lieu que dans deux de nos colonies, confiait au gouvernement le droit de régir nos possessions coloniales par de simples règlements. C'était une innovation malheureuse. La Constituante avait bien donné le même droit au roi pour tout le régime intérieur, mais elle conservait au pouvoir législatif le régime commercial. La Constitution de l'an III avait assimilé complètement les colonies au territoire français ; la Constitution de l'an VIII, plus sage et plus pratique, avait déclaré que les colonies seraient régies par des lois spéciales, mais du moins c'étaient des lois et non des règlements.

Le gouvernement impérial ne se servit guère du pouvoir discrétionnaire qui lui était donné pour réformer et développer nos possessions coloniales ; ç'a toujours été pour la France une conséquence funeste de sa politique d'ingestion dans les États voisins et de conquêtes continentales, que la perte de sa marine et de ses colonies : elle n'eût pu fonder des établissements durables qu'à la condition de renoncer à la politique d'envahissement qu'elle a pratiquée en Europe pendant des siècles. Toute victoire sur le continent avait comme contrepoids la ruine de notre puissance navale et de no-possessions lointaines, c'est-à-dire l'amoindrissement de notre influence dans le monde.

La Restauration trouva nos colonies dans un état déplorable : la charte les soumit au régime des lois et règlements particuliers : au moins l'arbitraire du gouvernement métropolitain était-il tempéré dans les circonstances graves par l'intervention du pouvoir législatif. Dès qu'elle eut repris possession de la Martinique, de la Guadeloupe, de la Guyane et de Bourbon, la royauté y rétablit les institutions antérieures à 1789. La vieille politique coloniale, les impôts d'entrée et de sortie, l'interdiction aux étrangers de tous les ports sauf un petit nombre, toutes ces institutions se mirent à revivre. « Pénétrons-nous, a dit Rossi, des circonstances où se trouvait placé le gouvernement de cette époque et reconnaissons avec loyauté qu'il ne pouvait ni songer à l'abandon des colonies que les traités venaient de donner à la France, ni leur appliquer, de prime abord, un autre système que l'ancien système colonial. » (*Rapport à la Chambre des pairs sur le projet de loi des sucres*, 20 juin 1843.) La période de la Restauration ne laissa pas que d'être réparatrice : on élargit les relations permises des colonies avec l'étranger, en signant les traités de réprocité avec les États-Unis et l'Angleterre ; on fixa le régime monétaire, ce qui est d'une grande importance dans ces pays où toute la production est dirigée en vue de l'exportation et où les moindres fluctuations dans le commerce extérieur amènent des crises monétaires très intenses ; et, ce qui valait mieux encore, on créa des banques, on introduisit le système métrique, l'enregistrement et la conservation des hypothèques. Sans oser rétablir les assemblées coloniales créées par Louis XVI, on institua du moins en 1820 des comités consultatifs. Une ordonnance de 1825 sépara les dépenses d'administration des dépenses de protection et, laissant les unes à la charge des colonies, inscrivit les autres au budget de l'État. Une autre ordonnance de la même année abandonnait aux colonies les revenus locaux des biens du domaine pour subvenir à leurs dépenses intérieures. Telles furent les intelligentes mesures prises par des ministres qui s'intéressaient réellement au rétablissement de notre prospérité coloniale, MM. de Portal, de Chabrol, Hyde de Neuville. Cette période d'ordre et de repos vit quadrupler la production des sucres coloniaux, qui était, en 1816, d'après M. Augustin Cochin, de 17,677,475 kilogr., qui monta en 1826 à 75,266,291 kilogr., et atteignit, en 1829, 80,996,914. Bien que le vieux système colonial, si défectueux, eût été maintenu dans l'ensemble, cependant il avait été atténué sur certains points : les colons étaient consultés, ils prenaient une part notable à leur administration propre ; c'étaient là, sans contredit, des conditions relativement bonnes après la période calamiteuse que nos établissements avaient traversée.

Il s'en fallait toutefois que le gouvernement de la Restauration comprît les vraies maximes de l'art de coloniser. Il fit deux tentatives malheureuses, qui donnent la mesure de son inexpérience, à la Guyane et au Sénégal. On a peine à comprendre comment, après l'échec terrible de l'expédition du Kourou, tentée par Choiseul, la Restauration put risquer, presque sur le même théâtre, un nouvel essai de colonisation arbitraire et artificielle. Les bords de la Mana furent la scène où se passa cette nouvelle expérience. On retrouve dans la direction de cette entreprise les mêmes erreurs que nous avons déjà signalées dans celle du Kourou : c'est d'abord le mauvais choix de la localité, qui est insalubre, isolée et non préparée ; c'est l'envoi d'artisans faibles et sans connaissance de la culture, au lieu de campagnards robustes et expérimentés ; c'est la très grande prédominance des hommes et le petit nombre des familles, qui seules peuvent fonder une colonie viable. Cet établissement de la Mana que l'on soutint à grands frais pendant cinq ans, continua à végéter de longues années encore en changeant de caractère. Une femme, madame Jahouvey, supérieure d'un ordre religieux, le dirigea avec une rare vigueur de caractère, y attirant des familles européennes et des noirs pris sur des navires négriers. Ce n'était toutefois qu'à force de subventions que cette singulière colonie pouvait vivre ; sa directrice tentait une œuvre impossible en s'appliquant à fonder une société sur les deux seules bases de la famille et de la religion, sans y ajouter un troisième élément non moins essentiel, la propriété privée ! Telle était l'ignorance où l'on se trouvait alors des conditions les plus indispensables à la fondation et à la prospérité d'une colonie.

Une autre expérience non moins malheureuse fut faite au Sénégal. L'administration voulait installer de grandes cultures industrielles à 30 ou 40 lieues de Saint-Louis. Le gouvernement provoqua des dépenses exagérées grâce aux primes qu'il distribuait et aux faveurs plus amples qu'il faisait espérer ; on bâtit de splendides maisons, on viola toutes les règles de l'agriculture coloniale en débutant par une culture intensive et sur une grande échelle. Après dix ans de subventions, il fallut abandonner cette colonisation officielle ; les belles demeures mêmes qui avaient été édifiées à grands frais furent délaissées par leurs propriétaires ; nous reviendrons plus tard, en parlant du Sénégal, sur cette expérience hâtive et arbitraire ; nous ne la citons en cet endroit que pour signaler l'impéritie du gouvernement d'alors en matière de colonisation.

La charte de 1830 comme celle de 1814 plaça les colonies sous un régime particulier ; mais elle se borna à décider qu'elles devaient être régies « par des lois » sans ajouter « et par des règlements ». Le gouvernement de Juillet porta principalement ses vues sur le régime intérieur des colonies de plantations et sur les relations réciproques des divers éléments qui en composaient la population. On prit une foule de mesures destinées à adoucir le sort de la classe esclave et que l'on pouvait considérer comme préparatoires à son émancipation. En 1832 l'on simplifie la forme des affranchissements et l'on supprime la taxe dont ils étaient grevés, l'année suivante on abolit les peines de la mutilation et de la marque ; en 1839 l'on établit des cas d'affranchissement de droit ; à deux reprises, en 1833 et en 1835, on impose le recensement régulier et la constatation des naissances, mariages et décès des esclaves. En 1840 on détermine les conditions de l'instruction primaire et religieuse de la population servile et l'on charge les magistrats du ministère public de constater par des tournées régulières le régime des ateliers et des travailleurs. En 1840 et 1841 l'on alloue un crédit considérable pour augmenter le clergé, les chapelles, les écoles et le nombre des magistrats qui devaient être les patrons des esclaves.

Toutes ces mesures trouvèrent aux colonies un accueil résolument hostile. L'ordonnance qui commandait le recensement général des esclaves, considéré par les planteurs comme un moyen d'établir un état civil pour les noirs, rencontra une résistance opiniâtre. A la Martinique la cour d'appel refusa, par 38 arrêts successifs, de prononcer contre les délinquants les peines portées dans l'ordonnance, et la cour de la Guadeloupe, devant laquelle la Cour de cassation renvoya les prévenus, les acquitta à son tour sans exception. Quand, en 1835, on consulta les conseils généraux sur les moyens de faciliter le pécule et le rachat, ils répondirent à l'unanimité que la métropole n'avait pas le droit de s'occuper de ces questions.

Cependant l'émancipation avait déjà eu lieu dans les colonies anglaises ; et en France tous les esprits élevés, toutes les âmes généreuses s'efforçaient d'amener l'abolition de l'esclavage par des mesures graduelles et en l'entourant de toutes les garanties et de toutes les indemnités légitimes. M. Passy, le premier, avait proposé un projet d'émancipation, qui excita aux colonies une grande effervescence. Mais, malgré l'opposition des planteurs, la question approchait chaque année de sa solution. Il était prouvé que les atermoiements, sans éclairer les colons, les ruinaient par la prolongation des incertitudes. Le rapport de M. le duc de Broglie, qui parut en mars 1843, ne laissait aucun doute sur la solution nécessaire et sur l'avènement prochain de l'émancipation ; les moyens seuls et le moment étaient encore en question. Ce rapport mérite qu'on s'y arrête.

Deux projets s'étaient partagé la faveur des hommes compétents. Celui qui réunissait le plus de suffrages fixait un délai de dix ans après lequel la liberté serait universelle et pendant lequel toutes les mesures seraient prises pour préparer la population servile à l'indépendance par la religion et l'instruction. Dans l'intérêt des planteurs le rapport reconnaissait la nécessité de lois nouvelles pour favoriser la liquidation de la propriété coloniale, chargée d'hypothèques qui lui ôtaient tout crédit ; on ressentait surtout la nécessité d'introduire à la Martinique et à la Guadeloupe l'expropriation forcée, qui n'était appliquée qu'à Bourbon : l'indemnité accordée aux colons était calculée à 1,200 fr. par tête d'esclave. On admettait comme expédient transitoire l'élévation pendant quelques années des droits protecteurs afin de maintenir durant la crise le prix des produits coloniaux ; enfin pour empêcher le vagabondage et l'abandon subit des habitations par les nègres déclarés libres, on proposait d'imposer aux affranchis, pendant les cinq années qui suivraient l'émancipation, l'obligation de prendre par écrit un engagement en leur laissant le libre choix du maître, de la profession et des conditions : l'affranchi qui ne trouverait pas d'engagement devait être employé dans les ateliers du domaine, et celui qui ne voudrait pas en prendre était menacé du travail forcé dans les ateliers de discipline. Ces dispositions prudentes étaient empruntées au code rural d'Haïti. On espérait ainsi pouvoir éviter l'expédient, si désastreux au point de vue moral, de l'immigration.

Ce projet, on le voit, se rapprochait beaucoup du plan que les Anglais avaient adopté quelques années auparavant, il ne s'en distinguait que par des précautions plus nombreuses pour réprimer le vagabondage et pour assurer du travail aux planteurs. C'était une application un peu perfectionnée du système d'émancipation différée, mais simultanée. Un autre projet, qui trouva moins d'adhérents, était inspiré par l'idée de l'émancipation progressive ; il libérait les esclaves invalides à mesure que leur incapacité de travail serait constatée, en accordant aux colons obligés de les entretenir une pension alimentaire : il libérait immédiatement les enfants nés et âgés de moins de sept ans et les enfants à naître ; ces enfants devaient être élevés aux frais de l'État et engagés à l'âge du travail aux maîtres de leurs mères ou placés dans des établissements publics ; quant aux esclaves adultes, on se contentait dans ce projet de leur allouer des primes, lorsqu'ils contracteraient mariage pour les aider à se racheter ; des mesures devaient être également prises pour accorder aux esclaves un jour libre par semaine, afin qu'ils pussent se créer un pécule. Ce dernier projet avait le mérite d'éviter toute transition brusque, d'être beaucoup moins onéreux à l'État à la fois et aux planteurs. Il avait l'inconvénient de retarder pendant plus d'un quart de siècle l'émancipation définitive et de désorganiser la famille. Personne n'avait songé à l'émancipation simultanée et immédiate : ce fut cependant ce dernier mode que les événements inattendus de 1848 firent prévaloir.

Heureusement le gouvernement de Juillet eut le temps d'appliquer quelques mesures heureuses qui amortirent en partie le coup terrible que l'abolition soudaine de l'esclavage devait porter aux colonies. D'après la loi du 18 juillet 1845 l'esclave pouvait posséder ; il pouvait, moyennant rançon, obtenir de force ou de gré sa liberté : marié, il pouvait se réunir à sa femme ; il avait donc des droits ; l'esclavage, selon l'expression de M. Passy, devenait un servage ; les droits sur la personne se transformaient en droits sur le travail.

Par une autre loi du 19 juillet 1845 des crédits étaient ouverts pour l'introduction d'ouvriers et de cultivateurs européens aux colonies, pour la formation au moyen du travail libre et salarié d'établissements agricoles, qui serviraient d'ateliers de travail et de discipline et, en dernier lieu, pour concourir au rachat des esclaves quand l'administration le jugerait nécessaire. L'introduction d'artisans européens dans les colonies à sucre était une pensée pleine de prévoyance et de sagesse pratique. Qu'allait-il arriver en effet quand l'émancipation serait proclamée ? C'est que les planteurs auraient à leur disposition moins de bras, c'est qu'il leur faudrait, pour soutenir ou relever leur production, recourir aux machines, à des améliorations dans leur outillage et dans leur fabrication ; pour imprimer à la culture et à l'industrie sucrières cet intelligent essor, il fallait des ouvriers européens, instruits, capables, aptes à perfectionner les outils et les procédés. Tout ce que la production allait perdre en forces matérielles, il fallait que la direction le gagnât en capacité intellectuelle.

Ces lois bienfaisantes de 1845 furent suivies de plusieurs autres, spécialement sur la composition des tribunaux aux colonies. L'administration elle-même déployait sur les lieux une activité intelligente pour développer le patronage, pour encourager les affranchissements, pour préluder par d'heureux essais de colonat partiaire à l'émancipation définitive. En même temps on recourait à la religion et à l'instruction ; on multipliait les écoles et les chapelles ; on appelait les frères de Ploermel et les trappistes pour établir des colonies agricoles.

Toutes ces mesures, empreintes la plupart d'une sage prévoyance, ne furent pas perdues quand le Gouvernement Provisoire proclama l'émancipation simultanée et immédiate des nègres. Si la secousse fut terrible, elle le fut bien moins qu'elle ne l'aurait été dans le cas où les lois prudentes des dernières années du gouvernement de Juillet n'auraient pas été appliquées. C'est à peine si le décret d'émancipation accordait aux planteurs un délai de deux mois à partir de la promulgation aux colonies pour que la récolte de l'année pût être à peu près effectuée. Par un excès de défiance le gouvernement supprimait tout ce qui, de loin ou de près, pouvait rappeler l'esclavage et, en particulier, le système des engagements à temps, qui était pourtant indispensable comme élément transitoire. On fut obligé de revenir sur les prescriptions trop absolues auxquelles s'était abandonné l'enthousiasme des premiers jours. Il fallut adopter quelques-unes des mesures proposées par le rapport de M. de Broglie, notamment les ateliers de discipline pour la répression du vagabondage et de la mendicité, ainsi que la formation d'un corps de surveillants ruraux. On créa des banques par actions à Saint-Pierre, à la Pointe-à-Pitre, à Saint-Denis, à Cayenne, enfin à Saint-Louis au Sénégal. On introduisit l'expropriation forcée à la Martinique et à la Guadeloupe, où la dette hypothécaire était évaluée à 140 millions de fr. et où l'intérêt était ordinairement de 12 à 16 p. 100, quelquefois de 24 à 30 ; c'était une mesure indispensable pour la liquidation de la propriété coloniale, seul moyen d'assurer du crédit aux planteurs, des salaires aux anciens esclaves et la prospérité aux colonies. De toutes les questions inhérentes à l'abolition de l'esclavage, celle de l'indemnité, au point de vue de la justice et de l'utilité sociale, était la plus importante. Malheureusement l'indemnité fut faible, tardive et mal répartie. Les colons avaient besoin de l'indemnité pour payer les salaires des nouveaux affranchis, pour acheter des machines et renouveler leur outillage et leurs engins de fabrication. Les planteurs faisaient remarquer que si le travail n'avait pas été interrompu dans les colonies anglaises, c'était que l'indemnité avait précédé l'abolition de l'esclavage. Dans les colonies françaises ce fut plus d'un an après le décret d'émancipation que l'indemnité fut votée : elle fut chétive. Aux termes de la loi du 30 avril 1849 elle était fixée : 1° à une rente de 6 millions en fonds 5 p. 100 ; 2° à une somme de 6 millions payables en numéraire.

C'était en tout environ 500 francs par nègre. On n'avait pas pris soin de déterminer, comme on l'avait fait pour les émigrés et pour les colons de Saint-Domingue, si l'indemnité serait considérée comme mobilière ou comme immobilière, c'est-à-dire réservée aux créanciers hypothécaires ou distribuée à ceux-ci et aux chirographaires au marc le franc : ce fut l'occasion d'innombrables procès.

L'émancipation produisit dans les établissements français à peu près les mêmes effets qu'elle avait produits dans les établissements anglais. Les diverses colonies souffrirent inégalement selon leur position, leur fécondité naturelle, leurs antécédents et la manière dont les esclaves y avaient été traités. Comme Maurice, l'île Bourbon subit à peine un léger temps d'arrêt. Les coolis lui arrivèrent de l'Inde : elle fit venir les machines de France et la prospérité reprit bientôt dans des proportions inattendues. Comme la Guyane anglaise, la Guyane française, avec son immense territoire et sa faible population, vit les affranchis se disperser de tous côtés et les anciennes plantations dépérir. La Martinique, après de longs et patients efforts, surmonta les difficultés comme la Barbade ou Antigoa, en perfectionnant les cultures, en recourant aux machines, en faisant avec les nègres des accords à l'amiable. Seule, la Guadeloupe, comme la Jamaïque, fut atteinte au cœur : elle souffrait depuis longtemps déjà, les noirs y avaient été moins bien traités que partout ailleurs : les colons, soit inertie, soit misère, y montrèrent moins que dans les autres établissements l'esprit d'initiative et de progrès.

Il y a un parallélisme remarquable entre les situations des colonies des deux nations à la suite du grand acte réparateur mais douloureux de l'émancipation. Ce fut une crise intense qui devait amener un renouvellement complet dans les conditions non seulement économiques mais sociales des établissements coloniaux. Nous avons cité plus haut des dépêches des lords Glenelg, Grey, Russell, Stanley : ce sont presque les mêmes expressions qui se retrouvent dans les lettres et les discours de nos administrateurs et de nos législateurs. En mai 1849 une commission chargée par l'amiral Bruat d'étudier l'état du travail à la Martinique s'exprimait en ces termes : « Il est acquis à la commission que la grande culture, déjà profondément atteinte par la législation transitoire de 1845 et 1846, a été complètement abandonnée, à quelques exceptions près, pendant les deux premiers mois qui ont suivi l'émancipation : mais il est également acquis que depuis cette époque le travail a repris progressivement et se maintient sur tous les points de la colonie. »

Comme dans les colonies anglaises il y eut les premières années un affaissement considérable des exportations. La quantité de sucre exporté par nos établissements tomba d'une moyenne de 80 millions de kilogrammes antérieurement à l'émancipation à 63 millions en 1848, 57 millions en 1849, 40 millions en 1850, soit une diminution de 50 p. 100. Mais sous l'influence des améliorations dans la culture et dans la fabrication, la production finit par se relever : l'exportation du sucre atteignit pour toutes nos colonies 82 millions de kilogrammes en 1854, chiffre un peu supérieur à la moyenne des années qui précédèrent l'émancipation; depuis lors elle ne cessa de monter et en 1858 elle s'éleva à 116 millions de kilogr. Il est vrai que le progrès fut plus ou moins lent selon les colonies : c'est la Réunion surtout qui tint la tête et qui augmenta le plus la quantité de ses produits; vint ensuite la Martinique qui se releva avec courage; la Guadeloupe resta en souffrance, et quant à la Guyane, elle renonça à peu près complètement à la production du sucre, devenant une colonie pénitentiaire au lieu de colonie de plantations qu'elle avait toujours été.

« Les notices officielles nous apprennent, dit M. Augustin Cochin, que le nombre des habitants est plus grand, le chiffre des têtes de bestiaux est sensiblement le même, le nombre des travailleurs a très peu diminué. L'intérêt de l'argent, on ne le nie pas, a baissé; les banques sont florissantes; les prêts sur récolte ont apporté à la propriété un notable soulagement. L'outillage a été amélioré et par conséquent le capital engagé fort accru. L'établissement d'usines centrales a augmenté les profits en diminuant les frais. Enfin et surtout la prospérité est consolidée : toujours suspecte et fragile tant que l'abolition de l'esclavage apparaît comme une menace, accablée de dettes, la propriété a été liquidée par l'indemnité, régularisée par l'expropriation, réhabilitée par l'émancipation. Plus sûre et plus honnête, elle doit attirer plus de capitaux. Si l'on consulte la situation des habitations domaniales, on constate qu'elles se louent plus cher qu'avant 1848, le double pour quelques-unes. Si l'on suit les ventes dans les journaux des colonies, on voit que depuis quelques années aux Antilles les prix de vente ont progressé notablement. Il n'est donc pas téméraire d'affirmer que la situation de la propriété et sa valeur vénale ou locative se sont améliorées depuis l'émancipation, non seulement à la Réunion, mais aux Antilles. »

Cette amélioration vient de deux sources, comme aux colonies anglaises, l'immigration et le perfectionnement des procédés et des ustensiles de fabrication. L'immigration fut réclamée à grands cris par les colons; elle s'opéra sur une grande échelle dans une de nos colonies; elle eut lieu pour les autres dans une moindre mesure. Comme à Maurice, l'immigration avait à la Réunion précédé l'abolition de l'esclavage. Dès le 18 janvier 1826, un arrêté du gouverneur réglementait l'introduction des Indiens dans cette île, et avant 1830 on y en avait introduit 3,012. Les difficultés du recrutement dans l'Inde avaient bientôt porté nos colons à se tourner vers la Chine, et, en 1843 un arrêté du gouverneur réglementait l'introduction de 1,000 Chinois. On s'aperçut bientôt des maux inhérents à cette introduction d'étrangers sans famille, qui différaient si profondément de langue, de religion, de mœurs, et, comme à Maurice, on finit par défendre l'immigration. Ce ne fut là qu'une défense transitoire; l'émancipation la fit lever. L'habile gouverneur de la Réunion, M. Sarda Garriga, parvint à prévenir à l'origine toute suspension de travail en obtenant des esclaves, qui allaient être affranchis, un engagement de deux années, moyennant salaire librement débattu avec tels maîtres qu'ils voudraient. Grâce à ces précautions, le travail fut généralement maintenu dans les plantations malgré la désertion clandestine d'un grand nombre de nègres, impatients de jouir de la liberté; mais, les deux années écoulées, soit que les planteurs n'aient pas renouvelé avec assez de prudence les efforts qui leur avaient valu deux ans de collaboration régulière de la part de leurs affranchis, soit que le goût de l'indépendance ait prédominé chez les nouveaux libres sur le désir du gain, presque tous s'éloignèrent des ateliers, les uns pour se livrer au petit commerce des villes, les autres pour être à leur tour propriétaires. « Sur 60,000 esclaves environ affranchis en 1848, écrit M. Jules Duval, on n'estime pas à plus d'un quart ceux qui restent attachés à quelque habitation. » (*Les Colonies françaises*, p. 256.) Pour assurer la continuation du travail, la loi imagina le livret, que les maîtres s'efforcèrent partout de transformer en un engagement d'un an. Mais ces formalités et ces règlements, qui étaient pour le nègre autant d'entraves, eurent pour effet de l'éloigner et de le rejeter dans la solitude. C'est alors que les planteurs jetèrent de nouveau les yeux sur l'Inde et sur l'Afrique pour s'y procurer des travailleurs par engagement. Du côté de l'Afrique, ce fut le rétablissement clandestin de la traite, ainsi que le prouvèrent manifestement les nombreuses révoltes à bord des vaisseaux qui se livraient à cette spéculation et spécialement l'incident du *Charles-George*, navire de la Réunion, saisi comme négrier par les autorités portugaises de Mozambique. Cette triste affaire eut pour heureux résultat de faire interdire le recrutement par voie d'engagement sur les côtes d'Afrique. Un traité avec l'Angleterre rendit plus facile l'immigration indienne, et de ce côté les bras affluèrent dans notre colonie de Bourbon. « En 1858, selon M. Jules Duval, on y comptait 58,000 engagés, nombre presque égal à celui des esclaves en 1848; mais ils représentaient une force double au moins, car il n'y avait parmi eux qu'un dixième de femmes et presque pas d'enfants ni de vieillards. Il est resté d'ailleurs environ 15,000 noirs sur les habitations. Aussi les plantations de cannes ont-elles doublé en douze ans, et les récoltes, excitées par le guano et manipulées par les machines, ont plus que triplé. » (*Les Colonies françaises*, p. 263.) Les Antilles, plus éloignées, ne pouvaient pas recevoir un contingent aussi considérable. Le gouvernement avait soin de leur réserver une quote-part dans le nombre des coolis indiens qui étaient dirigés vers nos possessions. Il s'occupa, en outre, de leur assurer une immigration nègre, prise sur la côte occidentale de l'Afrique, en assurant, par toutes les précautions possibles, la liberté des engagements. Un premier traité fut passé à cet effet entre le ministre de la marine et deux armateurs de Granville en 1854 et 1855. D'autres moins importants l'ont suivi. En 1857, l'amiral Hamelin et la maison Régis de Marseille conclurent un contrat pour l'introduction, en 6 ans, de 20,000 engagés africains à la Martinique et à la Guadeloupe. « Le contingent pour chaque colonie devra comprendre des femmes de 12 à 25 ans dans une proportion qui ne devra pas être moindre du cinquième ni excéder la moitié. » En outre de l'Inde et de l'Afrique, les Antilles tournèrent aussi les yeux vers la Chine. La Compagnie Gastel Assier et Malavois introduisit dans nos deux îles un certain nombre de ces travailleurs, rudes et patients, mais difficiles à conduire et rebutants par leur saleté et leurs mauvaises mœurs.

Quelles sont, au point de vue économique et social, les conséquences de cette immigration? Au point de vue social, quand elle porte sur des Chinois ou des Indiens, l'immigration a les plus déplorables résultats; ces hommes appartenant, non pas à des sociétés primitives dont les membres sont prêts à se fondre par un instinct naturel dans les sociétés plus avancées, mais à des sociétés vieilles et décrépites, conservent avec ténacité leurs habitudes et leurs mœurs anti-européennes. Leur langue, leur culte sont des obstacles infranchissables à une union avec les autres éléments des îles; c'est une juxtaposition de populations que rien ne justifie et rien n'atténue; empruntée généralement aux couches les plus basses et les plus viles des peuples dont ils proviennent, privés de la famille, ne comptant qu'une femme parmi eux sur dix hommes et souvent moins, ils prennent des mœurs du cynisme le plus abject. Le duc de Newcastle écrivait aux gouverneurs des colonies anglaises : « Si la proportion des sexes ne peut être rétablie, il faut qu'un terme soit mis à l'immigration, quelque pénible qu'en soit la nécessité. » Les crimes suivent la même progression que les vices. A la Réunion, les crimes et les délits étaient commis dans la proportion suivante : un sur 300 esclaves, un sur 60 Indiens, un sur 13 Chinois. Ainsi, au point de vue moral, l'immigration par engagement est jugée; c'est un procédé déplorable qui mine les bases de la société coloniale, qui juxtapose des populations essentiellement différentes et sans intérêt commun, qui inocule les vices asiatiques à des possessions européennnes, qui, presque pire encore que l'esclavage, transforme les colonies en une sentine abjecte.

Au point de vue économique, les conséquences ne sont pas moins fatales. C'est la facilité de l'immigration qui, en partie, a été cause de l'abandon définitif des habitations par les noirs; les planteurs n'ont plus songé à les retenir par de bons traitements et des égards. A la Réunion, il leur eût été possible de prolonger les engagements avec les affranchis dont ils avaient tiré un si bon parti pendant les deux premières années de l'émancipation ; ils aimèrent mieux se procurer des Indiens. M. Jules Duval constate qu'aux Antilles également l'abandon des ateliers par les noirs continue; ce sont les meilleurs qui s'en vont, dit-il, les plus médiocres qui restent; et il incline à en rejeter la faute sur les propriétaires las des ménagements qui coûtaient à leur amour-propre et qui ont vu avec empressement l'Afrique et l'Asie s'ouvrir à leur appel. (*Les Colonies françaises*, p. 167.) « On a été bien plus occupé de remplacer les anciens esclaves, dit également M. Augustin Cochin, que de chercher à les retenir. On a nommé des fonctionnaires pour protéger les immigrants et les surveiller; ces fonctionnaires font des rapports minutieux sur la vie, la nourriture, le travail de ces nouveaux venus : on est surpris qu'aucun patronage analogue n'existe pour les affranchis. » — « La grande affaire de l'immigration commence à s'arranger, écrit encore M. Jules Duval; à la condition de ne tenir aucun compte des anciens esclaves et de leurs descendants, qui, abandonnés à eux-mêmes sans aucune paternelle sollicitude de leurs anciens maîtres, retombent à l'état sauvage, la solution semble trouvée. »

Le second inconvénient économique de l'immigration, c'est qu'elle détourne les colons des améliorations nécessaires qui, en utilisant mieux le nombre des bras existants et en perfectionnant les procédés, multiplieraient considérablement les quantités produites et le revenu net. On sait ce qu'était devenue l'agriculture coloniale sous le régime de l'esclavage ; on a vu plus haut que, vers la fin du XVIIe siècle, le développement de la traite et la facilité de se procurer des noirs avaient fait abandonner la charrue ; les instruments les plus indispensables et les plus simples manquaient. Un témoin bien informé, M. Garnier, employé à la direction de l'intérieur à la Martinique, écrivait en 1847 : « L'agriculture est ici dans un état presque sauvage qui demande aussi son émancipation; avec une incroyable exubérance de bras, le tiers à peine des terres est en valeur ; des terres en rapport sont abandonnées chaque jour pour des défrichements nouveaux; l'esclave s'éreinte à tenter les cultures les plus barbares avec des instruments impossibles et, les procédés de fabrication aidant, on obtient du sol le quart à peine de son rendement... Que peut importer une amélioration agricole à des hommes dont la condition semble ne devoir jamais être améliorée? Et comment ne pas comprendre le dégoût des colons devant l'insuccès des épreuves? L'esclave déteste le sol; l'homme de couleur et l'affranchi le méprisent, et le blanc l'exploite à la hâte comme une mine qu'on fouille avidement avec la pensée d'un prochain abandon. » (*Revue coloniale*, 1847, t. XII, p. 138.) C'est là un tableau fidèle de l'agriculture coloniale sous l'esclavage : gaspillage de bras, de capitaux, des forces productives du sol; aucune pensée d'épargne et de prévoyance. « On est surpris, dit encore l'auteur que nous venons de citer, de voir des centaines d'esclaves, des troupeaux de mulets et de bœufs, qui cultivent quelquefois moins de cinquante hectares... et font valoir un domaine que cultiveraient en France quelques valets de ferme et une demi-douzaine de chevaux... Pourquoi laissez-vous la moitié de la terre en jachère? demandait-on au gérant d'une habitation. — Ce sont les bras qui manquent. — C'est-à-dire que vous manquez d'une herse, d'une houe à cheval, d'une charrue à deux versants et d'un peu de force de volonté pour faire adopter par vos esclaves ces instruments dont la valeur est, en Europe, de 250 francs. » (*Revue coloniale*, 1847, t. XII, p. 140.) A la Réunion comme à la Martinique les mêmes abus, les mêmes désordres se produisaient, après l'esclavage comme avant, grâce à l'immigration, qui avait rassuré et endormi les planteurs : « On me demande partout des bras, s'écriait en 1858 le gouverneur de la Réunion, M. Darricau, et partout je ne vois qu'abus de bras..... On se rappelle bien qu'on a un rival dans le sucre indigène, quand il s'agit de régler les droits différentiels, mais on ne s'en souvient plus guère quand il faut régler l'économie industrielle de la production sucrière... » L'analogie est complète sur ce point entre les îles françaises et les îles anglaises. Dans son rapport sur l'administration de la Jamaïque, le gouverneur, lord Elgin, portait sur l'immigration ce jugement sévère, mais sensé : « C'est un moyen de ne pas admettre les perfectionnements commandés par l'expérience. » Et cependant combien n'y avait-il pas à faire, non seulement au point de vue de l'agriculture, mais à celui de la fabrication! « Avec le capital fixe inutilement prodigué dans les colonies, disait Rossi dans son rapport sur la loi des sucres, on aurait produit plus de sucre que les cinq parties du monde n'en consomment. Les deux tiers du sucre de canne échappent aux procédés d'une industrie dans l'enfance. » Ce capital fixe inutilement prodigué, c'étaient les esclaves; depuis l'émancipation, ce sont les émigrants.

C'est en effet une marchandise chère que ces bras d'Indiens ou de Chinois qu'il faut transporter à des milliers de lieues, dont un grand nombre périt dans le trajet, qu'il faut nourrir du riz de leur pays, qu'il faut ensuite rapatrier à grands frais et qui emportent dans leur patrie le montant de leurs salaires accumulés, drainant ainsi les colonies d'une partie de leur capital. « Les 24 millions de francs, dit très bien M. Jules Duval, que la Réunion a dépensés en 8 ans pour faire venir les coolis de l'Inde, appliqués en primes au travail et en élévation de gages n'auraient certainement pas été stériles. » Appliqués en machines, en paiement d'habiles contre-maîtres ou constructeurs européens, ils eussent assurément produit encore davantage, mais l'on a mieux aimé accumuler les bras que de rechercher les perfectionnements, et voilà pourquoi, d'après les documents les plus sûrs, la Réunion comptait, en novembre 1862, 72,594 immigrants ainsi répartis (1) :

	Indiens.	Chinois.	Africains.
Hommes	38,225	413	18,875
Femmes	5,603		5,457
Enfants	2,582		1,439

La Martinique de son côté comptait, également en 1862, 7,800 immigrants africains, 8,000 immigrants indiens, 800 chinois. La Guadeloupe avait, en 1864, 9,389 indiens, 4,031 immigrants africains, 112 chinois. Enfin la Guyane, à la fin de 1863, comptait 950 indiens, 960 immigrants africains et 90 chinois sur une population de 24,000 âmes. (Rambosson, p. 368, 453.)

Il ne faudrait pas croire cependant que les perfectionnements dans l'agriculture et dans l'industrie sucrière n'aient pas été considérables : ils le furent, au contraire, bien qu'ils eussent pu et dû l'être davantage si toutes les ressources des colonies s'étaient portées de ce côté. Au point de vue de la culture les charrues perfectionnées, les herses, les ustensiles agricoles se multiplièrent; l'économie et le matériel des usines coloniales firent de grands progrès, on emprunta aux fabricants métropolitains quelques-uns de leurs procédés : pour diminuer les frais généraux, on fonda des usines centrales où les plantations voisines faisaient travailler leurs produits. Ces usines plus considérables furent mieux outillées et cette production en grand abaissa le prix de revient. Une usine centrale est

---

(1) *Les Colonies françaises*, par Rambosson. Paris, 1868, p. 223.

à la plantation ce que chez nous le moulin est au champ de blé. Cette plus grande division du travail est l'origine d'améliorations considérables. Bien que la Réunion ait été la première à donner le signal de cette modification importante dans la production, bien qu'elle tienne encore de beaucoup l'avance sur nos autres colonies, en dépit des crises récentes, la Martinique et la Guadeloupe l'imitèrent avec courage. Grâce à ces moyens nouveaux le rendement de la canne a été porté dans quelques endroits de 5 à 13 p. 100, et l'on ne regarde pas cette proportion comme la limite extrême. (*Revue coloniale*, septembre 1860, p. 330.) Les planteurs qui vendent leurs cannes au lieu de fabriquer leur sucre se trouvent dans une bonne situation. Le nombre des machines importées grossit chaque année sur le tableau des douanes : les diverses colonies diffèrent encore beaucoup pour la généralisation de ces procédés nouveaux. A la Réunion, sur 118 usines, il y en avait 113 munies d'appareils à vapeur, tandis qu'à la Martinique 62 habitations seulement sur 542 possédaient ces engins. La Réunion recevait pour 530,000 francs de machines, la Martinique seulement pour 40,000 et la Guadeloupe pour 50,000. Peu à peu l'on vit les appareils perfectionnés de la maison Derosne et Cail s'introduire dans ces ateliers qui n'avaient pendant 200 ans rien modifié de leurs antiques procédés. « Des progrès secondaires, dignes d'éloge, font passer la force motrice des plus bas degrés, celle des animaux, aux échelons supérieurs du vent, de l'eau, de la vapeur. » (Jules Duval, p. 157.) Si l'on avait appliqué à la viabilité un peu de ces capitaux prodigués pour l'immigration, on eût beaucoup gagné sur les frais de transport, on eût beaucoup épargné en bêtes de somme ; on est encore réduit par l'état des chemins à des véhicules tout primitifs, comme au cabrouet, traîné par des bœufs ou des mulets. L'esclavage avait supprimé les instruments et les outils matériels pour les remplacer par les bras des nègres ; il avait assoupi les planteurs, rendu la fabrication immobile ; son abolition a été le principe d'efforts virils et intelligents, de progrès sensibles et qui s'accroissent sans cesse, ç'a été le renouvellement de la production coloniale, qui a été animée dès lors par l'esprit d'initiative, de recherche et d'amélioration. « L'émancipation, a dit un témoin éclairé, laquelle a porté aux colonies un coup si rude, doit être pour elles, dans l'avenir, une source de résultats féconds et salutaires, en forçant les habitants à sortir de l'apathie dans laquelle les entretenaient la facilité de la production et son faible prix de revient. »

Un autre aiguillon à l'activité des colons, c'est le systéme nouveau, qui a succédé au vieux régime du pacte colonial. Comme en

Angleterre, l'émancipation des esclaves a été accompagnée ou suivie par l'abolition partielle et bientôt complète des restrictions réciproques qui enchaînaient le commerce des colonies et de la métropole. L'obligation pour celles-ci de se fournir de denrées coloniales exclusivement dans ses possessions d'outre-mer, et l'obligation corrélative de ne demander qu'à la mère patrie des objets manufacturés et des engins de fabrication ont été supprimées, non pas simultanément, il est vrai, mais à peu de distance l'une de l'autre. Il en est résulté un état de choses tout nouveau, qui oblige les colons à plus d'efforts, mais qui leur donne en même temps des ressources plus grandes pour réussir. Quelles que soient les souffrances temporaires, cette transformation équivaut, en définitive, à un accroissement de vitalité, c'est-à-dire à un redoublement de l'esprit d'entreprise, de recherche et de perfectionnement.

Comme pour l'Angleterre, car on ne saurait trop le répéter, l'histoire des colonies tropicales des différentes nations présente les analogies les plus frappantes, ce fut à la fin du dernier siècle que furent portés les premiers coups à l'édifice du pacte colonial. Après la perte du Canada, qui fournissait de bois les Antilles, il avait fallu leur permettre de s'en procurer aux États-Unis. Le règlement du 30 août 1784 autorisa cette importation et beaucoup d'autres. Dans la période d'apaisement qu'inaugura la Restauration, quand les colonies furent restituées à la métropole après en avoir été séparées pendant bien des années, il fallut leur faire des concessions. La liste des produits étrangers dont l'entrée aux colonies fut permise, s'augmenta sensiblement. Souvent les colonies furent autorisées, soit d'urgence par les gouverneurs, soit par des ordonnances et des lois, à tirer leurs vivres des pays les plus voisins. La force des choses l'emportait sur les prescriptions vieillies : dès 1826 on admettait les farines étrangères moyennant un droit de 21 fr. 50 par tonneau, droit qui fut abaissé successivement jusqu'à 2 francs. En signant des traités de réciprocité avec l'Angleterre et les États-Unis, la métropole avait fait une large brèche au système colonial. « Les Antilles ne sont ni les jardins ni les fiefs de l'Europe, s'écriait en 1822 le général Foy. C'est une illusion de notre jeunesse à laquelle il faut renoncer. La nature les a placées sur le rivage de l'Amérique. Avec l'Amérique est leur avenir. C'est comme entrepôts de commerce, comme grands marchés placés entre les deux hémisphères qu'elles figureront désormais sur la sphère du monde. »

Si l'on atténuait par degrés les restrictions qui arrêtaient le développement des colonies, il était naturel qu'en revanche la métropole se délivrât de l'obligation de demander à ses possessions tropicales toutes les denrées coloniales dont elle avait besoin pour sa consommation. C'était là une tendance logique, nécessaire, qui, à la longue, devait triompher. Mais que d'oscillations et de revirements avant d'arriver à cette conclusion inévitable et définitive ! Jamais il n'y eut législation si tourmentée que celle des sucres ; jamais impôt ne varia avec cette fréquence et dans ces proportions ; et quand on réfléchit que le sucre est le produit principal, presque exclusif, de nos colonies tropicales, on se demande comment elles ont pu supporter toutes ces variations multipliées. Qu'arriverait-il en Europe si tous les deux ou trois ans le blé était surtaxé ou dégrevé dans la proportion du simple au double, au triple quelquefois ? Se figure-t-on qu'avec une pareille instabilité, surtout pour une culture qui, comme le sucre, demande deux ans de travail avant d'arriver à rapporter, on puisse faire des progrès et des améliorations ? L'apathie des planteurs, l'absence de toute prévoyance, de tout plan d'avenir, ne saurait vraiment étonner quand l'on étudie tous ces soubresauts que présente tous les deux ou trois ans la taxation des sucres. C'est avec raison que M. Benoît d'Azy disait en 1844 : « L'incertitude dans la direction commerciale et industrielle du pays est cent fois pire qu'un mauvais système, parce que rien ne s'oppose plus à tout esprit d'entreprise et de progrès, à tous les efforts généreux et utiles. »

Nous n'avons pas l'intention d'entrer dans ce labyrinthe des lois sur le sucre ; il faut cependant indiquer les principales lignes et directions, montrer comment l'on est parvenu, après bien des égarements à droite et à gauche, à supprimer les droits différentiels et, en rompant le pacte colonial, à admettre à l'égalité de traitement les sucres de toute provenance.

Depuis la loi du 15 mai 1791 jusques et y compris le décret du 1er novembre 1810, on compte 18 lois ou décrets qui remanient le tarif des sucres, portant le droit sur les sucres coloniaux de zéro à 30, 45, 90 francs les 100 kilogrammes, et sur les sucres étrangers de 36 fr. 22 à 7 fr. 34, puis à 30 fr., 75 fr., 100 fr., 200 fr., et jusqu'à 400 fr. La Restauration débuta par un mouvement de liberté : les sucres français et étrangers furent soumis au même droit en 1814 ; les plaintes furent si vives de la part des planteurs que, au bout de quelques mois, on établit un droit différentiel considérable pour la protection du sucre colonial. Nous négligerons tous les dégrèvements et toutes les surtaxes qui furent établis par des lois successives, dont le résultat principal était de rendre la législation aussi instable que possible. La tendance dominante était d'augmenter la protection jusqu'à sa limite extrême, et de rendre prohibitifs en fait les droits sur les sucres étrangers. Sur les demandes des ports, des raffineries métropolitaines et des planteurs, intérêts tantôt contradictoires et opposés les uns aux autres, tantôt coalisés, on vit se dresser l'échafaudage le plus compliqué de droits différentiels et de primes à la réexportation des sucres raffinés. Le résultat général de toutes ces mesures artificielles fut la cherté des prix ; mais il se manifesta aux colonies et dans la mère patrie des conséquences particulières, dignes de la plus grande attention : aux colonies ce fut l'extension excessive de la production du sucre sous l'influence des hauts prix ; la canne à sucre bannit toutes les autres cultures; on la planta partout, même dans des terrains qui naturellement n'y étaient pas propres : le café, le cacao, toutes les productions secondaires furent négligés ; fait déplorable au point de vue économique et que les colons devaient regretter plus tard. Une autre conséquence des hauts prix fut le développement dans la métropole de la production du sucre de betterave : cette industrie, malgré tous les encouragements et toutes les faveurs de Napoléon, n'avait pu prendre un grand essor. Sous la Restauration et dans les premières années du règne de Louis-Philippe, elle avait pris une extension vraiment inattendue par suite des hauts prix auxquels une protection à outrance avait en France porté les sucres. La production du sucre indigène qui, jusqu'en 1828, atteignait à peine 3 millions de kilogrammes, était de 9 millions en 1831, de 12 millions en 1832 et de 19 en 1833, elle devait toucher à 50 en 1836; quand, en 1840, le sucre indigène fut taxé à 25 francs, droit relativement considérable, il y eut dans sa production un court moment d'arrêt, mais il reprit bientôt une extension encore plus grande. Les plaintes des colonies furent si vives et impressionnèrent tellement la métropole que, le 10 janvier 1843, un projet de loi proposait l'interdiction absolue de la fabrication du sucre de betterave, moyennant une indemnité préalable. C'eût été là un vandalisme digne des plus mauvais temps du système mercantile. On recula devant une mesure qui portait une aussi grave atteinte à la liberté de la culture dans la métropole et l'on se contenta, ce qui était parfaitement juste, de soumettre le sucre de betterave aux mêmes droits que le sucre colonial en 1847. Dans cette dernière année la production indigène atteignait 60 millions de kilogrammes. Elle ne fit que croître depuis dans une rapide progression, si bien que l'on arriva à protéger pendant quelques années le sucre colonial contre le sucre indigène. Rien n'est plus intéressant que cette lutte entre le sucre de betterave et le sucre de canne : rien aussi n'est plus instructif. On y voit l'esprit de progrès et d'amélioration, quoique usant de matériaux inférieurs, combattre avec succès et supplanter enfin l'esprit de routine et d'inertie malgré la supériorité de ses matières et le meilleur marché de sa main-d'œuvre. La culture de la betterave dans nos départements du Nord était aussi progressive que la culture de la canne dans nos îles était stationnaire. Tandis que, aux Antilles, les procédés de fabrication restaient les mêmes depuis deux siècles, que les instruments les plus vulgaires et les plus primitifs y manquaient, l'industrie du sucre indigène, sortie des mains de la science, se transformait chaque année, changeait ses appareils et ses méthodes de distillation. Tel était le progrès que la même quantité d'hectares, cultivée en betteraves, donnait en 1846 un produit supérieur du double à celui de 1840, et que les frais de fabrication dans cet intervalle de cinq ans baissèrent dans la proportion de 3 à 1. C'était un avertissement qui eût dû déterminer l'industrie coloniale à se transformer à son tour, à chercher des améliorations et des perfectionnements; mais le régime de l'esclavage lui ôtait tout esprit d'initiative; et ces réformes, qu'elle eût dû tenter dès les premières années du règne de Louis-Philippe, alors que le sucre indigène était encore en enfance, elle ne les essaya que vers 1850, quand le sucre de betterave était parvenu à un haut degré de prospérité, et quand la métropole allait susciter dans un bref délai une concurrence nouvelle à ses colonies par l'admission des sucres étrangers, c'est-à-dire des produits de Cuba et de Java, dont les sols sont si hautement productifs, à égalité de traitement, avec les sucres français. Et maintenant que nous sommes enfin arrivés après tant de tâtonnements à cette égalité de traitement, qui est conforme à l'ordre naturel des choses et aux intérêts du plus grand nombre, maintenant que nos colonies rencontrent sur nos marchés à titre égal tous les sucres du monde, on comprend qu'il en résulte une perturbation dans la production coloniale, que « ce corps bien souffrant, bien délicat, bien fragile », selon les expressions de Rossi dès 1841, et qui s'était si longtemps refusé aux remèdes énergiques, subisse un moment de crise dont l'initiative et l'intelligence des colons pourront seules le faire sortir.

Si le pacte colonial s'est ainsi démembré pièce à pièce, pour les obligations, du moins, qu'il imposait à la métropole, s'il ne reste presque aucune trace des restrictions qui contraignaient les habitants de la mère patrie à ne se fournir de denrées coloniales que dans les colonies françaises, il était naturel que les planteurs réclamassent à leur profit cette liberté du trafic que l'on invoquait contre eux. Les légères concessions que l'on avait faites au commencement du siècle, pour l'introduction des farines et autres productions étrangères déterminées, étaient insuffisantes. Les conseils généraux de la Martinique, de la Guadeloupe, de la Réunion ont réclamé à diverses reprises la rupture complète du pacte colonial. Ces réclamations des colons portaient sur trois points : ils demandaient le droit de s'approvisionner à l'étranger, non pas seulement pour certains articles de première nécessité, ce qui leur avait été accordé dès 1784 et plus largement en 1826, mais pour toutes les marchandises soit agricoles, soit manufacturières; ils insistaient sur la liberté absolue de navigation et la suppression complète de toute espèce de taxe de pavillon; enfin ils réclamaient la liberté de leur propre industrie, le droit de fabriquer sans entrave leurs produits et, par conséquent, l'abrogation des lois du 17 décembre 1814 et du 28 avril 1816 et des dispositions postérieures qui prohibaient d'une manière absolue ou frappaient de taxes prohibitives en fait les sucres raffinés et les sucres terrés des colonies. Sur tous ces points le droit des colons est aussi incontestable que leur intérêt. Nous nous sommes affranchis de la partie du pacte colonial qui restreignait notre liberté, nous devons affranchir les colonies de la partie du même pacte qui pèse encore sur elles. Tout contrat synallagmatique entraîne des obligations mutuelles et corrélatives; et, dès que l'un des contractants se dégage des obligations qui lui incombent, l'autre contractant par ce seul fait se trouve dégagé de son côté des obligations qui lui sont à charge. Telle est l'évidence du droit des colons, à ne considérer le pacte colonial que comme un contrat et sans parler de ces principes éternels de liberté du travail, qui dominent de plus haut les règlements humains et qui frappent d'un vice radical toutes les lois et prescriptions où se trouve méconnu le droit qu'a tout homme de fabriquer et d'échanger à sa guise. Quant à l'intérêt des colons, il est trop manifeste pour qu'il soit utile de s'y arrêter longtemps. « L'obligation de s'approvisionner en France impose aux colonies la charge de payer les agents de la fabrication du sucre, savoir : les machines deux fois, le noir animal quatre fois, la houille six fois plus cher que ne les paye la métropole (1). » Les prix courants des objets de grande consommation aux Antilles françaises, d'après M. Lepelletier Saint-Rémy, sont tenus par l'effet du même régime un tiers environ au-dessus du prix des mêmes objets dans les colonies anglaises et espagnoles leurs voisines (2). Quant au monopole de la navigation au profit de la métropole, voici un fait caractéristique qui montre mieux que tous les raisonnements le détriment qui en résultait pour les colonies.

(1) De Chazelles, *Études sur le système colonial*, p. 265.
(2) *Journal des économistes*, 1860, t. III, p. 177.

En l'année 1860 une circulaire du ministre de la marine et des colonies pressait les ports d'envoyer des navires à la Guadeloupe dont la rade était dégarnie.

Sur tous ces points, en principe, et sur plusieurs, en fait, les colonies ont obtenu gain de cause. « L'exportation coloniale à l'étranger, même l'importation en France sous pavillon étranger, ont pénétré dans la loi, dit M. Jules Duval, mais sous des conditions de détail qui réduisent de beaucoup les effets de cette bienveillante réforme. » D'après la loi du 3 juillet 1861, l'emploi du pavillon étranger n'était plus interdit aux colonies françaises que pour la navigation au cabotage de colonie française à colonie française et dans la limite réservée à ce genre de navigation. On se rappelle que l'Angleterre, en abolissant l'acte de navigation, s'était également réservé le cabotage; mais c'était une réserve plus de principe que de fait. Sous le régime même de la loi de 1861, les transports des colonies en France et de France aux colonies pouvaient s'effectuer par pavillon étranger, en payant une surtaxe de 20 francs par tonneau d'affrètement. Les importations de marchandises étrangères par navires étrangers étaient soumises à une surtaxe de pavillon de 20 francs par tonneau d'affrètement pour les provenances d'Europe, des pays non européens situés sur le littoral de la Méditerranée et des pays situés sur le littoral du grand Océan, y compris le cap de Bonne-Espérance. Cette surtaxe était de 10 francs pour les provenances des autres pays; cette législation de 1861 était pour les colonies un progrès immense, mais ce n'était pas le terme des concessions légitimes que la métropole devait leur faire. On est arrivé à supprimer complètement les derniers vestiges du privilège de navigation. Les colonies ont reçu le pouvoir de régler elles-mêmes leurs tarifs de douane; c'est aussi ce qui existe, nous l'avons vu, pour les colonies anglaises. Elles sont donc sur le point de jouir de la liberté presque absolue du commerce, liberté qu'elles avaient revendiquée avec tant d'ardeur depuis vingt ans, et dont leurs rivales, les îles espagnoles, anglaises, hollandaises, danoises, étaient depuis longtemps déjà en possession. Elles trouveront, dans ces facilités plus grandes de production et de débit, de précieuses ressources pour se relever et regagner leur vieille prospérité, si ébranlée depuis quarante ans.

Mais il ne faut pas qu'elles oublient que l'abolition de l'esclavage et la rupture du pacte colonial ont transformé leurs conditions d'existence. L'état anormal qu'avait créé le vieux système, c'est-à-dire la culture exclusive d'un seul produit, doit disparaître. Il faut que l'exploitation des terres devienne plus intelligente et plus prévoyante; il faut établir l'alternance des cultures, il faut produire des vivres à côté des denrées d'exportation. C'est par cette économie agricole qu'elles peuvent s'assurer un avenir de prospérité stable, si ce n'est éblouissante; la petite propriété se crée à côté de la grande; les petites cultures se développent dans le voisinage de la canne; la production du sucre n'y perdra rien si les usines centrales se propagent, si les bons procédés de fabrication se répandent. La société coloniale, quand elle suffira par elle-même sur ses vastes terres à son alimentation quotidienne, sera à l'abri de ces disettes qui la désolaient si souvent dans le passé. Le régime artificiel avait fondé nos colonies sur la servitude, sur le monopole, sur le commerce extérieur; il en était résulté la glorification presque exclusive des produits d'exportation et principalement de la canne; un tel ordre de choses a fait son temps : « Les avertissements aux colons n'ont pas manqué, disait M. Benoît d'Azy en 1844; on a souvent dit aux colonies qu'il serait pour elles plus prudent de revenir aux cultures de café, de coton, d'indigo, qui ne trouvent pas de concurrence sur le sol même de la France, et qui peut-être se prêteraient mieux à l'état à venir de la population. Ces conseils n'ont pas été suivis. » Ils commencent à l'être. Nos colons ont réfléchi que le café faisait, au commencement du siècle, la richesse de Java, qu'il fait encore de nos jours celle du Brésil. Les caféières, les cacaoyères, les indigotières, se répandent dans nos îles. Avec cette économie nouvelle, nos colonies reprennent cet esprit d'initiative et de vitalité propre qui les avait abandonnées. La propriété coloniale enfin liquidée se prête mieux aux transformations et aux progrès. M. l'amiral Roussin avait, en 1842, résumé la situation de nos colonies par ces mots caractéristiques : « A la Martinique, à la Guadeloupe, à la Guyane, on peut dire avec certitude que, sauf de très rares exceptions, la propriété privée n'existe pas et n'est qu'un mot vide de sens. Là, ceux qui possèdent n'ont pas plus de crédit que ceux qui n'ont rien, tant l'opinion est générale que toutes les propriétés sont grevées de dettes supérieures à la valeur du fond. Je ne recherche pas ici la cause de cette situation, mais j'affirme le fait. » Un des bienfaits de l'émancipation a été de libérer le sol en même temps que les personnes. Après cette liquidation de la propriété foncière, avec les banques coloniales qui fonctionnent et donnent des bénéfices, avec la liberté du trafic et de navigation, nos colonies surmonteront la crise dont elles souffrent encore, si elles savent comprendre les conditions nouvelles dans lesquelles elles sont placées, et si, renonçant à prolonger, au moyen d'une immigration coûteuse et immorale dans ses effets, l'état de choses artificiel où les avaient plongées l'esclavage et le pacte colonial, elles savent allier dans de justes proportions et perfectionner sans cesse la culture et la fabrication de la canne, et la production du café, du cacao, de l'indigo et des mille autres produits secondaires avec celle des subsistances.

Il est bon de jeter un coup d'œil sur l'état présent de nos colonies de plantations. Les statistiques administratives sont loin d'être complètes en pareille matière, et ce n'est certainement pas l'esprit de méthode et de discernement qui inspire ces documents. Quoi qu'il en soit, voici ce qu'on en peut tirer.

Nos colonies de plantations se divisent en deux groupes : celles des Antilles et celles de l'océan Indien. Nous mettons à part la Guyane, le Sénégal, la Nouvelle-Calédonie, la Cochinchine et les Indes dont nous nous occuperons dans un chapitre postérieur, parce que ces établissements au caractère de colonies de plantations en joignent d'autres, soit, par exemple, celui de stations pénitentiaires, soit celui d'empires ou d'embryons d'empires territoriaux.

Parmi les Antilles, la Guadeloupe avec ses dépendances, à savoir la Désirade, les Saintes et la partie française de Saint-Martin, a le territoire le plus étendu : 265,123 hectares. La population était en 1877 de 180,879 âmes : en 1875 elle n'atteignait que 170,775. Les statisques officielles ne distinguent plus dans cette population les couleurs; mais elles font d'autres classifications. En premier lieu viennent ce que l'on appelle les *habitants*, c'est-à-dire ceux qui y résident à poste fixe, et qui, en 1877, étaient au nombre de 148,484, dépassant de 5,000 le chiffre de 1875. Les *immigrants*, c'est-à-dire les engagés asiatiques ou africains, étaient au nombre de 17,711 en 1875 et atteignaient le chiffre de 20,665 en 1877. Cet élément est donc en croissance, mais il ne forme encore que la neuvième partie environ de la population totale, ce qui n'est pas une proportion aussi défavorable que celle de beaucoup d'autres colonies. Les troupes comptaient pour 915 hommes en 1877 et pour 811 seulement en 1875. Les fonctionnaires et leurs familles représentaient 798 âmes, et enfin la population flottante 10,017 en 1877 contre 8,359 seulement en 1875. Ces relevés n'indiquent pas une situation trop languissante. Le nombre des habitations rurales, c'est-à-dire des plantations, était de 7,216 auxquelles étaient attachés 80,384 travailleurs. On estimait à 109 millions de francs la valeur de ces propriétés. L'estimation des produits nets était de 10,817,000 francs en 1877 contre 8,864,000 en 1876.

La Guadeloupe reste toujours principalement une fabrique de sucre. En 1877 l'étendue consacrée à la culture de la canne était de 21,550 hectares, ayant donné un rendement de 48 millions 708,000 kilogrammes. Le café était cultivé sur 3,671 hectares, et la récolte s'élevait à 788,000 kilogrammes. Des superficies insignifiantes étaient couvertes de cotonniers (409 hectares) et de cacaotiers (396 hectares).

Le commerce de la Guadeloupe ne laisse pas d'être assez important ; il montait, en 1877, à 27,151,174 francs à l'importation et à 34,691,000 à l'exportation, soit ensemble près de 62 millions de francs. Sur cette somme totale le commerce avec la métropole entrait pour 34 millions et demi, soit plus de moitié. On ne sera pas médiocrement étonné de voir que le commerce extérieur de la Guadelouple et des îlots qui en dépendent est presque équivalent à celui de la Jamaïque qui est quatre ou cinq fois aussi grande et qui a trois fois plus de population. Les importations de la Jamaïque en 1878 montaient à 1,552,339 livres sterling (39 millions de francs) et les exportations à 1,458,000 livres sterl. (37 millions de francs), soit pour la Jamaïque un commerce extérieur de 76 millions contre 62 millions pour la Guadeloupe. Les statistiques officielles françaises nous donnent le chiffre des navires français et des navires étrangers composant la navigation de la Guadeloupe. Il résulte de ce document qu'en 1877 le mouvement maritime de cette île et de ses dépendances se décomposait en 532 navires français et 602 navires étrangers ; en l'absence de toute indication sur le tonnage, comme nous savons que les navires français sont en général plus petits que les navires anglais ou américains, nous pouvons admettre que le tiers des transports de la Guadeloupe s'opérait sous notre pavillon ; en l'absence de toute protection, cette proportion était satisfaisante.

La Martinique, avec une moindre étendue que le groupe de la Guadeloupe, a une population presque égale. Ses 98,708 hectares portent 161,782 habitants. Les documents officiels ne nous donnent pas pour la Martinique la décomposition de cette population en ses divers éléments. Nous savons seulement que le nombre des habitations rurales était en 1877 de 6,298, auxquelles étaient attachés 56,863 travailleurs. L'estimation de la valeur des propriétés était approximativement de 72 millions et demi, et celle des produits nets de 11,724,000 francs. Plus encore que la Guadeloupe, la Martinique est une usine à sucre : 19,263 hectares étaient, en 1877, affectés à cette culture qui avait produit 43 millions 560,000 kilogrammes; 523 hectares seulement étaient consacrés à des plantations de café, pour un produit de 163,000 kilogrammes ; 695 hectares étaient couverts de cacaotiers et fournissaient

273,000 kilogrammes de cacao ; enfin 218 hectares produisaient du coton. On remarquera que toutes ces statistiques officielles ne parlent pas des « cultures vivrières », dont l'importance doit s'être accrue chaque jour depuis l'abolition de l'esclavage et qui en tout pays doivent être les cultures principales.

Le commerce de la Martinique en 1877 était de 28 millions 876,000 francs à l'importation et de 33 millions et demi à l'exportation, soit ensemble plus de 62 millions ; dans ce dernier total le commerce avec la France représentait près de 37 millions. Les statistiques nous donnent toujours, par une persévérante et bureaucratique ineptie, le nombre des navires entrés et sortis, sans y joindre aucune indication de tonnage. Sur 1,716 navires composant le mouvement maritime de la Martinique, 746 étaient français, d'où l'on peut conclure qu'environ le tiers du commerce de cette île se fait sous notre pavillon.

Il n'est pas superflu de remarquer que le commerce extérieur de la Martinique et de la Guadeloupe réunies atteint 124 millions de francs, et s'élève à près de la moitié du total du commerce extérieur des Indes orientales anglaises en 1878. Le commerce de ces dernières colonies était alors de 11 millions de livres sterling, soit 275 millions de francs. Cependant les Indes occidentales anglaises comprennent, sans parler des îlots, une douzaine d'îles dont trois au moins sont d'une grande importance : la Jamaïque, la Barbade et la Trinité. Les Antilles françaises paraissent donc avoir moins souffert que les Antilles anglaises, et il est vraisemblable qu'avec le temps elles arriveront à une prospérité relative, quels que soient, au point de vue social, les grands inconvénients de la composition bigarrée et hétérogène de leur population.

L'île de la Réunion a, dans ces derniers temps, été beaucoup plus affligée que nos Antilles par les crises industrielles et agricoles. C'est elle surtout qui est un corps délicat et maladif. Sur 251,676 hectares, la Réunion ne comptait, en 1877, que 182,130 âmes de population. Encore doit-on dire que, dans ce chiffre les *habitants* entraient seulement pour 123,216 ; on sait que par *habitants* on désigne les blancs et la population noire, anciennement esclave, aujourd'hui affranchie. Les *émigrants*, c'est-à-dire les engagés asiatiques ou africains, comptaient pour 58,914. La Réunion est toujours, comme ses sœurs des Antilles et plus encore, une fabrique de sucre. Une quarantaine de mille hectares sont consacrés à cette culture et donnaient un produit de 47 millions de kilogrammes en 1877. Le café n'était cultivé que sur 3,728 hectares, et le produit moyen en était de 500,000 kilogrammes. Le tabac occupait 541 hectares. La valeur des propriétés, qui en 1875 était encore estimée à 162 millions de francs, ne comptait plus que pour 119 millions en 1877. Le commerce atteignait, dans la même année, 23 millions de francs à l'importation, et 31 millions à l'exportation, soit un total de 54 millions et demi sur lequel le trafic avec la mère patrie représente 33 millions de francs. La Réunion, qui jusqu'à ces derniers temps, faute de port, et à cause des cyclones, a été une côte très inhospitalière, n'est guère visitée jusqu'ici que par des navires français. Sur 435 navires à l'entrée et à la sortie en 1877, il ne s'en trouvait que 30 portant pavillon étranger. La Réunion est aujourd'hui bien en arrière de Maurice, dont les exportations sont triples et même presque quadruples des siennes.

L'État français fait depuis quelque temps des efforts pour améliorer une situation aussi fâcheuse. Il a consenti d'énormes sacrifices pour faire à la Réunion un port et un chemin de fer; il faut espérer que cette île entrera désormais en commerce avec le monde entier. Une ligne française de navigation subventionnée doit la rattacher prochainement à l'Australie.

Il nous suffira de dire quelques mots des autres petites îles de l'océan Indien qui appartiennent encore à la France : Mayotte, avec ses 35,858 hectares, a 9,616 habitants ; Nossi-Bé, avec 29,300 hectares, a 7,360 âmes ; enfin Sainte-Marie, qui a un territoire assez étendu, 90,957 hectares, ne compte que 7,012 habitants. Ces trois petites îles ont un commerce extérieur de 3 à 4 millions de francs. Si petits qu'ils soient, ces postes ne doivent pas être abandonnés. Ce sont les restes de notre action historique sur les côtes de Madagascar ; un jour peut-être ils pourront, malgré leur étroitesse, servir d'amorce à un commerce plus sérieux avec la grande île dont ils sont voisins.

Les colonies de plantations de la France, quoique ayant aujourd'hui une importance modique, n'ont rien dont notre pays doive rougir. Elles ne donnent pas un démenti à nos vertus colonisatrices. Elles sont aussi prospères, à tout prendre, du moins les Antilles, que les colonies similaires des autres nations. On peut juger que Saint-Domingue, si nous eussions su la conserver, laisserait bien loin derrière elle la Jamaïque et se serait rapprochée de Cuba, qu'elle dépassait d'ailleurs avant la Révolution. Dans ces derniers temps, nous avons fait des efforts pour venir en aide à nos îles à sucre. A la Réunion nous construisons un port et un chemin de fer ; pour chacune de ces îles nous avons fondé une Banque coloniale qui fait des affaires et qui prospère. L'initiative privée, sans aucune subvention, a constitué aussi un Crédit foncier colonial qui, après avoir traversé beaucoup d'épreuves, est en voie de relèvement. Nous avons plus perfectionné, sous certains rapports, notre droit civil et commercial aux colonies qu'en France même. C'est ainsi que le crédit agricole, le prêt sur gage de récoltes fonctionnent régulièrement dans les îles françaises, et sont encore inconnus sur notre territoire continental. Au point de vue politique, nous avons introduit dans nos colonies la liberté de la France, nous leur donnons des gouverneurs civils, nous admettons dans notre Parlement leurs représentants. On dirait que la France est pleine de regrets d'avoir manqué dans le passé sa vocation coloniale et de ferme propos de réparer ses fautes dans cette voie. On ne saurait trop applaudir à ces desseins virils, quoique tardifs.

Toutes ces réformes en elles-mêmes sont excellentes. Il est malheureusement à craindre qu'elles ne soient corrompues dans la pratique, et que, si la métropole n'y prend garde, les instruments de liberté dont elle dote nos colonies ne soient transformés en instruments d'oppression. Le suffrage universel, la mise à l'élection de tous les principaux postes, l'absence de toutes conditions de cens et de propriété, ont pour effet de faire tomber, aux Antilles françaises, tous les pouvoirs aux mains des nègres, cinq ou six fois plus nombreux que les blancs. Les députés que la Martinique et la Guadeloupe envoient à notre Parlement sont les avocats fanatiques des rancunes, des préjugés et de l'ignorance des noirs. Le pouvoir exécutif débile, qui existe en France, se laisse intimider par ces députés et envoie dans les colonies des gouverneurs hésitants, pusillanimes, dont la faiblesse accroît les aspirations plus ou moins barbares de la majorité nègre. Il est question de faire aux Antilles une loi sur le jury qui pourrait mettre la vie des blancs dans la main de leurs ennemis. On parle aussi de remplacer les troupes françaises par des milices locales qui, au bout de peu de temps, par la force des choses, se composeraient principalement de noirs. La haine du noir pour l'homme blanc se complique, dans ces îles, de la haine du pauvre pour le riche. De prétendus philanthropes français soufflent aux noirs des idées de vengeance et de domination oppressive.

Qu'on y prenne garde, de ce train il se pourrait que l'histoire de Saint-Domingue recommençât, que les blancs fussent éliminés de ces îles qu'ils ont colonisées et que les noirs, restés seuls, fissent retomber la Martinique et la Guadeloupe dans la barbarie. Le danger semble beaucoup moindre à l'île Bourbon. Ces dangers ne se rencontrent pas dans les îles anglaises, parce que le suffrage universel n'y règne pas. Le cens le tempère et laisse aux blancs la direction des localités.

Cette situation est certainement délicate. Elle exige beaucoup de précautions de la part de l'administration métropolitaine : le maintien de troupes provenant de la mère patrie, la désignation de magistrats qui soient étrangers aux luttes et aux passions coloniales et qui rendent avec indépendance une justice impartiale, le choix de gouverneurs sérieux qui ne prennent ni le parti des noirs contre les blancs, ni celui des blancs contre les noirs, certaines garanties en outre comme le concours des plus imposés venant s'adjoindre aux élus du suffrage universel dans les assemblées locales.

Sous ce régime intermédiaire et avec le temps, peut-être les préjugés de couleur disparaîtront-ils ; les deux races se mêleront sans doute davantage. La race nègre, du moins, gagnera en instruction et en intelligence. Ce serait une grande et irréparable faute que de laisser actuellement la race nègre dominer sans contrôle, sans contrepoids, dans nos îles des Antilles.

Les Antilles et la Réunion, qui nous sont chères comme des débris de notre historique empire colonial, ne peuvent tenir toutefois qu'une place secondaire dans nos œuvres d'expansion nationale. Ce qu'il faut surtout à une colonie, c'est l'espace, et elles en manquent. Mais l'espace, nous le trouvons ailleurs ; puissions-nous savoir l'occuper solidement et l'exploiter !

CHAPITRE III

Colonies de plantations. — Colonies espagnoles.

Colonies espagnoles. — Origines et développements de la colonisation à Cuba jusqu'à la fin du xviiie siècle. — Ouverture de l'île en 1809 au commerce de toutes les nations. — Avantages naturels de Cuba. — L'abolition de la traite aide merveilleusement à la prospérité mercantile de Cuba. — Évaluation du nombre des esclaves. — Les primes, l'immigration des blancs dans la première partie du xixe siècle. — L'immigration par engagement des Chinois. — Les primes à l'élevage de la race noire.
Revers de la prospérité industrielle de Cuba. — Fâcheuse influence de l'esclavage sur la condition morale et sociale de l'île. — Les lois de l'Espagne, primitivement humaines en ce qui concerne l'esclavage, se raidissent dans l'application. — Les abus criants de l'immigration chinoise.
La révolution métropolitaine de septembre 1868 a son contre-coup à Cuba. — Les trois causes de l'insurrection cubaine : régime commercial restrictif, abus administratifs, esclavage. — Le régime commercial relativement libéral institué en 1809, au lieu de s'améliorer avec le temps, s'était plutôt empiré. — Inconvénients des droits différentiels. — Obstacle au libre commerce entre Cuba et les États-Unis. — Absence complète de libertés coloniales. — Les énormes budgets coloniaux. — Les fortunes scandaleuses des fonctionnaires métropolitains. — Le premier acte des insurgés est de proclamer l'émancipation des noirs. — Caractère implacable de la guerre civile à Cuba. — Destinées probables de l'île.
Porto-Rico : cette île est d'abord dédaignée par la métropole. — La contrebande la fait prospérer. — Régime économique libéral introduit en 1815. — Nombre relativement faible des esclaves. — Grand nombre des petits propriétaires blancs. — Importance des cultures vivrières et de l'élevage du bétail. — Cet état de choses a commencé à s'altérer vers 1835. — L'abolition de l'esclavage à Porto-Rico.
Les Philippines. — Les ordres monastiques se multiplient dans cette colonie qu'ils ont particulièrement contribué à fonder. — Importance de l'élément chinois. — État très arriéré de cette colonie.
Les lambeaux de la puissance coloniale de l'Espagne sont encore magnifiques. — Situation languissante de ces colonies.

Quand nous nous sommes occupé de la colonisation espagnole antérieurement au xixe siècle, nous nous sommes contenté de dire quelques mots des îles que possède l'Espagne dans le golfe du Mexique ; c'est que ces îles, qui ont actuellement une si grande importance et qui peuvent être regardées comme les plus productives colonies à sucre du monde, n'avaient avant l'ouverture de ce siècle qu'un rôle très effacé et n'offraient rien qui indiquât leur splendeur future. L'histoire de Cuba et de Porto-Rico est de date toute récente. Ces îles ont, en quelques années, pris un essor inattendu, et grâce à des circonstances en partie naturelles, en partie artificielles, elles éclipsent par le développement rapide de leur richesse tous les autres établissements européens.

Vers la fin du siècle dernier, quand la Jamaïque avait déjà fourni sa plus belle période de prospérité et que Saint-Domingue tenait le premier rang parmi les colonies de plantations, Cuba était à la fois négligée par la métropole et dédaignée par les étrangers; elle était peuplée pour la plus grande partie de petits propriétaires blancs qui cultivaient eux-mêmes la terre presque sans le secours d'esclaves et se livraient spécialement à l'élève des bestiaux. Il n'y avait alors que 300,000 habitants dont à peine le tiers était esclave; car il résulte des documents de la douane, que de 1521 à 1790 il avait été introduit à la Havane 90,875 noirs seulement. Ce qui caractérise donc la situation de Cuba pendant les deux derniers siècles, c'est un état de prospérité médiocre et obscure, une aisance assez générale, une civilisation douce, un bon traitement de la population servile, de faibles ressources financières, le besoin de secours et de subsides métropolitains. La réunion de circonstances exceptionnellement favorables vint changer radicalement les conditions de cette colonie et la placer en quelques années au-dessus de toutes les Antilles.

La première cause de développement, ç'a été l'ouverture de l'île en 1809 au commerce de toutes les nations. A cette date, où les colonies anglaises et françaises étaient encore rigoureusement soumises aux restrictions du pacte colonial, les colons de Cuba obtinrent l'avantage, moyennant des taxes légères, de la libre vente de leurs produits, du libre achat de leurs consommations, du libre accès de tous les pavillons. Ce fut le point de départ de la prospérité de l'île; c'était lui assurer, outre le marché de la métropole qu'elle conservait à l'exclusion de tous autres, l'approvisionnement de toutes les contrées qui n'avaient point de colonies à sucre et que le pacte colonial anglais ou français empêchait de se fournir dans les colonies de l'Angleterre ou de la France. Dès lors, la Havane devint un des ports les plus animés de l'Amérique et du monde. On y vit tous les ans environ 6,000 vaisseaux dont 2,000 seulement étaient espagnols. Dès lors aussi les plantations de cannes se répandirent, gagnèrent de proche en proche et supplantèrent toutes les autres cultures. La même liberté du trafic attira les capitaux étrangers et spécialement anglais; des commerçants, des spéculateurs, des planteurs d'Angleterre ou des colonies anglaises vinrent s'y fixer en grand nombre et y apporter, en même temps que leurs épargnes, leur esprit de progrès et leurs qualités industrielles.

La liberté du trafic que l'Espagne accorda à Cuba, alors que toutes les autres colonies européennes étaient à peu près strictement fermées au commerce étranger, se trouvait admirablement servie par les richesses naturelles vraiment extraordinaires de cette belle île que l'on devait nommer la reine des Antilles. Une admirable position au croisement de plusieurs des grandes routes du commerce des peuples, un sol d'une fertilité exceptionnelle, une vaste étendue de terres cultivables, qui permet de transporter sans cesse la production de la canne sur des terrains nouveaux et vierges, une heureuse configuration de l'île, qui, avec une grande longueur sur une étroite largeur et des côtes très découpées, met les établissements, situés même à l'intérieur, à peu de distance de la mer; enfin une très grande variété de produits, de belles forêts, des prairies naturelles abondantes, d'importants gisements de houille, des mines de cuivre, qui fournissaient, dit-on, la sixième partie de la production totale des nations civilisées ; c'étaient là des conditions spécialement heureuses et qui cependant, tant que le système des restrictions avait duré, n'avaient pu rendre la population nombreuse et opulente. L'abondance du sol et la configuration de l'île furent particulièrement avantageuses à cette belle colonie. Tandis que les planteurs d'Angleterre ne pouvaient étendre leur production qu'en plantant la canne dans des terrains de qualité inférieure et dont le rendement était moins élevé, les colons de Cuba, dès qu'une plantation commençait à être épuisée, y cultivaient du maïs et d'autres produits de consommation quotidienne et plantaient la canne sur des sols voisins également fertiles. Ils le pouvaient faire sans s'éloigner des côtes, au contraire des planteurs de la Jamaïque, à cause du peu de largeur de Cuba ; il n'y a pas, selon Merivale, de partie productive dans cette île qui soit à plus de 40 milles de la mer. Les circonstances politiques et spécialement la ruine de Saint-Domingue, qui fut brusquement effacée de la liste des contrées sucrières à la tête desquelles elle figurait, vinrent encore aider au développement de Cuba.

Une autre cause de progrès dans les colonies espagnoles, ce fut l'abolition, en 1812, de la traite dans les colonies anglaises et, quelques années après, dans les colonies françaises, puis successivement dans le reste du monde. De 1790 à 1820 la Havane reçut, d'après les états de douane, 225,574 esclaves. Même après l'abolition nominale de la traite, la contrebande, grâce à la protection manifeste des autorités coloniales, continua à introduire dans l'île un nombre considérable de noirs. En 1850, d'après un ouvrage publié à New-York, sous le titre de *Cuba*, la population était de

1,282,630 habitants, dont 603,160 blancs, 201,470 libres de couleur et 447,600 esclaves. Mais, selon toutes les probabilités, le nombre des esclaves était en réalité plus considérable. Par crainte de l'impôt, les habitants se gardaient de déclarer le chiffre exact de leurs nègres et ils dissimulaient ceux qui provenaient de la traite clandestine. Aussi lord Aberdeen écrivait-il, en date du 31 décembre 1843, à M. Bulwer, ambassadeur à Madrid : « Dans ce moment, suivant le rapport des habitants les plus intelligents, le nombre des esclaves dans l'île de Cuba ne s'élève pas à moins de 8 à 900,000 individus. » La traite sous contrebande se prolongea en effet jusqu'à une époque très récente et, d'après le 20ᵉ rapport de l'*Antislavery Society*, le nombre des nègres saisis en 1857 avait été de 2,704, celui des nègres introduits impunément était supposé être de 10,436. Ainsi, tandis que les îles anglaises et françaises voyaient leur main-d'œuvre leur échapper, les colons de la Havane continuaient à la recruter à bon marché dans cette vaste pépinière de l'Afrique. Etant donné le mode de culture adopté dans toutes les colonies à sucre, c'était là, au point de vue de la production, un incontestable avantage. A l'abolition de la traite avait succédé pour les établissements de l'Angleterre et de la France l'abolition de l'esclavage. Nous avons vu quelle longue période de crise il en était résulté pour les planteurs de l'une et l'autre nation. Ces souffrances des îles voisines, cet abaissement de leur production avait été tout profit pour les îles espagnoles. Cuba, en maintenant cette institution, inique et inhumaine il est vrai, s'assurait, au mépris de la morale et du christianisme, de grands avantages industriels au moins momentanés. Elle évitait cette transition douloureuse qui devait tant coûter aux planteurs anglais et français. Par un remarquable esprit de prudence et d'initiative, alors même qu'ils maintenaient l'esclavage, les planteurs des îles espagnoles introduisaient dans leur culture et dans leur fabrication tous les progrès dont elles étaient susceptibles. Les vastes capitaux anglais, qui s'étaient fixés dans l'île, installèrent en grand des usines admirablement outillées ; en même temps on recourait au procédé si vanté de l'immigration ; toutes les races étaient appelées dans l'île. Dès 1794 un Havanais célèbre, don Francisco de Arango, avait obtenu des fonds considérables pour l'introduction de travailleurs blancs. En 1817 le roi Ferdinand VII avait pris des mesures libérales pour attirer dans l'île la population blanche au moyen de dispenses d'impôt et de facilités de transport et de culture. Sous l'administration du maréchal O'Donnell la junte royale d'encouragement de l'agriculture offrait en 1844, pour le même objet, des primes de 6,000 à 12,000 piastres. On formait, en 1849, un nouveau projet pour l'immigration non d'individus isolés, mais de familles blanches, et on le soumettait à la reine Isabelle qui l'approuvait. On appelait en même temps pour la culture de la canne et du tabac les Indiens, les Yucatèques, les Chinois surtout. Un premier traité fut conclu promettant à la colonie 20.000 Chinois ; dans la seule année 1857 on en introduisait 5,360, c'était en tout 17,146 dont 7 femmes. En 1860 un décret ouvrait encore plus largement Cuba aux Chinois ; Cuba possédait, en 1862, plus de 60,000 Chinois, qui avaient été introduits au prix de 1,500 fr. à 2,000 fr. par tête. On s'occupait également de développer la population noire, et, en 1854, l'administration métropolitaine prenait des mesures pour encourager par des primes l'élève de la race noire, comme on fait en Europe pour la race chevaline, et pour forcer les maîtres par l'impôt à changer l'esclavage de la domesticité urbaine en esclavage pour l'exploitation rurale. Par tous ces moyens dont nous ne discuterons pas ici la justice et la moralité, Cuba s'était assuré, au moins d'une manière momentanée, une prospérité sans égale. Ce qui a merveilleusement aidé à son développement, ce sont les nouveaux principes économiques de la France et de l'Angleterre. Depuis que le pacte colonial a été rompu dans ces deux riches contrées et que les sucres étrangers ont été admis aux mêmes droits que les sucres coloniaux, les planteurs de Cuba ont vu s'ouvrir devant eux deux grands marchés, où les conditions naturelles et artificielles de leur production leur assurent de grands avantages.

Cette propérité industrielle a eu son revers, et ce brillant tableau de richesse et d'opulence n'a pas manqué d'ombres épaisses et de taches qui le déparent. Il faut examiner de près l'état économique et surtout l'état social de cette grande île. Alors l'on est frappé de la fragilité de cet édifice de splendeur. L'esclavage prolongé a produit là comme partout ses effets nécessaires : la corruption dans l'ordre moral, et même dans l'ordre économique, le mauvais usage des ressources naturelles du pays. Les forêts ont été détruites et sacrifiées à la canne ; les mines de cuivre, les gisements de houille ont été négligés, les prairies artificielles sont tombées en discrédit ; l'abus des bras, en dépit des progrès récents et des belles usines, est encore un fait frappant et caractéristique. L'esclavage, si doux dans les îles espagnoles à l'origine, est devenu plus rigoureux. « La condition morale et sociale de l'île de Cuba, dit Merivale, semble avoir décliné sous l'influence de l'esclavage : au commencement du siècle les habitudes dignes et le calme du vieux génie castillan contrastaient singulièrement avec le caractère âpre, avide et spéculateur de la troupe bigarrée d'aventuriers qui constituait une grande partie de la population française, anglaise et hollandaise aux Indes occidentales. Ces derniers avaient pour unique but d'arriver rapidement à la fortune pour retourner dans leur pays. Les Espagnols étaient des habitants permanents : ils maintenaient dans leurs colonies les mœurs et le caractère d'une population fixe et d'une organisation sociale régulière. On y était doux pour les esclaves. Les lois d'Espagne étaient sous ce rapport spécialement humaines : la législation reconnaissait à l'esclave quatre droits imprescriptibles : le droit de mariage, le droit de forcer son maître en cas de sévérités exagérées ou imméritées à le vendre à un autre, le droit d'acquérir, le droit d'acheter son émancipation. En outre, le caractère espagnol, s'il est porté à toutes sortes de cruautés sous l'impulsion de la vengeance ou du fanatisme, quand il n'est pas enflammé par la passion, trouve dans des habitudes de dignité et de *selfrespect*, de la courtoisie et de la patience pour ses inférieurs, qualités dont les nations plus pratiques donnent rarement l'exemple. Le développement de la richesse et de la traite changea tout cela. Le planteur espagnol devint plus cruel et plus immoral que les autres Européens : les plantations de sucre à Cuba sont exploitées, grâce à la traite, avec une énorme dépense de vies humaines, que de nouvelles recrues remplacent sans cesse. La traite étant prohibée, le commerce des esclaves se fait par la contrebande, et la condition de ceux-ci est rendue pire, faute de la protection et des prescriptions légales qui réglaient la traite. La vie moyenne d'un esclave à Cuba n'est que de dix années ; à la Barbade, dans les plus mauvais temps de l'esclavage anglais, elle était de seize ans. » Ce tableau de Merivale justifie parfaitement l'observation suivante de Humboldt : « Partout où l'esclavage est très anciennement établi, le seul accroissement de la civilisation agit beaucoup moins sur le traitement des esclaves, que l'on ne désirerait pouvoir l'admettre. La civilisation s'étend rarement sur un grand nombre d'individus, elle n'atteint pas ceux qui, dans les ateliers, sont en contact immédiat avec les noirs. » La condition morale de l'île et de ses habitants, la corruption des parties de la société qui, dans les autres pays, opposent le plus de résistance à la démoralisation, de la magistrature, du clergé même, a été tracée de main de maître par l'historien de l'abolition de l'esclavage, M. Augustin Cochin. L'immigration chinoise qui se fait sur une grande échelle est venue ajouter un élément nouveau d'immoralité. Cette population instable, toute masculine, étrangère par la langue, la religion et les mœurs, a greffé les vices asiatiques sur les vices européens et africains. Le transport même des coolis est une industrie suspecte et équivoque, où malheureusement le pavillon français depuis quelques années prend une large part. C'étaient des navires anglais à l'origine qui se livraient principalement à ce commerce. On sait combien de faits sinistres — des révoltes en mer, des massacres — se révélèrent dans ce trafic voisin de la traite. Le parlement anglais s'en émut : il fut question de poursuivre comme coupables de traite clandestine les capitaines des navires où ces faits s'étaient présentés ; on recula devant cette décision extrême. La Chine elle-même se troubla au spectacle de ce raccolement plein de perfidie et de violence. A la suite d'intimidations et de tortures qui se manifestèrent de la part de recruteurs chinois au service de planteurs de Cuba, la populace de Canton menaça de se soulever et 18 agents chinois, aux gages de maisons havanaises, furent décapités. Le 28 novembre 1857, le gouverneur de Sanghaï adressait aux divers consuls européens une protestation contre les abus du recrutement des coolis (1). La situation ne semble pas s'être améliorée : tout sentiment de justice, si l'on en croit les faits déplorables que les journaux coloniaux nous révèlent d'intervalle à intervalle, reste encore absent de ce trafic lugubre. En 1868 trois révoltes de coolis chinois sur des bâtiments français ou italiens en destination de la Havane et du Pérou, font croire que le raccolement de ces pauvres engagés reste entaché des mêmes violences et de la même perfidie. La *Commercial Gazette* de Maurice, citée par le journal *le Temps* du 19 mars 1868, raconte une révolte de Chinois à bord du vaisseau *la Carmeline*, de Bordeaux, relâché en avaries dans son voyage de Macao à la Havane. « Le seul mobile de l'émeute, dit la feuille coloniale, était pour les Chinois de regagner leur liberté. » Presque en même temps une autre révolte eut lieu dans les mers de la Chine sur le navire *l'Espérance*, de Nantes. « Les Chinois tentèrent un coup de main désespéré pour recouvrer leur liberté en se précipitant dans la chambre pour se saisir des armes du bord (2). » Quelques mois après, le navire *la Thérésa*, se rendant de Macao à Callao, fut le théâtre d'un horrible massacre où presque tout l'équipage périt de la main des engagés chinois. Telles sont les horreurs qui souillent le trafic des engagés asiatiques pour les colonies européennes et spécialement pour la grande île de Cuba.

Ainsi quand on examinait de près et dans sa constitution intérieure cette grande colonie espagnole, quand on étudiait les sources auxquelles sa prospérité était puisée, quand on voyait réunis sur un

---

(1) Jules Duval, *Histoire de l'émigration*, p. 391 et 392, 427 et 428.
(2) *Temps* du 13 mai 1868.

même point l'esclavage, l'immigration asiatique, le gouvernement absolu sans le moindre tempérament libéral, on se prenait à se demander si une crise n'était pas prochaine et si cette crise à laquelle on ne faisait rien pour se préparer ne serait pas d'autant plus violente qu'elle aurait été plus tardive.

La révolution de septembre 1868, qui renversa la reine Isabelle, mit aussi Cuba en insurrection non seulement contre la dynastie des Bourbons, mais contre l'Espagne elle-même. A vrai dire, le mouvement de septembre fut l'occasion, non la cause, d'un incendie qui couvait depuis longtemps dans la colonie. Nous ne nous arrêterons pas ici sur l'origine et le développement de l'insurrection cubaine (1). Qu'il nous suffise d'en exposer brièvement les motifs : ils étaient au nombre de trois : le régime commercial où la métropole tenait la colonie ; la persistance avec laquelle l'Espagne éloignait les créoles de la gestion des affaires de l'île et les abus criants de l'administration coloniale ; enfin l'esclavage.

Nous avons expliqué qu'au commencement du siècle l'île de Cuba jouissait de franchises commerciales relativement importantes. A un moment où le régime prohibitif dominait en Angleterre et en France et dans les colonies de ces deux contrées, les planteurs de Cuba jouissaient de la même liberté, moyennant des taxes qui, pour le temps, n'étaient pas exorbitantes avec le monde entier. Mais ce régime, inauguré en 1809, loin de s'améliorer, avait plutôt empiré. Les marchandises étaient divisées en quatre classes : produits espagnols sous pavillon espagnol, produits espagnols sous pavillon étranger, produits étrangers sous pavillon espagnol, produits étrangers sous pavillon étranger. Les droits sur les différents articles étaient gradués de 7 1/2 à 33 1/2 p. 100 *ad valorem*. Ce tarif paraissait modéré au commencement du siècle, alors que la prohibition était non seulement la loi, mais le dogme en vigueur dans toutes les colonies européennes. Il paraissait, au contraire, exorbitant alors que toutes les puissances avaient fait litière des principes surannés du pacte colonial et restitué à leurs dépendances d'outre-mer la plénitude de la liberté du commerce. C'est ainsi que l'axiome politique et social « ne pas avancer, c'est reculer » trouvait à Cuba son application. Les planteurs y comparaient avec envie les franchises dont jouissaient les colons de la Jamaïque, de la Barbade, de la Guadeloupe, de la Martinique avec les liens étroits

(1) M. André Cochut dans *la Revue des Deux Mondes* du 15 novembre 1869, a consacré une intéressante étude à la révolte de Cuba ; on peut voir aussi dans le même recueil (livraison du 1ᵉʳ mai 1869), un article de M. Cochin sur l'esclavage à Cuba et à Porto-Rico.

qui gênaient leur trafic. Ils avaient d'autant plus le droit de se plaindre que les agents de la métropole exagéraient dans la pratique les lois douanières existantes. Sous prétexte d'alléger la situation des planteurs, on avait même introduit dans le tarif des clauses nouvelles qui, sous l'apparence d'un faux libéralisme, compromettaient sérieusement les intérêts des planteurs : c'est ainsi qu'on exempta de tous droits certains articles de première nécessité, à la condition qu'ils fussent de provenance espagnole : les farines, le vin, les fers non ouvrés, les tissus de coton et de laine, le papier, entraient dans cette catégorie. Ainsi le régime protecteur s'était fortifié à Cuba depuis le premier quart du siècle. Qu'en résultait-il ? C'est que les États-Unis d'Amérique, dont une grande partie des produits, notamment les farines, étaient grevés de droits différentiels à l'entrée de Cuba, frappaient à leur tour de droits différentiels les sucres cubains. C'était pour les productions de la reine des Antilles une cause terrible de dépréciation. Le marché naturel de Cuba, n'est-ce pas l'Union américaine ? c'est aux États-Unis que Cuba, vend 62 p. 100 du sucre qu'elle produit, tandis qu'elle n'en écoule que 22 p. 100 en Angleterre et seulement 3 p. 100 en Espagne. Or, pour vendre leur sucre dans les ports de l'Union américaine, les planteurs de Cuba étaient obligés de supporter des droits excessifs qui atteignaient presque les deux tiers de la valeur vénale de leurs produits. On conçoit quelle perte c'était pour les planteurs de la colonie espagnole. Tels étaient les déplorables résultats d'un régime colonial que la métropole, bien loin d'amender, rendait chaque jour plus rigoureux : les planteurs devaient payer fort cher les farines, le fer, les tissus, tous les objets utiles à l'existence et à la fabrication, et ils se trouvaient pour la vente sur le grand marché d'Amérique dans des conditions beaucoup plus mauvaises que leurs concurrents des îles voisines. Quand les intérêts des colons sont aussi manifestement lésés, le *loyalisme* ne tarde pas à disparaître.

Il était d'autant plus difficile aux planteurs de garder un peu d'affection pour la métropole que celle-ci les exploitait sans ménagements et avec un révoltant cynisme. Fidèle à son vieux système, le gouvernement de Madrid éloignait les créoles de leurs affaires ; il ne leur laissait aucune part dans l'administration coloniale. Cuba était pour lui et pour ses sujets péninsulaires, c'est-à-dire pour les Espagnols natifs d'Europe, une vache à lait qu'il semblait vouloir épuiser. Les budgets coloniaux étaient réglés d'autorité par les employés du gouvernement; ceux-ci étaient tous natifs d'Espagne. On avait installé à Cuba une administration compliquée et luxueuse, comprenant six ministères : la justice, les finances, la guerre, la marine, l'intérieur, les travaux publics ; des milliers d'Européens trouvaient place dans ce mécanisme exubérant. Outre les énormes traitements que la colonie payait, sans qu'on la consultât, à ces fonctionnaires (1), elle était encore obligée d'acheter leurs bonnes grâces par toutes sortes de dons gratuits et réputés libres. Cette administration sans contrôle était au plus haut degré corrompue ; les fonctionnaires de tous ordres participaient à la traite clandestine, à la contrebande sur les cigares, et exigeaient des cadeaux pour tous les actes de leur service. Les fortunes scandaleuses faites par les capitaines généraux témoignaient de cette vénalité. L'usage voulait, paraît-il, que l'on contribuât par des présents à la dot des filles de ces hauts dignitaires, ou que l'on couvrît de bijoux leurs enfants pour la cérémonie du baptême. Les crimes et l'indiscipline des volontaires qui embrassèrent la cause de l'Espagne dans l'insurrection, montrent combien les résidents natifs de la métropole étaient peu dignes d'estime et de la domination qu'ils s'étaient arrogée.

Le budget de la colonie avait été porté par les agents de l'Espagne au chiffre énorme de 150 millions de francs. Non seulement la métropole faisait payer par le budget de la reine des Antilles une foule de dépenses qui ne concernaient en rien Cuba, — comme les intérêts d'une dette contractée envers les États-Unis, les frais d'administration des îles de Fernando-Po et d'Annobon — mais encore elle prélevait chaque année une trentaine de millions à son profit sur le budget colonial. Elle compromettait sans mesure les intérêts financiers de l'île, elle lançait des traites innombrables sur la Banque de la Havane, établissement privé, et elle condamnait Cuba au cours forcé.

L'esclavage enfin fut l'une des causes, quoique non la principale, de cette terrible insurrection. Depuis la fin de la guerre de sécession aux Etats-Unis, il était manifeste que l'esclavage ne pouvait plus se maintenir aux Antilles. La servitude à Cuba avait toujours été fort douce, les nègres y avaient joui de beaucoup de garanties que les autres colonies européennes ne leur avaient jamais accordées avant l'émancipation. Les propriétaires eux-mêmes n'étaient pas opposés à l'abolition de la servitude. C'est là un fait incontestable. Dès le mois de février 1869, sous l'inspiration de leur chef suprême, Cespedes, les insurgés cubains formèrent une convention patriotique qui, réunie dans la région

---

(1) D'après M. Cochut la colonie payait chaque année 3 millions 780,000 francs aux fonctionnaires en disponibilité qui, pour la plupart, habitaient la métropole.

montagneuse du centre, à Camaguey, proclama l'abolition immédiate et entière de l'esclavage (1). Ainsi toute la population indigène de la colonie se trouva intéressée au triomphe de la cause de l'indépendance. Les familles riches étaient irritées de la tyrannie et des spoliations des Espagnols ; les planteurs, les industriels, les commerçants souhaitaient qu'on mît un terme au régime protecteur qui pesait si lourdement sur la production cubaine ; enfin les noirs étaient intéressés à une cause qui les rendait libres.

Le gouvernement et le peuple espagnol s'opposèrent avec une invincible obstination aux revendications de la colonie. Cuba était un marché pour les fabricants de la Catalogne, une mine inépuisable pour les fonctionnaires de tous les étages : enfin le vieil honneur castillan frémissait à l'idée de toute concession à des rebelles. Des mesures barbares adoptées par l'autorité métropolitaine envenimèrent la querelle. Le 21 mars 1869 on arracha à leurs foyers 250 Cubains, choisis parmi l'élite de la société créole, et on les déporta à Fernando-Po et à Mahon. L'indignation qui saisit toute la population insulaire, au spectacle de cette injustifiable barbarie, doubla les forces de l'insurrection.

Cette insurrection cubaine a été remarquable et par la durée, et par l'atrocité de la lutte. Ce n'est guère qu'en 1878, sous l'administration vigilante et, autant qu'on en peut juger, honnête du maréchal Martinez Campos qu'elle a été étouffée. Encore doit-on ajouter qu'il n'en faudrait pas remuer les cendres, de crainte de rallumer l'incendie. Pendant les neuf ou dix années de la lutte, l'Espagne n'occupait que la Havane, quelques grandes villes et les côtes. Tout l'intérieur, notamment les montagnes, étaient aux mains des insurgés. Cette guerre, signalée par des perfidies et des massacres, s'est terminée par un *convenio*, c'est-à-dire par un traité acheté à prix d'argent. Au sein des Cortès, en 1879, M. Salamanca,

---

(1) Voici le texte de cette proclamation :

« Considérant que l'institution de l'esclavage apportée à Cuba par le gouvernement espagnol doit disparaître en même temps que ce gouvernement ;

« L'Assemblée des représentants, voulant faire respecter désormais la justice éternelle ;

« Au nom de la liberté et du peuple qu'elle représente, décrète :

« Art. 1ᵉʳ. L'esclavage est aboli. — Art. 2. Les propriétaires des hommes qui jusqu'à ce jour ont été esclaves seront indemnisés. — Art. 3. Tous les individus qui, en vertu de ce décret, obtiendront la liberté, contribueront par leurs efforts à obtenir la liberté de Cuba. — Art. 4. Pour arriver à ces résultats, tous ceux qui seront considérés comme bons pour le service militaire seront enrôlés dans nos rangs, et ils jouiront de la même solde et des autres avantages que les autres soldats de l'armée libérale. — Art. 5. Ceux qui ne sont pas bons pour le service continueront pendant la durée de la guerre à faire les mêmes travaux qu'à présent.

« Fait à Camaguey le 20 février 1869. »

financier bien connu, accusait le maréchal Martinez Campos d'avoir payé de 170 millions de réaux, c'est-à-dire de 42 millions et demi de fr., la soumission des rebelles. Le maréchal répondait que la dépense réelle affectée à cette destination n'avait pas dépassé 17 millions ou 4,200,000 francs. La vérité doit être entre les deux.

La guerre civile a singulièrement atteint Cuba dans sa prospérité. Un observateur éclairé, dans une lettre écrite de Cuba, en date du 5 mars 1877, au journal *l'Economiste français*, décrivait avec les plus tristes couleurs la situation de l'île (1). « La production du sucre qui avait été, avant la guerre, de 700 millions de kilogrammes, s'était graduellement abaissée à 500 millions, puis, pour l'année 1876-77, à 330 ou 350 millions de kilogrammes seulement. Le régime financier de l'île était singulièrement oppressif. Le papier-monnaie y régnait, comme d'ailleurs dans la plupart des Etats de l'Amérique, et il y subissait d'énormes variations. Au mois de mars 1877 l'or espagnol faisait 122 p. 100 de prime. c'est-à-dire que 100 piastres en billets, d'une valeur nominale de 500 francs, ne représentaient que 45 piastres en or ou 225 francs. Les changes variaient souvent de 10 à 12 p. 100 dans l'intervalle de quelques mois.

Les impôts étaient écrasants et décourageants. Le budget s'était élevé de 150 millions de francs à 200 millions, soit l'équivalent d'un budget de 4 milliards pour la France. Il était établi sans aucun concours ni aucun contrôle des contribuables. Les sources auxquelles il puisait étaient d'abord les douanes qui produisaient 100 à 110 millions de francs, puis les postes, le timbre, diverses contributions indirectes. Ce qui manquait pour faire face aux dépenses était demandé aux contributions directes, notamment à la taxe dite municipale et à un impôt très arbitraire sur le revenu. Ces droits étaient tellement énormes que de simples marchands détaillants de la Havane payaient 12,750 francs d'impôts directs, qu'ils réalisassent ou non des bénéfices. Il n'était pas rare de voir des négociants importateurs taxés à 45,000 ou 50,000 francs d'impôts directs, et des planteurs à 100,000, 200,000 ou 300,000 francs. Souvent l'impôt épuisait ou dépassait le revenu et entamait le capital. Les produits exportés acquittaient, en outre des taxes, 5 piastres 45, soit 27 fr. 25, par boucaut de sucre (725 kilog.), et 10 piastres 50 (52 fr. 50) par 100 kilogrammes de tabac en feuilles. Qu'on ajoute à ces conditions fâcheuses les surtaxes de

---

(1) Ce correspondant du journal *l'Economiste français* n'était autre que le consul général de France à la Havane, M. Martial Chevalier. On comprend que sa situation l'obligeât à garder l'anonymat. (Voir *l'Economiste français* du 31 mars 1877.)

pavillon, les droits différentiels, les aménagements défectueux du port de la Havane, on pourra juger des obstacles contre lesquels l'industrie et la richesse naturelle de Cuba avaient et, dans une certaine mesure, ont encore à lutter.

Le commerce de la Havane se fait pour la plus grande partie avec les États-Unis, surtout à l'exportation. On estime que cette contrée achète les deux tiers des sucres et les 92 centièmes des mélasses de Cuba. D'après M. Martial Chevalier, en 1876, le port de la Havane avait été visité par 767 navires américains, 603 espagnols, 111 anglais, 75 français, 54 norvégiens, 19 allemands et 3 italiens (1). D'après une autre évaluation, qui est postérieure, sur 1,777 navires, jaugeant 766,865 tonneaux, qui entrent dans le port de la Havane, 876 navires, jaugeant 433,007 tonnes, sont américains. Le commerce de l'Espagne avec Cuba ne représente guère que 25 p. 100 du total des importations et des exportations (2) ; encore ces 25 p. 100 sont-ils seulement conservés grâce aux surtaxes de pavillon et aux droits différentiels.

Quoique depuis deux ans l'insurrection se soit apaisée à Cuba, la métropole n'a pas encore tenu les promesses qu'avait faites en son nom aux rebelles le maréchal Martinez Campos. Les députés de l'île sont bien admis aux Cortès, mais Cuba ne jouit encore ni de la liberté administrative, ni de la liberté commerciale. Sur un point seulement, en ce qui concerne l'esclavage, l'Espagne a accompli ou plutôt est en voie d'accomplir une réforme sérieuse. En 1872 M. Moret, étant ministre des colonies, fit voter une loi qui abolissait l'esclavage à Cuba pour les hommes âgés de 60 ans et pour les enfants d'esclaves qui naîtraient après la promulgation de la loi. C'est ce que l'on appelle « l'affranchissement par le ventre. » L'application de cette mesure fut entravée par l'absence d'état civil pour les nègres. Quand, après la fin de l'insurrection, les députés cubains entrèrent aux Cortès, ils firent remarquer que l'effet de cette loi avait été moindre qu'on ne l'espérait. Une nouvelle loi du 7 juin 1880 prononça l'émancipation définitive, en astreignant les affranchis à un stage ou à un apprentissage de sept années. Cette mesure a été très vivement blâmée par l'abolitionniste bien connu M. Schœlcher dans le Congrès anti-esclavagiste réuni le 5 mai 1881 à Paris. « On ne peut pas plus, disait M. Schœlcher, apprendre la liberté à un esclave sans le mettre en liberté, qu'on ne peut apprendre la natation à un homme sans le mettre à l'eau. » Quelle que soit l'apparence de vérité de ce principe, il n'en est

(1) *Économiste français* du 31 mars 1877.
(2) Voir un article sur Cuba dans l'*Économiste français* du 16 août 1879.

pas moins vrai que si ces lois sur l'abolition de l'esclavage sont appliquées avec sincérité, l'île de Cuba sera bientôt délivrée de ce fléau. On estime que les esclaves sont dans cette île au nombre de 500,000 environ, ce qui avec les nègres affranchis forme le tiers de la population bigarrée de l'île.

Que deviendra dans l'avenir l'île de Cuba ? Restera-t-elle attachée à la métropole ? Tombera-t-elle aux mains des États-Unis ? Peut-être les craintes sont-elles un peu exagérées sur ce point. Cuba est une grande île, qui a 9 millions 772,000 hectares, soit près du cinquième de la surface de la France; elle compte près de deux millions d'habitants : un jour elle pourra porter 12 ou 15 millions d'hommes, si riche en est le sol et si beau le climat. Dans ces conditions Cuba peut être une nation. Elle supportait un budget de 200 millions de francs : dans la dernière année de paix, précédant l'insurrection, la récolte y a été de 703 millions de kilogr. de sucre. Il y a des domaines où l'on produit 8,000 ou 10,000 kilogr. de sucre par hectare. Les richesses minérales et forestières y sont énormes. Cuba, à cause de ses ressources naturelles et des procédés de fabrication qui y ont été introduits, pourra, mieux que toute autre colonie, traverser la crise de l'abolition de l'esclavage.

Il est possible que l'Espagne conserve encore une autorité nominale sur la reine des Antilles : mais les jours de sa domination réelle sont comptés. La fin du siècle ne se passera pas sans que Cuba ait conquis son indépendance.

Si la métropole veut éviter un déchirement violent, elle doit imiter la conduite qu'a tenue l'Angleterre vis-à-vis de l'Australie et du Canada. Elle doit elle-même émanciper sa colonie, lui concéder le *selfgovernment* dans toute son étendue, lui allouer la plénitude de la liberté économique et commerciale. Alors un lien de mutuelle affection pourra rattacher encore la plus belle des Antilles à la plus ancienne des nations colonisatrices. Si, au contraire, l'Espagne s'entête dans son orgueil castillan et s'obstine dans le protectionnisme, un jour ou l'autre Cuba se séparera avec éclat d'une mère patrie qui ne lui rend plus aucun service et qui l'opprime. Ce sera une humiliation pour l'Espagne : et vraiment personne ne regrettera l'échec des Espagnols, ils auront eu le mérite de peupler près de la moitié du nouveau monde : mais ils n'auront pas su le conserver, parce qu'ils ont oublié qu'une colonie n'est pas faite pour engraisser les fonctionnaires de la métropole et pour rester fermée au commerce étranger.

L'île de Porto-Rico offre dans l'histoire des colonies des tropiques un épisode qui mérite un temps d'arrêt. « On y trouve, dit

Merivale, une organisation toute différente de celle des autres établissements européens des Indes occidentales, et l'examen de cet état de choses jette une grande clarté sur plusieurs des principaux problèmes de l'économie coloniale. » Jusqu'à l'émancipation des colonies continentales, Porto-Rico fut négligé par la métropole : on en avait fait un établissement pénitentiaire. Deux circonstances contribuèrent à son développement. D'abord l'île était fort bien située pour la contrebande avec les vice-royautés espagnoles ; puis l'abondance des terres fertiles était grande ; aussi au commencement du siècle y avait-il un grand nombre de blancs. En 1815, le commerce de l'île fut soumis à un système libéral ; les produits étaient affranchis de tout droit à l'exportation. Le régime d'appropriation des terres fut relativement bon. Une ordonnance de Ferdinand VII, en 1815, accordait à tout étranger une concession gratuite de 4 fanègues et demi (2 hectares 50 ares), à condition de les cultiver ; une quantité, moitié moindre, était concédée par chaque esclave ; on évita ainsi les grands domaines et l'on constitua la petite propriété. On fit remise des dîmes pour quinze ans et, ce laps de temps écoulé, ou leur fixa un taux très bas. On abandonna pour le même temps l'impôt écrasant de l'*alcavala*, qui portait sur la vente de toutes les marchandises. Les produits étrangers furent admis moyennant un droit de 17 p. 100. « Ces règlements, dit Merivale, changèrent la face de l'île comme par enchantement. En 20 ans, sa population doubla et, en 1840, elle dépassait 400,000 âmes sur un espace de 4,000 milles carrés : c'est de toute l'Amérique l'endroit de quelque étendue le mieux peuplé. Dans les mêmes vingt années, les exportations furent quadruplées ; dès 1830 l'exportation du sucre était à Porto-Rico moitié aussi grande qu'à la Jamaïque. »

Le phénomène particulier à Porto-Rico, c'est que cet accroissement de richesse se manifesta sans que rien fût changé dans la proportion du nombre des esclaves au nombre des blancs. En 1810 il y avait 165,000 hommes libres et 17,000 esclaves, et en 1830 on ne comptait pas plus de 34,000 esclaves pour 300,000 hommes libres ; qu'on compare à ces chiffres ceux que nous avons donnés pour le mouvement de la population à Cuba pendant la même période, et l'on verra combien la différence est grande. Un haut administrateur colonial anglais, le lieutenant général Flinter, s'exprimait ainsi en 1834 sur l'organisation intérieure et l'état social de l'île : « Les planteurs de Porto-Rico diffèrent essentiellement de la classe analogue dans les colonies anglaises. Pour celles-ci, les propriétaires importants ont leur résidence en Europe et laissent la conduite de leurs plantations à des agents qui demeurent sur les lieux. Même ceux qui possèdent dans les îles anglaises de petites propriétés s'y établissent rarement avec dessein d'y vivre ; ils entassent avec âpreté leurs gains ponr retourner le plus tôt possible en Europe. Au contraire, les natifs de la vieille Espagne, qui viennent à Porto-Rico pour s'y livrer au commerce et à l'agriculture, y deviennent en général la tige de familles souches dont les branches s'étendent dans toutes les directions. Les plantations n'y sont pas montées sur le pied élevé et dispendieux où on les voit dans les îles de l'Angleterre ; mais les propriétaires y résident toujours avec leurs familles et forment une partie permanente de la population et de la société blanche. » A côté des planteurs proprement dits, il y avait un très grand nombre de petits propriétaires blancs, connus sous le nom de *Xivaros;* ils cultivaient eux-mêmes et avec leurs familles, sans auxiliaires esclaves ou salariés, leurs petits domaines et entretenaient avec la population de couleur des relations empreintes de cordialité. En 1834, la population des villes et des villages ne montait pas à 40,000 individus ; la population rurale disséminée atteignait, au contraire, au chiffre de 360,000 personnes, dispersées dans 44,295 habitations, c'est-à-dire environ 8 personnes par habitation : sur 45,000 esclaves, 15,000 étaient domestiques, 30,000 seulement étaient occupés à la production des denrées d'exportation ; ils étaient répartis dans 300 sucreries, 148 caféieries ; il y avait en outre 1,277 petites plantations de cannes qui étaient cultivées par des propriétaires libres. Le reste de la population travaillait à la culture de produits de consommation locale et à l'élève du bétail, dont on comptait 100,000 têtes dans l'île. Une telle organisation est moins favorable, il est vrai, à l'accumulation de grandes fortunes dans quelques mains qu'au développement général de l'aisance et de la civilisation. Ainsi que le fait remarquer Merivale, l'examen de la constitution sociale et économique de Porto-Rico pendant tout le premier tiers de ce siècle, suffit à renverser deux préjugés universels et invétérés ; car on voit par l'exemple de cette île qu'une population européenne peut prospérer et se multiplier avec une rapidité extraordinaire dans le climat des Indes occidentales, et, en second lieu, que le sucre et le café peuvent être le produit du travail libre et donner cependant une ample rémunération.

Cet état de choses a commencé à s'altérer vers 1835 ; la grande propriété s'est substituée peu à peu à la petite ; l'importation des esclaves s'est faite sur une grande échelle ; on a réclamé également l'immigration chinoise : Porto-Rico a échangé son aisance générale et à l'abri de toute secousse contre une prospérité apparente qui cache la misère du plus grand nombre sous l'opulence de quelques-uns et qui est sans cesse exposée à une grande catastrophe finale. Depuis quelques années, Porto-Rico tendait à se rapprocher de Cuba.

L'Espagne a été plus hardie pour la suppression de l'esclavage à Porto-Rico qu'à Cuba. La situation de Porto-Rico, comme on a pu s'en convaincre par les détails que nous avons donnés, faisait que cette île, de médiocre étendue et assez densement peuplée, pouvait facilement supporter cette épreuve. Aussi l'abolition immédiate de l'esclavage y fut-elle prononcée en 1872; elle ne fit subir à la colonie aucune crise sensible. Comme à la Barbade, l'étroitesse du territoire, la rareté des terres incultes et libres, puis aussi le nombre relativement faible des esclaves occupés sur les plantations, furent les causes de ce passage facile de la servitude à la liberté.

Le mouvement commercial de Porto Rico est considérable. En 1875 il était de 64 millions à l'importation contre 37 à l'exportation : en 1876 l'importation atteignait 65 millions et demi, et l'exportation dépassait 35 millions. Nous ignorons les causes de cette grande supériorité des importations. Dans ce mouvement général qui était de 100 millions de fr., à l'entrée et à la sortie, les États-Unis figuraient pour plus de 30 millions, l'Angleterre pour 23 millions et demi, l'Espagne pour 17 et demi, les Antilles étrangères pour 12 1/4, l'île de Cuba pour 9 millions, l'Allemagne pour près de 4, le Canada et Terre-Neuve pour 3 1/2, l'Italie pour 1,250,000 fr., et la France pour la même somme. La part de l'Espagne est encore, comme on le voit, assez considérable, quoiqu'elle ne soit pas énorme, surtout si l'on tient compte des droits protecteurs. Le mouvement de la navigation était de 842,000 tonneaux en 1870 et de 655,000 en 1875 : nous ne connaissons pas la décomposition par pavillon.

Il est probable que Porto-Rico pourra rester une dépendance de l'Espagne, si la métropole est prudente et libérale : ce sera peut-être le dernier débris de la puissance espagnole au nouveau monde.

Les Philippines, que possède encore l'Espagne, pourraient rivaliser, sous un bon régime, avec la reine des Antilles. Dans ces îles admirablement situées pour le commerce de la Chine et de l'Amérique et auxquelles les nouvelles voies commerciales promettent un bel avenir, la nature a réuni les productions les plus diverses et les richesses les plus rares; le sucre, le café, le coton, le tabac, les bois d'aloès, d'ébène, de sandal, et, à côté d'eux, le sapin et le chêne couvrent la vaste étendue du sol cultivable. Des mines de fer, des gisements de houille offriraient à l'industrie des ressources illimitées; mais les hommes manquent à l'exploitation intelligente de ces productions si variées. Dès le moment de leur découverte, comme on l'a vu dans le premier livre de cet ouvrage, les Philippines tombèrent aux mains des moines. Les ordres monastiques s'y multiplièrent et y devinrent les véritables maîtres; le sol et le commerce furent bientôt leur domaine exclusif; le tiers de la ville de Manille appartient encore aux couvents; la main-morte est partout prédominante, aussi la population européenne est-elle faible; les races indigènes sont parvenues, avec assez de rapidité, à ce premier degré de civilisation ou plutôt de docilité, qui caractérise les peuplades soumises aux missions religieuses; mais elles n'ont pas été plus loin. L'esprit d'initiative manque et, d'un autre côté, l'intolérance religieuse se fait sentir par l'exclusion en fait des étrangers. En 1639 il y avait eu un grand massacre des Chinois établis en nombre considérable à Manille; en 1820, le choléra ayant ravagé Manille, les habitants égarés par le fanatisme religieux s'en prirent aux Anglais, aux Français et aux Américains qui résidaient dans la ville et en massacrèrent un certain nombre. Toute l'économie sociale aux Philippines a ce cachet de religion mal comprise, de routine invétérée et de manque absolu d'initiative individuelle. L'esclavage n'existe pas, mais la race indigène, qui forme presque toute la population, est soumise à une discipline qui rappelle de loin les missions du Paraguay, de l'Orénoque et de la Californie. Les Philippines ne sont d'ailleurs véritablement soumises à l'Espagne que sur les côtes. L'intérieur est inexploité, presque inexploré, et les indigènes y sont en fait à peu près indépendants. L'autorité espagnole voit d'un mauvais œil les Européens qui s'y aventurent. Le régime commercial et économique y est singulièrement restrictif et rétrograde. C'est un pays à mettre en valeur. Dans ces derniers temps l'Espagne a semblé vouloir introduire dans cette belle dépendance quelques améliorations. C'est ainsi qu'en 1881 elle y a supprimé le monopole des tabacs. La richesse du sol et l'excellence de la situation compensent en partie la mauvaise constitution intérieure; le commerce total montait, il y a quelques années, à 60 millions de francs; il pourrait, avec quelques efforts, quintupler.

Les lambeaux de la vieille puissance coloniale de l'Espagne sont encore magnifiques et dignes d'envie; trois grandes îles admirablement situées dans le golfe du Mexique ou dans les mers de la Chine, dans le voisinage immédiat des vastes continents et des contrées les plus peuplées et les plus riches, à l'entre-croisement des principales routes commerciales ; trois grandes îles douées par la nature d'une fertilité sans rivale, et, grâce à l'étendue de leur sol, d'une capacité de développement presque illimitée : ce sont là des débris dont une métropole plus peuplée et plus opulente que l'Espagne pourrait encore être fière. Mais il faut savoir mettre en rapport ces vastes territoires ; il faut leur assurer, non seulement une prospérité hâtive et éblouissante, mais une grandeur durable, solidement assise, bravant toutes les crises que l'on peut prévoir. Pour donner à ses colonies cet essor régulier et continu, l'Espagne a des réformes radicales à opérer. D'un côté, aux Philippines, il faut arracher la population indigène à cet état de civilisation moyenne et docile, où elle semble avoir perdu tous les traits de la vie sauvage, sans rien prendre encore des qualités précieuses des peuples civilisés : l'esprit d'initiative, le goût du travail, la prévoyance et la persévérance. L'anéantissement ou du moins la réduction de la mainmorte doit être le premier but des efforts de la métropole. D'un autre côté, aux Antilles, il faut aviser à la suppression prudente, mais prochaine de l'esclavage ; au point de vue politique, il faut admettre ces colonies à prendre part à leur administration intérieure et à la gestion de leurs affaires. Au point de vue de la législation commerciale, il reste encore des réformes considérables à opérer ; l'Espagne ne doit pas oublier qu'une grande partie du développement si rapide de Cuba et de Porto-Rico est due aux règlements de 1809 et de 1815 sur le commerce extérieur. Ces deux belles îles furent subitement ouvertes au commerce étranger alors que toutes les colonies européennes étaient entravées par les restrictions du pacte colonial. Mais depuis lors les autres colonies européennes ont obtenu le rappel complet des anciennes restrictions ; il n'en est rien resté dans les îles anglaises et bientôt il n'en restera plus trace dans les îles françaises. Les colonies espagnoles, qui étaient en avance, se trouvent subitement en arrière. Cuba est loin de jouir de la pleine liberté d'exportation et de navigation. Il en résulte que cette même île, qui, il y a 40 ans, jouissait de franchises beaucoup plus grandes que toutes ses voisines, reste actuellement presque seule chargée de restrictions. Quand, au point de vue de la navigation, au point de vue du travail, au point de vue de l'administration, l'Espagne aura fait ces réformes essentielles, elle pourra compter sur l'avenir de ses colonies et se confier en leur prospérité durable ; aujourd'hui, avec l'organisation artificielle qu'elles conservent encore, si grande que soit l'opulence actuelle de ces îles, il est difficile de prévoir ce que l'avenir leur réserve.

CHAPITRE IV

Colonies d'exploitation. — Fin. — Les colonies hollandaises.

Décadence du commerce des épices. — Les Hollandais trouvent une large compensation dans le développement de leurs colonies des îles de la Sonde. — Les gouverneurs généraux célèbres.
Organisation coloniale et agricole de Java. — Domination passagère des Anglais dans cette île de 1811 à 1815. — Le système colonial du général Van der Bosch. — Les monopoles et les corvées. — Le régime administratif : les chefs indigènes, les résidents, les *dessas*. — La production, par voie de corvée, du café et du sucre. — Détails sur la culture du café et sa productivité. — Changements de la législation sur la production du sucre.
Le système Van der Bosch, maintenu presque intact de 1830 à 1850, est depuis lors l'objet de beaucoup d'altérations. — Les réformes de 1870, de 1874 et de 1878. — Limitation et atténuation des corvées. — Les baux emphytéotiques. — Tentatives pour l'émancipation économique graduelle de la population indigène. — Essai de constitution de la propriété privée.
Suppression des droits différentiels et des surtaxes de pavillon. — Essor du commerce de Java.
Énorme revenu net que Java verse au budget métropolitain. — Les « bonis coloniaux. » — Leurs inconvénients. — Affaiblissement de ces « bonis » depuis 1870. — Déficit actuel des budgets des Indes néerlandaises. — La guerre d'Atchin.
L'étendue et la population des *Indes néerlandaises*. — Tentatives d'immigration européenne. — Tâche qui incombe aux Hollandais dans leurs îles de l'Océan indien.
Les possessions hollandaises en Amérique.
Les petites îles danoises et suédoises dans les Antilles. — Vente de ces îlots aux États-Unis ou à la France.
Les projets de colonisation allemande. — En quoi ils seraient justifiés. — Le vœu exprimé en 1881 par le Conseil économique de l'Empire. — Confusion entre les colonies de peuplement et les colonies d'exploitation ou de plantations. — Les premières seules conviennent à l'Allemagne dans son état actuel. — Les projets de colonisation italienne.
Résumé des observations sur les colonies d'exploitation ou de plantations.

Les Hollandais ont conservé, malgré la prépondérance maritime de l'Angleterre, presque toutes leurs anciennes possessions. Ils continuent à occuper dans les mers d'Orient les Moluques, première source de leur richesse et de leur grandeur, ainsi que les magnifiques îles de la Sonde. Ils gouvernent au moyen d'une petite armée ce vaste empire de plus de 20 millions d'habitants où l'émigration n'a porté que quelques milliers d'Européens. On a vu quel était leur système colonial et commercial au temps de leur plus grande splendeur; il reposait sur le monopole; ce système avait reçu à la fin du siècle dernier de graves atteintes par suite de la chute de la célèbre compagnie des Indes orientales. Cette compagnie fut supprimée en 1795 et il semblait que le moment fût venu de dégager le commerce des îles hollandaises des restrictions qui l'avaient entravé. La Hollande ne se décida pas à adopter une politique que l'expérience recommandait, mais qui était contraire à ses traditions. Le vieux système persista longtemps encore, il persiste aujourd'hui même, en partie du moins. Un économiste distingué, le colonel Torrens, dans son livre sur la *Colonisation de l'Australie du Sud*, s'est arrêté avec complaisance sur la décadence du fameux commerce des épices. Les Hollandais ont maintenu jusque vers 1840 le monopole des exportations des îles aux épices : ce commerce si vanté et défendu par le privilège n'occupait en 1840 que 708 tonneaux et 80 marins, et cependant « près de 1 million d'indigènes, écrivait alors Torrens, sont privés de tous les droits ordinaires de la nature humaine et gardés dans la servitude et la barbarie pour la sécurité de ce trafic indigne et méprisable ». L'économiste anglais comparait, à l'époque dont nous parlons, ce commerce des épices soumis à tant de restrictions à une branche toute nouvelle du commerce anglais, la pêcherie de la baleine dans la mer du Sud, et il découvrait que cette industrie libre occupait 30,100 tonneaux et 3,210 marins, c'est-à-dire 43 fois plus de tonneaux et 40 fois plus de marins que le célèbre commerce des épices (Torrens, *Colonisation of South Australia*, p. 190). On voit que nous avions raison d'affirmer dans le premier livre de cet ouvrage que la Hollande avait attaché une importance exagérée au monopole des épiceries, et qu'elle s'était laissé entraîner, par le désir déraisonnable de s'assurer à elle seule et pour toujours le trafic de ces denrées, dans des guerres et des dépenses qui avaient gravement compromis sa position commerciale.

Si la prospérité des Moluques était si fragile et fut de si courte durée, les Hollandais trouvèrent une large compensation dans le développement rapide de leurs îles de la Sonde et spécialement de Java. L'essor de cette grande île ne peut se comparer qu'à l'essor de Cuba. Sous l'administration intelligente de gouverneurs célèbres, Daendels (1808-1811), Van der Capellen (1816), de Bus (1826), Van der Bosch (1830), par l'introduction de cultures nouvelles et spécialement du café, Java vit son agriculture atteindre le plus haut degré de richesse et son commerce se multiplier. L'organisation tant intérieure qu'extérieure resta cependant très artificielle, jusque vers 1860, et ce n'est que dans les dernières années qu'on y a fait d'importantes modifications. L'esclavage rural n'a jamais existé dans les îles hollandaises ; de bonne heure la traite avait été défendue (1688), on n'avait jamais eu que des esclaves domestiques qui étaient en très-petit nombre et qui furent affranchis définitivement par la loi du 2 septembre 1854, laquelle ordonnait l'émancipation pour le 1ᵉʳ janvier 1860. Mais si l'esclavage rural n'existait pas dans les îles de la Sonde, on y trouvait et l'on y trouve encore une organisation qui se rapproche de la servitude.

Pour comprendre la situation de la population indigène et celle des Hollandais à Java, il faut remonter au commencement de ce siècle et suivre les modifications de la politique coloniale, on pourrait presque dire de la politique agricole des Hollandais aux Indes néerlandaises.

L'ancienne et célèbre compagnie des Indes néerlandaises, créée au commencement du xviiᵉ siècle (voir plus haut, p. 63), avait eu une politique très simple et toute mercantile. Toutes ses vues étaient tournées vers la production et le commerce, non vers la civilisation des habitants. Elle évitait soigneusement de s'immiscer dans les affaires mêmes de la population indigène ; elle instituait des agences et des comptoirs ; elle respectait toutes les autorités établies chez ses sujets ; elle se contentait d'imposer aux princes et aux chefs des terres conquises la livraison de certains produits tels que le café, le riz, l'indigo, les épices, soit gratuitement, soit à des prix arbitrairement fixés d'avance. Ce système commode et en apparence recommandable lâchait la bride à toutes les injustices et toutes les oppressions auxquelles il plaisait aux chefs indigènes de se livrer ; pourvu que ces oppressions ne fussent pas telles qu'elles provoquassent un soulèvement, la compagnie n'intervenait pas. Les Hollandais évitaient de se présenter en redresseurs des torts, en propagateurs d'une royauté religieuse ou en éducateurs ; c'était là une colonisation dépourvue de tout esprit élevé, de toute grande pensée ; c'était, à vrai dire, une simple exploitation ; même aujourd'hui, après des réformes notables, le régime colonial hollandais à Java conserve encore en grande partie ces caractères.

Lors de la suppression et de la débâcle de la grande compagnie des Indes, les gouverneurs nommés par l'État voulurent réagir contre cette incurie, cette routine et ce parti pris d'abstention. L'un d'eux, resté célèbre, Daendels (1808-1811) contint avec vigueur les petits souverains indigènes, réprima leurs abus de pouvoir, construisit des routes et donna de l'impulsion à la mise en culture de l'île de Java. Un événement survint qui interrompit ses efforts et qui donna une autre direction à la colonisation de cette contrée.

L'annexion de la Hollande par Napoléon Iᵉʳ mit ce pays, malgré lui, aux prises avec les Anglais. Ceux-ci, maîtres de la mer, s'emparèrent de Java en 1811 et, comme gouverneur, ils y installèrent un organisateur de mérite, élevé dans les principes de l'administration anglo-indienne, Sir Stamford Raffles. Ce fonctionnaire, voulant se mettre au-dessus du concours des chefs indigènes, chercha à établir à Java un régime analogue à celui des présidences de Madras et de Bombay. Rattachant habilement le gouvernement européen aux traditions orientales qui accordent au souverain le domaine éminent du sol et qui font des détenteurs des terres de simples tenanciers publics, Sir Stamford Raffles décréta que le gouvernement était le propriétaire légitime du sol, et que chaque indigène payerait directement une taxe variant de la moitié au quart du produit des terres qu'il cultivait. Les chefs indigènes n'eurent plus le droit d'imposer les habitants, ils eurent un traitement fixe et furent transformés en fonctionnaires du gouvernement.

Les circonstances étaient médiocrement propices à une transformation aussi radicale, les chefs indigènes s'y prêtant à contre-cœur et l'administration anglaise étant médiocrement assise parce qu'elle ne paraissait pas définitive. Quand les Hollandais reprirent possession de Java en 1816, ils hésitèrent longtemps entre le maintien de l'organisation de Sir Stamford Raffles et le retour aux pratiques de leur ancienne compagnie des Indes.

Après quatorze années de tâtonnements, un de leurs plus illustres gouverneurs, le général Van der Bosch proposa à l'acceptation du roi Guillaume Ier, qui avait l'esprit ouvert aux affaires, un projet nouveau d'organisation coloniale. C'est la méthode de Van der Bosch qui a été appliquée aux Indes hollandaises, sans aucune variante, pendant vingt ans, et avec différentes corrections et un grand nombre d'infidélités à l'expiration de ces vingt années.

Le gouvernement néerlandais se substituait simplement aux chefs indigènes, et il percevait directement comme impôt ce que ces chefs avaient le droit de percevoir en vertu de la coutume (*adat*) : à savoir un cinquième des produits agricoles et un cinquième des journées de travail. Partant de ce principe, le gouvernement prescrivait qu'un cinquième des terres serait cultivé pour la production exclusive de certains produits appréciés sur le marché européen comme le café, le sucre, le tabac, l'indigo, le thé, le poivre et la cannelle. Le travail des indigènes pour la culture était surveillé par le gouvernement et payé d'un prix fixé d'avance. Les produits étaient déposés dans des magasins, puis transportés aux ports de mer et livrés à une société de commerce, intermédiaire entre le gouvernement et les consommateurs, l'*Handels-Maatschappy*, pour être, par ses soins, chargés sur des vaisseaux hollandais et portés à Amsterdam ou à Rotterdam où on les mettait en vente. C'était le système des cultures forcées, des corvées et des monopoles.

Ce régime paraissait favorable à toutes les parties. Il soustrayait les indigènes à l'oppression des chefs ; il devait assurer la culture des produits qui étaient les plus recherchés par les Européens ; les chefs seuls eussent pu se plaindre et trouver que le traitement fixe les dédommageait insuffisamment. Pour exciter leur zèle, le gouvernement leur alloua en outre un tantième sur le montant des produits. Pour l'indigo et le sucre, le général Van der Bosch passa des contrats avec des entrepreneurs européens auxquels il allouait des terrains, il fournissait de la main-d'œuvre et même il faisait des avances, à la condition d'être remboursé en produits fabriqués (1).

Les chefs indigènes restaient toujours les intermédiaires entre le gouvernement hollandais et la population. Chaque région est sous les ordres d'un régent javanais que nomme le gouvernement, en ayant soin de le prendre parmi les anciennes familles princières. Ce régent jouit d'un traitement fixe de 800 à 1,500 florins par mois, soit de 20,000 à 36,000 fr. par an, en plus de ses tantièmes sur le produit des cultures et de la jouissance de certains champs qui lui sont particulièrement alloués. Chaque régence est subdivisée en cinq ou six districts sous les ordres d'un fonctionnaire indigène, appelé *wedono*. Les districts à leur tour comprennent des villages ou communes (*dessas*), qui ont un chef, analogue à notre maire, élu par les indigènes, mais dont la nomination doit être confirmée par l'autorité hollandaise. Le mode de propriété qui règne à Java est la propriété communale dont quelques publicistes aujourd'hui, notamment M. Émile de Laveleye, célèbrent les prétendus mérites. Le chef du village doit percevoir la *land-rent*, une taxe sur la culture du riz, qui fut introduite par sir Stamford Raffles. Il répartit les champs à cultiver, il est en outre chargé de la police et de la justice.

Telle est la hiérarchie indigène au moyen de laquelle les Hollandais gouvernent Java. Quant à l'administration néerlandaise elle-même, elle se compose d'abord du gouverneur général qui est nommé pour cinq ans et responsable devant le roi. Auprès de lui est un conseil de cinq membres qu'il est tenu de consulter dans les grandes affaires. Sous ses ordres sont sept directeurs pour les

---

(1) Ces détails ainsi que ceux qui suivent sont empruntés en général à deux études qu'a publiées M. A. L. H. Obreen dans l'*Économiste français* des 16 et 23 juillet 1881.

divers services publics, la justice, les finances, l'intérieur, l'instruction et les cultes, l'industrie et les travaux publics, la guerre et la marine. Une Cour des comptes composée de sept membres complète cette organisation supérieure.

L'île de Java est partagée en 22 résidences qui, outre l'administration indigène dont nous avons parlé, ont chacune à leur tête un résident européen, assisté d'un résident adjoint, d'un secrétaire et de contrôleurs. Ces derniers sont particulièrement chargés de l'inspection des cultures du gouvernement. Tous ces agents hollandais se recrutent parmi les jeunes gens qui, soit en Hollande, soit à Batavia, ont passé un examen portant sur les connaissances administratives et sur les langues du pays. Avec beaucoup de prévoyance le gouvernement recommande à tous ces fonctionnaires de ménager soigneusement les susceptibilités des nobles javanais.

Fondé en 1830, le système colonial Van der Bosch s'étendit et se développa pendant vingt ans. A partir de 1850 les critiques devinrent nombreuses et des modifications graduelles dans l'administration en furent la conséquence. Toutes les cultures gouvernementales ne donnaient pas également des bénéfices. Le café et le sucre primaient toutes les autres. La population indigène, que ses traditions et ses goûts portaient surtout à la culture du riz, voyait d'un mauvais œil l'extension des autres produits. Elle se plaignait de la lourdeur des corvées, de certains arrangements défectueux, de l'éloignement des magasins par exemple et de beaucoup de détails d'économie rurale. La Hollande retirait de Java des bénéfices énormes. La vente du café à elle seule rapporta au trésor, de 1840 à 1874, une moyenne annuelle de 22 millions de florins net, soit 46 millions de francs environ. Le produit du sucre atteignait le quart environ de cette somme. Le gouvernement n'attachait donc guère d'importance qu'à ces deux denrées. Aussi supprima-t-il la culture pour compte gouvernemental du thé, du tabac, de l'indigo, de la cochenille et de la cannelle. Ces produits furent désormais abandonnés à l'initiative privée qui suffit à développer, dans des conditions plus rémunératrices, la culture du tabac et du thé.

Le gouvernement n'est plus resté producteur que de café et de sucre. Il n'est pas hors de propos de dire quelques mots de l'organisation qu'a donnée à ces deux grandes cultures l'administration hollandaise.

Au commencement du siècle et avant l'occupation anglaise, le gouverneur général Daendels avait décrété que les indigènes devaient fournir au gouvernement gratuitement, à titre d'impôt, les deux cinquièmes de leur récolte de café, et que pour les trois cinquièmes restants le gouvernement leur payerait 25 florins (52 francs) par *picol* de 62 kilog. et demi. Le général Van der Bosch changea ces dispositions et décida que chaque famille entretiendrait 600 caféiers, que tout le café serait livré au gouvernement qui payerait douze florins net (actuellement quatorze florins) par picol sur toute la production, soit d'abord 40 centimes environ, puis 47 centimes par kilogramme. Comme il fallait 200 arbres pour produire un picol de café, chaque famille recevait ainsi 36 florins, aujourd'hui 42 florins par an. Mais il en fallait déduire la taxe sur le riz qui est de 1,000 florins par an et par cent *bouws* (le *bouw* équivaut à deux tiers d'hectare); cette étendue de cent *bouws* est la superficie moyenne d'un village habité par cent familles. C'est donc environ 2,000 à 2,500 florins par an dont bénéficient en définitive cent familles d'agriculteurs javanais du fait du gouvernement, impôt déduit; la rémunération moyenne de chaque famille est ainsi de 25 florins ou 54 francs, et elle a en outre la pleine et entière disposition des terrains qu'elle cultive pour son propre usage (1).

Le gouvernement apporta successivement dans la culture du café différentes réformes ayant pour objet de laisser au cultivateur plus de liberté. Ainsi on lui permit de s'exempter de tout travail dans les terrains désignés par le gouvernement à la condition de planter sur le terrain qu'il détenait en propre un certain nombre de caféiers. On veilla à ce que les terrains indiqués pour la culture du café ne fussent pas trop éloignés des *dessas* ou villages. Bref, le gouvernement néerlandais se conduisit comme le fait vis-à-vis de ses métayers un propriétaire intelligent.

Beaucoup moins populaire que la culture du café est celle du sucre qui est aussi, à Java, une culture gouvernementale. C'est le général Van der Bosch qui l'introduisit et l'on n'eut guère au début à s'en féliciter. De 1837 à 1844 le gouvernement perdit sur cette culture une vingtaine de millions de francs. Dans les régions où on la pratiquait, un cinquième du terrain était planté en cannes et les quatre cinquièmes en riz. Le gouvernement payait des sommes très faibles aux indigènes pour le sucre qu'ils lui livraient. Il passait aussi pour la fabrication de cette denrée des contrats avec des entrepreneurs dont beaucoup firent de brillantes affaires auxquelles ne participait pas le gouvernement. Ce n'est qu'à partir de 1845 que la culture du sucre est devenue rémunératrice pour le Trésor. En 1850 les terrains plantés en cannes à sucre furent accrus de ceux

---

(1) Nous rappelons que tous ces renseignements et la plupart des suivants sont empruntés aux articles que M. A. L. H. Obreen a publiés dans l'*Économiste français* des 16 et 23 juillet 1881.

plantés jusque là en indigo. En 1863 on fit un nouveau règlement de la culture du sucre. Les contrats passés avec les fabricants durent faire l'objet d'adjudications publiques. On stipula un minimum de prix que les fabricants devaient payer aux indigènes sur le rendement par *bouw* (2/3 d'hectare); pour les premiers 45 picols (le picol vaut 62 kilog.) par bouw, 3 florins ou 6 fr. 50; pour chaque picol en plus, 1 fl. 50 (3 fr. 25), avec un minimum de 90 florins. La coupe et le transport de la canne devaient être aux frais de l'entrepreneur. Une loi du 21 juillet 1870 a stipulé que, à partir de 1890, toute intervention du gouvernement pour la culture de la canne à sucre devrait cesser et que les fabricants n'auraient qu'à louer eux-mêmes des terrains et à pourvoir à la culture par des fermiers ou des ouvriers. L'effet de cette mesure différée ne pourra naturellement se faire sentir qu'à la fin du siècle. Beaucoup de personnes prétendent qu'il en résultera l'abandon de la culture du sucre à Java, par suite de l'aversion qu'ont les indigènes pour toute autre culture que le riz. Jusqu'ici, cependant, les pronostics défavorables ne semblent pas s'être confirmés. En 1878 et en 1879, en effet, on a planté 19,246 et 23,588 bouws respectivement en travail libre, c'est-à-dire sans aucune intervention du gouvernement et pour le seul compte des fabricants. Il est vrai, néanmoins, que d'après le rapport colonial de 1880, les surfaces plantées en cannes à sucre sous le régime du travail libre sont inférieures à celles qui sont cultivées en cette denrée par l'entremise et sous le contrôle du gouvernement. Le système des corvées, que les mesures précédentes ont déjà entamé, ne régit pas, d'ailleurs, tout le travail à Java. C'est ainsi que les grands travaux publics, notamment les chemins de fer, sont faits sous le régime du travail libre. On se procure pour ces grandes entreprises des ouvriers indigènes dont le salaire varie de 20 *cents* à 1 florin, soit de 42 centimes à 2 fr. 10 par jour.

La législation de 1870 a, d'ailleurs, pourvu à d'autres réformes d'une égale importance : elle a pris des dispositions pour que les fabriques de sucre mues par la force hydraulique ne nuisissent pas, comme c'était trop fréquemment le cas, à la culture du riz, qui est pour la population de Java la culture vivrière et nationale par excellence.

Toutes les mesures qui précèdent sont autant de modifications partielles et de corrections au fameux système du général Van der Bosch; une atteinte plus considérable, au moins en principe, lui a été portée dans la même année. Tout le régime agricole de Java a été remis en question par la loi agraire de 1870 qui autorise le gouvernement à louer par bail emphytéotique pour soixante-quinze ans les terres incultes. Le gouvernement se réserve néanmoins celles de ces terres qui lui semblent le plus propres à la culture du café. Dans les neuf années qui ont suivi 1870, il a été ainsi concédé par bail emphytéotique, 100,000 bouws, c'est-à-dire environ 66,000 hectares. C'est peu, sans doute, pour l'immense étendue de Java.

Suivant avec persévérance la même idée, le législateur hollandais, par une loi de 1878, a pris quelques mesures pour la conversion de la propriété collective du sol en propriété individuelle. Jusqu'ici ces dispositions n'ont eu que peu d'effet pratique, tellement est tenace la puissance de la coutume. Cette propriété collective, que préconise avec tant de ferveur M. Emile de Laveleye, et qui attache au sol par des liens si intimes et si solides les peuples qui ne s'en sont pas encore affranchis, est donc, du moins théoriquement, menacée à Java. Tant qu'elle durera il est à craindre que l'autocratie agricole du gouvernement hollandais ne résiste à toutes les attaques.

C'est le café qui est le principal produit officiel de Java. Le rapport colonial de 1880 fournit sur cette denrée les chiffres suivants que nous relatons d'après M. Obreen :

ANNÉES.	Nombre de picols (1) livrés au gouvernement.	Prix de revient du picol de café au gouvernement à Java. florins (2)	Produit net par picol de café vendu en Hollande tous frais de transport déduits. florins
1875	493,420	17,25	62,98
1876	1,266,196	16,11	57,99
1877	875,410	16,91	58,03
1878	831,515	16,38	53,90
1879	1,267,167	16,22	50,38

C'est donc une somme nette de 30 à 60 millions de florins que la vente du café produit au gouvernement hollandais suivant que la récolte est bonne ou mauvaise et que les prix sont plus ou moins élevés. Depuis 1862 une partie du café qui appartient au gouvernement n'est pas transportée en Hollande, elle se vend sur place.

Les réformes intérieures, qui sont encore incomplètes, accomplies dans l'île de Java ne pouvaient dispenser le gouvernement de réformes considérables dans le régime commercial extérieur de cette colonie. On a vu, dans de précédents chapitres, combien était restrictif le vieux système colonial hollandais. C'est avec peine et graduellement qu'on l'a amélioré dans ces derniers temps. En 1850 on a diminué le monopole de navigation ; une ordonnance de 1858 ouvrit seize ports au commerce général, les droits différentiels

(1) Le *picol* vaut 62 kilogrammes et demi.
(2) Le florin hollandais vaut 2 fr. 10.

et les surtaxes de pavillon que la Hollande avait abandonnés pour ses ports d'Europe furent quelque temps encore conservés à Java, mais atténués. C'est en 1874 seulement que les droits d'entrée différentiels qui protégeaient le pavillon hollandais à Java furent complètement supprimés, et qu'on inaugura un régime de douanes tout à fait libéral.

La prospérité de Java s'était merveilleusement développée. Le café, dont on produisait seulement 8 millions de kilogr. en 1790, figurait, dans les tableaux d'exportation en 1840, pour 70 millions de kilog. La canne à sucre prit un développement qui était dû en partie aux efforts du gouvernement, et en partie à une circonstance particulière. Considéré comme produit par le travail libre, le sucre de Java eut entrée en Angleterre, sous le régime intermédiaire qui distinguait les sucres émanant des pays à esclaves des sucres émanant des pays libres, distinction qui prohibait les sucres de Cuba. En 1860 le mouvement des importations et des exportations dépassait 400 millions de francs et employait plus de 400,000 tonneaux dont 100,000 seulement sous pavillon étranger. Le progrès général et la liberté commerciale ont modifié ces chiffres. En 1876 les importations s'élevèrent à 203,397,000 florins (430 millions de fr. environ), et les exportations atteignaient la somme de 213,519,000 florins (468 millions de francs); le total du commerce extérieur montait donc à 900 millions de francs en chiffres ronds ; c'était en seize années un accroissement de 125 p. 100. Les marchandises importées directement par l'Etat n'entraient que pour 4,404,000 florins (9 millions et demi de fr.) dans le chiffre total des importations. Au contraire, les marchandises directement exportées par l'État figuraient pour 51,168,000 florins (107 millions et demi de fr.) dans le chiffre des exportations totales et formaient ainsi près du tiers de celles-ci.

Voici quels étaient, en millions de florins, les principaux articles d'exportation :

	Café.	Sucre.	Étain.	Indigo.
Pour le compte du gouvernement	46,692		4,476	
— des particuliers	31,618	66,362	3,656	2,966
	78,310	66,362	8,132	2,966

Le gouvernement n'intervenait plus que pour ces deux articles : le café et l'étain.

Venaient ensuite, dans le tableau des exportations en 1876, et pour le compte des particuliers seulement, les peaux pour 1,325,000 florins, les girofles et les muscades, l'ancien trafic favori des Hollandais, pour 1,933,000 florins, le riz pour 1,141,000, le tabac pour 23,756,000 florins, le thé pour 2,406,000 fl. On voit à combien peu de chose se réduit le commerce des épices auquel la compagnie des Indes néerlandaises sacrifiait tout : moins de 5 millions de francs sur une exportation totale de plus de 450 millions.

Jusqu'aux réformes des dernières années, à la suppression des droits différentiels et des surtaxes de pavillon, le commerce de Java se faisait particulièrement sous pavillon hollandais et la plus grande partie des marchandises venaient de la métropole ou y allaient, celle-ci ne servant d'ailleurs souvent que d'intermédiaire et d'entrepositaire pour le compte de contrées tierces.

On jugera de cette situation par les détails suivants :

Le mouvement de la navigation des îles de Java et de Madura était, en 1866, de 6,546 navires et de 998,134 tonneaux ; en 1867, de 5,840 navires et de 855,036 tonneaux ; en 1868, de 6,686 navires et de 1,055,840 tonneaux. Voici comment se décomposait le mouvement de l'année 1868 :

	Navires.	Tonneaux.
Hollande	692	512,606
Archipel indien	5,627	329,266
Angleterre	104	74,690
Chine	63	27,249
Australie	68	24,697
Indes anglaises	32	24,584
États-Unis	27	16,976
Golfe persique	19	11,054
Arabie	12	9,266
France	14	7,938
Autres pays	»	17,720
Totaux	6,686	1,055,840

On voit qu'à l'exception des barques de l'Archipel indien, presque tout le commerce maritime était dans les mains des Hollandais. Si nous consultons encore les tableaux de douanes, nous y trouverons d'autres précieux renseignements. Voici comment l'importation se répartissait, en 1868, entre les principaux pays de provenance :

Hollande	42,467,000 florins.
Archipel indien	22,188,000
Angleterre	16,809,000
Singapoure	7,161,000
Chine	1,973,000
Australie	1,329,000
France	1,272,000
Manille	897,000
États-Unis	579,000
Provenances diverses	1,674,000
Total	96,349,000 florins.

COLONIES D'EXPLOITATION. — LES COLONIES HOLLANDAISES. 285

Les chiffres ci-dessus ne comprennent que les importations faites pour le compte des particuliers et non les importations du gouvernement. Voici, d'un autre côté, la part des différents pays dans les exportations faites pour le compte des particuliers en 1868 :

Hollande............................	88,160,000 florins.
Archipel indien.....................	29,960,000
Singapoure.........................	7,571,000
Australie..........................	4,910,000
Golfe persique.....................	2,618,000
Chine..............................	1,978,000
États-Unis.........................	1.822,000
Angleterre.........................	1,589,000
Destinations diverses...............	461,000
Total............................	139,369,000 florins.

Ces tableaux ne sont pas sans intérêt. On y voit que le commerce de Java était presque limité à la métropole et à l'Archipel indien. Cependant il avait devant lui d'autres marchés où il lui était aisé de conquérir une place importante.

Cette situation a changé depuis les réformes des dernières années et l'inauguration d'un régime économique plus libéral. Le commerce de Java avec les autres contrées, notamment avec l'Angleterre, s'est prodigieusement accru. La seule exportation du sucre pour la Grande-Bretagne qui n'était, avant la suppression du tarif différentiel, que de 9,295,000 florins (19 millions et demi de francs), atteignait, immédiatement après cette suppression, le chiffre de 15,869,000 florins (33 millions de francs), et s'élevait, en 1877, à 22 millions de florins (46 millions de francs). En 1879, d'après le *Statistical Abstract for the United Kingdom*, les importations de Java et du groupe des colonies néerlandaises de l'Océan indien atteignaient en Angleterre le chiffre de 1,784,000 livres sterling (46 millions de francs), et les exportations de l'Angleterre, pour ces mêmes contrées, s'élevaient à 1,657,431 livres sterling (42 millions de francs). Ces chiffres avaient été dépassés de 15 ou 20 p. 100 en 1877. Le pavillon anglais tient aujourd'hui une place des plus considérables dans le commerce de Java.

Une certaine partie de l'opinion publique en Hollande a vu avec regret ces changements dans la politique commerciale et dans les courants d'importation et d'exportation. Les conservateurs exclus du pouvoir se sont faits les adversaires du système colonial nouveau et se sont efforcés de démontrer qu'il a coïncidé avec le déclin de la prospérité publique. Ces récriminations ne sont pas fondées. L'agriculture et le commerce à Java sont plus prospères que jamais.

Ce qui est exact, c'est que, par l'influence de diverses causes, la situation financière des colonies hollandaises s'est considérablement altérée.

Jusqu'à des temps assez proches de nous, Java avait été pour la mère patrie une vache à lait dont le gouvernement hollandais pressait soigneusement les mamelles. C'était, avec Cuba, la seule colonie qui fût productrice d'un gros revenu pour la métropole. Après avoir défrayé toutes les dépenses coloniales, le système « des cultures et des monopoles » laissait un excédent considérable qui était versé aux budgets de la mère patrie sous le nom de « bonis coloniaux ». On peut dire que depuis la Révolution le budget de la Hollande n'avait jamais par lui-même connu l'équilibre; c'étaient les « bonis coloniaux » qui venaient le relever. Ces « bonis » étaient, d'ailleurs, fort inégaux. Ils présentaient d'une année à l'autre, suivant les récoltes et le cours des denrées, des différences considérables ; mais ils montaient toujours très haut. Ils varièrent de 20 millions à 70 ou même 80 millions de florins (de 42 à 147 ou 168 millions de francs). Cet afflux de ressources exotiques ravissait les Hollandais, mais en même temps les induisait à la dépense et à la prodigalité. Aussi les hommes sérieux en Hollande disaient-ils souvent: « Les bonis coloniaux nous ont démoralisés. » Il en était de cette sorte de tribut payé par la colonie à la métropole comme de l'énorme indemnité de guerre que la France a payée à l'Allemagne ; le débiteur se trouvait plus appauvri par ces versements que le créancier n'en était enrichi.

A partir de 1870, par diverses causes, dont l'une, mais non la seule, est la guerre d'Atchin, les « bonis coloniaux » ont suivi une progression descendante. Le contingent payé par Java à la métropole s'abaissa à 6 ou 8 millions de florins (12 à 16 millions de francs), puis il disparut tout à fait, et le budget même des Indes néerlandaises se trouva en déficit. C'est qu'il avait terriblement augmenté. En 1867 le budget des Indes néerlandaises montait à 84,347,000 florins seulement, soit 175 millions de francs environ, c'était déjà une jolie somme. Douze ans après, en 1879, il s'élevait à 153,373,000 florins (322 millions de francs). Il présentait un déficit évalué à 10 ou 15 millions de florins ; les dépenses de la guerre d'Atchin ne figuraient que pour 10 millions de florins dans cet énorme budget. Les travaux publics, il est vrai, y tenaient une place considérable.

Si l'on jugeait des mérites d'une colonie par les sommes qu'elle verse au trésor de la métropole, le système inauguré par le général Van der Bosch, en 1830, eût été la perfection, et les réformes qu'on y a introduites depuis 1850, et surtout depuis 1870, eussent été de folles mesures. Mais l'objet de la colonisation n'est pas de créer des États tributaires qui versent au Trésor de la métropole des dizaines ou des centaines de millions par année. Qu'une colonie se suffise à elle-même, au point de vue financier, comme le font les Indes anglaises et la généralité des colonies britanniques, c'est tout ce que l'on peut demander.

La guerre d'Atchin, prolongée pendant sept ou huit ans, a été pour beaucoup dans les embarras financiers des Indes néerlandaises et, par contre-coup, de la mère-patrie. Les Hollandais, comme toutes les nations qui ont de grandes colonies, ont dû, pour assurer leurs possessions, pour les mettre à l'abri de voisins remuants, étendre leur empire colonial. La même nécessité s'est imposée aux Anglais dans l'Inde et dans l'Afrique australe, aux Français dans l'Afrique du nord. Les Hollandais ont donc conquis et plus ou moins soumis Atchin; ce sont de nouveaux territoires qui seront bientôt ouverts au commerce et à la civilisation. Ils ont, après la conquête, installé à Atchin un gouverneur général civil.

L'empire colonial des Hollandais est un des plus grands qui existent. Les îles de Java et de Madura, qui sont le principal siège de cette colonisation, ont une superficie de 134,607 kilomètres carrés, le quart environ de la France. Les contrées environnantes où les Hollandais ont des postes et des établissements, à savoir Sumatra, Riou, Banca, Billiton, Bornéo, Célèbes, les Moluques, la Nouvelle-Guinée, Timor, etc., offrent une superficie d'environ 1,500,000 kilomètres carrés, soit trois fois à peu près celle de la France.

A ne considérer que Java et Madura, qui seules ont été complètement mises en exploitation par la Hollande, la population est considérable et très dense. En 1853 on y évaluait le nombre des indigènes à 10,100,000 âmes ; en 1869, le recensement l'élevait à 15,791,845, auxquels il fallait joindre 172,280 Chinois, 7,234 Arabes, 9,616 autres orientaux étrangers, et 29,139 européens, soit en tout 16,010,114 individus. En 1878, la population de ces mêmes îles est portée à 18,335,778 habitants, parmi lesquels les Européens civils comptent pour 34,750, les Européens dans l'armée pour 16,900 et les descendants d'Européens pour 929. L'ensemble de cette population présente une grande densité, puisqu'elle atteint environ 140 habitants par kilomètre carré, le double de la population spécifique de la France.

On aura remarqué combien les Européens sont peu nombreux dans ces belles îles. Le climat ne paraît pas leur être favorable, et le labeur des champs à cette latitude ne semble pas fait pour eux. La population européenne a cependant plus que doublé depuis 1857, époque à laquelle elle n'atteignait que le chiffre de 14,000 âmes. Le gouvernement avait fait de grands efforts pour diriger l'émigration vers ses possessions de l'Océan indien. Il n'émigre en général des Pays-Bas que 1,500 à 2,000 personnes par année, et la plupart vont, non pas à Java ou à Sumatra, mais aux États-Unis. Le gouvernement hollandais voulut assurer à ses possessions un courant d'immigration allemande. Il fit des propositions dans ce sens à la diète germanique, qui envoya des commissaires aux îles de la Sonde. Leur rapport ne fut pas défavorable. Les plans de colonisation européenne attirèrent dès lors l'attention publique. En 1859, l'on accorda à M. Van Vlissingen une concession dans l'ouest de Bornéo pour y introduire des Européens dont la majorité serait néerlandaise ; il devait être constitué, pour cet objet, une compagnie dont le capital eût été de 2,500,000 florins. Mais, cette même année, un soulèvement considérable eut lieu dans la population indigène. L'opinion publique s'en alarma ; on craignit que l'introduction d'Européens n'inquiétât les habitants et ne les portât à de nouvelles insurrections ; on abandonna momentanément tout plan de réorganisation des colonies d'Asie par l'adjonction de l'élément européen. Depuis quelques années, cependant, ces plans ont reparu sur la scène et le gouvernement ainsi que le pays s'en préoccupent, quoique jusqu'ici aucune tentative sérieuse n'ait été faite pour constituer dans le vaste archipel de la Sonde un noyau de population, soit hollandaise, soit allemande.

Ce n'est pas, d'ailleurs, à Java ou à Madura, déjà très densément peuplées, c'est à Sumatra, à Bornéo, dans la Nouvelle-Guinée, îles beaucoup plus vastes, qu'il importerait d'attirer une immigration européenne. Il est vraisemblable que la colonisation de Sumatra et de Bornéo, jusque-là très négligée, sera l'œuvre de la fin de ce siècle et du commencement du siècle prochain. Déjà un aventurier anglais, le rajah Brooke, s'est taillé à Bornéo un petit État qui paraît assez prospère. Une compagnie anglaise vient aussi d'y acquérir de vastes territoires, avec la protection du gouvernement britannique.

Outre sa nombreuse population indigène, Java compte un contingent de plus en plus considérable de travailleurs libres venant de la Chine ; elle n'a pas besoin de raccoler et d'engager des coolies ; ils lui arrivent spontanément et de leur plein gré. D'après des documents administratifs qui datent de 1852, il y avait à Java près de 200,000 Chinois ayant des possessions territoriales dont l'ensemble était très étendu. La grande ville de Samarang, sur le rivage septentrional de l'île, a aussi son quartier chinois, Campang-tchina ; après celui des Hollandais, c'est le mieux bâti, et volontiers on s'y croirait dans une ville toute chinoise. Ces émigrants volontaires et sans engagement appartiennent à des rangs de la société plus élevés que les coolies de Maurice ou de Cuba ; ils présentent aussi plus de garanties de bonne conduite ; ils se font entrepreneurs de culture et de commerce et ils acquièrent rapidement, par un labeur opiniâtre combiné avec une sordide économie et une habileté peu scrupuleuse, des richesses qui en font les principaux négociants du pays. Ils sont cependant difficiles à conduire, et les vexations d'un gouvernement à monopole les ont poussés souvent à des actes de rébellion ; on compte de leur part plusieurs sanglantes révoltes.

Il serait difficile de contester les grands mérites de la colonisation hollandaise en Asie, de même qu'on pourrait aussi difficilement nier les erreurs ou les lacunes du système appliqué jusqu'à ces derniers temps à ces brillantes colonies. C'est à son empire des Indes que la Hollande doit l'éclat qu'elle jette encore dans le monde, le rang qu'elle y tient ; c'est à lui aussi qu'elle est redevable d'une partie de son propre développement économique et de ses richesses. Les Hollandais, depuis quinze ans, sont entrés résolument dans la voie des réformes coloniales : il importe qu'ils y persévèrent. Une colonisation ne doit pas être une simple exploitation : une colonie ne peut rester éternellement une ferme. A côté de la production matérielle, un peuple colonisateur a une œuvre sociale, une œuvre morale à accomplir. Alléger le poids du servage qui pèse encore sur une grande partie des populations indigènes ; constituer, là où elle est utile, la propriété individuelle ; élever progressivement les populations indigènes par l'éducation, par le christianisme, par la propriété et par la liberté du travail; mettre enfin en culture les immenses espaces de Bornéo et de Sumatra, former dans ces régions de véritables sociétés qui soient productives au point de vue économique et qui aient une vie intellectuelle et morale, telle est la tâche qui incombe aux Hollandais.

La Hollande a conservé en Amérique quelques îles et sa colonie de la Guyane, qui eut, elle aussi, un moment de splendeur. La Guyane hollandaise comptait, en 1859, près de 53,000 habitants, dont 15,959 libres et 36,963 esclaves. Le recensement de 1845 annonçait seulement 8,462 libres ; mais, en revanche, il donnait 51,629 esclaves (1). Ainsi, en 15 ans, le nombre des blancs avait doublé ; celui des esclaves avait diminué de plus d'un quart ; ce

(1) Les documents plus récents attribuent à la Guyane hollandaise, en 1875, 68,000 habitants, dont 17,000 indiens. L'esclavage ayant été aboli, on ne fait plus de distinction. L'étendue de la Guyane hollandaise étant de 119,000 kilomètres carrés, on voit combien la population spécifique est faible.

changement remarquable dans la composition de la population, dont le total était resté le même, mérite qu'on en recherche les causes. Il y a eu des Pays-Bas pour la Guyane un courant d'émigration assez régulier, bien que faible en apparence. Depuis 1845, année où l'émigration hollandaise commence à être considérable, on a vu un certain nombre de paysans s'établir à Surinam, y fonder la petite propriété, endurant sous le soleil des tropiques les travaux les plus rudes, comme les engagés blancs du xviie siècle. En 1852, le gouvernement des Pays-Bas tenta sans succès de diriger vers cette colonie l'émigration allemande. La diminution du nombre des esclaves ne se rattache pas seulement à cette observation générale, que nous n'osons pas ériger en loi, d'après laquelle dans l'état d'esclavage les populations ne se reproduisent que d'une manière insuffisante ; elle vient surtout des mauvais traitements et de l'absence de soins pour le bien-être de la population servile. De 1839 à 1843, il était né, dans toute la colonie, 5,947 esclaves et il en était mort 10,406, mortalité effrayante, qui en quatre ans enlève plus du cinquième de la population noire. Les actes du gouvernement colonial prouvent, de la manière la plus nette, que cette mortalité considérable avait son origine dans la négligence des planteurs ou plutôt de leurs mandataires. Il existe une ordonnance de 1817 où le gouvernement déclare vouloir « prévenir, avec la bienveillance de Dieu, tout besoin de nourriture pour l'avenir, besoin qui s'est grandement fait sentir par l'oubli de précautions salutaires. » Ces négligences et ces abus, qui entraînaient tant de calamités pour la population servile et par contre-coup tant de diminution dans la production et de dépréciation dans la valeur des propriétés, se faisaient surtout sentir dans les districts où l'absentéisme des planteurs était le plus répandu, comme dans ceux de Para, Mattapica, Cottica, Commewyne ; dans ces districts, pendant que les propriétaires vivaient luxueusement à Amsterdam, les plantations étaient abandonnées à des agents dont l'ordonnance de 1817 flétrit « l'incapacité notoire, l'indécence, la négligence et l'immoralité ». Dans les provinces, au contraire, où l'absentéisme est rare et où la résidence est le fait prédominant, comme dans celle de Nickerie, les esclaves paraissent avoir été mieux traités, les naissances, même dans la population servile, dépassaient les décès et cependant le climat est exactement le même que dans les autres districts. La production comme la population de la Guyane a décru, depuis le xviiie siècle ; on comptait alors dans cette colonie 600 plantations, exploitées par 30,000 esclaves et produisant annuellement pour 40 millions de denrées d'exportation ; en 1845, l'on ne comptait plus que 102 sucreries, 116 caféieries, 41 cotonneries : la production du sucre est restée stationnaire de 1845 à 1860 ; elle flotte aux environs de 30 millions de livres. Tous les observateurs, et, entre autres, M. le lieutenant de vaisseau Dieudonné, chargé de comparer l'état de la Guyane hollandaise à celui de la Guyane française, s'accordent pour déclarer que l'agriculture est très arriérée à Surinam, que les procédés y sont imparfaits, les machines nouvelles presque inconnues.

Les petites îles de Curaçao, Saint-Eustache, Saint-Martin, Saba, Bonaire, que la Hollande possède dans le golfe du Mexique et qui, toutes ensemble, n'ont pas 40,000 habitants, ont eu de tout temps une production et surtout un commerce des plus actifs. Les esclaves y ont toujours été mieux traités qu'à Surinam, et cependant ces petites îles elles-mêmes sont en décadence ; elles ont besoin, pour se soutenir, des subsides de la métropole : Curaçao, dit-on, possédait, il y a 40 ans, plus de 10,000 esclaves, au lieu qu'au 1er janvier 1859 elle n'en comptait plus que 7,189. La grande culture ne peut plus, dans ces territoires étroits et épuisés, soutenir la concurrence des sols nouveaux de Cuba et de Java. Le nopal, la cochenille et les autres cultures secondaires sont les principales ressources de ces îlots. La Hollande a hésité longtemps à suivre l'exemple donné par l'Angleterre et par la France pour l'émancipation des esclaves ; alors même qu'elle déclarait l'esclavage aboli à partir de 1860 dans l'archipel de la Sonde, elle le maintenait à Surinam ; mais cette opiniâtreté à conserver la servitude dans ses possessions chétives d'Amérique n'a pu leur rendre une prospérité qu'elles n'avaient due qu'au régime relativement libéral en matière de commerce dont elles avaient joui dans un temps où les colonies de plantations des autres contrées d'Europe étaient soumises aux rigueurs du pacte colonial. Tout l'avenir de la colonisation hollandaise est dans les îles de la Sonde ; il dépend de la Hollande, aux conditions que nous avons indiquées plus haut, de leur assurer un développement presque indéfini.

Nous n'avons que quelques mots à dire des petites îles danoises, Saint-Jean, Sainte-Croix, Saint-Thomas. Le roi Christian VII fut de tous les princes le premier à abolir la traite (ordonnance du 16 mars 1792) : ces petits îlots en éprouvèrent une certaine commotion, mais qui dura peu. Leur importance venait moins de la culture du sucre que de leur trafic excessivement animé ; ils furent tous, en 1834, ouverts au commerce du monde et ils servirent d'entrepôts pour l'approvisionnement du golfe du Mexique : ce fut pour eux la source d'une grande prospérité : après diverses mesures préparatoires, l'abolition de l'esclavage y eut lieu le 3 juillet 1848 ; ils ne s'en ressentirent pas longtemps, trouvant dans la rapide extension de leur commerce une compensation plus que suffisante. On sait que Saint-Thomas a été, il y a une dizaine d'années, acheté par les États-Unis.

La petite île de Saint-Barthélemy, qui appartenait à la Suède, est dans une situation analogue à celle des îles danoises, quoique moins florissante ; c'est un îlot peu fertile où la production est faible ; l'esclavage y a été aboli graduellement à partir de 1848 ; cette petite colonie ne peut avoir d'avenir que dans le commerce. Le gouvernement et les chambres de Suède, comme l'ont prouvé les discussions qui suivirent la cession de Saint-Thomas aux Américains, étaient dans l'intention de vendre également leur île aux États-Unis, s'ils en obtenaient un bon prix. Ils ont fini par la céder à la France. On ne peut blâmer de pareilles cessions, il est certain que de petites puissances comme le Danemark et la Suède n'ont aucun intérêt à avoir quelques îlots perdus dans l'Océan.

Ces petites dépendances ne peuvent avoir d'importance que comme points de relâche ou postes d'observation pour une puissance maritime et militaire de premier ordre. Au contraire on eût très bien compris que la Suède, qui a une émigration considérable, cherchât à s'assurer la possession d'une colonie de peuplement, dans le genre du Canada ou de l'Australie, pour y détourner l'émigration suédoise qui se porte vers les États-Unis et pour fonder dans les régions nouvelles une société scandinave. C'eût été un moyen de maintenir l'équilibre des races dans le monde et la variété des influences nationales qui est si utile au progrès humain.

Il en est de même pour l'Allemagne ; c'est un malheur pour l'avenir du monde que les 150 ou 200,000 Allemands qui quittent chaque année leur pays aillent se perdre dans les 50 millions de population anglo-saxonne des États-Unis. Ce sera ainsi une cause de diminution de l'influence légitime de l'Allemagne. Nous autres, Français, dira-t-on, n'avons pas à le regretter. Cela est vrai ; mais si l'on se place au point de vue cosmopolite, on doit désirer que chacune des principales nations du vieux monde ait en quelque sorte une fille émancipée dans le nouveau.

Depuis leurs grands succès de 1866 et de 1870 les Allemands ont acquis le sentiment plus vif de leur nationalité, et ils ont eu quelque repentir de ne s'être pas procuré des colonies en temps opportun. Il est vrai qu'ils colonisent l'Europe, par voie d'infiltration ; ils s'insinuent en Hongrie, en Pologne, dans le Bannat, en Roumanie, et ils formeront dans un siècle une agglomération de

150 millions d'habitants au cœur de notre continent. Mais ce mouvement de conquête insidieuse et latente, préparant de loin une conquête réelle et officielle, n'eût été en rien gêné par la possession d'une colonie où l'Allemagne aurait déversé la plus grande partie de l'énorme émigration qui la quitte par voie de mer pour se rendre en Amérique ou en Australie.

Dans ces dernières années les Allemands ont montré bien des velléités de coloniser. Malheureusement pour eux, ils entrent un peu tard dans la voie ; presque tout le globe est pris. La plupart des contrées encore sans habitants ne sont pas des contrées sans maîtres. Sur presque toutes les îles et sur tous les continents flotte le drapeau d'une puissance européenne. Avec des desseins nets et précis, la décision qu'ils montrent quand ils ont une idée claire, les Allemands auraient peut-être pu encore se tailler leur part dans les contrées nouvelles. Seulement, ils ont, en matière de colonisation, des idées confuses.

Ils ont attaché une grande importance à la possession des îles Samoa, qui ne sont que des récifs, une diminution de la Nouvelle-Calédonie. Ces postes pourront leur être utiles comme points de relâche, mais ce ne sont pas là des colonies véritables. On sait qu'après la chute d'une grande maison de banque, de commission et d'armement de Hambourg, la maison Godefroy, le gouvernement crut devoir relever cette entreprise des îles Samoa en venant à son aide par des prêts ou des subventions.

Plus tard le tardif amour des Allemands pour la colonisation s'est fait jour dans les discussions du Conseil économique de l'Empire au cours de l'année 1881. Ce Conseil, que créa M. de Bismarck pour s'en faire un soutien dans sa politique économique autoritaire, protectionniste et centraliste, a émis le vœu que 125 millions soient consacrés en dix ans à acquérir des terres vacantes pour y fonder des colonies. Mais c'est ici qu'apparaît la confusion des idées. On a vu dans le courant de cet ouvrage qu'il y a deux classes très distinctes de colonies : les colonies d'exploitation ou de plantations et les colonies de peuplement. Les premières conviennent principalement aux peuples qui ont de grands capitaux comme l'Angleterre et la France ; les autres sont plutôt faites pour les peuples qui ont une très grosse émigration, comme l'Irlande, l'Allemagne, l'Italie.

Ce que devrait rechercher la grande nation germanique, c'est donc une colonie de peuplement. L'Australie lui eût convenu à merveille ; mieux encore la Nouvelle-Zélande ; la Nouvelle-Guinée pourrait aussi peut-être faire son affaire, quoique le climat en soit un peu tropical, dans une grande partie du moins. Peut-être dans le sud de l'Afrique, aux abords des possessions anglaises et portugaises, l'Allemagne eût-elle pu aussi se faire une part. Au lieu de proposer l'acquisition d'une colonie de peuplement, le Conseil économique de l'Empire n'a eu en vue, dans sa séance de 1881, que les colonies de plantations ou d'exploitation. Ce sont des fermes et des jardins d'outre-mer qu'il voudrait que la nation allemande possédât. L'Allemagne, dit-il, est obligée de payer 1,250 millions par an pour acheter « du blé, du tabac, des fruits du sud, du thé, du café, du riz, des épices, des matières tinctoriales, du coton, de la laine, de la soie, du bétail, des bois », et il lui plairait de supprimer ce tribut en devenant elle-même productrice au loin de toutes ces denrées dont elle a besoin et qu'elle achète. Ce n'est pas là le vrai point de vue. Si l'on ne parlait encore que du blé, du bétail, de la laine, des bois, on pourrait croire que le Conseil économique de l'Empire attache surtout de l'importance à la direction de l'émigration allemande sur des contrées où elle garderait sa nationalité, à la fondation en un mot de solides sociétés allemandes dans les contrées nouvelles. Mais non, en parlant du thé, du café, des épices, des matières tinctoriales, du coton, de la soie et du tribut que l'Allemagne paye pour ces denrées, le Conseil économique de l'Empire semble être encore sous les illusions du vieux système mercantile et colonial. Une colonie de plantations ou d'exploitation absorbe nécessairement des capitaux, et l'Allemagne, quoiqu'elle ne soit pas aussi pauvre qu'on veut bien le croire, n'a pas des capitaux en surabondance. Ce qu'elle a en surabondance, ce sont des bras, et, pour occuper ces bras, pour les attirer, pour les retenir, ce ne sont pas des colonies de plantations ou d'exploitation qui conviennent, ce sont les colonies de peuplement. Faute d'avoir fait cette distinction, il est probable que les efforts des Allemands en fait de colonisation échoueront.

Ce que nous venons de dire de l'Allemagne s'applique à merveille à l'Italie, cette vieille nation qui a recouvré une nouvelle jeunesse et qui a le cœur gonflé de tant de grandes aspirations. Elle aussi, pauvre en capitaux et riche en hommes, pourrait travailler à la fondation de colonies de peuplement. Elle le fait bien un peu dans l'Afrique du Nord pour le compte d'autrui. Elle avait pensé un instant à occuper la Nouvelle-Guinée; peut-être eût-elle dû persévérer dans cette voie. La colonie de la baie d'Assab et ses tentatives dans le royaume de Choa en Abyssinie sont des entreprises louables, mais dont le développement paraît devoir être limité.

Nous avons étudié, dans les colonies des tropiques des diverses puissances européennes, la double transformation dont notre siècle a été témoin : l'émancipation des esclaves et la rupture du pacte colonial. On a vu que les conditions nouvelles faites aux colonies par cette double réforme diffèrent radicalement des conditions où elles sont nées et où elles ont grandi. Il en résulte qu'elles ont tout à apprendre. La propriété, le travail, le commerce sont régis par des lois plus simples, plus justes et plus naturelles ; mais quand pendant deux siècles et plus on a construit à force de règlements et de contrainte une organisation tout artificielle, il en coûte de revenir à un état de choses normal et régulier ; de là l'état de souffrance et de crise que l'on a pu remarquer dans la plupart des colonies que nous avons passées en revue. Il faut du courage et de l'intelligence pour échapper à cette transition douloureuse ; il faut aussi de la prudence et de la prévoyance pour ne pas retomber par une voie détournée dans l'organisation défectueuse d'où l'on vient à peine de sortir, pour ne pas reconstituer, en remplaçant sur une trop large échelle l'esclavage ancien par l'immigration asiatique, cet état de choses artificiel et antisocial, fécond en crises, et où l'on ne saurait trouver de stabilité. Il y a 35 ans que Rossi, dans un rapport sur une loi des sucres, glissait cette observation pleine de finesse et de sens : « Ce que les colons ont le plus à redouter, ce sont leurs habitudes. » Quand ce mot fut écrit, l'esclavage n'était pas encore aboli, le pacte colonial n'était pas encore rompu. Aujourd'hui que ces deux réformes ont été irrévocablement accomplies, combien le mot de Rossi n'est-il pas digne des réflexions des colonies ?

CHAPITRE V

L'Algérie et la colonisation française au XIXᵉ siècle.

Considérations générales. Origine tout exceptionnelle de notre établissement colonial en Algérie. — L'Algérie doit tenir une place à part dans l'histoire de la colonisation.

L'immigration, le peuplement, l'acclimatation. Obstacles que dans les premiers temps le gouvernement oppose à l'immigration. — Infiltration lente de l'élément européen. — Appel aux agriculteurs européens vers 1840. — Alternatives de faveur et de rigueur vis-à-vis de l'immigration. — Marche ascendante de la population européenne. — Comparaison du peuplement de l'Algérie avec le peuplement de l'Australie. — Excédent des décès sur les naissances pendant les vingt premières années. — Depuis lors excédent notable et continu des naissances sur les décès dans l'élément européen. — Acclimatation inégale des diverses nationalités européennes. — Proportion de ces diverses nationalités dans le nombre total des colons. — Craintes inspirées par l'afflux des Espagnols. — Les naturalisations. — Moyens de favoriser à la longue les Européens étrangers.

Le régime des terres et la colonisation. Nécessité d'avoir des idées claires sur ce que la France veut faire en Afrique. — L'Algérie ne peut être ni une simple colonie de peuplement comme le Canada ou l'Australie, ni une simple colonie d'exploitation comme les Indes ou Java. — Caractère mixte que doit avoir la colonisation algérienne. — Situation défavorable de l'Algérie pour le régime des terres. — La propriété indivise des Arabes. — Le domaine du bey. — Les concessions de terre et les obligations qu'elles entraînaient primitivement. — Améliorations apportées à ce régime. — Essai en 1856 et en 1860 de la méthode de vente des terres suivant les procédés australiens. — La population agricole européenne en 1864. — Perfectionnements apportés en 1881 au régime des concessions gratuites. — Les deux méthodes simultanées par lesquelles procède la colonisation territoriale : les concessions et les achats de terres aux Arabes. — Le système de colonisation par centres ou villages. — Étroitesse de la zone de colonisation. — Rappel en 1855 des colons établis dans des localités excentriques.

Pénurie du domaine. — L'insurrection de 1871 accroît l'étendue du domaine au moment où il était presque épuisé. — Les colons alsaciens-lorrains. — Caractère artificiel de cette colonisation. — Étendue des concessions de terres depuis 1870. — Projet de loi relatif à l'expropriation de 4 ou 500,000 hectares de terres appartenant aux indigènes. — Critiques adressées à ce projet de loi. — Le gouvernement ne doit pas exproprier les petits propriétaires indigènes. — Comment la colonisation agricole peut se développer. — La colonisation agricole spontanée et indépendante égale déjà la colonisation agricole et officielle. — Nombre des colons ruraux en Algérie. — La production agricole chez les Européens et chez les indigènes. — La viticulture. — La race arabe ne doit pas être expropriée complètement. — Dans une dizaine d'années la colonisation officielle n'aura plus de raison d'être. — La loi de 1872 sur la constitution de la propriété privée. — Lenteur des résultats. — État actuel des travaux.

Le rôle de l'administration en Algérie. Le rôle de l'administration est immense dans les colonies nouvelles, il est néanmoins compatible avec les libertés des

colons. — L'administration doit se restreindre aux grands services d'intérêt collectif. — Les dépenses préparatoires et les dépenses conservatoires. — L'administration des forêts. — Les puits artésiens. — Le service topographique.
LE RÉGIME COMMERCIAL ET LE RÉGIME FINANCIER. Régime relativement libéral de 1851. — Le développement du commerce extérieur algérien de 1850 à 1864 et de 1864 à 1879. — Le mouvement de la navigation. — Le produit de la douane. — L'octroi de mer; caractère de cet impôt. — De l'établissement de l'impôt foncier. — Des inconvénients particuliers de hauts droits d'enregistrement dans une colonie. — — Le budget colonial de l'Algérie. — Les budgets départementaux et communaux. — La part de dépenses qui incombe à la métropole. — Le crédit en Algérie. — Le fléau de l'usure. — La Banque d'Algérie et ses succursales. — Taux excessif auquel on a maintenu pendant longtemps l'intérêt légal en Algérie : abaissement de ce taux en 1881. — Les institutions de crédit particulières créées avec ou sans le concours de l'État. — Rôle de ces sociétés.
DE LA POLITIQUE A SUIVRE VIS-A-VIS DES INDIGÈNES. Situation sans précédent de notre colonie algérienne. — Les trois politiques que l'on peut suivre à l'égard des indigènes : le refoulement, le fusionnement, l'abstention. — Dangers de la première et de la dernière ; nécessité de l'intermédiaire. — Oscillations de notre politique à ce sujet.
Des obstacles à la fusion de l'élément indigène et de l'élément européen. — Ces obstacles ne sont pas insurmontables avec le temps et la persévérance. — Les différents éléments de la population indigène. — La féodalité arabe est liée à la propriété collective. — De la désagrégation de la tribu. — Répartition du territoire des tribus entre les douars. — Du passage de la propriété du douar à la propriété individuelle. — De l'institution de la polygamie. — Raisons d'être de la polygamie chez les Arabes. — La division du travail et le développement des échanges devront singulièrement restreindre la polygamie.
De l'instruction chez les indigènes. — Efforts modiques faits avant 1870 : les écoles arabes françaises d'alors. — Les collèges arabes français d'Alger et de Constantine. — Depuis 1870, réaction contre l'enseignement des indigènes. — Préjugés des colons. — Suppression des collèges arabes-français. — Petit nombre des écoles arabes-françaises. — Chiffre infime des indigènes qui reçoivent de l'instruction. — Dotation mesquine de ce service dans le budget colonial et dans les budgets locaux.
La justice chez les indigènes. — Les procès portés librement par les indigènes devant nos tribunaux. — Nombre et situation des cadis ; ils ignorent presque tous la langue française. — Grand nombre des actes faits entre musulmans devant des notaires français. — Organisation vicieuse de la justice criminelle à l'égard des indigènes.
LE RÉGIME POLITIQUE DE L'ALGÉRIE. Phases diverses par lesquelles ont passé les institutions algériennes. — Alternatives de régime libéral et de régime restrictif. — Division de l'Algérie en territoire civil et en territoire militaire. — Étendue et population de chacune de ces deux régions. — Raisons d'être de cette division.
Organisation municipale : les communes de plein exercice, les communes mixtes et les communes indigènes. — Difficultés spéciales de la vie municipale algérienne. — Les électeurs indigènes et les électeurs européens non français.
Des droits des indigènes. — Les assesseurs musulmans dans les conseils généraux. — De la représentation des indigènes dans le parlement métropolitain.
L'Algérie doit être régie par des lois, non par des décrets ou des arrêtés. — La politique de l'assimilation et la politique de l'autonomie. — De la création en Algérie d'un personnel administratif spécial à l'abri des fluctuations politiques.
LES TRAVAUX PUBLICS, LEUR IMPORTANCE, LA DIRECTION A LEUR DONNER. Étendue des routes en Algérie. — Les chemins. — Les dépenses pour travaux divers. — Les chemins de fer. — De la productivité des chemins de fer algériens. — Les travaux projetés. — De la nécessité de faire des lignes perpendiculaires à la mer et de les pousser jusqu'à l'Extrême Sud. — De l'exploitation du désert. — Le Transsaharien. — Les chemins de fer doivent être construits en Algérie à beau-

coup moins de frais et beaucoup plus rapidement qu'en France. — Influence des travaux sur l'immigration.
Résumé de la situation de l'Algérie. Espérances légitimes qu'elle suscite. — L'Algérie doit être pour nous une base d'opération sur le continent africain. — Des expéditions dans les oasis. — Tort de les avoir suspendues depuis 1873. — Le Transsaharien. — Utilité de soumettre le Soudan à notre influence. — Nécessité de l'annexion de la Tunisie.

En dehors des colonies à esclaves, qui produisent du sucre, du café, de l'indigo et quelques autres denrées d'exportation, le XVIII° siècle n'avait laissé à la France que quelques positions commerciales méritant plutôt le nom de comptoirs que celui de colonies. Mais des circonstances spéciales appartenant à l'ordre des faits politiques, diplomatiques et militaires, nous ont dotés d'une contrée considérable et où nous nous sommes fixés d'une manière permanente en vue de la colonisation. Il importe de signaler, dès l'abord, l'origine toute singulière et exceptionnelle de cet établissement colonial. Il dut sa naissance, nous l'avons dit, non à des faits de l'ordre économique, mais à des circonstances de l'ordre politique. Ce fut une conquête, et une conquête sans préméditation, amenée par des événements fortuits. L'histoire moderne, croyons-nous, n'offre aucun fait analogue à celui de l'occupation de l'Algérie par la France depuis plus de 50 ans. Une insulte de la part d'un souverain barbare, le refus des réparations exigées, le besoin de détourner en France l'attention publique des affaires intérieures, telles furent les circonstances minimes et contingentes qui nous amenèrent en Afrique. C'est la seule fois qu'une grande entreprise de colonisation ait eu son origine dans une question de point d'honneur national. Quand les Portugais et les Hollandais fondèrent leur empire oriental, ils y étaient portés par l'appât d'un trafic hautement rémunérateur et par l'espoir d'obtenir le monopole des relations fructueuses de l'Europe avec l'Asie. Quand l'Espagne étendit sa domination sur toute l'Amérique du Sud, elle se sentait attirée vers ce vaste continent et elle y était retenue par les énormes richesses métalliques dont la révélation l'éblouissait, en même temps par l'abondance des produits naturels et par la facilité de la conquête et de l'occupation. Quand l'Angleterre envoya ses enfants vers les vastes plaines de l'Amérique du Nord, elle était dans une crise économique, sociale et religieuse, où l'émigration était un bienfait incontestable et le seul remède peut-être contre des maux d'une rare intensité. Toutes ces nations avaient cédé à l'attrait du trafic, à l'appât des richesses ou bien encore à un besoin économique et social. Pour tous ces peuples la colonisation fut l'œuvre moins des gouvernements que des particuliers, œuvre lente, mais persistante, commencée et poursuivie par des légions d'aventuriers hardis et heureux, régularisée après coup par l'intervention gouvernementale. Rien ne ressemble moins à la création de notre colonie algérienne. Celle-ci naquit d'un seul jet, par l'initiative du pouvoir, à la suite d'un fait fortuit qui occasionna l'envoi d'une armée française à Alger ; il n'est peut-être pas téméraire de dire que, si nous nous sommes fixés en Afrique, la cause en a été moins au besoin de nous y établir qu'à la difficulté de nous en éloigner.

Cette situation, qui fait à notre entreprise algérienne une place à part dans l'histoire de la colonisation, est accompagnée d'autres circonstances non moins exceptionnelles. Toutes les nations qui avaient fondé des colonies les avaient placées dans des contrées vacantes ou très peu peuplées ; elles s'étaient emparées de régions d'une facile conquête, offrant en abondance des terres libres et d'une appropriation aisée, ne présentant qu'une population disséminée, primitive et incapable de résistance. La France, au contraire, prenait possession, en 1830, d'une terre occupée, cultivée, défendue par une population nombreuse, guerrière, opiniâtre. Cette race établie sur le sol d'Afrique depuis des siècles était douée d'une civilisation avancée, elle formait une société régulière, pourvue de tous les éléments de vie et de consistance ; elle avait un sentiment élevé de sa nationalité, elle répugnait par ses mœurs, ses idées, sa religion à toute assimilation avec une autre race, et ce qui contribuait à augmenter encore les difficultés, c'est que la religion de cette race indigène est une religion hautement spiritualiste, dépourvue presque de toute empreinte de superstition, une religion qui, par la simplicité et la netteté toute philosophique de sa doctrine, par la pureté de ses enseignements, est douée d'une force défensive que, au point de vue humain, on peut appeler insurmontable. Telles sont les circonstances caractéristiques dans lesquelles a pris naissance notre tentative de colonisation algérienne, il importe de ne les pas oublier un instant, si l'on veut être juste et impartial, si l'on veut émettre des idées pratiques et réalisables. Rien là ne ressemble à l'établissement des Espagnols au Pérou ou au Mexique, à celui des Anglais dans l'Amérique du Nord ou dans l'Australie. C'est un fait sans précédent, sans analogie dans l'histoire moderne. Fonder une colonisation agricole dans un pays où tout le sol était possédé et cultivé ; introduire une population européenne nombreuse près de cette nombreuse population musulmane, qu'on n'avait ni le droit ni la force d'extirper ou de refouler ; faire de ces deux éléments juxtaposés et hétérogènes un ensemble, si ce n'est homogène, du moins régulier ;

c'était là le plus difficile problème que se fût encore posé la politique coloniale des peuples modernes.

Nous n'avons pas à retracer les circonstances spéciales qui nous attirèrent en Afrique vers 1830 ; nous n'avons pas à faire l'histoire de ces guerres sans cesse renaissantes, qui jusqu'en 1847 (soumission d'Abd-el-Kader) ou même jusqu'en 1857 (fin de la guerre de Kabylie) accompagnèrent notre laborieux établissement dans ce pays. On peut dire que la difficulté de la conquête fut l'origine de la colonisation.

L'IMMIGRATION. — LE PEUPLEMENT. — L'ACCLIMATATION.

Le gouvernement, dans les premiers temps de la conquête, répugnait à une immigration considérable, soit française, soit étrangère ; bien loin de l'attirer, il s'efforça de la prévenir. Il craignait pour les colons l'influence du climat, il craignait d'inquiéter les Arabes et de se les aliéner davantage en distribuant des terres aux Européens, il craignait de s'enlever à lui-même la liberté d'action. Ces différents motifs le portaient plutôt à combattre qu'à susciter l'arrivée d'artisans ou d'agriculteurs de France ou d'Allemagne. A la fin de 1832 une décision ministérielle fut prise « afin d'arrêter une immigration trop nombreuse et trop hâtive, d'obvier au désagrément de voir tomber des individus dans la détresse pour s'être inconsidérément transportés dans cette contrée sans avoir les moyens d'y vivre fixés et assurés. Le gouvernement français, outre les mesures déjà prises pour empêcher l'*immigration spontanée* de pénétrer en Algérie, a cru devoir en interdire l'accès dorénavant, jusqu'à nouvel ordre, à tout étranger qui ne pourra établir amplement qu'il a de quoi s'y entretenir, et les légations françaises ont reçu l'ordre de se conformer à ces dispositions dans la délivrance des passeports (1) ». C'est ainsi que dès les premières années le gouvernement cherchait à éloigner d'Afrique l'émigration spontanée. Avait-il tort ? La plupart des publicistes, qui se sont occupés de l'Algérie, ont incriminé l'administration pour ces lenteurs et ces timidités. A nos yeux, au contraire, ces timidités et ces lenteurs ont leur justification dans la difficulté des circonstances. Si la contrée que nous occupions eût été une terre vacante ou pacifiée, sans doute il eût été expédient de laisser l'émigration libre s'y porter elle-même, sans réglementation ni entrave, comme les Anglais l'ont pu faire pour l'Australie. Mais la situation était tout autre ; et la circonspection, la prudence ini-

---

(1) Jules Duval, *Histoire de l'immigration*, p. 326.

tiales du gouvernement français, au lieu d'être taxées de fautes, peuvent être regardées comme l'accomplissement d'un devoir.

L'infiltration de l'élément européen sur cette terre africaine fut donc lente ; en 1835, on n'y comptait encore que 11,221 Européens de toute nature. Mais, dans les dix années qui suivirent, le développement des opérations militaires, l'augmentation de l'armée, attirèrent un nombre considérable de petits trafiquants, qui suivaient les colonnes de soldats et trouvaient dans la guerre même l'aliment de leur commerce et la source de leurs gains. Aussi, en 1845, la population européenne atteignait-elle 95,531 individus sans compter l'armée. Dans cet intervalle le gouvernement avait franchement recours à l'immigration ; en 1838, après le traité de la Tafna, en 1842 et 1843, lors de la construction des villages du Sahel d'Alger, il avait fait appel aux agriculteurs et aux ouvriers français. Mais le grand défaut de l'émigration européenne en Algérie, c'est qu'elle ne formait pas un courant régulier et continu. Le gouvernement lui ouvrait ou lui fermait l'entrée de l'Afrique selon les circonstances. Tantôt on l'encourageait ou même on la provoquait, plus souvent on la restreignait. La bonne volonté administrative qui s'était manifestée de 1838 à 1843 cessa bientôt. Après la révolution de 1848 on multiplia les entraves. Le passage dans la colonie ne fut accordé que sur la preuve établie d'un travail assuré d'avance en un lieu et chez un patron connus. Des Espagnols, qui se trouvaient alors en chômage momentané dans la province d'Oran, furent renvoyés dans leur pays. Quand, en 1853, une compagnie genevoise voulut organiser des colonies suisses à Sétif, on exigea de chacun de ces colons la possession en espèces d'une somme de 3,000 fr. Si l'on n'eût voulu par ces mesures que sauvegarder les intérêts des colons, on pourrait dire qu'elles étaient empreintes d'une prudence exagérée ; mais le vrai motif de ces règlements, c'était que l'administration redoutait une immigration trop considérable. Nous en trouvons la preuve dans un rapport fait, en 1854, au ministre de l'agriculture par M. Heurtier, au nom du comité d'émigration : « Le temps viendra bientôt, y est-il dit, où la France, économe de ses enfants, utilisera les bénéfices de sa prudente réserve, au profit de l'Algérie, vaste champ ouvert à l'activité humaine et magnifique débouché pour l'exubérance de notre population. Il nous serait difficile de prévoir exactement les conséquences de cette transmigration, mais on peut la pressentir. Quel serait le régime économique le plus favorable au développement de la colonisation ? Quel parti pourrait-on tirer dès à présent de cet immense mouvement d'hommes, qui, dédaignant la côte d'Afrique pour les zones les plus éloignées du globe, semblent nous dire que la Méditerranée serait une barrière insuffisante entre eux et la mère patrie? Ces questions graves, Monsieur le ministre, le fonctionnaire chargé plus spécialement de représenter le département de la guerre n'a pas jugé qu'il fût opportun de les traiter, ni de provoquer en ce moment une immigration étrangère trop nombreuse dans nos possessions algériennes. Une dépêche du maréchal ministre de la guerre vous a témoigné en termes explicites le même sentiment. Des raisons de l'ordre politique, tirées notamment des nécessités que nous imposent les guerres d'Orient, ont fait prévaloir cet avis au sein de la commission. » Telle était l'opinion de la haute administration sept années après la reddition d'Abd-el-Kader et la complète sujétion du pays. Malgré l'allusion faite aux nécessités de la guerre d'Orient, dans le rapport dont nous venons de citer un extrait, cette politique de réserve et d'abstention, hostile à l'immigration, n'était pas transitoire; c'était une politique constante qui ne cessa de diriger le gouvernement dans la conduite des affaires algériennes. On s'étudia à limiter le nombre des immigrants et il ne fut pas difficile d'y parvenir. On continua à exiger des nouveaux arrivants la justification d'un capital relativement assez considérable; aux simples ouvriers l'on demandait la possession de 400 fr. en argent, aux prétendants à la propriété du sol on imposait l'obligation de justifier d'une fortune de 1,500 à 3,000 fr. selon les temps. Aussi, malgré le grand nombre des permis de passage gratuits, la population coloniale augmentait avec une grande lenteur : en l'année 1857, suivant M. le colonel de Ribourt, sur 80,000 passages gratuits accordés, il y avait eu 70,000 retours. En 1855, le nombre des colons en Algérie n'atteignait que le chiffre de 150,607. Au lieu de s'étendre avec les progrès de la pacification, l'immigration avait diminué de plus de moitié. De 1840 à 1845, la population européenne s'était accrue chaque année de 13,493 individus; de 1850 à 1855, l'accroissement annuel n'avait été que de 5,929. Lors de la création du ministère spécial de l'Algérie et des colonies il y eut un nouvel essor qui ne dura que deux ans; l'immigration s'accrut dans une proportion sensible; en 1861, la population européenne de l'Algérie monta à 192,745 individus. A la fin de 1863, elle atteignait 213,061, et enfin, au 31 décembre 1864, d'après les documents officiels, elle était parvenue à 235,570 individus. C'était la preuve d'une reprise notable dans le courant de l'immigration; c'était de plus, comme nous l'allons voir, l'indice de la diminution de la mortalité parmi les Européens résidants.

Ainsi le premier fait caractéristique de la colonisation algérienne, ç'a été l'opposition systématique et persévérante du pouvoir à une immigration considérable. Ce fait remarquable a son explication dans les circonstances exceptionnelles dont fut entouré le berceau de notre colonie africaine. Il était naturel, il était légitime à nos yeux, que pendant les premières années, du moins, le gouvernement eût envers l'immigration une conduite circonspecte et réservée. C'était à la fois un devoir moral et une mesure de prudence politique que de ne pas favoriser la trop grande et trop subite affluence des Européens dans cette terre agitée par la guerre et dont on ignorait encore les ressources. Mais, après 1847, après la pacification générale et les premiers essais de culture par des mains européennes, l'administration aurait pu, à notre gré, sans témérité, ouvrir plus largement les écluses à ce courant d'émigrants, qui tendait spontanément à se porter vers notre terre d'Afrique. Il eût été expédient et pratique de ne pas imposer alors des entraves trop pénibles et de ne pas outrer les mesures de prudence. C'eût été d'une politique prévoyante et judicieuse que de maintenir l'appel qui avait été fait de 1838 à 1842 aux agriculteurs et aux artisans d'Europe ; si l'immigration s'était maintenue au chiffre qu'elle avait atteint pendant ces quatre années, la population européenne de notre colonie serait au moins le double de ce qu'elle est aujourd'hui. Ce n'est pas que nous trouvions avec beaucoup de publicistes que la présence en Algérie de plus de 350,000 ou 400,000 Européens, 50 ans après le débarquement de nos troupes, soit un fait insignifiant (1). C'est, à nos yeux, au contraire, un résultat d'une haute portée et qui prouve que l'élément européen a de sérieuses chances d'avenir et de prospérité dans notre colonie d'Afrique. Que l'on se reporte au berceau de tous les autres établissements européens qui ont acquis par la suite des temps le plus haut degré de splendeur, et l'on verra qu'il s'en fallut de beaucoup que l'immigration, à l'origine, y fût aussi nombreuse. L'Australie elle-même, pendant les 50 premières années de son peuplement, n'a pas fait en population de plus rapides progrès que l'Algérie. Depuis l'année 1815 où les premiers émigrants libres s'y rendirent, jusqu'à l'année 1850, qui précéda la découverte des gîtes aurifères, l'Australie avait reçu moins de colons que l'Algérie n'en comptait à la fin de l'année 1864. Il ne faut donc pas rabaisser outre

(1) Le recensement de 1876 portait à 353,000 âmes la population dite « européenne » de l'Algérie ; mais il fallait en retrancher 33,300 israélites indigènes qui figurent à tort dans cette classe, il restait donc 320,000 Européens environ. A l'heure actuelle (1881), malgré l'émigration provoquée par les désastres de Saïda et par l'insécurité passagère, il est probable que la population européenne est de 380,000 à 400,000 âmes ; c'est ce que constatera sans doute le recensement, qu'on est en train de faire. A la fin du siècle il est vraisemblable qu'il y aura plus d'un million d'Européens dans l'Afrique française du Nord.

mesure, ainsi que le font la plupart des publicistes, l'importance de l'immigration européenne dans notre colonie d'Afrique ; mais il est incontestable que cette immigration eût été beaucoup plus considérable, à partir surtout de 1847, si le gouvernement n'y avait pas mis d'inutiles entraves, et ces entraves multipliées, ces précautions exagérées et prolongées trop longtemps, ces règlements vexatoires ont fini par détourner de l'Algérie le courant de l'émigration européenne qui ne demandait pas mieux que de s'y porter, et ont jeté à la longue sur notre colonie d'Afrique un discrédit dont il sera difficile de la dégager.

Heureusement sa situation est devenue telle qu'elle ne s'augmente pas seulement par les recrues qui lui viennent du dehors, elle grandit par elle-même et par l'excédent continu, depuis quelques années, du nombre des naissances sur le nombre des décès. Il n'en fut pas ainsi à l'origine, et la mortalité dans la population européenne fut si grande pendant les 20 premières années, qu'on put douter de l'avenir de la colonisation. Les prophètes de malheur ne manquèrent pas et les faits semblèrent leur donner amplement raison. Depuis la conquête jusqu'au 31 décembre 1864, il y a eu dans la population civile européenne 62,768 décès, contre 44,900 naissances. Cela tient, en partie, pour les premières années du moins, à ce que le nombre des colons célibataires était très considérable, ce qui tendait à réduire les chances de naissance relativement aux chances de décès. Mais les difficultés de l'acclimatement furent, on ne peut le nier, une des principales causes de cette énorme mortalité ; elle diminua peu à peu : de grands et patients travaux, des dessèchements de marais, des défrichements heureux, enlevèrent à la côte une partie de son insalubrité ; en outre, il s'est formé toute une génération créole, jeune encore, il est vrai, mais née sur le sol algérien et plus apte que les nouveaux arrivants à supporter le climat de la colonie. En 1853, l'excédent des décès a cessé de se manifester pour ne plus reparaître. Depuis lors, les naissances alimentent chaque année, en l'augmentant, la population d'origine européenne. En 1863, il y a eu 8,531 naissances contre 6,347 décès : la différence au profit des naissances a donc été de 2,184 ; en 1864, le nombre des naissances parmi les colons était de 8,408, celui des décès de 5,497, ce qui constituait, au profit des naissances, une différence de 2,911. On a calculé que par le seul fait de l'excédent des naissances sur les décès, tel qu'il se manifeste depuis 1853, la population européenne de l'Algérie devrait doubler en 56 ans environ, tandis que la population de la France ne le peut qu'en 141 ans. On voit que c'est là une situation éminemment favorable. Pour peu que l'im-

L'ALGÉRIE. — LE PEUPLEMENT. — L'ACCLIMATATION. 305

migration augmente, même dans une proportion légère, le nombre des habitants d'origine européenne sera à la fin du siècle considérable, et devra approcher d'un million. Or, quand on parle d'une colonie, ce n'est pas trop que d'exiger 70 ans pour la voir arriver à un état durable de prospérité et de grandeur.

Il importe, cependant, d'entrer plus avant dans cette question de la population européenne et de son accroissement continu par ses propres forces. Diverses nations, on le sait, entrent dans la composition de l'élément européen en Algérie. En 1861, sur 192,746 colons, on ne comptait que 112,229 Français, c'est-à-dire environ 58 p. 100. Venaient ensuite les Espagnols au nombre de 50,021, soit 26 p. 100 de la population européenne ; on comptait encore 11,256 Italiens, 8,260 Maltais, 8,332 Allemands ou Suisses, le reste appartenait à des nationalités diverses et non classées. Or, ces différents groupes ne présentent pas les mêmes chiffres proportionnels de naissances et de décès : il y a même entre eux, sous ce rapport, de très grandes différences. En 1856, l'on comptait pour chaque élément colonial par an et par 1,000 :

	Naissances.	Décès.
Français	41	43
Espagnols	46	30
Maltais	44	30
Italiens	39	28
Allemands	31	56

Ce sont donc les Italiens, les Maltais et surtout les Espagnols qui se trouvent dans les conditions les meilleures, ce sont eux qui augmentent le plus. La population française, d'après ce tableau, abstraction faite de l'immigration, serait à peu près stationnaire et tendrait plutôt à diminuer. Mais depuis lors la situation s'est considérablement améliorée pour les Français. Déjà, en 1856, il y avait progrès sur les années précédentes : car l'année 1853 présentait sur 1,000 colons français 41 naissances et 52 décès. Aujourd'hui, même pour les Français, le chiffre des naissances surpasse celui des décès. Il ne faudrait pas croire d'ailleurs, avec l'auteur de la brochure médicale à laquelle nous empruntons ces chiffres (le docteur Beaufumé, *Coup d'œil sur les colonies*), que la situation plus défavorable en apparence des colons français vînt d'une incapacité constitutive de surmonter le climat d'Afrique. Il faut se garder de ces généralisations précipitées, et il convient d'étudier auparavant de près les conditions dans lesquelles vivent les différents éléments européens. Si la mortalité est moins grande parmi les Espagnols, les Maltais et les Italiens, ce n'est pas seulement qu'ils sont originaires de pays plus chauds et de latitudes à peu près isothermes à l'Algérie ; c'est qu'ils résident spécialement dans les villes, qu'ils ne s'éloignent guère de la côte, qu'ils se livrent surtout aux métiers ou au jardinage, qu'ils ne sont guère défricheurs et qu'ils ne s'enfoncent pas dans le désert (1). C'est le Français, au contraire, presque seul, qui forme la population agricole dans les centres éloignés de la mer, c'est lui seul qui passe l'Atlas et se fixe jusqu'à l'entrée du Sahara, à Laghouat, à Geryville et dans d'autres oasis. On croit que cette vie plus aventureuse et plus rude éprouve plus profondément sa constitution. Peut-être y a-t-il de sa part quelque témérité à se jeter à cent lieues de la mer quand la côte offre encore tant de champs qui ne demandent que des bras, mais la faute en est, en partie, aux règlements administratifs que nous étudierons plus bas et aussi à ce goût aventurier, que nous avons déjà signalé bien des fois sur des théâtres différents comme le trait dominant du caractère français. Quoi qu'il en soit, depuis quelques années, la mortalité diminue dans une proportion notable parmi nos compatriotes d'Afrique : même pour les colons français les naissances sont arrivées à dépasser les décès et ce progrès ne fera que croître avec l'apparition sur la scène de la génération créole dont le nombre augmente tous les ans d'une manière sensible.

Les statistiques récentes faites avec un grand soin par le docteur Ricoux dans sa *Démographie figurée de l'Algérie* justifient pleinement cette assertion de la première édition de notre ouvrage. Voici d'abord comment se décomposait d'après le recensement de 1876 la population européenne de notre province d'Afrique :

Français	155,700
Espagnols	92,500
Italiens	25,800
Maltais	14,200
Allemands	5,700
Autres nationalités	17,500
Population dite en bloc	8,900
TOTAL	320,300

Si l'on déduit la population dite en bloc on voit que l'élément

(1) On pourrait dire que la présence de plusieurs milliers d'Espagnols sur les hauts plateaux à Saïda, lors de l'insurrection de Bou Amama en 1881, donne un démenti à l'opinion que nous exprimons dans le texte. Peut-être, en effet, cette opinion est-elle un peu absolue. Cependant, il reste vrai que de beaucoup la plus grande partie des 138,510 européens qui, au 1ᵉʳ janvier 1878, formaient la population agricole de l'Algérie, se compose de Français et que, par conséquent, la population française est plus exposée que la population espagnole ou italienne (note de la 2ᵐᵉ édition).

français fournit tout juste la moitié de l'ensemble des Européens. Examinons la natalité et la mortalité de ces divers éléments de la population européenne. La mortalité annuelle des Français, qui était de 46,5 pour 1000 habitants de tout âge dans la période de 1833-1856, est tombée dans ces dernières années à 28 pour 1000, tandis qu'en France même elle s'élève à 23 pour 1000. L'écart est donc aujourd'hui bien faible entre la mortalité des Français en Algérie et la mortalité des Français en France. Quant à la natalité parmi les Français-Algériens, elle est très-forte ; elle oscille annuellement entre 35 et 40 pour 1000 habitants, atteignant presque la natalité des Allemands en Allemagne. La race française n'est pas constitutionnellement peu prolifique ; elle ne l'est qu'en France et intentionnellement. Les naissances parmi les Français établis en Algérie dépassent d'un quart ou d'un tiers les décès ; c'est un fort beau résultat.

Malheureusement la statistique algérienne ne distingue pas le lieu d'origine des Français-Algériens. Elle ne se préoccupe pas de savoir s'ils sont nés en Afrique, s'ils ne sont Français que par naturalisation, s'ils sont Français du Midi ou du Nord. Une classification de ce genre serait indispensable. Quant à la catégorie des Français par naturalisation, elle est fort peu nombreuse. En trois ans, de 1875 à 1878, on n'a naturalisé que 835 personnes ; depuis la conquête, soit en cinquante années, il n'a été admis au bénéfice de la naturalisation que 4,029 européens ou indigènes. A prendre la moyenne des trois dernières années, c'est environ 300 naturalisations par an, chiffre qui ne suffit pas pour avoir une influence notable sur le mouvement de natalité ou de mortalité de la population dite française.

Parmi les colons espagnols la mortalité a été à peu près constante depuis la conquête. Elle reste aujourd'hui à 30 pour 1000, ce qui dépasse légèrement la mortalité des colons français. Le préjugé vulgaire est donc faux sur ce point. Les Espagnols meurent un peu plus en Algérie que nos compatriotes, sans doute parce que les premiers sont plus besogneux. Quant à la natalité chez les Espagnols de notre colonie, elle est, par compensation, un peu plus élevée que celle des colons de notre nationalité. Elle atteint 40 pour 1000. Dans les premières années, elle s'était même élevée au chiffre énorme de 47,5 pour 1000. Les Italiens et les Maltais sont dans des conditions un peu plus favorables encore ; parmi eux la natalité est de 40 pour 1000, leur mortalité est plus faible que celle des Espagnols et même des Français, elle ne s'élève qu'à 27 pour 1000.

Il est naturel que les Allemands, hommes du Nord, soient moins aisés à acclimater que toutes ces races du midi. Leur mortalité a atteint dans les premiers temps le chiffre effrayant de 55 pour 1000 et leur natalité n'était que de 31 pour 1000. Depuis lors ces conditions se sont un peu améliorées ; la mortalité est descendue à 39 pour 1000, ce qui est encore une bien forte proportion, et la natalité est remontée à 32 pour 1000. L'écart est encore considérable à l'avantage des décès. S'ensuit-il que l'on doive dire, comme certains publicistes, que les Allemands et, ce qui nous intéresse plus, les Alsaciens-Lorrains ne doivent pas émigrer en Afrique? Quelques personnes seraient tentées de parler de même des Français du Nord. Il y a là une grande exagération. La nature humaine est beaucoup plus élastique qu'on ne se le figure. De même que les émigrants Normands et Bretons, sortis de climats très tempérés, exempts de grands froids, se sont admirablement acclimatés au Canada, de même les colons anglais, irlandais, écossais, sortis de climats humides et plutôt froids, se sont fort bien acclimatés dans la partie méridionale des États-Unis, dans les Carolines, en Louisiane, au Texas, dans la partie de l'Australie voisine des Tropiques, Queensland et la Nouvelle-Galles. Ces exemples sont beaucoup plus probants que tous les raisonnements. Avec le temps et l'hygiène nous n'avons aucun doute que les Français du Nord, les Alsaciens-Lorrains, les Allemands ne parviennent à prospérer en Afrique.

De tous les éléments que l'on classe parmi la population européenne d'Algérie, celui qui présente à la fois la plus forte natalité et la plus faible mortalité, c'est l'élément des israélites francisés ; mais il s'agit là de véritables indigènes. Leur natalité oscille entre 43 et 55 pour 1000, proportion énorme, et leur mortalité entre 24 et 28. Un statisticien, doué d'imagination et tirant de la loi des nombres toutes ses conséquences logiques, en conclurait que, dans quelques siècles, l'Algérie sera principalement peuplée de Juifs ; il ne nous paraît pas que ce résultat soit fort à craindre, mais l'élément israélite exercera une influence profonde sur la destinée algérienne.

La multiplication du nombre des Espagnols inspire des craintes à beaucoup de publicistes et de politiques. On est tenté de nous appliquer le fameux dicton : *Sic vos non vobis*. Les conquêtes que nous faisons, les capitaux que nous prodiguons, d'autres en profitent, les Espagnols, les Italiens. L'Espagnol, a écrit un statisticien, est avant tout le colon né de notre Algérie. A l'appui de ces observations pessimistes on fait remarquer que, de 1872 à 1876, le nombre des Espagnols s'est accru de 21,144, tandis que celui des Français gagnait seulement 26,764. Or le chiffre initial des Français était presque double de celui des Espagnols. Dans la période de 1876 à 1881, si les massacres de Saïda n'étaient intervenus qui ont fait refluer en Espagne une partie des immigrants de cette contrée, il est fort probable que l'augmentation du nombre des Espagnols aurait dépassé celle du nombre des Français. Les chiffres du recensement de 1876 suffisent cependant aux prévisions alarmantes. Dans le territoire civil de la province d'Oran les Français ne comptaient que pour 43,516, tandis qu'il ne s'y trouvait pas moins de 69,131 étrangers. En localisant encore davantage, dans l'arrondissement d'Oran, il y avait 45,107 étrangers, en grande majorité espagnols, contre 22,717 Français. L'écart était encore plus fort dans l'arrondissement de Sidi-bel-Abbès, qui comprenait 10,360 étrangers contre 4,343 Français. Nous ne partageons pas cependant, à ce sujet, les anxiétés de beaucoup de nos compatriotes. Il n'y aurait de péril sérieux de ce côté que si l'Espagne possédait le Maroc et, malgré l'envie qu'elle en peut avoir, nous ne pensons pas qu'elle soit de force en ce moment à tenter une pareille entreprise ou du moins à y réussir. Quand elle sera en état de le faire, ce qui arrivera sans doute un jour, il est probable qu'une forte partie de l'élément espagnol algérien se sera déjà fondue dans la population française.

Les naturalisations, malheureusement, sont peu nombreuses, puisque depuis l'origine il n'en a été octroyé que 4,029. On remarque, toutefois, que le nombre des indigènes qui se font naturaliser s'accroît. En 1873 il n'y avait eu en tout, depuis l'origine, que 211 naturalisations accordées aux Arabes ; il y en a aujourd'hui 839. On peut espérer qu'on en comptera plusieurs dizaines de mille avant la fin du siècle. Le nombre des mariages mixtes augmente dans une proportion importante : dans les trois années 1876, 1877, 1878 il y a eu 925 unions entre des Français et des femmes étrangères, et 335 unions entre des femmes françaises et des étrangers. Dès que l'un des époux est français il est bien vraisemblable que les enfants le seront aussi. Quant aux mariages entre Européens et musulmans ils restent toujours fort exceptionnels ; dans cette période triennale on n'a compté que 22 unions entre européens et musulmanes, et 19 entre musulmans et européennes. Il est infiniment probable que les unions irrégulières entre ces deux éléments sont beaucoup plus nombreuses ; elles ont également pour résultat de donner naissance à un élément mixte.

C'est l'école surtout qui pourra exercer une grande influence sur l'assimilation des éléments étrangers à l'élément français ; c'est elle qui devra propager notre langue et nos idées ; c'est elle qui préparera un plus grand nombre de naturalisations. Les tribunaux et l'administration devront aussi lui venir en aide ; il est probable que les Espagnols, nés en Afrique, si près qu'ils soient de leur patrie d'origine, finiront par se franciser, et l'Algérie ne sera pas plus une colonie espagnole que les États-Unis ne sont une colonie irlandaise ou allemande. Une loi qui rendrait français obligatoirement tout individu né sur notre territoire de parents qui eux-mêmes y seraient nés aurait aussi une bonne et équitable action sur la fusion des éléments européens divers.

Le principal colon de l'Algérie restera, d'ailleurs, toujours le Français, parce qu'il est plus entreprenant, parce qu'il a plus de ressource d'esprit et de caractère, parce que c'est lui qui apporte les capitaux et qui s'entend le mieux à tirer parti de la terre et des hommes. Les Italiens, les Espagnols, les Maltais sont des auxiliaires utiles ; mais on ne peut dire, sans méconnaître les conditions actuelles du travail et de la production en Algérie, que le premier rôle leur appartienne. Quant aux obstacles physiques, qui s'opposaient à la prompte acclimatation des Français, à savoir l'élévation fréquente de la température, le *siroco* ou vent du désert, les émanations telluriques ou paludéennes, leur importance tend à diminuer pour trois raisons. D'abord plusieurs de ces causes morbides disparaissent grâce aux progrès de la colonisation : les émanations paludéennes deviennent plus rares et moins dangereuses par les dessèchements, par la bonne culture des terres, par un système convenable de distribution des eaux, par la plantation d'eucalyptus; le siroco lui-même est atténué par un bon régime forestier. En second lieu, les tempéraments se forment à la longue au milieu qui les entoure ; la génération créole offre plus de résistance que celle qui l'a précédée. Enfin l'hygiène fait des progrès rapides et les souffrances des premiers arrivés sont des enseignements qui servent aux colons nouveau-venus. Tous ces prétendus obstacles insurmontables ne sont donc, les faits le prouvent, que des difficultés passagères.

Une autre objection de principe que l'on a adressée à la colonisation de l'Algérie par la France, c'est que notre pays n'a guère d'accroissement de population. Il est certain que cet accroissement est faible. Cependant, jusqu'ici il n'est pas nul. L'excédent habituel des naissances sur les décès, en dehors des années de guerre, varie chez nous de 90,000 à 150,000 têtes. Dût même cet excédent disparaître d'une manière complète, qu'on n'en devrait pas conclure que la France ne peut coloniser. En effet, il faut tenir compte du mouvement d'immigration belge, allemande, italienne, et suisse qui s'effectue sur notre territoire continental. Si nous recevions tous les ans 40 ou 50,000 habitants nouveaux provenant du dehors, nous pourrions fort bien fournir à une émigration à peu près correspondante. Les arrivées compenseraient les départs. L'émigration est, en outre, souvent un stimulant à la fécondité des familles.

Quelques statisticiens, M. Jacques Bertillon entre autres, pensent que la France pourrait fournir à l'Afrique une émigration de 100,000 habitants par an. Le dixième suffirait. Supposez 10 à 12,000 Français s'établissant chaque année en Afrique, et autant d'Européens étrangers ; ajoutez-y l'excédent normal des naissances sur les décès, on aurait, à la fin du siècle, environ un million d'hommes de race européenne sur la côte d'Afrique et trois à quatre millions d'Arabes, en outre, déjà imbus de notre civilisation. En portant nos regards plus avant, avec cette immigration d'ailleurs modique de 20 à 25,000 Européens par an (moitié Français et moitié étrangers), avec aussi l'excédent des naissances, l'Afrique française, c'est-à-dire l'Algérie et la Tunisie avec leurs prolongements, contiendrait vers l'année 1930 environ trois millions d'hommes de race européenne et quatre ou cinq millions d'Arabes francisés. Ce serait là une société beaucoup plus importante comme population et au moins aussi florissante que l'Australie actuelle, et l'Afrique française en 1930 serait à peine de six ans plus vieille que ne l'est aujourd'hui l'Australie. Une colonie ne sort guère de l'enfance qu'à l'âge de cent ans. Ces résultats seraient très glorieux pour la France, très féconds pour l'avenir de la race française. Si de légères difficultés, comme celles auxquelles nous avons été exposés en l'année 1881, ne nous découragent pas, il est fort probable que l'Afrique française arrivera, avant sa centième année, à la solide et splendide situation que nous venons d'indiquer. Le phylloxera dans ces derniers temps a merveilleusement servi l'Algérie en l'épargnant et en dévastant la France. L'insecte microscopique, chassant nos vignerons de la vallée du Rhône et de nos départements méditerranéens, les a poussés à franchir la mer. Ainsi les maux de la mère patrie ont été comme toujours utiles à notre colonie naissante. Si le régime administratif et économique n'est pas plus contraire à notre fondation africaine que les agents physiques, le succès de notre œuvre colonisatrice est assuré.

LE RÉGIME DES TERRES ET LA COLONISATION.

Nous venons de prouver que l'Afrique du Nord n'est pas inhospitalière aux Européens, ni en particulier aux Français. Ce qui importe maintenant, c'est que notre nation ait des idées claires sur ce qu'elle se propose de faire dans cette contrée qu'elle a conquise.

Jusqu'ici c'est cette clarté d'idées qui lui a manqué. Tout homme qui a étudié avec quelque attention les colonies des peuples européens soit dans le passé soit dans le présent sait qu'il y a deux catégories principales de colonies, lesquelles se distinguent par des caractères très tranchés : les colonies d'exploitation, telles que les Indes orientales anglaises et Java; les colonies de peuplement comme le Canada et l'Australie. Dans les premières le peuple colonisateur apporte seulement ses capitaux, sa direction politique et économique ; il ne cherche pas à remplacer la race indigène par une immigration de ses propres nationaux; il respecte et conserve, autant que possible, l'organisation sociale des natifs. Dans la seconde catégorie de colonies, au contraire, le peuple colonisateur cherche surtout à implanter sa race, a créer une société analogue ou même identique à celle de la mère patrie ; il absorbe toute la vie économique du pays, il s'approprie les terres, et peu à peu il évince complètement les natifs qui d'ailleurs, dans ce genre d'établissements, sont peu nombreux, clairsemés et n'ont qu'un enbryon de civilisation. Le noir australien ou le huron sont rejetés de plus en plus dans le désert ; ils finissent par disparaître, soit qu'ils dépérissent et qu'ils meurent, soit que par des croisements ils se transforment.

L'Algérie devait-elle être considérée comme une colonie d'exploitation, telle que les Indes orientales anglaises et la grande île de Java, ou comme une colonie de peuplement, telle que l'Australie et le Canada ? La nation française n'est pas encore parvenue à se faire sur ce point une conscience claire. Elle a oscillé entre ces deux sortes de modèles si opposés. De là toutes les incertitudes, toutes les variations, le peu d'esprit de suite de notre colonisation africaine.

A vrai dire, l'Algérie ne peut se ramener à aucun de ces deux types si tranchés de la colonisation. Elle est une exception, elle doit être une colonie hybride et former une classe à part. On ne peut lui appliquer exclusivement ni la méthode indo-anglaise ni la méthode hollando-javanaise, ni la méthode australienne et canadienne. Si l'on respectait scrupuleusement, minutieusement, tous les usages, toutes les coutumes des indigènes, si on évitait d'apporter aucun trouble dans leur mode de jouissance des terres et dans leur existence, on ne pourrait tirer du pays toutes les ressources qu'il contient, on n'assurerait pas à l'Afrique française l'avenir auquel elle peut atteindre. D'autre part, si l'on voulait substituer complètement les Européens aux indigènes, on se priverait du secours précieux que peut offrir une population de 2 millions et demi d'habitants déjà civilisés ; on exaspérerait les Arabes; on provoquerait des crises qui dureraient plusieurs siècles. Ainsi l'Algérie ne doit être ni seulement une colonie d'exploitation, ni exclusivement une colonie de peuplement. Les maximes qui règlent ces deux catégories de colonies y trouvent simultanément leur application, en se tempérant et même souvent en se contrariant mutuellement. De là, les difficultés tout à fait spéciales de la colonisation algérienne; de là aussi l'indulgence qui s'impose aux esprits sérieux à l'égard de la prétendue lenteur de notre œuvre colonisatrice en Afrique.

Au point de vue économique, la première condition de la prospérité d'une colonie de peuplement, nous avons eu l'occasion de le répéter bien des fois, c'est la grande abondance des bonnes terres et un régime qui en rende l'appropriation facile et définitive. Diverses circonstances, les unes inhérentes à la situation antérieure de l'Algérie, les autres provenant de nos traditions administratives, firent que les conditions de colonisation dans notre dépendance d'Afrique furent, sous le rapport de la distribution des terres, exceptionnellement défavorables. Le premier point à constater, c'est que les terres n'étaient pas vacantes ; elles étaient non-seulement occupées, mais cultivées par les populations indigènes; les domaines seuls du bey pouvaient être regardés comme confisqués, ce qui les rendait accessibles aux Européens ; mais c'était là une quantité de terres limitée et qui ne suffisait pas pour occuper une nombreuse population agricole. Quant aux terres qui ne faisaient pas partie du domaine, on n'aurait pu les acquérir et les livrer aux colons que par deux moyens : par la méthode que l'on a appelée le *cantonnement indigène*, c'est-à-dire le refoulement des Arabes loin des côtes, d'où serait résultée la perte pour eux d'une partie du territoire qu'ils avaient l'habitude d'occuper, de labourer ou de parcourir avec leurs bestiaux. Au point de vue de l'équité, c'était là un procédé injuste et qui rappelait les allures des conquérants de l'antiquité. Au point de vue politique, c'était de plus une mesure empreinte de témérité, dont le résultat inévitable eût été d'entretenir chez les Arabes l'esprit de haine et de vengeance contre la France. Restait la seconde méthode, l'échange, c'est-à-dire l'achat aux indigènes des terres qu'ils consentiraient à vendre ; ce procédé, le seul juste, le seul qui ne présentât pas de dangers politiques, était malheureusement, pendant la période d'installation, presque irréalisable dans la pratique ; la propriété privée, en effet, n'existait pas dans les tribus arabes, ou, si l'on en rencontrait une image dans quelques-unes, ce n'était qu'à l'état rudimentaire ; or, l'absence de la propriété privée rendait l'acquisition des terres indigènes par voie d'achat presque impossible (1). On voit quelles difficultés entourèrent le

---

(1) Il y a cependant, même dans les pays musulmans, une certaine propriété privée : ainsi en Tunisie le fameux domaine de l'Enfida, comprenant 40,000 hec-

berceau de notre colonisation africaine, difficultés provenant de l'organisation sociale tout à fait exceptionnelle de la contrée où nous nous étions fixés. Il est vrai que dans le principe on ne se fit aucun scrupule d'appliquer la méthode du cantonnement. Tant que dura le système des razzias, il était logique que l'on prît leurs terres à ceux auxquels on prenait leurs bestiaux et leurs biens mobiliers. Mais après la pacification complète, il fallut en venir à un système plus régulier et laisser les tribus en possession des terres qu'elles occupaient, sous peine de raviver une guerre qu'on était bien heureux d'avoir terminée.

Il se trouvait que la quantité de terres dont pouvait disposer le gouvernement français était limitée; mais à ces difficultés, qu'il n'avait pas faites et qu'il ne dépendait pas de lui d'écarter, le gouvernement en joignit d'autres, plus grandes peut-être encore, et qui provenaient de nos fâcheuses traditions et mœurs administratives. Le système auquel les autorités françaises eurent recours pour livrer aux colons les terres dont elles pouvaient disposer fut celui des concessions gratuites. Ce que ce régime entraîne avec soi d'inconvénients graves, il n'est aucun économiste, aucun agriculteur qui ne s'en soit rendu compte. Ces concessions étaient naturellement tout arbitraires; c'était l'œuvre de la faveur; il fallait, pour les obtenir, des démarches, des protections; il fallait jouer le rôle d'un solliciteur; en outre les formalités étaient nombreuses; une foule de conditions résolutoires étaient attachées à l'octroi des terres; quelquefois le mode de culture était prescrit; enfin ces concessions n'étaient pas définitives, elles ne le devenaient qu'au bout d'un certain nombre d'années; jusque là les convenances administratives pouvaient les révoquer ou les permuter; c'était donc vraiment à titre précaire que le colon possédait; sa propriété n'était ni complète, ni sûre; il n'avait ni la libre disposition de ses actes et de son bien, ni la certitude de son avenir. On peut dire que c'était tuer dans son germe le plus grand mobile d'amélioration et de progrès. Il n'est que trop prouvé par les faits et par le raisonnement que les hommes qui émigrent et passent les mers pour coloniser, sont des natures un peu rebelles aux conventions artificielles de la civilisation, des esprits hardis, personnels, peu enclins à porter le joug des règlements, des hommes, enfin, qui veulent jouir de la pleine liberté de leurs actes, de la libre disposition de leurs biens, et qui ont surtout en horreur les vices propres aux sociétés avancées, c'est-à-dire la dépendance administrative, le favoritisme et l'obligation de tout

tares, qui avait été acheté à Khérédine Pacha par la société marseillaise et qui fut une des causes de notre expédition tunisienne en 1881.

solliciter. C'est encore un fait indiscutable, que l'attrait de la propriété foncière est l'appât le plus vif de la colonisation. Eh bien, malheureusement, l'Algérie n'eut jamais que peu de terres à offrir aux colons et ne les leur livra qu'en leur imposant des démarches, des sollicitations, des délais, en les soumettant à des conditions qui rebutaient un grand nombre d'esprits.

Jusqu'en 1851, les lois des 21 juillet 1845, 5 juin et 1ᵉʳ septembre 1847 prescrivaient, pour obtenir des concessions de terre en Algérie, des formalités qui entraînaient à la fois des lenteurs et des dégoûts pour les demandeurs. Sous l'empire de cette législation, les préfets dans les territoires civils et les généraux commandant les divisions pour les territoires militaires, ne pouvaient accorder que des concessions de 25 hectares; le gouverneur général même n'en pouvait délivrer de plus de 100 hectares, si bien qu'il fallait recourir au ministre de la guerre pour les demandes qui ne se renfermaient pas dans ces limites. Les colons ne recevaient qu'un *titre provisoire*, qui n'était qu'une simple promesse de concession soumise à une condition *suspensive*. Il en résultait que le colon ne pouvait ni hypothéquer, ni aliéner en tout ou en partie le terrain concédé et qu'il ne pouvait obtenir du crédit qu'à des intérêts ruineux. D'autres abus se présentaient : on péchait tantôt par excès, tantôt par défaut de réglementation. Aucun délai obligatoire n'était assigné au colon pour la prise de possession des terrains accordés, si bien que des concessionnaires inactifs, différant indéfiniment de se présenter, laissaient la concession inoccupée sans profit pour eux et au préjudice de tout le monde. Pour être gratuites, ces concessions n'exigeaient pas moins, dans certains cas, des dépenses notables par l'obligation d'un cautionnement. Ainsi, pour une concession de 100 hectares et au dessus, le colon devait déposer, avant son entrée en possession, une somme de 10 francs par hectare. Enfin, un inspecteur de colonisation était *seul* chargé de la vérification des travaux imposés au concessionnaire, ce qui livrait ce dernier à la discrétion de ce fonctionnaire.

Les inconvénients du système étaient si grands, qu'on ne put se dispenser de le modifier à différentes reprises. Le 26 avril 1851, le ministre de la guerre, dans un rapport au président de la République, dévoilait les nombreux défauts de la législation existante et provoquait un décret qui devait transformer les conditions et les modes de concession. Les préfets étaient autorisés, sur l'avis du conseil de préfecture, à délivrer des concessions de 50 hectares et au-dessous ; le concessionnaire devait requérir sa mise en possession dans le délai de trois mois, à peine de déchéance ; aucun cautionnement ne devait être exigé ; le concessionnaire pouvait hypothéquer ou aliéner à titre onéreux ou gratuit, en tout ou en partie, le terrain concédé. Dans le mois qui suivait le délai fixé pour l'accomplissement des conditions imposées au concessionnaire, ou même plus tôt, s'il le désirait, il devait être procédé à la vérification des travaux exécutés par lui, et cette vérification devait être faite par un agent du service topographique et par un colon dont la désignation était au choix du concessionnaire. Si les conditions contenues dans le cahier des charges se trouvaient exécutées, l'immeuble était immédiatement déclaré affranchi des clauses résolutoires, ce qui était constaté par un procès-verbal remis au concessionnaire, lequel devenait ainsi propriétaire définitif. Dans le cas où le concessionnaire n'aurait pas rempli toutes les conditions, il pouvait demander une prolongation de délai. La déchéance ne pouvait être prononcée que par le ministre de la guerre après avoir entendu préalablement le concessionnaire et sauf recours au conseil d'État. En cas de déchéance, si le concessionnaire avait fait des travaux sur l'immeuble, il était procédé à une adjudication, dont le prix, déduction faite des frais, était remis au concessionnaire ou à ses ayants-droit. Le même décret était applicable aux territoires militaires où les généraux commandant les divisions et les commissions consultatives des subdivisions étaient chargés des attributions que remplissaient, dans le territoire civil, les préfets et les conseils de préfecture.

Le régime du décret de 1851 était assurément préférable au régime antérieur ; c'était un adoucissement. Mais combien n'était-il pas encore compliqué et arbitraire ? Aussi les agriculteurs sérieux évitaient-ils de recourir aux concessions gratuites. « Les terres en
« pleine campagne, écrivait, en 1855, un homme fort au courant des
« affaires algériennes, coûtent de 10 à 15 francs l'hectare, si elles ne
« sont ni défrichées, ni irrigables ; défrichées, il faut payer le prix
« du défrichement, environ une centaine de francs. Irrigables, elles
« atteignent une valeur plus élevée. Cependant on peut compter
« acheter un *corps de ferme* avec une partie notable de terres irri-
« gables au prix de 100 francs l'hectare. A ce prix, on a des terres
« qui donnent un revenu net annuel de 500 francs, en tabac et en
« coton. Aussi vaut-il mieux, quand on a quelques capitaux, ache-
« ter des terres libérées que prendre des concessions gratuites de
« l'État, lesquelles, par l'exécution des conditions imposées, re-
« viennent beaucoup plus cher que le prix courant des terres (1). »
Ces lignes de M. Jules Duval contiennent certainement des exagé-

---

(1) Jules Duval, *l'Algérie*, p. 439.

rations, notamment sur les produits de la culture du coton qui a été complètement abandonnée en Algérie ; mais le fond de l'observation est juste. L'achat de terres était en général une meilleure opération que la prise d'une concession. On comprend que le régime des concessions ne donnât pas de bien bons résultats. Il y a une vingtaine d'années, il n'avait été concédé que 280,000 hectares, c'est-à-dire la moitié de l'étendue d'un département français, et la population européenne rurale ne montait pas à plus de 83,000 âmes (1).

Il fallut ouvrir les yeux et transformer radicalement ce régime dont les inconvénients étaient flagrants. L'exemple de l'Australie s'offrait à nos administrateurs ; on finit, après bien des résistances, par l'imiter. Déjà, depuis près d'un siècle, plusieurs États de l'Amérique anglaise avaient constitué le meilleur régime d'appropriation des terres. Il y avait plus de vingt ans que la célèbre doctrine Wakefield pour la vente des terres vacantes à haut prix avait pris faveur en Angleterre et avait été appliquée avec succès dans les colonies australiennes. Enfin, pour revenir à la France elle-même et à ses administrateurs, il y avait soixante-dix ans qu'un des meilleurs esprits du dernier siècle, Malouet, avait dénoncé hautement la supériorité du régime de vente sur le régime des concessions. C'est en 1856 que la vente des terres de l'État à titre définitif fut introduite en Algérie. Un décret du 25 juillet 1860 ordonna que les terres domaniales fussent vendues à prix fixe et à bureau ouvert. On recourut concurremment à l'autre mode usité aussi en Australie, la vente aux enchères. En 1863, il y avait eu 193 ventes à prix fixe comprenant une superficie de 5,079 hectares 22 ares, et 280 ventes aux enchères publiques comprenant 2,410 hectares (2). C'était en tout 7,500 hectares environ pour toute l'année : c'était bien peu. La moyenne de chaque lot à prix fixe était de 26 hectares 30 ares ; la moyenne de chaque lot aux enchères était de 8 hectares 60 ares. On saisit dès l'abord la raison pour laquelle les ventes aux enchères ont une moindre contenance que les ventes à prix fixe : il est tout naturel que les terres de choix soient seules aliénées par voie d'adjudication. Le chiffre atteint par les ventes aux enchères était, en 1863, de 1,007,241 fr. Cette modification heureuse dans le mode d'appropriation des terres eut les plus excellents effets. A la fin de 1864, la population agricole européenne dans le ressort administratif des divers centres colonisés atteignait le chiffre de 110,553 individus, et les terres possédées par les colons avaient une contenance de 567,277 hectares. Telle est l'influence immédiate

(1) Jules Duval, *Histoire de l'émigration*, p. 329.
(2) Rambosson, *Les Colonies françaises*, p. 39.

d'un bon régime succédant à un mauvais. On comprend difficilement comment on n'est pas arrivé plus tôt en Algérie à vendre ainsi les terres au lieu de les concéder et comment on n'a pas persévéré dans cette mesure ; il était d'autant plus naturel d'avoir de prime abord recours à la vente que ces terres, pour la plupart, à la différence de celles de l'Australie, de la Nouvelle-Zélande, du Canada ou du Far-West de l'Amérique, n'étaient pas des terres complètement incultes ; elles avaient reçu presque toutes une certaine culture, qui avait commencé à les mettre en rapport et à leur donner de la valeur ; elles étaient en outre situées au milieu d'une population relativement dense, ce qui en rehaussait encore le prix. Toutes ces raisons devaient conseiller le système de la vente de préférence au système des concessions. Enfin, l'administration, qui exigeait avec tant de ténacité de chaque colon la justification d'un capital assez important, avait un moyen bien moins vexatoire et bien plus sûr de distinguer le colon sérieux de celui qui ne l'était pas, c'était de lui faire acheter les terres qu'il prétendait cultiver.

Après avoir ainsi essayé, non sans quelque succès, de la vente des terres, on a à peu près abandonné cet excellent régime et on est revenu aux concessions, tout en essayant de dégager les concessionnaires de beaucoup des entraves auxquelles ils étaient primitivement assujettis. Tel a été l'objet d'une loi votée par la Chambre des députés dans le courant du mois de juin 1881. On s'y préoccupe de permettre au colon concessionnaire de se procurer des ressources par voie d'emprunt. Jusque-là, son titre de propriété étant révocable jusqu'à l'accomplissement des conditions imposées par l'État, lesquelles exigeaient en général plusieurs années, le colon ne pouvait offrir à son prêteur que sa responsabilité personnelle et non un gage immobilier ; c'était, en fait, lui enlever tout crédit. La nouvelle loi a décidé que le concessionnaire pouvait consentir des hypothèques et que, en cas de résolution du contrat de concession, les droits du prêteur subsisteraient et primeraient ceux de l'État. On est allé même plus loin et fort justement en matière de crédit, et l'on n'a pas craint, par des innovations heureuses, de déroger au Code civil. Les petits privilèges et les hypothèques occultes sont un très grand obstacle au Crédit agricole. Ils sont particulièrement nuisibles dans une contrée neuve où les opérations doivent pouvoir être faciles, claires et promptes. On a décidé qu'en Algérie le prêteur sur hypothèque n'aurait point à s'occuper des privilèges au profit des gens de service ou pour les frais funéraires, etc. Il n'aurait point non plus à s'inquiéter des hypothèques légales et judiciaires qui pouvaient s'attacher au colon avant que celui-ci fût déclaré concessionnaire. Cette mesure est fort utile dans une contrée où la plupart des colons venant de fort loin et étant partis de très bas ont des origines fort obscures. L'immeuble du concessionnaire est donc absolument net vis-à-vis du prêteur. Dans le cas où des hypothèques occultes, soit judiciaires, soit légales, atteindraient le colon depuis qu'il est devenu concessionnaire, le prêteur pourra le connaître en faisant la purge légale suivant le mode qui appartient par privilège en France au Crédit Foncier.

La colonisation terrienne en Algérie procède par deux méthodes simultanées : il y a la colonisation indépendante, spontanée, celle qui achète des terres aux Arabes, ou qui morcèle les grandes propriétés des premiers concessionnaires ; il y a, en second lieu ou plutôt, aurions-nous dû dire, en premier lieu, la colonisation officielle, celle qui tient au système des concessions. On vient de voir combien on s'est efforcé dans ces derniers temps de perfectionner ce régime, il n'en reste pas moins encore très défectueux.

Si l'abondance des bonnes terres et la facilité de leur appropriation sont un des principaux attraits des colonies nouvelles, l'indépendance et la liberté laissées aux colons, spécialement dans les actes quotidiens de la vie pratique et dans les relations civiles ou commerciales, sont aussi une des conditions indispensables au peuplement et à la prospérité des établissements coloniaux. Or, il faut avouer qu'à ce dernier point de vue, comme au précédent, l'Algérie a laissé et laisse encore beaucoup à désirer. La première de toutes les libertés, c'est celle d'aller et de venir et de se fixer dans les lieux de son choix ; on peut dire que cette liberté naturelle et primordiale doit être absolue et sans autre réserve que le respect des droits d'autrui. En Australie, en Amérique, au Canada, il est permis à chaque habitant de bâtir où il lui plaît son *loghouse* et de défricher tel champ qui lui conviendra, pourvu que ce champ ne soit pas déjà occupé par un autre et sous la condition de payer une certaine somme minime quand il voudra consolider et régulariser son titre de propriété. C'est par ces *trappers* et pionniers que s'étend chaque année, dans les pays que nous venons de citer, la zone de la colonisation. En Algérie, il en est autrement. Sans doute nous faisons la part des conditions exceptionnelles de notre province d'Afrique, nous reconnaissons qu'on ne peut permettre à chaque particulier de s'établir sur le territoire des tribus et de se mettre à labourer des champs qu'elles ont l'habitude de parcourir ; étant donné l'état actuel de la société arabe, il faut quelques ménagements et certaines précautions ; mais, du moins, voudrions-nous que celui qui a acquis de l'État, moyennant argent, une certaine étendue de terres, pût élever son toit sur ces terres à l'endroit qui lui convient ; nous voudrions encore que sur toute la côte et dans le Tell l'administration vendît les terres domaniales, dès qu'il se présente un amateur, à quelque endroit qu'elles soient situées et si loin qu'elles puissent se trouver des prétendus centres de colonisation. Mais l'on a adopté une marche toute différente. L'administration crée aux lieux qu'il lui plaît de déterminer des centres de colonisation : c'est dans ces emplacements limités que les colons doivent habiter et s'agglomérer ; il ne leur est pas permis de se disperser, il faut qu'ils résident dans les villages officiellement désignés. Aussi les fermes proprement dites, c'est-à-dire les habitations solitaires situées au milieu des champs en culture sont presque proscrites, et cependant c'est là le meilleur régime pour l'agriculture, c'est de plus le seul mode de vie qui ait de l'attrait pour une population agricole, pour la classe des propriétaires (1). Nous savons que l'administration se retranche derrière des nécessités de défense ou de protection en cas d'insurrection ou de guerre. Mais le pays est assez pacifié pour que de pareilles craintes deviennent chimériques : et, en outre, dût une insurrection apparaître, il n'est pas raisonnable de sacrifier en vue d'un danger hypothétique et lointain tout le confortable de la vie quotidienne et ce qu'il y a de plus respectable dans les droits de l'homme, celui de fixer sa résidence au milieu de ses propriétés. Cette idée que la colonisation procède par centres est, au point de vue économique et historique, une idée complètement fausse ; la colonisation rayonne et s'étend indéfiniment par projection sur tout le pays cultivable ; les centres viennent plus tard ; les villages — qu'on n'ait aucune crainte sur ce point — sauront bien se créer tout seuls et se placer aux situations les meilleures. On les trouvera sur les cours d'eau, à l'entre-croisement des routes, ils naîtront d'eux-mêmes par l'expansion de la culture et par la nécessité d'un marché pour la vente des produits agricoles dont les colons voudront se défaire, et pour l'achat des articles manufacturés, des ustensiles et des diverses marchandises dont ils auront besoin. Il y a là une réforme nécessaire et sans laquelle on ne peut compter sur le développement rapide du peuplement et de la prospérité.

Dans le système actuel, l'administration qui crée d'une manière artificielle des centres de colonisation s'arroge aussi le pouvoir, et c'est parfaitement logique, de les supprimer. La *Lettre sur la politique de la France en Algérie*, adressée par l'Empereur au maréchal de Mac Mahon, contenait sur ce point des dispositions curieuses. Après

---

(1) Il est vrai de dire que dans les pays méridionaux les cultivateurs aiment à habiter dans des villages et non dans des fermes isolées.

les travaux d'installation dans 46 autres villages qui tous ensemble devaient avoir un périmètre de 68,000 hectares.

Telles ont été les premières mesures prises au lendemain de la guerre de 1870-71. En évaluant à huit ou dix mille le nombre des Alsaciens-Lorrains qui se rendirent et qui restèrent en Algérie on est plutôt au-dessus de la vérité qu'au-dessous.

Cette colonisation était tout à fait artificielle, puisqu'il fallait non seulement donner gratuitement des terres, mais encore livrer des maisons toutes construites, fournir des vivres, etc. Il n'est pas étonnant que, dans ces conditions, le succès n'ait été ni prompt, ni éclatant. La plupart de ces villages alsaciens-lorrains subirent une crise de transplantation et de croissance. Comme les arbres que l'on déplace, ces centres improvisés firent une maladie. En fin de compte, cependant, cette colonisation a réussi. La plupart de ces villages sont aujourd'hui prospères. Dans son plus récent rapport, celui sur l'exercice 1880-1881, la Société de protection des Alsaciens-Lorrains demeurés français, présidée par M. le comte d'Haussonville, affirme que les deux villages de Boukhalfa et d'Haussonviller sont très florissants, qu'ils sont au complet par suite de l'installation de quatre nouvelles familles faite en octobre 1880. Le remboursement du dixième des avances faites qui, aux termes du contrat passé avec eux, était exigible au mois d'octobre dernier, avait été effectué sans exception par tous les colons. Ce remboursement s'élevait à 18,561 fr. Plusieurs colons s'étaient entièrement libérés et étaient déjà définitivement propriétaires. L'état sanitaire ne laissait rien à désirer. On avait installé, dans l'automne de 1880, au nouveau village du Camp du Maréchal 17 familles ; cinq lots de ferme dépendant du même territoire avaient été également concédés et étaient habités. Les nouveaux colons avaient planté depuis leur arrivée, qui ne datait que de quelques mois, plus de 40,000 pieds de vignes ; 11 familles devaient être installées au mois d'octobre 1881 pour achever le développement de ce village. On y terminait des travaux de plantation pour assurer la salubrité. Bref, la Société de protection avait ainsi réussi à compléter en huit années le peuplement des trois territoires mis à sa disposition par le gouvernement de l'Algérie, alors que la convention qui avait été conclue à cet effet lui accordait un délai de 15 années.

Ces procédés anormaux de colonisation ont obtenu ainsi une sorte de succès relatif. Cependant, ce n'est pas de cette façon que l'on eût pu rapidement développer la population agricole européenne en Algérie. En dehors de l'action de ces sociétés philanthropiques et patriotiques le gouvernement a continué depuis 1870 à créer des centres nouveaux, à agrandir les centres anciens et à distribuer chaque année en concessions 30 ou 40,000 hectares de terres. Dans la période triennale de 1875 à 1878 le Domaine a ainsi réparti 95,000 hectares de terres formant 2,624 lots, soit 35 à 36 hectares en moyenne par famille. En 1879 on créa 16 centres nouveaux, ayant une superficie de 24,843 hectares et on agrandit 8 centres anciens. On avait en outre alloté dans la même année un lot de ferme d'une contenance de 97 hectares, ce qui composait en tout, pour les concessions de 1879, 736 lots d'une superficie totale de 31,919 hectares : ici l'étendue moyenne de chaque concession dépassait 42 hectares. Enfin pour résumer toutes les opérations accomplies pendant la période de neuf années écoulée depuis 1870, il avait été concédé aux immigrants et aux colons algériens 9,530 lots, dont 1,842 lots dits industriels, 6,383 lots de villages et 1,305 lots de fermes isolées ; ces 9,530 lots embrassaient ensemble une superficie de 381,000 hectares, soit toujours une moyenne de 40 à 45 hectares par lots. La colonisation officielle avait donc réussi à implanter en Algérie en neuf ans 9,530 familles environ, soit 40 à 50,000 individus. Plus de la moitié des concessions (209,000 hectares) était située dans la province de Constantine ; 90,000 hectares se trouvaient dans la province d'Alger et 81,000 seulement dans celle d'Oran (1).

Le programme de colonisation de l'année 1880 comportait la création de 1,407 lots, qui, à raison de quatre personnes en moyenne par famille, permettaient d'installer 5,628 individus. Le document officiel ne nous donne pas l'étendue des superficies de ces lots ; mais d'après les précédents on peut les évaluer à une cinquantaine de mille hectares. Ainsi dans les dix années écoulées depuis le commencement de 1871 le domaine aura distribué 420 ou 430,000 hectares en concessions gratuites.

On ne doit pas s'étonner que toutes les terres confisquées sur les Arabes en 1871, comme châtiment de l'insurrection, aient été à peu près réparties, et que le Domaine public soit à la veille de n'avoir plus de réserves de terres. Aussi serait-il fort empêché de continuer l'exécution de ce programme de concessions gratuites qui, pour la décade d'années commençant en 1881, exigerait encore 4 ou 500,000 hectares de terres disponibles. En présence de cet épuisement des ressources domaniales, on a demandé aux Chambres un crédit de 50 millions de fr. pour acheter des terres aux Arabes : 25 millions seraient employés à l'achat même de 4 ou 500,000 hectares

---

(1) Ces chiffres sont extraits du document officiel intitulé : *État de l'Algérie* : 1° au 31 décembre 1879 ; 2° au 1er octobre 1880 publié par ordre de M. Albert Grévy, gouverneur général civil, pages 143-147.

à un prix moyen de 50 ou 60 francs, les 25 autres millions serviraient à installer les villages, c'est-à-dire à construire les chemins, les édifices publics, aménager les eaux et les fontaines. De la sorte il serait pourvu à la colonisation officielle pendant les dix prochaines années, et l'on pourrait établir encore une dizaine de mille familles européennes agricoles en Algérie.

Ce projet de loi, qui jouit d'une grande faveur auprès des colons et de leurs représentants, suscite cependant de sérieuses critiques. On fait observer que ce n'est pas le moyen de se concilier les Arabes et de les pacifier que de leur enlever leurs terres : qu'il est tout à fait injuste de transformer les indigènes de propriétaires en prolétaires, qu'on arriverait ainsi à créer en Algérie une question agraire telle que celle qui afflige l'Irlande. On ajoute qu'aucun jury d'expropriation n'existant en Algérie, les prétendues expropriations se font par la violence ou par la ruse en abusant de l'autorité administrative, en payant aux Arabes 50 ou 60 fr. l'hectare ce qui souvent vaut quatre ou cinq fois plus. On fait remarquer encore que la propriété chez les Arabes étant constituée d'une manière fort confuse et fort obscure, l'indemnité n'est souvent pas payée au propriétaire éliminé, qui se trouve à la fois sans terre et sans argent, cet argent étant versé à la caisse des dépôts et consignations où il reste parfois huit à dix ans. On dit enfin que dans les districts où il s'agit d'établir les nouveaux centres, c'est-à-dire notamment en Kabylie, la propriété indigène est déjà très divisée, qu'elle ne représente guère qu'un hectare et demi ou deux hectares par famille, et qu'il y a une spoliation inhumaine à déposséder ces patients laboureurs.

Toutes ces critiques portent, et l'on doit en tenir compte. Le gouvernement aurait le plus grand tort d'exproprier les petits propriétaires indigènes : ce serait un crime. Si l'on veut encore continuer pendant une dizaine d'années la colonisation officielle, il faut acheter des terres de gré à gré soit aux grands propriétaires indigènes, soit aux tribus, là où ces terres ne sont pas suffisamment cultivées, où elles sont à l'état de landes et de parcours. Dans ces conditions le tort fait aux indigènes n'est pas considérable ; il serait amplement compensé par une indemnité qui devrait être large, par l'établissement de routes dans les districts indigènes, par la création pour eux de haras, de dépôts d'étalons, de bergeries modèles, par le foncement de puits artésiens, l'aménagement des eaux, etc. Si l'État exproprie encore de 3 ou 400,000 hectares de terre les grands propriétaires indigènes et les tribus, il ne doit pas leur prendre ce qu'ils ont de meilleur et de mieux utilisé, mais ce qui, étant susceptible d'une culture plus perfectionnée, n'est que très faiblement mis en valeur par eux. Il doit aussi veiller à ce que ces expropriations ne représentent que la moindre partie des terres détenues par les expropriés, et faire en sorte que ceux-ci, pourvus de meilleurs instruments, de meilleurs animaux et usant de meilleurs procédés, trouvent dans la plus-value des terres qui leur sont laissées une compensation très ample à la perte de celles qui leur ont été prises moyennant indemnité. Il ne s'agit pas, en un mot, de spolier les Arabes et de rendre leur position pire ; il s'agit seulement d'arriver à la mise en culture par des mains européennes des terres que les indigènes laissent incultes.

Dans ces conditions, avec toutes ces précautions, l'État pourrait, croyons-nous, acheter en dehors de la Kabylie 400,000 hectares de terres aux Arabes. En s'entendant avec certaines grandes sociétés européennes, comme la Compagnie Algérienne qui détient environ 90,000 hectares qu'elle fait cultiver par des métayers indigènes, il rentrerait encore en possession d'une centaine de mille hectares de plus. Ce serait en tout 500,000 hectares que posséderait le Domaine pour la prochaine décade d'années. Il y aurait un espace suffisant pour 12 ou 15,000 familles ; car, à cause de l'extension de l'industrie viticole, une dotation moyenne de 25 à 30 hectares par famille paraît suffisante. Quand l'État aurait donné cette extension nouvelle à la colonisation officielle il pourrait s'en tenir là, et renoncer, à partir de 1888 ou de 1890, à ce procédé de peuplement. A partir de cette époque il est probable que la loi de 1873 sur l'établissement de la propriété chez les indigènes aurait reçu une plus large application, et que la colonisation agricole libre, spontanée, achetant elle-même, sans aucune intervention de l'État, des terres aux Arabes, contribuerait beaucoup plus qu'elle ne l'a fait jusqu'ici au peuplement européen.

L'œuvre de la colonisation agricole indépendante n'est déjà pas nulle dans le passé, et dans le présent elle a même plus d'importance que la colonisation officielle. Quoique la propriété collective soit le fait dominant chez les Arabes et que la loi de 1873 sur la constitution de la propriété privée n'ait encore reçu qu'un faible commencement d'exécution, néanmoins les colons trouvent à acheter des terres aux Arabes. Le domaine des colons dans ces dernières années s'accroît presque autant par la voie des transactions libres que par celle des concessions. Dans la dernière période triennale, de 1875 à 1878, l'État a concédé 95,000 hectares de terres : dans le même espace de temps les colons ont acheté aux indigènes 82,640 hectares ; l'écart n'est pas considérable entre ces deux chiffres. Les Européens possédaient en Algérie, dans le courant de l'année 1879, 1 million 12,333 hectares de terres. Cette superficie ne peut que s'agrandir : elle doublera probablement d'ici à dix ans, si l'État concède encore 400,000 hectares de terres et si la constitution de la propriété privée chez les indigènes permet aux Européens de continuer leurs achats.

Dès maintenant l'œuvre accomplie n'est nullement méprisable. Un million et quelques milliers d'hectares de terres, c'est presque l'étendue de deux départements moyens de la France continentale. Si ces hectares appartenant aux Européens étaient uniquement cultivés par des mains européennes et que la culture y fût aussi intensive que dans la mère patrie, la population agricole européenne devrait s'élever en Algérie à 450,000 âmes environ, car en France la population rurale représente en moyenne un individu par 2 hectares ou 2 hectares et demi. Il s'en faut, cependant, que la population agricole européenne ait atteint en Algérie ce degré de densité, quoiqu'elle ait singulièrement augmenté depuis quelques années : en 1875 ces colons ruraux n'étaient, y compris les membres de leurs familles, qu'au nombre de 118,832 ; au 1er septembre 1878 ils s'élevaient à 138,510 ; au moment où nous écrivons (octobre 1881) ils doivent dépasser 150,000 et se rapprocher de 160,000. C'est déjà là un chiffre qui dément les assertions de ceux qui prétendent que l'Européen ne peut pas se faire cultivateur en Afrique.

La population européenne agricole en Afrique peut s'accroître rapidement par deux causes : d'abord par l'extension des superficies occupées par la colonisation, ensuite par la substitution de la culture intensive à la culture extensive. Ce territoire de 1 million et quelques milliers d'hectares qui donne du travail aujourd'hui à 150,000 Européens environ pourrait rémunérer la main-d'œuvre d'un nombre double ou triple si la culture se perfectionnait, ce qui ne peut manquer avec le temps. On a vu que, dans les concessions, on calcule une superficie moyenne de 40 à 45 hectares par famille, cela correspond à la culture primitive et extensive, à la première période qui suit le défrichement. Mais au bout de quelque temps une douzaine d'hectares, puis une demi-douzaine et parfois seulement deux ou trois hectares doivent suffire pour occuper d'une manière profitable une famille tout entière. Qu'on étende les cultures dérobées, qu'on plante la vigne, l'olivier, l'oranger, les arbres fruitiers, les légumes, alors l'étendue des terres occupées par chaque famille pourra diminuer dans des proportions énormes, sans que le sort des colons empire.

La viticulture est particulièrement destinée à accomplir cette transformation. Le phylloxera qui a dévasté nos départements du Midi a précipité vers l'Algérie un très grand nombre de vignerons méridionaux. Or, deux ou trois hectares de vignes bien tenues, avec un espace aussi grand consacré à d'autres cultures, suffisent amplement pour occuper et entretenir une famille européenne. Jusque vers 1878 on n'avait planté la vigne que très exceptionnellement en Algérie. Le document officiel publié en 1880 ne recensait, pour l'année 1879, que 6,945 propriétaires européens ayant ensemble 17,737 hectares complantés en vignes, lesquelles avaient produit 346,000 hectolitres de vin. L'Algérie étant jusqu'ici (pour peu de temps peut-être) indemne du phylloxéra les plantations s'y font avec une grande activité. Si l'immunité dont a joui l'Afrique continue, il ne serait pas étonnant que, dans une dixaine d'années, il y eut 150,000 à 200,000 hectares de vignobles dans notre colonie africaine et que la production s'y élevât à 7 ou 8 millions d'hectolitres de vin, au lieu des 350,000 hectolitres environ produits dans ces dernières années. La vigne exigera une main-d'œuvre principalement européenne : il en résultera un grand accroissement du nombre des colons ruraux. Le phylloxéra peut, il est vrai, en survenant brusquement, retarder le développement de la viticulture algérienne ; mais on a trouvé le moyen, sinon d'exterminer le redoutable insecte, du moins de vivre avec lui, et il est probable que, même infectée par le phylloxéra, l'Algérie deviendra une grande contrée viticole.

L'établissement d'une nombreuse population européenne rurale dans notre province d'Afrique n'est donc plus douteux. Dans dix ou quinze années les Européens posséderont 2 millions environ d'hectares sur les 12 ou 14 millions qui sont susceptibles de culture en Algérie. En supposant que la densité soit moitié moindre qu'en France, ces 2 millions d'hectares occuperont et feront vivre 350,000 à 400,000 colons. Si un chiffre égal, ce qui n'est pas impossible, vit des occupations industrielles ou commerciales et des travaux publics, on aura obtenu ainsi un splendide résultat 60 ou 65 ans après la conquête. On peut espérer que le progrès continuera et que, même après la suppression absolue de la colonisation officielle à partir de 1888 ou de 1890, la colonisation gagnera du terrain, de façon à posséder 5 ou 6 millions d'hectares de terres vers le milieu du xxe siècle ; il y aurait alors place en Algérie pour 2 ou 3 millions de colons européens ruraux.

Il n'en résulterait pas nécessairement que la race arabe serait expropriée et que, de la situation de propriétaire, elle passerait à celle de prolétaire. Elle n'aurait qu'à accomplir quelques progrès dans la culture, et avec un territoire moindre d'un tiers ou de moitié, elle obtiendrait autant de produit qu'aujourd'hui. Ainsi, d'après les documents officiels, dans la campagne 1878-1879, les Européens avaient ensemencé en céréales 341,679 hectares qui leur avaient donné un rendement de 2 millions 627,000 quintaux, soit environ 8 quintaux par hectare; dans la même année les indigènes avaient ensemencé 2,430,297 hectares qui produisirent 11,333,994 quintaux, soit moins de 5 quintaux par hectare. Il en résulte que si les indigènes cultivaient comme le font aujourd'hui nos colons (et c'est loin d'être là un degré de culture très avancé), ils auraient un rendement aussi considérable sur des étendues d'un tiers moindres que celles qu'ils ensemencent. Encore ne tient-on pas compte ici des énormes superficies en landes ou en jachères. Il en est de même pour toutes les cultures. Les 6,945 propriétaires européens qui cultivaient la vigne en 1879 en retiraient un produit de 20 hectolitres à l'hectare; les 1,281 propriétaires indigènes qui se livraient à la même culture n'obtenaient par hectare que 3 hectolitres. Le tabac produisait en 1878 plus de 1,000 kilogrammes aux Européens et moins de 500 aux indigènes. Tandis que les Européens possédaient, en 1879, 28,077 charrues, les indigènes qui occupent un territoire cultivable treize ou quatorze fois plus considérable (nous ne tenons compte que des 14 ou 15 millions d'hectares susceptibles d'être cultivés) n'avaient que 212,832 charrues. Les Européens avaient 21,126 herses, rouleaux, semoirs à cheval, et les indigènes seulement 1,566; les Européens possédaient encore 17,476 chariots, charrettes et tombereaux, les indigènes seulement 762. Les indigènes n'avaient que 5 faucheuses, rouleaux à cheval ou moissonneuses et 5 machines à battre soit à vapeur soit à manège; les Européens détenaient 660 des premiers ustensiles et 641 des seconds. En un mot, le matériel agricole des Européens était évalué à 11,238,905 francs, ce qui certes n'est pas bien élevé, puisque c'est seulement 11 francs par hectare; le matériel agricole des indigènes ne valait que 2,960,114 francs ou 25 centimes environ par hectare (1).

Ainsi les Arabes, avec un peu plus d'instruction et d'esprit de progrès, en suivant même de fort loin les exemples des Européens, pourront incontestablement tirer un aussi grand parti de la moitié de leurs terres que celui qu'ils tirent aujourd'hui de la totalité. Si dans cinquante ans ils ont des surfaces moitié moindres, ils pourront néanmoins être beaucoup plus riches à la condition que le gouvernement, ce qui est de son devoir strict, se soit préoccupé de les instruire par l'établissement de nombreuses écoles techniques et d'établissements agricoles et de leur faciliter le crédit à bon mar-

(1) Tous ces chiffres sont extraits de l'*État de l'Algérie en* 1879 *et en* 1880, document officiel.

ché. Les descendants des Mores ne peuvent être, quoi que l'on dise, absolument incapables de comprendre l'agriculture intensive; c'est une question de temps, d'exemple et d'éducation.

Pour que la colonisation officielle par voie de concessions ait complètement terminé son rôle dans une dizaine d'années ainsi qu'il est désirable, il faut que l'on ait alors achevé ou à peu près la constitution de la propriété privée chez les indigènes. Au lendemain de nos désastres, le 26 juillet 1873, un de nos députés algériens, M. le docteur Warnier, fit voter une loi « relative à l'établissement et à la conservation de la propriété en Algérie ». Nous n'entrerons pas dans les détails de la procédure qu'instituait cette loi importante. C'est une opération singulièrement délicate que celle de la transformation de la propriété collective en propriété privée. On sait que la première a encore aujourd'hui des partisans en Europe même parmi les esprits éclairés. Les Hollandais qui, on l'a vu plus haut, avaient essayé de constituer à Java la propriété privée n'y ont pu réussir. En Algérie la question est beaucoup plus capitale et pressante. Tandis, en effet, que Java est une simple colonie d'exploitation où les indigènes cultivent le sol d'une manière intensive et avec assez de succès, l'Algérie est en grande partie une colonie destinée au peuplement européen et où le sol est loin d'avoir été complètement mis en valeur. La propriété collective qui ne nuit que médiocrement à la prospérité de Java est, au contraire, un obstacle insurmontable aux progrès de l'Algérie.

La loi de 1873 a reçu dans ces huit dernières années un commencement d'exécution. D'après le dernier rapport du gouverneur général civil les opérations des Commissions d'enquête avaient porté jusqu'au 1er octobre 1880 sur 188 douars représentant une superficie de 1,384,452 hectares, distribués à peu près également entre les trois provinces. Si sur toute cette étendue la propriété civile eût été définitivement établie, on eût pu considérer ce résultat comme un succès. Mais il s'en faut qu'il ait été obtenu. En effet, les douars dans lesquels les titres de propriété avaient été délivrés, c'est-à-dire où l'opération était terminée, n'étaient qu'au nombre de 36 et ne formaient qu'une étendue de 150,444 hectares. En supposant qu'on ne procédât pas avec plus d'activité, il faudrait 700 ans pour que la propriété privée fût le régime universel des 14 millions d'hectares cultivables de l'Algérie. Heureusement ces conclusions primitives seraient singulièrement inexactes. Si le travail n'était achevé que sur 150,000 hectares il était commencé et à divers degrés d'avancement sur plus de 1,200,000 autres. Les douars pour lesquels les titres de propriété étaient en préparation ou déposés à la direction des domaines étaient au nombre de 33 et représentaient une étendue de 255,042 hectares ; on peut penser que dans un délai d'un ou deux ans ces douars seront portés dans la catégorie précédente, celle où la propriété privée est complètement fondée. Il y avait en outre 8 douars, comprenant 85,058 hectares, dont les dossiers étaient soumis à l'approbation du gouvernement ; puis 40 douars et 246,867 hectares pour lesquels les commissaires enquêteurs n'avaient plus qu'à effectuer leur deuxième transport ou à arrêter leurs conclusions définitives. Pour 18 autres douars et 137,008 hectares les dossiers étaient soumis à la formalité du dépôt. Pour 34 autres et 326,890 hectares les dossiers étaient à la vérification dans les bureaux des sous-préfectures. Dans 17 douars ayant une étendue de 170,096 hectares les travaux sur le terrain étaient terminés. Enfin dans 2 autres douars, ayant 13,047 hectares, les travaux sur le terrain étaient en exécution. En groupant ces différents chiffres, on peut considérer que les opérations étaient terminées pour 150,000 hectares, qu'elles étaient presque achevées pour 340,000 autres, qu'elles étaient assez avancées pour 246,000, enfin que pour les 650,000 autres elles étaient en préparation. On peut penser que dans quatre ou cinq ans au plus tout le travail pour l'ensemble de ces 1,348,000 hectares sera absolument achevé. Cela nous conduirait à l'année 1885 : en douze ans on aurait donc établi la propriété privée sur un peu moins de 1,400,000 hectares, soit sur 115 ou 120.000 hectares par an. On pourrait espérer d'avoir en un siècle ou un siècle et quart achevé l'œuvre pour l'Algérie entière.

Ces perspectives sont, sans doute, bien lointaines ; il importe que l'opération soit totalement effectuée dans un délai beaucoup plus court, en un quart de siècle par exemple. Cela supposerait que chaque année on constitue la propriété privée sur 5 ou 600,000 hectares. Il serait bon, d'ailleurs, dans ce pays, de laisser toujours une certaine étendue en communaux. Si l'on arrivait ainsi à établir annuellement la propriété privée sur 5 ou 600,000 hectares aujourd'hui soumis à la propriété collective, l'acquisition à l'amiable du cinquième ou du quart de ces terres par les Européens ferait à la colonisation un domaine suffisant qui compenserait très avantageusement la suppression de la colonisation officielle. Dans ces conditions, à l'ouverture du xx° siècle les Européens pourraient posséder 4 ou 5 millions d'hectares de terres en Algérie, soit l'étendue de 6 ou 7 départements français et le tiers environ du sol cultivable de cette colonie. Quant aux Arabes qui posséderaient encore les deux autres tiers, ils auraient appris à en tirer un meilleur parti et ils seraient aussi aisés, plus aisés même qu'aujourd'hui.

Pour établir et surtout pour maintenir la propriété privée chez les indigènes on a compris qu'il faut donner à ceux-ci un état civil régulier, et un projet de loi est en préparation à ce sujet. Nulle mesure n'est plus indispensable.

LE ROLE DE L'ADMINISTRATION EN ALGÉRIE.

Le degré de libertés administratives dont jouissent les habitants d'une colonie est la mesure presque infaillible de la rapidité et de l'étendue de son développement probable ; quand on parle de libertés administratives, il ne s'agit pas de la suppression de l'administration, qui est nécessaire, qui a même une tâche immense à remplir. L'État, dans les sociétés nouvelles, a un rôle considérable et difficile à bien soutenir. Mais trop souvent il prend le change et, négligeant ses fonctions essentielles, il empiète outre mesure sur le domaine de l'initiative et de la responsabilité privées. C'est précisément ce qui est arrivé en Algérie ; les grands services publics, dont l'utilité est si incontestable dans des sociétés jeunes, n'ont jamais été complètement à la hauteur de leur mission, et, d'un autre côté, les colons ont été sans cesse entravés dans l'exercice légitime de leur liberté par l'ingérence vexatoire de l'administration. La base la plus solide de toute colonisation, ce sont les libertés municipales et provinciales qui la constituent. Les unes et les autres ont été jusqu'à ces derniers temps singulièrement étiolées dans notre province d'Afrique ; il n'y a rien là qui ressemble aux *townships* de la Nouvelle-Angleterre ; de pauvres communes, dispersées, avec un territoire excessivement restreint, placées sous la surveillance quotidienne des sous-préfets et des commissaires civils, limitées dans leurs attributions financières, aussi dénuées de moyens que de droits ; des conseils généraux non électifs, avec des sessions de huit jours, privés de l'initiative nécessaire, réduits à formuler des vœux au lieu de prendre des résolutions ; au-dessus de ces images languissantes de la représentation populaire, un vaste attirail de hauts et de moyens fonctionnaires : telle a été jusqu'à ces dernières années l'organisation de notre colonie.

La lettre impériale de 1865 reconnaissait elle-même que ce système administratif était hautement défectueux. Mais les correctifs qu'elle annonçait n'étaient-ils pas, quelques-uns du moins, plus propres à augmenter qu'à atténuer le mal ? Le personnel doit être réduit, disait la lettre, et l'on doit reporter au préfet une foule de mesures qui rentraient auparavant dans les attributions des sous-préfets et des commissaires civils. Mais si l'on n'élaguait pas nombre de règlements inutiles, cette simplification ne devait être pour les colons qu'un accroissement de charges. Si le nombre et la difficulté des affaires, qui proviennent d'une réglementation trop minutieuse, ne sont pas réduits, le petit nombre et l'éloignement des fonctionnaires chargés de les résoudre n'amèneront pour les colons qu'une augmentation de frais et de délais. Ce qui importe, c'est de dégager l'administration de toutes ces fonctions délicates, qui seraient mieux remplies par les colons eux-mêmes, ou, du moins, par les municipalités et les conseils généraux. C'est seulement ainsi que l'on peut arriver à une simplification véritable, à une plus grande rapidité dans les transactions, à un essor fécond de l'initiative et de la responsabilité privées. De même que les lois commerciales présentent une simplicité plus grande et sont d'une application plus rapide que les lois civiles, de même il importe que l'administration coloniale soit moins compliquée, plus alerte et plus prompte que l'administration métropolitaine ; car une colonie, c'est une société où la vie doit être active, ardente, sous peine de langueur et de mort ; tout ce qui tend à arrêter ou même à régler avec trop de précision ce mouvement spontané et incessant des sociétés nouvelles, est pour elles une cause de stagnation et d'affaissement. Qu'on laisse fermenter sans crainte cette sève vigoureuse et nourricière, qui est le signe de la jeunesse et le gage de l'avénement à la maturité. Qu'on ne s'étudie pas à enchaîner cette vivacité juvénile, à limiter cette expansion naturelle, qui sont les preuves et en même temps les conditions de la croissance et de la santé du corps social. Malheureusement l'on a voulu traiter jusqu'ici cette colonie naissante comme une société décrépite ; au lieu de l'abandonner à la rapidité de sa marche, on lui a imposé les béquilles administratives, et ce système mauvais n'a commencé d'être modifié que dans ces derniers temps. Aujourd'hui que les pouvoirs des municipalités sont plus considérables, que les conseils généraux sont élus par les citoyens et que l'Algérie est représentée dans l'Assemblée nationale de la métropole, on peut espérer que la colonisation deviendra plus active. Mais encore faudrait-il que les colons se préoccupassent plus de leurs affaires algériennes que des questions générales de politique ; encore conviendrait-il qu'ils se gardassent d'une hostilité démesurée contre l'élément arabe : il n'y a de colonie prospère, qu'à la condition que les colons soient des gens pratiques, laborieux, prudents et uniquement absorbés par le commerce, l'agriculture et l'industrie.

Le rôle de l'administration est immense, plus encore dans les colonies que dans la métropole. Mais il faut qu'elle se restreigne aux grands services d'intérêt collectif. Elle y trouvera une tâche considérable et pour laquelle elle aura besoin d'activité, d'intelligence et de dévouement. Les services des forêts, des ponts-et-chaussées, du cadastre, sont complètement indispensables à l'Algérie et doivent être grandement perfectionnés ; le personnel doit être augmenté dans une large mesure ; de la perfection de ces services dépend en grande partie l'avenir de la colonisation. On sait quelle importance les Anglo-Saxons, nos maîtres en matière de fondation et d'entretien de colonies, attachent aux *preparatory expenses*, routes, canaux, desséchements ; non moins indispensables sont les dépenses conservatrices d'un intérêt général, *conservatory expenses*. Les unes et les autres de ces dépenses incombent à l'État et ne peuvent être bien faites que par lui. La grande mesure conservatrice, en Algérie, c'est l'entretien des forêts ; deux millions d'hectares de forêts à préserver ou plutôt à restaurer, c'est une forte tâche, et cependant si on ne le fait avec soin, la colonisation est en péril. Le maintien des forêts est indispensable pour sauvegarder le pays du siroco et de la sécheresse. Jusqu'ici, ce service n'a été fait qu'imparfaitement ; on a abandonné à la dépaissance des troupeaux les croupes des montagnes ; et qui sait si l'intensité des fléaux récents qui ont frappé notre colonie n'est pas due en partie à la négligence apportée jusqu'ici dans le service forestier.

D'après le dernier rapport du gouverneur général civil, la superficie des forêts domaniales et communales au 31 décembre 1870 était évaluée à 2,045,000 hectares, dont 459,000 dans la province d'Alger, 580,000 dans celle d'Oran, 1,005,000 dans celle de Constantine. Sur ce nombre 277,000 hectares étaient des forêts de chênes lièges, 605,000 de chênes verts, 62,000 de chênes zéens, 814,000 de pins d'Alep, 43,000 de cèdres, 24,000 de thuyas et 218,000 d'essences diverses. Malheureusement la plupart de ces forêts sont dépourvues d'arbres ; heureuses encore quand elles offrent des broussailles et quand elles ne sont pas presque uniquement des clairières. On jugera de ce que ces forêts valent, quand on saura que le montant des produits forestiers en 1879 a été de 610,878 fr. seulement, dont 581,829 fr. pour les forêts domaniales et 29,000 pour les communales. C'est environ 30 centimes par hectare. En France, le produit moyen des forêts de l'État est de 38 fr. par hectare. Si les forêts algériennes valaient les françaises, l'État et les communes en retireraient un produit brut de 76 millions de francs et un produit net de 50 millions au moins. Le pays en outre serait beaucoup plus fertile, bien plus à l'abri des sécheresses. Les forêts dans le midi produisent plus par leur influence indirecte que par le bois qu'on y débite. Le temps viendra-t-il où les forêts algériennes seront ainsi reconstituées. Il ne faudra pas moins d'un demi-siècle pour y arriver; il y faudrait aussi beaucoup de persévérance, d'intelligence, et des sacrifices d'argent qui seraient le meilleur des placements gouvernementaux.

Malheureusement les incendies de forêts sont très fréquents pour des raisons diverses : les indigènes ont conservé l'habitude méridionale d'incendier les terrains boisés qu'ils occupent, soit pour chasser les bêtes fauves, soit pour se procurer les pâturages nécessaires à leurs troupeaux. Le gouverneur général civil estimait en 1880 à 300,000 hectares la contenance des forêts qui depuis vingt ans avaient été ainsi ravagées par le feu. A cette coutume se joignent les incendies insurrectionnels ou de mécontentement, comme ceux qu'on a vus en 1863, en 1865, en 1871, en 1873 et plus encore en 1881. Dans ces conditions comment avoir des forêts véritables ?

On a établi un régime sévère, celui de la responsabilité collective des tribus en cas d'incendie. C'est là un traitement exceptionnel, mais qui peut à la rigueur s'excuser par la nécessité pressante. Il ne suffit pas cependant ; le gouvernement doit s'appliquer, en multipliant le personnel forestier, à rétablir un domaine qui est si essentiel pour la bonne culture de l'Algérie et qui peut être si productif un jour.

Voilà donc l'une des branches principales de l'administration coloniale : c'est là qu'elle peut et doit se montrer active ; c'est là qu'il est légitime et nécessaire non-seulement de conserver, mais d'augmenter le nombre des fonctionnaires. Il est d'autres services aussi essentiels. Qui pourrait mesurer l'utilité des ponts-et-chaussées dans cette vaste contrée, où les populations sont disséminées et où la fertilité et la salubrité naturelles sont contrariées au premier abord par des marécages qu'il importe de dessécher ? Un colon fort expert dans les affaires algériennes, M. Jules Duval, a dit, avec grande justesse, qu'en Algérie la politique devait être une politique hydraulique. Des dessèchements, des canaux, des barrages, c'est un besoin universellement senti, un besoin primordial dans cette terre féconde, qui a deux ennemis principaux et que l'on croirait inconciliables, la sécheresse et les émanations palustres ; il faut utiliser tous les cours d'eau pour l'industrie et la culture.

Pour être juste, d'ailleurs, avec l'administration française on doit reconnaître qu'elle a beaucoup fait déjà, surtout dans ces dernières années, à ce point de vue. Par des concessions elle a provoqué la construction de barrages, comme à l'Habra, ou le dessèchement de marais, comme celui du lac Fezzara. Il est une autre œuvre aussi à laquelle elle s'est adonnée avec succès et qui est susceptible d'un développement beaucoup plus considérable encore, c'est celle des puits artésiens. Elle a ainsi créé des oasis ; elle peut prolonger jusque dans l'extrême sud la région cultivable. Un publiciste russe, qui dans ces derniers temps a étudié l'Algérie et en a parlé avec enthousiasme, M. de Tchihatchef, ne tarit pas en éloges sur l'importance des résultats que nous avons obtenus. « Entre le Chott Melghir et « la ville de Tougourt, écrit-il, il n'y a pas moins de quarante puits « artésiens, ce qui, sur une ligne d'environ 120 kilomètres, donne « presque un puits par 3 kilomètres, et sans doute on ne tardera « pas à pousser cette belle ligne artésienne jusqu'à Ouargla, car « pour le moment entre Tougourt et Ouargla, sur un espace d'en- « viron 150 kilomètres, il n'y a que cinq puits artésiens. » L'auteur russe estime à plus de 155 le chiffre total des puits artésiens forés dans la province de Constantine, subdivision de Batna, de 1856 à 1878. « Le nombre des sondages pour la recherche des eaux jaillis- « santes a été de 149, dit M. de Tchihatchef, et pour celle des eaux « ascendantes de 262 ; la profondeur totale forée a été de 18 kilo- « mètres 636 mètres, et le débit primitif des nappes jaillissantes et « ascendantes est de 182,119 mètres cubes par vingt-quatre heures, « ou de 765,742,969 mètres cubes par an. Ces chiffres sont assez « éloquents pour se passer de tout commentaire, et lorsque l'on « considère qu'ils représentent seulement un travail de vingt-deux « années, on peut soutenir hardiment que, lors même que la France « n'aurait pas doté l'Algérie d'autre chose que de puits artésiens, « elle pourrait déjà, sous ce seul rapport, accepter avantageusement « la comparaison avec n'importe quel pays (1). » Ce qui a été fait n'est qu'un commencement : de la politique hydraulique et de la politique forestière en Algérie on doit attendre la mise en valeur de cette contrée si pleine de promesses et de ressources.

Un autre service essentiel qui n'est primé par aucun autre, qui doit même précéder tous les autres, c'est celui de la topographie. Tout ce territoire de colonisation à lever, à cadastrer, à allotir, c'est la tâche première de toute administration coloniale intelligente; avec quel soin les États-Unis et l'Australie se hâtent de pourvoir à ce service important, le premier par ordre de date et de nécessité! Il nous faudrait, comme dans les colonies anglo-saxonnes, une légion de géomètres. C'est le point de départ de toute appropriation du sol, c'est la condition de tout peuplement considérable. Qu'on emprunte

---

(1) Tchihatchef, *Espagne, Algérie et Tunisie*, p. 339. On peut encore sur ce point consulter les intéressants articles qu'a publiés M. Grad dans l'*Économiste français* du mois d'octobre 1881.

à l'Amérique cette méthode si féconde d'appropriation des terres vacantes. Que l'on divise tout le territoire destiné à la colonisation en sections et en lots contigus, d'une étendue géométrique parfaitement fixée et placés le long de bonnes routes ; que l'on conserve, si l'on veut, une section centrale pour servir de dotation aux écoles et aux autres établissements d'utilité publique. On n'aura plus besoin alors de créer des centres de colonisation ; on n'aura plus besoin de transports gratuits pour les immigrants ; ils viendront d'eux-mêmes et à leurs frais quand ils seront sûrs de trouver, pour une petite somme, une étendue de terres bien limitée, nettement circonscrite et dont la propriété leur sera à jamais assurée. Mais, pour arriver à cette perfection, pour allotir et cadastrer les terres domaniales, pour que chaque immigrant et chaque colon trouve toujours à en acheter selon sa convenance, il faut que le service de la topographie soit sérieusement organisé, et il ne l'a jamais été assez dans notre province d'Afrique. C'est, sans aucun doute, une des causes du développement lent de notre colonie ; les nouveaux arrivants n'ont jamais trouvé une assez grande quantité de terres disponibles, et ceux mêmes qui étaient assez heureux pour en obtenir par voie de concession ou d'achat, se trouvaient en présence d'une propriété mal limitée et qui n'offrait pas toutes les garanties de sécurité.

La part de l'administration coloniale est large et sa responsabilité est grande : elle peut abandonner aux particuliers, aux communes, aux conseils généraux, la gérance sans entrave de leurs intérêts immédiats ; elle peut, sans danger, leur laisser toute initiative dans la sphère où ils se meuvent. Elle a assez à contrôler ailleurs. Tous ces grands services collectifs, cet ensemble de travaux préparatoires et conservatoires, c'est pour nos hauts fonctionnaires un champ assez vaste : qu'ils y portent toute leur activité et toute leur prévoyance ; dans ces limites ces qualités seront utiles et fécondes ; au lieu de se traduire en frottements et amoindrissement de forces, l'action administrative amènera à sa suite des résultats durables et positifs. La colonie sera mieux préparée à la réception d'une immigration nombreuse ; elle présentera, d'un autre côté, un attrait plus vif à ces grandes masses européennes qui sont en quête de contrées nouvelles où s'établir. Enfin l'initiative des colons en prendra un développement inconnu jusqu'ici. De cette triple transformation que l'on prévoie les conséquences : il n'est pas téméraire de dire que notre colonie prendrait un essor auquel son passé ne l'a pas préparée.

LE RÉGIME COMMERCIAL ET FINANCIER.

Après le régime administratif, ce qu'il y a de plus important pour une colonie, c'est le régime commercial. Selon que ce régime est restrictif ou libéral la colonie est soutenue ou arrêtée dans sa croissance. De ce côté l'Algérie n'a pas trop à se plaindre. Il est vrai que jusqu'en 1851 elle fut sevrée de la liberté d'exportation : ses produits ne pouvaient entrer dans la métropole qu'en payant des droits ; mais le détriment qu'en éprouvaient les colons, sauf dans les dernières années, fut peu considérable. La colonie, en effet, était si peu peuplée que la colonisation sur une échelle un peu vaste n'avait pas encore commencé. Presque tous les colons étaient de petits trafiquants, suivant nos régiments et nos colonnes, et qui trouvaient dans l'alimentation des troupes la source principale et presque unique de leurs profits. Quant à ceux qui se livraient au défrichement et à la culture, l'approvisionnement de notre armée d'Afrique suffisait amplement au placement rémunérateur de leurs produits. Dans cette période d'enfance et dans les conditions spéciales où se trouvait l'Algérie jusque vers 1850, la liberté d'exportation est de moindre nécessité que la liberté d'importation. Les colons algériens, en effet, n'avaient guère de produits à offrir à la France, pendant les vingt premières années de la conquête ; ils avaient, au contraire beaucoup à lui demander, particulièrement des ustensiles de culture et de production. Mais, après avoir traversé cette première époque de l'enfance, la liberté d'exportation, qui n'était qu'utile auparavant, devenait impérieusement nécessaire. La colonie, qui avait pu se former sans jouir du droit naturel de vendre ses produits en franchise à la métropole, ne pouvait grandir et faire des progrès considérables si ce droit lui était longtemps refusé. La loi du 11 janvier 1851, qui fut due aux efforts des députés algériens et dont M. Charles Dupin fut le rapporteur, vint à point pour favoriser l'essor de la colonie : la libre entrée des produits algériens en France fut dès lors un fait accompli. Depuis 1851, année où ce nouveau et bienfaisant régime commercial fut inauguré, les importations de l'Algérie ont presque doublé en treize ans et ses exportations ont plus que décuplé dans le même temps.

1850
Valeurs des marchandises importées..... 72,692,782 fr.
— — exportées..... 10,262,383

1864
Valeurs des marchandises importées.... 136,458,793
— — exportées..... 108,067,354

« Les États-Unis, a dit avec raison M. le baron Charles Dupin, en présentant le rapport de la loi sur la convention Fremy et Talabot (Sénat, 7 juillet 1863), les États-Unis, l'Australie et le Canada, dont on fait de si grands et si justes éloges, entre les années 1850 et 1863, sont bien loin de présenter un si merveilleux progrès. »

Le mouvement de la navigation a également augmenté avec rapidité et le progrès se soutient tous les ans. En 1864, l'Algérie recevait à l'entrée 3,561 vaisseaux tant français qu'étrangers, jaugeant 465,843 tonneaux et employant 45,808 marins : c'était sur l'année 1863 une augmentation de 621 navires, 66,149 tonneaux et 6,221 hommes. Sous le rapport du tonnage, la France entrait dans le mouvement de la navigation pour 78.76 p. 100, l'Espagne pour 7.28, l'Angleterre pour 5.03, l'Italie 4.84, l'Autriche 1.03 (*Tableau de la situation des établissements français en Algérie, en* 1864. Paris, 1866). On voit que notre marine marchande, qui se plaint de tomber en décadence, trouve dans notre commerce avec notre colonie d'Afrique une précieuse source de travail et de rémunération.

De 1864 à 1879 le développement du commerce extérieur de l'Algérie a été ininterrompu, quoique plus lent que dans les quatorze années antérieures. Le mouvement général du commerce s'est élevé en 1879 à 424 millions de francs, se divisant en 272 millions 126,000 fr. à l'importation et 151 millions 918,000 fr. à l'exportation. La première a donc doublé depuis 1864, la seconde a augmenté de 40 p. 100. Cette inégalité d'accroissement s'explique par différentes causes. Dans les dernières années que nous venons de traverser, les récoltes algériennes ont été en général médiocres. L'Algérie étant un pays neuf où la France entretient et paye une armée, où elle fait de grands travaux publics, et où l'initiative privée apporte de nombreux capitaux, il est naturel que l'importation y dépasse de beaucoup l'exportation. Ce n'est nullement la preuve que le pays s'appauvrit, les Français, dans un laps d'un quart de siècle ou d'un demi-siècle, apporteront en Algérie et y immobiliseront plusieurs milliards de francs ; l'excédant des importations sur les exportations représentera en grande partie cet afflux du capital de la mère patrie.

Le développement de la navigation depuis 1864 a été plus considérable encore que celui du commerce. Elle a triplé en quatorze ans. Le mouvement maritime à l'entrée, en l'année 1878, consistait en 4,046 navires, jaugeant 1,354,883 tonneaux. Dans ce tonnage les provenances de France étaient comprises pour 840,961 tonneaux et celles de l'étranger pour 513,922. Les divers pavillons figuraient pour les proportions suivantes dans ce mouvement maritime à l'entrée :

Français, 63,79 p. 100 ; Anglais, 20,41 ; Espagnol, 6,39 ; Italien 4,16 ; Norvégien, 1,30 ; Autrichien 1,11 ; les autres nationalités ne représentaient pas toutes ensemble 4 p. 100. La grosse part dans le mouvement maritime de l'Algérie reste donc toujours au pavillon français, quoique depuis 1864 sa prépondérance ait diminué ; la part du pavillon anglais a quintuplé dans ces quatorze dernières années ; celle des pavillons espagnol et italien a plutôt diminué. Si l'on considère que la plupart des matières premières algériennes, le fer, l'alfa se vendent principalement en Angleterre, on ne peut s'étonner de l'accroissement de la part du pavillon anglais dans le mouvement maritime de notre colonie.

On s'est demandé si le régime libéral de l'Algérie, au point de vue commercial, n'était pas entravé par l'institution connue sous le nom d'octroi de mer. C'est là une taxe qui s'applique sans distinction de nationalité ni de provenance aux marchandises qui entrent en Algérie par les ports. Nous ne saurions, quant à nous, condamner cet impôt ; il n'a aucun des caractères des taxes protectionnistes, il est simplement fiscal ; il sert à défrayer les budgets des communes et de la colonie qui difficilement pourraient se procurer d'autres ressources aussi considérables ; il jouit du double mérite d'être généralement proportionnel et modéré ; il ne s'élève pas à plus de 10 ou 15 p. 100 du prix de la marchandise en gros ; il n'a aucun des principaux inconvénients de l'octroi de terre ; il se perçoit, en effet, directement sur les cargaisons, est payé en bloc par les négociants importateurs et se répartit silencieusement sur le prix des marchandises ; il n'y a donc là, ni les formalités, ni les lenteurs, ni les abus et les vexations qui sont inhérents à nos octrois métropolitains ; les frais de perception sont aussi moins élevés ; c'est d'ailleurs un impôt populaire. Quand on songe à l'énorme difficulté de lever des taxes dans les colonies, sans arrêter ou entraver la production, on ne peut vouloir supprimer un impôt d'une réalisation si facile et que les colons ressentent peu.

En 1879 le produit des taxes de toute nature perçues en Algérie par le service des douanes, montait à 10 millions 798,135 francs, dont 6 millions 287,581 francs pour le Trésor et 4 millions 510,554 francs de produits coloniaux, c'est-à-dire des recettes de l'octroi de mer. Ces derniers droits portent principalement sur les viandes salées, les sucres, les vins, les eaux-de-vie, les tabacs, les bougies, c'est-à-dire sur la plupart des objets de consommation générale. Le besoin de ressources plus grandes qu'a éprouvé la colonie en 1880 et 1881 a porté à accroître cette nature de taxes. Pendant toute la période initiale du développement de l'Algérie, c'est-à-dire encore pendant un quart de siècle au moins, il nous paraît que l'octroi de mer pourra avec avantage être maintenu.

La lettre impériale de 1863, entre autres réformes à l'étude, parlait de la création des ports francs en Algérie ; c'est là un expédient d'un autre âge et qui amène de nos jours plus d'inconvénients que d'avantages; cette institution, en effet, multiplie les barrières au lieu de les enlever; elle sépare les villes de leur banlieue et du reste du pays ; elle rétablit les douanes intérieures ; elle ne rachète par aucun profit bien constaté pour les ports les formalités qu'elle entraîne pour les campagnes. La seule réforme possible et peut-être utile, ce serait de supprimer complétement la douane algérienne, d'ouvrir la colonie en franchise aux produits de toute provenance, ou mieux encore de lui laisser le soin de fixer elle-même ses tarifs, comme le font les colonies de l'Angleterre ; mais cela supposerait une organisation politique dont notre Algérie peut difficilement être dotée aujourd'hui.

Au régime commercial se rattache d'une manière intime le régime financier sous sa double face, les impôts et le crédit. Rien n'est si délicat dans une colonie que la taxation. Un impôt mal établi peut arrêter pour toujours ou comprimer pour longtemps l'essor de la colonisation ; le corps colonial dans son enfance est si susceptible, si impressionnable, si faible, qu'on ne saurait être trop prudent pour les charges qu'on lui impose : non-seulement il importe qu'elles soient légères, il les faut encore bien placer. Dans les colonies comme partout, il n'y a que deux genres de taxes ; les taxes directes et les taxes indirectes. Les unes et les autres sont de mise, si elles ne sont pas exagérées, si elles n'entraînent pas des formalités et des vexations inutiles. Voilà pourquoi nous nous sommes prononcé pour l'octroi de mer. De tous les impôts imaginables aux colonies, c'est celui dont la perception est la plus aisée et soumet le moins le contribuable à des dérangements et à des lenteurs funestes. La plupart des colonies anglo-saxonnes, et spécialement l'Australie, la Tasmanie, tirent une grande partie de leurs ressources des taxes sur les vins et les liqueurs. C'est là, à notre gré, une excellente matière imposable dans des colonies qui ne cultivent pas la vigne et où ces denrées, arrivant par mer, paient sans frais accessoires et sans difficultés le montant des droits. Mais pour un pays producteur où la vigne a de l'avenir, ces taxes deviennent nuisibles à un double point de vue : d'abord elles frappent une culture qu'il importerait d'encourager ; puis elles deviennent d'une perception difficile, et entraînent tous ces abus et toutes ces vexations, qui sont si lourds dans une métropole et qui seraient intolérables dans une colonie.

On peut avoir recours à l'impôt foncier, mais avec réserve ; car, si cet impôt est exagéré ou si sa base n'est pas aussi parfaite que possible, il en résultera un arrêt dans le défrichement. La lettre impériale de 1865 s'était prononcée sans restriction pour l'impôt foncier, « qui doit être établi le plus tôt possible en territoire civil, en prenant pour base la qualité du sol, qu'il soit cultivé ou non, comme cela a lieu en France. Cette mesure réclamée par les colons eux-mêmes obligera les propriétaires à défricher ou à vendre. » Il y avait beaucoup à dire sur ces lignes. L'impôt foncier doit-il peser même sur les terres non défrichées, ainsi que la lettre impériale le pense ? Cela a été fort contesté avec quelques bons arguments par des publicistes et des colons expérimentés. Quant à nous, nous croyons que l'impôt foncier, s'il est très-modéré, peut porter même sur les terres qui ne sont pas en culture, mais qui sont devenues propriété privée, si ce n'est immédiatement après l'acquisition, du moins au bout de quelques années, cinq ans par exemple. C'est ce qui se pratique aux États-Unis sous le nom de *taxes locales ;* les *settlers* s'en trouvent à merveille, les communes aussi, et les économistes les plus experts en fait de colonisation, Merivale entre autres, louent ce mode d'imposition. Il est incontestable qu'une taxe qui est sensible, sans être exagérée, excite à la culture, empêche les riches propriétaires d'acheter des domaines pour les laisser en friche, attendant leur plus-value de l'effet du temps et de la culture environnante. Nous approuvons donc que toutes les terres devenues propriété privée soient soumises à l'impôt foncier quelques années après leur aliénation par l'État. Il est bon, en effet, d'accorder un peu de répit au colon ; avant de mettre en culture, il a souvent de grandes dépenses préparatoires à faire ; puis les premières récoltes ne rapportent guère et le colon a besoin de toutes ses ressources ; les lui enlever sous forme d'impôts, aussitôt après l'acquisition de la terre inculte, c'est nuire à la culture, c'est amoindrir par conséquent la matière imposable. L'impôt foncier ne doit être dans une jeune colonie qu'un stimulant ; il y a une mesure fort délicate à trouver, car il peut facilement devenir un obstacle. Nous voudrions aussi que l'impôt foncier dans les colonies appartînt aux communes ou à la province, non à l'État ; ce serait une précieuse ressource pour les travaux de viabilité, et le colon, voyant l'emploi auquel cet impôt est désigné, ne murmurerait pas en le payant ; or, quand il s'agit d'impôts, il ne faut pas seulement considérer le résultat réel, il faut encore tenir compte de l'opinion qu'on en a ; la croyance générale qu'un impôt est mauvais et vexatoire produit souvent plus de mal que si l'impôt était réellement, et sans qu'on le sût, vexatoire et mauvais. Or, nulle part l'opinion n'a autant de force et d'influence que dans une colonie, nulle part il n'importe autant de la ménager.

Si nous ne répugnons pas au fonctionnement de l'impôt foncier en Algérie, avec les modifications toutefois que nous venons d'indiquer, il est des taxes dont nous réclamons l'atténuation immédiate, ce sont les droits d'enregistrement et de mutation. Ces taxes en France sont beaucoup trop élevées ; elles tendent à consacrer l'immobilité et l'inaliénabilité des biens-fonds. En effet, sauf le cas exceptionnel où les terres ont acquis au bout de peu de temps une plus-value considérable, on est réduit à les vendre moins cher qu'elles n'ont coûté, tous frais compris ; il en résulte qu'on ne les vend qu'à la dernière extrémité; de même ce système de hauts droits empêche qu'on ne vende une terre pour en acheter une autre. Cette opération serait presque toujours mauvaise, puisqu'on devrait commencer par payer au trésor et aux officiers ministériels un droit qui ne monte pas à moins de 8 ou 10 p. 100. Répétée souvent, cette spéculation finirait par ruiner complètement celui qui s'y livrerait. Or, dans les colonies, il est parfois très utile que les terres changent souvent de main : il y a des hommes qui sont de leur nature enclins à défricher et qui savent mieux que personne porter les terres incultes au premier degré de culture, mais qui, une fois arrivés à ce point, n'ont plus le goût ou la capacité des perfectionnements ultérieurs ; il est, au contraire, d'autres cultivateurs plus soigneux qui n'aiment ou ne s'entendent à prendre les terres qu'après ce premier travail de préparation et qui savent alors admirablement les améliorer. Dans le Far-West de l'Amérique les terres changent trois fois de propriétaires en un laps de temps de quelques années ; il est excessivement rare que celui qui a défriché le sol le possède au bout de dix ans; il s'est formé ainsi aux États-Unis trois catégories très distinctes de cultivateurs qui se succèdent à quelques années d'intervalle sur les mêmes terres. L'un habite une hutte (*loghouse*) et défriche ; le second se construit une grande maison de bois et fait une culture extensive avec un peu de bétail mais sans grand capital ; le troisième se bâtit une maison de pierre et se livre à grands frais à une culture intensive ; cette division du travail correspond à une division naturelle d'aptitudes et de goût et à une division sociale de fortune et de capitaux. On peut dire que sans cette triple catégorie de cultivateurs les progrès du Far-West seraient infiniment plus lents et que la culture n'y serait ni aussi étendue ni aussi avancée. Il en est de même en Australie. Il est très rare que le *squatter* devienne *settler*. Il est incontestable que dans une colonie la terre doit changer plus souvent de mains que dans une métropole ; or les droits d'enregistrement et de mutation par leur élévation excessive empêchent les aliénations ; nous pouvons dire qu'ils empêchent du même coup les progrès de la culture. Combien n'est-il pas désirable de faciliter les échanges, mais comment cela est-il possible avec des taxes si élevées? Le nombre des mutations ne compenserait-il pas pour le trésor, en partie du moins, la baisse des droits ?

La ressource la plus naturelle à une colonie agricole, c'est la vente des terres domaniales. Que de recettes l'Australie du Sud s'est faites en battant monnaie avec ses terres ! Nous n'avons aucun doute que l'Algérie ne puisse tirer aussi de ce fonds commun de précieux subsides. Mais il faudrait de premières dépenses intelligentes. Si l'Australie du Sud a beaucoup gagné avec son sol, elle a commencé par faire de grandes avances en *surveys* ou en arpentage. Il faudrait de plus que le régime général de la colonie exerçât de l'attrait au dehors. Dans ces conditions, avec le double mode de vente à prix fixe et à bureau ouvert pour les terres ordinaires et de vente aux enchères cachetées pour les terres exceptionnelles, on pourrait facilement se procurer plusieurs millions par année.

Cependant, il ne faudrait pas s'imaginer qu'une colonie comme l'Algérie puisse dans un avenir très prochain, soit couvrir ses dépenses totales, soit donner un revenu à la métropole. Elle subvient à peu près, actuellement, aux frais de l'administration civile, et c'est beaucoup ; les taxes y sont plutôt exagérées. Un colon compétent, M. le docteur Warnier, dans sa brochure *L'Algérie devant l'opinion publique*, donne les chiffres suivants comme produits des impôts en 1862 :

2,761,848 indigènes ont payé 19,292,817 fr. soit 7 fr. 70 par tête
204,877 Européens   —   17,450,311 fr. soit 85 fr. 15 par tête

Ces chiffres comprennent, bien entendu, les taxes provinciales et locales, mais on voit comme ils sont exorbitants. On doit dire que, bien loin de les augmenter, on ne peut penser qu'à les réduire. La seule manière d'arriver à en accroître le produit, c'est d'attirer une immigration notable. Si l'Algérie avait 1,000,000 de colons européens, on peut dire sans exagérer qu'elle paierait largement ce qu'elle coûte, même les dépenses de l'armée ; si 200,000 colons ont payé 17,000,000 de francs, 1,000,000 de colons paieraient facilement 80,000,000 de francs et plus encore, car la puissance contributive individuelle augmente avec la masse des individus ; une collection de 1,000,000 d'hommes civilisés et actifs sur une terre considérable et féconde ne produira pas seulement cinq fois plus que 200,000 individus dispersés sur cette vaste étendue, elle produira probablement 6, 7, 8 ou 10 fois plus.

Dans les chiffres que nous avons cités plus haut, M. le docteur Warnier comprenait assurément avec le budget colonial, même les budgets des départements et ceux des communes. D'après les derniers documents officiels le budget ordinaire de l'Algérie, en 1878, était de 28 millions 968,000 fr. en recettes, auxquels il fallait ajouter 3 millions 910,300 fr. du budget sur ressources spéciales, et 3 millions 500,000 fr. de dépenses sur recettes extraordinaires ; c'était en tout 35 millions et demi. Les budgets départementaux montaient, en recettes, à 11 millions 640,000 fr. Enfin les budgets communaux, pour les 174 communes de plein exercice et les 59 communes mixtes, atteignaient dans la même année le chiffre de 12 millions 925,000 fr. Les recettes extraordinaires des communes montaient pour la même année à 24 millions 951,000 fr. Bref, l'ensemble des dépenses ordinaires, tant du budget colonial que des budgets départementaux et communaux, s'élevait à 57 millions en chiffres ronds. Les dépenses extraordinaires atteignaient 28 millions et demi environ. Encore ce dernier chiffre n'était-il pas complet, car il faudrait y joindre les subventions ou les garanties d'intérêt qu'accorde le gouvernement métropolitain pour la construction de chemins de fer ; il conviendrait aussi d'y faire figurer les dépenses d'entretien de l'armée.

Les dépenses ordinaires sont dotées uniquement avec des ressources d'origine algérienne. Des 29 millions du budget colonial 8 millions 138,000 fr. sont fournis par l'enregistrement, le domaine et le timbre ; 6 millions 79,000 fr. par les douanes ; 9 millions 710,000 fr. par les contributions diverses, dont les 7 millions d'impôts directs indigènes (les Européens ne supportent pas d'impôts directs) forment la plus grande partie ; 2 millions 217,000 fr. par les postes et télégraphes ; enfin 2 millions 822,000 fr. par les divers produits.

Les budgets locaux sont alimentés par l'octroi de mer, les taxes sur les loyers, les patentes, les droits de halle et de marchés, d'abattoir, etc. Une réforme essentielle consisterait à diminuer les droits d'enregistrement et à établir l'impôt foncier.

L'Algérie avec ses 57 ou 60 millions de dépenses ordinaires pourvoit ainsi par elle-même à tous les frais d'administration proprement dite. L'État n'intervient que pour les services suivants : il fait toute la dépense de l'armée ; il verse jusqu'à ces dernières années 3 millions et demi de subvention au budget extraordinaire jusqu'à complément d'une somme de cent millions de francs qu'il s'est engagé à dépenser en Algérie lors de la constitution, en 1867, de la Société générale Algérienne. Puis, lorsqu'il s'agit de travaux publics extraordinaires, du moins de ceux qui ont une grande importance, c'est lui qui prend à sa charge les garanties d'intérêt comme il l'a fait pour les chemins de fer concédés aux compagnies de Lyon-Méditerranée, de Bône à Guelma et de l'Est algérien. C'est lui encore qui, par la loi du 10 avril 1879, a affecté quarante millions aux communes et aux départements de l'Algérie pour l'achèvement des chemins de grande communication, d'intérêt commun et pour les chemins vicinaux ordinaires. L'État reste donc le bailleur de fonds de la colonie et il y fait encore des sacrifices considérables.

Que, dans l'état présent, l'Algérie continue de coûter à la France des sommes assez notables (20 ou 30 millions par année), nous ne pouvons comprendre qu'on s'en étonne. La fondation d'une colonie est un placement à intérêt lointain : les frais d'établissement sont très considérables et se continuent pendant des années ; mais au bout d'un certain temps, si l'affaire a été bien conduite, la colonie rend largement à la métropole tout ce qu'elle lui a coûté ; elle le lui rend non pas sous la forme d'excédant de revenu qu'elle verserait au trésor métropolitain, mais par l'activité qu'elle donne à l'industrie et au commerce de la mère patrie, par les profits et les salaires qu'elle fournit aux fabricants et aux ouvriers métropolitains, par les produits nouveaux, meilleurs ou moins chers, qu'elle offre aux consommateurs de la métropole, par le champ d'emploi qu'elle ouvre aux capitaux et aux citoyens, par l'élargissement de l'horizon intellectuel de la nation. Il faut ignorer complétement l'histoire pour croire qu'après cinquante ans, sauf l'exception des colonies à mines, des établissements coloniaux puissent être productifs de revenu. La grande et belle île de Cuba, le joyau de l'Espagne, ne vivait qu'à force de subsides jusqu'à la fin du dernier siècle. La Virginie, le Maryland, la Pensylvanie et les autres belles provinces de l'Union américaine, ont ruiné leurs fondateurs propriétaires. Il n'est donc pas étonnant que l'Algérie nous coûte encore les frais d'entretien de son armée.

Le second aspect de la question financière, c'est le crédit. On sait quelle importance nos maîtres en colonisation, les Américains et les Anglais, attachent à un bon système de crédit. Dans chaque nouveau village, près de la maison d'école et de la maison de Dieu, se dresse la maison de dépôt et d'escompte, *house of deposite and discount*. Ainsi se trouvent groupés dans chaque centre embryonnaire de civilisation, au milieu des pionniers et des défrichements, les trois éléments indispensables de toute croissance et de toute prospérité ; l'école qui donne à l'homme l'instruction, le temple où il puise l'éducation morale et religieuse, la banque qui féconde la production. De toutes les nations civilisées la France est la plus pauvre en instruments de crédit ; il est naturel que les colonies soient encore plus dénuées que la métropole. La lettre impériale de 1865 indiquait comme l'un des grands fléaux de l'Algérie l'usure qui y serait plus extrême et plus générale que partout ailleurs. C'est une loi de la nature que les capitaux soient plus chers partout où ils sont rares et où le champ d'emploi est à la fois très étendu et très rémunérateur ; c'est précisément le cas des colonies nouvelles et surtout de celles qui possèdent en abondance des terres fertiles comme l'Algérie. Il est donc conforme à l'ordre des choses et aux lois économiques que l'intérêt, même à égalité de risque, y soit sensiblement plus élevé que dans la métropole ; prétendre abaisser le taux de l'intérêt au même niveau en Algérie qu'en France, c'est une puérilité. Mais l'infériorité des colonies ne consiste pas seulement en ce que les capitaux y sont plus rares, elle consiste encore en ce que cette branche de l'industrie, qui a pour objet de recueillir les capitaux momentanément oisifs pour les placer dans des mains productives, y est beaucoup moins développée que dans la mère patrie. Pendant les 20 premières années de la colonisation, il n'existait pas un seul important établissement de crédit dans toute notre province d'Afrique. La loi du 4 août 1851 créa la banque d'Algérie qui a fondé des succursales à Oran (1853), à Constantine (1856), à Bône (1868), à Philippeville (1875) et à Tlemcen (1875). Cette banque a rendu des services signalés, directement au commerce et à l'industrie, indirectement à l'agriculture.

Le taux ordinaire de ses escomptes était de 6 p. 100 à l'origine ; il s'est abaissé ensuite à 5 et à 4 p. 100, et il suit les fluctuations du marché des capitaux. En 1864 elle escomptait pour 78 millions d'effets en chiffres ronds. Dans l'exercice qui va du 1ᵉʳ novembre 1878 au 31 octobre 1879 ses escomptes se sont élevés à 265 millions de francs. Son capital, primitivement de 3 millions, a été porté à 10 millions en 1859, puis à 20 millions en 1881. Elle émet des billets au porteur depuis 20 francs jusqu'à 1,000 francs. Ces billets sont reçus comme monnaie légale par les caisses publiques. La limite pour les émissions de billets a été successivement portée de 18 millions par une loi de 1870 à 48 millions par une loi de 1872.

Le gouvernement ne s'est pas arrêté dans cette création d'institutions destinées à fonder le crédit en Algérie ; en mars 1860, un décret rendit applicable à cette contrée la loi du 21 mai 1858 sur les magasins généraux, dont le premier essai réussit complètement à Blidah. Quelques mois auparavant un décret du 11 juillet 1860 étendait au territoire de l'Algérie le privilège accordé au Crédit foncier de France. Enfin, pour obvier au défaut de banques locales et pour faciliter dans toute la colonie la circulation des capitaux, le ministre des finances, au mois d'août 1865, a autorisé les trésoriers payeurs des trois provinces à recevoir désormais les fonds des négociants et à délivrer en échange des mandats sur leurs préposés. Les entraves qui résultaient pour le commerce de la difficulté des transports de fonds entre les différentes places de l'Algérie sont ainsi considérablement atténuées. « On ne saurait trop louer, disions-nous dans la première édition de cet ouvrage (1874), cette initiative heureuse ; mais il serait désirable que le gouvernement fît quelques réformes dans ses propres règlements, lesquels contribuent à maintenir le taux élevé de l'intérêt dans la colonie. Il y a un exemple de modération vis-à-vis les débiteurs, qu'il serait du devoir de l'État de donner dès à présent : c'est la réduction, au-dessous du taux actuel de 10 p. 100, de l'intérêt légal, c'est-à-dire de l'intérêt qui court de plein droit dans des circonstances déterminées. En percevant 10 p. 100 d'intérêt l'État encourage directement à l'usure ; il est à regretter que la lettre impériale, qui s'élève contre ce fléau, n'ait pas vu que le gouvernement contribuait lui-même à l'entretenir. »

La réforme qui nous paraissait si urgente en 1874 et qui, d'ailleurs, était si facile, n'a été accomplie qu'en 1881. Le taux de l'intérêt légal a été réduit de 10 à 6 p. 100, heureuse mesure dont il est difficile de comprendre le trop long ajournement. Dans cette même année 1881 on a amélioré, comme on l'a vu plus haut (page 318), les dispositions relatives au crédit foncier en Algérie.

On a essayé de venir en aide au développement de l'Algérie par la constitution, avec l'appui du gouvernement, de grandes associations anonymes. Telle a été, en 1867, la Société générale Algérienne fondée par MM. Frémy et Talabot.

On ne saurait trop dire si ce devait être une compagnie de crédit ou une compagnie foncière ; elle tenait de l'un et de l'autre caractère. Quoi qu'on puisse alléguer, au point de vue théorique, contre ces grandes compagnies, il est incontestable, en pratique, qu'elles ont rendu dans certaines circonstances des services considérables. Dans le Nord-Amérique, ce sont les grandes compagnies foncières qui ont facilité la culture par leurs travaux préparatoires, routes, canaux, arpentage ; et nous ne doutons pas qu'en Algérie la société nouvelle n'eût pu tirer un excellent parti des 100,000 hectares qui lui ont été concédés. Si elle eût consacré en six ans, selon la lettre de son traité, 30,000,000 en routes, 20,000,000 aux ports, 30,000,000 en barrages, canaux, desséchement de marais, puits artésiens, 15,000,000 au reboisement des montagnes et 5,000,000 en subsides aux colons qui végètent loin des côtes ; si elle eût versé dans le pays les 120,000,000 stipulés sous forme d'opérations de crédit, il est évident que c'eût été pour l'Algérie un puissant ressort qui lui eût communiqué un rapide mouvement d'impulsion. Malheureusement cette compagnie ne s'est pas conformée à la lettre, ni surtout à l'esprit de sa charte ; aussi n'a-t-elle pas produit tout le bien qu'on en pouvait attendre. Dans ces dernières années, particulièrement en 1881, il s'est constitué une foule de sociétés de crédit d'initiative privée qui ont pris l'Algérie pour champ d'exploitation. Telles sont la Société de Crédit Foncier et Agricole d'Algérie, le Crédit Algérien, la Compagnie Franco-Algérienne, la Foncière de France et d'Algérie, les Magasins Généraux d'Algérie. On peut dire qu'il y a plutôt excès dans toutes ces créations. Toutes ensemble ces sociétés représentent un capital de plusieurs centaines de millions de francs. D'autres sociétés françaises, comme le Crédit Lyonnais, ont créé en Algérie des succursales. On ne peut sans doute espérer que toutes ces sociétés soient fidèles à leur titre et renferment dans l'Algérie et dans ses dépendances toutes leurs opérations. Quoi qu'il en soit, d'ailleurs, ces compagnies exercent, au point de vue moral et matériel, une excellente influence ; elles créent une foule d'intérêts nouveaux par le vaste mouvement d'affaires auquel elles se livrent, et, dans un pays aussi rigoureusement administré que notre province d'Afrique, elles forment en face de l'administration des corps résistants qui deviennent d'utiles entreprises.

DE LA POLITIQUE A SUIVRE VIS-A-VIS DES INDIGÈNES.

Nous avons étudié jusqu'ici l'Algérie des colons, nous avons examiné tour à tour les conditions administratives, commerciales, financières qu'on leur a faites ou qu'ils se sont faites à eux-mêmes. Mais il est impossible d'avoir une idée exacte de la situation de la colonie européenne, si l'on n'étudie avec quelques détails la situation de la population indigène. Nous avons scindé pour plus de clarté cette double recherche, qui ne doit faire pourtant qu'une même étude.

Ce qu'il y a d'exceptionnel, avons-nous dit, dans notre colonisation africaine, c'est la présence d'une population indigène considérable, ayant une civilisation relativement avancée et pleine de vitalité. C'est une situation sans précédent, et il en résulte des complications nombreuses qui rendent notre œuvre singulièrement délicate et difficile.

La population indigène n'est pas évaluée à moins de 2,500,000 habitants. Que fallait-il faire de ces 2,500,000 individus ? Trois partis se présentaient : ou repousser les indigènes au delà de l'Atlas, les rejeter même dans le Sahara ; ou les fondre avec la population européenne en leur imposant, soit par la contrainte, soit par la propagande, nos mœurs, nos lois et peut-être même notre religion ; ou respecter toutes leurs coutumes, rendre inviolables toutes leurs propriétés, et éloigner les Européens d'un contact fréquent avec eux ; ces trois systèmes peuvent se définir en trois mots : le refoulement, le fusionnement, l'abstention. On n'a adopté résolument aucun de ces trois régimes : on a flotté de l'un à l'autre ; on les a mêlés ensemble et l'on est arrivé par ce défaut de principes nets et conséquents à une politique pleine d'irrésolution, de retours et d'incertitude. Nous ne pouvons blâmer complètement les fluctuations du premier jour : pour tout esprit pratique, qui se rend compte des difficultés réelles, il est évident que l'on devait nécessairement passer par cette période de tâtonnements. Mais le temps est venu d'en sortir : des expériences, qui ont duré plus de cinquante ans, ont fourni des éléments suffisants de décision ; cette décision, il importe de la prendre pour ne la plus changer.

Le régime hybride et provisoire dans lequel on a vécu jusqu'à ce jour a offert les inconvénients réunis de chacun des trois systèmes sans présenter les avantages d'aucun d'eux. L'Algérie a continué d'être une conquête, sans devenir, à proprement parler, une colonie, ni un état vassal. Les colons ont été cantonnés et cependant dans une certaine mesure les Arabes ont été refoulés. Le système militaire a dominé l'Algérie tout entière, sans pouvoir procurer une sécurité absolue et éviter toutes les rébellions : des concessions ont été faites à l'élément civil, sans pouvoir constituer rapidement une population civile aussi considérable qu'elle eût pu l'être ; les colons ont été souvent entravés par une administration minutieuse, vexatoire, qui a empêché le développement de la colonisation ; les Arabes ont été inquiétés par une ingérence timide dans leurs affaires, par des demi-mesures qui les ont irrités sans les affaiblir, par des violations détournées de leurs droits de propriété ou de jouissance : ainsi l'on n'est arrivé à satisfaire aucun des deux éléments, on n'est pas parvenu surtout à les rapprocher, et ce qui est plus grave, c'est qu'au bout de cette route tortueuse et sans direction qu'a suivie la politique française on ne peut apercevoir même pour un avenir lointain une solution définitive.

Des trois partis entre lesquels l'on a à choisir, le premier est injuste : il violerait le droit acquis soit par leur origine soit par une prescription de plusieurs siècles aux populations indigènes ; il serait d'ailleurs le point de départ d'une guerre séculaire dont on ne peut entrevoir l'issue, mais dont il est facile de prévoir les pertes et les calamités. Il nous paraît, d'ailleurs, très utile pour la France continentale et pour les colons français qu'il y ait des Arabes en Algérie. Si l'Algérie était une terre absolument vacante, elle finirait par être entièrement peuplée d'Italiens et d'Espagnols. Le grand nombre des indigènes fait un utile contrepoids à ces deux éléments. En outre les Arabes, quand ils seront définitivement conquis à notre civilisation, serviront d'intermédiaires fort utiles pour les relations avec les peuples de l'Afrique du Centre et pour la propagation de notre influence dans ces régions. Le troisième parti, qui est le respect complet des coutumes, des traditions, des mœurs, de ce que l'on a appelé la nationalité arabe, s'il était appliqué avec logique, exigerait que notre armée et nos colons quittassent l'Afrique, et s'il n'est appliqué qu'à demi, nous replonge dans les incertitudes et les indécisions dont nous voulons précisément sortir. Il ne reste donc que le second parti, la fusion de l'élément indigène avec l'élément européen : si grandes que soient les difficultés qu'il entraîne, si complexe que puisse être le problème, nous disons avec les colons les plus intelligents d'Algérie qu'il est le seul à offrir une solution pratique et définitive, et que si l'on agit avec prudence, avec patience, avec mesure, mais avec persévérance et esprit de suite, on peut être sûr du succès.

Quand nous parlons de fusion de l'élément indigène avec l'élément européen, nous n'entendons pas dire une absorption complète du premier dans le second, de façon qu'il ne restât aucune différence dans les mœurs et dans les habitudes soit extérieures soit intimes. Nous faisons seulement allusion à un état de choses où les deux populations d'origine différente seraient placées sous le même régime économique et social, obéiraient aux mêmes lois générales et suivraient dans l'ordre de la production une même impulsion : il resterait, bien entendu, longtemps encore et peut-être toujours, des distinctions de croyances et d'habitudes ; mais il y aurait, au point de vue économique, politique et social, identité d'intérêts et de situation ; et, à bien considérer, c'est la seule harmonie qui soit indispensable au point de vue de la paix, de la prospérité et de la civilisation.

Nous ne nous dissimulons pas que les obstacles à la fusion, même entendue dans le sens restreint où nous la concevons, sont nombreux et énormes : mais nous croyons avoir dès ce moment un point d'appui. En considérant les différentes parties de la population indigène comme des groupes divers mais analogues d'une nation unique, on commet une erreur que non-seulement l'histoire mais encore l'étude attentive des faits actuels démentent de la manière la plus irréfragable. Il est une observation acquise et qui a un grand prix, c'est que la population que nous avons trouvée en Algérie manque d'homogénéité et qu'elle ne présente aucun des caractères communs qui constituent la nationalité. Il n'y a qu'un trait qui rapproche tous les groupes, c'est la religion ; mais cette religion est entendue et pratiquée d'une manière toute différente par les deux principales branches de la population algérienne : bien que les dogmes soient les mêmes, l'influence pratique qu'ils exercent, l'esprit dont ils animent les fidèles, n'est pas le même chez les Kabyles que chez les Arabes. Il y a, on le sait, en Algérie, environ 1,000,000 de Kabyles ou Berbères purs, habitants primitifs de la contrée, selon l'opinion reçue : il y a, d'un autre côté, 500,000 Arabes purs descendants des conquérants et 1,200,000 Berbères arabisants, c'est-à-dire ayant une autre origine que les Arabes, mais ayant pris leurs mœurs et leurs coutumes. Telle est la classification établie par un homme fort compétent, M. le docteur Warnier. On peut dire que les Kabyles ne diffèrent des Européens que par un point, la religion : et comme la religion n'influe pas sur leur organisation économique et sociale, qu'elle est tout entière renfermée dans le for intérieur des fidèles, il en résulte que les conditions de production et de développement sont presque les mêmes pour les Kabyles que pour les colons. Comme l'Européen, le Kabyle est monogame, sa femme a le visage découvert, elle est en possession de toute la dignité de l'épouse légitime et unique : comme l'Européen, le Kabyle ne connaît d'autre organisation économique que la propriété privée, entourée de toutes les garanties de sécurité dans le présent et dans l'avenir : comme l'Européen encore, le Kabyle est démocrate, il n'admet pas d'aristocratie héréditaire, il a des conseils municipaux ou *djemmaas* qui sont électifs. Comme l'Européen, le Kabyle se gouverne par des lois civiles ou coutumes indépendantes des lois religieuses et qui admettent tous les perfectionnements que le temps peut apporter ; comme l'Européen, en dernier lieu, le Kabyle honore le travail, pratique l'épargne, croit au progrès, fait des réformes dans toutes les branches où se répand son activité. Ainsi par la constitution de la famille, de la propriété, de la commune, par l'origine des lois, par le goût et l'habitude du progrès, les Kabyles se rapprochent des colons d'Europe, au point de n'en différer par aucun caractère essentiel sous le rapport de l'organisation économique, domestique et sociale. Aussi ces deux éléments peuvent-ils vivre en parfaite conformité de tendances et d'intérêts : ils se prêtent mutuellement secours, ils sont animés d'un esprit analogue : on a vu ces rapports s'accentuer de plus en plus. Les Kabyles ont introduit dans leurs coutumes séculaires plusieurs de nos dispositions légales, ils ont porté dans leurs montagnes plusieurs de nos procédés de fabrication, des moulins perfectionnnés et beaucoup d'ustensiles d'invention récente. Ils ont offert aux derniers fléaux qui ont affligé l'Algérie une résistance sérieuse et n'en ont que médiocrement souffert. Si tous les habitants non européens de l'Algérie étaient des Kabyles, on peut dire que la question algérienne serait facilement tranchée.

Est-il possible d'arriver à ce que un jour tous les indigènes de l'Algérie adoptent une organisation domestique, économique et sociale analogue à celle des Kabyles et se rapprochant, par conséquent, sensiblement de celle des Européens. Il faudrait radicalement modifier le système de la tribu, de la propriété collective, de la famille polygame : ces trois points obtenus, il ne resterait plus que des détails dont on viendrait facilement à bout.

Les Arabes ont une constitution sociale que l'on a l'habitude de comparer à la féodalité du moyen âge ; il y a, en effet, quelques analogies entre les deux systèmes, bien que l'on ne puisse y trouver une similitude complète. L'organisation arabe est infiniment plus simple et plus rudimentaire que le savant régime de la féodalité. Toujours est-il qu'il existe chez les Arabes une aristocratie vivace, ennemie du travail qu'elle regarde volontiers comme une flétrissure, amie du luxe, des combats, des *fantasias* équestres, opprimant la foule qu'elle est censée protéger, habituée par de longs siècles d'anarchie aux abus de pouvoir et aux exactions ; au-dessous de cette aristocratie assez nombreuse, une énorme multitude ignorante, soumise à l'arbitraire, subissant la corvée et toutes sortes de prestations personnelles. Ce système aristocratique est lié au régime de la propriété collective ; la tribu n'admet en général que des jouissances individuelles à courte durée, pour le labour, les semailles et la récolte des céréales et de quelques légumes ou fruits ; la récolte levée, tout rentre dans la propriété commune. Même dans les lieux où la propriété *melk* (privée) est constituée, l'indivision se perpétue en raison de la jurisprudence musulmane émanée du Coran, qui rend les biens indivis dans la même famille; il en résulte, au point de vue économique, les conséquences les plus graves : personne ne veut défricher, fumer, labourer profondément, planter des arbres fruitiers, en un mot faire de grandes avances de travail ou d'argent.

Les labours superficiels se succèdent les uns aux autres ; les dangers de la sécheresse, si fréquente et si terrible en Afrique, en sont accrus ; la récolte si mal préparée est excessivement aléatoire : elle est perdue dès que la pluie manque. Dans les années moyennes, au dire d'observateurs compétents, elle ne rend guère plus de six hectolitres par hectare. Cette absence de propriété individuelle solidement organisée, cette vie patriarcale et nomade, cette domination absolue des chefs de la tribu, rendent l'économie rurale extraordinairement routinière. Selon M. Jules Duval (1), les populations arabes ne savent pas tirer parti de leur laine, qui leur serait une si grande ressource : elles n'ont pas appris à se servir de cisailles pour tondre leurs brebis qu'elles écorchent avec des faucilles ; elles ne savent ce que c'est que d'élever des bestiaux, elles n'ont jamais eu le sens de faire des provisions de fourrages secs pour l'hiver ; elles ne savent pas encore se servir de la faux pour couper le foin ; elles ignorent la sélection pour la reproduction ; elles n'ont jamais su abriter les bestiaux contre les intempéries, aussi chaque hiver rigoureux décime-t-il les troupeaux, de même que chaque été un peu sec détruit les récoltes. Qu'il y a loin de là aux progrès quotidiens des populations kabyles !

Cette organisation de la tribu, cette propriété collective, sources de tant de maux et d'apathie, obstacles au rapprochement des deux races et au progrès de la colonisation, comment les faire disparaître? Le sénatus-consulte du 22 avril 1863, qui assurait aux Arabes la propriété du territoire occupé par eux, semblait un premier pas vers cette désagrégation de la tribu et vers la constitution de la propriété individuelle. Pour appliquer ce sénatus-consulte, on commençait par bien fixer l'étendue du territoire qui revenait à chaque tribu, c'était ce que l'on appelait la *délimitation de la tribu*, opération délicate et longue; la deuxième opération, capitale par le but auquel elle tendait et l'influence qu'elle devait avoir, consistait à distribuer entre un certain nombre de douars le territoire que la première opération avait délimité. Rien dans la tribu primitive ne répondait au douar qu'on voulait constituer; c'était là une création tout à fait nouvelle de localités qui, pour l'étendue, la population et les ressources, devaient ressembler à nos communes de France. Cette répartition du territoire de la tribu entre les douars a la plus haute portée sociale. Chacun de ces douars devait être parfaitement déterminé dans ses contours et toutes les terres qu'il contiendrait nettement classées dans une des catégories suivantes :

---

(1) J. Duval, *la Politique de l'empereur en Algérie*, 1866.

1° Terres domaniales ;
2° Terres *melk* ou de propriété privée ;
3° Terres collectives de culture ;
4° Terres de parcours communal.

Le douar a reçu une organisation municipale ; il a sa *djemmaa* ou conseil, malheureusement elle n'est pas élective comme chez les Kabyles. On ne peut nier que cette constitution du douar-commune ne soit le commencement de la désagrégation de la tribu. Un décret impérial précédé d'un rapport du ministre de la guerre, en date du 9 mai 1868, a confirmé, en la développant, cette institution du douar et ce morcellement de la tribu. Il reste à constituer la propriété privée, et c'est là un pas encore plus difficile, qui ne peut s'opérer qu'avec beaucoup de précautions. Ce n'est pas impossible, cependant. « Chez les Arabes, dit M. Jules Duval, domine le caractère de la propriété collective avec la faculté et de nombreux exemples d'appropriation privée. Entre eux et les Européens, la différence consiste dans la proportion des deux modes de jouissance ; chez nous, la propriété privée est la règle, la propriété collective est l'exception ; chez eux c'est l'inverse. » Il n'y a donc pas de nouveau principe à introduire, ce qui rend le changement plus aisé ; il n'y a que le développement progressif d'un mode de culture et de jouissance déjà connu, mais qui ne prédomine pas. La tâche a été singulièrement facilitée par la répartition du territoire de la tribu entre les douars ; on a acquis une foule de renseignements indispensables ; on sait parfaitement de quelle façon la terre est détenue chez les indigènes, si chaque habitant est dans l'habitude de labourer toujours les mêmes parcelles ou si chaque année amène un remaniement territorial et une distribution nouvelle. On a des aperçus beaucoup plus complets sur l'état de la population, sur les principales familles, sur les droits de chaque individu ; on voit que beaucoup d'éléments du travail sont déjà acquis et que la tâche est bien facilitée. Il ne faut qu'un peu de méthode et d'esprit de suite pour achever, dans un laps de temps de 15 ou 20 ans, l'établissement de la propriété privée chez les indigènes (1).

Une réforme qui demandera plus de temps et de tact, et à laquelle cependant l'on doit tendre, c'est la suppression de la polygamie. Nul doute qu'ici les procédés de contrainte ne soient pas de mise ; ce n'est pas aux règlements et à la législation qu'il faut avoir recours ; la marche doit être plus lente et plus habile ; mais que le système de la monogamie soit parfaitement conciliable avec les croyances et les traditions musulmanes, c'est ce dont les Kabyles

(1) Sur le degré d'avancement de ce travail nous avons donné plus haut les chiffres officiels (Voir page 333).

nous donnent la preuve. La polygamie, outre qu'elle constitue entre les Européens et les indigènes une différence radicale et un obstacle au rapprochement, a sur la production les conséquences les plus funestes. On ne saurait exagérer l'influence de la position de la femme sur les conditions économiques des sociétés. « L'administration des revenus, dit M. Jules Duval, est, chez les Arabes, au niveau de leur création : elle est inhabile et ignorante parce qu'elle manque de son ressort moteur, l'esprit de famille personnifié dans l'épouse et la mère. La pluralité des femmes enlève à chacune d'elles l'intérêt qu'elle prendrait, si elle était seule, au bon ordre, à la prospérité, à l'accroissement des ressources de la maison ; chacune de ces femmes légitimes, au lieu de contribuer à l'augmentation de l'avoir commun, ne cherche qu'à tirer à elle la plus grande partie du revenu ou même du capital, sous forme de bijoux et de présents..... Même la femme unique de l'époux arabe, dit encore M. Jules Duval, toujours menacée d'une répudiation ou d'un divorce excessivement faciles, n'a point pour son âge avancé cette sécurité qui invite aux épargnes pendant les années de jeunesse et de beauté. » Ainsi le goût et la capacité de la vigilance et de l'épargne, les deux conditions essentielles de toute bonne économie domestique, font complètement défaut. L'âme de la famille manque et le ressort de la prospérité de la maison est absent. C'est là une des grandes causes de la stagnation où se trouve la société arabe, de la misère permanente qui l'afflige, du peu de résistance qu'elle offre aux fléaux naturels qui la frappent. Mais peut-on triompher de la polygamie ? Pour qui réfléchit sur les causes de cette pluralité des femmes, il est évident que si la suppression de la polygamie est difficile, impossible même par la voie de contrainte, elle devient parfaitement exécutable à la longue par une conduite prudente et judicieuse. Un fait qui doit rassurer et porter à l'espoir, c'est que la polygamie est actuellement restreinte aux familles riches et que d'année en année elle perd du terrain : les classes pauvres ne la connaissent pas. Il ne faudrait pas croire que la polygamie ait généralement son origine dans la sensualité des Arabes, c'est là l'exception ; elle provient de leur situation économique passée et actuelle et de leur vanité. Un ancien chef de bureau arabe, qui s'est acquis beaucoup de faveur auprès des colons par ses intelligentes publications, s'exprime ainsi dans une remarquable étude sur la famille arabe : « L'Arabe prend plusieurs femmes parce qu'il y trouve un avantage matériel, un confort qu'elles seules peuvent donner au sein de la société mal faite où il vit..... La femme arabe remplace, dans la tente de son époux, les arts manuels qui manquent autour de lui et dont l'usage est indispensable à son existence, quelle qu'en soit la simplicité. Elle tient lieu : 1° du meunier ; c'est elle qui, toute la journée, lui moud son grain entre les deux meules d'un moulin à bras, dont le bruit monotone frappe le voyageur ; 2° du boulanger. Après avoir fait la farine, elle pétrit la pâte, prépare le pain et le fait cuire dans un grand plat de poterie grossière ; 3° du restaurateur et cuisinier. Elle tire de la farine, à l'aide d'une opération assez délicate de la main aidée de quelques gouttes d'eau, le célèbre *couscoussou;* 4° du pâtissier confiseur ; c'est là une branche très importante des services qu'elle rend et qui rehausse beaucoup sa valeur auprès des hommes riches ; 5° du tisserand ; c'est encore elle qui prépare les tissus qui doivent vêtir l'homme, haïks et burnous, principaux éléments de son habillement et chez certaines tribus à peu près les seuls ; 6° du tailleur ; 7° du maçon ; elle tisse cette étoffe épaisse et solide, formée de laine et de barbe de palmier nain, qui constitue la tente, c'est-à-dire la maison mobile de la famille..... En résumé et sans compter les détails accessoires, qu'on peut appeler d'agrément, la femme assure à l'homme les trois choses essentielles de la vie matérielle : aliment, vêtement, abri ; comprenez-vous maintenant qu'il y tienne?.... L'Arabe se marie, d'abord pour s'assurer la nourriture ; ce premier besoin satisfait, et si la fortune le permet, il songe aux autres et prend alors successivement autant de femmes qu'il lui en faut pour se permettre un grand train de maison et le confort intérieur auquel il peut prétendre. S'il n'a qu'une femme, c'est un pauvre homme ; il lui est interdit de représenter et de faire honorablement l'hospitalité, à laquelle les enfants d'Ismaël tiennent autant par tradition que par gloriole (1) ».

La polygamie arabe étant ainsi expliquée, il est évident qu'elle ne constitue plus un obstacle insurmontable et qu'au contact de notre civilisation matérielle elle doit tendre à disparaître. C'est simplement l'organisation économique défectueuse de la société arabe, le défaut d'échanges qui la soutient et la justifie. « Il suffit de mettre à la portée de l'Arabe, dit le commandant Richard, ces divers arts manuels dont la femme lui procure les bienfaits. Donnez-lui le meunier, le boulanger, le tisserand, le tailleur, le maçon, etc., et tous ces ouvriers réunis vous tueront la polygamie roide morte. Quand vous aurez transformé le milieu où vit l'Arabe, au point d'annuler la femme comme unique artisan de sa vie matérielle, vous aurez transfiguré celle-ci et lui aurez assuré la place qu'elle doit occuper à côté de l'homme. En la rendant moins

(1) *De l'Émancipation de la femme arabe,* par le commandant Charles Richard, ancien chef des affaires arabes à Orléansville.

indispensable aux soins grossiers, vous la rendrez plus noble et plus chère. On la prenait pour moudre du blé et faire cuire du pain, on la recherchera pour l'aimer, pour satisfaire au plus impérieux besoin du cœur quand, avec la plus modique somme, on pourra remplacer chez le boulanger voisin son travail de deux jours. Machine avant, femme après. » Ces réflexions sont d'une grande justesse de raisonnement et d'une parfaite conformité avec l'histoire. C'est la division du travail, c'est le développement des échanges au dehors, qui ont tué l'esclavage domestique de l'antiquité : ce sont les mêmes puissances qui doivent triompher de la polygamie arabe, servitude domestique déguisée. Pour tous ces changements sociaux, qui ont une si grande influence sur les mœurs, les faits économiques ont une force bien plus irrésistible que toute propagande morale. Le moulin mécanique plus que toutes les prédications bat en brèche la polygamie. Mais pour la terrasser complètement, il faut d'autres progrès antérieurs. Il faut que l'entrée du territoire des tribus soit permise aux Européens, qui seuls peuvent porter aux Arabes ces arts perfectionnés auxquels ils suppléent si imparfaitement et avec tant de labeur par l'industrie de la tente : il faut que la propriété privée ait été constituée, ce qui facilitera les échanges et l'établissement des colons au milieu des tribus. Quand la polygamie ne sera plus indispensable aux Arabes pour le confort de leur intérieur, on pourra prendre des mesures de pression morale qui en hâteront la disparition :

« Faites savoir aux Arabes, dit M. Jules Duval, que la femme unique et le mariage fixe seront des titres à vos préférences pour les fonctions et les honneurs. Interdisez aux employés civils et militaires, recommandez aux citoyens de ne jamais encourager de leur présence les seconds et ultérieurs mariages. Que les Européens s'abstiennent sur votre invitation de jamais mettre le pied chez le mari de plusieurs femmes. Que les Français dédaignent de jamais pénétrer dans un harem. Usez de l'ascendant légitime, des vœux et des conseils pour faire stipuler la monogamie dans le contrat de mariage, stipulation qu'autorise la loi musulmane. Entourez de votre considération et attirez dans vos réunions l'épouse kabyle à qui son mari ne défend pas de se montrer en présence des hommes ; refoulée par ces procédés d'une influence toute morale, la polygamie se réduira et finira par disparaître (1). » Mais l'influence de cette pression morale ne sera sensible que si elle

---

(1) J. Duval, *Politique de l'Empereur en Algérie*.

est précédée par les progrès économiques : or, nous avons pleine confiance en ces progrès, voilà pourquoi nous croyons qu'il est possible de réduire et de faire enfin disparaître la polygamie.

Dès aujourd'hui le gouvernement a sur les Arabes plusieurs moyens d'action, qui peuvent les mettre dans la voie où nous désirons les voir marcher. Les deux principaux sont l'éducation et le service de la justice. Ce sont là les deux leviers qui ont le plus de force pour relever le niveau de la société indigène. Malheureusement, en ce qui concerne l'instruction publique indigène, comme dans toutes les autres questions, l'administration française a singulièrement varié. Après quelques louables efforts sous l'Empire, elle s'est presque complètement désintéressée de ce domaine depuis 1870 jusqu'en 1880. Les établissements d'instruction publique destinés aux Arabes sont de deux sortes : ce sont d'abord les écoles des douars, les *zaouias* ou *medersas*, qui n'offrent qu'un enseignement purement arabe ; ce sont, d'un autre côté, les écoles arabes-françaises et les collèges arabes-français. Les écoles des douars correspondent à nos écoles primaires : on en comptait, il y a dix ans, près de 2,000 qui recevaient environ 28,000 enfants, auxquels des maîtres appelés *tolbas*, presque tous fort ignorants, munis d'une autorisation délivrée par le commandant du territoire, apprennent à lire et à écrire ; les *zaouias*, qui ressemblent à nos établissements d'instruction secondaire, reçoivent un certain nombre de jeunes gens sachant déjà lire et écrire : on étudie dans ces écoles le Coran et ses commentateurs, Sidi Khélil principalement. Tous les cadis et magistrats indigènes sortaient autrefois de ces *zaouias :* mais il n'en est plus ainsi : on a créé à Alger, à Tlemcen et à Constantine trois écoles supérieures ou *medersas*, qui préparent les jeunes Arabes aux emplois de la magistrature indigène. Tout cet enseignement arabe à ses trois degrés est maigre et pauvre : peut-être ne serait-il pas prudent de lui donner un plus grand développement ; il vaut mieux élever à côté et en face de lui des écoles arabes-françaises, bien dotées, bien dirigées ; le moyen de dominer un peuple et de se l'assimiler, c'est de s'emparer de l'éducation de l'enfance et de la jeunesse : on ne peut le faire par contrainte, mais les moyens moraux sont nombreux et efficaces. La lettre impériale de 1863 émettait l'idée de développer dans de grandes proportions le haut enseignement musulman et spécialement l'étude du Coran et de la législation indigène. Un homme fort expert comme colon et comme magistrat dans les affaires algériennes, M. Jules Duval, fait remarquer avec raison que ce serait là un acte d'imprudence. La connaissance du Coran, dit-il, se perdait en Algérie ; il ne faut pas la raviver : c'est un livre plein d'exhortations guerrières contre les infidèles et qui prête mille textes que l'on peut tourner contre nous. L'objet de nos efforts, ce doit être l'extension de l'enseignement arabe-français : c'est par lui que nous prenons presque au berceau possession des générations nouvelles. Ces écoles avaient fait, avant 1870, quelques progrès. En 1864, on en comptait 18 ainsi réparties :

Province d'Alger.	Élèves indigènes	Élèves européens.	Province de Constantine.	Élèves indigènes.	Élèves européens
École de Tizi Ouzou	77	»	École de Tébessa	46	10
— Fort Napoléon	43	3	— Collo	15	9
— Beni Mansour	24	»	— Ain Beida	54	12
— Lagouat	30	3	— Takitount	17	5
— Djelfa	15	»	— Bordj-bou Areridj	21	13
— Astaïs	25	»	— Bou-Saada	60	7
— Djendels	42	»	— Batna	36	14
— Beni Zoug-Zoug	33	»	— Biskra	44	9
— Toukria	42	»			
— Hemnis	22	5			

C'est un total de 658 élèves indigènes contre 90 Européens. En 1865, on a créé plusieurs écoles arabes-françaises dans la province d'Oran, qui jusque-là n'en avait pas, à Ammi Moussa, Nedromah, Feudah, Zennorah et Saïda. On peut calculer qu'il y a dix ans le nombre des élèves indigènes dans tous ces établissements était de 1,000 au moins. Mais c'était encore bien peu pour une population de 2,000,000 d'âmes : il faudrait que chaque centre important de colonisation eût une bonne école arabe-française, c'est-à-dire que le nombre de ces écoles doit être plus que quintuplé. En usant de tous les moyens moraux légitimes pour leur donner une nombreuse clientèle indigène, on arriverait à avoir 10,000 enfants arabes dans ces établissements d'instruction. Quand on serait parvenu à ce chiffre on exercerait une influence sérieuse sur la formation des générations nouvelles et l'on contribuerait dans une large mesure à les initier à nos coutumes et à notre mode de penser. Le *Tableau officiel pour 1864 des établissements français en Algérie* reconnaît avec raison que ces écoles arabes-françaises sont le plus puissant moyen d'action dont dispose le gouvernement pour pousser les indigènes dans la voie du progrès et de la civilisation. Il est difficile de comprendre comment avec cette conviction l'on a si peu fait pour reprendre cette utile institution. On a nommé, en 1863, un inspecteur spécial des écoles arabes-françaises, des écoles de douars, des *zaouias* et *medersas*. on a créé à 'Alger une école normale primaire destinée à fournir des instituteurs à l'Algérie et qui aura pour élèves des Européens et des indigènes ; c'est une heureuse fondation : il importe, en effet, que le personnel enseignant dans les écoles des douars soit élevé dans notre esprit et nous serve d'auxiliaire dans notre œuvre. On ne saurait trop mettre à l'étude les mesures qui peuvent étendre et propager les écoles imbues de l'enseignement et des idées européennes ; il les faut doter sans parcimonie, multiplier le nombre de nos instituteurs, leur livrer avec générosité tout le matériel dont ils peuvent avoir besoin. Ce sera là une somme largement productive : ce qui jusqu'ici a pu entraver le progrès de ces établissements, c'est la difficulté de trouver des Européens possédant la langue arabe : il faut pousser les Français à cette étude par une rémunération élevée, de façon à avoir à notre service une légion d'instituteurs intelligents : dans les sociétés primitives, plus encore que dans les sociétés adultes, l'école est le berceau de la civilisation, et l'instruction est le ressort initial de tout progrès.

Au-dessus des écoles arabes-françaises se trouvait le collège arabe-français fondé à Alger en 1857 : le nombre de ses élèves internes s'était élevé progressivement à plus de 100 ; son enseignement comprenait : la langue française, l'histoire, la géographie, l'arithmétique, la géométrie, le dessin linéaire et d'imitation, l'arabe, la gymnastique et le chant. Cette tentative avait parfaitement réussi, ce qui nous eût autorisés à faire des essais analogues dans les deux autres provinces ; on en fonda un, en effet, à Constantine ; mais on eût pu en établir sept ou huit autres. Après 1870 on s'est malencontreusement avisé de supprimer ces établissements. Il y a d'autres écoles plus utiles encore peut-être, ce sont les écoles d'arts et métiers, comme celle du Fort National. Les établissements de charité et de répression peuvent aussi aider, comme les écoles, à l'assimilation ou plutôt au rapprochement des deux races : par une pensée généreuse, mais que nous croyons mal entendue, la lettre impériale de 1865 proposait que dans les orphelinats, hôpitaux, maisons de correction, les indigènes fussent séparés des Européens ; nous voudrions tout le contraire. Puisque la bienfaisance publique ou la répression ne les distingue pas, il les faut laisser côte à côte : la charité bien comprise est une institutrice dont les enseignements ont quelquefois plus d'influence et de portée que tous les autres moyens d'action.

C'est une chose triste à dire, depuis 1870 jusqu'au moment où nous revoyons ces lignes (novembre 1881), on s'est presque complètement arrêté dans l'œuvre de l'éducation et de l'instruction des indigènes. On a fait beaucoup moins qu'auparavant quand il eût fallu faire dix fois plus. Les préjugés anti-arabes qui ont prévalu d'une manière exclusive entre les deux insurrections de 1871 et de 1881 faisaient oublier qu'il y a en Algérie un autre élément que l'élément européen. On ne voulait voir que les colons. Il semblait que l'on considérât que la langue arabe pût être proscrite, tandis qu'il est très utile, au contraire, de l'entretenir parce qu'elle nous aidera singulièrement dans la pénétration et dans la domination de l'Afrique. Il serait très désirable que les habitants de l'Algérie, tant les Français que les indigènes, fussent bilingues et qu'ils se servissent des deux idiomes, le français et l'arabe : c'était la condition des Alsaciens, c'est encore celle des Flamands, des Basques et de beaucoup d'autres populations.

Ce fut un acte absurde de fanatisme ou de chauvinisme que la suppression en 1871 des collèges arabes-français d'Alger et de Constantine ; on annexa le premier de ces établissements au lycée d'Alger et l'on crut faire merveille. Un administrateur bien intentionné, mais imprévoyant, M. l'amiral de Gueydon, gouverneur général civil, dans son rapport de 1873, se félicitait de ces mesures destructives : « Le succès, disait-il, a été jusqu'à présent complet. Les familles nombreuses ne semblent montrer aucune répugnance à placer leurs enfants dans un établissement (le lycée) où elles savent que leur religion sera respectée; les jeux de la camaraderie ont, dès le premier jour, rapproché les élèves des deux races, et les résultats du concours pour les prix de l'année scolaire 1871-1872 témoignent de la plus féconde émulation dans les études. » Cette satisfaction était fort exagérée. Que les Arabes riches ou aisés envoient leurs enfants dans les lycées européens, c'est fort bien ; il n'en résultait pas qu'il fallût supprimer les collèges arabes-français. Ces établissements, qui correspondaient à des écoles d'enseignement primaire supérieur, étaient destinés à une clientèle beaucoup plus vaste que celle des lycées. En créant un de ces collèges arabes-français dans chacune des vingt ou trente villes de l'Agérie, on y eût bientôt attiré plusieurs milliers de jeunes gens indigènes sur lesquels on eût pu exercer une considérable influence intellectuelle et morale. La langue arabe doit être en honneur en Algérie; nous voudrions que même dans les lycées de nos colonies on l'y enseignât. Il convient que le colon d'Alger puisse, sans se trouver trop dépaysé, voyager au Maroc, dans les oasis du Sahara et jusque dans le Soudan. Tous les hommes cultivés en Algérie devraient savoir l'arabe.

Le dédain où l'on a tenu depuis 1870 l'instruction indigène se manifeste dans tous les documents officiels postérieurs à cette époque. C'est à peine si l'on y trouve quelques lignes consacrées à ce service qui est si important. Le volume intitulé : *État de l'Algérie au 31 décembre 1879 et au 1ᵉʳ octobre 1880*, publié par ordre de M. le gouverneur général Albert Grévy, ne contient que quelques pages à ce sujet.

Les établissements d'enseignement secondaire en Algérie comprennent un lycée, celui d'Alger, dix collèges communaux et quatre établissements libres. Le nombre, on le voit, n'en est pas grand. Il devra être augmenté; toutefois, dans une colonie aussi jeune on comprend que les familles pensent à autre chose qu'à faire de leurs enfants des lettrés ou des savants. Les écoles secondaires d'enseignement supérieur, ce que les Allemands appellent les *Realschulen*, les institutions comme les écoles Turgot, Lavoisier, Jean-Baptiste Say et autres qui existent à Paris, feraient à merveille l'affaire des Algériens. Dans les quinze établissements d'enseignement secondaire de notre colonie, il y a 3,817 élèves, ce qui e t assez considérable, en moyenne 255 élèves par collège ou lycée; le quart de ces élèves à peu près suit seulement l'enseignement spécial. Or, sait-on combien parmi ces 3,817 élèves il y a de musulmans ? 263 seulement, encore sont-ils pour la plupart dans le seul département d'Alger. C'est assez dire que ce n'est pas notre enseignement secondaire qui attire les indigènes. Peut-être le prix en est-il trop élevé pour eux ; plus probablement leur esprit est médiocrement touché des beautés des littératures classiques ou même des avantages de l'étude approfondie des sciences.

L'enseignement primaire serait plus à leur portée et pourrait leur rendre plus de services. Il y a en Algérie, dans le territoire civil, en dehors des écoles purement arabes, 664 écoles primaires, dont 22 écoles arabes-françaises, 20 de garçons et 2 de filles. Le nombre des élèves, dans tous ces établissements publics ou libres, était récemment de 48,175. C'est un assez beau chiffre, ou plutôt un fort beau chiffre pour la population européenne ; mais sait-on combien il y a d'Arabes parmi ces 48,175 enfants? Il s'en rencontre seulement 2,539, dont 2,336 garçons et 203 filles. Voilà, au bout de cinquante années d'occupation de l'Algérie, le contingent d'élèves indigènes du territoire civil que nous comptons dans nos écoles publiques : 1 élève à peu près sur 500 indigènes ; c'est vraiment infiniment peu. Ce petit nombre des élèves musulmans doit tenir surtout au petit nombre des écoles arabes-françaises. Il n'y a dans tout le territoire civil que 22 de ces établissements quand il devrait y en avoir plusieurs centaines.

Dans le territoire militaire il existe 525 écoles, soit arabes-françaises, soit purement musulmanes. Ces écoles comptent 880 instituteurs dont 22 européens. Le nombre des élèves y est de 9,575, dont 9,001 indigènes pour plus de 1,200,000 habitants, c'est un élève pour plus de cent habitants. Tout cela est assez misérable.

Les sacrifices pécuniaires que nous avons faits pour l'instruction des indigènes sont médiocrement dignes d'un grand pays comme la France. Autant que nous en pouvons juger, les crédits pour cet objet sont ceux qui figurent aux articles 3, 4 et 5 du chapitre VIII du budget de l'Algérie. Or les sommes allouées en 1879 et demandées pour 1880 et 1881 à l'article 3 pour l'instruction publique musulmane s'élevaient à 33,000 francs. En voici la décomposition : 3 directeurs, 1 à 3,000 francs, 2 à 2,400; 8 professeurs à 1,500 francs, 3 professeurs à 1,200 francs, 1 professeur de français à 400 francs, 3 chaouchs dont 2 à 1,000 francs et 1 à 800 francs, soit ensemble 26,900 francs pour le personnel, et 6,100 francs pour le matériel, dont 2,600 pour location d'immeubles, 1,500 francs pour achat de livres et 2,000 francs de dépenses diverses. A l'article 4, sous la rubrique, *Développement de l'instruction chez les indigènes*, on proposait pour 1881 une somme de 11,500 francs. Au projet de budget de 1880 on avait inscrit pour le même objet une somme de 30,000 francs que la Chambre avait repoussée. Ce crédit avait pour objet de « récompenser les instituteurs qui par leur dévouement et leur zèle auraient su attirer et retenir auprès d'eux les jeunes musulmans et d'amener dans nos écoles publiques, par des encouragements de nature diverse, un plus grand nombre d'élèves indigènes ». Enfin à l'article 5 figurait une somme de 16,000 francs, destinée à doter les élèves du territoire civil de bourses au lycée d'Alger et dans les divers collèges. Le Conseil Supérieur du gouvernement de l'Algérie a porté ce crédit à 30,000 francs.

Voilà tout ce que fait le budget colonial pour l'instruction chez les indigènes : il y affecte 74,000 francs sur un ensemble de dépenses de 27 à 28 millions. Les localités ne semblent guère disposées à faire beaucoup plus : car le département et la ville d'Alger ont refusé l'un et l'autre, dans ces dernières années, le crédit de 8,200 francs nécessaire pour l'entretien de l'école arabe-française d'Alger, et il a fallu que l'autorité supérieure inscrivît d'office ce crédit au budget du département (1). Les écoles publiques françaises en Algérie coûtent 1,200,000 francs aux divers budgets, soit quinze fois plus que l'instruction des indigènes.

(1) Tous ces renseignements sont extraits des *Procès-verbaux des délibérations du Conseil supérieur du gouvernement* (Alger, 1880, pages 72 et suivantes).

Il faut le dire sans ambages : la France n'a pas rempli son devoir envers la population arabe. Depuis cinquante ans qu'elle la domine et qu'elle lui a enlevé le droit de se gouverner, elle n'a rien fait de sérieux pour son éducation. C'est un million au moins que le budget colonial devrait affecter au service de l'instruction parmi les indigènes : les départements et les villes devraient en faire autant. Il faudrait avoir des écoles normales d'instituteurs indigènes, une vingtaine de collèges arabes-français, entourés d'écoles arabes-françaises, un certain nombre d'écoles d'arts et métiers, et des milliers d'écoles indigènes pures et simples, en attendant que ces dernières écoles puissent être transformées en écoles arabes-françaises, ce qui, du moins pour le territoire militaire, ne pourra guère se faire que dans quinze ou vingt ans au plus tôt. Nous devons dire qu'au moment où nous revoyons ces lignes il est question d'une loi sur l'instruction des indigènes. Espérons qu'elle sera large et que l'on dotera sans lésinerie ce service essentiel.

Quant à l'instruction parmi les colons, chacun sait qu'elle est très florissante. L'Algérie européenne est au premier rang de tous les pays pour la fréquentation des écoles primaires. On multiplie les établissements d'instruction secondaire. Enfin, on a créé un centre complet d'instruction supérieure. Une loi du 21 décembre 1879 a créé à Alger, à côté de l'école préparatoire de médecine et de pharmacie qui existait déjà, trois autres écoles préparatoires à l'enseignement supérieur, c'est-à-dire une école préparatoire à l'enseignement du droit, une école préparatoire à l'enseignement des sciences, une école préparatoire à l'enseignement supérieur des lettres. Il conviendrait de transformer ces écoles en véritables facultés. On aurait ainsi une université à Alger. Ce que nous voudrions également, c'est que dans cette université, dans tous les lycées, dans toutes les écoles européennes d'Algérie on fît une place à l'enseignement de la langue arabe. Si l'Algérie doit exercer une influence considérable sur l'Afrique intérieure, il faut qu'elle cultive cette langue qui lui rendra tant de services pour les relations avec tous les Arabes de cette partie du monde. Les habitants de l'Algérie, tant ceux d'origine européenne que les indigènes, doivent être des hommes bilingues. La langue arabe est un instrument précieux qu'il faut se garder de détruire. On a institué des cours supérieurs de langue arabe à Alger, à Oran et à Constantine. Ils sont restés d'abord peu en faveur : en 1878 les trois réunis ne comptaient que 78 auditeurs; en 1879 le nombre s'en élevait à 125, dont 56 à Alger, 42 à Oran et 27 seulement à Constantine. Toutes les écoles publiques, même les plus élémentaires, devraient en Algérie avoir un cours d'arabe, au moins facultatif.

Après les écoles, la plus puissante ressource de la civilisation est dans l'organisation judiciaire. Assurément on a bien fait de laisser les indigènes soumis à leurs lois et à leurs juges : les y soustraire eût été un acte aussi empreint d'injustice que d'imprudence ; mais tout en respectant les droits et la législation des Arabes, il est bien des moyens moraux dont l'influence peut être grande. En vertu du décret du 21 avril 1866 et conformément au sénatus-consulte du 14 juillet 1865, l'indigène peut déclarer qu'il entend être régi par les lois civiles et politiques de la France. De telles déclarations sont rares. Il faudrait étudier les mesures propres à les rendre plus nombreuses : il faudrait, par des faveurs et des distinctions, pousser les Arabes à préférer nos lois aux lois musulmanes ; ou plutôt, car les distinctions et les faveurs ont toujours quelques inconvénients, puisqu'elles peuvent irriter ceux qui ne les obtiennent pas, il faudrait leur prouver que nos lois sont supérieures aux leurs. Ils commencent déjà à s'apercevoir que leurs juges ne valent pas les nôtres. Les tribunaux français connaissent des contestations entre indigènes dans les deux cas suivants : quand, dans l'acte attaqué, les contractants ont déclaré se soumettre à la loi française ou qu'ils se présentent d'un commun accord devant les tribunaux français ; en second lieu, les indigènes peuvent toujours appeler des jugements de leurs cadis devant nos tribunaux de première instance, si l'objet du litige excède 200 francs et n'en dépasse pas 1,500 ; devant la cour d'appel, s'il excède 1,500 francs. Ces dispositions sont justes et sages. Cependant un décret du 1er octobre 1854, inspiré par ce fâcheux respect de la nationalité arabe, dont a été empreinte la politique du gouvernement impérial, avait livré la justice entre musulmans aux seuls magistrats de leur religion : il en résulta les plus criants abus ; il fallut revenir au bout de cinq ans sur cette marque de confiance et rétablir la juridiction facultative de nos tribunaux pour les contestations entre indigènes. Aux termes d'un rapport du ministre de l'Algérie et des colonies, en 1859, l'iniquité et l'ignorance des magistrats arabes, délivrés de tout contrôle et de tout contre-poids, avaient pris des proportions scandaleuses et les indigènes réclamaient comme un bienfait le droit de recourir à nos magistrats. Si nos tribunaux étaient plus nombreux, si l'usage de la langue arabe était plus répandu parmi les Européens et celui de la langue française parmi les Arabes, on ne peut douter qu'un très grand nombre de contestations entre indigènes ne vînt se soumettre librement à notre juridiction. Ce serait un progrès essentiel au point de vue du rapprochement des deux peuples.

Le progrès sur ce point est sensible et rapide. Notre justice gagne et se substitue graduellement à la justice indigène. En 1879 la Cour d'appel d'Alger a jugé 725 affaires, dont 192 entre Français, 41 entre Français et autres Européens, 23 entre Français et Musulmans, 10 entre Européens non français de nationalités diverses, 4 entre Européens non français et indigènes, enfin 435 entre indigènes, soit pour cette dernière catégorie les trois cinquièmes du tout. La proportion est moins forte pour les affaires portées devant les tribunaux civils et de commerce, mais les démêlés entre indigènes y tiennent encore une grande place. Dans cette même année 1879, sur 13,893 affaires dont étaient saisis les tribunaux civils et les tribunaux de commerce, 6,308 concernaient des litiges entre français, 2,026 entre français et autres européens, 1,788 entre français et musulmans, 788 entre Européens non français, 306 entre Européens non français et indigènes, enfin 2,677 étaient des affaires entre musulmans. La justice française serait encore bien plus recherchée par les indigènes si, suivant le mot du général Cérez dans les discussions du Conseil supérieur, elle n'était à la fois coûteuse et lente. La rendre moins dispendieuse et plus rapide, c'est une tâche à laquelle on ne saurait trop s'appliquer.

Au sein du Conseil supérieur de l'Algérie, en 1879, on s'est occupé des moyens d'amener encore plus promptement et plus complètement la prépondérance de la justice française sur la justice musulmane. Il est bien entendu que lorsque nos tribunaux jugent des procès entre musulmans, ils appliquent la loi musulmane, non la loi française; c'est le juge qui est français, non la législation. On a proposé dans le Conseil supérieur que, dans tout litige entre musulmans et en matière musulmane, l'une des parties fût autorisée à déférer à elle seule la cause à la juridiction française, sans avoir besoin de l'assentiment de son adversaire. Cette mesure n'aurait rien d'excessif. Le même conseil a également émis le vœu que toutes les questions se rattachant à la propriété du sol, même en matière de succession, soient portées devant les tribunaux français qui, d'ailleurs, appliqueraient entre musulmans la loi musulmane, tout en respectant la loi de 1873 sur la constitution et le maintien de la propriété privée. Cette proposition nous paraît aussi mériter d'être appliquée, si l'on ne veut pas qu'à chaque succession l'indivision renaisse et que les intérêts des copartageants s'enchevêtrent d'une manière inextricable.

Les juges entre musulmans, sauf les cas qui viennent d'être spécifiés, sont les cadis constituant des tribunaux appelés *mahakmas*. Le nombre de ces cadis, qui sont à la fois des magistrats et des notaires, a toujours été en diminuant par voie de suppression d'emploi. Dans l'espace de quinze ans, d'après le général Cérez, on aurait supprimé 200 fonctions de cadis. Dans la seule année 1880 on en a supprimé treize, si bien qu'il n'en restait plus alors que 120. Cette justice musulmane est, d'ailleurs, bien peu coûteuse. Elle figure au budget de 1880 pour une somme de 147,950 francs, dont 139,900 pour le personnel et 8,050 pour le mobilier. Les 120 cadis conservés ont des traitements assez minimes, 1,500 francs pour les 22 cadis de la première classe, 1,200 francs pour les 22 de la deuxième classe et 1,000 francs pour les 76 de la troisième classe. On alloue en outre une prime de 200 francs aux cadis qui connaissent la langue française, mais jusqu'ici trois cadis seulement ont pu passer à ce sujet des examens qui leur valussent cette prime. Les traitements de ces magistrats sont sans doute trop peu élevés pour attirer les hommes intègres et instruits. Il serait à désirer que tous ces fonctionnaires indigènes connussent bien la langue française. Le Conseil supérieur a émis le vœu que l'étude de la loi française (et sans doute aussi de la langue française) fût rendue obligatoire dans toutes les medersas et autres écoles où se forment les jeunes gens qui se destinent à la profession de cadi.

Beaucoup de gens pensent que la fonction de cadi doit être un jour supprimée et le plus promptement possible. Il est certain que l'avenir amènera cette solution ; mais nous croyons que ce doit être un avenir assez lointain. Si, en effet, le recours au cadi diminue en Kabylie et dans le Tell, il devra s'accroître dans les régions plus méridionales au fur et à mesure que nous aurons introduit dans la tribu des institutions démocratiques. Il n'est d'ailleurs ni bon ni utile de fermer toute fonction libérale aux indigènes. Un correspondant du *Journal des Débats* faisait récemment remarquer que l'une des classes les plus mécontentes et les plus portées à soupirer après l'indépendance, c'était la petite classe moyenne qui remplissait autrefois les fonctions judiciaires ou ecclésiastiques et que le développement de l'administration française éliminait. Il y aurait tout avantage à conserver un certain nombre d'emplois subalternes dans toutes les administrations pour les Arabes instruits, connaissant notre langue et disposés à accepter notre civilisation. Il faudrait leur faire une situation convenable : ce serait un grand moyen d'influence dont il serait imprudent de se priver. C'est sottise et imprévoyance de vouloir remplacer partout l'Arabe par l'Européen.

Il n'est pas besoin d'user de contrainte pour rapprocher de nous l'Arabe. Il nous donne sa confiance toutes les fois que nous la méritons. C'est ainsi que le notariat français, auquel les indigènes ne sont pas tenus de s'adresser, se voit rechercher par eux de plus en plus chaque année pour les contrats de quelque importance. Le compte rendu de la justice civile et commerciale pour 1863 constatait que, dans le cours de cette année, les notaires français avaient reçu 782 actes entre musulmans. Le progrès a été énorme depuis lors. En 1877 les notaires français faisaient 2,135 actes concernant uniquement des musulmans ; en 1878 le nombre des actes notariés entre indigènes montait à 2,175, et en 1879 il s'élevait à 3,218, ce qui est considérable. Il y avait, en outre, dans la même année, 10,445 actes notariés entre français et musulmans, et 1,499 entre musulmans et européens non français, si bien que l'ensemble des actes notariés où les musulmans étaient parties atteignait le chiffre de 15,162 sur un total de 42,152 actes notariés, soit plus du tiers.

Tous ces faits démontrent de la manière la plus incontestable que le rapprochement est plus facile qu'on ne l'a cru jusqu'ici : mettre toutes les institutions européennes, écoles, tribunaux, offices ministériels, à la portée des Arabes, leur en faciliter l'accès, leur en faire comprendre les avantages, les amener progressivement à y avoir recours, c'est là une œuvre utile et relativement aisée ; il faut répandre partout ces institutions malgré la dépense, et, dussent-elles chômer quelques années, on doit supprimer tous les obstacles artificiels à ce rapprochement nécessaire et spécialement les bureaux militaires, dits bureaux arabes ; en dépit de toute réorganisation, les bureaux arabes mériteront toujours la définition qu'en a donnée M. Jules Duval : « patronage intéressé par sa mission et son devoir à consolider la tribu, à la préserver de la désagrégation qui accroîtrait le travail et la surveillance, de la civilisation qui ébranlerait l'aristocratie des chefs, et surtout de la colonisation qui introduirait un corps étranger dans un milieu homogène ».

Pour la justice criminelle il est une observation importante à faire. On a introduit en Algérie le jury. Il en résulte que les accusés musulmans devant les assises sont jugés par un jury exclusivement européen. Dans certains cas, comme dans les temps qui précèdent ou qui suivent les insurrections, ces jurys sont dominés par la passion et se montrent d'une rigueur exagérée. C'est absolument violer le principe de l'institution que de faire juger les indigènes par les colons qui sont, non leurs pairs, mais souvent leurs ennemis. Dans la session des assises de Constantine, en juillet 1881, sept indigènes ont été condamnés à mort pour des crimes qui auparavant obtenaient toujours des circonstances atténuantes. Si l'on veut soumettre les indigènes au jury, il faudrait que le jury fût mixte. Mais il est plus raisonnable et plus humain de faire juger les indigènes par des magistrats et non par des jurés.

DU RÉGIME POLITIQUE DE L'ALGÉRIE.

Nous abordons maintenant une question singulièrement importante et délicate. Quel doit être le régime politique de l'Algérie ? Comment concilier les intérêts militaires et les intérêts civils, les droits des musulmans, ceux des Européens non français et ceux des colons d'origine française ? A cette contrée, qui est bien conquise, mais où l'insurrection fermente toujours, comment donner à la fois la liberté et la sécurité ?

L'Algérie a traversé déjà plusieurs phases, celle de la conquête qui a duré jusque vers 1845 ; celle du développement lent, mais continu de la colonisation de 1845 à 1870 ; enfin, depuis 1870, celle d'un accroissement beaucoup plus rapide du nombre des immigrants, des travaux publics et du défrichement. Les institutions ont singulièrement varié dans ces trois périodes. Ces variations excessives, ces oscillations alternatives dans le sens de la liberté et dans le sens de la réglementation autoritaire étaient excusables, inévitables même pendant les années de la conquête ou pendant celles qui ont suivi la conquête. Aujourd'hui, après un demi-siècle d'occupation, on doit enfin adopter un plan de gouvernement que l'on suive avec persévérance. Jetons un rapide coup d'œil sur l'histoire de nos changeantes institutions algériennes.

Du mois de juillet 1830 au mois de décembre 1831, le général commandant l'armée d'occupation fut investi de tous les pouvoirs. La population civile était considérée avec raison comme le cortège habituel de commerçants ou de trafiquants qui s'attache à une armée en campagne. Cependant le gouvernement, dès que les opérations militaires eurent un peu avancé, chercha une organisation qui offrît plus de garanties à l'élément civil. Une ordonnance fut rendue à cet effet le 1ᵉʳ décembre 1831 : « S'il a été nécessaire, y disait-on, dans « les premiers mois qui ont suivi l'expédition d'Alger, de laisser « réunis en une seule main les pouvoirs civils et militaires, il im« porte maintenant au bien-être de cet établissement que ces pou« voirs soient séparés, afin que la justice et l'administration civile « et financière puissent dans ce pays prendre une marche régulière. » Le gouvernement entrait résolument, prématurément même, dans

le système de l'administration civile. « La direction et la surveil-
« lance de tous les services civils en Algérie, disait la circulaire,
« celle de tous les services financiers, ainsi que l'administration de
« la justice sont confiées à un intendant civil placé sous les ordres
« immédiats du président du Conseil des ministres et respective-
« ment sous ceux des ministres de la justice, des affaires étrangè-
« res, de la guerre, de la marine, des cultes, du commerce et des
« finances. »

Ces idées étaient fort libérales, elles pouvaient difficilement s'appliquer en pleine période de combats, dans un temps où il était assez habituel, même dans les vieux pays civilisés, de décréter l'état
de guerre. Des conflits surgirent entre l'administration civile et le
chef militaire. Au bout de peu de mois on réunit le commandement militaire et l'intendance civile sous une même autorité,
celle du ministre de la guerre. L'ordonnance du 22 mai 1832, qui
organisa ce nouveau régime, plaça nettement l'intendant civil
sous les ordres du commandement militaire, sans rien changer d'ailleurs aux attributions du premier, et sans confondre de nouveau
l'administration civile et l'administration militaire qui désormais
devaient rester distinctes. Cette organisation, qui fut bientôt et plusieurs fois modifiée, est restée cependant le type dont s'est toujours
rapprochée l'administration algérienne pendant quarante années.

Une ordonnance du 22 juillet 1834 et un arrêté du 1ᵉʳ septembre
de la même année altérèrent un peu ce régime, plutôt dans la forme
que dans le fond. Le commandement et la haute administration des
possessions françaises dans le nord de l'Afrique furent confiées à un
gouverneur général. Plus tard, le 31 octobre 1838, l'intendance
civile fut supprimée et remplacée par une direction de l'intérieur ;
c'était une subordination plus complète de l'élément civil à l'élément militaire.

Jusqu'en 1845, il ne fut guère fait d'altération à l'organisation
que nous venons de décrire. L'année 1845 marque la fin de la conquête proprement dite. A cette époque on divisa l'Algérie en trois
provinces et chacune d'elles en trois zones de territoire : civil,
arabe et mixte. Dans le territoire civil, les services administratifs
étaient complètement organisés ; dans le territoire mixte, c'était
l'autorité militaire qui remplissait les fonctions civiles ; enfin le territoire arabe était exclusivement soumis au régime militaire. Comme
organes d'administration l'ordonnance de 1845 instituait une direction générale des affaires civiles, un conseil supérieur d'administration et un conseil de contentieux. Le gouvernement de Juillet, continuant avec esprit de suite dans cette voie, établissait, par une

ordonnance du 1ᵉʳ septembre 1847, dans chaque province un directeur des affaires civiles et un conseil de direction.

La République de 1848, conformément à son principe et aux idées du temps, devait procéder avec plus d'élan. Elle tenta d'assimiler complètement l'Algérie à la métropole, singulier essai à un moment où la conquête était à peine achevée, où une centaine de mille Européens seulement se trouvaient dispersés au milieu de 2 millions et demi d'Arabes. L'Algérie eut le droit d'envoyer des députés à l'Assemblée Nationale. On rattacha aux ministères compétents les cultes, l'instruction publique et la justice. On publia un rapport du général La Moricière qui affirmait que « le moment lui paraissait « enfin venu de réaliser d'une manière décisive le vœu, si souvent « manifesté, d'une assimilation largement progressive. » S'inspirant de ces observations, un décret du 9 décembre 1848 supprima la direction générale des affaires civiles et créa dans chaque province un département avec un préfet et un conseil de préfecture. On donna au territoire civil un peu plus d'extension. Le gouverneur général fut maintenu ; l'autorité militaire fut représentée à Alger par un gouverneur militaire et à Paris par le ministre de la guerre. Cette organisation fut naturellement modifiée par l'Empire. Le Sénat fut chargé du soin de régler la constitution de l'Algérie ; les départements algériens furent maintenus, mais l'essai d'assimilation de l'Algérie à la métropole fut abandonné.

L'Empire fit, cependant, une tentative originale qui, avec quelques modifications, aurait pu et dû être heureuse, mais dans laquelle il ne persévéra pas. En 1858, il créa un ministère de l'Algérie et des colonies. Le gouvernement général était remplacé par un ministre résidant à Paris ; on supprimait le Conseil du gouvernement ; on instituait des Conseils généraux non électifs ; les préfets en territoire civil, les généraux en territoire militaire obtenaient une extension de leurs attributions administratives ; on agrandissait le territoire civil, on formait de nouvelles sous-préfectures. Le chef de l'armée d'Afrique, dépourvu d'attributions civiles, prenait le titre de commandant des troupes de terre et de mer.

Cet état de choses dura deux ans ; il eût pu et dû persister davantage. Les habitudes d'instabilité l'emportèrent. En 1860, le ministère spécial de l'Algérie et des colonies disparut. On reconstitua le gouvernement général. Sous l'autorité du gouverneur général, deux hauts fonctionnaires, un sous-gouverneur et un directeur des affaires civiles, indépendants l'un de l'autre, se partagèrent l'administration. Le sous-gouverneur n'était pas seulement chef d'état-major de l'armée d'Afrique ; il avait encore l'administration du territoire militaire par l'intermédiaire des trois généraux de division et des bureaux arabes placés sous leur autorité. Le directeur des affaires civiles administrait par l'entremise des préfets le territoire civil. Un conseil supérieur de gouvernement, composé de fonctionnaires et de délégués des Conseils généraux, préparait le projet de budget colonial. L'autorité civile et l'autorité militaire étaient, dans cette organisation, indépendantes l'une de l'autre. Un décret du 7 juillet 1864 changea cet état de choses et subordonna partout la première autorité à la seconde. Les généraux commandant les divisions furent investis du titre de commandants de provinces ; on plaça sous leurs ordres les préfets qui durent leur adresser des rapports et recevoir leurs instructions. On retombait ainsi plus que jamais dans le régime militaire dont l'ombre seule suffit pour exaspérer les colons et éloigner les émigrants. Une colonie vit autant de réputation que de réalité ; la fâcheuse renommée du régime militaire suffisait pour arrêter le développement de l'Algérie.

Les événements de 1870, l'esprit républicain qui pénétra de nouveau les institutions de la France, la réaction contre les doctrines de l'administration impériale, firent éprouver à l'Algérie une transformation. Le principe électif s'étendit à tout. Les Conseils généraux furent électifs; les Algériens français envoyèrent des députés et des sénateurs au Parlement. Le gouverneur général prit le titre de civil, quoiqu'il continuât d'abord à être un militaire, comme l'amiral de Gueydon et le général Chanzy. La direction des affaires civiles fut rattachée au ministère de l'intérieur. Les préfets furent soustraits à l'autorité des généraux; le territoire civil fut étendu ; les bureaux arabes furent réduits en nombre et en attributions ; des commissaires civils les remplacèrent dans tout le Tell.

En principe tous ces changements étaient bons; dans l'application ils le furent moins. Le système militaire avait les plus grands inconvénients. Tous les intérêts civils étaient systématiquement sacrifiés à l'intérêt, parfois problématique ou malentendu, de l'armée. C'est ainsi que, jusqu'à ces derniers temps, les meilleurs terrains, les territoires les plus aptes à la culture étaient souvent réservés pour les champs d'exercice et de manœuvres ; les fortifications des villes, les prohibitions de bâtir arrêtaient le développement des centres. La lettre impériale de 1865 en témoigne naïvement : « On doit, partout où cela est possible, dit-elle, et sans nuire
« aux intérêts de la défense, restreindre les servitudes, livrer à la
« colonisation les terrains que l'administration s'est réservés et qui
« ont déjà acquis une grande valeur, en échange d'autres ter-
« rains où les établissements des administrations pourraient être

« installés à bien meilleur marché. » C'était faire une critique très juste des inconvénients matériels du régime militaire qui n'étaient rien auprès de ses inconvénients moraux. Si le régime civil est celui qui convient à l'Algérie, du moins à la plus grande partie de l'Algérie, il n'en résulte pas que l'on ne puisse avoir de temps à autre, comme gouverneur général civil, un militaire éclairé, comme le général Chanzy par exemple ; mais ce ne doit pas être la règle. On a cherché à rendre le gouvernement général civil responsable de l'insurrection de 1881 ; le gouverneur général de ce temps peut avoir commis des fautes, mais il y a une singulière exagération à prétendre qu'il soit la cause unique ou principale des troubles récents. En serait-il ainsi qu'on n'en devrait rien conclure ; car les erreurs d'un homme ne peuvent à elles seules faire juger des mérites d'une institution.

Le territoire de l'Algérie est encore divisé en territoire civil et en territoire militaire. Il n'y a pas d'inconvénient à maintenir, pendant quelques années, cette distinction, surtout le territoire militaire n'étant plus fermé aux colons. Il a, d'ailleurs, singulièrement diminué d'étendue. Au 1er octobre 1880, le territoire civil proprement dit comprenait, pour les trois départements, 7,383,583 hectares et 1,884,124 habitants. C'était à peu près comme superficie le septième de l'étendue de la France ou encore l'équivalent de douze départements moyens de la métropole. Le plan d'agrandissement du territoire civil, d'ailleurs, porte ce dernier à 11,184,255 hectares, comprenant 2,344,208 habitants ; la superficie du territoire militaire resterait encore deux ou trois fois plus considérable, mais elle se composerait pour la grande partie de steppes ou de déserts et elle ne comprendrait que 6 à 700,000 habitants.

L'administration communale en Algérie ne pouvait et ne pourra encore de longtemps être homogène ; elle sera plus complètement et plus libéralement constituée là où l'élément européen est assez élevé que là où il est très disséminé. De même que la Grande-Union américaine distingue les Etats et les Territoires, ces derniers qui ne jouissent pas de la plénitude de la vie politique, de même et à plus forte raison encore sommes-nous obligés, en Algérie, de classer en divers ordres les circonscriptions territoriales. Les localités où il n'y a presque que des Arabes ne peuvent être régies encore par la même méthode que celles où il n'y a presque que des Européens. On a donc trois ordres de communes : les communes de plein exercice qui sont assimilées aux communes de France et ont les mêmes droits municipaux, les communes mixtes qui n'ont qu'une vie municipale embryonnaire, enfin les communes indigènes qui sont administrées par des agents de l'autorité centrale et qui n'ont, pour ainsi dire, pas de vie municipale, sauf chez les Kabyles où existent traditionnellement des Djemmaas, assemblées électives. Le progrès consiste à faire passer des communes de la troisième catégorie dans la seconde, et d'autres de la seconde catégorie dans la première. Au 1ᵉʳ octobre 1880, il existait en Algérie dans le territoire civil 184 communes de plein exercice et 63 communes mixtes; dans le territoire militaire, dit aussi territoire de commandement, il n'y avait pas de communes de plein exercice; on y trouvait 11 communes mixtes et 24 communes indigènes. On devra créer beaucoup d'autres communes de plein exercice; c'est ainsi que dans sa session de décembre 1879 le conseil supérieur de gouvernement émettait le vœu que la commune mixte de Tébessa passât dans cette catégorie. Tébessa est un centre très important et prospère. Les libertés municipales agréent singulièrement à tous les hommes, encore plus aux colons, qui d'ordinaire ont particulièrement développé le goût de l'indépendance.

Il y a cependant des difficultés spéciales dans la vie municipale algérienne. Les communes de plein exercice ne sont pas habitées uniquement par des français; quelquefois ceux-ci sont en petite minorité. Quatre ou cinq dizaines de nos nationaux peuvent-ils administrer souverainement quatre ou cinq centaines d'étrangers ou d'Arabes. La raison proteste contre les injustices et l'oppression qui en pourraient résulter. D'autre part, si l'on donnait aux indigènes les mêmes droits électoraux qu'aux Européens, ils écraseraient ceux-ci par leur nombre. Il semble que l'on n'ait donc à choisir qu'entre l'oppression des Européens par les Indigènes ou celle des Indigènes par les Européens. C'est là une situation qui durera tant que la fusion des races et des intérêts ne sera pas complète, c'est-à-dire sans doute pendant un demi-siècle encore.

On a cherché à associer les indigènes, de même que d'ailleurs les étrangers, à l'administration communale. On a admis à l'électorat municipal les indigènes âgés de vingt-cinq ans, domiciliés depuis deux ans dans la commune et ayant l'une des qualités suivantes : propriétaire foncier ou fermier d'une propriété rurale, patenté, employé de l'État, du département ou de la commune, membre de la Légion d'honneur ou décoré de la médaille militaire. Le nombre des conseillers municipaux que ces électeurs sont appelés à nommer ne peut être, en y comprenant les conseillers étrangers, inférieur à trois, ni supérieur au tiers du nombre total des conseillers à élire. Un assez grand nombre d'indigènes peuvent ainsi prendre part aux élections municipales et un petit nombre aux délibérations des conseils municipaux. Sur les listes électorales arrêtées au 31 mars 1879, il y avait 42,459 électeurs municipaux français pour toute l'Algérie, 30,326 électeurs indigènes musulmans, 6,086 électeurs étrangers. Dans le chiffre des électeurs français sont compris les israélites indigènes qu'un décret du gouvernement de la Défense nationale a nationalisés en bloc. Il y a des arrondissements où le nombre des électeurs indigènes est plus considérable que celui des électeurs français. Dans l'arrondissement de Constantine il y a 4,654 électeurs indigènes contre 4,108 français. Dans celui de Tizi-Ouzou on compte 3,100 électeurs indigènes contre 1,064 français. Néanmoins, ce sont toujours ces derniers qui dans chaque conseil municipal ont, d'après la loi, une forte majorité. Il en résulte parfois quelques abus assez malaisés à éviter.

On a proposé d'appliquer le même système d'élections pour les conseils généraux. Chacune de ces assemblées départementales se compose d'Européens élus et de six indigènes désignés dans chaque département par le gouvernement général. Les colons ont toujours impatiemment supporté cette présence des « assesseurs musulmans » dans les assemblées départementales. Elle est, cependant, légitime et indispensable. Seulement ces conseillers généraux musulmans qui ont les mêmes droits et les mêmes prérogatives que leurs collègues français devraient être élus par leurs coréligionnaires. Le Conseil général d'Alger a émis en 1881 un vœu pour que cette réforme fût réalisée.

Étendre la représentation des indigènes est une mesure de politique prévoyante. Jusqu'ici on a beaucoup trop négligé les Arabes; même au temps où on leur accordait des faveurs verbales, où l'on inventait la formule du Royaume Arabe, où l'on promulguait le sénatus-consulte de 1863 rendant les tribus indigènes propriétaires de tous leurs territoires de parcours respectifs, même à cette époque on ne faisait rien pour rendre l'état social des indigènes plus semblable au nôtre et pour assurer aux Arabes plus de bien-être, plus d'instruction, plus de droits politiques.

Nous venons de prononcer un mot qui est grave. Les indigènes doivent avoir des droits politiques; il faut les leur octroyer, avec mesure sans doute, pour que la colonisation ne soit pas étouffée et puisse, au contraire, largement se développer; mais on doit les leur concéder pour que leur voix puisse toujours être entendue, pour qu'ils puissent prévenir les abus criants comme ceux qui ont pu se produire dans les expropriations des terres appartenant aux indigènes, dans les concessions de terrains à alfa sans indemnité pour les tribus, dans le recours à la responsabilité collective des tribus ou des douars. Si l'on veut mettre fin aux insurrections, il importe que les indigènes aient une représentation élective, dans toutes les assemblées qui auront à prononcer sur leurs intérêts.

Ce principe s'applique, non seulement aux conseils généraux, aux conseils municipaux, mais encore au Conseil supérieur de gouvernement et même au Parlement français. Le Conseil supérieur de gouvernement, dont la principale attribution est la préparation du budget de l'Algérie et l'examen des projets de loi que le gouvernement se propose de présenter aux Chambres, est composé de hauts fonctionnaires de la colonie et de dix-huit conseillers généraux élus par leurs collègues d'Alger, d'Oran et de Constantine. Pourquoi n'y ferait-on pas entrer six indigènes élus à raison de deux dans chaque département par leurs coréligionnaires? Y aurait-il aussi un grand mal à ce que la Chambre des députés et le Sénat de France continssent, chacun dans leur sein, trois élus des indigènes d'Algérie? Les noirs de la Martinique et de la Guadeloupe sont bien représentés dans nos deux Chambres, pourquoi les Arabes et les Kabyles d'Algérie ne le seraient-ils pas?

Appliquons le plus possible chez les Arabes le principe électif, c'est d'ailleurs désagréger la masse compacte de chaque tribu, c'est préparer à nos idées et à nos lois un terrain meuble où elles pourront plus facilement germer et prendre racine.

Ce qui est encore nécessaire, c'est de soustraire l'administration de l'Algérie au Régime des Décrets : rien ne lui a été plus défavorable. Outre le préjudice matériel qu'il lui porte, ce système a pour notre colonie quelque chose d'humiliant. « C'est par décrets quand ce n'était pas par de simples arrêtés, disait récemment le gouverneur général (1), que ce grand pays était non seulement administré, mais gouverné. N'est-ce point un décret qui régit encore tout ce qui touche à la colonisation : — le système des concessions, l'attribution des terres domaniales, voire même la constitution de privilèges en contradiction avec les dispositions du Code civil? Et dans un autre ordre d'idées, qui touche à l'une des matières les plus graves de notre ordre public, la législation des Conseils généraux, n'est-ce point un simple décret qui est venu se substituer, en Algérie, à la grande loi votée pour la France par l'Assemblée Nationale. » Il est temps qu'une loi organique vienne fixer la constitution algérienne et fasse la part du domaine de la loi, du domaine des décrets et du domaine de l'arrêté ministériel.

Les discussions sont âpres entre les colons sur le caractère que

---

(1) Discours de M. Albert Grévy, gouverneur général civil, le 3 décembre 1879, à l'ouverture de la session du Conseil supérieur de gouvernement.

doit avoir la Constitution de l'Algérie. Est-ce l'autonomie que l'on doit chercher, est-ce l'assimilation à la métropole? Si aucun de ces deux régimes ne peut être atteint dès maintenant, vers lequel doit-on tendre? Ni l'un ni l'autre, à notre gré, ne sont d'ici à fort longtemps applicables. Toutefois, l'autonomie est encore plus éloignée. Comparer l'Algérie au Canada ou à l'Australie, c'est faire une grossière confusion. S'il n'y avait en Algérie que des Européens, si du moins Européens et indigènes vivaient parfaitemeut d'accord dans la métropole, si la France n'avait jamais à intervenir pour fournir des subventions ou des garanties d'intérêts aux travaux publics algériens, on pourrait peut-être parler d'autonomie; mais ces conditions ne se rencontreront pas avant un siècle. Même alors, nous croyons que la grande tâche que la nation française doit accomplir, non seulement en Algérie, mais dans tout le Nord de l'Afrique, s'accommoderait mal de l'autonomie.

Il vaut mieux tendre vers l'assimilation; mais celle-ci non plus ne saurait être complète; c'est graduellement, par des étapes assez longues et fort espacées, qu'on peut s'y acheminer. Tant que les divers éléments de sa population ne se seront pas fondus les uns dans les autres, tant qu'ils ne se seront pas tous européanisés, l'Algérie ne pourra être entièrement assimilée à la France. Elle aura longtemps besoin d'une administration distincte non seulement par le personnel, mais par le caractère, par la nature des études, par la préparation générale. C'est pour cette raison que nous ne saurions approuver ce que l'on a appelé les « rattachements » des principaux services coloniaux aux services analogues de la métropole, constituant le gouverneur général délégué des neuf ministres formant notre cabinet. Cette mesure est opposée aux nécessités présentes. Cette dissémination des services algériens ne peut aboutir qu'à la confusion. Il est vrai que le décret du 5 septembre 1881 qui a créé cet ordre de choses avait été sollicité par le Conseil général de Constantine; mais un conseil général peut être mal inspiré.

Loin d'assimiler complètement l'administration algérienne à l'administration métropolitaine, on devrait se préoccuper de créer pour l'Algérie un personnel administratif spécial qui eût à la fois de la durée et de la compétence. Tout change à chaque instant en Algérie, et les institutions et les hommes. Un écrivain russe, très sympathique à notre colonie, M. de Tchihatchef, dans un livre publié en 1880 (1), constate que de 1830 à 1877 l'Algérie a eu 22 gou-

(1) Espagne, Algérie et Tunisie, Lettres à Michel Chevalier par P. de Tchihatchef.

verneurs généraux, ce qui ne donne guère que deux ans de durée à chaque gouverneur général. Pour que son observation restât vraie, de 1877 à 1881 il y a eu deux gouverneurs généraux nouveaux. La durée d'une fonction aussi importante, demandant autant de connaissance du pays, ne devrait pas être moindre de cinq à six ans. Les préfets ne sont pas plus stables. Il est rare qu'ils restent en place plus de dix-huit mois ou deux ans. On les prend à Cherbourg, à la Rochelle, à Dunkerque, à Dieppe, où ils étaient soit préfets, soit sous-préfets et on leur donne la préfecture d'Alger, de Constantine, ou d'Oran. Les fonctions administratives sont, cependant, tout autres dans ce pays neuf qu'en France et beaucoup plus délicates. Jusqu'à ces derniers temps la plupart des sous-préfets de l'Algérie remplissaient encore la charge d'administrateur des communes mixtes, chefs-lieux, « cumulant ainsi, au grand détriment de la chose publique et des intérêts municipaux, les attributions contradictoires d'exécuter et de contrôler (1). » D'autre part, les commissaires civils, les administrateurs des communes mixtes, ont dû recevoir, à l'égard des populations indigènes, des pouvoirs disciplinaires considérables pour que l'administration civile ne fonctionnât « pas dans des conditions certaines d'infériorité vis-à-vis de l'administration militaire. » Il importerait singulièrement que des fonctionnaires ayant des droits aussi redoutables fussent choisis avec le plus grand soin. Le moindre clerc d'avoué, cependant, ou un négociant en déconfiture est installé dans ces positions : c'est à lui que le gouvernement français confie les propriétés des Arabes et l'honneur de la France. Notre personnel administratif civil en Algérie est d'une qualité fort médiocre ; légèreté, incompétence, présomption, voilà le bagage que du fond des départements les plus éloignés de la France continentale il apporte dans notre colonie.

Il est indispensable de créer un corps spécial de fonctionnaires algériens, qui soit soustrait à toutes les fluctuations de la politique et qui ait été préparé par une éducation soignée au rôle important qu'il doit remplir. Ce personnel devrait connaître la société et la langue arabes, avoir fait un stage en Algérie, et avoir passé des examens. De même que les Anglais et les Hollandais ont un personnel spécial pour l'administration des Indes ou de Java, de même devons-nous faire pour notre Afrique ; nous l'avons bien essayé en Cochinchine, colonie qui est loin d'avoir la même importance. En même temps que nous aurions une administration vraiment colo-

(1) Discours du gouverneur général civil à l'ouverture de la session du Conseil supérieur de Gouvernement en décembre 1879.

niale, par ses études, par son apprentissage, nous devrions penser à avoir une armée coloniale, dans laquelle entreraient sans doute en grande partie des éléments métropolitains, mais qui serait susceptible d'être mise sur le pied de guerre et de fournir 40 ou 50,000 hommes pour des expéditions, sans jeter le désordre dans nos plans de mobilisation continentale.

LES TRAVAUX PUBLICS, LEUR IMPORTANCE, LA DIRECTION A LEUR DONNER.

Avec une administration impartiale, dévouée, compétente et libérale, ce qui contribuera le plus à développer l'Algérie, ce seront des travaux publics bien entendus qui exigeront de la métropole, au moins comme avances, des sommes assez considérables. Le gouvernement, les départements et l'initiative privée ont fait sans doute beaucoup d'efforts dans un pays d'une topographie difficile et où il n'y avait que des sentiers à mules. Il faudra cependant encore dix ou quinze ans pour que l'Algérie soit, sous ce rapport, comparable aux pays les moins avancés de l'Europe centrale. Dès maintenant elle est dans des conditions à peu près semblables à celles du Portugal.

Jusqu'en 1879, il n'y avait en Algérie que cinq routes nationales. La loi du 29 mars de cette année a porté ce nombre à dix, dont l'une ira d'Oran à Geryville par Mascara et Saïda, une autre de Relizane à la frontière du Maroc par Mascara, Sidi Bel Abbès et Tlemcen. Quand toutes ces routes seront achevées, ce qui ne sera guère avant huit ou dix ans, l'étendue de ces grandes voies sera de 2,985 kilomètres, ce qui, pour les 14 ou 15 millions d'hectares que comprend la région du Tell, donne la proportion de 2 décamètres 15 au kilomètre carré, ou de 2 kilomètres 15 au myriamètre. Encore doit-on dire qu'une partie de ces routes dépasse le Tell, comme celle qui va dès à présent à Laghouat et celle qui bientôt aboutira à Geryville. En plus de ces routes nationales, on compte en Algérie 1,316 kilomètres de routes départementales, soit avec les routes nationales faites ou à faire, 4,300 kilomètres environ, la vingtième partie des voies de cette nature qui existe en France. Parmi les chemins vicinaux, ceux de grande communication et ceux d'intérêt commun se rapprochent assez des routes et peuvent rendre les mêmes services, les statistiques relèvent 4,982 kilomètres des premiers et 1,298 kilomètres des seconds. Additionnons ces quatre catégories de moyens de communication, nous arrivons à un total de 10,579 kilomètres, dont les deux tiers tout au plus peuvent être considérés comme étant actuellement en état de viabilité. Nous ne savons au juste de combien de kilomètres les chemins vicinaux ordinaires viennent accroître ce total. L'État a senti dans ces dernières années la nécessité de hâter l'exécution de toutes les voies en projet. La loi du 10 avril 1879 qui accorde une dotation nouvelle de 300 millions à la Caisse des chemins vicinaux stipule que 40 millions seront affectés aux communes et aux départements de l'Algérie pour l'achèvement des chemins de grande communication ou d'intérêt commun et des chemins vicinaux ordinaires. Si l'on employait judicieusement et avec économie une centaine de millions en dix ans à la viabilité de l'Algérie, on pourrait aisément construire une vingtaine de mille kilomètres, au prix moyen de 5,000 francs par kilomètre. L'administration, surtout pour le réseau secondaire, devrait renoncer à toute idée de luxe et faire d'abord le simple nécessaire. Dans les pays neufs il s'agit surtout de rendre le pays accessible aux charrettes pendant la plus grande partie de l'année ; mieux vaut avoir un beaucoup plus grand nombre de chemins de faible largeur qu'une moindre étendue de voies magistrales.

L'État français depuis quelques années fait pour les travaux publics en Algérie des sacrifices intelligents qui, poussés encore avec plus d'activité, donneraient au pays beaucoup plus de sécurité et faciliteraient le développement de ses ressources. Les seuls travaux exécutés par le génie militaire et par le corps des ponts et chaussées (abstraction faite par conséquent des travaux départementaux et communaux) montaient en 1878 à 11,457,861 francs, dont 7 millions environ pour des travaux neufs, et 4 millions et demi pour des travaux d'entretien. La prévision des dépenses à effectuer en 1879 pour les mêmes services était de 11 millions 247,000 fr., dont 6 millions 761.000 francs de travaux neufs, et 4 millions 485,000 francs de travaux d'entretien. Les travaux neufs se répartissaient ainsi : pour les routes et les ponts 909,000 francs ; pour les dessèchements et les irrigations, 610,000 ; pour les ports, phares et fanaux, 1,981,000 ; 584,000 francs pour les bâtiments civils, 244,000 pour les frais d'études, enfin 2 millions 433,000 pour la colonisation, c'est-à-dire pour les *preparatory expenses*, ces dépenses préparatoires qui doivent précéder l'installation des colons dans les villages.

L'œuvre principale, dans le domaine des travaux publics en Algérie, ce sont les chemins de fer. Longtemps notre colonie a été sous ce rapport très médiocrement dotée ; elle l'est encore insuffisamment. L'Empire concéda à la grande compagnie métropolitaine de Paris-Lyon-Méditerranée une ligne parallèle à la mer allant d'Alger à Oran et une autre perpendiculaire à la mer reliant

Philippeville à Constantine. Ces deux lignes, dont la première a 426 kilomètres et la seconde 87, semblèrent pendant longtemps borner l'horizon algérien au point de vue des chemins de fer. Après la guerre de 1870-71 les Conseils généraux de la colonie se mirent à concéder des lignes d'intérêt local en garantissant un intérêt pour le capital engagé, ou en accordant aux entrepreneurs des concessions d'alfa, cette plante qui pousse si abondamment sur les hauts plateaux algériens. C'est ainsi que se formèrent les sociétés de Bône à Guelma, d'Arzew à Saïda, de l'Ouest algérien. Plus tard l'État voulut jouer de nouveau un rôle actif dans la constitution du réseau ferré de notre grande colonie. Il transforma en Compagnie d'intérêt général la Compagnie d'intérêt local de Bône à Guelma, il lui donna des concessions nouvelles dont l'une va jusqu'à Tunis et a été une des causes de notre entreprise militaire dans la Régence de ce nom. Il accorda une garantie d'intérêt à la compagnie de l'Est algérien, et enfin il projeta beaucoup de lignes nouvelles.

Le réseau total des voies ferrées exploitées en Algérie et en Tunisie est de 1,400 à 1,500 kilomètres, c'est plusieurs centaines de kilomètres de plus que le réseau du Portugal qui a une population égale à l'ensemble de la population algérienne. Ces lignes se décomposent comme il suit : Réseau de la Compagnie de Lyon Méditerranée, comprenant la ligne d'Alger à Oran (426 kilom.) et celle de Philippeville à Constantine (87 kilom.); Compagnie de l'Est algérien, à savoir : de Constantine à Sétif (155 kilom.), de la Maison Carrée à l'Alma, amorce de la ligne de Sétif à Alger (28 kilom.); Compagnie de Bône à Guelma et prolongements : Bône à Guelma (88 kilom.); Guelma au Kroubs, point de jonction avec la ligne de Constantine à Sétif (114 kilom.); Duvivier à Soukharras, point de jonction avec la ligne de la vallée de la Medjerdah aboutissant à Tunis, 52 kilomètres; ligne de la Medjerdah en Tunisie (189 kilom.); Compagnie de l'Ouest algérien; Sidi-bel-Abbès à Sainte-Barbe du Tlélat, point de jonction avec la ligne d'Oran à Alger (52 kilom.); enfin Compagnie franco-algérienne : ligne d'Arzew à Saïda (171 kilom.). C'est un total de 1,362 kilom. Dans le courant des opérations militaires de 1881 on y a ajouté quelques prolongements stratégiques : celui de Soukharas à Ghardimaou pour relier les lignes algériennes aux lignes tunisiennes; celui du Kreider, 34 kilomètres exécutés en 53 jours, pour faire pénétrer plus au sud le chemin d'Arzew à Saïda. Nous ne parlons pas ici du petit chemin de fer Decauville (système portatif) établi en Tunisie de Sourk à Khérouan.

L'Algérie et la Tunisie possèdaient donc vers la fin de 1881 environ 1,400 kilomètres de chemins de fer réguliers. Ce sont là des instruments de pacification, de culture et de commerce. Les services que ces voies ferrées rendront au pays sont incalculables. On sait que l'on peut difficilement évaluer l'utilité d'un chemin d'après ses seules recettes nettes. Une ligne ferrée vaut non seulement par les sommes qu'elle rapporte aux actionnaires mais par celles qu'elle économise aux habitants sur leurs transports, le tarif d'une voie ferrée étant toujours au maximum le tiers ou le quart, parfois même le dixième des frais de transport par routes de terre.

Quand même les voies ferrées algériennes ne rapporteraient rien, il eût pu être avantageux de les construire, de même qu'on fait à grands frais des routes qui ne donnent aucune recette nette et qui ne paient même pas leur entretien. Mais les chemins de fer algériens, si l'on tient compte de la nouveauté de leur établissement, sont dans une situation financière qui est assez satisfaisante. L'ensemble de leurs recettes paie plus que les frais d'exploitation et donne même un léger excédent, un bénéfice appréciable qui est, cependant, et qui restera pendant de longues années insuffisant pour rémunérer le capital engagé. On peut évaluer à 6 ou 7,000 fr. par kilomètre les frais d'exploitation d'un chemin de fer à trafic rudimentaire comme les chemins de fer algériens. En 1879, la moyenne des kilomètres exploités (y compris 93 kilomètres de la ligne de la Medjerda en Tunisie) était de 980 et les recettes brutes se sont élevées à 9,085,000 francs, soit 9,200 francs par kilomètre, ce qui devait laisser un excédent kilométrique moyen d'environ 2,000 francs. C'est beaucoup plus que le produit des lignes d'intérêt local en France. Sans doute, il faudrait que la recette brute des chemins algériens doublât au moins pour que les capitaux engagés fussent intégralement rémunérés, sans aucun recours à la garantie de l'État; il se passera vraisemblablement une quinzaine d'années avant qu'il en soit ainsi.

Dès maintenant il y a des lignes qui par elles-mêmes sont payantes, pour employer l'expression anglaise : celle de l'Ouest algérien par exemple (Sidi-bel-Abbès au Tlélat), qui produit 18,000 francs environ de recettes brutes par kilomètre. La ligne de Philippeville à Constantine donne 20 à 22,000 francs de recette brute kilométrique; celle d'Oran à Alger, 12 à 13,000 francs; la ligne de Bône à Guelma, dans son parcours entre ces deux villes, fournit une recette brute de 9 à 10,000 francs. La ligne de Constantine à Sétif ne produit encore que 6 à 7,000 francs; quand elle sera plus ancienne et qu'elle aura été prolongée, elle donnera davantage. La ligne de Guelma au Kroubs produit 4 à 5,000 francs par kilomètre; la Franco-algérienne

(Arzew à Saïda) donnait à peu près le même résultat avant l'installation complète des chantiers d'Alfa sur les hauts plateaux. En dehors des tronçons de la Maison-Carrée, de l'Alma et de Duvivier, à Soukharas, la seule ligne qui jusqu'ici ait un trafic tout à fait insuffisant pour pourvoir à ses frais d'exploitation est celle de la Medjerdah en Tunisie qui ne donne guère que 3,000 francs de recette brute kilométrique. Avec la pacification du pays ce produit doublera en peu de temps, si même il ne triple pas.

De cette rapide analyse on peut conclure que la construction de chemins de fer dans notre Afrique est, même au point de vue financier, une opération très recommandable. En général les travaux publics ne donnent aucun revenu direct et n'indemnisent pas de leurs frais d'entretien. Les recettes du réseau algérien tel qu'il est constitué, non seulement paient ses frais d'exploitation et d'entretien, mais elles fournissent encore, en attendant mieux, un revenu net équivalant à 1 ou 1 1/2 p. 100 du capital engagé. Ce résultat est encourageant.

La loi du 18 juillet 1879 a classé dans le réseau des chemins de fer d'intérêt général beaucoup d'autres lignes, notamment celle de la frontière du Maroc à Tlemcen et de Tlemcen à Oran par Aïn Temochent, une autre de Tlemcen à Sebdou avec prolongement dans la direction du Sud ; des lignes de Sidi-Bel-Abbès à Magenta, de Mostaganem à Tiaret, de Tenès à Orléansville, de Ménerville à Sétif, reliant Alger à Constantine, de Béni Mansour à Bougie ; d'El Guerra à Batna puis à Biskra, reliant ce dernier point à Soukharras, d'Aïn Beida dans la direction de Guelma.

Quand toutes ces lignes seront faites, l'Algérie aura environ 2,500 à 3,000 kilomètres de voies ferrées. L'isolement des diverses villes entre elles cessera. Jusqu'à ces derniers temps, il n'y avait par exemple aucune relation directe de Constantine à Alger. Les communications entre ces deux importantes cités ne s'opéraient que par deux services hebdomadaires de bateaux à vapeur d'Alger à Philippeville. La route de terre d'Alger à Constantine n'était pas encore complètement terminée en 1870, et l'amiral de Gueydon, gouverneur général, citait comme un grand progrès l'établissement d'un service journalier de voitures publiques, moyennant une subvention annuelle de 40,000 francs, reliant la capitale de la colonie avec le chef-lieu de la principale province. Dans quatre ou cinq ans, on doit l'espérer, la locomotive circulera de Constantine à Alger.

En jetant les yeux sur la nomenclature que nous venons de faire, il est impossible de ne pas être frappé de ce fait que les chemins de fer algériens aujourd'hui existants se rencontrent seulement dans la région du Tell. Le point le plus méridional du réseau actuellement construit, El Guerra, sur la ligne de Sétif à Constantine, n'est pas à 25 lieues de la côte (1); la moyenne de nos lignes n'est certainement pas à plus de douze ou quinze lieues de la mer. Parmi les chemins décrétés il y en a qui entrent plus profondément dans les terres, comme ceux qui doivent aboutir à Tébessa, à Aïn Beida, à Daya et surtout comme celui de Biskra et celui du Kreider déjà exécuté. Mais ces prolongements eux-mêmes sont bien timides. Il semble que nous nous considérons toujours comme campés sur l'étroite lisière du Tell. Nous devons peu à peu quitter la mer pour nous enfoncer dans les profondeurs de la colonie. Il faut créer des chemins de pénétration qui aillent jusqu'à Ouargla, jusqu'à Metlili, jusqu'à Figuig. Il faudra même bientôt construire le chemin de fer transsaharien dont les études ont été conduites avec tant de légèreté et ont amené un désastre.

Tous ces chemins de fer doivent être faits vite et suivant la méthode américaine. En dehors du grand tronc transsaharien qui devra être particulièrement soigné comme construction, on peut établir des chemins de fer dans le désert moyennant une dépense de 50 à 60,000 francs par kilomètre. Avec cent millions on pourrait donc faire 2,000 kilomètres environ de chemins de fer de pénétration, qui se rattachant aux chemins existants, nous conduiraient à 150 ou 200 lieues des côtes. Ces chemins devraient être reliés eux-mêmes à la hauteur de Laghouat par une grande ligne stratégique transversale. Nous ne devons pas reculer en Algérie devant l'exploitation du désert, au moyen des puits artésiens, des plantations et des chemins de fer. Si notre administration des Ponts et Chaussées savait renoncer à ses idées par trop méticuleuses, si pour les chemins de fer à construire dans les régions médiocrement habitées elle renonçait à toute installation de luxe, si elle se contentait du strict nécessaire pour le trafic probable pendant les quinze ou vingt années suivantes, on augmenterait beaucoup plus avec les mêmes dépenses de capital le réseau et la productivité de nos lignes algériennes. Mieux vaut dans un pays comme les régions peu cultivées de l'Algérie construire 4 kilomètres de chemins de fer à 60,000 francs le kilomètre qu'un seul kilomètre de voie magistrale à 240,000 fr. Dût-on, au bout de vingt ans, quand la colonisation se serait développée, reconstruire intégralement une partie de ces kilomètres de voies légères et à bon marché, on aurait encore fait une excellente affaire. Nous devons imiter les Américains dans le Far-West,

(1) Nous ne parlons pas ici du chemin de fer d'Arzew à Saïda (ce point est à 171 kilomètres de la mer) qui a été construit dans des conditions particulières.

même les Russes dans l'Asie centrale. Un grand nombre de kilomètres de voies ferrées imparfaites et improvisées vaut infiniment mieux qu'un nombre restreint de kilomètres construits à loisir et à la perfection.

On a mis vingt ans depuis 1860 à construire en Algérie et en Tunisie environ 1,400 kilomètres de chemins de fer, ce qui représente 70 kilomètres environ par année. Or, il n'a fallu que 53 jours dans l'été de 1881 pour construire les 34 kilomètres du chemin de fer du Kreider. C'est assez dire qu'avec une dépense modique de capitaux on pourrait construire chaque année dans notre Afrique 3 ou 400 kilomètres. A nos 1,400 kilomètres on oppose les 13,000 kilomètres de voies ferrées de l'Inde, les 10,000 kilomètres du Canada, les 8,000 de l'Australie. La comparaison sans doute n'est pas exacte parce que dans tous ces pays la colonisation européenne est beaucoup plus ancienne qu'en Afrique et que la population s'y trouve infiniment plus nombreuse. Ces exemples, néanmoins, doivent nous stimuler ; ils doivent surtout nous enseigner la méthode des travaux publics faits avec promptitude et bon marché. Ces grandes œuvres sont la meilleure amorce à l'immigration. Les centres ou villages que crée l'administration française et les terres qu'elle distribue ne servent à l'établissement que de trois à quatre mille colons par année. Or, sait-on combien de personnes sont venues se fixer en Algérie en 1879? Le nombre en est de 23,604. Ce chiffre ressort de l'excédent des arrivées de passagers civils sur les départs. On ne vient en Algérie et l'on n'en sort que par mer; le mouvement par les frontières de terre est insignifiant. En 1879, les arrivées et les départs par catégories de passagers se résument dans le tableau suivant :

CATÉGORIES.	Arrivées.	Départs.	Excédent des arrivées sur les départs.
Fonctionnaires ou agents	3,817	3,495	322
Colons (immigrants)	2,340	700	1,640
Passagers voyageant à leurs frais	96,671	75,329	21,342
Totaux	102,828	79,524	23,304

Si chaque année notre colonie s'enrichissait ainsi de 23,000 immigrants, en outre de l'excédent naturel des naissances sur les décès, on voit qu'il ne faudrait pas longtemps pour qu'il y eût un million d'Européens dans l'Afrique française.

Nous avons examiné toutes les mesures propres à faire de l'Algérie une colonie florissante : attirer une nombreuse immigration, non pas par des passages gratuits et par des primes, mais par l'appât de terres fertiles, d'une facile et peu dispendieuse appropriation, par la jouissance de toutes les libertés civiles et municipales, par les bienfaits d'un bon régime administratif, tourné tout entier vers la mise en rapport du pays et laissant aux colons la plénitude de leur initiative ; préparer les races indigènes à une nouvelle organisation économique et sociale par la désagrégation de la tribu, par la constitution de la propriété individuelle, par le développement d'une instruction saine, virile et imbue des idées européennes, enfin par le contact de nos colons auxquels aucun territoire ne serait plus interdit ; voilà la double ligne de conduite qu'il importe de suivre sans incertitude comme sans précipitation, avec patience et esprit de suite ; enfin au faîte de l'administration algérienne, rendre au pouvoir civil toutes ses attributions naturelles, mettre fin au régime militaire, rétablir le ministère de l'Algérie et des colonies, dont la courte existence a été signalée par un redoublement de vie et de prospérité sur notre terre d'Afrique, constituer un personnel administratif colonial à l'abri des influences politiques : voilà les mesures qui mettront le sceau aux réformes nécessaires dans l'organisation de l'Algérie et qui assureront à cette colonie un rapide et sérieux développement. Malgré les incertitudes et les variations de notre politique, malgré des dispositions habituelles peu favorables à la colonisation, l'Algérie a fait des progrès incontestables et qu'il est puéril de dédaigner.

Quand on réfléchit qu'il n'y a que 50 ans que le premier soldat français est descendu en Afrique, qu'il a fallu environ 17 ans pour soumettre en gros le pays, que depuis lors il y a eu des insurrections fréquentes, et que néanmoins près de 400,000 Européens sont établis sur cette terre, il y a lieu de beaucoup espérer. Seulement il faut que la période de tâtonnements soit désormais close. Aujourd'hui l'on ne doit plus avoir qu'un but : faire pénétrer notre droit civil dans toute l'étendue du pays. Il faut sans doute user de patience, de modération, de prudence en poursuivant cette fin : mais en procédant par gradation, en appliquant nos lois et notre enseignement de proche en proche à mesure que l'élément européen avance dans l'intérieur, on arrivera avant la fin du siècle à ce que tout le territoire algérien soit entièrement soumis à notre législation, les tribus désorganisées, la propriété privée nettement établie ; alors nous pourrons avoir un million d'Européens en Algérie et parmi les deux millions et demi ou les trois millions d'indigènes, le plus grand nombre sera accessible à nos usages et à nos mœurs. Nous sommes de ceux qui croient que l'avenir de la France est en grande partie sur la terre d'Afrique et que, par l'Algérie jointe au Sénégal, nous arriverons un jour à dominer et à civiliser tout le nord-ouest de ce continent, c'est-à-dire toute la partie qui s'étend de Tripoli à l'Atlantique, de la Méditerranée au nord à la Gambie au sud et à l'équateur en y comprenant tout le cours du Niger et de ses affluents et les contrées qui bordent le lac Tchad. Nous pourrons avoir là sous notre influence un territoire presque aussi grand que l'Europe et dont il est aujourd'hui démontré qu'une très vaste partie est non seulement susceptible de culture mais déjà presque en plein rapport ; ces derniers mots s'appliquent au Soudan. Nous devons à tout prix nous assurer la domination du Soudan : pour y arriver il n'y a pas une année à perdre.

L'expédition du général de Gallifet, au commencement de 1873, à El Goleah, qui est situé à deux cents lieues de la côte à vol d'oiseau, a été une première excursion utile qui malheureusement n'a pas été assez tôt suivie par d'autres. Jusque-là nous n'avions guère dépassé Laghouat et Géryville. Seuls, d'intrépides voyageurs, comme M. Bouderba, interprète de l'armée d'Afrique, et M. Duveyrier, avaient pénétré plus loin.

D'autres voyageurs particuliers, M. Largeau par exemple qui y a trouvé la mort, M. Louis Say, ont poussé plus loin. Aucun Français, néanmoins, n'a pénétré dans ces derniers temps jusqu'à Tombouctou qu'avait visité au dernier siècle un de nos compatriotes, Caillé, et où un tout jeune Allemand, le docteur Lenz, vient d'entrer, faisant la route qu'il eût appartenu à un Français de parcourir. Depuis l'expédition du colonel de Galiffet jusqu'à celle du colonel Flatters en 1881 le gouvernement s'était beaucoup trop désintéressé de ces explorations. Il aurait dû presque chaque année envoyer au loin des reconnaissances pour rendre notre uniforme familier et respectable aux tribus du désert. Il eût fallu que quelques-uns de nos officiers se montrassent à Figuig, puis à Insalah ; la frontière du Maroc aurait dû être rectifiée de façon à nous assurer la possession de l'oasis de Figuig, peut-être de Tafilet, et, à coup sûr le protectorat des oasis du Touat. On a laissé échapper l'occasion, il faudrait la reprendre, de placer ce dernier pays sous notre souveraineté. Si après l'heureuse excursion à El Goleah, on eût chaque année fait des explorations du même genre, l'infortuné colonel Flatters n'eût sans doute pas été arrêté dans sa marche vers le Niger, ni assassiné à Assiou, c'est-à-dire à 400 lieues de la côte algérienne et presque aux portes de l'Aïr. Bien loin qu'il faille abandonner le projet du Transsaharien il faut le reprendre avec plus de fermeté, plus de réflexion, en faisant d'ici à quatre ou cinq ans pénétrer la locomotive jusqu'à 150 ou 200 lieues de la Méditerranée et en la poussant d'Alger à Tombouctou dans un délai de dix à douze ans.

L'année qui a vu le massacre de la mission Flatters a été témoin aussi de l'occupation de la Tunisie et de l'établissement de notre protectorat dans cette Régence. Nous tenons à honneur d'avoir été un de ceux qui ont demandé non seulement la prise de possession temporaire de la Tunisie, mais l'annexion totale et définitive de cette contrée. Nous avons blâmé les lenteurs de notre gouvernement; nous n'avons cessé de l'engager à mettre des garnisons dans tous les lieux importants du pays, les plus centraux comme les plus méridionaux (1). Le traité de Kassar Saïd ou du Bardo nous a toujours paru insuffisant. Notre occupation de la Tunisie ne doit être ni limitée, ni temporaire, ni faite à titre contesté. Nous devons être dans ce pays non pas protecteurs, mais souverains. Avec ses 14 millions d'hectares, la plupart susceptibles de bonne culture, ses 1,500,000 habitants dont le nombre pourrait quintupler si le pays était bien exploité, avec sa grande ville de 120,000 âmes, avec toute son étendue de côtes sur la Méditerranée, la Tunisie sera pour la France une superbe dépendance. L'expédition de Tunisie est la seule grande chose que la France ait faite depuis dix ans; c'est même la seule entreprise sérieusement utile pour elle qu'elle ait conduite à l'extérieur depuis quarante années. Le *Sic vos non vobis* ne saurait être l'éternelle maxime de notre pays. Les ineptes criailleries et les injustes dédains qu'a soulevés l'expédition tunisienne disparaîtront. Si notre gouvernement a assez de prévoyance pour maintenir l'occupation complète et permanente, si surtout il a assez de sens politique pour transformer le protectorat en annexion définitive, les bases de notre empire Africain en seront singulièrement élargies et consolidées. Le reste sera l'œuvre de la persévérance et du temps; quand on célébrera en 1930 le centenaire de notre descente à Alger nous compterons dans nos provinces africaines trois ou quatre millions d'hommes d'origine européenne, nous dominerons tout le Soudan; le quart ou le cinquième de cet immense continent qui s'appelle l'Afrique sera sous notre dépendance et recevra l'empreinte de notre civilisation. Ces perspectives valent bien quelques efforts, quelques sacrifices de cet argent dont nous possédons des quantités si exubérantes.

(1) Voir l'*Économiste français* des mois de mars, avril, mai, juin 1881.

CHAPITRE VI

Les colonies de la France. (Suite.)

La Guyane. — Caractère artificiel de la colonisation à la Guyane. — Mauvaise direction donnée aux cultures. — Absence de libertés municipales. — Composition et rôle de la Chambre d'agriculture du commerce et de l'industrie. — Le régime pénitentiaire et ses vices. — La production et le commerce.
Le Sénégal. — Grande importance de cette colonie. — Tentative de colonisation officielle faite par la Restauration. — Ressources du Sénégal. — Extension de notre influence dans l'intérieur. — Notre conduite avec les indigènes. — Le régime commercial. — Le mouvement du commerce et de la navigation. — Les chemins de fer au Sénégal. — La route du Niger et du Soudan.
Le Gabon. — Possibilité de grand avenir pour ce comptoir.
Les îles françaises sur la côte de Madagascar.
Les établissements français de l'Inde. — Développement des libertés locales dans ces dépendances.
La Cochinchine. — Importance de cette colonie. — Rapide essor du commerce de Saïgon. — L'administration générale et les libertés locales en Cochinchine. — Notre avenir dans ce pays. — De l'annexion du Tonquin et de l'Annam.
Nos possessions océaniennes. — Les îles Marquises. — La Nouvelle-Calédonie. — La transportation et la déportation. — De l'annexion des îles Hébrides.
Les îlots de Saint-Pierre et Miquelon.
Résumé des colonies françaises.

Nous nous sommes longuement arrêté sur la plus nouvelle de nos colonies, parce que c'est aussi le champ le plus vaste qui soit ouvert à notre activité colonisatrice et celui qu'il nous est le plus facile de féconder. Mais nous avons encore dans les différentes parties du monde et en dehors des colonies à sucre que nous avons étudiées plus haut, d'autres restes de notre vieil empire colonial. Nous devons aussi fixer les yeux sur ces débris dont quelques-uns ne sont pas dépourvus de toute vitalité et peuvent se ranimer sous l'influence d'un bon régime. Nous avons déjà parlé de la situation de la Guyane dans le chapitre où nous avons étudié les colonies des tropiques adonnées à la production de denrées d'exportation. Nous devons pourtant revenir sur cette colonie parce qu'elle se distingue par plus d'un caractère des autres établissements des tropiques. L'abolition de l'esclavage y produisit des perturbations analogues à celles que subirent les Antilles et la Réunion; la secousse y fut même plus grande à cause de la vaste étendue du sol cultivable, et des mauvaises mesures adoptées par les colons (1). Cette France équinoxiale, sur laquelle on avait fondé, au xviiiᵉ siècle, de grandes espérances et où, à deux reprises, sous le ministère de Choiseul et sous la Restauration, on a fait sur une grande échelle des tentatives de colonisation et d'immigration officielles, n'a jamais pu sortir de l'état de médiocrité. Les causes en sont multiples, et nous verrons qu'elles présentent beaucoup d'analogies avec celles qui entravent les progrès de notre établissement algérien. C'est d'abord le mauvais régime d'appropriation des terres, c'est ensuite l'abus des règlements administratifs et de l'ingérence gouvernementale dans l'agriculture, l'industrie, le commerce et la vie entière des habitants, enfin le manque absolu de toutes libertés municipales et provinciales.

On a vu dans le premier livre de cet ouvrage qu'à la fin du xviiiᵉ siècle un administrateur d'une rare intelligence, Malouet, réclamait que l'on mît à la Guyane les terres en vente au lieu de les concéder gratuitement. Cette réforme si utile, essentielle même, n'a jamais été appliquée. On continua à faire des concessions gratuites, temporaires, soumises à des conditions nombreuses, ce qui enleva à la propriété toute garantie et toute stabilité. Plus qu'ailleurs l'administration prétendit diriger les colons dans leurs cultures : « les administrateurs professent que la principale destinée de cette colonie consiste à approvisionner la mère patrie des denrées exotiques et lui demandent des sacrifices dans ses plans d'exploitation agricole pour alléger la crise cotonnière de France. Ils en font la condition de toute concession provisoire de propriété et grèvent le budget local à cette fin. Ainsi tenus en dédain les vivres ne sont produits qu'en minime quantité, et la disette se fait sentir pour peu qu'un accident accroisse les besoins ou diminue les récoltes (2). » Cette direction artificielle paralyse l'essor de la colonisation et malheureusement elle s'étend à toutes les branches de culture et de commerce. L'administration interdit l'exportation des bestiaux qui pourraient admirablement se développer dans les

(1) Pour fermer aux nègres l'acquisition légale des petites propriétés, l'administration de la Guyane imagina un impôt sur les mutations immobilières, progressif en raison inverse de l'étendue des terres, impôt qu'il fallut abolir après quatre ans de plaintes. En 1859, le gouvernement local supprima toutes les écoles gratuites dans les campagnes et imposa double taxe aux enfants des cultivateurs qui se présentaient pour être admis dans les écoles de Cayenne. On institua pour les affranchis une sorte d'organisation du travail qui se rapprochait singulièrement de l'esclavage. Toutes ces mesures et beaucoup d'autres, aussi iniques qu'imprudentes, au lieu de contenir les nègres et de les retenir sur les plantations, les aigrirent, les portèrent à fuir et augmentèrent sensiblement la crise (Voy. Jules Duval, *les Colonies de la France*, p. 225 et suiv.).

(2) Jules Duval, *les Colonies de la France*, p. 209.

vastes savanes du littoral. « La libre exportation révélerait probablement que la Guyane placée au vent de l'Amérique centrale et des Antilles est admirablement disposée pour faire un grand commerce de bétail avec tout l'archipel. Au contraire, l'approvisionnement même des habitants est insuffisant et la Guyane tire ses bœufs du Sénégal, ses mulets du Poitou, ses viandes conservées d'Europe et d'Amérique, tandis qu'à côté d'elle la province brésilienne de Para dans des conditions pareilles s'enrichit par le bétail (1). »

La Guyane dans ses parties hautes n'est qu'une vaste forêt, ce serait une précieuse ressource si l'exploitation en était permise par d'intelligents règlements ; les cours d'eau sont nombreux et l'on pourrait établir avec facilité des scieries mécaniques : mais l'administration se montre peu favorable à cette industrie ; on ne délivre des permis que pour des périodes de 3 ou 5 ans : aussi les capitaux ne se portent-ils guère vers cette exploitation qui serait lucrative, si des concessions plus longues permettaient l'établissement de vastes chantiers et de grandes avances qu'il faut beaucoup de temps pour amortir et rémunérer. Au lieu d'autoriser ces industries conformes à la nature du sol et du climat, l'élève du bétail, la production des vivres, le travail des bois de construction, industries vivaces, qui ne demandent que la liberté pour prospérer, l'administration a dépensé des sommes considérables en primes pour la production de denrées coloniales que la Guyane ne peut fournir dans des conditions favorables. Et cependant, si ces primes eussent été employées à faire des routes, quelle impulsion en aurait reçu la colonie ! Mais les administrateurs français à la Guyane, comme en Algérie, comme au Sénégal, ont le goût de l'acclimatation : ils entretiennent à grands frais dans des jardins botaniques quelques spécimens de plantes rares et précieuses ; ils voudraient que tous les colons se fissent, comme eux, horticulteurs ; et ils emploient une partie des ressources du budget à les attirer par des subventions dans cette voie artificielle au bout de laquelle il n'y a pas de véritable et solide prospérité.

Vendre à bas prix les terres et les forêts domaniales, respecter complètement la liberté d'installation et de culture, supprimer toutes les primes et employer les fonds qui y étaient destinés au développement de la viabilité par terre et par eau, ce doit être là le point de départ de toute réforme. Mais la réforme doit être plus radicale encore, si l'on veut en attendre de notables résultats ; elle doit modifier totalement l'administration qui est à la Guyane, plus

---

(1) Jules Duval, *les Colonies de la France*, p. 210.

qu'ailleurs, singulièrement défectueuse. La ville seule de Cayenne y est constituée en commune et encore le conseil municipal y est-il nommé par le pouvoir. Les quatorze districts de la Guyane sont sous l'administration sans contrôle de commissaires commandants qui concentrent dans leurs mains les attributions multiples du commandement, de l'état civil, de la police, de la justice de paix. On a dit avec raison qu'il n'y a pas au monde de population aussi dénuée d'institutions municipales que celle de la Guyane ; les Kabyles et les Arabes eux-mêmes ont leurs *djemmaas*, tandis que, Cayenne excepté, il n'existe à la Guyane aucune commune. La représentation coloniale fait défaut comme la représentation communale ; sous ce rapport la colonie n'a fait que perdre les garanties qu'elle avait autrefois. Sous l'ancien régime, à côté du gouverneur, il y avait un conseil supérieur dont les attributions étaient importantes : nous avons vu que Louis XVI avait créé une assemblée provinciale. Sous la Révolution, la Guyane eut des députés aux assemblées législatives de la métropole. Sous la Restauration et le gouvernement de 1830 la Guyane eut un conseil colonial électif et des délégués. La République de 1848 rendit à la colonie le droit de représentation dans les assemblées métropolitaines et lui accorda les conseils généraux. On le voit, à toutes ces époques la colonie jouissait de garanties plus ou moins étendues, mais toujours sérieuses. Aujourd'hui, il n'existe plus auprès du gouverneur qu'un conseil privé composé, en majorité, de fonctionnaires auxquels se joignent quelques habitants désignés par le gouverneur lui-même. Jamais on ne vit de pouvoir plus absolu. « Par un privilège qui n'a pas de précédent, croyons-nous, dans la législation contemporaine ou passée d'aucun pays, le gouverneur de la Guyane est investi depuis 1854 du droit de fixer à son gré la nature et l'assiette des impôts, d'en régler seul la quotité, la perception, l'emploi. Du jour au lendemain il peut les improviser à son gré. Le 1ᵉʳ janvier 1860 vit paraître un budget exécutoire du jour même, arrêté la veille, qui doublait et triplait certaines taxes, à la grande stupéfaction du commerce dont l'imprudente naïveté avait réglé ses opérations en vue de tarifs qu'il supposait fixes jusqu'à nouvel avis donné en temps utile » (1). Ce qu'un pareil système a de délétère, l'influence morbide qu'il exerce sur l'état du corps social, il est facile de s'en rendre compte. Cette concentration des pouvoirs est encore aggravée par le renouvellement incessant des gouverneurs. Nous avons la funeste habitude de placer toutes nos colonies sous la direction d'officiers de l'armée ou

---

(1) Jules Duval, *les Colonies de la France*, p. 288.

de la marine, que leur éducation n'a pas formés à la fonction si délicate d'administrer des sociétés et qui, faisant pour la plupart un stage de 2 ou 3 ans seulement dans nos établissements, sont incapables d'en connaître les besoins et les ressources, et, par conséquent, de développer celles-ci et de satisfaire ceux-là. De 1817 à 1863, en 45 ans, la Guyane a compté 17 gouverneurs titulaires et 6 intérimaires, ce qui ne laisse pas en moyenne 2 ans de charge pour chacun d'eux. Et, cependant, ces gouverneurs éphémères ne peuvent même être soutenus et éclairés par la voix publique. Non seulement la représentation municipale ou provinciale n'existe pas, non seulement il n'y a pas de presse, mais le droit de pétition collective est interdit aux habitants. Ce système entraîne la plus mauvaise gestion et le plus grand gaspillage : la viabilité est rudimentaire. Sur un budget de plus de 1 million, c'est à peine si on lui consacre 100,000 francs par an : la plus grande partie des crédits est absorbée par les frais d'administration. Pour une population de 20,000 âmes les documents officiels comptent un millier de fonctionnaires à divers titres, sans parler, bien entendu, de la garnison de terre et de mer (1). Il suffit d'exposer cette situation, elle porte avec elle ses enseignements, et toute réflexion est superflue.

Depuis onze ans fonctionne à la Guyane une sorte d'embryon d'assemblée coloniale. C'est une chambre de notables qui porte le nom de chambre d'agriculture, du commerce et de l'industrie. Elle a été instituée par un arrêté du gouverneur en date du 31 août 1870, sur l'approbation donnée par le ministre de la marine et des colonies dans une dépêche du 5 du même mois. Cette chambre est élue par une assemblée composée des cent propriétaires, fermiers ou concessionnaires les plus fortement imposés et par tous les patentés de 1re et de 2e classe, c'est-à-dire par ceux qui paient de 400 à 600 francs (1re classe) ou de 150 à 250 (2e classe). Le nombre des membres de la chambre est de 15. Le conseil doit donner son avis sur tout ce qui intéresse la colonie, mais il n'a qu'un rôle purement consultatif.

On a, depuis un certain temps, fait de la Guyane une colonie pénitentiaire ; on y a dirigé nos forçats en nombre de plus en plus considérable. C'est un problème fort délicat que le traitement de ces condamnés ; il s'agit de les transformer en ouvriers productifs et pour une partie, du moins, en colons. La France a-t-elle réussi dans cette œuvre difficile, a-t-elle, du moins, pris la bonne route ? Elle n'a pas agi d'une manière systématique et avec esprit de suite

---

(1) Jules Duval, *les Colonies de la France*, p. 234-235.

comme l'Angleterre en Australie ou à Van Diemen ; sans plan bien arrêté, elle s'est livrée aux expédients. Jusqu'en 1860 aucun essai sérieux n'a été tenté pour moraliser les condamnés et les transformer en colons. On déposait les forçats, à leur arrivée, aux îles du Salut, d'où on les évacuait dans des succursales de terre et de mer. Sur terre, les établissements ont été répartis dans le bassin de l'Oyapock, de la rivière de La Comté et du Maroni. La séquestration fut d'abord si peu rigoureuse, qu'un grand nombre de forçats résidait à Cayenne où les uns étaient employés comme domestiques ou ouvriers, et les autres tenaient boutique. Le conseil municipal se plaignit et l'on eut recours à des mesures plus sévères. Les établissements pénitenciers ne réussirent guère dans cette première période ; l'habileté industrielle d'un grand nombre de forçats, nous dit-on, était détournée de sa destination naturelle au gré des caprices de l'administration. C'est en 1860 seulement que la réforme commença d'une manière sérieuse : un décret impérial assigna aux pénitenciers la moitié du territoire qui s'étend entre la Mana et le Maroni. On essaya de moraliser et de relever les forçats par la famille et par la propriété : des mariages et des concessions de terre furent des récompenses pour la bonne conduite des condamnés. Il se forma, d'après les rapports des voyageurs, une petite colonie laborieuse, défrichant le sol, grandissant avec des espérances d'avenir. On était dans la bonne route : mais malheureusement ces condamnés, propriétaires et pères de famille, sont l'exception ; la grande majorité est soumise à un régime à la fois plus rigoureux et moins utile à la colonie. Au lieu de les employer à des travaux d'utilité publique et surtout aux routes, qui sont le principal besoin de la colonie, on les fait travailler à des plantations de sucre et de café qui coûtent beaucoup plus qu'elles ne rapportent ; on reconnaît là cet esprit fantaisiste et ces goûts d'amateur dont nos fonctionnaires coloniaux donnent trop souvent la preuve. On n'a introduit que très tardivement et d'une manière incomplète, en dehors de la ville de Cayenne, le système de louage des services des condamnés aux colons, système que les Anglais ont pratiqué en Australie avec tant de bonheur, sur une si grande échelle et d'une manière si régulière, sous le nom d'*assignment of convicts*. En un mot la colonie reproche, avec raison, à l'administration de ne savoir pas faire tourner le travail des forçats à l'utilité générale. La situation de la Guyane, on le voit, à quelque point de vue qu'on l'envisage, est bien loin d'être satisfaisante ; elle réclame de la part de la métropole, des réflexions sérieuses et des réformes radicales.

L'importance de la Guyane, comme établissement pénitentiaire, a d'ailleurs décrû depuis que la Nouvelle-Calédonie a reçu la même destination. C'est le 20 février 1852 que le gouvernement offrit la transportation à la Guyane comme une faveur aux forçats (condamnés aux travaux forcés) en cours de peine. Trois mille d'entre eux acceptèrent, le régime du bagne devant être pour eux fort adouci. A partir de 1854 la transportation, au lieu d'être facultative, fut le régime pénal habituel pour les forçats. Mais depuis 1864 on ne transporta à la Guyane que les condamnés noirs ou arabes, les condamnés blancs étant dirigés vers la Nouvelle-Calédonie. A notre avis, ce fut une faute. La Nouvelle-Calédonie ne devrait servir de lieu de transportation que pour les condamnés à des peines légères, soit les récidivistes correctionnels, soit ceux qui n'ont encouru que les peines criminelles les moins graves. Les grands coupables devraient être installés soit à la Guyane, soit dans quelque possession océanienne distincte de la Nouvelle-Calédonie ; mêlés avec les condamnés moins compromis et moins endurcis, ou même simplement voisins d'eux, ils les corrompent et empoisonnent toute la colonie pénitentiaire (1).

Voici, d'après les renseignements les plus récents empruntés aux *Annuaires de l'Économie politique et de la Statistique*, un aperçu des conditions matérielles et des ressources de la Guyane française, à onze années de distance en 1867 et en 1878. Ils ne témoignent que trop du constant déclin et de l'insignifiance actuelle de notre colonie. Dans ces derniers temps on y a découvert des mines d'or assez prospères, qui peut-être pourront relever un peu le commerce de cette colonie expirante.

Superficie, 72,000 kilomètres.

	1867	1878
Population.............................	25,287	17,342
Dont : Émigrants........................	3,516	4,972
Indiens indigènes..................	1,800	2,287
Troupes.............................	974	1,020
Transportés hors du pénitencier......	691	1,274

Cultures.

	1867		1878	
	hectares.	produits.	hectares.	produits.
Cannes à sucre..	462	1,375,699 fr.	120	58,890 fr.
Cafe............	521	107,424	402	35,396
Coton..........	6	883	6	»
Cacao..........	253	56,581	252	38,070

(1) On trouvera dans l'ouvrage de M. Delarbre, *les Colonies françaises*, les renseignements administratifs sur le régime pénitentiaire à la Guyane.

	1867	1878
Hectares cultivés	6,672	5,722
Habitations	1,415	1,678
Travailleurs	6,813	3,406
Valeur des propriétés	8,216,312	4,186,000
— des produits	415,328	756,484

Commerce.

	1867	1878
Importations	10,699,239	7,640,255
Exportations	2,154,870	504,132
Totaux	12,854,109	8,144,387

Le commerce avec la France est tombé de 10,017,176 fr. à 5,446,340 fr.

Navigation.

	1867		1878	
	Entrées.	Sorties.	Entrées.	Sorties.
Bâtiments français	110	103	67	68
— étrangers	26	22	24	23
Totaux	136	125	91	91

On voit par tous ces chiffres combien cette colonie est peu florissante. Les cultures, le commerce et la population y sont en voie de décroissance énorme depuis onze ans et ils sont tombés à un chiffre dérisoire.

Notre colonie du Sénégal jouit relativement d'une prospérité plus grande. C'est plutôt là une colonie de commerce et d'influence, si nous pouvons parler ainsi, que d'agriculture et d'immigration. Quelques Européens, en très petit nombre, sont établis dans l'île Saint-Louis, à Gorée, à Dakar et dans quelques comptoirs de l'intérieur, et ils étendent leurs relations dans un rayon de près de 200 lieues. Le territoire soumis à notre domination, singulièrement agrandi par une politique habile et vigoureuse, comptait vers 1860, d'après M. Jules Duval, plus de 115,000 habitants, parmi lesquels à peine 300 Européens.

Depuis lors la population s'est accrue ainsi que la superficie territoriale soumise à notre domination. Le recensement de 1876 portait le nombre des habitants à 195,190, et même à 197,331 avec la population flottante, dont 132,079 dans l'arrondissement de Saint-Louis et de Bakel, et 65,257 dans celui de Gorée et de Dakar. Nous ignorons au juste le nombre des Européens, mais il est certainement beaucoup plus considérable que ne l'évaluait M. Jules Duval. Si nous savons avoir dans cette partie de l'Afrique une politique habile et persévérante, nous pourrons en quelques années soumettre à notre domination ou du moins à notre influence et à notre protectorat plusieurs millions d'habitants. Le Sénégal doit nous servir de base d'opérations pour pénétrer au centre de l'Afrique.

Le Sénégal est une des terres où s'est d'abord porté l'activité et l'esprit d'entreprise de nos marins ; nous avons, dans la première partie de cet ouvrage, résumé les expéditions des matelots normands ou bretons sur cette côte.

Le commerce principal du Sénégal fut, sous l'ancien régime, la gomme, dont il s'exportait, pendant toute la seconde partie du xviii° siècle, environ 300,000 livres, et *les pièces d'Inde*, pour employer l'expression des *asientos*, ces malheureux noirs que la traite transportait aux colonies. Ces dernier trafic prit une très grande extension : aussi le commerce général du Sénégal était-il supérieur, à la fin du dernier siècle, à ce qu'il est de nos jours. Dès l'année 1789, la métropole trouvait à placer dans cette colonie 20 millions de livres tournois en marchandises : l'abolition de la traite a fait tomber à moitié nos exportations pour le Sénégal. La Restauration, avec ce zèle digne d'éloge et cette singulière inexpérience dont nous avons vu déjà des preuves à la Guyane, voulut donner à notre colonisation d'Afrique une grande et définitive impulsion ; mais, sans tenir compte des circonstances locales et économiques, elle tenta sur les bords du Sénégal comme sur les bords de la Mana des entreprises agricoles. Il serait impossible de trouver, en dehors de l'histoire de la colonisation française, des tentatives aussi empreintes de légèreté et de fantaisie. La prétention de nos administrateurs était d'installer, par le concours des commerçants de Saint-Louis, de grandes cultures industrielles à 30 ou 40 lieues de cette ville. La moindre réflexion eût dû signaler à l'administration que le commerce de Saint-Louis ne pouvait, sans abandonner ses affaires, pratiquer l'agriculture à une aussi grande distance : on aurait dû songer en outre que les vastes plantations de cotonniers et d'indigofères que l'administration excitait par des primes très élevées, supposaient des capitaux et des bras en abondance, tandis que les uns et les autres faisaient défaut. La générosité officielle du gouvernement provoqua l'établissement de maisons superbes, construites avec luxe, qu'on dut abandonner au premier jour. Cette manie d'acclimatation que nous avons déjà signalée comme un des vices de notre administration coloniale, gaspilla en dépenses stériles des fonds considérables, qui, appliqués à l'amélioration du cours du fleuve, eussent produit une utilité notable et permanente. Toute cette grande installation de cultures et de fermes que la baguette administrative avait créée, disparut pour ne laisser d'autre trace que le jardin botanique de Richard Toll.

La première condition pour faire prospérer une colonie, c'est de se rendre bien compte de l'étendue et des limites de ses ressources : c'est presque toujours d'une erreur de conception plutôt que d'un vice d'exécution que proviennent les fautes. Le Sénégal est une colonie importante et qui doit le devenir beaucoup plus encore, si l'on comprend bien le rôle auquel elle est appelée et les perspectives qu'elle présente. Il ne peut s'agir d'asseoir sur les rives de ce fleuve une population européenne nombreuse ; le tenter serait une folie. Notre tâche au Sénégal est une tâche d'initiation ; nos principaux moyens sont l'influence morale, l'ascendant intellectuel, soutenu par une force matérielle uniquement réservée à la légitime défense de nos droits et, en second lieu, l'exécution de grands travaux publics. Nous occupons un territoire immense et nous pénétrons par le fleuve profondément dans l'intérieur de l'Afrique. Nos postes de Dagana, Imar, Matam, Bakel, etc., commandent le fleuve sur une étendue de 250 lieues : notre colonie forme donc un coin qui entre dans les entrailles du continent africain et qui en occupe un des plus vastes débouchés. Bakel, le point le plus important sur le haut du fleuve, faisait déjà, il y a dix ans, près de 5 millions d'affaires. Toutes les contrées voisines de ce poste admirablement placé sont peuplées de nations nombreuses relativement laborieuses et riches. Toute notre politique doit tendre à nous les rattacher par l'équité et l'utilité de nos relations. Étendre notre influence et notre commerce dans le Fouta, qui a plus de 400,000 habitants, dans le Boudou, dans le Bambouk, dans le Khasso, dans le pays de Ségou, pousser jusqu'au Niger et établir sur ce fleuve de nombreux comptoirs, tel doit être l'un des principaux objets de nos efforts. Ce but étant nettement conçu, il ne peut plus y avoir d'incertitude dans notre administration : toutes les mesures doivent tendre à faciliter par terre et surtout par eau la circulation et les échanges. Certes, à ce point de vue, il y a beaucoup à faire, et il eût été désirable que les millions gaspillés par la Restauration dans ses essais stériles eussent été employés en travaux sur le fleuve. Il semble, en effet, que la nature qui, en Europe, a parfait elle-même son œuvre, ne nous ait livré en Afrique que des éléments bruts qui réclament impérieusement des améliorations humaines. Il faut dégager le Sénégal et le Falémé des bancs de roche qui entravent la navigation à l'époque des basses eaux : il faut construire des barrages, creuser des canaux de circulation pour tourner les passages trop difficiles ; le Sénégal est la route qui nous conduit à l'intérieur : il la faut perfectionner, de façon que dans tout son parcours et en toute saison, elle devienne praticable (1). C'est ainsi que nous pourrons attirer à Saint-Louis tout le commerce de cette partie de l'Afrique.

Aux environs mêmes de cette ville et sur toute la partie basse du fleuve, dans ce vaste territoire qu'on appelle le Oualo et qui nous est entièrement soumis, nous avons une autre mission à remplir. Nous avons protégé jusqu'ici cette nombreuse population nègre, nous l'avons délivrée des incursions des Maures, qui occupaient la rive nord du fleuve : il importe maintenant de l'initier aux arts de la civilisation. Et d'abord ce vaste pays est admirablement doué par la nature pour la production de denrées précieuses à nos industries d'Europe. Il ne s'agit pas de réitérer les expériences malheureuses de 1821 ; nous n'avons pas à créer subitement sur un territoire réduit une agriculture intensive ; mais instruits, non découragés, par l'échec de la Restauration, nous pouvons développer progressivement, avec l'aide du temps, sans primes ni faveurs exceptionnelles, les germes de prospérité que contient le Oualo. Le cotonnier, l'indigofère, sur lesquels avaient porté les tentatives de 1821, pourront peut-être donner quelques bons résultats ; mais ce sont surtout les plantes oléagineuses et spécialement l'arachide, qui offrent les plus belles perspectives d'avenir. Pour faire éclore au Oualo cette prospérité que la nature a préparée, il suffit d'un bon régime d'administration. Ce qui empêchait le développement de la culture, c'étaient les incursions et les pillages périodiques des Maures, habitant la rive septentrionale du fleuve, c'était l'esclavage, c'était la tyrannie des petits princes indigènes : ces trois obstacles ont disparu ; les Maures sont contenus dans leurs limites, l'esclavage et les razzias d'habitants auxquelles il donnait lieu sont abolis ; les chefs indigènes, en acceptant la suprématie française et en devenant les subordonnés et les fonctionnaires de notre gouvernement, ont pris des habitudes régulières. Ce nouvel état de choses a donné à la culture, au Oualo, une impulsion sans précédent : les terres y ont acquis plus de valeur ; l'administration elle-même, depuis 1857, a inauguré le système des ventes aux enchères, lequel a parfaitement réussi. Pour que ce mouvement ascendant persiste, s'accélère et s'étende, il ne faut que quelques travaux publics intelligents. Le Oualo est baigné par de larges cours d'eau, dont le principal aboutit au lac de Paniefoul sur les bords duquel s'élève le fort de Merinaghen ; sur toutes ces rivières des navires d'un fort tonnage peuvent circuler pour charger et décharger les cargaisons. Il ne faut que quelques travaux

---

(1) Les travaux à faire au fleuve le Sénégal n'excluent pas le moins du monde la construction des chemins de fer sénégalais qui a été si heureusement décrétée et qui doit être poursuivie et développée.

d'art pour que le Oualo devienne un centre d'activité industrielle et commerciale, ce qui le rendrait en même temps un centre d'attraction pour les populations de l'intérieur.

Notre politique à Saint-Louis doit être l'auxiliaire de celle que nous appliquons au Oualo et sur le haut du fleuve. Sans prétendre nous assimiler les indigènes, ce qui serait une folie avec le peu de population européenne dont nous disposons, il faut les rapprocher de nous par l'éducation, les idées, le travail et la législation. Sous l'administration intelligente du colonel Faidherbe on est entré dans cette voie. Les éléments qui composent la population de notre colonie sont beaucoup plus concordants que ne le ferait croire la diversité de leur origine. Il y a à Saint-Louis une population croisée, provenant des unions des Européens avec les femmes du pays ; et cet élément mixte, au contraire des mulâtres dans nos îles, se montre plein d'affection et de respect pour les blancs, de bienveillance et de fraternité pour les noirs : il sert vraiment de trait d'union. L'éducation et le service de la justice sont, comme en Algérie, nos deux principaux moyens d'influence : nous usons de l'un et de l'autre. En 1857, un arrêté du gouverneur soumit toute ouverture d'école à une autorisation préalable, qui ne s'accorde qu'aux marabouts natifs de Saint-Louis ou y résidant depuis sept ans et après examen de capacité et certificat de bonne conduite. Comme complément de ces mesures, tout enfant au-dessous de 12 ans doit être conduit une fois par jour à une école française (1). L'école laïque de Saint-Louis avait déjà, il y a dix ans, plus de 200 élèves musulmans, sans compter un certain nombre d'enfants qui, par le conseil des marabouts eux-mêmes, fréquentaient les classes des frères. Ces chiffres peuvent sembler bien faibles. Mais il faut penser que nous ne pouvons avoir au Sénégal la prétention que nous avons en Algérie d'arriver à un rapprochement complet des populations diverses. Tout ce que l'on peut demander, c'est de former à nos mœurs et à nos idées un certain noyau d'hommes intelligents qui répandront ensuite autour d'eux notre civilisation dans la mesure que comporte le pays. On avait fondé à Saint-Louis, il y a 30 ans, un collège et une école industrielle pour l'éducation des créoles et des indigènes : faute d'élèves ces établissements ne purent rester ouverts. On leur a substitué l'école dite des *otages*, réorganisée, en 1863, sous le nom d'*école des fils de chefs et d'interprètes* ; on a créé pour le même objet à Dakar des écoles moitié théoriques, moitié pratiques. Ces essais semblent réussir.

---

(1) Jules Duval, *Colonies de la France*, p. 91.

Sous le rapport de la législation, la justice répressive, à tous ses degrés, a été revendiquée par l'autorité française, qui, à l'égard des indigènes, admet dans les cours d'assises des assesseurs musulmans à côté d'assesseurs chrétiens. Pour la législation civile, elle est appliquée par des juges indigènes en première instance ; mais les appels sont portés devant un conseil, qui se compose du gouverneur, d'un conseiller à la cour nationale, du directeur des affaires indigènes et du pontife musulman. L'enregistrement des actes de l'état civil, qui s'opère à Saint-Louis pour les indigènes sous la direction d'un magistrat musulman, est encore un puissant moyen d'éducation en ce qu'il constitue la famille sur des bases plus stables.

En dehors de cette action toute morale et politique l'administration doit encore tourner ses vues vers l'amélioration de la ville. Que de choses n'y a-t-il pas à faire pour son assainissement et pour son approvisionnement en eau salubre ! Nos arts et métiers, le confortable européen dans les limites où le climat le réduit, sont encore des moyens d'influence et d'éducation : il ne faut pas oublier que la population européenne sera appelée à devenir plus nombreuse à mesure que se développera notre commerce sur le fleuve et que s'étendront nos relations avec l'intérieur. Une liberté complète du trafic est essentielle à cet accroissement de nos échanges sur la côte d'Afrique : jusqu'à ces dernières années, des obstacles d'origines diverses entravaient encore la circulation des marchandises ; sur le fleuve, c'étaient les droits appelés *coutumes*, perçus arbitrairement par les Maures : on a régularisé et déterminé, en les abaissant, le taux de ces redevances qu'on n'a pas encore osé abolir : à l'importation de nos produits, c'étaient de vieux règlements, restes du système mercantile, qui apportaient des retards et élevaient les frais et les prix. On sait que nos principales importations au Sénégal, sont ces toiles bleues fabriquées dans nos colonies des Indes, et que l'on appelle *guinées* : « Par une bizarre restriction, écrivait, il y a vingt ans, M. Jules Duval, les guinées à destination du Sénégal ne peuvent y être introduites que sur le vu du certificat d'origine et après avoir fait escale dans un port de France « (1). On s'est rapproché au Sénégal de la complète liberté du commerce. La législation commerciale y est régie par le décret du 24 décembre 1864, qui paraît avoir fait disparaître l'anomalie dont se plaignait Jules Duval. Les marchandises de toute nature et de toute provenance peuvent être importées sous tout pavillon à Saint-Louis et à l'île de Gorée. A Saint-Louis elles sont soumises à une taxe qui, d'abord fixée à 4 p. 100 de la valeur a

---

(1) Jules Duval, *les Colonies de la France*, p. 356.

été élevée par un décret du 20 juin 1872 à des taux variant de 5 à 15 p. 100. A Gorée, au contraire, les marchandises de toute nature sont admises en franchise de tout droit de douane et de navigation. Les marchandises importées à Saint-Louis jouissent pendant un an du bénéfice de l'entrepôt fictif. L'exportation est libre sous tout pavillon et pour toute destination. Toutefois, par des décrets du 19 février 1868 et du 20 juin 1872, les produits coloniaux exportés des dépendances de Gorée, comprenant la côte située entre le Cap Vert et le Cap Sangomar et les rivières de Saloum, de la Cazamance, du Rio Nunez, du Rio Pongo et de la Mellacorée sont soumis à une taxe, dont le maximum a été élevé à 4 p. 100. Des arrêtés ministériels pris pendant les années 1873 à 1876 ont établi des octrois de mer au profit des communes de Saint-Louis et de Gorée-Dakar. Toutes ces mesures nous paraissent fort acceptables, car il faut en définitive procurer des ressources aux colonies, et ce n'est pas l'impôt direct qui peut leur en donner de suffisantes. Nous sommes aussi partisan de l'article du décret de 1864 qui interdit aux bâtiments étrangers l'accès du fleuve du Sénégal au-dessus de Saint-Louis. Il y a là une question d'influence nationale. Au contraire, nous trouvons peu judicieux le décret du 19 juillet 1877 qui admet, sous certaines conditions de faveurs, l'importation à Saint-Louis des toiles dites *guinées* fabriquées en France et dans les établissements français de l'Inde. Il s'agissait surtout, dans la pensée des inspirateurs de ce décret, de relever dans l'Inde française les filatures tombées en décadence depuis 1864. C'était là un bien mince intérêt, et nous ne voyons pas pourquoi notre belle colonie du Sénégal serait transformée en dépendance de nos établissements indiens (1).

Le commerce du Sénégal est malheureusement stationnaire ou plutôt il a décrû dans une certaine proportion, surtout à l'importation. Il est encore au-dessous de ce qu'il a été au dernier siècle, principalement, il est vrai, à cause de l'abolition de la traite. Il est temps que la construction de chemins de fer à l'intérieur vienne donner de nouveaux éléments de trafic. Voici à 15 années de distance, en 1863 et en 1878, le mouvement du commerce extérieur :

Importations.

	1863	1878
Saint-Louis	10,366,009	6,877,544
Gorée	8,277,897	5,585,486
Totaux	18,643,896	12,463,030

(1) Pour toute cette législation, voir Jules Delarbre : *les Colonies françaises, leur organisation, leur administration*, Paris, 1877, pages 64 et suivantes.

Exportations.

	1863	1878
Saint-Louis	7,147,312	6,159,175
Gorée	7,325,481	9,800,765
Totaux	14,472,793	15,959,940

Il y a donc eu une diminution notable des importations dans les quinze dernières années, et si les exportations se sont accrues, c'est dans une faible proportion : encore sont-elles restées fort au-dessous du chiffre atteint en 1868 qui était de 21 millions et demi. Ce n'est pas à trente millions que devrait s'élever le commerce du Sénégal, c'est à plus de cent millions, en attendant mieux. Sur les 28 millions qui formaient, en 1878, l'ensemble du trafic extérieur de ce pays, le commerce avec la France entrait pour plus de 16 millions et demi, c'est-à-dire à peu près pour les quatre septièmes.

Voici, d'autre part, les chiffres de la navigation pour les années 1867 et 1878 :

Saint-Louis.

	1867		1878	
	Entrées.	Sorties.	Entrées.	Sorties.
Navires français	72	74	74	73
— étrangers	6	3	6	2
Totaux	78	77	80	75

Gorée.

	1867		1878	
	Entrées.	Sorties.	Entrées.	Sorties.
Navires français	590	466	657	660
— étrangers	64	56	71	66
Totaux	654	522	728	726

L'importance du Sénégal devrait s'accroître bien au delà de ces proportions. Dakar, notamment, jouit d'un grand trafic depuis l'établissement de nombreuses lignes de paquebots allant d'Angleterre ou de France au Brésil ou à La Plata. Beaucoup de ces vapeurs font relâche à Dakar. On trouve dans la *Revue maritime et coloniale*, du mois de mars 1873, une très intéressante description de Gorée par M. Bérenger-Férand, médecin principal de la marine. L'île de Gorée n'est, à vraiment parler, qu'un rocher de forme oblongue, ayant environ 800 mètres dans son plus grand axe et 320 mètres de large au point le plus spacieux ; la superficie n'est guère que de 365,000 mètres carrés, soit 36 hectares et demi. Le sol est absolument improductif. On propose pour y faire une promenade de 7,000 mètres d'y importer de la terre végétale de Dakar. En dépit de cette stérilité et de cette étroitesse, cette île a de grands avantages. Elle est fort bien située comme point de relâche entre l'Europe et l'Amérique du Sud ; puis elle est d'une très grande salubrité.

« Tout le monde admet avec moi, dit M. Bérenger-Férand, chef du service de santé de Gorée, que cette île est le pays le plus sain de la côte occidentale d'Afrique dans le moment présent, et la preuve que j'en puis donner, c'est qu'il y a actuellement dans l'île plus de vingt Européens qui s'y portent bien et qui y comptent de 15 à 25 ans de séjour. » Gorée n'est séparée du cap Dakar, qui est à l'ouest, que par la distance d'un mille et quart, soit moins de 2,500 mètres. « N'oublions pas, écrit encore M. Bérenger-Férand, que Gorée jouit non seulement du climat le plus sain de toute l'Afrique occidentale, mais que la nature y a fait une rade aussi belle, aussi sûre, aussi commode que les plus belles rades du monde. Si l'État ou l'industrie privée faisaient à Dakar des formes de radoub, tous les navires qui, dans un rayon de 2,000 lieues, ont besoin de passer au bassin, y convergeraient bientôt, et le point géographique qui nous occupe prendrait en Afrique l'extension que New-York, San-Francisco, Valparaiso ont prise en Amérique, que Calcutta, Shanghaï, Saïgon prennent en Asie. » Il y a sans doute de l'exagération dans ces lignes, mais nous croyons notre colonie du Sénégal, de même que notre colonie d'Algérie, réservées au plus brillant avenir.

Si nous savons tirer parti des avantages de situation, le Sénégal doit devenir un des grands établissements coloniaux du monde ; situé à 400 lieues de Tombouctou et relativement voisin de notre grande colonie d'Algérie, conduite par des mains habiles, il est appelé à constituer un centre important de commerce et de civilisation. Par notre position à Alger et à Saint-Louis, par la présence de nos postes militaires et de nos colons à Laghouat, d'un côté, et, de l'autre, à Médine ; par l'extension de notre influence sur les tribus du Sahara, d'une part, et, de l'autre, sur les nations du Haut-Sénégal, nous dominons tout le nord-ouest de l'Afrique, nous pouvons nous faire dans cette vaste contrée les dispensateurs du commerce et de la culture et l'on n'aperçoit guère de limite à nos relations et à notre influence. Déjà une convention a été conclue avec le roi de Ségou qui nous facilite l'accès du Niger. C'est un premier germe qui portera ses fruits, si une bonne politique et une administration intelligente aident à son éclosion. Sur ce point le Sénégal a été plus favorisé que nos autres établissements : pendant ces quinze dernières années il a joui d'une direction pleine à la fois de prudence et de fermeté, d'esprit de progrès et de sens pratique. Plût au ciel que toutes nos dépendances fussent administrées par des hommes comme le colonel Faidherbe ! nos colons ne se plaindraient plus qu'on leur donnât toujours des officiers pour administrateurs.

Une loi de 1881, votée avec quelque difficulté par nos Chambres, tellement en France les questions qui intéressent les colonies rencontrent encore une médiocre faveur, a fort heureusement doté le Sénégal d'un premier réseau de voies ferrées, qui jouissent d'une garantie de l'État. Ce premier réseau se compose de deux lignes, la première qui de Saint-Louis ira jusqu'à Dakar et l'autre qui partant de Médine, point où le Sénégal cesse d'être navigable, aboutira provisoirement à Bafoulabé, pour être poussée de là jusqu'au Niger. Le traité conclu avec le roi de Ségou permettrait de pousser dès maintenant cette voie jusqu'à cette dernière ville qui est précisément sur l'un des deux grands cours d'eau formant le Niger. Les lignes sénégalaises devront être notablement développées ; on devra relier les deux tronçons aujourd'hui concédés et qui ne sauraient rester séparés l'un de l'autre, puis il faudra aller dans l'intérieur beaucoup plus loin que Ségou. Les chemins de fer coûtent d'ailleurs peu de frais de construction dans ces contrées, 60 à 80,000 fr. par kilomètre : on n'a qu'à triompher moins de l'habileté réfléchie que des superstitions des indigènes : c'est une affaire de temps.

Il semblerait que l'on ait peu d'importance à attacher à nos autres établissements d'Afrique, nos comptoirs d'Assinie, de Grand-Bassam et du Gabon : ces postes ont été occupés sous la monarchie de Juillet et sont disséminés sur cette vaste côte où se déploya, il y a plus de quatre siècles, l'énergie de nos marins dieppois. » Dans la situation actuelle il est difficile de donner le nom de colonies à des blockhaus près desquels sont groupées quelques huttes européennes pour un trafic assez borné d'ivoire, de bois d'ébène, de sandal et de caoutchouc. En 1866, les importations de tous ces établissements ne s'étaient élevées qu'à 943,831 francs et les exportations, plus faibles encore, ne montaient qu'à 601,078 : et sur ces sommes la part du commerce français n'était que de 323,148 francs à l'importation, et 168,203 à l'exportation. Le mouvement de la navigation, entrées et sorties réunies, était de 138 navires, jaugeant 24,440 tonneaux : le pavillon français n'y figurait que pour 32 navires et 14,840 tonneaux (1). On voit que c'est là un trafic bien chétif et il n'y a pas apparence qu'il se développe d'une manière notable, sauf au Gabon peut-être, où les relations commerciales sont facilitées par

---

(1) *Annuaire de Statistique pour* 1868, p. 272.

l'abondance des cours d'eau navigables et par la profondeur de l'estuaire qui s'enfonce assez loin dans les terres. »

Voilà ce que nous écrivions, il y a huit ans, dans la première édition de cet ouvrage, pressentant que le Gabon pourrait nous être d'une grande utilité un jour. Ce comptoir a déjà pris un peu plus d'importance : on y compte environ 200 Européens, et le commerce y occupait, en y rattachant Assinie et Grand-Bassam, 113 navires français et étrangers en 1877. Les explorations faites dans la région de l'Ogoué, qui débouche au Gabon, par notre compatriote, M. Savorgnon de Brazza, montrent que le système fluvial de l'Ogoué se relie presque par des affluents navigables à celui du Congo, le grand fleuve de l'Afrique méridionale orientale. Or, le Congo n'est pas navigable à son embouchure. En construisant un chemin de fer qui relierait au Congo un des affluents de l'Ogoué on pourrait faire du Gabon un important centre commercial. Les postes de la France en Afrique sont admirables. En Algérie, au Sénégal, au Gabon elle a des lignes de pénétration qui peuvent lui assurer la prédominance dans un tiers ou un quart de cette partie du monde.

Nous ne pouvons non plus considérer comme d'une bien grande importance Mayotte, Nossi-Bé et Sainte-Marie, situés sur l'autre côte de l'Afrique, c'est à peine si ces trois établissements comptent 27,000 habitants, parmi lesquels quelques Européens : l'étendue du territoire est également faible : Mayotte a 36,000 hectares, Nossi-Bé n'en a que 29,000 et Sainte-Marie 91,000 ; le trafic est encore plus minime que le territoire et la population : voici, en effet, les chiffres pour ces trois établissements pendant l'année 1865 et l'année 1878.

	1865	1878
Importations	1,451,182	1,580,000
Exportations...................	273,514	2,135,000
Totaux............	1,724,696	3,715,000

Les quatre cinquièmes de ce trafic se font avec la France.

Ces colonies microscopiques n'ont guère d'autre but que de protester contre notre exclusion de la grande île de Madagascar, l'une des premières terres où descendirent nos ancêtres au commencement du XVIe siècle. Quelques publicistes, chez lesquels le goût de la colonisation est empreint de moins de réflexion que d'enthousiasme, rêvent la reprise de possession par la France de la grande île des Malgaches et c'est à ce titre qu'ils attachent quelque importance aux îlots que nous occupons dans le voisinage. Nous croyons avoir montré dans le premier livre de cet ouvrage combien toute pensée d'établissement territorial à Madagascar est peu praticable ou du moins prématurée. Il y a là trop de difficultés naturelles provenant, soit du climat, soit des habitants : toute colonie dans cette île devrait être une colonie agricole ; sa prospérité serait subordonnée à une immigration européenne très considérable : La France n'est pas dans une situation à suffire à une aussi rude tâche, dont les résultats sont fort problématiques et où le succès, en admettant qu'il arrivât, se ferait très longtemps attendre. Aussi la compagnie de colonisation qu'on a cru devoir fonder, il y a quelques années, à Madagascar, n'a-t-elle rien pu produire malgré les efforts d'un homme habile, qui avait le tort de vouloir édifier une colonie sur des intrigues à la cour d'un roi ou d'une reine barbare. Plus tard, quand nous aurons considérablement développé notre influence sur le continent africain, nous pourrons peut-être tourner nos yeux vers Madagascar. Mais en colonisation, comme en toute grande affaire, il faut savoir un peu se concentrer.

D'autres vestiges assez mesquins de notre vieille ambition coloniale, ce sont nos rares établissements dans l'Inde : Pondichéry, Yanaon, Karikal, Mahé, Chandernagor : leur superficie est de 48,962 hectares : c'est assez dire que nous n'avons, outre ces cinq villes, que leur banlieue et quelques terres autour : leur population montait, en 1876, à 285,122 âmes dont 1,660 Européens et 1,535 métis. Ces possessions ont semblé offrir si peu d'utilité qu'on en a demandé bien des fois l'abandon, la vente ou l'échange ; cependant, au point de vue commercial et fiscal, ce sont des établissements productifs ; ce sont les seuls qui donnent à la métropole des revenus supérieurs à leurs dépenses. Il n'est pas bon en outre d'abandonner un souvenir d'anciennes et glorieuses entreprises nationales. Voici quels étaient les mouvements des échanges, en 1863 et en 1878, dans ces établissements :

	1863	1878
Importations	8,432,071	8,346,523
Exportations	18,941,575	15,220,483
TOTAUX	27,376,646	23,567,006

Le commerce avec la France qui était, en 1863, de 8,949,413 fr., est descendu, en 1878, à 3,622,189 francs, chiffre dérisoire. L'abolition de la traite des noirs, qui fut remplacée par les engagements des coolis, a rendu, pendant quelques années, de l'animation à nos possessions indiennes. On n'évalue pas à moins de 70,000 le nombre des coolis qui ont été embarqués dans nos comptoirs de l'Inde pour la Réunion, les Antilles et la Guyane.

Navigation.

	1867		1878	
	Entrées.	Sorties.	Entrées.	Sorties.
Navires français	37	89	141	123
— étrangers	439	593	438	471
Totaux	476	682	579	594

On a rencontré jusqu'à ces derniers temps dans nos établissements de l'Hindoustan les défauts et les vices ordinaires de l'administration française : là, comme partout, il semblait que nous eussions pris à tâche d'étouffer toute vie locale et toute représentation collective : les indigènes s'en plaignaient hautement ; ils voulaient voir modifier les institutions communales, ils réclamaient qu'on augmentât leur participation à la gestion des intérêts locaux ; ils faisaient des vœux pour obtenir une représentation spéciale de l'agriculture dans le conseil général de la colonie ; ils y voulaient voir admettre les délégués des cultivateurs avec voix délibérative : enfin ils se plaignaient de l'impôt foncier qui est trop lourd et mal assis, et ils demandaient qu'on le ramenât aux bases établies par la vieille législation indoue. Ils voudraient en outre un système de travaux publics mieux entendu, l'amélioration des canaux et des routes, et un régime des eaux et irrigations qui assurât à chacun le libre usage de son droit sans distinction des terrains à simple et à double récolte et avec jaugeage de l'eau fournie à chacun et fixation sur cette base des impôts à payer (1). L'administration française était donc coupable des mêmes erreurs et des mêmes fautes en Asie qu'en Afrique et en Amérique : l'hostilité contre la vie communale et la représentation collective, l'arbitraire des mesures administratives, la négligence des grands travaux publics indispensables : voilà ce que nous rencontrons presque sur tous les points du globe où flotte le pavillon français. Peut-être les Indiens de nos possessions s'en apercevraient-ils mieux que d'autres par la comparaison qu'ils sont à même de faire, qu'ils font et qu'ils nous opposent, du régime auquel sont soumises les vastes multitudes indigènes placées sous la suzeraineté de l'Angleterre et de celui que nous imposons à nos sujets.

Les habitants de nos établissements de l'Hindoustan ont reçu depuis 1870 satisfaction, sur un grand nombre de points du moins. Le décret du 13 juin 1872 a doté l'Inde d'institutions locales particulières. Cet acte a créé : 1° un conseil colonial siégeant à Pondichéry et faisant fonctions de conseil général ; 2° des conseils locaux siégeant dans chacun de nos cinq comptoirs. Ces derniers sont à la

(1) Jules Duval, *Colonies de la France*, p. 362.

fois des conseils municipaux et des conseils d'arrondissement. Ces conseils qui sont présidés par l'ordonnateur ou par les chefs de service comptent 12 membres à Pondichéry, 6 à Chandernagor, 8 à Karikal, 4 à Yanaon, autant à Mahé. C'est beaucoup trop peu. Les membres sont élus moitié par les Européens ou descendants d'Européens, moitié par les indigènes. Ces conseils ont une session ordinaire seulement par année. Ils peuvent émettre des vœux sur les matières agricoles, industrielles, commerciales et administration (1). Ces attributions sont dérisoirement limitées. L'ordonnateur et les chefs de service peuvent suspendre ces assemblées ou même les dissoudre; on procède alors dans un délai de six mois à des élections nouvelles. Ce n'est là que l'ombre du régime municipal.

Des décrets de 1872 et de 1874 ont organisé aussi aux Indes une représentation coloniale : c'est le conseil colonial, chargé des attributions des conseils généraux ; il compte douze membres dont cinq fonctionnaires, membres de droit, et sept membres élus par les conseils locaux. Les conseillers électifs doivent savoir parler, lire et écrire le français. Ce conseil a une session ordinaire par année. Cette assemblée a des attributions analogues à celles de nos conseils généraux, quoique un peu plus limitées. Il délibère sur le budget, lequel contient des dépenses obligatoires et des dépenses facultatives. Il vote les travaux publics et les contributions autres que les droits de douane. Cette situation est en grand progrès relativement à l'état de choses antérieur. Les libertés locales, surtout municipales, sont cependant susceptibles d'un développement ultérieur aux Indes. On a aussi pensé davantage aux travaux publics. Dans ces derniers temps on s'est occupé d'un chemin de fer à Pondichéry. L'Inde française élit un représentant à notre Chambre des députés et à notre Sénat.

Il semble que nous ayons voulu, dans ces dernières années, compenser la perte de l'Hindoustan par de grandes acquisitions territoriales dans la Cochinchine. A la suite de la guerre de 1858 que nous avons faite de concert avec l'Espagne contre l'empereur Tu-Duc pour la protection des chrétiens et des missionnaires, nous avons pris pied dans ce pays ; nous avons gardé à la conclusion de la paix plusieurs provinces et nous venons encore de nous agrandir récemment. Actuellement le territoire qui nous est soumis est considérable : il comprend 5,945,000 hectares ; il est peuplé de 1,592,000 habitants, dont 1,143 Européens (non compris les fonctionnaires) (2). Le nombre des Européens avait doublé depuis 1867. Le

---

(1) DELARBRE, *les Colonies françaises*, p. 32.
(2) Cette population se répartit comme il suit : 1,143 Européens, 45,911 Chinois,

pays est doué d'une grande fertilité et, comme toutes ces régions asiatiques, il est traversé par des fleuves et des canaux navigables pour les plus grands navires. La Cochinchine sera, dit-on, un vaste débouché pour nos produits en échange desquels elle nous fournira en abondance du riz, des écailles, des dents d'éléphant, des soies, des bois de teinture et d'ébénisterie, des poissons salés, des peaux, des huiles. La capitale de nos possessions cochinchinoises, Saïgon, quoique éloignée de 60 milles de la mer, est accessible aux navires du plus haut tonnage. Quelques publicistes ont porté l'exagération de leurs louanges jusqu'à prédire à Saïgon une prospérité égale, supérieure même à celle de Singapore : il est vrai qu'ils ont mis à ce développement qu'ils entrevoient une condition dont la réalisation n'est pas lointaine, c'est le percement de l'isthme de Tenasserim qui ferme la longue presqu'île de Malacca. Quoiqu'il en soit de ces rêves d'avenir, Saïgon a pour le moment 30,000 habitants : le comptoir d'escompte de Paris y a établi une agence ; d'autres maisons de banque françaises s'y sont constituées. Il forme une des escales de nos messageries maritimes ; il est à souhaiter qu'on lui accorde cette franchise entière de droits qui fut l'origine de la grandeur de Singapore. L'administration s'est mise au travail avec un zèle très louable dans notre acquisition de Cochinchine : on a créé des lignes télégraphiques, tracé des routes de terre, élevé des phares, construit une église, organisé la justice, l'instruction et les finances : mais ce qui manque jusqu'ici, ce qui manquera peut-être toujours, à notre colonie de Cochinchine, comme à nos autres établissements coloniaux, ce sont les colons. Voici le mouvement des échanges à quatorze ans de distance :

	1866	1879 (1)
Importation	39,832,375	68,037,406
Exportation	39,399,900	62,899,318
Totaux	79,231,275	130,936,724

Les chiffres de 1879 s'appliquant seulement au mouvement du port de Saïgon et aux transports par navires européens, d'après un travail fait par la Chambre de commerce de cette ville, il convient d'y joindre, pour avoir l'ensemble du mouvement commercial

9,410 Malais, 105,577 Cambodgiens, le reste, sauf 18,000 âmes de population flottante, se compose des Annamites. Parmi les 18,000 mille âmes de population flottante, il y a 4,000 soldats et 5 ou 600 fonctionnaires (579 en 1873).

(1) Les chiffres donnés pour 1866 sont tirés de l'*Annuaire de statistique* ; ceux pour 1879 sont empruntés à une *Pétition à MM. les membres de la Chambre des députés et du Sénat présentée par divers habitants de la Cochinchine française* en 1881. Le chiffre donné pour 1879 concerne le port de Saïgon seul.

du pays, d'abord les transports opérés à Saïgon par les jonques chinoises, soit 1 million et demi de francs environ, puis ceux effectués par les barques annamites et évalués à plus de 15 millions. Le trafic du port de Saïgon s'est élevé ainsi à plus de 146 millions pour l'année 1879. Les autres ports, Mytho, Rach Gia, Camau, Hatien ont avec l'extérieur un mouvement d'environ 4 millions de francs. Enfin le commerce par le Mékong avec le Cambodge et le Laos monte à 5 millions et demi environ. D'après ces éléments la Chambre de commerce de Saïgon estime à 155 millions de francs (30,113,159 piastres) le commerce extérieur de la Cochinchine. C'est un progrès considérable sur 1866.

Le même progrès est constaté pour la navigation. Malheureusement les chiffres ici ne sont pas complètement comparables par le défaut des statistiques. Le tableau suivant donne le total des entrées et sorties pour 1866, en distinguant les navires français et les navires étrangers; pour 1879, nous n'avons que les entrées sans la distinction de pavillon :

Navigation.

ENTRÉES ET SORTIES RÉUNIES. 1866				ENTRÉES. 1879			
	Navires.	Tonnage.	Équipage.		Navires.	Tonnage	Equipage
Navires au long cours :				Navires au long cours.......	423	380,564	16,917
Français.......	176	127,467	8.585	Jonques chinoises.......	123	5,303	2,056
Étrangers.....	515	163,913	9,940				
Barques annamites.......	691 9,553	291,380 215,544	18,534 40,895	Barques annamites	3,203	3,626[1]	18,899
Totaux....	10,244	506.924	59,429		3,749	389,493	37,872

Cet ensemble est satisfaisant, et le progrès est énorme, surtout si l'on ne tient compte que des navires européens et si l'on réfléchit que le tonnage à l'entrée en 1879 est opposé au tonnage à l'entrée et à la sortie en 1866. Un port qui a un mouvement total de 7 à 800,000 tonnes est un grand port. Si nous savons asseoir notre domination non seulement dans la Cochinchine proprement dite, mais dans le Cambodge, dans le Tonquin et même dans tout l'Annam, le mouvement maritime de Saïgon s'élèvera dans un laps de quelques années à 2 ou 3 millions de tonneaux.

Les principaux articles d'exportation étaient :

	1866	1878
Riz.....................	18,260,000 fr.	44,786,117
Coton..................	1,096,000	
Or et argent............	2,965,000	

(1) Nous nous demandons s'il n'y a pas dans le document auquel nous emprun-

Le gouvernement métropolitain paraît s'efforcer, depuis l'année 1873, de perfectionner l'administration de notre possession cochinchinoise. Il est impossible de ne pas signaler, comme un grand progrès dans notre politique coloniale, le décret du 10 février 1873, rendu sur les propositions de M. l'amiral Pothuau. Ce décret crée, sous le nom d'inspecteurs et d'administrateurs des affaires indigènes, un corps de fonctionnaires civils spécialement chargés de l'inspection des divers services indigènes, de la justice à l'égard des indigènes et des Européens, de l'administration générale, de l'établissement de l'impôt, du contentieux administratif et des milices, de la perception de l'impôt et de l'enregistrement sur le point où il n'existe pas d'agents spéciaux, du paiement des dépenses, de la poste, du télégraphe, du cadastre et des écoles. Afin que ce corps d'agents civils ait toutes les connaissances nécessaires à l'exercice de ces fonctions multiples, il a été fondé à Saïgon un collège d'administrateurs stagiaires. Les études y portent sur les langues vulgaires, annamite et cambodgienne, sur la langue mandarine annamite et sur l'écriture de cette langue en caractères chinois, sur l'administration et la législation cambodgienne, sur les diverses branches de l'administration française et du régime financier, enfin sur la construction pratique et sur la botanique. Se départant de ses vieilles et routinières habitudes, le gouvernement promet aux inspecteurs et aux administrateurs des affaires indigènes un traitement élevé : il leur offre, en outre, après douze ans de service, non pas une pension de retraite, mais un capital assez considérable qui sera constitué, non par voie de retenue sur les traitements, mais par des subventions que verseront à une caisse dite *de prévoyance* les budgets des localités. Ce décret a une grande importance : car ce qui a toujours manqué à la France en matière de colonisation, c'est un personnel d'administrateurs civils, spéciaux, compétents, fixés à perpétuité dans la même colonie et bien rétribués.

Le décret de 1873 a été remanié par un autre décret de 1876 qui nous paraît en général avoir respecté l'esprit du premier. L'administration se compose de sept inspecteurs, vingt administrateurs de 1re classe, vingt-deux de 2e classe et vingt-deux de 3e classe, non compris les administrateurs stagiaires. Dans ces derniers temps on a donné à la Cochinchine un gouverneur général civil. On y a aussi développé le régime municipal, à Saïgon du moins. Un arrêté de 1867 instituait déjà dans cette ville un conseil municipal ;

tous ces chiffres une faute d'impression, et s'il ne faut pas lire 36.000 tonneaux : cela nous paraît probable.

on eût mieux fait de lui donner le nom de commission, car les membres, choisis dans toutes les classes de la population tant asiatique qu'européenne, étaient nommés par le gouverneur. En 1869, on introduisit partiellement dans la composition du corps municipal le principe de l'élection : les membres en furent nommés moitié par le gouverneur, moitié par des électeurs réunissant certaines conditions. La révolution de 1870 substitua le suffrage universel au suffrage restreint. Un décret du 8 janvier 1877 reconstitua l'administration municipale de Saïgon. Le conseil se compose du maire, de deux adjoints, de douze conseillers municipaux, parmi lesquels huit membres français ou naturalisés, élus au suffrage universel par leurs concitoyens, deux membres indigènes, un membre étranger non asiatique et un asiatique ; ces quatre derniers membres sont désignés par le gouverneur. Le maire et les adjoints sont aussi nommés par ce fonctionnaire, mais ils doivent être pris parmi les membres élus du conseil municipal (1). Ce corps a à peu près les mêmes pouvoirs que les assemblées analogues de la métropole. Plus récemment on a créé dans la Cochinchine un conseil colonial où entre pour une bonne part l'élément électif. Enfin on a, en 1881, octroyé à la Cochinchine la représentation à la Chambre des députés métropolitaine. La Cochinchine est une colonie qui ne coûte rien ou peu de chose à la métropole ; le budget de l'exercice 1879, provenant uniquement des ressources du pays, montait à 19,657,000 francs, il défrayait le service judiciaire, le service pénitentier, les milices indigènes et il versait en outre deux millions 200,000 francs au budget de la métropole. Celle-ci paie toujours les dépenses du corps d'occupation européen. Mais c'est la colonie qui sur ses propres ressources construit des chemins de fer et subventionne des messageries fluviales.

La Cochinchine est donc en voie de grande prospérité ; il importerait que par une politique résolue on agrandît son territoire. Outre les six provinces, détachées de l'empire d'Annam et qui appartiennent en toute propriété à la France par suite de divers traités dont le plus récent est de 1864, cette colonie a deux annexes qui lui sont rattachées par un lien trop lâche et trop indécis : le Cambodge et le Tonquin. Le traité de Houdon du 11 août 1863 a reconnu explicitement notre protectorat sur le Cambodge. Le traité du 15 mars 1874 avec l'Annam nous crée sur la totalité de ce royaume des droits qui pourraient et devraient se transformer en un véritable protectorat. Mais jusqu'ici nous n'avons eu dans ce

---

(1) DELARBRE, *les Colonies*, page 53.

pays qu'une politique hésitante. Il faudrait occuper militairement le Tonquin, ce qui serait aisé, peut-être même l'Annam entier. L'envoi de quelques corps de troupes, 7 ou 8,000 hommes suffiraient à cette tâche; nous nous créerions dans ces régions un domaine colonial de dix millions d'âmes, susceptible de beaucoup de richesses.

La Cochinchine a été illustrée depuis vingt ans par les exploits de plusieurs aventuriers ou voyageurs français. Il suffit de citer le commerçant Dupuy, l'héroïque Francis Garnier, M. de Carné. Nos entreprenants nationaux ont trouvé une nouvelle route, celle du Song-Koï ou fleuve rouge, pour pénétrer dans la Chine méridionale, jusque là fermée aux Européens. Si nous ne savons pas nous établir aussi solidement dans tout l'Annam que les Anglais le sont dans l'Inde, nous aurons manqué encore une fois à notre mission colonisatrice, alors qu'il est si facile de la remplir. D'autres plus perspicaces ou plus persévérants viendront qui feront la récolte où nous aurons semé.

A nos possessions d'Asie peuvent se rattacher, malgré leur distance, nos îles de l'Océanie : nous ne sommes venus que bien tard dans ces vastes parages et au milieu de ces archipels nombreux où les Anglais, les Hollandais et les Espagnols nous ont de longtemps devancés. Aux Philippines, dans l'archipel de la Sonde, aux îles australiennes, nous n'avons à opposer que quelques îlots peuplés de quelques milliers de sauvages et à peine de quelques rares Européens. Toutes ces acquisitions sont dues à la monarchie de Juillet et au second Empire : elles proviennent d'une pensée plus politique que coloniale ; on a voulu acquérir sur toutes les mers une sorte de cordon de stations navales qui puissent servir de refuge à nos marins : c'est ainsi que Taïti était un point de protection et de ravitaillement pour les baleiniers français, quand il y avait des baleiniers : quant aux Marquises et à la Calédonie, elles serviront d'étapes pour les lignes de paquebots qui uniront dans l'avenir l'Australie et l'Asie à l'Amérique occidentale et à l'Europe après le percement de l'isthme de Panama. Ces îlots ont donc une certaine importance au point de vue de la navigation : il était utile qu'ils tombassent aux mains des Européens ; ils peuvent, en outre, servir de lieu de déportation pour nos condamnés : enfin quelques-uns, du moins, ont une étendue assez considérable et des richesses naturelles assez grandes pour mériter qu'on les mette en culture.

Nous n'étions censés exercer qu'un droit de protection sur les îles Marquises que nous possédions et gouvernions en fait, tout en laissant aux indigènes toutes les franchises désirables. Nous avons fini par les annexer en 1881. La principale île de ce groupe, Taïti, a près de 105,000 hectares de superficie; sa population n'est que de 10,000 âmes; les guerres de religion suscitées par la jalousie des missionnaires catholiques et des protestants et l'abus des liqueurs fortes ont réduit le nombre primitif des indigènes. On a fait dans cette île quelques essais de colonisation sérieuse. On a institué une commission municipale, un comité d'agriculture, des conseils de surveillance des écoles, et, ce qui vaut encore mieux, au point de vue de l'exploitation des produits naturels, une caisse agricole, qui fait fonction de caisse de dépôt et d'épargne et sert en même temps d'intermédiaire aux colons pour l'achat des terres aux indigènes : en 1865, il n'y avait que 199 hectares mis en culture, en 1866, il y en avait 1,017; en 1876 on comptait 5,223 hectares en culture, tant à Taïti que dans les autres îles de la Société. La production du sucre s'y développe, celle du coton, plus récente, donne des espérances : une compagnie anglaise se livre à ces essais et, en 1866, elle exportait pour 1,500,000 francs de coton : on cultive aussi le café et la vanille et l'on exporte de l'huile de coco, des perles, de la nacre, de l'arrow-root, des mets aphrodisiaques pour les Chinois. Un grand obstacle au développement de cette colonie, c'a été, comme pour tous les autres établissements français, l'exagération et l'arbitraire des mesures administratives : on a éloigné les pêcheurs et les navires de commerce par les formalités et les taxes qu'on a voulu leur imposer. On exigeait des permis de séjour, on forçait les étrangers débarqués à Papeiti à rentrer dans la ville à une certaine heure, on conduisait l'île comme un couvent. En 1861, l'on est revenu de ces fâcheux errements : on a supprimé d'un seul coup les droits de navigation, tonnage, expédition, permis et certificat. Mais le port de Papeiti a été tellement discrédité qu'il faudra du temps pour le relever : la suppression de règlements mauvais ne suffit pas à effacer les conséquences désastreuses qu'ils ont produites. En 1863, il s'est cependant établi des relations assez régulières entre Taïti et San-Francisco.

Il y a, jusqu'ici, peu de chose à dire des Marquises. La Nouvelle-Calédonie a une bien plus grande importance; c'est une île d'environ 1,000,000 d'hectares, soit égale à deux départements français, elle est peuplée par 50,000 indigènes. Admirablement située sur la route commerciale de l'Australie à l'Amérique centrale, elle pourrait espérer un bel avenir: elle a des richesses naturelles, spécialement la houille que l'on y trouve à fleur de terre, ce qui assure à cette colonie une très grande importance : on y rencontre aussi du cuivre et l'on y a découvert de l'or et surtout du nickel : les forêts abondent en bois de sandal. Même avant la déportation des condamnés de la Commune parisienne, la colonisation s'y portait et s'y développait, lentement sans doute, mais cependant avec plus de succès que dans nos autres îles de plus ancienne acquisition. En 1863, il n'y avait que 434 Européens; en 1865, on y comptait 777 colons, 49 immigrants indiens, 942 fonctionnaires et soldats, 245 transportés de droit commun : en tout, 2,000 Européens. En 1870, le nombre des colons était de 1,562, celui des fonctionnaires de 289 ; on y comptait 754 soldats, 1,176 immigrants asiatiques ou africains et 2,302 déportés non politiques. Ce développement du nombre des colons libres en Calédonie avant 1871 est remarquable. Du reste, les Français semblaient assez se porter en Océanie, car on compte 800 de nos compatriotes environ aux îles de la Société. Les indigènes semblaient se convertir au christianisme, et se laisser diriger par les missionnaires; mais l'on connaît cette culture purement négative qui enlève au sauvage ses instincts primitifs et ses qualités originelles sans lui donner les facultés de l'homme civilisé. On a beaucoup parlé d'une immigration chinoise ou indienne à la Calédonie, on a voulu engager les colons de Bourbon, si maltraités depuis quelques années, à se transporter dans cette terre nouvelle que l'on réputait abondante en sols fertiles. Ce dernier système vaudrait mieux que le premier ; car nous ne saurions trop condamner l'immigration par engagement des Asiatiques dans les colonies européennes. Jusqu'à 1871, c'est à peine si les richesses naturelles de l'île ont été effleurées. Voici, en effet, le tableau du commerce pour 1863 et 1870.

	1863	1870
Importations.	1,484,000	3,249,182
Exportations.	46,112	303,650
Totaux.	1,530,112	3,552,832

On voit que les exportations étaient presque nulles. C'est évidemment la transportation qui jusqu'en 1870 a fait vivre la Nouvelle-Calédonie. Ce n'est pas que ces postes n'aient une réelle importance et ne soient susceptibles de développement: tout porte à croire que les relations entre l'Australie et l'Amérique devenant plus fréquentes, nos îles, admirablement placées pour servir d'escales et de points de ravitaillement, en recevront une notable impulsion. Le système administratif a dès les premiers jours été moins défectueux dans nos possessions océaniennes que dans nos autres dépendances : on a évité à la Nouvelle-Calédonie les fautes que l'on avait commises à Taïti : on a emprunté aux Anglais le système qu'ils avaient suivi dans leurs colonies pénales : les condamnés qui se conduisent bien sont mis à la disposition des colons dans des conditions qui rappellent l'*assigment of convicts* à Sydney ou à Van Diémen. Avec ces mesures de prudence et de sagesse, il est possible qu'un jour nos îles de l'Océanie, la Calédonie surtout, deviennent d'importants centres de commerce.

Depuis 1871, pendant une décade d'années, il est échu à la Nouvelle-Calédonie une bonne fortune. Comme toutes les colonies, elle a profité des troubles civils de la métropole. Servant déjà de lieu de transportation pour les condamnés de droit commun, elle a été le lieu de déportation des condamnés pour participation à l'insurrection parisienne de 1871. Plusieurs milliers de déportés, 3 ou 4,000 environ, y ont été internés. Leur chiffre a été, sans doute, en décroissant. De 3,937 (y compris les membres de leur famille) en 1875, les déportés étaient descendus au chiffre modique de 3,345 en 1877. Les grâces d'abord, puis l'amnistie de 1880, ont privé la colonie de cet élément de population. Parmi les condamnés de cette nature qui y avaient été conduits, un très petit nombre seulement y est resté après que la liberté de rentrer dans la mère patrie leur eût été octroyée.

Les insurgés parisiens de 1871 n'étaient certes pas la catégorie d'hommes qui convenait le mieux pour peupler une colonie agricole. La plupart d'un naturel inquiet, beaucoup appartenant aux professions libérales, journalistes, professeurs, employés, ou aux élégants métiers de l'Industrie parisienne, ébénistes, ciseleurs, graveurs, ayant tous l'esprit de retour, on ne devait guère s'attendre à ce qu'ils fissent souche de colons.

Néanmoins ils créaient toujours dans l'île un marché qui suscitait autour de lui la culture. Les colons civils égalaient à peu près en nombre, dans l'année 1877, les transportés : on comptait 2,982 des premiers contre 3,345 des seconds. Les cultures en éprouvèrent de l'impulsion, l'industrie aussi et le chiffre des exportations de l'île prit quelque importance. Des établissements de crédits se constituèrent, dont le principal, il est vrai, dut suspendre ses paiements et liquider.

La déportation a fait à la Nouvelle-Calédonie une réputation assez mauvaise. Les journaux d'opinion avancée de la métropole ont décrié le climat de l'île, ses productions, le sol. La presse étrangère a fait de même. On a prétendu que le sol en était naturellement stérile, sauf quelques très rares morceaux de terre le long des cours d'eau. Le même reproche fut fait, il y a quatre-vingts ans, à l'Australie, il y a quarante ans, à l'Algérie. Si la Nouvelle-Calédonie n'est pas la

LES COLONIES DIVERSES DE LA FRANCE.   421

terre promise que l'on rêvait, elle a des ressources, cependant, qui peuvent se développer. Sur son million d'hectares il pourra avec le temps s'établir et vivre dans l'aisance quelques centaines de mille d'habitants.

Les chiffres que nous allons donner montrent le progrès accompli.

Voici quelle a été la population européenne de la Nouvelle-Calédonie en 1864, 1868 et 1877 :

	1864	1868	1877
Population civile (colons)........	1.060	1,417	2,982
Troupes.....................			1,602
Fonctionnaires et administration pénitentiaire..............	811	281	1,430
Déportés et leurs familles.......			3,345
Libérés réclusionnaires..........			1,532
Transportés...................	239	1,962	6,453
Totaux...........	2.110	3.660	17,344

Les indigènes ne sont pas compris dans ces chiffres, leur nombre a été successivement évalué à 50,000 et à 40,000 âmes.

Cultures.

	1866	1867	1869 (1)
Hectares...................	1.092	9,088	11,825
Habitations.................	162	192	302
Valeur.....................	488.387 fr.	662.325	2.628.933 fr.

Commerce.

	1866	1867	1877
Importations......	2,178,370	3,061,455	9,683,600
Exportations......	109,275	186,912	3,061,955
Totaux...	2.287,545	3,248,367	12,745,554

Navigation.

	1867	1868	1878	
	Entrées et sorties réunies.		Entrées.	Sorties.
Navires français..........	19	15	32	31
— étrangers..........	37	103	69	63
Totaux.....			101	94

Ces chiffres indiquent un progrès assez sensible, surtout ceux du commerce d'exportation. Que deviendra la Nouvelle-Calédonie, se-

(1) Les chiffres pour 1877 donnent seulement 800 hectares en culture, dont 136 en cannes à sucre, 70 en café, 304 en maïs, 173 en plantes alimentaires. Évidemment ces chiffres sont incomplets et ne sont pas comparables avec les précédents.

vrée des condamnés politiques de 1871? Elle conserve la transportation ; si l'on savait bien se servir de cette dernière, on pourrait faire de la Nouvelle-Calédonie en vingt ans une île très florissante. Il est question d'appliquer la transportation aux récidivistes, même pour simples peines correctionnelles; c'est, à vrai dire, avec cette nature de condamnés, qui n'est pas encore complètement endurcie, que l'on peut fonder une colonie pénitentiaire qui prospère et se développe. Sur le million d'hectares de la Nouvelle-Calédonie il n'est pas possible qu'il ne s'en rencontre pas cinquante ou soixante mille qui puissent être alloués soit aux colons, soit aux libérés, soit même aux condamnés pour des peines légères. Si l'on veut que la Nouvelle-Calédonie prospère, comme colonie pénale, il faut remplir trois conditions: La première c'est de n'y pas déporter les criminels les plus audacieux et les plus invétérés, comme les assassins; ces derniers devraient être dirigés vers un autre lieu. La seconde c'est d'amener à peu près autant de femmes que d'hommes pour pouvoir fonder des familles. La troisième enfin, c'est de pratiquer le régime de l'assignement que nous décrivons dans le chapitre suivant, d'amener les condamnés à vivre de leurs propres ressources, de leur travail agricole ou industriel, et non de rations gouvernementales. Il convient aussi d'octroyer aisément des grâces et même la réhabilitation, dès que le condamné a fait preuve pendant quelques années de goût pour le travail (1).

On a commencé d'accorder à la Nouvelle-Calédonie quelques libertés locales. Un arrêté du 3 mars 1874 a constitué dans la ville de Nouméa un corps municipal composé d'un maire, de deux adjoints et de neuf conseillers, tous nommés, il est vrai, pour une durée de trois ans, par le gouverneur. Ce régime n'est que transitoire et doit faire place à un autre plus libéral, fondé sur l'élection. Dans une colonie pénale, il faut s'habituer à voir arriver aux fonctions publiques d'anciens condamnés.

On doit se prémunir contre trop de rigorisme. Peu à peu les éléments vicieux se purifient, il ne reste un jour plus rien des souillures de l'origine. La société de Sydney est aussi pure que toute autre.

La mère patrie n'abandonne pas la Nouvelle-Calédonie. On a sub-

---

(1) On trouvera dans l'ouvrage de M. Delarbre, *les Colonies françaises*, l'ensemble des mesures relatives à la transportation à la *Nouvelle Calédonie*. Ces mesures en elles-mêmes ne paraissent pas trop malentendues. On pourrait dire seulement qu'il convient de faire une plus grande part à l'établissement individuel des condamnés sur des concessions, moins les assujettir à la vie en commun, même provisoirement, et supprimer plus tôt les rations. Il est vrai que les instructions relatées par M. Delarbre s'appliquent aux condamnés aux travaux forcés, les seuls qui aient été transportés.

ventionné un service de navires à vapeur qui doivent s'y rendre tous les deux mois d'abord, puis tous les mois ensuite. La Nouvelle-Calédonie, toutefois, est encore un domaine bien étroit. Dans le voisinage se trouve un groupe d'îles importantes, les Nouvelles-Hébrides, qu'il dépendrait de nous d'acquérir. Notre excessive timidité nous empêche d'étendre la main sur des terres vacantes et sans maître qui sont à notre portée. Quelques-unes des Nouvelles-Hébrides pourraient servir à la déportation des grands criminels et dégager d'autant la Nouvelle-Calédonie.

Comme restes de nos immenses possessions de l'Amérique du Nord, nous n'avons plus que les îlots de Saint-Pierre et de Miquelon, le premier n'ayant que 2,600 hectares de superficie et le second en ayant 16,000. Ces chétifs débris de notre empire américain sont le centre d'une industrie considérable, celle de la pêche de la morue. Malheureusement nous sommes dans des conditions défavorables pour réussir dans cette branche de production : les traités qui ont consacré notre expulsion du continent et de la grande île de Terre-Neuve ont rudement frappé nos pêcheries, qui ne se peuvent plus soutenir qu'à force de primes (1). « Éloignés du théâtre des pêches et privés de la faculté de fonder des établissements à demeure, ne trouvant à Saint-Pierre que des magasins pour déposer leurs marchandises, nos marins sont obligés, dit M. Jules Duval, d'emporter et de remporter, tous les ans, leur attirail de pêche ainsi que leur personnel et d'opérer à la hâte leurs opérations, source de faux frais énormes dont la politique a affranchi leurs rivaux. » (Jules Duval, *Colonies de la France.*) Il est douteux que les gains des particuliers dépassent de beaucoup les 4 millions de primes payés par l'État : d'où il résulte que nos pêcheries n'ont pas, au point de vue commercial, une grande utilité ; tout au plus peut-on les défendre par des considérations étrangères à l'économie politique, par exemple, par la nécessité de ne pas laisser périr une industrie qui occupe 13,000 matelots, pépinière précieuse, dit-on, pour la marine de l'État ; mais il faut reconnaître que de tels raisonnements sont en complète opposition avec les principes que la science recommande. Nos deux îlots du nord de l'Amérique ont donc une importance réelle bien minime ; mais ils sont un souvenir de notre grandeur passée, un débris moralement précieux de notre patrimoine si tristement

(1) La loi du 22 juillet 1851, prorogée à diverses reprises, accorde une allocation de 50 francs par homme, pour les armements de pêche avec sécherie, et de 30 francs sans sécherie ; une autre allocation de 12 à 20 francs par quintal métrique de morue exportée, suivant la distance du pays de destination. Une prime de 20 francs est, en outre, accordée par quintal de rogue ou œufs de morue. Le montant total de ces encouragements atteint annuellement près de 4 millions de francs.

gaspillé ; ils contiennent une population peu nombreuse, mais qui porte profondément dans son cœur l'amour de la France et de ses lois ; c'est à ce titre qu'ils méritent de figurer dans la nomenclature de nos possessions coloniales. Voici, la population et le commerce de ces deux petites îles :

Population.

	1863	1874
Sédentaire	2,700	4,477
Flottante	742	5,369
Totaux	3,442	9,846

Commerce.

	1863	1874
Importations	3,880,103	8,285,406
Exportations	5,326,014	10,825,336
Totaux	9,206,117	19,110,742

Sur ce commerce environ la moitié, soit 9,913,000 fr. pour 1874, se fait avec la France.

Le mouvement de la navigation à Saint-Pierre et Miquelon était représenté en 1874, à l'entrée et à la sortie réunies, par 940 navires français et 1297 navires étrangers.

L'ensemble du commerce de la France avec ses colonies dites à sucre ou à pêcheries (Martinique, Guadeloupe, Guyane, Réunion, l'Inde, le Sénégal, Saint-Pierre et Miquelon) était évalué, en 1878, au commerce général (c'est-à-dire en y comprenant les marchandises destinées à la réexportation), à 107,228,000 fr. à l'importation en France et à 77,890,000 fr. à l'exportation, soit ensemble 185 millions de francs. Au commerce spécial (exclusivement destiné à la consommation française ou à la consommation coloniale) l'importation de ces colonies en France figurait pour 98,597,000 fr. et l'exportation de France vers les colonies pour 51,751,000 fr., ensemble 159 millions de francs. En joignant à ces chiffres ceux qui concernent l'Algérie, la Cochinchine et nos autres dépendances, on peut évaluer à près de 500 millions de francs le commerce général de la France avec l'ensemble de ses colonies.

Nous avons épuisé la liste de nos dépendances coloniales ; nous l'avons parcourue avec une tristesse et des regrets qui sont tempérés cependant par quelque rayon d'espérance ; de là l'attention que nous avons prêtée à ces minces établissements, disséminés à travers le globe et sur beaucoup desquels flotte notre drapeau plutôt que ne fleurit notre civilisation. Rien ne peut affecter plus péniblement un cœur sérieusement épris de la gloire et de la grandeur nationales que le complet échec de notre colonisation sous l'ancien régime. Si sévère que soit le jugement de l'histoire sur la politique de nos gouvernements,.et, il faut bien le dire aussi, sur la conduite de nos concitoyens en matière coloniale, nous ne croyons pas que le souvenir du passé nous oblige à désespérer complètement de l'avenir. Sans doute, il faut abandonner les ambitions gigantesques qui ont, durant deux siècles, soutenu l'ardeur aventurière de nos aïeux. Il fut un temps où les Français, dans leurs courses vagabondes le long des grands lacs et sur le bord du Mississipi, crurent s'approprier toute l'Amérique du Nord; il fut un temps aussi où d'autres aventuriers héroïques crurent fonder, par la conquête, un immense empire aux Indes; ne nous laissons pas aveugler par l'éclat passager de ces brillantes entreprises; elles étaient démesurées, et, si elles ne purent aboutir, la responsabilité ne pèse pas seulement sur le gouvernement métropolitain, elle s'étend à nos colons, à leur imprudence, à leur défaut de sens pratique, à leur ignorance du but et des moyens de la colonisation. Réduits aujourd'hui à un rôle plus modeste et, ce que nous considérons comme un bienfait, circonscrits dans de plus étroites limites, nous avons encore un vaste théâtre pour l'emploi de notre activité colonisatrice. Notre récente conquête, l'Algérie, avec son annexe, la Tunisie, et ses prolongements ultérieurs, si grandes que soient les difficultés que la colonisation y rencontre à son berceau, est réservée, si nous savons agir avec tact et persévérance, à un magnifique avenir; d'autres possessions, vieilles ou nouvelles, continentales ou insulaires, le Sénégal, la Nouvelle-Calédonie, la Cochinchine, ont des ressources et des richesses naturelles que l'intelligence européenne doit féconder et mettre en rapport. En Afrique nous pouvons et nous devons tenir le premier rang de toutes les nations civilisées; nul autre peuple n'a sur ce continent des bases d'opération aussi bien placées. En Asie, immédiatement au-dessous des Anglais, nous pouvons nous faire une place importante. Enfin nos colonies, dont la prospérité date de loin, et qui ont été ébranlées dans ces derniers temps par des réformes radicales, mais nécessaires, les Antilles, la Réunion, ont à reprendre leurs forces, à reconstituer sur des bases nouvelles leur production, à concilier la richesse avec la justice.

L'expérience qui nous a si impitoyablement frappés ne nous a pas été inutile, parce qu'elle nous a fait ouvrir les yeux sur nos fautes et nos erreurs. Partout où flotte le pavillon français, dans des terres presque désertes, ou dans des pays très peuplés, dans nos acquisitions récentes ou dans nos vieilles dépendances. nous avons signalé les mêmes vices généraux : l'arbitraire administratif, l'absence de vie et de libertés municipales et provinciales, l'ingérence de l'autorité dans les affaires des particuliers ; nous avons aussi remarqué chez les colons des défauts persistants et presque partout les mêmes, des goûts trop exclusivement aventuriers, un caractère d'amateur, une conduite pleine d'imagination et de fantaisie, l'esprit d'improvisation, l'impatience des résultats graduels. Si la France, ce que nous espérons, veut devenir une nation colonisatrice, elle doit faire avec courage une double réforme dans son administration et dans ses mœurs coloniales.

Beaucoup de symptômes, que nous offre l'histoire de ces dernières années, prouvent que cette double réforme n'est pas impossible et que même elle commence à s'accomplir. Sous le coup des calamités physiques les plus terribles et les plus répétées, malgré le peu d'assistance qu'ils ont trouvé dans les institutions, les colons d'Algérie ont montré une force morale, une persévérance et une patience qui nous font bien augurer de leur avenir De son côté l'administration a commencé à s'amender sur certains points et en certains détails ; on a emprunté aux Anglo-Saxons plusieurs de leurs procédés ; la vente des terres aux enchères et à prix fixe, l'assignation des condamnés aux colons ; on a supprimé beaucoup de règlements qui entravaient le travail, la culture et le commerce. On est donc entré, quoique à pas timides, dans la bonne voie. Mais l'on perd de vue les améliorations opérées en présence des améliorations urgentes. Une colonie n'est possible qu'à la condition que chaque colon jouisse de la pleine liberté de ses actes et de la responsabilité entière de sa conduite ; l'on a moins à craindre l'échec de quelques entreprises individuelles que l'absence de toute tentative ; il n'y a pas d'exemple d'établissement colonial ayant péri par excès d'indépendance et de franchises ; il y a, au contraire, un grand nombre de colonies dont la vitalité s'est éteinte sous le poids de règlements trop minutieux et de soins trop multipliés : c'est surtout en matière de colonisation qu'il est vrai de dire que l'État ne doit être ni un précepteur, ni surtout un tuteur ; il est presque uniquement un protecteur.

CHAPITRE VII

De la colonisation anglaise au XIXᵉ siècle.

Causes générales de la grandeur coloniale de l'Angleterre.
Situation du Canada quand il échut à l'Angleterre en 1763. — Libertés administratives octroyées par les Anglais aux Canadiens. — Émigration des loyalistes Américains au Canada. — Constitution politique du Canada. — Ses inconvénients pendant le premier tiers de ce siècle ; mécontentement qu'elle suscite.
Le mode d'appropriation des terres au Canada. — Abus des concessions gratuites au commencement de ce siècle. — Réforme vers 1840. — Les ventes de terres domaniales et de terres du clergé. — Les compagnies foncières et les travaux publics.
Grand soin apporté par le gouvernement canadien au choix des immigrants. — Fluctuation de l'immigration. — Accroissement de la population.
Le régime commercial du Canada. — Caractère artificiel de ce régime. — Les droits différentiels. — Faveurs considérables, mais en partie imaginaires, accordées au commerce colonial.
La Compagnie de la baie d'Hudson. — La Colombie britannique. — L'île de Terre-Neuve.
Constitution et extension du *Dominion* canadien. — Renseignements statistiques sur la superficie, la population, le commerce, le revenu public de ces contrées.
Les colonies de l'Angleterre au sud de l'Afrique. — État de la colonie du Cap qu'elle échappa aux Hollandais. — Premiers essais de colonisation artificielle au Cap. — Leur échec et ses causes. — Les Boërs.
Libertés municipales accordées aux colons. — Constitution octroyée en 1853. — Mauvaise organisation du régime des terres. — Régime commercial. — Renseignements statistiques sur les colonies du Cap et de Natal.
Les colonies australasiennes. — Découverte de l'Australie. — Aspect de ce continent. — L'établissement pénitentiaire de Botany-Bay et plus tard de Sydney. — Progrès de la colonisation en cinquante années.
Importance de la déportation en Australie. — Questions diverses relatives aux colonies pénitentiaires. — Les quatre buts que l'on peut chercher à atteindre. — La question financière : prix comparé de l'entretien d'un condamné aux colonies et dans la métropole. — La question économique. — Division des déportés en deux catégories. — Les *preparatory works* ou la *préparation*. — Les *assigned convicts*. — Avantages du système de l'assignement. — La déportation n'empêche pas l'immigration libre ; preuves. — La question morale. — Enrichissement prompt et énorme de certains *convicts*. — Inégalité de nombre des deux sexes. — Excellence du régime de la déportation des criminels. — C'est elle qui a créé l'Australie et qui a joué jusqu'en 1830 le rôle prédominant dans la colonisation de ce Continent.
Le régime des terres. — On débute par les concessions gratuites : leurs inconvénients. — La théorie de Wakefield et l'*École de colonisation systématique*. — Les six points de la doctrine Wakefieldienne. — Mélange de vérités et d'erreurs dont cette doctrine est formée. — Les ventes à prix fixe et les ventes par auction. — Le *land fund* et le fond d'immigration. — Application presque littérale de la théorie de Wakefield à l'Australie du Sud. — La catastrophe de cette colonie et les causes diverses de cette catastrophe.
Part de l'émigration subventionnée dans le peuplement de l'Australie.

La Nouvelle-Zélande.
La découverte des mines d'or en Australie et son influence. — Tort que les mines australiennes font à la Tasmanie.
Renseignements statistiques sur la superficie, la population, le commerce, les cultures et la situation financière des colonies australasiennes.
Les institutions politiques et la situation sociale en Australie. — Influence de ces colonies sur la métropole.
Les Indes anglaises. — Constitution intérieure de la célèbre Compagnie des Indes. Son gouvernement. — Le compromis de 1833. — Suppression de la Compagnie des Indes. — L'administration des Indes anglaises. — Le système financier. — Traitement des Hindous. — Aspirations des classes élevées. — Renseignements statistiques sur l'état présent des Indes.

La nation qui tient le premier rang dans la colonisation, celle qui donne à tous l'exemple des vastes empires fondés au delà des mers, c'est l'Angleterre : et cette supériorité incontestable date spécialement de notre temps. Au XVII° siècle, l'Amérique espagnole jetait un éclat qui éclipsait les débuts modestes, mais solides et soutenus, de l'Amérique britannique ; la prospérité inouïe, mais superficielle et éphémère de la compagnie des Indes hollandaises, détournait les regards des efforts patients des Anglais pour s'établir dans l'Hindoustan. Au XVIII° siècle, les aventuriers français à la Louisiane et le long des grands lacs ou sur les rives du Mississipi et de l'Ohio, et en Asie sur les bords du Gange, semblèrent un moment par leur audace pleine de ressources sur le point de fixer la fortune en leur faveur et de réduire leurs rivaux britanniques à un rôle secondaire : en même temps l'essor subit de Saint-Domingue, qui détrônait la Jamaïque et la Barbade, donnait le change aux puissances de l'Europe et semblait assurer à la France la suprématie coloniale. Mais le temps, ce grand maître et ce juge impartial, qui met en fin de compte chaque peuple à la place que ses qualités ou ses défauts lui assignent, a donné à l'Angleterre, pour ne plus le lui reprendre, le premier rang parmi les nations colonisatrices.

Or, c'est au XIX° siècle que se sont développées et manifestées de la manière la plus éclatante les hautes et puissantes facultés de la race anglo-saxonne pour la fondation, l'entretien et la gestion des colonies. Le XVIII° siècle avait laissé une ombre fâcheuse sur la colonisation anglaise ; elle était frappée de discrédit et les esprits les plus fermes, tout émus du grand échec que la séparation des treize provinces américaines venait de lui infliger, portaient sur elle un jugement sévère et que la postérité n'a pas ratifié. Mais aux empires perdus la féconde Angleterre a substitué des empires nouveaux : elle a su, à la fois et dans une proportion sans pareille, multiplier la population, la culture et la richesse de ses vieilles possessions et improviser en quelques années, sur des continents presque inconnus et dédaignés des autres peuples, des sociétés régulières, douées d'une vitalité, d'une force de croissance et d'une activité productrice sans précédent. Il ne faudrait pas croire que l'Angleterre fût arrivée du premier coup à ces mesures politiques et économiques si parfaites, si propres au développement d'établissements nouveaux ; nous la verrons passer par bien des tâtonnements : nous verrons les réformes se succéder les unes aux autres ; nous verrons des erreurs et des fautes nombreuses, mais qui furent loyalement reconnues et courageusement réparées. Ce qui constitue à nos yeux, la grandeur du peuple anglais, la faculté éminente qui lui a mérité la haute place qu'il occupe dans l'histoire et spécialement dans la colonisation, c'est cet esprit de sincérité et ce goût des progrès graduels et des réformes successives qui le portent à étudier sans cesse ses institutions et ses lois, à en saisir, sans les diminuer ni les grossir, les imperfections et les défauts, à ne se laisser jamais aveugler par un vain amour-propre national sur les fautes et les erreurs commises, à modifier d'une manière continue les rouages politiques ou sociaux et les procédés économiques que l'expérience condamne. Cet esprit de sincérité, ce goût des réformes graduelles, ce sont, de toutes les qualités, les plus judicieuses, les plus pratiques, les plus fécondes : elle préservent les peuples de l'engourdissement de la routine et des emportements de la violence ; chez les autres nations, les réformes n'arrivent qu'avec des crises qu'elles produisent ou dont elles découlent ; dans la Grande-Bretagne, les réformes ne constituent pas un état anormal et accidentel et comme une maladie périodique ; elles s'opèrent sans cesse et avec continuité, elles sont de tous les instants, elles ont pris leur place dans la vie politique, sociale et économique comme un élément permanent et régulier.

Avant de nous livrer à l'examen des principes qu'a suivis l'Angleterre dans la fondation de ses colonies nouvelles, il convient de rechercher ce qu'elle a fait des colonies qui étaient adultes quand vint à s'ouvrir le siècle actuel. Nous avons étudié avec quelques détails dans un des chapitres qui précèdent la situation et les diverses phases des possessions britanniques des tropiques dont la production reposait sur l'esclavage. Nous avons maintenant à nous occuper des établissements continentaux fondés spécialement sur l'agriculture libre ; ces établissements se divisent en deux groupes : ceux du nord de l'Amérique, dont le Canada est le principal, ceux du sud de l'Afrique, dont le plus important est le Cap de Bonne-Espérance. Il est à remarquer que c'est à la conquête que l'Angleterre est redevable de ces deux groupes de colonies ; elle s'en empara lorsqu'elles étaient déjà considérables et relativement florissantes. Il importe donc d'examiner avec soin ce qu'étaient ces établissements sous la domination des peuples qui les fondèrent et ce qu'ils sont devenus sous celle de la nation conquérante : ce sera un des meilleurs moyens de juger le mode anglais de colonisation comparé soit au mode français, soit au mode hollandais.

Quand la fatale guerre de Sept ans fit tomber le Canada aux mains de l'Angleterre, c'était un territoire occupé par une population agricole de près de 60,000 habitants ; elle était tout entière groupée près des grands lacs formant un cordon sans profondeur ; la condition des colons était médiocre, également éloignée de l'opulence et de la misère ; le développement de la culture était ralenti par des règlements excessifs, par une administration arbitraire, par le mauvais régime d'appropriation des terres incultes et par l'absence complète de toute espèce de libertés municipales et provinciales. Aussi le public français n'avait-il qu'en médiocre estime cette possession lointaine, et Voltaire pouvait se moquer des politiques prévoyants qui regrettaient la cession à l'Angleterre de ces *quelques arpents de neige*. Que sont devenus ces quelques arpents de neige sous la domination britannique ?

Les trois points décisifs dans tout système colonial, nous avons déjà eu l'occasion de le dire, ce sont d'abord les libertés municipales et provinciales, en second lieu, le mode d'appropriation des terres, en troisième lieu, le système commercial. Au premier point de vue, celui des libertés civiles et administratives, l'Angleterre commença par traiter le Canada en terre conquise, mais ce ne fut là qu'un premier mouvement qui dura peu. La loi anglaise fut d'abord introduite dans cette terre d'origine française, tous les offices furent remplis par des Anglais, c'était une tentative de britanniser le Canada. Le bon sens et l'équité des ministres et du parlement d'Angleterre ne leur permirent pas de persévérer dans cette voie à la fois injuste et dangereuse. En 1774, le « *Quebec Bill* » rendait aux Français la coutume de Paris, et établissait un conseil législatif (*legislative council*) pour l'administration des affaires de la colonie. Ce conseil n'était pas encore une assemblée représentative, c'était une commission gouvernementale : ce n'en était pas moins un allégement et même un progrès considérable en comparaison du régime administratif français qui reposait sur l'arbitraire le plus absolu. Mais ce fut surtout au point de vue des libertés communales que la situation des colons s'améliora pendant cette période ; les communes obtinrent l'indépendance et l'initiative qu'elles ont toujours eues dans le monde anglo-saxon. Rien ne rappelait plus le système oppressif que Colbert préconisait dans sa lettre au marquis de Frontenac. Les colons pouvaient de nouveau se réunir, s'associer, élire quelqu'un qui parlât au nom de tous, et, si la représentation n'existait pas encore pour la gestion des intérêts généraux de la colonie, on la retrouvait partout, dans toute sa sincérité et son efficacité, pour la gestion des intérêts locaux.

La révolution d'Amérique et l'émancipation des treize provinces fut pour le Canada l'origine d'une ère nouvelle. Un grand nombre d'Américains, qui avaient embrassé la cause de la mère patrie, et qui, pour cette raison, avaient reçu le nom de « *loyalists* » vinrent se réfugier au Canada : il arriva, d'un autre côté, que beaucoup des soldats anglais qui avaient été occupés à combattre la rébellion, une fois la paix conclue, demandèrent des terres au nord des grands lacs pour s'y fixer et y fonder des familles ; il en résulta pour la colonie un grand accroissement de nombre et de richesse en même temps qu'un dédoublement administratif. Presque tous ces Américains ou ces soldats anglais, au lieu de s'établir au milieu de la population française, étaient allés dans les territoires vierges de l'ouest, et l'élément anglo-saxon s'était ainsi juxtaposé à l'élément français sans se mêler ou se confondre avec lui. Il s'était donc constitué un nouveau district, différent du premier par la langue, la religion, les mœurs et les lois. Le gouvernement eut la sagesse de faire passer dans les institutions cette séparation qui existait dans les faits, et l'on eut, au point de vue administratif, deux provinces distinctes : le Bas-Canada et le Haut-Canada, l'un dont la population était presque complètement française ; l'autre qui était presque exclusivement peuplé d'Anglo-Saxons. En même temps que l'on consacrait par les lois cette séparation entre les deux districts, on accordait à l'un et à l'autre la représentation législative. C'est en 1791 que Pitt, sur les réclamations des colons, fit cette importante réforme. Le gouvernement colonial devait se composer d'un gouverneur et de deux chambres : l'une était élective, l'autre était nommée par le roi. Pitt, dans l'origine, avait conçu l'idée d'une chambre haute composée des principaux seigneurs français, lesquels auraient constitué une noblesse héréditaire. Mais Fox combattit ce plan et avec grande raison selon nous. Il n'est jamais opportun de constituer une aristocratie de naissance dans une colonie ; c'est compromettre son développement en faisant naître des rivalités nuisibles, c'est la discréditer dans l'opinion publique et amoindrir l'immigration ; car il est reconnu que l'amour de l'égalité et l'aversion pour les vieilles conventions sociales comptent parmi les motifs principaux qui portent les Européens à quitter leur patrie. Grâce à Fox on évita cet écueil et l'on eut un conseil législatif (*legislative council*), nommé par le roi et une assemblée représentative (*representative assembly*), sortie, si ce n'est du suffrage universel, du moins d'un suffrage dont les bases étaient si larges qu'avec un travail de quelques mois chacun pouvait devenir électeur. Ce fut en 1792 que se réunit la première chambre du Bas-Canada (Voir Mongommery-Martin, *British colonies*, t. I). La Nouvelle-Écosse, le Nouveau-Brunswick, Terre-Neuve, reçurent également des constitutions à des époques plus ou moins rapprochées de celles dont nous parlons. « Ces constitutions, dit Merivale, étaient analogues à celles dont jouissaient les vieilles colonies de la Couronne : mais le degré de contrôle de la métropole pour l'administration intérieure de la colonie était beaucoup plus grand. » La mère patrie se réservait spécialement la disposition des terres incultes et organisait l'église officielle d'Angleterre sur de riches dotations territoriales. Il s'était produit, en effet, à la fin du dernier siècle, chez les hommes d'État les plus influents, une réaction décidée contre les libertés presque illimitées dont avaient joui jusque-là les colonies anglaises : « La révolution américaine et la révolution française, dit Merivale, avaient jeté beaucoup d'impopularité sur les doctrines démocratiques. Auparavant on regardait les franchises du citoyen anglais comme des droits naturels attachés à sa personne et l'on admettait par conséquent qu'il ne pouvait les perdre, où qu'il allât et s'établît. Mais, vers le temps de Pitt, l'utilité publique vint à passer pour le fondement de tous les droits, il devint dès lors facile de soutenir que ce qui était utile ici, ne l'était pas là, et l'on vit des partisans sincères du régime constitutionnel affirmer qu'on devait refuser, différer ou atténuer les institutions libres dans certains cas. » C'est cette politique que l'Angleterre pratiqua pendant toute la première partie de ce siècle ; elle accorda rarement, dès l'abord, le régime représentatif aux colonies nouvelles. « Nous avons vu, dit Merivale, se fonder trois colonies, fermées aux condamnés, et qui cependant, jusqu'en 1840, ont été gouvernées directement par la Couronne, singulière nouveauté pour l'Angleterre. » Quant aux colonies qui possédaient des législatures électives, on s'efforça pendant longtemps de limiter leurs attributions. Selon nous, ce fut une faute ; il en résulta, chez les colons, des mécontentements qui allèrent jusqu'à la révolte ; il en résulta, chez les émigrants anglais, un certain discrédit pour les colonies anglaises et une préférence marquée pour les États-Unis. Il en résulta même, ce qui est plus grave, un courant d'émigration notable parmi les citoyens nés au Canada pour l'Union américaine.

Il s'en fallut longtemps, au Bas-Canada, que l'état des affaires fût aussi satisfaisant que le ferait croire l'étude des institutions. Ce fut le conseil législatif, nommé par le gouvernement, qui prit en main toute l'autorité, et la législature ne fut longtemps qu'une chambre d'enregistrement. Les plaintes des colons étaient très vives ; elles durèrent plus de vingt ans malgré les satisfactions partielles et temporaires qui leur étaient accordées. En 1828, une pétition signée par 87,000 Canadiens fut adressée au roi. Huskisson était alors ministre des colonies ; il fit renvoyer la pétition à un comité de la Chambre des communes, et voici quelles furent les résolutions de ce comité. « Il condamnait l'habitude prise de disposer de larges sommes levées sur le peuple canadien sans l'assentiment de son Parlement ; il insistait pour que la totalité du revenu de la colonie fût mise à la disposition de l'Assemblée coloniale, afin que les personnes ayant la confiance du peuple fussent choisies par la couronne pour entrer dans le conseil législatif et exécutif, et il terminait enfin par la déclaration que les plaintes des colons étaient généralement fondées et méritaient qu'on y fît droit. » (Mongommery-Martin, *British colonies*, t. I.) Il y fut fait droit, en effet, mais non pas d'une manière suffisante pour prévenir l'insurrection de 1837-38. Cette révolte, du moins, fut pour la métropole une leçon décisive ; depuis lors, l'administration devint plus régulière, plus constitutionnelle et plus progressive à la fois. Mais jusque-là il y avait eu des abus fâcheux et dont l'influence fut singulièrement funeste ; la prospérité du Canada, l'immense développement de la population et de la culture ont fait perdre de vue les maux qui sont résultés des illégalités dont se plaignaient les colons : ces maux n'en étaient pas moins réels ; le recensement de l'Union américaine, en 1850, constatait que 147,711 individus, nés dans l'Amérique anglaise, s'étaient fixés dans différentes parties des États-Unis, émigration énorme pour une contrée jeune dont la population était loin de suffire à l'exploitation des sols fertiles. Le système politique suivi au Canada, pendant les trente premières années de ce siècle, fut défectueux et nuisible ; il n'en est pas moins vrai que, comparé au régime antérieur ou au régime actuel des colonies des autres nations européennes, ce système était singulièrement libéral. Si la représentation populaire n'avait pas, dans les affaires générales, toute l'influence qu'elle eût dû avoir, s'il y eut un certain gaspillage dans les finances et dans la distribution des terres incultes, du moins les libertés municipales restèrent entières ; les principales libertés politiques, la liberté de la presse, le droit de réunion, le droit de pétition furent intacts : voilà pourquoi, malgré le mécontentement persistant des colons pendant plus de 40 années, la colonie put prospérer, grandir, décupler le nombre de ses habitants ; mais combien le progrès n'eût-il pas été plus rapide encore si ces libertés civiles et administratives, si larges et si complètes dans la vie privée et dans la vie communale, eussent été couronnées par la gestion constitutionnelle des intérêts généraux de la colonie ?

Le second point sur lequel nous devons porter notre attention, c'est le mode d'appropriation des terres ; là aussi le régime anglo-canadien présente de graves défauts et des inconvénients considérables, qui ont dû avoir pour effet de retarder les progrès de la culture et par conséquent de la population et de la richesse. On débuta par des concessions gratuites excessives faites sans condition et l'on se trouva, en peu d'années, avoir engagé la presque totalité des terres fertiles à des personnages qui ne se souciaient ni de les défricher, ni de les vendre, ni même d'y faire des dépenses préparatoires pour les mettre en valeur et qui se contentaient d'attendre la plus-value que le temps et les progrès de districts environnants devaient infailliblement amener. Nulle part on ne fut, à l'origine, aussi prodigue de concessions. Dans le Bas-Canada, selon Roscher, un seul gouverneur accorda 1,425,000 acres de terre à 60 personnes. Dans le Haut-Canada, en 1825, sur 17 millions d'acres mesurés, étendue presque aussi grande que l'Irlande, 15 millions avaient été concédés, bien que la population ne fût que de 150,000 âmes et, dit Mérivale, il ne restait à cette époque pour ainsi dire plus de terre fertile à la disposition du gouvernement. En effet, après la révolution d'Amérique on avait distribué aux loyalistes américains 3 millions d'acres pour indemnité ; les soldats de la milice avaient obtenu 600,000 acres, et l'on avait accordé, en outre, 500,000 acres à des soldats allemands et à des marins congédiés après la guerre, à raison de 2,000 acres pour les colonels, 1,200 pour les capitaines, 800 pour les simples officiers et 80 pour les soldats. Ce gaspillage avait continué jusque vers 1825 : tous ces personnages, si abondamment dotés, s'abstenaient pour la plupart de résider sur leurs terres. Toutes les colonies du nord de l'Angleterre avaient subi cette prodigalité ruineuse : à la Nouvelle-Écosse sur 6 millions d'acres de bonne terre, 5,750,000 avaient été concédés gratuitement : l'île du Prince Édouard, en 1767, avait été concédée, en un seul jour, à 60 personnes : au bout d'un certain temps toute la propriété s'y trouvait réunie entre les mains de quatre grands personnages. L'irritation causée parmi les colons et les immigrants par un aussi désastreux système était grande ; nous en retrouvons les traces dans les plaintes et les pétitions qu'ils adressèrent avec persistance à la métropole, pendant un quart de siècle. On fut obligé de s'arrêter dans cette voie de largesses insensées : on y fut contraint non seulement par le mécontentement de la colonie, mais encore par le manque de terres disponibles ; de l'excès de libéralité l'on tomba dans l'excès de parcimonie. On hésita entre le système des concessions gratuites et celui des ventes et aussi, dans ce dernier système, entre la vente à prix fixe et la vente aux enchères et encore, dans le cas de vente à prix fixe, entre la vente à bas prix et la vente à haut prix. Nulle part, si ce n'est en Algérie, la législation sur les terres incultes ne fut aussi flottante, aussi pleine d'indécisions et de contradictions qu'au Canada pendant quarante années, jusqu'à l'époque où les théories de Wakefield vinrent à occuper spécialement le public anglais et à mettre en pleine lumière la nécessité d'un bon mode de distribution des terres. On pratiqua, à la fois, le système de la concession et celui de la vente : les concessions gratuites étaient naturellement conditionnelles et provisoires : le concessionnaire devait prendre possession dans le délai d'un mois, il devait mettre en culture au moins douze acres de terre en quatre ans, il était tenu enfin à se bâtir une maison de 20 pieds sur 18 ; toutes ces conditions étaient souvent violées ; on ne pouvait les faire exécuter sans grands frais d'administration et de surveillance et sans vexations pour les colons ; la difficulté était d'autant plus grande qu'on se refusa toujours à admettre le régime des impositions locales pesant sur toutes les propriétés privées, cultivées ou non, régime bienfaisant, en vigueur aux États-Unis et qui paraît être le seul moyen efficace de hâter la culture et en même temps les travaux d'utilité locale.

La vente des terres domaniales eut lieu jusque vers 1850 à des prix très élevés, 10, 15 et jusqu'à 20 shellings l'acre. Aussi les plaintes étaient-elles très grandes. Ce mauvais régime d'appropriation des terres, avec le mécontentement politique, fut la principale cause de cette émigration considérable du Canada pour les États-Unis, que nous avons notée plus haut. Si 150,000 colons, nés dans la Nouvelle-Bretagne, avaient été chercher un asile dans les États de l'Union, les causes en étaient, d'après le rapport de M. Chauveau en 1849 et de M. Dufresne en 1857 : « le haut prix des terres domaniales, les vastes concessions de terre faites aux seigneurs, aux compagnies, ou à des individus qui s'abstenaient de les cultiver et ne voulaient pas les vendre ; l'apathie ou l'inconduite dans quelques localités des agents du domaine public jointes aux conditions trop lourdes imposées aux colons ; le droit d'exploitation des bois séparé du droit d'exploitation du sol ; enfin l'insuffisance d'organisation colonisatrice ». C'est ainsi que s'exprimaient les comités d'enquête pour rechercher les causes de l'émigration canadienne aux États-Unis. Il n'y avait pas de doute possible, la propriété n'était pas assez accessible à tous, elle n'était pas entourée d'assez de garanties. Le gouvernement anglais reconnut le mal et fit de grands efforts pour y remédier. Les prix excessifs des terres domaniales furent sensiblement réduits : elles furent mises en vente à des prix qui variaient selon les localités d'un shelling à 5 shellings *currency* par acre, soit de 10 deniers à 4 shellings sterlings. Au Nouveau-Brunswick les ventes domaniales furent faites sur le pied de 3 shellings l'acre, payables un quart comptant et le reste en trois années avec un escompte de 20 p. 100 pour le paiement immédiat : on alla plus loin et l'on admit « *l'achat par acte de travail* », c'est-à-dire par prestation personnelle pour la confection des chemins. Comme les concessions primitives avaient singulièrement réduit, ainsi que nous l'avons vu, l'étendue du domaine, on augmenta le territoire de la colonisation du côté de l'ouest en expropriant la Compagnie de la baie d'Hudson d'une partie des vastes régions qu'elle occupait. Le Canada eut ainsi son *Far West*. On eut recours encore à un autre moyen plus radical pour augmenter la quantité des terres disponibles. « C'était la coutume au Canada, depuis l'acte constitutionnel de 1791, de réserver des terres pour la couronne et le clergé ; ordinairement, dit Merivale, un septième de chaque lot allait à la couronne et un autre septième au clergé : c'était un arrangement mauvais qui interposait de grandes étendues de terrain ordinairement incultes entre les terres occupées. » On abandonna les terres de la couronne, on accorda au clergé l'autorisation de vendre les siennes et il finit par en user largement, n'étant pas apte à cultiver par lui-même. C'est ainsi que se reconstitua peu à peu le domaine et que l'on put disposer d'une vaste étendue de sol.

La culture des terres est subordonnée à un vaste système de travaux publics, et vouloir le progrès du défrichement sans s'occuper du développement des routes et des chemins, c'est une chimère impraticable. Aussi pour remédier au mal que l'enquête sur l'émigration avait signalé, le gouvernement fit de grandes dépenses pour les chemins de colonisation : mais il ne prit pas, selon nous, le bon parti. Le seul moyen d'arriver dans une colonie à une bonne viabilité, c'est, nous l'avons déjà indiqué, de soumettre les propriétés privées, soit cultivées, soit incultes, à des taxes locales modérées : c'est le système suivi aux États-Unis qui s'en trouvent admirablement bien : cette taxe foncière, instituée dans un intérêt communal ou cantonal est infiniment plus utile au colon qu'elle ne lui est lourde. Cela est si vrai, que, d'après un homme expert, lord Sydenham, la terre qui coûte, aux États-Unis, 6 shellings 3 deniers est en réalité plus avantageuse au cultivateur que la terre du Canada qui ne lui coûte que 6 shellings et cependant au Canada la terre est franche de droits et aux États-Unis elle est grevée de taxes locales : mais, en revanche, le Canada manque de routes, tandis que les taxes locales des États-Unis suffisent, sans aucune subvention, à donner aux nouveaux districts une excellente viabilité. Il en résulte qu'un grand nombre de Canadiens et d'émigrants anglais aiment mieux acheter des terres dans l'Union, quoiqu'elles soient un peu plus chères. C'est donc par un entêtement déplorable que les Canadiens repoussaient ces taxes foncières locales, qui ont le double mérite d'assurer une bonne viabilité et de contraindre les grands propriétaires au défrichement de leurs domaines.

Avec ces vices nombreux que nous venons d'indiquer dans le système politique d'abord, dans le mode d'appropriation des terres ensuite, on peut se demander d'où vient cette prospérité rapide du Canada et comment elle se concilie avec une administration sur beaucoup de points si hautement défectueuse? Nous avons déjà répondu, en partie, c'est qu'il y avait, en dépit de ces erreurs, des garanties considérables pour le colon, entre autres une complète liberté municipale, c'est que, en outre, dans la pratique, les fautes de l'administration trouvaient beaucoup de palliatifs. Le territoire de la colonisation était illimité et le colon avait ses allures libres ; le nouveau venu finissait toujours, quand il arrivait avec quelques épargnes, par se procurer de la terre qu'il achetait, un peu cher il est vrai, à des particuliers ou à des compagnies. Cette élévation relative du prix des terres n'était pas un obstacle complètement prohibitif à la culture ; c'était, pour nous servir d'une expression d'Adam Smith, comme un poids mort qui pesait sur ses progrès, sans pouvoir cependant l'arrêter. Les compagnies foncières, dont les Canadiens se plaignaient avec raison dans un certain sens, leur rendaient cependant, d'un autre côté, des services notables, en faisant les premières dépenses d'arpentage, d'allotissement, quelquefois même de défrichement et de viabilité. Au Canada des compagnies territoriales vendaient de bonnes terres pour un prix de 30 shellings l'acre ; et la compagnie foncière du Nouveau-Brunswick et de la Nouvelle-Écosse cédait des terrains de 100 à 300 acres pour un prix de 5 shellings *currency* par acre. Quoique ce fût là un taux assez élevé, ce n'était pas exorbitant, surtout quand les terres mises en vente avaient déjà reçu une certaine préparation. Le principal inconvénient de ces compagnies, c'est que le prix qu'on leur payait n'entrait pas dans les caisses de la couronne ou de la colonie, ce qui serait arrivé si la colonie ou la couronne avaient fait elles-mêmes les aliénations ; il constituait, au contraire, des dividendes qui, le plus souvent, allaient en Angleterre rétribuer les porteurs d'actions et étaient ainsi perdus pour la colonie.

Avec une telle organisation, le prix relativement élevé des terres, l'absence presque complète de toute industrie, le Canada ne promettait l'aisance qu'aux émigrants provenant des classes moyennes de la métropole et qui avaient à leur disposition quelques épargnes. Aussi ce fut pendant quarante années, et c'est encore, quoique dans une moindre mesure, la colonie où se portent de préférence les paysans aisés de l'Angleterre, qui sont épris de la possession du sol et qui ne peuvent espérer d'arriver à la propriété dans la mère patrie. Les hommes, ayant un petit pécule, l'habitude du travail des champs, du courage et de la persévérance, sont assurés de réussir dans les établissements de l'Angleterre au nord de l'Amérique : ils n'y arriveront sans doute pas à l'opulence, mais ils parviendront, en peu d'années, à une existence relativement large et fortunée. Le Canada est donc une colonie de petits propriétaires. Lord Sydenham l'a admirablement définie en ces termes : « *No lottery with a few exorbitant prizes and a large number of blanks, but a secure and a certain investment, in which, a prudent and reasonable man may safely embark :* cette colonie ne s'offre pas à l'immigrant comme une loterie avec quelques prix exorbitants et un grand nombre de billets nuls, elle se présente comme un placement sûr et certain que tout homme prudent et raisonnable peut aborder sans crainte. » Encore est-il que pour y réussir, il faut y apporter les qualités et les ressources que possède la petite classe moyenne ; des prolétaires, des artisans n'y ont aucune chance d'avenir : aussi le gouvernement anglais dut-il, à diverses reprises, dénoncer à la Diète germanique les abus qu'entraînait l'envoi de misérables émigrants sans aucune ressource, qui se traînaient affamés dans les rues de Québec.

Le gouvernement anglais lui-même et les commissaires de l'émigration apportèrent un grand soin à fournir cette colonie d'émigrants d'élite. A la paix de 1815, le gouvernement y dirigea un contingent nombreux d'anciens officiers et soldats auxquels on accorda des terres sur la limite des deux Canada ; dans le même temps on y transportait gratuitement 700 cultivateurs écossais, qui fondèrent le bel établissement de Perth dans le district de York-Town ; en 1818, venait une nouvelle immigration écossaise qui fondait le district de Beckwith ; deux ans après 1.000 autres Écossais s'embarquaient à Glascow et se fixaient à Lanark et à Dalhousie où 1,800 autres de leurs compatriotes venaient bientôt les rejoindre. On voit combien cette immigration était appropriée à la colonie : c'étaient de robustes cultivateurs, qui quittaient des régions froides, d'une culture rude et laborieuse ; pour la plupart ils avaient quelques épargnes et se trouvaient ainsi dans les conditions les plus favorables pour réussir. Depuis lors l'immigration se développa, mais l'on s'est beaucoup abusé sur ses proportions et sa portée : elle fut toujours en réalité beaucoup moins nombreuse qu'en apparence : les tableaux de statistique ont trompé sur ce point les observateurs superficiels.

Voici les fluctuations de l'immigration totale au Canada : nous ne prenons que les chiffres quinquennaux.

	Total quinquennal.	Moyenne annuelle.
1834-1838	93,351	18,670
1839-1843	125,860	25,172
1844-1848	196,359	39,272
1849-1853	187,737	37,547
1854-1858	143,252	28,650
1859		20,240 (1)

Il ne faudrait pas croire que ce très grand nombre d'émigrants fut destiné au Canada : l'immense majorité ne faisait que le traverser pour se rendre dans l'Union américaine : c'est à peine s'il en restait un tiers dans la colonie : sur les 20,240 émigrants, arrivés par voie de mer, en 1859, 13,940 allaient aux États-Unis, profitant du prix de passage moins élevé, 6,300 personnes seulement se fixèrent au Canada, soit moins du tiers. Ce n'est donc pas l'immigration qui peut rendre compte des progrès extraordinaires de la colonie en population : si elle s'est si rapidement accrue, c'est en très grande partie par ses propres ressources : c'est grâce à cette aisance générale, à l'abondance des terres en dépit de la mauvaise gestion du domaine ; c'est grâce à ces mœurs simples et laborieuses que l'on trouve toujours parmi les petits propriétaires, grâce aussi à cette fécondité naturelle des familles agricoles dans un pays neuf et de culture extensive, où le grand nombre d'enfants est, à la lettre, un subside et une richesse. Aussi voyons-nous que le Bas-Canada, qui ne fut presque pas alimenté par l'immigration, fit en population des progrès très considérables quoique moins rapides que ceux du Haut-Canada.

(1) Jules Duval. *Histoire de l'émigration*, p. 283. Il est très regrettable que l'*Annuaire* publié tous les ans sous le nom de *Colonial Statistical abstract* ne contienne pas les chiffres de l'immigration. C'est cependant un des renseignements les plus intéressants quand il s'agit d'une colonie.

Population.

	Bas-Canada.	Haut-Canada.	Total.
1763	70,000	12,000	82,000
1814	335,000	95,000	430,000
1823	427,000	150,000	557,000
1831	512,000	260,000	772,000
1844	699,000	500,000	1,199,000
1848	770,000	721,000	1,491,000
1851	890,261	952,000	1,842,215
1761	1,110,480	1,395,222	2,505,702
1871	»	»	2,812,367 (1)

Après le régime politique et le mode d'appropriation des terres, la grande question pour une colonie, c'est le régime commercial. Pour une colonie tout agricole comme le Canada, qui ne produit guère de denrées d'exportation, c'est là un point de moindre importance. Il ne pouvait être question dans la Nouvelle Bretagne de fonder des manufactures, et personne n'y pensa ; on eût pu se heurter dans l'origine contre les règlements rigoureux et injustes de la métropole, qui interdisaient aux colons la pratique de l'industrie ; mais la nature des choses rendait ces règlements superflus. Quant à l'importation des marchandises anglaises, elle était franche de droits ; mais cette importation était limitée par le peu de produits d'exportation que fournissait alors le Canada ; on n'importe qu'à la condition d'exporter, on ne peut se procurer des marchandises étrangères qu'en offrant un équivalent en échange. Or, le Canada n'a que des produits agricoles, des céréales et du bois. La législation anglaise s'appliqua surtout, après la séparation des treize provinces unies, à favoriser l'exportation de ces produits du Canada. Nous avons déjà vu que les Indes occidentales furent obligées après l'émancipation des États-Unis d'attendre toutes leurs subsistances des provinces canadiennes ; ce fut là un grand préjudice pour les Indes occidentales et ce ne fut pas un avantage équivalent pour le Canada. En effet, ce que consomment principalement les Antilles, ce n'est pas du blé, que la Nouvelle-Bretagne fournit en abondance, c'est du riz ou du maïs pour leurs nègres : or, ce maïs et ce riz, même après l'interdiction de s'approvisionner aux Etats-Unis, venaient toujours de la Pensylvanie et des États voisins de l'Union : seulement, au lieu d'être expédiés directement vers les

(1) La statistique de 1871 ne distingue pas le Haut et le Bas-Canada ; le chiffre de 2 millions 812,000 âmes est donné en bloc pour les provinces d'Ontario et de Québec. Quant à l'ensemble de la population du *Dominion of Canada*, comprenant le Nouveau-Brunswick, la Nouvelle-Écosse, le Manitoba, etc., elle était de 3,686,000 âmes en 1871. Le *Colonial Statistical Abstract* pour 1878 ne donne pas de chiffre postérieur à celui de 1871.

Indes occidentales, on les envoyait au nord à Montréal, d'où on les dirigeait sur les îles. Ainsi ces règlements que la métropole croyait excessivement utiles à ses colonies du nord de l'Amérique, ne leur procuraient aucun avantage sensible : ils ne faisaient que restreindre et renchérir la consommation des subsistances aux Antilles sans développer la culture au Canada : c'était un inconvénient considérable pour les planteurs des îles sans avantage équivalent pour les propriétaires de la Nouvelle-Bretagne. Aussi l'on dut renoncer à ce système défectueux, et le Canada ne souffrit en aucune façon de l'autorisation qui fut accordée aux Indes occidentales de s'approvisionner aux États-Unis.

Le principal produit d'exportation de la Nouvelle-Bretagne, c'était le bois de construction : l'Angleterre voulut développer cette industrie coloniale, elle la protégea par des droits différentiels très élevés qui imposèrent de grands sacrifices à la métropole. Il ne paraît pas cependant qu'à l'origine ce fut seulement par intérêt pour la colonie qu'on adopta les droits différentiels au profit des bois de construction du Canada contre les bois de construction étrangers. D'après Mérivale, ces droits différentiels auraient été dus à des règlements commerciaux très modernes, adoptés en 1808, dans un temps où l'Angleterre était en querelle avec les nations de la Baltique ; la cause première de ces droits eût donc été une pensée de jalousie et une boutade de mauvaise humeur : mais l'esprit protectionniste survint bientôt pour s'emparer de cette législation nouvelle et la défendre comme un droit acquis. En 1821, on abaissa légèrement la disproportion qui existait entre la taxe sur les bois du Canada et la taxe sur les bois de la Baltique, mais on la maintint assez élevée pour contrebalancer, disait-on, la différence de prix provenant de la différence du fret par suite de l'inégalité des distances. Il ne paraît pas que le Canada ait tiré grand profit de ces droits différentiels qui grevaient considérablement les constructeurs anglais. Mac Culloch, en effet, a fait observer que c'était un cas fréquent et que l'on peut regarder comme usuel de voir des navires se charger dans la Baltique et porter leurs cargaisons au Canada pour les rapporter ensuite en Angleterre en ne payant que le droit colonial. Telle était la supériorité naturelle des bois de Norwège sur les bois du Nord-Amérique. Ainsi ces droits différentiels, qui devaient être si utiles aux colons du Canada, n'avaient dans la pratique pour résultat habituel que de faire faire un grand circuit aux bois de la Baltique et d'enchérir d'une manière générale en Angleterre les bois de construction. Ces règlements que l'on croyait protecteurs étaient même, dans un certain sens, nuisibles aux colonies, car, même le droit sur les bois de construction coloniaux, quoique inférieur à celui qui portait sur les bois de construction étrangers, était néanmoins très élevé, ce qui avait des inconvénients graves pour les colons. « Le prix du bois au Canada est une bagatelle, dit un auteur compétent, mais de hauts droits l'augmentent tellement en Angleterre qu'il est cinq fois plus cher qu'au lieu de production, d'où une fluctuation de 20 p. 100 dans le prix en Angleterre équivaut à une perte totale pour le Canadien : d'où le moindre resserrement dans notre marché est complètement ruineux pour le colon. » (*Murray's British América*, v. II, p. 31.) Suivant un autre calcul, fait en 1839 à la Chambre des Communes, une fluctuation de 5 p. 100 en Angleterre entraînait une baisse de 30 p. 100 au Canada. Si l'Angleterre avait voulu favoriser l'exportation des bois de construction du Canada, il eût été plus expédient d'abaisser considérablement les droits d'une manière générale, même en ayant recours à un tarif unique, que de maintenir des tarifs différentiels avec des droits élevés. Il n'en fallut pas moins des luttes longues et vives pour triompher de cette législation surannée ; nous avons déjà esquissé, dans le chapitre des colonies à sucre, l'histoire de la réforme commerciale en Angleterre : nous n'y reviendrons pas. Quand on supprima les droits différentiels sur les bois de construction, le Canada n'en souffrit guère : l'exportation de ces bois, ainsi que Mérivale l'a très bien prouvé, n'avait pas l'importance qu'on lui attribuait. On s'imaginait généralement, et Smith donne dans cette erreur, que l'abattage des bois de construction favorisait beaucoup le défrichement, mais il n'en était rien ; on ne choisissait, en effet, que les beaux arbres de distance en distance et l'on encombrait plutôt le sol de leurs débris qu'on ne le débarrassait : le défrichement n'en recevait aucune impulsion. Le vrai marché du Canada, pour les bois, ce n'est pas l'Angleterre placée si loin, c'est l'Amérique dont les forêts, du moins dans les États du Nord, sont à peu près épuisées : et, d'une manière générale, c'est moins le commerce de l'Angleterre qu'il importe d'assurer au Canada, que le commerce de l'Amérique qu'il est nécessaire de lui ouvrir. La complète réforme commerciale que nous avons racontée plus haut, l'abolition de l'acte de navigation, le droit, désormais reconnu aux colonies, de fixer elles-mêmes sans la surveillance de la métropole leurs tarifs de douanes, toute cette organisation nouvelle va permettre à la Nouvelle-Bretagne, arrivée actuellement à un haut degré de culture, de pratiquer aussi l'industrie, qui est indispensable au développement régulier d'une société adulte. Depuis vingt ans de grandes maisons commerciales se sont fondées à Ottawa, à Québec, à Montréal, à Halifax : une nouvelle impulsion est donnée à la colonie, plus libre, plus tranquille et par conséquent plus prospère que jamais ; on peut compter sur un accroissement rapide et ininterrompu de population et de richesse.

Ainsi, pour le passé, le système commercial auquel fut soumise la Nouvelle-Bretagne, quoique émanant des principes du vieux système mercantile, n'avait rien dans la pratique de bien oppressif : au contraire, il instituait des faveurs considérables au profit des colons, faveurs, nous l'avons montré, plutôt imaginaires que réelles et qui ne produisirent pas les résultats qu'on croyait pouvoir en espérer. Dans le présent la liberté commerciale la plus complète est établie par la métropole et il ne dépend que de la colonie, maîtresse de ses règlements douaniers, de la maintenir pour l'avenir. C'est ainsi que la situation de la Nouvelle-Bretagne s'est dégagée peu à peu de ses embarras momentanés. Le mode d'appropriation des terres, qui avait excité tant de plaintes, est devenu, si ce n'est aussi parfait qu'aux États-Unis et en Australie, du moins bien préférable à ce qu'il avait été pendant le premier tiers de ce siècle et à ce qu'il est encore dans toutes les colonies européennes non anglaises. Quant au régime politique qui avait causé tant de murmures, de pétitions, de départs et d'émigrations, qui avait même produit une révolution, il est devenu un modèle de libéralisme, et on peut dire que la métropole a presque abdiqué ses pouvoirs, ne conservant qu'une direction honoraire. Toutes les institutions, si vieilles et si respectables qu'elles fussent, qui pouvaient entraver les progrès de la colonie ont été abolies avec le consentement du gouvernement de la métropole. Lord John Russell pouvait rappeler, il y a une douzaine d'années, à la Chambre des Lords, dans la discussion du bill sur l'église d'Irlande, que l'église établie ou officielle avait été supprimée au Canada. Tout ce qui peut favoriser le développement a été généreusement accordé, alors même que des susceptibilités légitimes et des craintes naturelles pouvaient être éveillées : c'est ainsi qu'une loi du 29 mars 1867 (30 Victoria, ch. 3) a approuvé l'Union entre les deux Canadas, la Nouvelle-Écosse, le Nouveau-Brunswick en un état colonial appelé *Dominion*, ayant un vice-roi et un parlement autonome. Ainsi se trouvent réparées toutes les fautes, car il y en eut, et l'enfant, qui put fournir une si merveilleuse croissance, malgré les erreurs de direction qui entravèrent son développement, que ne peut-on attendre de lui, aujourd'hui qu'il est adulte et que tout se réunit pour faciliter sa tâche et favoriser ses progrès?

Voici les chiffres pour lesquels les colonies de l'Amérique du Nord figuraient dans les états de douane anglais à l'importation et à l'exportation lors de la formation du *Dominion of Canada* et onze ans plus tard.

Importations en Angleterre de provenance coloniale :

	1866	1878
Colonies du Nord-Amérique....	171,732,525 fr.	251,000,000 fr.

Exportations de l'Angleterre à destination des colonies :

	1866	1878
Colonies du Nord-Amérique.....	170,751,000 fr.	207,000,000 fr.

On voit que ce sont là des chiffres considérables et surtout pour une colonie agricole : c'est, en effet, un commerce plus étendu que celui des Indes occidentales anglaises, où cependant toute la production est dirigée en vue de l'exportation.

Dans ces colonies anglaises du Nord-Amérique rentrent encore différentes possessions dont il est bon de dire quelques mots. Ce sont d'abord les immenses espaces qui se développent à l'est et au nord des deux Canadas et qui sont connus sous le nom de territoire de la compagnie de la baie d'Hudson. Le climat y est excessivement âpre et rude, le sol est encore couvert de forêts épaisses : l'on ne trouvait naguère que sur quelques points favorisés des tentatives de défrichement. Il y a une quinzaine d'années, on a commencé à distraire quelques-uns des districts les plus rapprochés du Haut-Canada pour en mettre les terres en vente, mais on pouvait alors considérer comme probable que pendant longtemps encore, si ce n'est même toujours, la plus grande partie de cette Amérique septentrionale resterait à l'état de forêt et ne pourrait être utilisée que pour la chasse et la récolte des pelleteries. L'*honorable compagnie de la baie d'Hudson* avait un privilége qui datait de loin et qui, parmi les économistes, même les plus rigides, n'avait guère trouvé de détracteurs. Il paraît que des circonstances spéciales ont justifié l'établissement du privilége et expliqué son renouvellement. La compagnie de la baie d'Hudson en imposait beaucoup plus que des particuliers à ces légions de sauvages, traitait avec eux à des conditions plus avantageuses, maintenait des relations plus amicales, en même temps protégeait avec plus de facilité ces indigènes contre le trafic toujours équivoque des aventuriers européens, contre l'importation excessive des liqueurs fortes, contre les abus et les injustices qui pouvaient exciter des haines dangereuses. Enfin on pensait que l'abolition du monopole de la compagnie imposerait à la couronne ou à la colonie des frais de surveillance et de justice considérables. Cette puissante corporation occupait 200 forts que gardaient environ 12,000 aventuriers de race blanche, dont l'immense majorité était d'origine française ; ils trafiquaient avec les sauvages dont le nombre dépasse 300,000. Il arriva sur quelques points que ces stations de chasseurs et de traitants devinrent de petits centres de culture : c'est ainsi qu'à la rivière Rouge, au-delà des grands lacs, a surgi une colonisation agricole et commerciale, qui s'étendait sur un vaste territoire où l'on comptait, il y a quinze années environ, 8,000 blancs.

L'expérience montra bientôt que ces régions en apparence si désolées et longtemps si dédaignées étaient douées d'une admirable fécondité. C'est dans ces plaines si septentrionales que l'on produit surtout ces abondantes moissons de blé qui se déversent depuis quelque temps sur l'Europe. Un nom de contrée jusque là inconnue a bientôt acquis une universelle célébrité, c'est le nom de Manitoba. L'immense territoire qui porte ce nom et qui en 1870 n'avait encore que 12,000 habitants en possède près de 100,000 au moment où nous écrivons et dans quarante ou cinquante ans il égalera, peut-être même dépassera, en richesse le Haut et le Bas-Canada. Plus encore que les États-Unis l'Amérique britannique est destinée à être un des greniers du monde.

Il y a trente ans, un économiste perspicace, Merivale, indiquait pour un prochain avenir la colonisation du territoire situé sur la rivière Colombie et sur le bord du Pacifique : le climat y est supérieur à celui de la côte orientale sous le même parallèle et le sol est abrité par d'admirables forêts. Les prédictions de Merivale se sont justifiées, bien que leur réalisation soit due à un fait que le savant économiste d'Oxford ne pouvait prévoir, à la découverte de mines d'or dans ces parages. C'est en 1858 que l'annonce de l'existence de gîtes aurifères, sur les bords du Frazer, à l'ouest du Canada, attira en quelques semaines plus de 30,000 aventuriers dans ce désert. La plupart y subirent toutes les douleurs de la misère, de la faim et de la maladie : il n'en résulta pas moins un centre distinct de colonisation qui, sous le nom de Colombie britannique, fut détaché du territoire de la baie d'Hudson. Le gouvernement anglais entoura le berceau de cet établissement des institutions les plus libérales ; il renvoya, il est vrai, l'octroi d'une législature à une époque où la colonie serait plus adulte et mieux assise ; on ne saurait l'en blâmer, à notre avis, mais les institutions municipales furent aussi larges que possible ; naturellement le plus grand nombre des premiers colons étaient des mineurs, les femmes manquaient ; il se forma à Londres une société pour faciliter l'émigration de femmes industrieuses pour la Colombie. Ainsi, les forêts du Nord-Amérique, malgré l'âpreté du climat, sont entamées par la colonisation, d'un côté, par les habitants de la Colombie et, de l'autre, par les défricheurs de la rivière Rouge. Dans un avenir qui n'est peut-être pas éloigné, les uns et les autres finiront par se rejoindre : le Canada a son Far-West et il s'étend comme les États-Unis d'une mer à l'autre. Comme les États-Unis aussi il va avoir sa grande ligne ferrée, son *Grand Trunck*, qui joindra les deux Océans.

La grande île de Terre-Neuve se rattache aussi à ce groupe des possessions anglaises : la florissante industrie des pêcheries a donné un développement considérable à cette terre ingrate. On y compte près de 150,000 habitants et une immigration continue y apporte chaque année quelques centaines de recrues. Située à huit jours des côtes d'Irlande, elle est précieuse aux pêcheurs britanniques. En face de Terre-Neuve est le Labrador, terre désolée d'un climat excessivement âpre ; les émigrants, cependant, commencent à s'y porter, non pas des émigrants européens, mais des émigrants de l'Acadie ; il s'établit dans cette rude nature un centre de colonisation et de commerce ; c'est ainsi que nos vigoureuses races européennes prennent possession par le travail de ces froides régions, d'où tout semblait devoir les éloigner. Elles prouvent chaque jour par leurs actes qu'il n'est pas de nature si sauvage que ne puisse dompter l'énergie de l'homme civilisé et qu'il n'y a pas de côte si inculte et si désolée qui ne présente au pionnier des ressources cachées mais abondantes.

Nous empruntons aux publications officielles de 1869 et de 1878 quelques détails statistiques sur les colonies anglaises du Nord-Amérique. Le *Dominion of Canada* constitué le 1er juillet 1867 ne comprenait d'abord que les provinces d'Ontario et Québec, du Nouveau-Brunswick et de la Nouvelle-Ecosse. En juillet 1870 on y annexa le Manitoba et le North-West-Territory. En juillet 1871, on y joignit encore la Colombie britannique et l'île de Vancouver et enfin, en 1873, l'île du Prince Edouard. Le *Dominion*, tel qu'il a été formé par ces annexions successives, a une étendue de 3,412,490 milles carrés, 15 ou 20 fois la superficie de la France. Cette étendue est de 301,135 pour la province d'Ontario et Québec, 27,322 milles carrés pour le Nouveau Brunswick, 21,731 pour la Nouvelle-Écosse,

---

(1) Voir les *Statistical Tables relating to the Colonial and other Possessions of the United Kingdom*, publiées en 1869, et le *Statistical Abstract for the colonial and other Possessions in each year from 1864 to 1878*, publié en 1880.

13,969 pour le Manitoba ; l'île du prince Édouard comprend 2,133 milles ; la Colombie britannique et l'île de Vancouver réunies, 356,000 ; le North-West-Territory, en grande partie inhabitable il est vrai, n'a pas moins de 2 millions 650,000 milles. La population de tout cet ensemble était de 3,171,418 habitants en 1861 et de 3,486,096 en 1871. L'augmentation en dix ans avait été de 10 p. 100. Les chiffres postérieurs nous manquent, mais il est certain que dans le dernière décade écoulée, l'accroissement a été beaucoup plus considérable. Au 31 décembre 1867, le *Dominion of Canada* comptait 2,477 milles de chemins de fer ayant coûté près de 155 millions de dollars à établir, transportant 2,849,000 voyageurs et 2,430,000 tonnes de marchandises, faisant enfin une recette brute de 11,843,377 dollars et une recette nette de 3,600,000 dollars. En 1878, l'étendue des voies ferrées dans le *Dominion* était de 5,915 milles soit 9,500 kilomètres environ ; les deux cinquièmes à peu près de l'étendue du réseau français à la même époque. La valeur totale des importations en 1870 était de 15,102,498 livres sterling, la valeur des exportations était pour la même année de 14.298,858 livres. En 1878, les importations se sont élevées à 19,392,039 livres sterling, soit 485 millions de francs, et les exportations à 17,698,866 livres sterling soit 443 millions de francs. Le commerce extérieur de ces provinces se développe très rapidement : en 1860, en effet, les importations ne s'élevaient qu'à 10,227,393 livres sterling et les exportations à 9,356,431 livres sterling. Le mouvement de la navigation en 1870 offrait un tonnage total (entrées et sorties réunies) de 5,084,873 tonnes : l'augmentation avait été assez faible comparativement à 1860 où le mouvement total de la navigation était de 4,400,468 tonnes. En 1878 le mouvement maritime du *Dominion of Canada* montait à 6, 684,000 tonnes.

L'immigration dans les provinces d'Ontario et de Québec avait été en 1865 de 21,355 individus et en 1866 de 28,648 ; en outre, dans le Nouveau-Brunswick il y avait eu pendant les mêmes années 500 et 450 immigrants. Le tableau suivant indique la quantité de terres publiques qui ont été vendues dans les provinces d'Ontario et de Québec en 1865 et en 1866 :

Origine des terres.		VENDUES.		MONTANT DES VENTES.	
		1865 Acres.	1866 Acres.	1865 Dollars.	1866 Dollars.
Terres de la couronne *Crown lands*	H^t-Canada	428,407	170,828	251,224	120,777
	B^s-Canada	253,042	161,428	5,690	65,379
Terres du clergé *Clergy lands*	H^t-Canada	22,087	63,670	32,423	78,933
	B^s-Canada	11,030	12,597	5,690	6,780
Terres des écoles communes *Common schools lands*	H^t-Canada	4,004	2,948	8,010	8,367
Terres des écoles de grammaire *Grammar schools lands*	H^t Canada	1,294	891	2,010	1,549
TOTAUX		719,864	412,362	305,047	281,791

On voit par ce tableau qu'en 1865 ces terres se sont vendues au prix moyen de 42 cents l'acre soit environ 2 fr. 30 centimes, et en 1866 au prix de 68 cents environ soit à peu près 3 fr. 60 centimes. Voici quelles étaient au 31 décembre 1866 les étendues de terre arpentées et prêtes à la vente : dans le Haut-Canada, terres de la Couronne 3,286,351 acres; terres des Écoles de grammaire 45,993 acres; l'évaluation des contenances n'avait pas été faite pour les terres du clergé et des écoles communes; dans le Bas-Canada, terres de la Couronne 6,276,215 acres et terres du clergé 257,708 acres.

Le revenu ordinaire du *Dominion of Canada* pour l'année finissant au 30 juin 1868 était de 13,835,000 dollars, sur lesquels les douanes produisaient 8,624,000, les droits d'excise 3,006,000, le reste provenait des postes et de diverses redevances ou monopoles. Les intérêts de la dette s'élevaient à 4,078,535 dollars, soit 849,693 livres sterling ou 21 millions 500,000 francs. En 1878, le revenu public du *Dominion* avec les annexes de l'île du Prince Édouard, de la Colombie britannique et de Vancouver montait à 4,661,461 livres ou 117 millions de francs. La dette publique dépassait 29 millions de livres sterling soit 750 millions environ en capital. Les colonies britanniques s'endettent rapidement, et plusieurs, dont le Canada, ont eu la fâcheuse idée de recourir à un tarif de douane très protectionniste.

Voici quelques renseignements particuliers sur les colonies anglaises du nord de l'Amérique qui sont restées longtemps séparées du *Dominion of Canada*, c'est-à-dire sur l'île du prince Édouard, la Colombie britannique et l'île de Vancouver. Ordinairement, cependant, elles sont confondues avec le *Dominion* pour le mouvement commercial et le revenu. Elles ont, d'ailleurs, été incorporées dans le *Dominion* en 1873.

L'étendue de l'île du prince Édouard est de 2,133 milles carrés. D'après le recensement de 1871 sa population totale est de 94,021 habitants ; elle était de 80,857 en 1861 et de 62,449 en 1850 : l'accroissement a donc été de plus de 50 p. 100 en 21 ans. Le revenu public de l'île était en 1870 de 62,230 livres sterling. La dette publique s'élevait en capital à 133,000 livres. A partir de 1873 l'île du *prince Édouard* n'a pas de comptes à part, elle est incorporée dans le *Dominion*. Le mouvement de la navigation (entrées et sorties réunies) était en 1870 de 544,698 tonnes ; en 1865, il n'avait été que de 336,890 tonnes, en 1860, de 173,796 et en 1856, de 115,837 : on voit quel énorme développement a pris en quinze ans le commerce maritime de l'île du prince Édouard, puisqu'il a presque quintuplé. Les importations ont augmenté dans une moindre mesure : en 1870, elles se sont élevées à 385,732 livres sterling, sans progrès très marqué sur les années qui précèdent immédiatement 1870; en 1860, elles n'étaient que de 230,054 livres. Les exportations se sont développées davantage, elles ont monté, en 1870, à 352,841 liv. sterl., en 1865, elles n'étaient que de 291,546 livres, en 1860, elles n'arrivaient qu'à 201,434 et en 1856, à 111,980.

Les documents sont loin d'être aussi abondants sur les deux dernières colonies anglaises du nord de l'Amérique, c'est-à-dire sur la Colombie britannique et l'île de Vancouver. Ces deux colonies sont tantôt réunies et tantôt séparées sous une même rubrique dans les tables statistiques officielles. La Colombie a plus de 300,000 milles carrés de superficie, l'île de Vancouver 13,000. Il est facile de voir que ces chiffres ronds sont approximatifs et que la surface exacte de ces deux pays n'est pas connue (1). Le recensement de la population en 1861 portait la population de la Colombie à 11,816 âmes, dont 7,862 hommes et 3,954 femmes, les Indiens n'étaient pas compris dans ce chiffre. A la même époque la population de l'île de Vancouver était évaluée *grosso modo* à 23,000 âmes. En 1871, elles ne figurent toutes les deux réunies que pour

---

(1) Les statistiques anglaises sont à tous ces points de vue très défectueuses. Ainsi dans certains recueils officiels, la Colombie britannique et l'île de Vancouver figurent pour 213,000 milles carrés ; dans le *Statistical abstract* pour 1878 ces deux pays sont inscrits pour 356,000 milles carrés, et, en outre, le *North-West-Territory* pour 2 millions 656,000 milles carrés.

33,586 âmes. Le revenu public de ces deux possessions réunies avant l'annexion au *Dominion* était de 102,990 livres sterling : le capital de la dette publique s'élevait à 322,228 livres. Le mouvement maritime de la Colombie et de Vancouver était en 1870 de 343,833 tonnes, y compris le cabotage. Ce chiffre était inférieur à celui de plusieurs années précédentes, notamment de 1865 et de 1866. Les importations étaient en 1870 de 335,133 livres sterling ne formant guère que la moitié ou le tiers des importations de chacune des années qui s'écoulent de 1861 à 1865. Les exportations (les métaux précieux exclus) ne montaient en 1870 qu'à 106,635 livres sterling. Les chiffres avaient été moitié plus élevés en 1865 et en 1866. Depuis 1873 les relevés du commerce sont confondus avec ceux du *Dominion*. Les exportations d'or avaient été considérables pendant quelques années : en 1864 elles s'étaient élevées à 1,200,000 livres sterling pour la Colombie et 556,000 pour Vancouver ; ces chiffres baissèrent rapidement : en 1865 la Colombie n'exportait plus que 578,790 livres sterling d'or et Vancouver 426,198 ; en 1866 les deux colonies réunies n'exportaient que 1,026,000 livres sterling d'or et enfin, en 1867, que 700,000 livres sterling. L'exportation de l'or dans les années suivantes n'a pas été notée. C'est cette décroissance dans la production de l'or qui a nui à la prospérité, et par conséquent à la navigation et au commerce de la Colombie et de Vancouver.

L'île de Terre Neuve est restée séparée du *Dominion of Canada* : sa superficie est de 40,200 milles carrés ; la population, d'après le dernier recensement qui date de 1869, était de 146,536 âmes. Le revenu public était en 1870 de 182,000 livres sterling, en 1878 de 212,000 livres ou 5 millions 100,000 fr. La dette publique s'élevait en capital à 242,254 livres à la première de ces époques et à 280,000 livr., 7 millions de fr. à la seconde. Le mouvement de la navigation (entrées et sorties réunies) portait sur un tonnage total de 592,000 tonnes en 1878 ; en 1870 le mouvement n'était que de 320,506 tonnes ; en 1865 il ne montait qu'à 270,403 tonnes ; en 1860, au contraire, et pendant les années antérieures, il était notablement plus élevé, atteignant 404,000 tonnes en 1860. La valeur totale des importations était en 1878 de 1,430,000 livres sterling, 36 millions de francs ; elle avait été en 1870 de 1,386,635 livres marquant un progrès très sensible sur les trois années précédentes, mais ne dépassant guère les importations de 1859 qui s'étaient élevées à 1,324,136 livres, et restant au-dessous de celles de 1857 qui étaient de 1,413,423 livres. Les exportations de Terre-Neuve étaient de 1,173,000 livr. sterl. (environ 30 millions de francs) en 1878 ; elles s'étaient élevées à 1,297,974 livres sterling en 1870, montrant un progrès marqué sur les dix années antérieures, mais un recul notable sur les années qui s'écoulent de 1856 à 1859 : dans chacune de ces années, en effet, les exportations avaient dépassé 1,300,000 livres, et en 1857 elles avaient atteint 1,631,000 livr. Comme on le voit d'après l'ensemble de ces données, la prospérité de l'île de Terre-Neuve semble avoir été assez vivement atteinte à partir de 1861 ; elle est restée stationnaire.

Du nord de l'Amérique nous avons à nous transporter au sud de l'Afrique et d'une colonie anglaise conquise sur la France à une colonie anglaise conquise sur les Pays-Bas. On ne trouvera pas là un accroissement aussi rapide de culture, de population et de richesse, mais on rencontrera une société bien organisée, prospère et régulièrement croissante. Sous le rapport de la position ou du climat, les colonies du Cap ne le cèdent à aucune terre européenne. Merivale a fait d'elles un éloge qui touche au lyrisme. Situés sur la plus grande voie de communication du monde (1), d'une salubrité exceptionnelle, accessibles à toutes les races humaines sans crise d'acclimatement, offrant le phénomène de la réunion sur un même sol des produits les plus variés, la soie, les vins, les fruits, le blé et en même temps les denrées des tropiques, il semble que les établissements anglais du sud de l'Afrique soient l'une des terres les plus favorisées du globe. Ce que la Hollande avait fait de cette vaste et riche contrée, on l'a vu dans le livre précédent : la domination hollandaise, au triple point de vue des institutions, du régime des terres et du régime commercial, était déplorable ; toute liberté politique manquait. Merivale nous apprend que pour prévenir l'accroissement de la population les Hollandais n'accordaient des terres que par parcelles isolées et éloignées les unes des autres ou par cercles qui se touchaient, mais qui avaient des espaces inoccupés entre leurs interstices (2). C'est à cette coutume qu'il faut attribuer, du moins en partie, le développement relativement lent de la colonisation. Au point de vue commercial, les habitants n'avaient même pas le droit de fixer eux-mêmes le prix de leurs denrées, non plus que de se livrer à la navigation, même côtière et de cabotage. Aussi la colonie resta-t-elle toujours languissante ; il s'y était formé cependant, à l'intérieur, une race énergique de pasteurs et d'éleveurs de bétail, qui possédaient au plus haut degré toutes les qualités de la nation hollandaise, l'ardeur au travail, l'économie, la persévérance et la ténacité. A côté de cette rude et laborieuse population, il y avait un élément

(1) La position du Cap est aujourd'hui moins favorable par suite de l'ouverture du canal de Suez et des progrès de la navigation à vapeur.
(2) MERIVALE, On colonies, t. I, p. 115.

industrieux et actif, d'origine française, c'étaient les descendants de réfugiés calvinistes : quelques-uns appartenaient à de grandes familles de France, comme les marquis de Roubaix, les de Villiers (de la Rochelle), les du Plessis, les de Joubert et bien d'autres ; cet élément raffiné et ingénieux avait introduit dans la colonie un esprit de progrès et d'amélioration, que l'on ne trouvait pas parmi les rudes paysans d'origine néerlandaise. C'étaient ces enfants de France qui, vers la fin du XVII° siècle, avaient planté la vigne dans la vallée de la Perle, et avaient les premiers cultivé ce fameux vin de Constance qui fut pendant un temps le plus renommé du monde.

Maîtres du Cap, en fait depuis 1806, depuis 1815 en droit, les Anglais ont porté dans cette colonie leurs qualités habituelles : l'amour de l'ordre et du progrès, le goût des libertés locales, les sympathies dont ils entourent tout ce qui les touche et leurs efforts accoutumés pour mettre en valeur toutes leurs dépendances. Leur premier soin, comme au Canada, fut de déterminer vers le Cap un courant régulier d'immigration. Dès 1814 on ouvrait à Londres des souscriptions pour favoriser l'introduction de l'élément anglais dans cette colonie. On voulait à la fois faire un contre-poids à l'élément hollandais déjà très développé et tenir en respect, repousser même les Cafres, population indigène remuante et guerrière, qui, comme en Algérie les Arabes, tient les colons en émoi et arrête le développement de la civilisation. On envoya au Cap d'anciens soldats, des artisans et des laboureurs : on y convia l'immigration européenne. En 1838, le gouverneur, sir George Grey, traitait avec une maison de Hambourg pour l'envoi de 4,000 immigrants allemands. Mais tous ces efforts n'eurent pas un plein succès, soit à cause du climat, soit par crainte des incursions des Cafres, soit plutôt à cause de la législation défectueuse de la colonie sur le régime des terres. Malgré la résidence à Londres de deux commissaires de l'émigration, en dépit des subsides de la caisse coloniale, on ne put se procurer en moyenne plus de 2,000 immigrants par année. Aussi, après la guerre de Crimée, l'on se résolut à un grand effort et l'on tenta l'établissement de colonies militaires : on voulait avoir des soldats laboureurs aptes au défrichement et à la guerre contre les Cafres ; l'on crut ne pouvoir mieux faire que de choisir les Allemands pour ce double rôle qui répond aux dispositions traditionnelles de leur nature. On dirigea vers la Cafrerie les soldats et les officiers de la légion germanique qui fut licenciée après la guerre de Crimée ; on leur avait fait les offres les plus séduisantes : transport gratuit pour eux-mêmes, leurs femmes, leurs enfants, leurs fiancées et pour un serviteur par famille d'officiers, ration gratuite ou indemnité équivalente pendant un an, demi-solde pendant trois ans, solde complète en cas d'incursion des Cafres, prêt d'outils et d'argent, concession de lots à bâtir et de lots de terre pour jardin, droit aux pâturages communs, allocation pour construction de maisons, exemption d'impôts pendant sept ans, et, à l'expiration de ce terme, propriété du sol, de la maison et du jardin, frais d'enterrements supportés par l'État.

Pour qui regarde les choses de près et sait y voir, il était impossible de plus mal combiner une tentative en elle-même difficile : dans les conditions qui précèdent, il est impossible de reconnaître cet esprit pratique, net et droit, que l'on est accoutumé à trouver dans les résolutions de l'Angleterre. Tout y porte l'empreinte de l'inexpérience et de l'irréflexion. D'abord, l'on n'accordait à ces soldats que des lots de terre à bâtir et des lots pour jardin, sans y joindre des lots de terre labourable, sous le vain prétexte que les terres étaient alors soumises dans la colonie au système de vente et que l'on n'en pouvait disposer par dons ; ensuite l'on subordonnait l'acquisition de la pleine propriété de la maison et du jardin dont l'emplacement avait été concédé, à une sorte de service dans la milice pendant sept années, ce qui retardait presque indéfiniment l'instant où le colon pourrait se regarder comme propriétaire à l'abri de toute revendication. Aussi cette tentative ne réussit pas ; on eut beau envoyer à ces soldats des jeunes filles irlandaises pour en faire leurs femmes ; on eut beau baptiser des noms de Wiesbaden, Brunswick, Berlin, de misérables postes, les charges étaient trop lourdes pour les avantages, il y eut, en peu de temps, une désertion presque générale. En même temps que l'on échouait pour l'établissement de ces colonies militaires allemandes, on mécontentait les paysans hollandais ou *Boërs*, race individualiste et tenace, qui ne voyait pas sans un mécontentement profond nier ou contester des droits de propriété consacrés par la prescription et qui protestaient d'un autre côté contre une sorte d'infériorité politique où l'on aurait voulu les placer. Il faut reconnaître, cependant, que toutes les réclamations des *Boërs* n'étaient pas fondées : un de leurs principaux griefs fut l'abolition de l'esclavage, dont on ne peut faire un reproche à l'administration anglaise. Quoi qu'il en soit, le rude et fier tempérament des Boërs ne put se plier à ces oppressions en partie réelles, en partie imaginaires, dont ils se plaignaient. Un grand nombre émigra dans l'intérieur pour fonder les établissements indépendants d'Orange et de Transwaal ; on ne peut que s'en féliciter dans l'intérêt de tous, car c'est un pas nouveau de la colonisation.

Il semble après tous ces faits qu'au point de vue politique l'administration anglaise ait laissé beaucoup à désirer. Il n'en est pas moins vrai qu'elle était singulièrement supérieure à l'administration hollandaise : elle conserva toujours aux colons cette liberté primodiale, qui est la pierre angulaire de toute société florissante, la liberté municipale ; elle leur refusa longtemps, trop longtemps peut-être, la représentation coloniale, mais, à l'origine du moins, elle avait de bonnes raisons pour ne pas faire cette concession suprême, qui ne peut être accordée, selon nous, qu'aux colonies déjà adultes. Toutefois elle ne prolongea pas indéfiniment ce stage et cette période de l'enfance qu'il est dangereux de vouloir éterniser. En 1853 le Cap recevait une constitution, qui instituait une législature élective : ce fut une réforme heureuse et qui donna une vive impulsion à la colonie.

Le régime des terres fut, nous l'avons indiqué, très défectueux : nulle part, dans les établissements britanniques, on ne vit tant de fluctuations et de règlements contradictoires. Primitivement l'on accordait des terres aux cultivateurs moyennant une rente annuelle. En 1843 l'on introduisit le système de vente à 2 francs l'acre. En 1855 la législature rapporta le règlement de 1843 et remit en vigueur le système primitif en le modifiant légèrement. On fit aussi des concessions sur une grande échelle à des particuliers ou à des compagnies. Le gouverneur offrait gratuitement 1,500 acres aux fermiers munis de capitaux et présentant des garanties. En 1849, un homme connu pour ses voyages en Afrique, M. Johnstone, achetait en bloc, au nom d'une société, 25 milles carrés de terre près de Port Natal. On devait diviser cette grande étendue de territoire en cinq sections, chacune de 16,000 acres. Il y eut sur ces terrains un grand agiotage : on les achetait pour les revendre, sans s'occuper de les mettre en culture. On ne fit cesser ces spéculations que par des concessions sans condition en 1857, système qui fut remplacé l'année suivante par des ventes à prix fixe (4 shellings l'acre). Toutes ces fluctuations dans le mode d'appropriation des terres jetèrent du discrédit sur la colonie, mais elles ont donné de l'expérience aux gouverneurs et aux législatures : on est arrivé à reconnaître qu'il faut un régime des terres unique et simple, et qu'il n'y en a pas de meilleur que celui de la vente à prix fixe.

Au point de vue commercial, la domination anglaise fut pour le Cap un grand soulagement : les colons se trouvèrent enfin délivrés du monopole et des mille règlements qui les opprimaient. Bien qu'on ne leur accordât pas, à l'origine, la liberté du commerce à l'extérieur, ils l'eurent à l'intérieur pleine et entière. La métropole intervint pour protéger leur produit principal, le vin : on établit en

Angleterre des droits différentiels élevés à l'avantage du Cap. En 1813, les vins du Cap ne supportèrent qu'un tiers des droits que payaient les vins d'Espagne et de Portugal. En 1825, il est vrai, cette protection fut diminuée par un dégrèvement des droits sur les vins étrangers ; les colons s'en plaignirent hautement, mais depuis longtemps les vins du Cap avaient perdu leur vieille réputation. Roscher attribue cette décadence à l'existence d'une multitude de petites maisons de commerce qui, à la recherche des profits excessifs, ont détérioré ce précieux produit et lui ont, à la longue, enlevé son renom. Aujourd'hui, comme toutes les colonies anglaises, le Cap et Natal, qui en est détaché, jouissent de la complète liberté du commerce. Le montant de leur trafic est très élevé relativement à la population.

Voici sur ces deux colonies des renseignements statistiques provenant de sources officielles récentes, et témoignant d'un développement qui après avoir été rapide s'est ensuite ralenti. La superficie de Natal est de 18,750 milles carrés : nous rappelons que le mille carré équivaut à 256 hectares, c'est-à-dire à deux kilomètres carrés et demi environ ; c'est par conséquent pour Natal une surface à peu près onze fois plus petite que la France. La colonie du Cap est infiniment plus grande, elle a 221,950 milles carrés, c'est-à-dire qu'elle est égale en étendue à la France. Nous ferons remarquer que la superficie indiquée par les divers documents officiels anglais a notablement varié suivant les années. Les chiffres que nous donnons sont extraits du *Statistical abstract for the colonial possessions* de l'année 1878, publié en 1880; le document analogue pour l'année 1863 ne fixait qu'à 104,931 milles carrés la superficie du Cap. On sait que ces colonies qui ne sont habitées par les Européens que sur le littoral n'ont pas de limites bien précises, et ces contradictions ne doivent pas étonner.

La population a rapidement augmenté depuis 1850 : le recensement ne comptait alors à Natal que 120,627 habitants et au Cap de Bonne-Espérance que 285,279. D'après le plus récent dénombrement, celui de 1871, la population de Natal montait à 289,773 habitants et celle du Cap à 582,982 : ainsi les deux colonies réunies avaient plus de 800,000 âmes et la population avait presque doublé en dix-neuf ans. Il ne faudrait pas croire, cependant, que toute cette population fût d'origine anglaise ou même européenne. D'après un recensement précédent, celui de 1869, sur les 250,000 habitants de Natal on ne comptait que 17,200 blancs, 6,100 coolis indiens, 226,000 indigènes (natives), d'où il faut conclure que l'accroissement de la population doit venir en grande partie de l'augmentation du territoire. La proportion des blancs au nombre total des habitants est infiniment plus nombreuse au Cap. On comptait il y a une douzaine d'années, dans cette colonie 187,439 blancs, 81,598 Hottentots, 164,466 Cafres et 132,000 individus d'autres races. Somme toute, dans ces deux colonies du sud de l'Afrique il n'y a guère plus de 250,000 Européens : c'est assez notablement moins qu'en Algérie.

Nous extrayons des *Tables statistiques sur les colonies anglaises* publiées en 1869 quelques renseignements sur la distribution du sol entre les différentes cultures. Voici d'abord pour Natal :

	1865	1866	1867
	Acres.	Acres.	Acres.
Cultures en blé................	1,324	1,859	2,563
En maïs (indian corn)............	28,342	63,260	82,618
En blé de Cafrerie (caffir corn)...	8,953	22,155	25,193
En avoine.....................	1,141	1,148	1,575
En pommes de terre............	1,461	2,564	2,083
En cannes à sucre..............	11,590	12,796	4,282
En café.......................	1,091	3,154	458
En coton......................	1,361	1,262	670
En tabac......................	260	164	102
En légumes....................	830	796	576

Ce tableau est instructif. Il montre un très grand développement de la culture : en même temps il indique que les plantes tropicales, la canne, le café, le coton, le tabac, deviennent de plus en plus négligées, et que l'industrie des habitants se porte surtout vers l'extension des cultures en blé et en maïs. Le nombre des bêtes à corne dans la colonie de Natal était de 435,010 en 1868 et de 453,944 en 1869 : le nombre des moutons dans les deux mêmes années s'y est élevé à 281,486 et à 332,932.

Voici des renseignements analogues pour la colonie du Cap. En 1865 il y avait 460,754 acres en culture, dont 202,257 en blé, 34,569 en orge, 24,330 en riz, 99,609 en avoine, 50,126 en maïs, 8,784 en pois, haricots et lentilles, 1,974 en tabac, 12,845 en pommes de terre et jardins potagers, 12,083 en orangeries et en vergers, 16,177 en vignes. D'après une statistique plus sommaire faite en 1875, il y avait au Cap 188,340 acres cultivés en blé, ayant produit 1,687,000 boisseaux ; 29,179 acres en orge, 114,651 en avoine, 131,000 en maïs, 9,000 en pommes de terre et 18,000 en vignes ; cette dernière culture avait produit 4,485,000 gallons de vin, soit environ deux cent mille hectolitres. Les têtes de gros bétail dans la colonie du Cap étaient au nombre de 467,956 en 1855, de 692,514 en 1865 et de 1,329,000 en 1875. Quant aux moutons, on en comptait, en 1855, 6,453,783, en 1865, 9,836,065 et 11,279,000 en 1875.

Le total des importations dans la colonie de Natal était, en 1878, de 1,719,000 livres sterling, soit 44 millions de francs (1); c'était un accroissement notable; car le montant des importations en 1870 était seulement de 429,527 livres sterling : ce dernier chiffre était déjà en forte augmentation sur les quatre années antérieures. Les exportations totales se sont élevées pour la même colonie à 694,192 livres sterling, 18 millions de francs, en 1878 ; elles ne montaient qu'à 382,979 livres sterling en 1870 : ici le progrès a été très rapide, car aucune des années antérieures à 1869 n'avait atteint 300,000 livres, et avant 1863 les exportations flottaient autour du chiffre de 100,000 livres sterling. Le mouvement de la navigation n'est que peu développé : En 1878 il s'élevait à 263,000 tonnes ; en 1870 il ne portait que sur un tonnage total de 47,886 tonnes. Il avait été plus élevé dans les années précédentes à partir de 1864 : cette décroissance, qui se retrouve aussi dans le mouvement de la navigation du Cap, doit avoir pour cause l'abandon graduel de la vieille route des Indes. Cependant depuis 1873 il y avait eu un mouvement de reprise.

Les importations de la colonie du Cap en 1878 atteignaient le chiffre de 6,588,000 livres sterling, 170 millions de francs environ ; elles n'avaient été en 1870 que 2,502,043 livres sterling. Les exportations ont monté en 1878 à 3,552,841 livres sterling (90 millions de fr.); elles avaient seulement atteint en 1870, le chiffre de 2,603,211 livres, une seule fois auparavant ce chiffre avait été légèrement dépassé ; c'est en 1864. Dans chacune des années de la période de 1856 à 1863 les exportations flottaient aux environs de 2,000,000 sterling, quelquefois légèrement inférieures, d'autres fois légèrement supérieures. Le mouvement de la navigation dans la colonie du Cap a porté en 1878 sur un tonnage de 1,138,000 tonnes (allées et sorties réunies) ; en 1870 le tonnage total (entrées et sorties réunies) n'était que de 369,139 tonnes : ce chiffre est très inférieur à celui des quatorze années précédentes ; dans chacune de ces années le tonnage était d'environ 500,008 tonnes, quelquefois de 600,000 ; en 1858 il s'était élevé à 655,000 tonnes.

Le revenu public de la colonie de Natal, défalcation faite des ressources créées au moyen d'emprunts, s'élevait à 369,000 livres sterling (9 millions et demi de francs), en 1878 ; il ne montait qu'à 120,000 livres sterling en 1869. La dette publique était en capital de 1,631,000 livres sterling (41 millions de francs) à la première de ces dates, et à la seconde de 268,000 livres sterling. Le revenu public de la colonie du Cap, défalcation faite des ressources provenant d'em-

(1) Le chiffre élevé des importations pendant ces dernières années peut tenir aux guerres contre les Zoulous et autres peuplades barbares.

prunts, s'élevait, en 1878, à 3,240,000 livres sterling (81 millions de francs); ce revenu n'était en 1870, que de 670,000 livres sterling. La dette publique était de près de 7 millions de livres ou 175 millions de francs en 1878; en 1870, elle ne montait qu'à 1,106,000 livres sterling. Autant qu'on en peut en juger par des statistiques déjà un peu anciennes, la moitié des revenus réguliers du Cap provient des douanes, soit 330,000 livres sterling en 1867; 20,000 livres étaient produites par la vente des terres domaniales, le reste venait de la poste, du timbre, de droits de mutation, etc.

Ces deux colonies ont des richesses considérables à exploiter : l'élève du bétail et des chevaux, la production de la laine qui a pris, depuis quelques années, un très grand développement, l'extraction des minerais de cuivre dans le pays des Namaquois ; enfin l'exploitation du guano que contient l'île d'Ichaboe, déclarée possession britannique, en 1861. On a découvert depuis quelques années des mines importantes de diamants d'une qualité médiocre, mais d'une grosseur importante. Ce sont là des richesses précieuses et qui promettent à la colonie un avenir solide, alors même que la route d'Europe aux Indes par le Cap sera complètement abandonnée. Il ne faut pas oublier non plus que le Cap et Natal sont depuis longtemps déjà le point de départ des voyageurs héroïques qui pénètrent dans l'intérieur de l'Afrique : s'il faut en croire leurs récits, il y aurait, sur plusieurs points et pas à un très grand éloignement des établissements anglais, des ressources naturelles considérables et des peuplades accessibles à un certain degré de culture ; il est impossible de prévoir ce qui peut résulter de ces voyages et de ces découvertes, au point de vue de la prospérité et du développement des colonies du Cap et de Natal ; mais il n'en faut pas moins tenir compte des promesses des voyageurs comme d'une espérance qui pourra un jour se réaliser.

Nous avons étudié avec quelques détails l'organisation des vieilles colonies de l'Angleterre: nous nous sommes montré peut-être d'une sévérité exagérée; nous avons signalé sans ménagement les erreurs et les fautes. Mais cette histoire est si peu connue, l'on est si porté à l'embellir, la croyance est si bien établie que l'Angleterre n'a commis aucune faute dans sa gestion coloniale et que ces colonies n'ont eu à subir ni crises ni temps d'arrêt, que nous regardions comme important de rectifier ce préjugé. L'administration coloniale anglaise, si supérieure qu'elle ait été de tout temps à la française, n'en était pas moins, à la fin du dernier siècle et au commencement de celui-ci, défectueuse sur plus d'un point. Son mérite a été de s'amender, de profiter des leçons de l'expérience, d'arriver graduellement à cette quasi-perfection qu'elle a atteint de nos jours. Voilà ce qu'il importe de constater afin de nous préserver de ces découragements qui sont si fréquents parmi nous, afin de nous bien rendre compte que les fautes passées sont réparables, qu'un bon régime peut succéder à un mauvais ou à un médiocre et qu'une colonie qui a langui à son berceau peut, sous l'influence de réformes heureuses, prendre un essor subit, durable et définitif.

Nous sommes enfin arrivé à ce que l'on est convenu de regarder comme le chef-d'œuvre de la colonisation moderne, l'Australie. Assurément, dans toute l'histoire, il est impossible de trouver rien qui ressemble au développement rapide et continu des colonies de l'Australasie, pour employer l'expression anglaise qui désigne le groupe des Iles Britanniques dans l'océan Pacifique. Et cependant, si jamais il y eut une terre qui semblât réservée pour la barbarie et où la nature parût inaccessible au travail de l'homme et à la culture, c'était bien cet énorme continent sans découpures et sans grands cours d'eau, ne contenant presque, à l'intérieur, qu'une mer de sable brûlant. Sur toutes les côtes du nord des madrépores imperceptibles ont construit par un travail trente fois séculaire ces bancs à fleur d'eau, aux étranges et capricieux dessins, que les marins appellent les récifs de la *Grande-Barrière*. Ces impénétrables murailles sous-marines ferment presque complétement l'accès de ce continent, qui se présente au navigateur comme une masse compacte et informe, que ne pénètre aucun golfe, aucune baie et d'où ne descend aucun grand fleuve. Cette terre immense ne s'offre pas sous de plus favorables couleurs à l'explorateur terrestre. On a dit de l'Australie qu'au point de vue géologique c'est une contrée imparfaitement formée, les dépôts d'origine aqueuse n'y ayant pas été suffisamment soulevés par les phénomènes volcaniques. Aussi, même sur la côte, la proportion des terres arides est-elle grande ; on y rencontre de vastes plaines, alternativement des marais ou des déserts, qui semblent défier le travail de l'homme. Le climat se signale par une sécheresse excessive : les grandes sécheresses viennent périodiquement tous les onze ou douze ans et durent deux ou trois années : quelquefois elles sont extraordinairement intenses et continues à la fois. Celle qui sévit de 1826 à 1829 fut terrible : c'est à peine s'il tomba quelques gouttes d'eau ; la culture de la terre en fut presque suspendue. Dans les années ordinaires il n'y a guère plus de 40 à 50 jours de pluie. Sur ce vaste continent il ne paraît y avoir qu'une petite étendue de terres habitables. Toutes les circonstances semblaient donc se réunir pour fermer éternellement l'Australie à la colonisation ; et cependant le génie de l'homme dans l'espace de quatre-vingts années a triomphé de tous ces obstacles : des cités splendides ont surgi sur ces rivages ; des sociétés régulières, hautement productives, se sont implantées dans ce sol primitif; et il est impossible de prévoir la limite de ce développement jusqu'ici inouï. Sans doute des circonstances occasionnelles, la découverte de très riches mines d'or, en particulier, ont singulièrement hâté et favorisé cet essor ; mais, même avant cet heureux évènement, les colonies de l'Australie étaient prospères et rapidement croissantes. C'est donc non pas au hasard, ni aux faveurs de la nature, mais à la bonne politique de l'Angleterre, à son excellente gestion coloniale, qu'il faut rapporter l'honneur de la croissance inouïe et de la prospérité durable des colonies de l'Australie.

La côte de la Nouvelle-Galles du Sud, découverte par le capitaine Cook, devint, à la fin du dernier siècle, un établissement pénitentiaire. En 1787, la frégate *Sirius* porta 800 condamnés à Botany-Bay. Cette côte, qui avait séduit le capitaine Cook, fut reconnue ne contenir que des marais et du sable, il fallut l'abandonner presque immédiatement ; le 26 janvier 1788 la petite colonie fut transportée à Sidney. On semblait convaincu de l'erreur du capitaine Cook, dans l'éloge qu'il avait fait de cette terre ; on sait que rien n'est plus sujet à caution que les louanges des navigateurs pour les contrées qu'ils découvrent ; le plus souvent ils sont incapables de juger de la fertilité ou de l'aridité du sol. Alors même qu'ils ont du discernement en ces matières, ils ne voient le pays que pendant une saison et durant quelques jours, ce qui rend toujours extrêmes leurs éloges ou leurs critiques. Depuis la fondation de l'établissement de Botany-Bay, le progrès pour la production et l'accumulation des richesses à New-South Wales est incroyable et offre un phénomène assurément unique dans l'histoire coloniale. En 1789, l'on recueillit la première moisson ; en 1790, le premier colon fixe (*settler*), un convict, prit possession du coin de terre qui lui était personnellement concédé ; en 1793, le premier achat de grain colonial, 1,200 boisseaux, fut fait par le gouvernement ; le premier journal imprimé parut en 1802 ; en 1803, M. Macarthur expose à Londres le premier échantillon de laine mérinos des colonies ; en 1807, l'on exporte de Sidney 245 livres de cette laine ; 100,000 livres en 1820 ; en 1830, 3,564,532 livres et environ 7 millions de livres en 1840. C'est ainsi que Merivale exposait en 1841 le développement initial de ces belles colonies : « Le progrès des États-Unis, ajoutait-il, n'a jamais été aussi rapide, du moins pour l'accumulation des richesses, car la population ne s'accroît pas aussi vite en Australie ; le caractère distinctif de la colonisation australienne, c'est l'accroissement vraiment inouï de la richesse en proportion de la population ; nos exportations pour la

Nouvelle-Galles du Sud, en 1840, montaient à 1,176,000 livres sterling, ce qui fait que chaque individu de cette colonie, qui comptait 100,000 habitants, consommait en moyenne 11 livres sterling de nos marchandises, pendant que chaque habitant des États-Unis consomme à peine pour 10 shellings de nos produits manufacturés, chaque Portugais pour 6 shellings et chaque Allemand pour 5 ; l'Australie, en revanche, nous fournissait des matières premières ; la laine d'Australie est exclusivement employée dans quelques industries. » A quoi tient cet essor rapide ? A trois causes ; le grand nombre de condamnés que l'on transporta en Australie et le bon parti que l'on sut tirer de leur travail ; l'excellent régime d'appropriation des terres et enfin, ou peut-être d'abord, l'aptitude toute spéciale du sol et du climat à la production de la laine, ce qui tend à prouver qu'il n'est guère de contrée dans ce monde, si aride qu'elle puisse paraître, qui n'ait des dispositions particulières pour telle ou telle culture lucrative et largement rémunératrice.

Depuis que la frégate *Sirius* avait déposé à Botany-Bay 800 condamnés, *convicts*, en 1787, un grand nombre de convois analogues s'étaient succédé régulièrement chaque année. La Nouvelle-Galles du Sud et l'île de Van-Diémen ou Tasmanie étaient les deux régions destinées à servir de colonies pénitentiaires. De 1787 à 1836, selon Mérivale, 75,200 condamnés ont été transportés à la première de ces contrées et 27,757 à la seconde, la moyenne des dernières années de cette période était de 3,500 convicts transportés à la Nouvelle-Galles et de 2,000 à Van-Diémen. Les colons libres ne vinrent que sur les pas des criminels, attirés par la multitude de services et de fournitures qui résultent toujours du voisinage de grands établissements publics ; c'est ainsi que les premiers colons furent attirés en Algérie par la présence de l'armée qui donnait lieu à de fortes dépenses sur place et alimentait un très grand nombre de petits commerces et de petites industries. Les causes de la précoce et rapide augmentation de richesse de l'Australie furent donc d'abord artificielles : « Les progrès extraordinaires de ces établissements, dit le rapport du comité de transportation en 1838, furent occasionnés par l'offre régulière et constante du travail des condamnés: on les assignait aux colons presque comme esclaves ; forcés de travailler, ils produisaient plus qu'ils ne consommaient ; le gouvernement offrait un marché à ce surplus de produit pour l'entretien de ses établissements militaires et pénitentiaires, qui ont coûté à la métropole plus de 7 millions sterling. Ainsi le gouvernement commençait par pourvoir les colons de main-d'œuvre et ensuite il achetait leurs produits ; ce fut là pour les colons un commerce très avantageux tant que la demande dépassa l'offre, et cet excès de la demande sur l'offre dura longtemps. »

L'étude de cette première et importante période de la colonisation australienne nous impose l'examen de différentes questions d'une haute gravité et d'une difficile solution. Quand un gouvernement établit des colonies pénitentiaires, il peut se proposer quatre buts principaux : purger la métropole d'un élément vicié et malfaisant ; réduire la dépense des prisons et l'entretien des condamnés ; amender l'état moral de ces natures perverties et, s'il est possible, en les changeant de milieu et en les arrachant aux influences du vieux monde, les transformer en travailleurs utiles ; enfin fonder des sociétés nouvelles qui accroissent la puissance, l'honneur et la richesse de la métropole. De ces quatre buts, que l'on a coutume de poursuivre quand on institue des colonies pénitentiaires, il est évident qu'il y en a un qui est toujours atteint, c'est le premier : il est toujours facile de débarrasser l'ancien monde des principaux criminels, la déportation sous ce rapport ne manque jamais son objet. Il n'en est pas toujours ainsi des autres ; il arrive souvent qu'au point de vue financier, au point de vue moral et au point de vue économique, la déportation n'ait aucun effet positif bien appréciable. Voyons quels sont, sous tous ces rapports, les résultats de la grande expérience tentée et poursuivie avec tant de persévérance par l'Angleterre en Australie.

Il y a, disions-nous, une question financière à examiner en premier lieu, celle de la dépense de l'entretien des condamnés dans les pénitentiaires de la métropole et dans les colonies de déportation. Lord John Russell, dans la séance du 5 octobre 1839, donnait au Parlement les chiffres les plus instructifs sur ce point. La dépense nette pour l'entretien d'un prisonnier à Millbank Penitentiary était, d'après le noble lord, de 24 livres 6 shellings 6 deniers par année : à Coldbathfield-prison de 13 livres 15 shellings 2 deniers. D'un autre côté, la dépense annuelle d'un condamné aux travaux publics en Australie ne dépassait pas 14 livres, et celle d'un convict placé en assignement chez les colons ne montait qu'à 4 livres sterling. Or, on sait que le gouvernement prit l'habitude de placer chez les colons, sous le régime de l'assignement, l'immense majorité des condamnés. Il n'est donc pas douteux que, même en tenant compte des frais de transport, de surveillance et d'administration, il ne réalisât une notable économie. Et cette économie est beaucoup plus grande en fait qu'elle ne l'est exprimée en chiffres : car, quand on calcule à 14 shellings la dépense annuelle d'un prisonnier employé aux travaux publics en Australie, on n'en déduit pas la valeur des travaux qu'il a exécutés et qui cependant n'est pas perdue et a une permanente utilité, au lieu que le travail exécuté dans les pénitentiaires de la métropole est, pour l'immense majorité des cas, gaspillé et sans résultat réel. Il ne paraît donc pas douteux qu'au point de vue même purement financier l'expérience anglaise n'ait donné d'excellents résultats.

Omettant pour un instant le côté moral, nous abordons le côté économique de la question. Les déportés étaient divisés en Australie et à Van-Diémen en deux classes principales : la première, de beaucoup la moins nombreuse, comprenait ceux qui restaient réunis dans les pénitentiaires et étaient, pour la plupart, employés aux grands travaux publics de routes et de ports. Ils se subdivisaient en différentes catégories qu'il est inutile d'énumérer. On les utilisait pour la confection de tous ces ouvrages indispensables aux colonies et qui constituent ce que les auteurs anglais ont appelé *preparatory works* ou simplement *the preparation*. A ce point de vue ils rendaient des services inappréciables. On a calculé que la journée moyenne d'un convict appartenant à cette classe équivalait aux deux tiers de la journée d'un ouvrier libre. Les convicts de la seconde classe, et ils étaient de beaucoup les plus nombreux, étaient *assignés* ou livrés aux colons comme serviteurs astreints au travail. D'après Merivale, sur 40,000 condamnés que contenaient, vers 1840, les colonies Australiennes, on en comptait 26,000 donnés en assignement sur lesquels plus de 8,000 étaient bergers. Le colon près duquel ces convicts étaient assignés, leur devait la nourriture, le vêtement, le coucher et les soins hygiéniques. Leur ration journalière était fixée par les règlements ; les maîtres n'y pouvaient ajouter aucune rétribution, ils pouvaient seulement y joindre, comme témoignage de satisfaction, du thé, du sucre et du tabac. Tous les ans, les maîtres devaient adresser à l'autorité un rapport circonstancié sur le travail et la conduite des convicts à leur service. Ils devaient essayer de les moraliser, étaient tenus de les mener le dimanche à l'église, ou, quand l'église était éloignée de plus de deux milles, de leur lire des prières et de leur faire une exhortation religieuse. Moyennant l'accomplissement plus ou moins exact de ces dispositions, tout le travail du convict appartenait au colon et c'était pour lui un bénéfice considérable. Lord John Russell disait, en 1840, au Parlement, que la différence en faveur du travail du convict sur le travail libre était de 13 livres sterling par tête, lesquelles profitaient au maître. On conçoit quelle immense impulsion c'était à la colonisation. De tous les modes expérimentés pour fournir à une colonie une main-d'œuvre abondante et à bon marché : l'esclavage pratiqué dans les colonies tropicales, les *indented servants*, que nous avons vus en usage à l'origine des colonies anglaises du continent américain, les corvées des indigènes que nous avons trouvées dans les *repartimientos* et les *encomiendas* du Mexique et encore de de nos jours à Java, il n'y a aucun doute que le plus profitable aux colons, c'était l'assignement des *convicts*, tel qu'il était de tradition à Van-Diémen et en Australie. Mais on peut se demander si la présence habituelle des convicts n'a pas pour effet d'éloigner les ouvriers libres. Cette question a prêté à beaucoup de discussions et a été tranchée en sens contraires par des autorités compétentes. Les comités d'émigration ont toujours eu une tendance à soutenir que la présence des convicts écartait les émigrants libres; mais les enquêtes parlementaires semblent avoir prouvé qu'il n'y a jamais eu de répugnance bien caractérisée pour l'Australie parmi les personnes disposées à émigrer, que l'éloignement de cette contrée et les frais de transport étaient les seuls motifs qui en détournaient l'émigration libre. Les faits semblent prouver que l'émigration libre à destination de l'Australie devint très considérable dès que le gouvernement se mit à lui offrir des encouragements et des facilités. De 1815 à 1825, les chiffres officiels manquent : dans cette période, d'après une estimation qui nous semble inférieure à la réalité, il n'y aurait eu que 2,976 immigrants libres, soit moins de 300 par année. Mais les nombres augmentent aussitôt dans une proportion notable. De 1825 à 1829, on compte 5,175 immigrants libres, soit plus de 1,000 par an ; de 1830 à 1839, l'on en compte 53,274, soit près de 5,300 par année et alors le système de l'assignement des convicts était en pleine vigueur. De 1840 à 1850, il y eut 126,937 immigrants libres, soit près de 12,700 par année : l'on n'avait alors aucun soupçon des richesses métalliques que contenait l'Australie; c'était uniquement les facilités agricoles qui attiraient cette nombreuse immigration et parmi ces facilités il faut compter l'habitude de placer les condamnés chez les colons. Que cette pratique ait été, au point de vue économique, éminemment utile, qu'elle ait contribué dans une large mesure aux progrès de la culture et de la richesse, c'est ce qui ne nous paraît pas contestable.

 Si nous considérons la question au point de vue moral, nous trouverons de plus grandes difficultés et des opinions plus divergentes. Il importe de se garder de tout jugement précipité en matière aussi délicate. Il est d'abord évident qu'il est toujours d'une difficulté extrême de ramener à l'honnêteté des principes et de la conduite des hommes qui ont commis des crimes; il ne serait pas raisonnable d'espérer qu'une société fondée en grande partie sur la déportation devînt immédiatement une société modèle : il faut s'attendre à ce qu'une colonie qui a reçu dans son sein plus de 75,000 criminels en conserve longtemps la trace et à ce qu'il y ait sur elle, pendant une ou deux générations, une certaine flétrissure. C'est donc seulement une moralité relative que l'on peut demander à une société composée d'éléments aussi viciés. Or, nous ne craignons pas de dire que, si l'on examine les faits dans cet esprit, l'on trouvera que l'expérience a réussi même au point de vue moral. Les rapports les plus dignes de foi apprennent que, parmi les déportés dans les colonies australiennes, un quart avait une excellente conduite, la moitié une conduite assez bonne, un huitième avait des mœurs assez irrégulières, l'autre huitième touchait à la limite la plus extrême du vice et de la dépravation. C'est surtout ce dernier quart que l'on a eu en vue quand on s'est plaint si vivement de la démoralisation des colonies pénitentiaires. Mais il s'en faut que les excès dont on a fait grand bruit soient ordinaires ou universels. Un gouverneur de l'Australie occidentale écrivait dans un rapport au ministre des colonies : « Il y a maintenant 3.000 convicts dispersés à travers la colonie et j'affirme que la vie et la propriété sont aussi bien assurées ici qu'en toute autre partie de l'empire britannique. »

Ce n'est pas qu'il n'y ait quelques réserves à faire, au point de vue de la moralisation des condamnés, sur le régime pénal anglais en Australie et à Van-Diémen. Il paraît évident que pendant très longtemps l'on a sacrifié le but pénitentiaire au but économique : l'on s'est occupé principalement de développer la richesse dans la colonie et de rendre le travail des *convicts* aussi productif que possible, c'est ce dont se plaignait avec raison l'archevêque Whately. On n'aurait pas dû faire de l'assignement chez les colons une mesure générale et presque irrévocable ; au lieu de livrer immédiatement la plupart des convicts aux colons, on aurait dû présenter cet adoucissement de peine comme la récompense d'une bonne conduite. On aurait dû n'en faire profiter que les seuls criminels qui auraient donné quelques garanties de moralité ; on aurait dû surtout rendre l'assignement révocable à la moindre faute un peu grave. Il eût fallu apporter beaucoup de discernement et de tact dans cette pratique si bienfaisante au point de vue économique. Toutes les catégories de criminels ne sont pas également propres à l'assignement. Un homme d'une grande expérience en ces matières, sir George Arthur, fait observer que les condamnés qui ont une grande habileté spéciale (*a great mechanical skill*) ne peuvent que se corrompre davantage quand ils sont placés chez des colons et qu'ils corrompent aussi leurs maîtres. La raison en est aisée à saisir : la crainte des châtiments suffit à pousser au travail, d'une manière plus ou moins active, l'individu qui ne possède que la force physique. Mais pour l'ouvrier ou l'artisan, doué d'une habileté spéciale, l'on ne parvient à tirer de lui des services réels qu'à force de bons traitements ; aussi la grande majorité des colons était portée à flatter ce genre de convicts, afin de les amener plus facilement à travailler : on leur passait leurs vices et leurs fautes, on leur faisait une situation douce et semi indépendante dans l'espérance d'en obtenir plus aisément quelques services. Comme les convicts de cette catégorie étaient doués souvent d'une habileté supérieure, ils arrivaient à être le personnage important dans la famille où on les avait placés, ils y dominaient et la corrompaient insensiblement. Ainsi, non seulement le but de toute pénalité chrétienne, la réforme morale du condamné, n'était pas atteint ; mais encore, dans bien des cas, l'on démoralisait ceux qui étaient en rapport avec lui.

Un des faits les plus fâcheux du système, c'était la situation des condamnés après l'expiration de leur peine, quand ils étaient libres de leurs actes et maîtres du fruit de leur travail. Selon Merivale, les anciens convicts se rangent presque tous dans l'une des classes suivantes : la classe basse et brutale dont les habitudes ne diffèrent en rien de celles des convicts, mais qui, moins surveillée, a plus de facilités à mal faire ; la classe adroite et habile qui court après la fortune et y arrive presque toujours par toutes sortes de moyens véreux. Cette dernière catégorie surtout serait dangereuse par l'ascendant du vice enrichi et prospère. On vit un très grand nombre d'anciens convicts acquérir des fortunes considérables ; ils constituaient même la classe la plus opulente de la colonie ; l'un d'eux, en 1835, avait gagné en une seule année près de 40,000 liv. sterl. (un million de francs). C'est là, en effet, un très mauvais exemple, mais il est impossible de le prévenir. Parmi les 3,500 convicts que l'on introduisait annuellement à la Nouvelle-Galles et les 2,000 que l'on dirigeait annuellement aussi sur Van-Diémen, il était inévitable qu'il s'en trouvât quelques-uns doués d'une remarquable intelligence et qui, ayant peu de scrupules, devaient facilement arriver à la fortune. Tout au moins leur intelligence naturelle qui aurait été perdue dans la métropole pouvait-elle être utile à la société dans la colonie ; et il était possible, probable même, que la propriété changerait insensiblement leurs dispositions et les rendrait plus paisibles et plus moraux.

Pour arriver à cette amélioration de l'état moral des anciens convicts, la propriété ne suffit pas si elle n'est secondée par la famille. Or c'est précisément la famille qui faisait le plus défaut à l'Australie. Il se produisait dans cette contrée un fait analogue à celui que nous avons noté dans les colonies qui importent des coolis ; les hommes y étaient infiniment plus nombreux que les femmes. C'est la preuve d'une société artificielle, qui n'est pas en équilibre et qui ne se trouve point dans une situation saine. Cette disproportion entre les deux sexes est un fait que constatent toutes les statistiques. En 1836, dans la Nouvelle-Galles du Sud, l'on comptait 55,000 individus du sexe masculin contre 21.000 du sexe féminin. Au point de vue moral, c'est un fait déplorable et contre lequel l'on ne saurait trop réagir par l'importation de femmes ; c'est ce qu'exprime en excellents termes une résolution votée dans un meeting de l'Australie de l'ouest. « Considérant que, par suite de l'extrême disproportion des sexes dans l'Australie occidentale, il résulte non seulement dans le moment actuel une monstrueuse immoralité parmi les déportés, mais encore pour l'avenir une plus grande masse d'horreurs et d'infamies, si on laisse subsister cet état de choses, le meeting, après une expérience de sept années d'exécution de la loi sur les transportés mâles, est d'avis que si l'on favorisait pendant un certain temps l'importation annuelle d'un certain nombre choisi de femmes condamnées, on ferait faire un grand pas à l'industrie générale et aux bonnes mœurs dans la colonie. » Cette disproportion des sexes a des effets économiques qu'il importe aussi de noter. Naturellement la colonie ne s'accroît pas par elle-même, elle décroît, au contraire ; les décès y surpassent les naissances, et ce n'est que par l'immigration qu'elle grandit. Il en résulte que l'accroissement de la population n'est pas en rapport avec l'accroissement de la richesse. « Une société, dit Merivale, qui s'accroît par l'immigration adulte et non par voie de propagation est très favorablement constituée pour la productivité du travail ; il n'y a qu'un très petit nombre de personnes improductives, enfants et femmes, à entretenir ; l'accroissement des richesses doit donc être infiniment plus rapide, eu égard au nombre des individus, que dans une société régulièrement constituée, ayant la même population. » Mais ce n'est là qu'un avantage apparent, qui couvre mille inconvénients réels ; car l'un des nerfs de la production et, à coup sûr, le plus grand aiguillon à l'épargne, c'est la famille, qui, prolongeant la pensée de l'homme au delà de sa vie individuelle, l'engage à produire et à économiser dans l'intérêt des siens qui lui survivent, pour un avenir lointain qu'il ne verra pas. La famille est donc un élément positif de production, un des ressorts principaux de l'accumulation des richesses, une des sources les plus abondantes de la capitalisation Il est impossible, quand la famille manque, que la production ait toute l'énergie qu'elle pourrait avoir et l'accroissement des richesses toute la rapidité dont il est susceptible. Quant à la lenteur relative de l'accroissement de la population en Australie, en voici une preuve sensible : l'immigration pénale, à elle seule, fut, dans la Nouvelle-Galles du Sud, de 1788 à 1833, beaucoup plus considérable que ne l'était en 1839 la population entière de la colonie, malgré l'importance de l'immigration libre, qui avait apporté dans la même période un contingent de 62,000 personnes.

Nous avons examiné au triple point de vue financier, économique et moral, le système pénitentiaire suivi par l'Angleterre dans ses colonies de l'Australie : Quelle doit être la conclusion de cette étude? Malgré les fautes que nous avons notées et les inconvénients inévitables que nous avons signalés, il nous paraît incontestable que le régime anglais a donné d'excellents résultats. Des éléments viciés et nuisibles, éloignés du vieux monde où leur présence n'eût pas manqué d'être funeste à la société, sont devenus des instruments utiles de travail et de production ; un grand nombre se sont amendés ; il est sorti de cette source impure comme un grand fleuve doué d'une admirable puissance de fécondation et qui, tout en retenant encore une apparence un peu troublée, se purifie dans son cours en recevant des affluents limpides et bienfaisants. Sans la déportation des condamnés, sans le système de l'assignement des *convicts*, l'Australie ne se fût pas peuplée, elle serait encore incontestablement à l'état sauvage : or, s'il est vrai que c'est un bienfait inappréciable pour l'humanité d'avoir créé sur un continent inhabité des sociétés florissantes et rapidement croissantes, d'avoir mis en rapport d'immenses richesses naturelles ignorées, ce bienfait, c'est à la déportation et à l'assignement des convicts que l'humanité en est redevable. Mais aux institutions les meilleures le temps a marqué une limite. Aujourd'hui que ces colonies sont peuplées et prospères, il serait insensé d'y continuer la pratique de la déportation et de l'assignement, c'est ce que l'Angleterre a reconnu. La déportation a cessé à la Nouvelle-Galles vers 1840, elle s'est poursuivie pendant 13 ans encore à Van-Diémen, mais il s'est formé dans cette île un parti nombreux dit des *Emancipists*, qui réclamèrent qu'on cessât d'y déporter des condamnés : de 1843 à 1850, Van-Diémen avait reçu 58,243 convicts : les émancipists l'ont emporté, la métropole s'est laissé convaincre et les convois de condamnés ne furent plus dirigés que vers Perth (Australie de l'ouest) où ils rendirent d'incontestables services. Les colons de l'Australie occidentale avaient eux-mêmes sollicité l'arrivée des convicts et leur pétition fut accueillie en 1849.

Si c'est la déportation des condamnés et leur mise en assignement près des colons qui explique le développement des colonies australiennes dans la première période de leur existence, c'est-à-dire jusqu'en 1830, d'un autre côté, c'est le régime d'appropriation des terres qui est le fait principal de leur histoire dans la période suivante, c'est-à-dire jusqu'à la découverte des mines d'or en 1851 ; c'est à ce régime des terres que sont dues, pendant cette période, la prospérité et la rapide croissance de ces colonies. On débuta en Australie, comme partout, par le système des concessions et même des concessions faites en grand, sans mesure, avec une prodigalité inouïe. Divers faits signalèrent les résultats funestes d'un pareil système : en voici un entre autres, qui fit une profonde impression et qui eut une influence décisive sur l'organisation économique postérieure des établissements de l'Australie. Un certain M. Peel, grand capitaliste, avait obtenu une immense étendue de terres dans l'Australie occidentale alors presque vide d'habitants : il voulut tenter une grande expérience de colonisation et il partit pour la Rivière du Cygne avec un capital de 50,000 livres sterling et 300 laboureurs ou ouvriers agricoles, qu'il avait embauchés et qu'il transportait à ses frais moyennant un engagement de travail pour quelques années. Mais à peine tout ce monde fut-il débarqué, que M. Peel se vit abandonné par tous successivement, au point de se trouver presque seul au bout de peu de jours. Tous ces laboureurs et ces ouvriers, qu'il avait transportés à ses frais, s'étaient dispersés pour occuper de petits champs à leur compte : le très grand nombre mourut de faim et la colonie ne se releva jamais de cet échec initial. Mais l'opinion publique en fut vivement affectée en Angleterre : le système des concessions était déjà fort attaqué ; on se souvient des plaintes et des pétitions des Canadiens contre l'abus qu'on en avait fait au nord de l'Amérique ; l'affaire de l'Australie occidentale porta le dernier coup à ce système discrédité. On ouvrit en même temps les yeux sur les dangers que la dispersion immédiate des colons pouvait faire subir à un établissement nouveau, et l'on commença à se demander s'il n'y aurait pas moyen, sans violer la liberté individuelle, de retenir pendant un certain temps les laboureurs et les ouvriers au service des capitalistes et de maintenir ainsi une certaine concentration qui semblait utile aux progrès de la culture et de la civilisation. On connaissait déjà les avantages considérables de l'Australie pour la production de la laine et on désirait y développer cette branche d'agriculture et d'industrie, qui réclame un capital relativement considérable. On se mit à envisager sous un jour tout nouveau la colonisation de cette contrée : il ne s'agissait pas seulement, pensait-on, de pourvoir de terres une multitude besoigneuse, laquelle, faute d'épargne et d'intelligence, ne pourrait jamais tirer de ces terres tout le parti possible de manière à produire en grand ces articles d'exportation qui doivent enrichir à la fois la colonie et la métropole.

Pour favoriser le développement de la richesse et du commerce on crut qu'il fallait régler l'aliénation des terres de façon à assurer à la colonie l'introduction du capital et du travail dans la proportion la plus convenable au but que l'on se proposait. Un homme, dont le nom est resté célèbre, Wakefield, se mit à la tête de cette nouvelle école, qui reçut le titre d'*école de colonisation systématique*, parce qu'elle réduisit en quelques formules simples et connexes, formant un système en apparence rigoureux, les règles qu'elle croyait propres à assurer la prospérité des colonies. Wakefield écrivit un livre où il comparait le mode de distribution des terres incultes suivi aux États-Unis et celui qu'on avait jusque-là adopté dans les colonies anglaises. Il n'eut pas de peine à faire ressortir les avantages du système de vente par petits lots bien arpentés sur le système des concessions. Mais Wakefield ne s'en tenait pas au régime de l'Union américaine, il le modifiait considérablement. Aux États-Unis la vente des terres se fait à bas prix; d'après les principes de l'école de colonisation systématique la vente des terres incultes devait se faire, au contraire, à un prix assez élevé. Voici, d'ailleurs, l'ensemble des formules où toute la théorie wakefieldienne se trouve contenue :

1° La prospérité des colonies nouvelles dépend principalement de l'abondance de la main-d'œuvre que les capitalistes ont à leur disposition, en proportion du territoire occupé. 2° On peut importer dans la colonie des travailleurs de la métropole et prendre des mesures pour les contraindre à vivre de salaires pendant deux ou trois ans au moins. 3° Pour empêcher les salariés de devenir trop tôt propriétaires, il faut vendre les terres à un prix suffisamment élevé, *at a sufficiently high price*. 4° La totalité du produit de la vente des terres doit être versée au fonds d'immigration pour transporter dans la colonie des travailleurs de la métropole : c'est seulement en employant à cet usage la totalité, sans restriction, du produit de la vente des terres, qu'on peut maintenir un équilibre exact entre l'étendue de la terre cultivée, la quantité de la main-d'œuvre disponible et la somme des capitaux. 5° Le prix de la terre doit être uniforme et fixe sans distinction de qualité, variant seulement avec la contenance; la vente par auction est donc proscrite. 6° Le système ainsi pratiqué produira la concentration de la population et préviendra la dispersion qui est toujours prête à prendre place dans les colonies nouvelles.

Les auteurs de ces formules, Wakefield et spécialement Torrens, prétendaient que c'était là un système rigoureux où tout s'enchaînait : Sans entrer dans un examen détaillé de cette sorte de *credo* (que nous avons voulu présenter dans sa contexture originale) nous devons dire qu'il y a dans ces règles du bon grain et de l'ivraie. Les wakefieldiens croyaient qu'il y a pour chaque terre aux colonies un prix naturel, *a sufficient price*, que l'on ne peut ni abaisser, ni élever. Supposons, disaient-ils, qu'il faille 50 arpents pour occuper un travailleur, le prix de ces 50 arpents devra être juste la somme nécessaire pour transporter ce travailleur de la métropole à la colonie. De cet axiôme, qu'on croyait avoir établi, l'on tirait un certain nombre de théorèmes qui forment plusieurs des formules que nous avons citées : ainsi la vente par auction devait être écartée, parce qu'elle donnerait un prix soit supérieur, soit inférieur au prix naturel (*sufficient price*), ce qui, dans le premier cas, en amenant un excès de concentration, arrêterait les progrès de la colonie et, dans le second cas, en amenant un excès de dispersion, rendrait la culture chétive, peu productive, et serait un obstacle à l'accroissement des richesses. C'est aussi par suite de cette théorie du *sufficient price* que les wakefieldiens affirmaient que la totalité du prix des terres, sans la déduction d'un seul *penny*, devait être versée au fonds d'immigration ; car, s'il en avait été autrement, le nombre des travailleurs étant trop minime par rapport à l'étendue des terres en culture, l'équilibre naturel entre les trois facteurs de la production, la terre, la main-d'œuvre et le capital, se serait trouvé troublé, et l'avenir de la colonie eût été compromis. Or, cet axiôme du prix naturel des terres incultes, *sufficient price*, repose sur une observation singulièrement superficielle. Il n'y a pas, en effet, de rapport absolu et normal entre l'étendue du sol et le nombre des travailleurs qu'on y peut occuper. Plus le salaire est bas, plus un propriétaire peut avec profit employer de travailleurs sur un même terrain. De même, entre le prix que peut donner d'un même terrain un capitaliste travaillant en grand et un travailleur aspirant à l'indépendance, il n'y a pas de rapport fixe. Les calculs de Wakefield et de Torrens sont donc erronés sur ce point. La théorie wakefieldienne n'a nullement la précision et la certitude mathématique à laquelle elle a voulu prétendre : elle ne constitue pas un système consistant et homogène dont on ne puisse rien retrancher sans mettre le reste en péril. Son mérite est d'avoir exposé quelques idées claires et neuves, résultant d'une observation exacte des faits historiques et des données rationnelles de la science économique ; ces idées justes, les voici : une trop grande dispersion des colons est nuisible aux progrès des colonies nouvelles ; il est bon, du moins dans certaines colonies, — Wakefield n'a pas fait la distinction, il faut la faire, — il est bon, dans les colonies qui sont favorisées pour la production de denrées d'exportation, que les capitalistes soient assurés d'une main-d'œuvre abondante ; car, s'il n'en était pas ainsi, chaque cultivateur s'enfonçant dans les forêts pour cultiver son petit champ, les articles d'exportation, dont la production demande de grands capitaux et beaucoup de main-d'œuvre, seraient délaissés, ainsi que c'est arrivé dans les colonies tropicales après l'émancipation des esclaves, et alors l'accumulation de la richesse cesserait et la colonie rétrograderait au lieu d'avancer. Enfin le meilleur moyen d'éviter cette trop grande dispersion des colons et d'assurer au capital une main-d'œuvre suffisante, c'est de mettre aux terres incultes un prix relativement élevé ; mais quant à fixer ce prix, c'est une affaire de tact, on n'y peut arriver par des procédés mathématiques. Enfin il est utile d'employer en subsides à l'immigration la totalité du prix des terres ou tout au moins la plus grande partie de ce prix. Tels sont les principes qui se dégagèrent du système primitif de Wakefield et de Torrens et qui furent presque immédiatement appliqués dans les établissements de l'Australie.

Ce n'est pas que la doctrine de Wakefield n'ait rencontré au premier abord une opposition très grande. « Somme toute, dit Merivale, le système Wakefield, avec quelques corrections nécessaires, et conçu comme applicable surtout aux colonies qui produisent des denrées d'exportation et aussi à celles qui sont trop éloignées de la métropole pour que l'émigration s'y porte, frappe tous les hommes de sens par sa simplicité, sa facilité d'application, sa haute utilité pratique. Jamais il n'y eut de plus remarquable exemple du succès d'un principe, en dépit de toute espèce de préjugés, malgré les répugnances à toute innovation, malgré les intérêts contraires, malgré la résistance inerte que tout système nouveau est sûr de rencontrer. A sa première apparition, s'il fut vaillamment défendu par un petit nombre d'adhérents, il fut reçu par la multitude avec incrédulité, par les savants avec dérision. L'idée de mettre un prix élevé à des terres qu'on avait l'habitude de distribuer gratuitement avec une profusion sans limites, et l'espérance d'arriver par cette vente à haut prix à développer la colonisation étaient considérées comme le comble de l'absurdité, *as the climax of absurdity.* » Un économiste célèbre par sa science, Mac-Culloch, fut au premier rang des adversaires de la doctrine nouvelle. Et cependant elle fit son chemin ; adoptée par les colonies, par le gouvernement, bientôt par tous les économistes, soutenue il y a peu de temps encore avec énergie par Stuart Mill, elle a transformé l'Australie et il n'est personne aujourd'hui qui ne lui attribue en grande partie le mérite du développement inouï de ces colonies pendant la période qui s'écoule de 1830 à 1851.

On ne suivit pas dans toute leur rigueur les principes de Wakefield : ainsi dans toutes les colonies australasiennes, sauf l'Australie du Sud, dont nous nous occuperons d'une manière spéciale, la vente des terres se fit à l'enchère au lieu de se faire à prix fixe, comme Wakefield le recommandait. Mais cette dérogation partielle à la lettre de la doctrine n'empêcha pas l'application de son esprit. Ce qui importait, c'était que les terres fussent vendues à un prix suffisamment élevé et que le produit de ces ventes fût employé, pour la plus grande partie du moins, en subsides à l'immigration. C'est ce qui eut lieu dans toutes les colonies de l'Australie. A la Nouvelle-Galles c'est en 1831 que le système de vente remplace le système de concession. Les terres sont vendues à l'origine par auction sur une mise à prix de 5 shellings l'acre : dès la première année, en 1831, les ventes atteignent la somme de 126,000 livres sterling au prix moyen de 7 à 8 shellings l'acre, c'est près de 350,000 acres produisant 3,150,000 francs. En 1838, la mise à prix fut portée à 12 shellings l'acre. Le premier effet de cette hausse de prix fut de diminuer tant la quantité de la terre vendue que l'immigration, mais bientôt les ventes reprirent : et de 1831 à 1841, en dix ans, la vente des terres à la Nouvelle-Galles produisit 1,923,631 livres, soit 48,090,775 francs, ce qui donne une recette moyenne de près de 5 millions par an pour une colonie dont la population totale ne montait pas alors à 100,000 habitants : on voit quel immense revenu constituait la vente des terres. La plus grande partie du produit de ces ventes, conformément au système Wakefield, fut employée en subsides à l'immigration : aussi celle-ci décupla-t-elle pendant la période dont nous nous occupons. Dans la Nouvelle-Galles du Sud, le nombre des immigrants pour l'année 1830-31 n'avait été que de 766 : immédiatement, par l'effet des subsides provenant du produit de la vente des terres, ce nombre s'élève pour les années 1832 et 1833 à 4,691 et il atteint le chiffre de 10,000 vers 1838, chiffre qui fut bientôt dépassé. Ainsi ce système de vente, à prix relativement élevés, avait pour effet d'étendre à la fois la culture et le peuplement de la colonie, d'y attirer le capital en lui assurant une main-d'œuvre abondante et de hâter prodigieusement l'accroissement de la richesse et de la population. Le système de vente par auction finit par être remplacé à la Nouvelle-Galles par le système de vente au prix uniforme de

20 shellings l'acre : en dix ans, de 1851 à 1860 on vendit ainsi : 1,062,068 acres. La vente des terres s'implanta aussi à l'Australie de l'Ouest, mais elle ne donna pas d'aussi beaux résultats à cause des circonstances spéciales à cette colonie. Discréditée par son échec initial, elle ne comptait que peu de colons : la plus grande partie des terres fertiles avait été prodiguée par concession gratuite, de sorte que la vente des terres, adoptée en principe, ne pouvait guère s'appliquer en fait. Il en fut autrement de Port-Philippe (Victoria) qui venait d'être détaché de la Nouvelle-Galles en 1836 ; la terre s'y vendit à un prix beaucoup plus élevé que partout ailleurs, bien qu'il n'y fût pas question de mines d'or. Le sol était vendu au prix très élevé de 30 shellings l'acre et une seule année donna un produit de 700,000 livres par la vente des terres, ce qui indiquerait l'aliénation de 460,000 acres environ. Le prix fut encore plus élevé par la suite : en 1858 l'on avait vendu plus de 3 millions d'acres au prix moyen dans les campagnes d'une livre douze shellings, ce qui donne un produit de 4,800,000 livres sterling ou 120 millions de francs. La plus grande partie du produit du *land fund*, fond des terres, fut employée en subsides à l'immigration. « Si la terre eût été donnée pour rien ou vendue à bas prix, dit Merivale, elle n'eût été occupée que par des colons pauvres, les capitalistes s'en éloignant par l'impossibilité d'avoir du travail à leur disposition et la colonie n'eût pas prospéré comme elle a pu le faire sous l'action bienfaisante du capital uni au travail. » Sans le prix relativement élevé des terres, non seulement Victoria n'eût été peuplée que par des colons pauvres, incapables d'en tirer toutes les richesses qu'elle contenait : mais, selon toutes les probabilités, elle n'eût pas été peuplée du tout ou ne l'eût été que peu et tard : car, à cette distance de la métropole et sans l'attrait des mines d'or, qui ne furent découvertes qu'en 1851, l'immigration libre ne se fût jamais portée vers cette colonie ; il fallait pour l'y diriger des subsides considérables et ces subsides ne se pouvaient tirer que du *land fund*, produit de la vente des terres.

La colonie où la doctrine de Wakefield fut appliquée avec le plus d'exactitude, c'est l'Australie du Sud. Cette colonie fut fondée en 1836 pour servir de type et de modèle : son histoire, qui a été écrite par le colonel Torrens, présente de curieux enseignements. L'organisation économique et le mode de gouvernement furent complétement nouveaux. L'acte 4 et 5, Guillaume IV, chap. xcv, qui forme la loi constitutive de la colonie, confie le pouvoir exécutif et législatif à un gouverneur et à un conseil nommé par le gouvernement ; mais, en outre, un comité, *a board of commission-*

ners, résidant en Angleterre et ayant un de ses membres délégué dans la colonie, devait avoir la disposition des terres et la conduite de l'immigration ; la totalité du fonds provenant de la vente des terres devait être consacrée à la transportation de familles laborieuses dans la colonie. L'acte de Guillaume IV n'allouait aucune provision pour les dépenses préparatoires, l'arpentage, les routes et les travaux publics ; mais la faculté était accordée au *board of commissionners* de commencer les opérations pour l'immigration des travailleurs par un emprunt de 50,000 livres, garanti par le produit futur de la vente des terres, et de subvenir aux dépenses nécessaires de premier établissement et de préparation par un emprunt de 200,000 livres sterling garanti par les revenus futurs de la colonie, y compris le fond des terres. Ce qui constituait l'originalité de ce plan, c'est la pensée que la colonie pourrait se fonder en hypothéquant son avenir, sans qu'il en coûtât rien à la métropole : la colonie se *supporterait* elle-même, sans aucune avance de l'Etat ; c'est ce que l'on appelait le *self supporting principle*. Cette illusion étrange ne put durer et fut cruellement punie ; on s'aperçut qu'un emprunt de 200,000 livres, sans autre garantie que celle des revenus locaux à venir, dans une colonie où le sol n'était pas encore défriché, était une vraie chimère. Aussi, en 1838, un nouvel acte du Parlement (1 et 2, Victoria, ch. 60) altéra quelques dispositions de l'acte originaire, tout en laissant subsister cette faculté d'engager des revenus à venir, qui ne pouvaient exister que quand la colonie se serait déjà développée considérablement, c'est-à-dire au bout d'un certain laps d'années. Le système Wakefield inspirait alors une confiance si absolue qu'on croyait fermement que la colonie se formerait sans qu'il en coûtât un penny à la mère patrie. On se lança dans des emprunts dont le remboursement et le service même des intérêts ne reposaient sur aucune base actuelle ; on imprima à la colonie un mouvement de spéculation extraordinaire : l'agiotage s'y porta avec une fureur qui rappelle la compagnie du Mississipi de Law. Le prix des sections de terrain dans la ville d'Adélaïde avait été fixé à 12 shellings l'acre : trois jours après l'achèvement du plan de la ville, 560 sections furent vendues à un prix moyen de 6 livres 3 shellings l'acre et, en 1839, les terrains en bonne situation atteignaient le prix de 1,000 à 2,000 livres sterling l'acre. Le peuplement s'inaugura avec succès : à la fin de 1838, 5,300 personnes avaient quitté le Royaume-Uni pour l'Australie du Sud ; quelques centaines d'Allemands s'y étaient rendus. Le prix de la terre dans la campagne, d'abord fixé à 12 shellings l'acre, monta à une livre, prix auquel il resta désormais. Près de 50,000 livres avaient ainsi été fournies par la vente des terres et appliquées à l'immigration. Dans l'année 1839, 5,316 personnes émigrèrent du Royaume-Uni pour la colonie nouvelle, 150,000 acres de terre furent vendus au prix d'une livre chaque. Le montant de la vente des terres était déjà plus considérable dans cette colonie naissante qu'à la Nouvelle-Galles, y compris Port-Philippe (Victoria) ; mais on s'opiniâtrait à le consacrer entièrement à l'immigration sans en détourner la moindre parcelle pour les dépenses d'administration et de police. On subvenait à celles-ci par des emprunts : quatre ans après la fondation de la colonie les dépenses publiques annuelles y étaient de 140,000 livres, les revenus autres que ceux provenant de la vente des terres n'étaient que de 20,000 livres; or, comme d'après les deux actes du Parlement, le produit de la vente des terres devait être employé dans sa totalité à l'importation de familles de laboureurs, il y avait un déficit de 120,000 livres que l'on comblait par des emprunts; un état de choses aussi défectueux ne put durer : en 1840 la colonie fit banqueroute, l'immigration subventionnée et les ventes de terre cessèrent au mois d'août de la même année; la métropole dut intervenir pour prêter une somme considérable; il fallut modifier radicalement les statuts de l'acte de Guillaume IV et de l'acte 1 et 2 Victoria, ch. 60 ; c'en était fait du *self supporting principle*.

La catastrophe de l'Australie du Sud avait trois causes principales : 1° la complication du gouvernement qui se composait d'éléments trop nombreux et mal définis : le gouverneur et son conseil, d'un part, de l'autre part, *the board of commissionners*, autorités souvent en contradiction et entre lesquelles aucune subordination n'avait été établie ; 2° et c'était ici surtout le grand vice, l'omission totale de tout moyen pour pourvoir aux dépenses préparatoires de la colonisation, excepté par des emprunts et des anticipations sur des revenus lointains, qui, pendant de longues années, ne pourraient même suffire aux charges immédiates ; 3° l'extravagance de la spéculation : on ne faisait presque aucune opération sérieuse; on gaspillait le temps et les capitaux dans un agiotage improductif.

En dehors de ces trois erreurs capitales, les promoteurs de la colonie avaient, dans un grand nombre de détails, montré beaucoup de prévoyance pour sa santé morale : on excluait les *convicts ;* on apportait beaucoup de discernement au choix des émigrants du Royaume-Uni pour l'Australie du Sud ; l'on développait et l'on dotait largement le service religieux et le service de l'instruction. Mais ces excellentes mesures ne purent préserver la colonie de la ruine.

De cette catastrophe de l'Australie du Sud il résulte deux enseignements : le premier, c'est que c'est une tentative chimérique de prétendre fonder des colonies sans qu'il en coûte rien à la métropole, sans qu'elle ait même à faire des avances ; le second, c'est qu'il est imprudent de vouloir consacrer en subsides à l'immigration la totalité du produit de la vente des terres, c'est-à-dire la seule ressource importante que possède une colonie nouvelle : il y a d'autres services indispensables auxquels il importe de subvenir et on ne le peut qu'en faisant un prélèvement sur le produit de la vente des terres. Ces deux points, à partir de 1840, furent regardés comme démontrés. En 1841, lors du second ministère Peel, le ministre des colonies, M. Gladstone, qui admettait le système Wakefield dans tout ce qu'il a d'applicable et de pratique, forma un très grand plan de colonisation : l'État doit, disait-il dans un manifeste qui fit beaucoup de bruit, faire défricher les forêts à ses frais et sous sa direction propre, fixer les lieux convenables à la fondation des villes, y élever des églises, des écoles et des auberges. La marine de l'État doit être employée au transport des émigrants. M. Gladstone recommandait principalement le sud de l'Afrique, comme susceptible de colonisation. Un corps de 560 pionniers avec un ingénieur général devait fixer l'emplacement de la ville ; un corps de défricheurs devait défricher les bois. Il n'en coûterait que 100,000 livres sterling pour l'implantation de 10,000 hommes ; aussitôt que les premiers frais seraient couverts par la vente des terres, l'on coloniserait un autre district. Ce plan gigantesque, comme tous les autres projets du dernier cabinet Peel, ne fut pas exécuté. Il s'y trouvait d'ailleurs, à notre avis, un peu d'exagération, spécialement dans cette intervention de l'État pour fixer l'emplacement des villes, qui, avec un bon régime économique, politique et financier, savent naître d'elles-mêmes dans les conditions les plus favorables. Ce qu'il y avait de juste dans ces vues, c'est qu'il est indispensable que l'État fasse les premiers frais de la colonisation, mais que si l'affaire est bien conduite, ces premières dépenses peuvent n'être que des avances. Ce qu'il y avait d'important aussi dans ce plan, c'est que l'on y regardait comme utile d'employer une certaine partie du produit de la vente des terres à d'autres services qu'à celui de l'immigration. C'est ce qui a toujours été reconnu depuis lors par tous les ministres et tous les fonctionnaires coloniaux. Mais dans quelle proportion doit-on diviser le produit de la vente des terres ou *land fund* entre les subsides à l'immigration et les autres services nécessaires, l'arpentage, la construction des routes, etc., c'est ce qu'il était difficile de fixer. Et cependant, il fallait trouver une limite précise ; chacun sentait la double nécessité de réserver à l'entretien de l'immigration une partie très considérable de ce *land fund* et d'en consacrer une autre aux dépenses coloniales. Lord John Russell, ministre des colonies, fixa le principe que 50 p. 100 du produit de la vente des terres devraient être employés à soutenir l'immigration, 15 p. 100 réservés pour civiliser les indigènes, 10 p. 100 consacrés aux frais d'arpentage et 25 p. 100 aux autres dépenses du gouvernement colonial. D'un autre côté, le statut constitutif de la colonie de la Nouvelle-Zélande porte que 75 p. 100 du produit de la vente des terres doivent être réservés pour les subsides à l'immigration, et 25 p. 100 seulement abandonnés au gouvernement colonial pour les dépenses locales. Cette proportion nous paraît la bonne, du moins à l'origine d'une colonie lointaine : quand la colonie est adulte, la proportion fixée par lord John Russell est peut-être préférable. Dans le premier cas, en effet, ce qui importe le plus, c'est d'attirer des travailleurs ; dans le second cas, l'immigration a moins besoin d'être sollicitée et soutenue, elle afflue d'elle-même.

On le voit, la catastrophe de l'Australie du Sud ne fit pas abandonner les principes Wakefield ; elle en modifia seulement l'application. Tout ce qu'il y avait de juste et de praticable dans le système survécut : on continua à vendre les terres à des prix relativement élevés, et à employer la plus grande partie de ce produit au transport des travailleurs d'Angleterre dans les colonies. L'Australie du Sud, elle-même, ne tarda pas à se relever : en 1841, l'on y avait vendu depuis l'origine 288,817 acres pour 267,988 livres sterling, en 1855, la population montait à 86,000 individus; en 1861, à 130,000.

C'est surtout l'immigration subventionnée qui a peuplé l'Australie, du moins jusqu'à la découverte des mines d'or en 1851. Voici quels sont les chiffres de l'émigration du Royaume-Uni vers les colonies australiennes :

	Total décennal.	Moyenne annuelle.
1825-29	5,175	»
1830-39	53,274	5,327
1840-49	126,937	12,693
1850-59	498,537	49,853
Total	683,923	

Malheureusement nous ne pouvons fixer pour toutes ces différentes périodes la part de l'immigration subventionnée : nous n'avons de chiffres sur ce point que pour la période de 1847 à 1859 : mais, comme nous l'avons dit, de 1830 à 1850 la presque totalité de l'émigration anglaise pour l'Australie fut subventionnée par le pro-

étendues de terre, moyennant une faible rente. Ainsi chaque acquéreur de 40 acres de terre obtient, moyennant 10 livres par an, et à titre de bail dont la durée varie d'une à quatorze années, le droit de faire pâturer ses troupeaux sur une étendue d'un mille carré ou 640 acres. De cette façon l'on utilise pour la nourriture du bétail les terrains encore incultes et, d'un autre côté, l'on évite, selon la juste observation de Mérivale, les inconvénients que l'expérience a montré résulter de l'aliénation de vastes étendues de terre à un prix nominal, et le public obtient en fin de compte l'avantage d'acheter ces terres, occupées momentanément par le pâturage, quand leur valeur s'est accrue par les progrès de la population et de la culture.

Tel est le régime d'appropriation des terres qui a fait la prospérité des colonies australasiennes dans la seconde période de leur existence, de 1830 à 1851, et qui, aujourd'hui encore, contribue notablement au développement de leur richesse et de leur population. On ne saurait trop louer cette méthode savante et précise avec laquelle le régime des États-Unis peut seul lutter. Sans doute une circonstance tout à fait occasionnelle et fortuite, la découverte de mines d'or abondantes et d'une facile exploitation a donné subitement à l'Australie une impulsion sans précédent ; mais il n'en est pas moins vrai que si cette circonstance ne s'était jamais présentée, les colonies de l'Australie avaient néanmoins devant elles un magnifique avenir pleinement assuré ; c'est une erreur d'attribuer à la coopération tardive du hasard le développement ininterrompu de ces établissements. C'est à la sagesse de l'Angleterre, c'est à l'excellent régime de la déportation et de l'*assignement* pendant la première période, c'est au mode d'appropriation des terres pendant la période suivante, que l'Australie est principalement redevable de ce qu'il y a de réel et de durable dans sa splendeur.

Avant de quitter cette seconde époque des colonies de l'Australasie, nous devons nous arrêter un peu sur la Nouvelle-Zélande, dont la fondation et la constitution sociale actuelle présentent quelques caractères spéciaux. C'est en 1840 que cette île fut occupée par l'Angleterre ; en 1839 la France songeait à y fonder un établissement colonial, mais elle fut devancée par la Grande-Bretagne. Jusqu'à cette époque le drapeau anglais n'y flottait que sur des huttes de missionnaires ou de pêcheurs. Depuis longtemps l'opinion publique dans la Grande-Bretagne était préoccupée de cette île, dont les rivages bien découpés, la terre fertile et le beau climat invitaient à la colonisation. « C'est un vrai paradis », s'écriait au parlement de Londres un ancien négociant de Sydney, M. Barrow-Montefiore.

duit de la vente des terres coloniales. C'est seulement à partir de la découverte des mines d'or que l'émigration libre pour les colonies australiennes devient très considérable.

Émigration subventionnée.

	1847-58	1859
Nouvelle-Galles du Sud	81,711	1,252
Victoria	99,219	2,034
Australie du Sud	62,752	1,326
Tasmanie	4,879	28
Nouvelle-Zélande	196	»
Queensland	»	506
Total	248,757	5,146
Ensemble		253,903

Les commissaires de l'émigration en Angleterre apportèrent toujours le plus grand soin au choix des émigrants subventionnés, afin de ne pas charger les colonies d'individus incapables de travailler et de subvenir à leur subsistance. Ils s'efforcèrent aussi de corriger la disproportion des sexes que la déportation des convicts avait produite et que l'affluence extraordinaire de chercheurs d'or depuis 1851 n'avait fait qu'augmenter. Les commissaires de l'émigration en Angleterre envoyaient donc dans les dernières années plus de femmes que d'hommes. Ainsi, depuis 1847 jusqu'à 1858, il a été expédié en fait de célibataires :

Garçons	38,939
Filles	66,232

L'on voit combien était bienfaisante cette coutume de vendre la terre à un prix relativement élevé et d'en consacrer le produit à l'entretien de l'immigration, de façon à pouvoir non seulement augmenter la population et le nombre des travailleurs, mais encore corriger la situation anormale d'une société où l'un des sexes est, par des circonstances qui tiennent à l'origine et au développement de la colonie, en très grande supériorité numérique sur l'autre sexe. Il importe cependant de noter une dérogation considérable, mais nécessaire, à ce régime de vente des terres incultes. L'on sait que la grande production de l'Australie, ce sont les laines : cette contrée sous ce rapport a de très grands avantages naturels. Mais cette production exige d'immenses troupeaux qui, à leur tour, réclament pour les nourrir d'énormes espaces. Afin de faciliter cette production si utile, on a pris dès l'origine la coutume d'accorder aux propriétaires de troupeaux des licences de pâture, sur d'immenses

L'occupation de la Nouvelle-Zélande avait été préméditée bien avant d'être effectuée ; la colonisation s'y opéra avec beaucoup plus de régularité et d'ensemble que dans les colonies improvisées. Un très grand nombre de publications avaient renseigné le public sur les avantages spéciaux de cette belle contrée. Aussi l'émigration qui s'y transporta diffère-t-elle essentiellement de celle qui forma la base des autres établissements anglais. Ce ne furent ni des criminels, ni des mineurs, ni des aventuriers ; ce fut la classe moyenne, des cultivateurs ayant de petits capitaux, des officiers retraités, quelques rejetons même de grandes familles. La civilisation s'y transporta avec ses trois ressorts principaux, la famille, la propriété, le capital. Aussi la société y est-elle beaucoup plus en équilibre et dans des conditions plus normales que dans les autres colonies anglaises. C'est une colonie destinée à la classe aisée, où la richesse est assez également répartie ; il y a des gisements de houille, du cuivre, du minerai de fer. Tout annonçait à cet établissement un développement sérieux, stable et régulier ; il y a quelques années, on y a découvert de très abondantes mines d'or.

Nous avons divisé en trois époques l'histoire des colonies de l'Australie, la première qui de 1788 va jusqu'en 1830 et est caractérisée par la déportation sur une grande échelle, la mise des convicts en assignement chez les colons, les concessions de terres et la faiblesse de l'immigration libre ; la seconde, qui de 1830 s'étend jusqu'à 1851, et se recommande à un examen attentif et minutieux par l'application plus ou moins complète des principes du système Wakefield, par la vente des terres à un prix relativement élevé et l'importance toujours croissante de l'immigration subventionnée ; la troisième période, qui dure depuis 1851 jusqu'à nos jours, s'est signalée par la découverte des mines d'or, par l'impulsion extraordinaire qu'en reçoit la colonisation, par l'afflux de l'immigration spontanée qui porte sur le sol de l'Australie des représentants de toutes les races de l'Asie et de l'Europe. De cette troisième époque nous aurons peu de chose à dire ; c'est la plus connue au point de vue pittoresque et anecdotique ; c'est celle qui, au point de vue théorique, offre le moins d'intérêt ; on n'y voit point, en effet, l'application de principes nouveaux comme dans les deux précédentes ; et la science a moins d'enseignements utiles à y recueillir. La découverte de mines d'or d'une grande richesse dans un temps comme le nôtre, où la vapeur a multiplié les moyens de transport et où dans tous les pays d'Europe et dans le plus vaste empire de l'Asie il y a, chaque année, plusieurs centaines de mille hommes prêts à émigrer, devait attirer en peu de temps sur la contrée minière des nuées d'aventuriers. C'est ce qui s'était vu en Californie, c'est ce qui se vit encore en Australie. Dans cette dernière contrée cependant on fit de louables efforts pour prévenir les désordres inséparables d'un pareil afflux d'immigrants, et la désorganisation probable que l'attrait du métier de mineur allait sans doute produire en détournant les colons des patients travaux auxquels ils s'étaient adonnés.

C'est le 2 mai 1851, le lendemain du jour où fut ouverte l'exposition universelle de Londres, que la nouvelle officielle de l'existence de gîtes aurifères en Australie fut publiée à Sydney. Le gouverneur de la Nouvelle-Galles, M. Fitzroy, eut le dessein d'exploiter ces mines au profit de l'administration coloniale; il revendiqua par une proclamation cette exploitation comme propriété de la couronne et menaça de poursuivre quiconque ferait des fouilles. Ces précautions furent inutiles. On se précipita de tous côtés vers les *placers*; les cultures furent un moment abandonnées; les immigrants affluèrent au bout de quelques mois. L'administration dut se contenter d'exiger des mineurs une licence qui se délivrait moyennant un prix assez élevé. Nous n'entrerons dans aucun détail sur l'exploitation de ces gisements et sur leurs richesses; il n'y a rien là de caractéristique au point de vue qui nous occupe. Les villes australiennes qui étaient dans une voie de développement régulier et paisible, reçurent une extraordinaire impulsion; le centre de gravité se déplaça. La Nouvelle-Galles s'effaça devant la colonie plus récente de Port-Philip ou Victoria, plus favorisée sous le rapport des gisements aurifères. Sydney fut éclipsée par Melbourne, grosse bourgade située dans un lieu bas et qui semblait peu favorable au commerce; cette ville s'enfla subitement et prit d'énormes proportions, au point d'atteindre en moins de quinze ans près de 200,000 habitants. Les premières années furent une époque de crise et de démoralisation. L'agiotage sur les terrains arriva à un paroxysme effrayant; il y eut des moments où le prix du sol à Melbourne fut cinq à six fois plus élevé que dans les quartiers les plus favorisés de la métropole. Ce qu'il y a de particulier au milieu de ces excès et ce qui montre, en dépit de tous les accès fébriles, la vitalité saine et le sens pratique et droit de la race anglo-saxonne, c'est que, au milieu de cette désorganisation initiale, l'on ne cessa pas de développer les établissements d'instruction publique. En juin 1854, le nombre des écoles à Melbourne était de 167, recevant 12,000 enfants de toutes les communions; un jardin botanique était créé, un terrain était assigné pour une université qui fut bientôt fondée avec l'agrément de la métropole; une bibliothèque publique fut ouverte. Rien ne diffère plus de la conduite des Espagnols au Mexique et au Pérou; les temps sont changés, il est vrai; mais les idées et les mœurs des deux races sont aussi entièrement distinctes. C'est le plus bel éloge que l'on puisse faire de la colonisation australienne, éloge qui compense les critiques que nous ne pourrons éviter; dans cet enfantement laborieux et turbulent qui créa la colonie de Victoria et les villes importantes de Melbourne et de Geelong, la première pensée collective fut pour l'enseignement, pour le développement sur une grande échelle de l'instruction tant supérieure que primaire; cette conduite, éminemment sage et morale, porte avec elle toutes les garanties d'avenir, de développement régulier et de prospérité durable.

A partir de 1851 jusqu'au moment où l'exploitation des mines d'or se transforma et où à la place des petits entrepreneurs individuels de mines se constituèrent quelques grandes compagnies, c'est-à-dire jusque vers 1860, l'immigration qui afflua en Australie se composa d'éléments moins recommandables que ceux qui entraient dans la composition de l'immigration libre primitive : le Royaume-Uni en dix ans, de 1851 à 1861, n'a pas envoyé moins de 508,802 personnes en Australie. Une grande partie étaient des aventuriers qui se consacraient à la poursuite aléatoire et fébrile de gains considérables, au lieu de rechercher par un travail patient et continu une aisance facile à atteindre. Ce qu'il y avait aussi de regrettable, c'est que dans cette immigration le nombre des hommes dépassait encore de beaucoup celui des femmes. A ces immigrants qui accouraient des contrées d'Europe, il faut joindre ceux qui viennent d'Asie.

Les Chinois sont en grand nombre dans les colonies australasiennes; l'appât de l'or les y a attirés malgré les mauvais traitements, l'injustice des lois et l'inimitié populaire. En 1856, l'on en comptait 18,000 : en 1862, ce nombre était déjà triplé. C'est là, selon nous, un élément pernicieux, non pas que les Chinois ne soient laborieux et économes : ces qualités, ils les possèdent au plus haut degré, et ils les conservent dans toutes les contrées où ils vont chercher fortune; mais cette race, dépourvue de pensées élevées, ne poursuivant que le lucre et ne connaissant d'autres jouissances que celles de la matière, est, dans nos sociétés de civilisation européenne, d'un fâcheux exemple, d'un contact dangereux et exerce une influence démoralisatrice, en Australie plus qu'ailleurs, parce que la population chinoise y est toute masculine, à peine y compte-t-on quelques femmes : il en résulte une débauche éhontée, des vices odieux qui s'étalent en plein jour et qui compromettent la civilisation.

Les *placers* de la colonie de Victoria ont drainé pendant les premières années de leur exploitation la population des colonies voisines. La Tasmanie, spécialement, a vu un grand nombre de ses colons séduits par le mirage des richesses de sa voisine abandonner leurs champs et leurs troupeaux. Les bras manquèrent subitement dans cette belle île où le transport des convicts venait d'être suspendu ; le gouvernement de Van-Diémen se décida à provoquer l'immigration de cultivateurs européens par des primes considérables : il promettait 20 livres sterling pour les adultes du Royaume-Uni, 16 livres sterling pour les autres Européens, pour un enfant de 3 à 14 ans 10 livres sterling, et 8 livres sterling pour un enfant au-dessous de 3 ans. En 1854, la société d'immigration tasmanienne envoya en Écosse un agent pour en ramener 5,000 travailleurs.

Cette crise ne dura pas ; l'équilibre finit par se rétablir : la séduction des mines diminua, malgré les profits extraordinaires qu'elles avaient donnés à quelques-uns pendant les premières années ; toutes les colonies finirent par participer à la prospérité de Victoria ; les districts agricoles virent augmenter la demande de leurs produits, ce qui les porta à étendre leur production et y attira des salariés, dégoûtés des déboires qu'ils avaient trouvés aux *placers*. Voici des tableaux empruntés aux plus récents documents anglais, qui prouvent que toutes les colonies australasiennes, à l'exception de la Tasmanie ou Van-Diémen, ont pris un développement considérable depuis la découverte des mines d'or ; telle est la solidarité que les liens de l'échange établissent entre les contrées d'une même zone et d'un même groupe social : toute découverte de richesses nouvelles dans l'une d'elles, au bout de peu de temps, profite aux autres. On remarque notamment les progrès d'une colonie qui ne date guère que de vingt-cinq ans, Queensland, située au nord de l'Australie.

Étendue des colonies australasiennes (1).

	Milles carrés.
Nouvelle-Galles du Sud	310,928
Victoria	88,198
Australie du Sud	903,690
Australie de l'Ouest	1,000,000
Tasmanie	26,215
Nouvelle-Zélande	105,342
Queensland	669,520
Total de l'Australasie	3,103,903

(1) Les chiffres donnés dans ce tableau sont tirés du *Colonial Statistical abstract* pour 1878 (publié en 1880). Les précédents *abstracts* donnaient des chiffres moin-

POPULATION.

	en 1850			en 1861			en 1874			en 1878		
	SEXE MASCULIN	SEXE FÉMININ	TOTAL	SEXE MASCULIN	SEXE FÉMININ	TOTAL	SEXE MASCULIN	SEXE FÉMININ	TOTAL	SEXE MASCULIN	SEXE FÉMININ	TOTAL
Nouvelle-Galles du Sud.	154,575	110,928	265,503	202,199	156,179	358,278	273,551	228,430	501,981	385,678	308,065	693,743
Victoria.	45,495	30,667	76,162	321,724	220,076	541,800	400,252	329,102	729,654	478,316	401,126	879,442
Australie du Sud.	35,302	27,737	63,039	65,048	61,782	126,830	95,408	90,218	185,626	130,001	118,794	248,795
Australie de l'Ouest.	3,576	2,310	5,886	9,852	5,839	15,691	15,476	9,610	25,084	16,109	11,757	28,166
Tasmanie (Van Diémen)	»	»	68,609	49,593	40,384	89,977	53,464	47,301	100,765	58,036	51,911	109,947
Nouvelle-Zélande.	15,035	11,672	26,707	61,035	37,936	98,971	150,366	106,037	256,303	240,627	191,892	432,519
Queensland.	»	»	»	21,231	13,654	34,885	69,629	45,938	115,567	127,608	82,902	210,510
	253,983	183,314	505,906	730,582	535,850	1,266,432	1,060,136	856,936	1,915,070	1,436,075	1,166,447	2,623,122

On voit par le tableau qui précède que la population de l'ensemble des colonies australasiennes a presque quadruplé en vingt et un ans de 1850 à 1871 et qu'elle a plus que doublé de 1850 à 1861. A partir de 1871 l'accroissement a été plus lent, quoiqu'il soit encore de 700,000 âmes en sept ans. Il est naturel qu'il en soit ainsi. La progression de la population dans une colonie doit se ralentir à mesure que le peuplement devient plus considérable. En outre, l'attrait exercé par les mines d'or qui eut tant de force dans la période de 1851 à 1861 est devenu moins vif dans les dix années suivantes. On remarquera que l'Australie du Sud, colonie uniquement agricole, a participé à cette multiplication du nombre des habitants, dans une mesure presque égale à celle de l'accroissement des colonies aurifères. Après avoir doublé de 1850 à 1861, la population de l'Australie du Sud a de nouveau presque doublé de 1861 à 1878; dans cette seconde période elle a relativement plus progressé que ses opulentes voisines, Victoria et la Nouvelle-Galles. La proportion des deux sexes dans ces colonies tend à se rétablir sur un pied normal. Il y a maintenant un peu plus de huit femmes contre dix hommes, tandis que en 1861 il n'y avait guère que sept femmes contre dix hommes.

Le commerce n'a pas reçu une impulsion moindre que la population, et le progrès de 1851 à 1878 est sensible, sous ce rapport aussi, dans toutes les colonies australasiennes.

Tableau des importations.

	1851	1861	1870	1878
	Livres sterl.	Livres sterl.	Livres sterl.	Livres sterl.
Nouvelle-Galles du Sud..	1,563,931	6,391,555	7,213,291	14,768,873
Victoria.................	1,056,437	13,532,452	12,455,758	16,161,880
Australie du Sud........	690,777	1,976,018	2,029,794	5,719,611
Australie de l'Ouest.....	56,598	147,913	213,259	379,050
Tasmanie...............	641,609	954,517	793,916	1,324,912
Nouvelle-Zélande........	346,540	2,493,811	4,639,015	8,755,663
Queensland.............	»	967,951	1,536,799	3,436,077
Totaux........	4,358,892	26,464,217	28,881,832	50,545,966

On voit par ce tableau combien l'importation dans les colonies australasiennes s'est rapidement développée de 1851 à 1861; on constate, au contraire, que dans la période décennale suivante l'ac-

---

dres; c'est ainsi que dans la première édition de cet ouvrage les colonies australiennes figuraient pour une superficie de 2,582,000 milles carrés, chiffre officiel d'alors. Ces variations des chiffres officiels tiennent à deux causes; d'abord les superficies de ces pays ne sont pas exactement connues; ensuite celles de ces colonies qui sont sur le continent s'étendent sans cesse aux dépens du désert.

croissement n'a plus guère porté que sur la Nouvelle-Zélande et la colonie toute neuve de Queensland. Dans les années qui s'écoulent de 1862 à 1866 l'importation avait atteint des chiffres infiniment plus élevés qu'en 1870 : en 1864, notamment, elle avait monté à 37,569,369 livres sterling. Il ne faut pas s'étonner de cette diminution temporaire des importations de 1864 à 1870. Après le grand arrivage des émigrants qu'attiraient les mines et lorsque la fièvre de l'or régnait dans les colonies australasiennes, il fallait tout tirer de l'Europe : cette nouvelle population avait de grands besoins et peu de moyens de les satisfaire à l'intérieur. Avec le temps, au contraire, les occupations manufacturières ont commencé à s'introduire en Australie, et le pays, quoique jouissant d'une population et d'une richesse supérieures, a eu un moindre besoin des articles européens. Puis à partir de 1870 l'élan a repris, en huit ans le chiffre des importations a augmenté de 80 p. 100, faisant plus que doubler pour la Nouvelle-Galles.

Tableau des exportations (y compris les métaux précieux) (1).

	1851	1861	1870	1878
	Livres sterl.	Livres sterl.	Livres sterl.	Livres sterl.
Nouvelle-Galles du Sud..	1,796,912	5,594,839	5,852,765	12,965,879
Victoria.................	1,422,909	13,828,606	12,470,014	14,925,707
Australie du Sud........	602,087	2,032,311	2,419,488	5,355,021
Australie de l'Ouest.....	26,870	95,789	200,985	428,491
Tasmanie...............	665,790	905,463	648,709	1,315,695
Nouvelle-Zélande........	84,150	1,370,247	4,822,856	6,015,700
Queensland.............	»	709,599	2,006,635	3,190,419
Totaux	4,598,718	24,536,854	28,421,352	44,196,902

Ici encore se manifeste le même phénomène que dans le tableau précédent. Développement inouï des exportations de 1851 à 1861, stagnation relative de 1861 à 1870, augmentation nouvelle et sensible de 1870 à 1878. L'accroissement dans la période de 1861 à 1870 ne porte guère que sur la colonie toute neuve de Queensland, sur la Nouvelle-Zélande, l'Australie de l'Ouest et l'Australie du Sud. Les autres colonies, les plus vieilles et les plus importantes, restent, sous le rapport de l'exportation, stationnaires, ou même sont en décroissance. Les exportations avaient été notablement plus considérables dans les années qui s'écoulent de 1864 à 1868 qu'en 1870, elles s'élevèrent alors au-dessus de 30 millions et elles atteignirent même 33 millions sterling en 1868. Il ne faut pas oublier que l'ex-

(1) Dans un pays qui a des mines d'or, les exportations de métaux précieux, en tant qu'elles ne dépassent pas comme moyenne annuelle la production des mines, doivent figurer parmi les exportations de marchandises.

portation de l'or est comprise dans ces chiffres : cette exportation a légèrement diminué pour l'ensemble des colonies australasiennes depuis 1856 : elle a même baissé de près de moitié pour la colonie de Victoria. Voici d'ailleurs les chiffres que nous livrent les documents anglais.

Tableau des exportations de métaux précieux.

	1851	1856	1860	1865	1870	1878
	Livres sterl.	Livres sterl.	Livres sterl.	Livres sterl.	Livres sterl.	Livres sterl.
Nouvelle - Galles du Sud.......	468,336	156,151	1,884,297	3,350,164	1,892,511	1,810,067
Victoria.........	438,777	12,929,818	9,191,725	6,878,325	6,704,682	3,897,055
Australie du Sud.	10,000	88,168	1,420	86,930	84,617	116,265
Australie de l'O..	»	»	»	»	»	»
Tasmanie.......	»	21,025	460	730	18,475	74,124
Nouvelle-Zélande	»	30,000	17,585	2,923,947	2,175,290	1,359,497
Queensland.....	»	»	14,576	115,040	489,751	1,619,563(1)
Totaux....	916,113	13,225,162	11,110,063	13,355,136	11,365,326	8,877,171

Comme le montre ce tableau, la production de l'or dans l'ensemble des colonies autralasiennes, si l'on en juge d'après l'exportation de ce métal, loin d'augmenter depuis vingt-cinq ans, a notablement baissé. Le chiffre de 1856 n'a été légèrement dépassé que deux fois, en 1866 et en 1868 : dans cette dernière année, qui est le point culminant, l'exportation des métaux précieux a atteint la somme de 13,708,717 livres sterling. On remarquera que les anciennes colonies aurifères, Victoria et les Nouvelles-Galles, ont vu leur exportation d'or diminuer dans d'énormes proportions : pour Victoria la décroissance est continue depuis 1856 et elle n'est pas moindre des trois quarts. Au contraire, la production de l'or a pris un très grand développement dans la Nouvelle-Zélande où cependant elle a fléchi depuis 1866, et à Queensland où elle semble être toujours en voie ascendante.

Le mouvement de la navigation de l'Australie s'est rapidement élevé jusqu'à 1863 : depuis lors et pendant les sept années qui suivent l'augmentation a été beaucoup plus lente, puis elle a repris avec énergie à partir de 1870. On se rendra compte de ce développement par le tableau suivant :

(1) Le chiffre donné pour Queensland se rapporte à l'année 1877.

DE LA COLONISATION ANGLAISE. — L'AUSTRALIE.

Tonnage (entrées et sorties réunies).

	1856	1860	1865	1870	1878
Nouvelle-Galles du Sud.	657,792	859,319	1,326,182	1,461,762	2,202,044
Victoria	1,076,971	1,180,779	1,180,324	1,344,862	1,754,289
Australie du Sud	230,390	209,036	357,290	287,989	819,802
Australie de l'Ouest	53,285	117,179	104,152	133,446	159,208
Tasmanie	314,222	234,415	204,494	212,910	315,274
Nouvelle-Zélande	168,739	280,569	578,645	538,558	765,158
Queensland	»	85,239	340,380	261,284	913,192 (1)
TOTAUX	2,501,399	2,966,536	4,091,167	4,240,811	6,927,977

Pour avoir une idée plus exacte de la prospérité et du développement des colonies australasiennes, nous devons jeter un coup d'œil sur leur agriculture. Il s'en faut de beaucoup, en effet, que le mouvement de la navigation et du commerce extérieur soit un thermomètre toujours exact de la richesse et des progrès d'un pays. Il se peut que les importations diminuent précisément parce que la production intérieure devient beaucoup plus considérable, il se peut aussi que l'exportation s'affaiblisse précisément parce que la consommation dans le pays s'accroît. La statistique agricole et industrielle peut seule remplir les inévitables lacunes que laissent à l'esprit de l'observateur judicieux les tableaux de la navigation et du commerce avec l'étranger.

Voici, d'après les derniers documents anglais, une série de tableaux sur la production agricole en Australie :

Etendue des terres ensemencées en blé (wheat).

	1856	1860	1866	1870	1878
	Acres (2)	Acres.	Acres.	Acres.	Acres.
Nouvelle-Galles du Sud	106,124	128,829	175,033	147,997	233,253
Victoria	80,154	161,252	208,588	284,167	691,622
Australie du Sud	162,011	273,672	457,628	604,761	1,305,851
Australie de l'Ouest	9,712	13,584	25,187	26,640	23,008
Tasmanie	65,731	66,450	71,348	57,382	48,392
Nouvelle-Zélande	»	»	»	77,843	264,577
Queensland	»	197	2,566	2,892	9,618
TOTAUX	423,732	643,984	940,350	1,201,682	2,576,321

Nombre de bêtes à cornes.

	1856	1861	1867	1870	1878
Nouvelle Galles du Sud	2,023,418	2,271,923	1,728,427	2,195,096	2,771,583
Victoria	646,613	628,092	650,592	721,096	1,184,843
Australie du Sud	272,746	265,434	122,200	136,832	251,802
Australie de l'Ouest	23,207	33,795	45,962	45,213	56,158
Tasmanie	88,608	87,114	86,598	101,459	126,276
Nouvelle-Zélande	91,928	193,285	312,835	436,592	578,430
Queensland	»	560,196	940,354	1,076,630	2,433,567
TOTAUX	3,146,520	4,039,839	3,886,968	4,712,918	7,402,659

(1) Le chiffre donné pour Queensland est encore celui de 1877.
(2) L'acre égale 41 ares.

Nombre de moutons.

	1856	1861	1867	1870	1878
Nouvelle-Galles du Sud....	7,736,323	5,615,054	13,909,574	16,308,585	23,967,053
Victoria..................	4,641.548	6,239,258	9,532,811	10,761,887	9,379,276
Australie du Sud..........	1,962,460	3,038,356	4,477,445	4,400,655	6,377,812
Australie de l'Ouest.......	177,717	279,576	537,597	608,892	869,325
Tasmanie.................	1,614,987	1,714,493	1,742,914	1,349,775	1,838,831
Nouvelle-Zélande	990,988	2,761,383	8,418,579	9,700,629	13,069,338
Queensland...............	»	4,093,381	8,665,757	8,163,818	5,564,465
Totaux.......	17,124,023	23,741,506	47,284,677	51,294,241	61,066,100

Comme on le voit d'après ces tableaux, la production agricole s'est énormément accrue en Australasie : l'étendue des terres ensemencées en blé a doublé de 1870 à 1878, elle avait déjà augmenté de 70 p. 100 dans les neuf années qui s'écoulèrent de 1861 à 1870, et elle a sextuplé comparativement à 1856. Le nombre des bêtes à cornes n'a pas eu un développement tout à fait égal ; cependant de 1856 à 1878 on constate encore pour l'ensemble des colonies une progression de 130 p. 100 ; mais c'est la race ovine qui a pris surtout possession de ces contrées : elle y a triplé de nombre en quinze années, de 1856 à 1870. Depuis 1870, toutefois, on peut remarquer que l'accroissement du nombre des bœufs est relativement bien plus considérable que celui des moutons. C'est le signe d'un progrès dans la culture. Ce progrès toutefois est très inégalement réparti sur les différentes colonies. Toutes y prennent part, à l'exception d'une seule, la Tasmanie, qui est presque stationnaire. Tous les tableaux que nous avons reproduits témoignent que cette colonie souffre : de 1860 à 1878 sa population n'a augmenté que de 20 p. 100, sa production a décru de 1856 à 1870 : le commerce extérieur et le mouvement de la navigation ont aussi éprouvé dans cette colonie, dans la même période, un sensible amoindrissement. Toutefois il y a de l'amélioration depuis 1870, et on peut espérer que les souffrances de cette colonie touchent à leur terme. La Nouvelle-Zélande, au contraire, et Queensland, c'est-à-dire les deux colonies les plus neuves, font des progrès prodigieux et tendent à se rapprocher de Victoria.

Pour terminer ces données statistiques, nous reproduirons le tableau des revenus et celui des dettes des différentes colonies australasiennes.

Revenu public des colonies.

	1856	1861	1867	1870	1878
	Livres sterl.	Livres sterl.	Livres sterl.	Livres sterl.	Livres sterl.
Nouvelle-Galles du Sud..	1,986,553	1,843,067	2,569,456	2,575,309	4,983,864
Victoria	2,972,496	2,952,101	3,449,311	»	4,504,413
Australie du Sud	687,877	575,575	1,126,326	878,124	1,592,634
Australie de l'Ouest	51,170	67,261	90,431	98,132	163,344
Tasmanie	415,913	315,733	374.917	»	386,060
Nouvelle-Zélande	233,329	782,022	1,864,155	1,732.967	4,167,889
Queensland	»	238,239	669,041	786,349	1,559,111
Totaux	6,347,338	6,773,998	10,143,637	6,070,881	17,357,315

Le revenu de Victoria n'est pas indiqué dans les documents anglais pour les années de 1867 à 1870, celui de la Tasmanie manque également pour l'année 1870. Quoi qu'il en soit, on voit que l'ensemble des colonies australasiennes a un budget de plus de 17 millions sterling, soit de près de 440 millions de francs. Voici maintenant les mêmes renseignements sur la dette publique de l'Australasie :

Dette publique.

	1856	1862	1867	1870	1878
	Livres sterl.	Livres sterl.	Livres sterl.	Livres sterl.	Livres sterl.
Nouvelle-Galles du Sud.	2,099,400	5,802,980	6,917,630	9,681,130	11,688,119
Victoria	648,100	7,992,740	9,480,800	11,924,800	17,022,065
Australie du Sud	287,900	853,300	1,077,750	1,944,600	5,329,600
Australie de l'Ouest...	8,688	1,750	»	»	161,000
Tasmanie	»	486,500	1,018.900	1,268,700	1,758,500
Nouvelle-Zélande	77,174	836,000	5,781,194	7,841,891	22,608,311
Queensland	»	123,800	3,344,000	3,509,250	8,935,350
Totaux	3,121,262	16,097,070	27,620,274	36,170,371	67,482,945

Ainsi les colonies australasiennes ont une dette de 1,700 millions de francs. Il ne faudrait pas croire, cependant, que toutes ces jeunes sociétés aient hérité des habitudes de prodigalité du vieux monde. Cela est vrai de la Nouvelle-Zélande, peut-être aussi de Queensland. Cela l'est moins de Victoria et surtout de la Nouvelle-Galles. Ces colonies avaient d'immenses travaux publics à accomplir. C'est là l'origine de la plus grande partie de leur dette. Nous voyons dans un document anglais que la colonie de Victoria avait, en 1867, une dette de 9,480,000 livres qui avaient été dépensées aux travaux des eaux de Melbourne et de Geelong, à la construction ou au rachat de chemins de fer.

Si l'on cherche à quelles sources puise le trésor de ces colonies on voit qu'en l'année 1867 la Nouvelle-Galles du Sud, ayant un revenu de 2,569,456 livres sterling, s'est procuré près du tiers de cette somme, soit 783,338 livres sterling par les douanes, et 530,000 livres sterling par des ventes de terre ou des rentes foncières ; le reste du revenu de cette colonie provenait de droits sur les spiritueux fabriqués à l'intérieur, du service des postes (81,406 livres), des produits des chemins de fer (188,602 livres sterling), etc. (1). Nous trouverons pour la colonie de Victoria des ressources à peu près analogues. En 1867, le revenu régulier de cette colonie était de 3,449,311 livres sterling sur lesquelles 1,399,854 provenaient des douanes, 718,000 livres sterling provenaient de ventes de terre, de rentes foncières ou de licences de pâturage, 532,299 provenaient des chemins de fer (2).

L'immense développement des routes, le grand nombre de chemins de fer et de fils télégraphiques, ont doté ces colonies de tous les instruments de civilisation que possède l'Europe. Dans un banquet donné à Londres pour le 71me anniversaire des colonies de l'Australie, sir Edward Bulwer Lytton, ministre des colonies, portait un toast en ces termes : « Il y a soixante et onze ans que la première colonie australienne a été fondée ! Seulement soixante et onze ans ! C'est juste la vie d'un homme et cette période, qui peut être parcourue par le premier paysan venu dans un village obscur, a permis à l'Australie de posséder plus d'un million de sujets britanniques, d'avoir un revenu de plus de 5 millions de livres sterling, d'importer pour plus de 27 millions de livres sterling et d'exporter pour plus de 22 millions sterling. Et, tandis que son progrès matériel et sa prospérité se développaient si étonnamment, quel a été le progrès de l'Australie dans tout ce qui ennoblit et élève l'homme ! A la place d'une colonie pénitentiaire, premier spectacle qu'a présenté l'Australie, nous trouvons des sociétés arrivées au plus haut degré de moralité, jouissant de la plus grande liberté et prouvant par leur loyauté et leur bon ordre qu'elles apprécient et méritent les bienfaits dont elles jouissent. Il n'y a pas, je pense, de partie du monde civilisé où l'on comprenne mieux l'importance de l'instruction, etc. » Il y a déjà une vingtaine d'années que sir Edward Bulwer tenait ce langage : nous sommes maintenant dans la 95e année de la fondation des colonies australasiennes et leur progrès n'a cessé d'être sensible depuis l'époque même où le ministre des colonies d'Angleterre s'exprimait avec cet enthousiasme.

Tels sont les résultats de la troisième époque de la colonisation australasienne : cette prospérité inouïe, on l'a vu par le tableau

(1) Voir *Statistical Tables relating to Colonial Possessions*, 1867, p. 140.
(2) *Idem*, page 168.

des cultures, n'est pas éphémère, elle est essentiellement durable et susceptible de nouveaux développements. Chaque année accroît la richesse et la population de ces opulentes provinces. Ces divers éléments, si variés, si turbulents, que l'immigration soit pénitentiaire, soit subventionnée, soit libre, lui avait apportés, l'Australie se les est assimilés : elle a profité de l'or de ses *placers* pour développer son agriculture et son industrie ; elle a consolidé son avenir, en même temps qu'elle jouissait de son présent ; cette collection de convicts, d'immigrants raccolés dans les Trois Royaumes et transportés à grands frais, d'aventuriers de toute nation, elle l'a convertie, autant que possible, en une société régulière.

Les institutions politiques sont venues couronner cet édifice de splendeur, que le travail de l'homme et la libéralité de la nature avaient construit en commun. C'est à cette troisième époque de leur existence que les diverses colonies australasiennes ont dû d'acquérir la plénitude des institutions libres. Jusque-là elles n'avaient eu que des libertés municipales, dans toute leur intégrité et toute leur sincérité, il est vrai, mais elles avaient été privées de la vie parlementaire pour la gestion de leurs intérêts généraux : elles avaient été subordonnées aux vues de la métropole et à l'arbitraire, d'ailleurs sensé et réservé, de gouverneurs habiles, aidés par un conseil de notables, sous la haute surveillance du ministre des colonies et du parlement métropolitain. On sentit le besoin, en les voyant adultes, de les émanciper de cette tutelle : la mère patrie ne pensa pas un instant à retenir des pouvoirs qui cessaient d'être des droits en cessant d'être nécessaires. La concession de législatures électives fut faite, à différentes époques, aux diverses colonies suivant leur importance : d'abord la Nouvelle-Galles, en dernier lieu la Nouvelle-Zélande et Victoria. La Nouvelle-Zélande obtint une législature en 1852 : depuis lors, dans cette île, chaque province est administrée par un surintendant choisi par les colons et par un conseil provincial ; c'est, en 1855, par un bill du 10 mai que Victoria obtint un parlement composé d'une chambre haute et d'une chambre basse, placées l'une et l'autre sous l'empire du principe électif et soumises à des conditions modérées de cens. Comme les diverses colonies du Nord-Amérique les différentes colonies de l'Australie ont pensé à une confédération. Le 23 avril 1858, un comité de l'assemblée législative de Victoria se présentait devant le secrétaire du *colonial office*, M. Labouchère, pour lui demander la présentation d'un bill qui autoriserait toutes les colonies australiennes à former une assemblée fédérale. La demande fut repoussée. Mais l'on a vu qu'un bill du 29 mars 1867 approuvait l'Union entre le Canada, le Nouveau-Brunswick et la Nouvelle-Écosse, et leur formation en un État colonial ayant un parlement autonome : dès lors la question semble être tranchée pour les colonies de l'Australie, qui ont au moins les mêmes droits à faire valoir que les colonies d'Amérique.

Nous en avons fini avec l'étude de cette colonisation rapide et brillante ; nous avons montré que cette prospérité jusqu'alors inouïe n'est pas due au hasard ; sans doute la nature y a contribué par ses faveurs, par les facilités pour la production de la laine et surtout par les riches gisements d'or. Mais la sagesse de la métropole, l'aménagement savant et pratique de la colonisation, la déportation, l'assignement des convicts ; le régime des terres, la création et l'entretien du fonds d'immigration, enfin les institutions libres, qui sont venues à point, sans se faire attendre, ce sont là des œuvres humaines, marquées au coin de l'esprit de progrès et de civilisation.

Il est vrai, ces colonies si opulentes portent encore la trace de vices originaux : formées d'éléments en grande partie malsains, des criminels, des aventuriers sans aveu, elles n'ont pas réussi à se purifier complètement et leur tempérament n'a pu encore se dégager de ces influences pernicieuses : la débauche, l'ivrognerie (1), l'agiotage, l'inhumanité contre les indigènes et les races faibles sont et seront longtemps peut-être les signes caractéristiques de ces sociétés ; mais n'est-ce pas beaucoup déjà que d'avoir constitué aux antipodes, avec des moyens si défectueux, des colonies si prospères, qui s'amendent chaque jour, qui, nous l'avons vu, font de l'instruction une grande affaire, qui poursuivent le développement des sciences en même temps que l'accroissement des richesses et qui, se perfectionnant (2) d'année en année, feront bientôt oublier leur origine ?

La colonisation de l'Australie, c'est, en définitive, le grand chef-d'œuvre de l'Angleterre ; au nord de l'Amérique, les fautes de la mère patrie furent beaucoup plus nombreuses et plus persistantes ; en Australie seulement, au milieu de difficultés infiniment plus grandes, la colonisation poursuivit sa marche initiale sans interruption et presque sans défaillance.

Nous ne pouvons terminer cette étude de la colonisation anglaise au XIXe siècle sans parler brièvement de la réforme de l'admi-

(1) Les droits prélevés sur les vins et les liqueurs montaient, en 1860, dans l'État de Victoria, au chiffre relativement énorme d'un demi-million de livres. Dans la Tasmanie, pour une population de 81,000 âmes, le droit annuel sur les spiritueux s'éleva, en 1857, à 90,000 livres sterling.

(2) D'après le *Times*, lors de la publication du dernier poème de Tennyson, 10,000 exemplaires furent immédiatement expédiés en Australie.

nistration des Indes. Beaucoup de personnes se refusent à considérer cette immense dépendance comme une colonie proprement dite ; on n'est pas médiocrement étonné cependant de ne trouver dans le savant traité de la colonisation de l'éminent économiste anglais Merivale rien qui se rapporte directement ou indirectement à l'administration des Indes britanniques. Nous ne saurions imiter ce silence et nous regarderions comme une lacune dans notre ouvrage l'absence de considérations générales sur le régime des Indes anglaises.

C'est la nomination de William Bentinck comme gouverneur général de l'Hindoustan qui fut le point de départ de réformes sérieuses dans la vieille administration que la Compagnie anglaise n'avait pas cru nécessaire jusque-là d'améliorer. L'Inde était alors entièrement soumise à la puissance anglaise. Lord Wellesley avait détruit la puissante confédération des Mahrattes, les seuls adversaires sérieux de la Compagnie anglaise et, en 1826, le rajah de Bueth avait été placé parmi les vassaux de l'Angleterre. C'est dans ces circonstances que Bentinck arriva aux Indes ; il s'y conduisit en pacificateur. Il évita toute espèce de guerre nouvelle, contrairement aux usages de ses prédécesseurs ; il s'étudia à améliorer le sort des sujets de la Compagnie et il s'adonna tout entier aux réformes administratives. Pour être bien averti des faits et gestes des agents, il commença par introduire la liberté de la presse dans toutes les possessions indiennes (1) ; il réforma la police, il veilla à ce que les coutumes des indigènes fussent respectées. Il prit en ce sens un grand nombre de mesures de détail, qui se prêtent difficilement à une énumération, mais qui dans leur ensemble constituaient un régime tout nouveau. C'est aussi lord Bentinck qui établit une ligne directe de communication entre l'Angleterre et l'Inde par la mer Rouge et Suez. Cette transformation matérielle eut d'énormes résultats moraux et politiques : plus rapprochée ainsi de la métropole, plus souvent visitée par les Anglais, l'Inde sortit de son isolement, ce qui obligea son administration à prendre plus de régularité.

Le privilège de la Compagnie devait normalement expirer en 1833 : dès 1830, lord Ellenborough proposa la formation d'un comité destiné à examiner les affaires des Indes et souleva nettement la question de savoir si l'Inde devait être gouvernée avec ou sans l'assistance de la Compagnie, et s'il était à propos que cette assistance s'exerçât sous la forme ancienne ou sous une forme nouvelle. La

(1) Dans ces dernières années le gouvernement anglais restreignit la liberté de la presse dans l'Hindoustan. Il en résulta de vives plaintes de la part des natifs appartenant aux classes élevées.

Compagnie des Indes suscitait déjà beaucoup de plaintes, mais elle était encore fort puissante et sortit à moitié victorieuse de l'épreuve.

Il est bon d'examiner quelle était à cette époque son organisation politico-industrielle : elle avait un capital de 150 millions de francs (6 millions sterling), bien peu de chose, en vérité, une misère pour le temps actuel ; les affaires générales de la Compagnie étaient réglées par la Cour des propriétaires. Ceux des propriétaires qui possédaient pour 500 livres d'actions depuis plus d'un an avaient droit de siéger ; mais pour avoir un vote, il fallait la possession de 1,000 livres sterling d'actions : 3,000 livres donnaient droit à deux voix, 6,000 livres à trois, 10,000 et plus à quatre, le chiffre de voix le plus élevé. Les femmes et les étrangers pouvaient posséder des actions et voter également. Le nombre des votants était d'environ 2,000.

La Cour des propriétaires tenait séance régulièrement tous les trois mois et élisait dans son sein des directeurs pour la gestion politique et financière de la Compagnie.

La Cour des directeurs, nommée par la Cour des propriétaires, devait se composer de trente membres, tous Anglais et ayant au moins, chacun, pour 2,000 livres d'actions de la Compagnie. La Cour des directeurs nommait chaque année son président et son vice-président. Elle s'assemblait une fois par semaine : toutes les questions étaient décidées au scrutin secret. La Cour des directeurs se partageait en trois comités, celui de l'intérieur et de la comptabilité, celui des affaires politiques et militaires, celui de la législation, de la justice et des finances. Les affaires secrètes étaient confiées à un comité composé du président, du vice-président et du plus ancien directeur. Le gouvernement des Indes recevait directement ses instructions de la Cour des directeurs, qui nommait à tous les emplois, sauf à ceux de juge, d'évêque et d'officier de l'armée de la Reine servant aux Indes. La Couronne avait aussi le droit de refuser son approbation à la nomination du gouverneur général et à celle des généraux commandant en chef les armées de l'Inde. Telle était l'organisation ploutocratique de la fameuse Compagnie : l'on peut se douter du système d'exploitation et de favoritisme que cette organisation entraînait.

La Cour des directeurs et le gouvernement firent un compromis par lequel la Compagnie transférait ses privilèges commerciaux et ses propriétés territoriales à la Couronne, moyennant un ensemble de mesures destinées à sauvegarder tous les intérêts existants et tous les droits acquis. Ce compromis, adopté par la Cour des propriétaires, fut sanctionné par un bill du Parlement, en date du 26 juillet 1833. Les territoires possédés dans l'Inde par l'Angleterre devaient rester sous le gouvernement de la Compagnie jusqu'au 30 avril 1844. Les propriétés de la Compagnie passaient à la Couronne qui prenait des dispositions pour que les droits des actionnaires et des créanciers de la Compagnie fussent saufs. Un dividende de 10 1/2 p. 100 était accordé aux actionnaires, mais sous des conditions de rachat par le Parlement dans des proportions fixées d'avance. Ce bill consacrait, en principe, l'abolition de la Compagnie des Indes et introduisait un régime provisoire jusqu'à l'expiration des pouvoirs de la Compagnie.

L'administration de l'Inde, à cette époque, telle qu'elle avait été constituée par la Compagnie, se composait de la manière suivante : un gouverneur général en résidence à Calcutta, qui était personnellement titulaire du gouvernement du Bengale et avait une autorité de surveillance et de contrôle sur les présidences de Madras et de Bombay, ainsi que sur le gouvernement d'Agra. A tous ces pouvoirs administratifs, il pouvait réunir les fonctions de général en chef. Ses attributions politiques étaient presque illimitées : il pouvait déclarer la guerre, faire des traités de paix, d'alliance ou de commerce ; il pouvait faire des lois ou des règlements et abolir les lois antérieures. Ses décisions étaient exécutoires dans l'Inde, sauf le droit d'annulation pour la Cour des directeurs. Le gouverneur était entouré d'un Conseil de quatre membres ordinaires, auxquels se joignait le général en chef commandant les armées des trois présidences. Les présidences étaient administrées par des gouverneurs spéciaux, dont chacun était assisté d'un Conseil composé de trois membres ordinaires et du général commandant la présidence. Sous les ordres des gouverneurs et des conseils agissait une nuée de fonctionnaires européens : les indigènes étaient systématiquement écartés de toute fonction. Ce système équivalait à la mise en exploitation de l'Inde et de ses habitants, qui étaient effroyablement et méthodiquement pressurés.

La période qui suivit les réformes de la Compagnie fut signalée par de nombreuses guerres, spécialement dans le nord de l'Inde. Le pouvoir de *la vieille dame de Londres* avait été prolongé en fait au delà du terme marqué par le bill de 1833, et l'Hindoustan était soumis à une sorte de double gouvernement ou plutôt à une double action, partant de la Compagnie et de la Couronne, quand la terrible révolte des cipayes et les inquiétudes qu'elle donna en Angleterre amenèrent le gouvernement britannique à supprimer radicalement la Compagnie et à remplacer des compromis boiteux par un système fait d'une pièce et bien coordonné. Le dernier gouverneur, pour le compte de la Compagnie, lord Canning, eut l'honneur d'être le premier vice-roi de la reine d'Angleterre dans l'Hindoustan. L'on commença par fondre tous les régiments européens dans les cadres de l'armée britannique, malgré les réclamations des officiers de l'armée royale, qui ne voyaient dans leurs collègues de l'armée de la Compagnie que des parvenus. L'on créa un Conseil législatif, siégeant à Calcutta, dont les membres furent nommés par le gouverneur : on a représenté cette institution comme une pierre d'attente sur laquelle devait s'élever plus tard une assemblée élective constituant une sorte de parlement indien. Violant les anciens principes, l'on admit les indigènes dans une certaine mesure à la gestion des affaires publiques : plusieurs d'entre eux eurent entrée au conseil de Calcutta. L'on vit des chrétiens, des parsis, des musulmans et des brahmines siéger côte à côte pour légiférer en commun. Les présidences de Madras et de Bombay eurent des conseils analogues. Enfin la direction souveraine émana d'un ministère reponsable siégeant à Londres.

On opéra une reconstitution des circonscriptions administratives ; l'on démembra l'immense présidence de Calcutta et l'on créa un gouvernement des provinces Nord-Ouest. On se préoccupa d'imprimer un grand développement à la prospérité matérielle de l'Inde par la création de nombreuses voies ferrées et télégraphiques. La guerre d'Amérique développa dans d'énormes proportions la culture du coton.

Depuis lors l'opinion publique et le Parlement ont mis la main sur les affaires de l'Inde : toutes les questions qui intéressent ce vaste pays sont discutées dans tous leurs détails ; des solutions nouvelles sont préparées ou tentées ; la gestion est sévèrement contrôlée, et fort souvent le gouvernement intervient pour protéger les indigènes contre les fabricants ou les industriels européens, qui les voudraient indûment exploiter : c'est ce qui a eu lieu, il y a une quinzaine d'années, dans une affaire qui fit beaucoup de bruit, celle des fabricants d'indigo et des paysans voisins de leurs établissements. Les questions de douanes, d'impôts sont l'objet de nombreuses, intelligentes et persévérantes études. « La *landtax*, levée dans les possessions anglaises de l'Inde, dit un historien des impôts, M. de Parieu, est considérée comme ayant été, dans l'origine, une rente sur le produit du sol, accrue seulement d'un supplément d'exaction, qui seule méritait exactement le nom de *taxe*. La prétention du gouvernement britannique est d'avoir renoué son droit à celui qui appartenait aux gouvernements précédents à titre domanial, ou même d'être resté au-dessous de ce droit de rente foncière.

Le gouvernement anglais a ajouté à cette limite une détermination de permanence dans le produit de l'impôt, qui a laissé entièrement aux tenanciers (*ryots, zumeendar*) le profit des améliorations agricoles qu'ils ont pu effectuer. Ce fait est du moins très certain et très notoire en ce qui concerne le Bengale..... On a proposé même, du moins dans des écrits économiques, de rendre l'impôt du Bengale rachetable comme la *landtax* britannique (1). » Le produit de l'impôt foncier aux Indes n'en est pas moins très élevé. M. Parieu cite, d'après M. Hendriks, les chiffres suivants : Bengale, 4,668,000 livres sterling ; provinces du Nord-Ouest, 5 millions de livres ; Madras, 3,642,000 livres ; Bombay, 2,846,000 livres ; Punjab, 954,000 livres ; l'Inde entière, 17,110,000 livres sterling, soit près de 430 millions de francs ; mais ce chiffre, si considérable qu'il soit, peut être regardé comme modéré relativement à l'étendue du pays. Les taxes autres que l'impôt foncier furent aussi l'objet de sérieuses études et d'importantes réformes. Un habile administrateur, M. Wilson, voulut importer aux Indes le système des réductions de taxes pour augmenter le rendement : un très grand nombre de droits furent diminués, quelques-uns de moitié. L'on introduisit, il est vrai, l'impôt sur les patentes et l'impôt sur le revenu, mais dans des proportions très modérées. On a dépensé des sommes considérables en travaux publics, soit : 4,528,300 livres sterling (113,207,500 fr.) pour l'exercice 1862-63 et 4,994,600 livres sterling (124,865,000 francs) pour l'exercice 1863-64. Le gouvernement s'efforce de développer l'instruction, mais jusqu'ici son action a encore été bien faible. En l'année 1860-61 il n'y avait que 800 écoles gouvernementales fréquentées par 45,000 écoliers ; c'était, il est vrai, 100 écoles et 5,000 écoliers de plus que l'année précédente. L'autorité morale des Européens s'est agrandie et est parvenue à triompher de plusieurs importantes superstitions. Les sacrifices de *suttees* (femmes brûlées sur la tombe de leurs maris) ont complètement cessé. D'un autre côté la police matérielle a fait de grands progrès, et la fameuse corporation des *Thugs* (égorgeurs) ainsi que la juridiction spéciale qui avait été créée pour la combattre, n'existent plus que dans les colonnes des petits journaux parisiens et dans l'imagination de leurs lecteurs. Entre autres réformes importantes, il ne faut pas oublier que l'Angleterre a concédé à la population indigène la liberté de la presse la plus complète ; et que, d'un autre côté, le recrutement des fonctionnaires civils a lieu dans une large mesure, au moyen de concours. Dans ces dernières années, toutefois, la liberté de la presse a été de nouveau limitée.

(1) DE PARIEU, *Traité des impôts*, 2ᵉ édit., t. I, p. 180.

Voici quelques détails statistiques sur l'Inde, puisés dans les plus récents documents anglais. La superficie du sol est de 908,350 milles carrés. La population était, en 1850, de 123,931,369 âmes ; en 1861, de 143,271,210 ; et en 1871, de 191,018,402 (1). La valeur totale des importations était, en 1878, de 58,819,644 livres sterling, soit environ 1 milliard et demi de francs ; en 1870 elle avait été de 46,882,386 liv. sterling ; en 1856, elle ne s'élevait qu'à 25,244,782 ; en 1860, à 40,622,103 ; en 1865, à 49,514,215. On le voit, les importations ne se sont pas énormément développées depuis 1865. Les exportations étaient, en 1856, de 23,639,435 ; en 1860, de 28,889,210 ; en 1865, de 69,471,794 ; en 1870, de 53,513,728 ; en 1878 elles ont atteint 67,433,324 livres sterl., soit 1,700 millions de francs : il y a donc eu une décroissance sensible depuis 1865 ; il ne faut pas oublier que la guerre de sécession aux États-Unis avait ouvert un débouché énorme au coton de l'Inde. Le revenu public de l'Inde s'élevait, en 1870, à 50,901,081 livres sterling ; en 1878, à 58,969,301 liv. sterl., soit 1,475 millions de francs. La dette publique atteignait en la même année 146,684,770 liv. sterl. ou 3 milliards 700 millions environ, tandis qu'elle était d'un tiers moindre en 1870, ne s'élevant alors qu'à 108,186,338 livres. A la fin de 1867, il y avait en exploitation 3,597 milles de chemins de fer, soit 5,787 kilomètres ; en 1878 les chemins de fer exploités aux Indes avaient une étendue de 8,215 milles, soit plus de 13,000 kilomètres. Les constructions de voies ferrées atteignaient près de 1,000 kilomètres chaque année.

Il est impossible de quitter ce vaste sujet sans dire quelques mots des tentatives de colonisation européenne faites dans les derniers temps aux grandes Indes, sous l'auspice du gouvernement anglais. Le système d'occupation des terres domaniales ne donnait pas satisfaction aux intérêts européens ; des pétitions nombreuses furent adressées au gouvernement par des associations européennes de Calcutta afin que le système des concessions avec clauses résolutoires et celui de l'affermage des terres par l'État fussent remplacés par le système des ventes avec titre définitif. Un acte émané du gouverneur général des Indes orientales, en date du 17 octobre 1861, a fait droit à cette requête. L'aliénation perpétuelle des terres incultes est autorisée moyennant un prix modéré payable dans les trois mois. Le maximum des surfaces qu'un acquéreur peut acheter est fixé à 3,000 acres, soit 1,200 hectares. Nous ne croyons sans doute pas, comme certains publicistes, que cette modification

---

(1) Tous ces chiffres, comme presque tous ceux des statistiques anglaises, varient dans les divers documents officiels. Celui pour 1871 est emprunté au *Colonial Statistical abstract* pour 1878.

importante dans le régime des terres suffise pour attirer l'émigration européenne aux grandes Indes ; le climat s'y oppose ; mais c'est une amélioration notable au point de vue du bon aménagement et de la sage exploitation des richesses naturelles du sol.

Ce rapide exposé des réformes apportées par l'Angleterre dans le gouvernement des Indes suffit à montrer que cette grande dépendance entre dans une voie nouvelle. La pacification définitive de cette immense contrée, la régularité, l'intelligence, la perfectibilité d'une administration qui n'est plus confiée à des marchands ; l'économie, la bonne gestion des finances, les dégrèvements, le développement des travaux publics ; dans l'ordre moral, l'abstention des Européens relativement aux coutumes des indigènes, leur influence toute morale qui s'étend de jour en jour, l'admission des Indous dans les conseils du gouvernement ; ce sont là des progrès, qui, au commencement du siècle, étaient inespérés. L'on doit s'en féliciter à bien des points de vue ; l'Europe, en effet, n'attend pas seulement de l'Inde des richesses matérielles, elle a dans cette vieille et savante civilisation mille richesses intellectuelles à exploiter, mille découvertes rétrospectives à faire ; et, dans cet intérêt élevé, comme au point de vue des intérêts économiques, il est heureux qu'une certaine harmonie puisse s'établir entre les deux races. Aussi est-ce à nos yeux une des gloires de l'Angleterre, que d'avoir su constituer un état de choses régulier, conforme autant que possible à la justice, dans un pays où, jusque-là, on n'avait organisé qu'une exploitation matérielle sans ménagement.

DEUXIÈME PARTIE

DOCTRINES

LIVRE PREMIER
DE L'INFLUENCE DES COLONIES SUR LES MÉTROPOLES.

CHAPITRE PREMIER
De l'émigration humaine.

De l'influence de l'émigration sur les vieilles contrées. — Les deux doctrines opposées à ce sujet. — Eloge de l'émigration par Bacon. — Mesures prises autrefois par l'Espagne contre l'émigration. — Politique variable de l'Angleterre à ce sujet. — Alternative d'encouragements et d'obstacles à l'émigration. — Mêmes variations en Allemagne.

Mot de Jean-Baptiste Say, que le départ de cent mille émigrants, avec des dizaines de millions de francs, équivaut à la perte de 100,000 hommes avec armes et bagages.

De l'excédent des naissances sur les décès ; des avantages et des inconvénients du rapide accroissement de la population. — Il est très rare que l'émigration dépeuple un pays. L'influence de l'émigration sur la santé du corps social est analogue à l'influence d'un saignement de nez sur la santé d'un homme. — Part de vérité, mais exagération, que contient cette image. — Une émigration même considérable ne ralentit que faiblement l'accroissement de la population dans les contrées prolifiques.

Théorie sur l'influence de l'émigration choisie et systématique. — De l'influence de l'émigration sur le taux des salaires et sur les crises industrielles.

Des qualités nécessaires chez les émigrants. — De l'émigration qui encombre les contrées neuves sans leur apporter de crises réelles.

Utilité dont peut être l'émigration dans les changements de culture sur toute la surface d'un pays. — Du rôle que l'émigration peut jouer dans la réduction du paupérisme.

De l'utilité générale de l'émigration.

L'abstention de l'État en ce qui concerne la faculté d'émigrer est un devoir d'équité — Des seules précautions à prendre relativement aux agents et aux moyens d'émigration.

Dans la première partie de cet ouvrage nous nous sommes efforcé d'exposer avec exactitude et en détail la politique coloniale des principaux peuples de l'Europe, depuis la découverte de l'Amérique jusqu'à nos jours. Nous avons mis les diverses nations en regard les unes des autres ; nous avons signalé les différents systèmes et noté leurs modifications successives. Nous procédions ainsi par la voie expérimentale, recueillant les faits, comparant les méthodes et cherchant à relier par une analyse rigoureuse les effets à leurs causes. C'était une étude toute concrète et historique, ce ne pouvait être cependant un pur *statement of facts :* il était inévitable, il était même utile d'y mêler des réflexions, des éloges ou des blâmes, et de soumettre à notre jugement les faits que nous constatons. Néanmoins, cet examen était trop complexe et trop morcelé pour qu'il s'en dégageât avec netteté des vues d'ensemble, des principes clairs et précis : le côté critique ou négatif y devait dominer ; les notions générales devaient disparaître parfois sous les aperçus de détail. Il est donc nécessaire que nous abordions la question sous une autre face, que nous en traitions le côté dogmatique ou positif, qu'après avoir étudié les faits, nous arrivions à la doctrine, et que, à cet examen empirique des données de l'histoire, nous fassions succéder, à la fois comme résumé et comme conclusion, l'exposé des principes de la science.

En recueillant ainsi dans quelques chapitres les observations éparses dans les deux premiers livres de cet ouvrage, en donnant un corps à ces remarques isolées et sans lien, nous nous exposons sans doute à quelques répétitions : mais c'est une condition naturelle de toute étude scientifique, qui s'appuie sur l'expérience, d'être contrainte de se retourner à la fin de son parcours, pour embrasser dans une vue d'ensemble la masse des faits disséminés qu'elle aura soumis le long du chemin à un examen spécial et exclusif. De même qu'il était nécessaire dans la première partie de cet ouvrage de discuter les faits en les exposant, de les rapprocher, de les contrôler pour en induire les vrais principes : de même il est utile à la fin de ce travail de réunir en un corps de doctrines ces principes isolés, encore à demi confondus dans les faits contingents et les circonstances variables où nous les avons jusqu'ici rencontrés.

Considérant à ce point de vue la colonisation moderne, la première question qui s'impose à nous, question qui domine toute la matière, c'est la suivante : Est-il bon qu'une nation ait des colonies ? y trouve-t-elle un élément véritable de développement et de prospérité ? ou bien, au contraire, ce sang dont elle se prive n'a-t-il pas pour conséquence de l'affaiblir ? ces capitaux qu'elle envoie sous d'autres climats ne sont-ils pas perdus pour elle et n'amènent-ils point son appauvrissement ? Il n'est pas besoin de s'arrêter sur l'importance d'une pareille question : chacun la voit et la sent. Ce qu'il est bon de remarquer, c'est que les avis diffèrent notablement sur la réponse : Nous devrons entrer, pour parvenir à la vérité, dans des discussions délicates et compliquées. Cette question préjudicielle une fois tranchée, se présente un autre ordre de recherches, où les solutions, bien simplifiées par l'expérience et déjà indiquées dans la première partie de notre travail, ne demanderont pas de longs développements : cet ordre de recherches comprend dans toute son étendue le régime administratif, politique et économique des colonies. Nous diviserons donc en deux livres cette seconde partie : dans le premier nous examinerons la colonisation au point de vue de la métropole, recherchant l'influence qu'elle exerce sur le corps social métropolitain ; dans le second nous étudierons la colonisation au point de vue du développement propre des colonies. Il y a sans doute entre ces deux études une grande connexité, mais nous sommes porté à les distinguer par un intérêt de clarté et de précision.

L'émigration est le fait générateur de la colonisation ; de tous les phénomènes sociaux, l'émigration est l'un des plus conformes à l'ordre de la nature, l'un des plus permanents, à toutes les époques de l'histoire : « Il est aussi naturel aux hommes, dit Burke, d'affluer vers les contrées riches et propres à l'industrie, quand, pour une cause quelconque, la population y est faible, qu'il est naturel à l'air comprimé de se précipiter dans les couches d'air raréfié. » Que ce soit là un instinct inhérent aux sociétés humaines, c'est ce qu'il est superflu de démontrer ; mais les conséquences de cet instinct méritent de fixer notre attention. Que les contrées nouvelles et peu peuplées retirent des avantages considérables du courant d'émigration qui s'y porte, c'est ce que personne n'a songé à contester ; mais que la mère patrie, d'où l'émigration provient, en retire également un avantage, c'est ce qui, de tout temps, a prêté à discussion. Ces forces humaines, qui quittent le vieux monde pour aller dans des contrées lointaines se livrer au défrichement de sols nouveaux et à l'exploitation de richesses jusque-là délaissées, ne sont-elles pas perdues pour la terre où les avait placées la nature, et leur éloignement n'enlève-t-il pas à la société qu'elles abandonnent une partie de sa vigueur et de sa vitalité ? ou bien, au contraire, est-ce que ces existences humaines, qui ne trouvaient pas dans le vieux monde l'emploi de leurs aptitudes naturelles, qui surchargeaient inutilement le marché du travail, qui subsistaient parfois aux dépens de la société où les avait jetées le hasard de la naissance, ne délivrent pas par leur départ la métropole d'un poids accablant, n'allègent pas la marche de l'industrie et ne facilitent pas des progrès futurs ? Voilà les conclusions opposées, qui, de tout temps, ont partagé dans les proportions diverses les publicistes et les hommes d'État. Les raisons sont fortes en faveur de l'une et de l'autre ; on ne saurait se déterminer entre elles sans une observation attentive et délicate, car plusieurs des questions les plus compliquées de la science économique entrent comme éléments dans ce problème.

Si nous remontons l'histoire nous trouvons dans les livres et dans les faits les traces des deux doctrines opposées ; voici comment s'exprime lord Bacon dans une lettre adressée à Jacques Ier en 1606 : « Un effet de la paix dans les royaumes fertiles, où le peuple, n'éprouvant aucun arrêt ou aucune diminution par suite de guerres, ne cesse de s'accroître et de se multiplier, doit être en fin de compte une exubérance et un superflu de population, si bien que le territoire puisse à peine nourrir les habitants ; il en résulte souvent un état général de misère et d'indigence dans toutes les classes de la société, de manière que la paix extérieure se change en troubles et séditions au dedans. Mais la divine providence offre à propos à Votre Majesté un préservatif contre ces calamités en lui donnant l'occasion de coloniser l'Irlande, où un grand nombre de familles peuvent trouver à se sustenter et à vivre dans l'aisance, ce qui déchargera d'autant l'Angleterre et l'Écosse et détournera beaucoup d'éléments de trouble et de sédition ; c'est une situation analogue à celle d'un propriétaire qui serait incommodé par l'abondance des eaux dans le lieu où il aurait sa demeure et qui s'aviserait un jour d'employer ce superflu d'eau en étangs, ruisseaux et canaux pour l'utilité et pour le plaisir des yeux. C'est ainsi que Votre Majesté trouvera un double avantage dans cette colonisation, en libérant certaines provinces d'un excès de population, qu'elle emploiera utilement dans d'autres. » C'est là, en termes parfaitement clairs, la théorie de l'émigration systématique. Il ne paraît pas cependant qu'elle fût généralement en faveur. On trouve, en effet, dans le passé un bien plus grand nombre de règlements pour arrêter l'émigration que pour la favoriser. On a vu quelles entraves l'Espagne mettait au départ des émigrants et avec quelle lenteur se peuplèrent ses colonies d'Amérique. L'Angleterre présente un grand nombre de mesures contre l'émigration, et c'est à peine si l'on trouve avant le commencement du XIXe siècle une tentative sur une grande échelle d'émigration encouragée et provoquée par l'autorité. En 1709, une calamité physique, le terrible hiver dont la renommée dure encore, et dont les effets funestes furent accrus par les calamités d'une guerre opiniâtre, détermina le gouvernement de la reine Anne à promettre le passage gratuit en Amérique à tous les indigents qui se présenteraient : on en vit accourir près de 30,000. Mais ce fut là un fait exceptionnel. Le Parlement ne tarda pas à prendre des mesures sévères pour prohiber l'émigration des ouvriers, ainsi que l'exportation des métiers et des machines à destination des colonies. Les actes parlementaires portant ces défenses furent répétés à diverses époques : 1719, 1750, 1782. On invoquait pour les justifier les dommages portés à l'Espagne par l'expulsion des Maures et plus récemment le préjudice causé à la France par l'éloignement des protestants que l'édit de Nantes avait bannis. Ce n'est guère que dans notre siècle que l'émigration fut regardée par le peuple et par le gouvernement anglais comme un fait utile, digne d'être encouragé par des primes et de recevoir des subventions, soit des communes, soit de l'État. L'Allemagne présente dans sa législation les mêmes variations que l'Angleterre. L'émigration y fut d'abord libre et s'y fit sur une grande échelle ; en 1766 l'on comptait plus de 200,000 Allemands dans les colonies anglaises de l'Amérique ; et, dans la seule année 1784, 17,000 Allemands arrivèrent aux États-Unis. Mais les gouvernements intervinrent ; des peines très sévères furent portées par plusieurs États ; des amendes, des confiscations, la prison même arrêtèrent une partie des malheureux qui voulaient quitter leur patrie ; la majeure partie des hommes d'État et des publicistes de l'Allemagne avaient pour doctrine la fameuse phrase de Jean-Baptiste Say, répétée par Roscher, que le départ de 100,000 émigrants par an, avec des millions de florins par dizaines, équivaut à la perte d'une armée de 100,000 hommes qui, tous les ans, seraient engloutis, en passant la frontière, avec armes et bagages. Cette contradiction dans les doctrines des publicistes et dans les lois des États nous impose l'obligation d'examiner dans ses traits principaux cette grande question de l'émigration, qui n'est autre chose qu'une des faces du problème ardu de la population.

C'est un fait prouvé par l'expérience que dans toute société civilisée il y a annuellement un excédent des naissances sur les décès ; c'est là un phénomène naturel que l'on peut regarder comme universel et qui ne cesse de se produire que sous l'influence de grandes perturbations sociales ou économiques. Mais cet excédent continu du nombre des naissances sur le nombre des décès doit-il être considéré comme un bien ou comme un mal ? Deux avis opposés se sont produits : les uns, et ce sont principalement les économistes de l'école anglaise, se sont alarmés à l'aspect de ce mouvement continu, d'où résulte un accroissement ininterrompu de la population ; ils ont craint que les maux les plus effroyables ne provinssent à la longue de cette augmentation constante du nombre des vivants ; ils ont signalé la baisse des salaires, la misère générale, comme les suites nécessaires de cette progression alarmante. De cette école, nous avons déjà cité un des plus vieux représentants, Bacon ; quant à son principal interprète, celui qui lui a donné son nom et dans lequel la doctrine a paru s'incarner, il est à peine besoin de le dire, c'est Malthus. Un grand nombre d'esprits se sont rangés à cette opinion et envisagent avec une vive inquiétude tout excédent sensible du nombre des naissances sur le nombre des décès. Mais, si générale que soit devenue cette conception du problème de la population, elle trouve encore un grand nombre d'adversaires : il est beaucoup de gens, et c'est là l'opinion des hommes d'État en général et du vulgaire, qui regardent tout accroissement de la population comme une force pour un pays ; l'excédent notable des naissances sur les décès est à leurs yeux à la fois un signe de prospérité présente et un gage de prospérité future ; ce sont de nouvelles intelligences, de nouveaux bras qui viendront accroître un jour le travail national et lui donner plus d'expansion. De ces deux opinions quelle est la bonne ? Il est difficile de le dire : l'une et l'autre, selon nous, sont exagérées ; il y a là une question de mesure et de répartition ; l'excédent des naissances sur les décès, quand il n'est pas excessivement considérable, quand il ne se présente pas uniquement dans les classes pauvres, qu'il se répartit également, au contraire, sur toutes les catégories de la société, est, selon nous, un fait qui n'a rien d'alarmant et dont l'on doit même se féliciter. Ce qui importe, c'est que la population n'augmente pas dans une proportion supérieure ni même égale à l'augmentation des capitaux et à l'accroissement de la productivité du travail humain par suite des découvertes industrielles ; mais il est bon qu'elle s'accroisse légèrement en deçà de cette limite extrême. La civilisation n'a pas à s'effrayer de cet accroissement que nous appellerons normal : elle y trouve des ressources considérables ; elle ne peut, en effet, se passer de bras et d'intelligences ; et, plus elle progresse, plus elle a besoin d'intelligences et de bras ; or, une progression légère et régulière dans la population d'un pays vient satisfaire à ces exigences toujours croissantes d'une civilisation avancée, en lui fournissant sans cesse plus de capacités et de forces humaines. Un pays où la population est complètement stationnaire, où même — il s'en trouve quelques exemples — la population diminue, n'est pas, à notre avis, dans un état sain et normal ; au point de vue moral, au point de vue politique et même au point de vue économique, il est dans une situation morbide et douloureuse. La limite extrême de l'accroissement de la population, ce doit donc être l'accroissement des capitaux et de la productivité du travail ; il est souverainement dangereux et nuisible que le mouvement ascendant de la population soit plus rapide que celui de la capitalisation ; il est bon, il est utile, au contraire, que le nombre des habitants d'un pays s'augmente légèrement, pourvu que ce soit dans une proportion inférieure à l'accumulation de l'épargne nationale. Conformément à cette règle, nous blâmerons sévèrement l'Irlande, où le mouvement ascendant de la population a été longtemps désordonné et sans proportion aucune avec l'accumulation des capitaux ; nous blâmerons, d'un autre côté, avec tout autant de sévérité, certains départements de la Normandie, où, malgré l'énorme accumulation de l'épargne, le chiffre annuel des naissances est inférieur au chiffre annuel des décès (1), quoique pourtant la vie y soit fort longue et plus étendue en général que dans tous les autres départements de France. Dans l'un et dans l'autre cas nous voyons le symptôme d'un état moral peu satisfaisant : d'un côté c'est une déplorable prédominance des instincts animaux ; de l'autre côté, c'est la prépondérance trop exclusive, et partant regrettable, de l'esprit de calcul qui finit par refouler et annihiler presque l'esprit de famille.

Ces principes une fois établis, nous pouvons aborder avec facilité le problème de l'émigration. Les uns craignent qu'une émigration notable et permanente ne vienne enlever aux contrées civilisées, où la population s'accroît lentement, une partie de leur vigueur et de leur vitalité, les autres espèrent qu'une émigration bien dirigée dégagera les pays, où le mouvement de la population est trop rapide,

---

(1) Cette dépopulation de la Normandie remonte déjà à loin. En l'année 1865 le Calvados ne présente que 9,611 naissances contre 11,934 décès. L'Eure n'a que 7,849 naissances à opposer à 9,586 décès ; l'Orne compte 9,138 décès contre 7,706 naissances : pour ces trois départements il n'y a que 25,166 naissances contre 39,658 décès, c'est-à-dire que le nombre des naissances est de 20 p. 100 inférieur au nombre des décès, et cependant ce sont les trois départements de France où la vie moyenne est la plus longue. La Manche est aussi en déficit : le nombre de naissances y était, en 1865, de 12,738 contre 12,915 décès. La Seine-Inférieure est le seul département de la Normandie qui offre un léger excédent du chiffre des naissances sur le chiffre des décès : pour les cinq départements de la Normandie il y a eu, en 1865, seulement 61,443 naissances contre 65,902 décès. C'est là, selon nous, un fait singulièrement inquiétant. Les recensements de 1871, 1876 et 1881 témoignent tous de cette décroissance de la population de la Normandie. Il est à craindre que le même phénomène ne se manifeste bientôt pour la France entière qui, dans l'intervalle des recensements de 1876 et de 1881, n'a gagné que 400,000 habitants, dont la moitié sont des immigrants étrangers.

du superflu de bras sans emploi et d'existences parasites. Les premiers appréhendent que l'émigration ne détruise l'équilibre là où l'équilibre existe. Les autres comptent sur elle pour le rétablir là où cet équilibre se trouve détruit. Ces deux opinions ne sont pas complètement opposées, elles sont même aisément conciliables, elles se résument l'une et l'autre dans cette pensée que l'émigration a une influence profonde et décisive sur le mouvement de la population, qu'elle peut agir comme régulateur et que, en l'autorisant, en la favorisant ou en la prohibant à propos, on peut maintenir dans les vieilles contrées entre le capital et la population la proportion que l'on considère comme la plus favorable aux progrès de la société. Cette pensée, nous n'hésitons pas à le dire, est très exagérée ; l'émigration n'a pas l'importance qu'on lui prête : son action est loin d'être aussi profonde et aussi radicale ; elle n'influe que d'une manière très passagère et très superficielle sur le mouvement de la population ; elle ne peut ni le régler ni le restreindre d'une manière permanente, à moins qu'elle ne soit accompagnée ou suivie de modifications considérables dans le régime économique ou dans l'état moral des sociétés où elle a lieu.

C'est une remarque très sensée de Mac-Culloch que tous les grands empires ont été fondés par l'émigration volontaire sans qu'il en soit jamais résulté de diminution sensible de la population ou d'augmentation notable des salaires dans les pays d'où elle provenait. (Mac-Culloch, édition d'Adam Smith, p. 456.) Dans les trois derniers siècles l'Espagne et le Portugal sont avec l'Angleterre et l'Allemagne les contrées où l'émigration a eu lieu sur la plus grande échelle. Quelques publicistes ont pensé que son action, sur les deux premières nations du moins, a été désastreuse. Voyant ces deux peuples, si grands et si prépondérants au xvi° siècle, rapidement décliner, la population rétrograder, la richesse diminuer, l'énergie et l'activité sociale se restreindre, on a cru à un épuisement intérieur qui aurait eu sa cause dans une émigration trop considérable. C'est là un aperçu superficiel dont l'inexactitude est démontrée par un examen attentif des faits. Si l'on y regarde de près, l'on s'aperçoit que la plus grande partie des émigrants d'Espagne a appartenu dès l'origine aux provinces qui, aujourd'hui encore, sont les plus peuplées, les plus industrielles, les plus florissantes de la monarchie, la Biscaye, la Galice, la Catalogne, les Canaries. Quel qu'ait été l'état des choses dans le reste de la monarchie, il est un fait prouvé, c'est que dans les provinces que nous venons de citer, la population et la richesse, si grande qu'ait pu être l'émigration, n'ont subi aucun temps d'arrêt, elles n'ont fait que croître, lentement il est vrai, mais d'une manière continue. C'est donc avec raison que Mérivale a écrit : « L'émigration dans ces contrées, comme chez nous-mêmes, n'a été, en réalité, rien de plus que l'écoulement inperceptible d'une partie minime de la force et de la substance nationales; dans l'histoire commerciale du pays, son effet peut passer pour absolument nul. » Il est remarquable, dit le même écrivain, que la province d'Ulster, qui est de toute l'Irlande la partie où l'émigration depuis plusieurs siècles a été la plus considérable, est néanmoins celle où l'accroissement de la population est le plus rapide. Il en est de même pour l'Allemagne où la Souabe et le Palatinat sont les contrées dans lesquelles l'émigration a eu de tout temps la plus grande importance : depuis la fin du règne de la reine Anne jusqu'à 1755, d'après les tables de Sadler, un courant régulier d'environ 8,000 émigrants se serait porté chaque année de ces provinces vers la Pensylvanie sans compter un nombre plus considérable, sans doute, qui aurait afflué dans les autres États de l'Union ; depuis lors l'émigration dans ces contrées a eu lieu sur une bien plus grande échelle, spécialement depuis la paix de 1815 ; et malgré tous ces départs, ce sont encore là les parties les plus peuplées de l'Allemagne. De même en France, les départements où l'émigration s'effectue avec le plus d'intensité, ceux de l'Est et du Midi, présentent néanmoins un accroissement de population notable et continu, tandis que d'autres départements où l'on citerait à peine quelques émigrants, comme ceux de Normandie, voient décliner le nombre de leurs habitants. Il est donc chimérique de craindre que l'émigration spontanée et volontaire puisse jamais diminuer la population d'un grand pays ; les vides sont bientôt comblés. L'influence de l'émigration sur la santé du corps social, a-t-on dit avec esprit, est analogue à l'influence d'un saignement de nez sur la santé d'un homme ; et comme un saignement de nez est également incapable d'affaiblir un corps vigoureux ou de prévenir une apoplexie, de même l'émigration n'est susceptible ni d'énerver un grand pays ni de le préserver d'un superflu de population. Le nombre des personnes qui émigrent, a-t-on dit encore, n'a pas plus d'effet pour régler l'accroissement des multitudes qui habitent un vaste pays, que l'eau qui entre dans les docks de Londres ou qui en sort n'a d'influence sur le niveau de l'Océan. Ces figures un peu exagérées, peut-être, rendent assez bien compte de l'action toute superficielle et passagère de l'émigration. La petite île de Skye, selon Mérivale, avait, dans la première partie du XVIIIe siècle, 11,000 habitants ; près des trois quarts, 8,000 environ, émigrèrent vers 1755 ; au bout d'une génération, non seulement le chiffre primitif d'habitants était regagné, il était même légèrement dépassé. De 1851 à 1861, le Royaume-Uni de Grande-Bretagne et d'Irlande fournit le nombre colossal de 2,249,350 émigrants : si l'on défalque le contingent provenant de l'étranger (194,522 émigrants étrangers embarqués dans les ports anglais), il reste encore plus de 2,000,000 de sujets anglais qui se sont expatriés de 1851 à 1861. Malgré cela, le nombre des habitants du Royaume-Uni s'est accru pendant cette période de 1,519,000 âmes. Il faut donc que l'excédent des naissances sur les décès, pour combler les lacunes causées par l'émigration et produire encore une si forte augmentation, se soit élevé en dix ans à 3 millions et demi d'âmes. Cela fait par année un accroissement naturel de 350,000 habitants ou 1.2 p. 100 : proportion supérieure à ce qu'on a jamais rencontré dans aucun autre État d'Europe. Il semble même que plus l'émigration est grande, plus la population s'accroît et que, bien loin de servir de régulateur, l'émigration sur une grande échelle ne serve que de stimulant. En effet, dans la période de 1841 à 1851, où l'émigration avait été beaucoup moindre que de 1851 à 1861, l'accroissement du nombre des habitants des Trois-Royaumes fut aussi beaucoup plus lent. La population n'a augmenté pendant la première période décennale que de 3,2 p. 100 : dans la seconde période, au contraire, où l'émigration fut infiniment plus considérable, la population augmenta, nonobstant, de 5,5 p. 100. Roscher fait remarquer que sous l'influence de cette émigration extraordinaire le nombre des mariages contractés en Angleterre s'accrut d'une manière subite et considérable. Dans les années 1847-1849, l'on n'avait compté en moyenne que 138,000 mariages et 560,000 naissances ; en 1852, il y eut 158,000 mariages et 624,000 naissances ; dans les six premiers mois de 1853, l'on compta 320,000 naissances. L'Irlande elle-même fournit aussi la preuve qu'une vaste émigration est un stimulant à l'accroissement de la population. Dans la période de 1851 à 1861 cette île vit partir 1,231,000 habitants ; néanmoins sa population n'avait été diminuée que de 788,000 âmes : la différence, qui est de 443,000 âmes, avait été couverte par un excédent des naissances sur les décès, excédent énorme qui équivaut à 7 p. 100 de la population totale. En Allemagne, si grande que puisse être l'émigration, elle est loin d'atteindre au chiffre de l'excédent des naissances sur les décès ; ce sont précisément les contrées où elle a le plus d'importance qui voient croître le plus vite le nombre de leurs habitants, et quoiqu'elle ait atteint en certaines années le chiffre de 250,000 à 300,000 départs, elle ne peut compenser l'excédent annuel des naissances sur les décès, lequel est d'environ 400,000 à 500,000 âmes.

Ainsi l'émigration, si formidables que soient les chiffres qu'elle ait fournis en quelques années, n'est pas à elle seule un remède, décisif du moins, à l'excès de population. A moins qu'elle ne soit suivie d'un accroissement de prévoyance de la part de ceux qui restent dans le pays, les vides sont bientôt remplis. Bien plus, tout tend à prouver, l'expérience et le raisonnement, qu'une émigration régulière et considérable, sur laquelle le peuple compte, doit augmenter la population, loin de la restreindre. De ce phénomène trop ignoré, nous avons déjà donné des preuves expérimentales. il reste à en chercher l'explication. Elle se tire aisément de la nature du cœur humain et des instincts sociaux. Roscher l'a exposée avec infiniment de netteté : « L'augmentation de la population, dit-il, étant donnée la nature humaine, a une tendance à s'étendre autant que le permet la masse des subsistances (dans le sens le plus large du mot) comparée avec les besoins usuels dans le pays. Cette loi de la nature est, dans sa sphère, aussi incontestable que la loi de gravitation. Toute extension relative de la masse des subsistances, qu'elle provienne d'une production plus abondante, ou d'une restriction dans les besoins des travailleurs, entraîne après soi un accroissement de la population. Or, il est incontestable que la croyance universelle à une extension des subsistances doit avoir exactement le même effet que cette extension réalisée. Si, par exemple, pendant que l'émigration est en faveur, des millions d'Allemands s'imaginent que non seulement les émigrants sont dans une position plus satisfaisante qu'auparavant, mais qu'encore ceux qui sont restés dans le pays vont se trouver également dans une position meilleure, ce simple espoir suffit pour faire conclure un grand nombre de mariages et produire un grand nombre de naissances, qui sans lui n'auraient pas eu lieu. » Cela équivaut à dire que la tendance à l'augmentation de la population a pour mesure, non seulement les ressources réelles des travailleurs, mais l'opinion qu'ils ont de leurs ressources : il suffit ainsi que la grande majorité de la nation ait l'opinion, même erronée, que ses ressources vont s'accroître par suite d'un certain événement, pour qu'il résulte de cette espérance illusoire les mêmes conséquences que si ces ressources s'étaient réellement accrues.

L'émigration, en elle-même, si étendue qu'on la puisse faire, si elle n'est suivie de réformes économiques qui changent l'état du pays, ou de réformes morales et intellectuelles qui modifient les idées et les habitudes des hommes, n'a donc pas une action profonde et permanente sur l'accroissement de la population. C'est en vain que quelques novateurs ingénieux ont inventé des systèmes spécieux pour empêcher, par une émigration bien organisée, l'augmentation désordonnée du nombre des habitants d'un grand pays. La fameuse école de *colonisation systématique*, dont nous avons exposé plus haut les théories les plus importantes, a porté aussi ses vues sur ce grand phénomène de l'émigration, et elle a formé de curieux projets pour métamorphoser en quelques années l'état de la métropole en même temps que l'état des colonies. Dans les vues de cette école sur l'émigration on retrouve cet esprit inventif mêlé de chimères que nous avons eu l'occasion de constater dans les principes généraux de cette secte. Wakefield a prétendu qu'un grand effet pouvait être produit, avec une difficulté relativement minime, au moyen d'une émigration choisie, c'est-à-dire en faisant émigrer, chaque année, un nombre modéré de jeunes gens des deux sexes arrivant juste à l'âge du mariage; de cette façon l'on arrêterait, disait-il, les progrès de la population et l'on dégagerait le marché du travail. Wakefield estimait que l'éloignement de 75,000 personnes par an, si elles étaient choisies à un âge convenable et en nombre égal de chaque sexe, suffirait pour dépeupler l'Angleterre en quelques générations. Cette théorie est tout aussi superficielle que celle du *sufficient price* pour les terres des colonies, laquelle nous avons étudiée dans la première partie de cet ouvrage : elle repose sur une erreur du même genre. Le défaut de ce raisonnement, c'est de supposer que la proportion des naissances à la population en âge d'avoir des enfants est invariable. Il est, au contraire, incontestable que si un certain nombre de couples, en âge de mariage, était éloigné chaque année, la proportion des naissances à la population en âge d'avoir des enfants ne tarderait pas à changer : les mariages entre les jeunes gens qui resteraient deviendraient plus fréquents; le nombre des enfants par chaque union augmenterait, du moins si rien n'était changé au capital national ; et cette émigration d'élite n'amènerait nullement le résultat annoncé.

Si l'émigration, quelque ingénieusement ordonnée qu'elle puisse être, n'a pas une action profonde et durable sur le mouvement de la population, n'est-il pas possible, en se servant d'elle avec habileté et mesure, d'amener une amélioration dans le sort des travailleurs, une hausse dans le taux des salaires et d'atténuer, grâce à elle, le coup des crises industrielles? Nous ne croyons pas non plus que, sous ce rapport, l'émigration puisse avoir une influence décisive. La demande du travail dans tout pays de grande industrie est excessivement variable : une foule de circonstances politiques, économiques, financières, la modifient dans des proportions considérables : pour ne pas parler des grandes crises commerciales, les progrès dans la fabrication, l'introduction de machines, ou bien encore des changements de mode, une interruption subite dans les relations avec un pays lointain, viennent parfois troubler profondément la production et jeter quelquefois sur le pavé un grand nombre d'ouvriers. C'est là une des tristes nécessités inhérentes à l'industrie et qu'il est impossible d'éviter : c'est un mal périodique, qu'on ne peut espérer de voir complètement disparaître ; tout ce que l'on peut faire, c'est d'en atténuer le choc par des institutions de prévoyance et surtout par de fortes mœurs industrielles qui ne peuvent résulter que d'une éducation saine et d'une substantielle instruction. Mais l'émigration peut-elle servir comme palliatif ou dérivatif? Nous ne croyons pas que ce soit là son rôle. On en a fait bien des fois l'expérience dans de semblables circonstances ; elle n'a pas réussi. De 1827 à 1833, l'introduction des machines à tisser mues par la vapeur produisit en Angleterre une crise intense ; une notable partie de la population ouvrière se trouva sans emploi. On eut recours à l'émigration sur une large échelle. Le Parlement décréta, en 1827, qu'il fallait envoyer aux colonies 95,000 individus qu'il trouvait avantageusement remplacés par les engins mécaniques. On constitua un comité qui fit dans le pays une grande propagande ; on accorda de larges subsides au transport des émigrants ; leur nombre haussa dans une proportion énorme. Dans la période quinquennale précédente, il n'avait été annuellement que de 24,000 en moyenne ; il monta subitement à 76,000 ; il atteignit même, en 1832, le chiffre de 103,140, pour retomber immédiatement à moitié dans la période qui suivit. Qu'arriva-t-il ? C'est que l'industrie prit en peu de temps une extension très grande par les progrès de la mécanique qui développaient la production et multipliaient la consommation grâce au bon marché. L'on eut alors besoin d'un grand nombre d'ouvriers et l'on regretta le départ de ces 95,000 travailleurs, qui, après quelques mois de souffrance, se seraient trouvés dans une situation meilleure que jamais, au lieu que l'immense majorité végéta et tomba dans la misère aux colonies. Quelques années plus tard, vers 1840, le métier automate ou renvideur, *selfacting*, devint d'un usage général ; selon le cours naturel des choses, un grand nombre d'ouvriers se trouvèrent immédiatement sans emploi ; le Parlement se garda bien de l'erreur où il était tombé dix ans auparavant ; il n'intervint pas ; mais des sociétés charitables privées s'étaient formées pour faire émigrer les travailleurs sans emploi ; de plus, le bureau de l'émigration pour l'Australie, fondé en 1836, venait de se réorganiser sur de plus larges bases en 1839 : il en résulta un appel pressant aux ouvriers sans travail. Ceux-ci y répondirent par une émigration deux fois plus nombreuse que dans la période quinquennale précédente. Qu'arriva-t-il ? Après quelques mois de souffrance l'industrie prenait un immense essor et regrettait la perte de ces milliers de bras qui venaient de lui être dérobés. L'histoire sociale et industrielle de l'Allemagne présente des faits identiques : toutes les fois qu'une crise momentanée est venue frapper l'industrie, la philanthropie publique ou privée a cru devoir recourir à un développement de l'émigration; c'est là une erreur funeste. L'expatriation, fait définitif, est un mauvais remède contre un mal passager. La crise, bien loin d'être atténuée, se trouve prolongée par une telle conduite, et la reprise est rendue plus dificile. On s'est persuadé qu'il est utile et juste d'opérer une hausse artificielle des salaire par la soustraction soudaine d'une partie des ouvriers. C'est, à nos yeux, un expédient regrettable et qui va contre le but. Quoi que l'on fasse, la hausse des salaires n'est normale, bienfaisante et durable que si elle est accompagnée d'une plus grande productivité dans le travail de l'ouvrier. Quand elle est due à d'autres circonstances, comme des grèves ou une émigration considérable, c'est une hausse qui ne peut durer et qui est nuisible. Elle frappe au cœur l'industrie nationale, elle la met dans des conditions défavorables relativement à l'industrie étrangère, elle amène inévitablement des perturbations économiques et sociales. Supposons, en effet, qu'au même instant une machine nouvelle soit introduite en France et en Angleterre dans une vaste industrie dont elle change les conditions. Supposons également que les ouvriers français supportent courageusement le chômage de quelques mois, qui leur sera nécessairement imposé ; que les ouvriers anglais, au contraire, émigrent par centaines de mille, ce que les progrès de la navigation rendent aujourd'hui possible, n'est-il pas vrai qu'au moment de la reprise, quand la production tendra à s'étendre dans des proportions indéfinies, ainsi qu'il est d'usage après de grands progrès mécaniques, n'est-il pas vrai qu'alors l'Angleterre, à qui l'on aura soustrait un très grand nombre de ses ouvriers et qui se verra forcée de payer ceux qui restent à des prix très élevés, se trouvera, relativement à la France, dans des conditions très défavorables ? N'est-il pas vrai que cette difficulté à étendre sa production, cette plus grande rareté et cette plus grande cherté de la main-d'œuvre entravera le développement de l'industrie ? N'est-il pas possible, probable même, que de cet état de choses résultera à court délai une crise nouvelle? N'arrivera-t-il pas alors que ces ouvriers, dont le nombre a été restreint, dont le salaire a été momentanément élevé, auront à traverser de nouvelles épreuves et se trouveront dans une position plus difficile que si le nombre des travailleurs n'avait pas été diminué par l'émigration? Voilà ce que l'école d'émigration systématique ne comprend pas; voilà cependant ce qu'il importe de répéter; en dépit de Ricardo, de Wakefield et de bien d'autres, toute hausse du salaire, qui n'est pas justifiée par une productivité plus grande du travail de l'ouvrier, toute hausse qui provient de moyens artificiels, des coalitions, d'une émigration sur une vaste échelle, cette hausse-là n'est pas durable, elle n'est pas bienfaisante; elle peut, elle doit amener des crises industrielles.

Mais que deviennent les ouvriers qui partent? Quoi, s'écrie Roscher avec une inquiétude bien justifiée, ces tisserands de Silésie, qui ne peuvent, même dans leur pays, couper du bois ou casser des pierres, on en veut faire des colons; on croit qu'ils ont l'étoffe de pionniers et de *squatters*? C'est à la misère et à la mort peut-être qu'on les envoie à grands frais par-delà les mers. Il ne faut pas s'y tromper, ces pauvres artisans, dénués de tout, *entirely destitute*, font fort mauvaise et triste figure dans ces rudes sociétés que l'on appelle des colonies; ils y sont fort mal reçus, ils ne trouvent pas à s'y placer, parfois même on les renvoie dans leur patrie sans daigner seulement les laisser débarquer. « Il y a, dit Merivale, une jalouse surveillance de la part de la population des colonies, contre l'introduction d'émigrants qui tombent à leur charge, c'est-à-dire précisément de la classe que nous sommes le plus portés, dans cette contrée, à leur envoyer, et qui, eux-mêmes, sont le plus portés à s'y rendre. Les gens qui veulent émigrer sont, en général, les paresseux, les hommes d'un caractère capricieux et mécontent, ceux qui ne sont qu'irrégulièrement employés, ceux qui ont l'espérance prompte et croient toujours améliorer leur position par le changement, ou bien encore la classe la plus infortunée des hommes de peine, ceux dont les familles sont sans ressources et enfin ceux qui, ayant été élevés pour un métier spécial, voient tout à coup le travail manquer dans cette partie. Nous savons avec quelle jalousie l'émigration sans choix (*indiscriminate emigration*) est regardée au Canada, où pendant longtemps la législature crut devoir la soumettre à une taxe (1). Ceux qui ont l'habitude de représenter les colonie

---

(1) Dans les années qui suivirent 1871, des agences d'immigration crurent devoir envoyer au Canada un grand nombre d'ouvriers ou de vagabonds parisiens plus ou

comme le refuge certain des gens sans emploi et sans ressources, abandonneraient bientôt cette idée, s'ils lisaient le rapport du comité de l'émigration à Sydney, fait le 12 novembre 1839, au moment même où la demande de la main-d'œuvre était infiniment plus vive que jamais dans la Nouvelle-Galles. » Quoi d'étonnant que les colonies ne veuillent pas de ces malheureux ; ce ne sont pas des recrues, ce sont des charges : ils n'accroissent pas la production, ils prélèvent seulement leur part sur la consommation. Le seul effet de cette émigration, c'est d'introduire le paupérisme dans les colonies où il devrait être inconnu ; c'est d'inoculer au nouveau monde ce vice tenace, presque ineffaçable, des vieilles sociétés.

Les seuls immigrants dont les colonies retirent quelque avantage, ce sont les jeunes gens vigoureux, pleins de courage et de patience ; les enquêtes anglaises ont prouvé qu'au-dessous de seize ans et au-dessus de quarante, l'immigration était plutôt une charge qu'une ressource pour une colonie. Lord John Russell, au Parlement, en 1840, dans la discussion d'un plan sur l'émigration gratuite, s'exprimait dans les termes suivants : « Le but que se sont proposé les auteurs de ce plan, c'est de délivrer la Grande-Bretagne des malheureux dont le travail est le moins profitable et qui pèsent le plus sur elle. Mais le but que se proposent les colonies est naturellement tout autre : c'est d'obtenir non pas la pire, mais la meilleure classe de travailleurs. Elles ne veulent ni les vieux, ni les très jeunes (1), mais bien ceux qui, étant capables de bien travailler, sont sûrs de ne pas manquer d'emploi dans leur pays. Or, d'après les documents présentés à la Chambre, il n'y a pas la moindre apparence qu'il se trouve chez les travailleurs actifs et capables la moindre disposition à émigrer. Sans doute les ouvriers chargés de famille et qui sont arrivés à un âge où l'on ne peut attendre d'eux un travail bien effectif, et tous ceux qui, pour des raisons diverses, ont peine à se sustenter dans le pays, ne demandent pas mieux que d'émigrer ; mais c'est précisément la catégorie dont les colons ne veulent pas, précisément celle dont ils se plaignent et qu'ils repoussent de leurs

---

moins compromis dans l'insurrection de la Commune. Ces individus une fois arrivés dans cette colonie tombèrent dans la misère, et les autorités du Canada furent obligées de se prononcer catégoriquement contre le maintien d'une semblable immigration. En 1880 et 1881 le gouvernement des États-Unis fit aussi des représentations à la Suisse qui se débarrassait d'une partie de ses vagabonds et de ses filles perdues en les expédiant à la grande République Américaine.

(1) On peut objecter, cependant, que plusieurs colonies de l'Australie ont donné des primes mêmes à l'immigration de simples enfants. C'est que dans des colonies tout à fait jeunes comme l'était vers 1840 celles d'Australie, et d'ailleurs adonnées à la production pastorale, un enfant même de 8 à 10 ans peut rendre des services.

rivages. Si vous dites : nous ne voulons prélever que les jeunes couples qui sont parfaitement capables de travailler et de trouver leur subsistance dans cette contrée, alors je puis vous répondre, et je suis heureux qu'il en soit ainsi, que cette catégorie d'ouvriers jeunes et actifs, laquelle est parfaitement sûre de ne jamais manquer d'ouvrage dans sa patrie n'a aucune raison de mettre les mers entre elle et ses parents et que, dans presque toutes les circonstances, elle a refusé l'offre qui lui était faite d'un passage gratuit pour une terre inculte et éloignée. » Tel est l'état des choses : si l'on fait émigrer aux colonies les ouvriers jeunes et actifs que les colons désirent, on enrichit, il est vrai, la colonie, mais on appauvrit d'autant la métropole ; si, au contraire, l'on fait émigrer des malheureux sans ressources et incapables de travailler, l'on surcharge la colonie sans être parfaitement sûr de dégager d'autant la métropole. Voilà pourquoi toute émigration systématique, comme régulateur de la population ou comme remède permanent contre le paupérisme, doit nécessairement manquer son but.

Est-ce à dire cependant que dans certaines circonstances l'émigration, même officielle et subventionnée, même exécutée sur une grande échelle, ne puisse être bonne ? Ce serait là une exagération, mais elle n'a jamais par elle-même d'action décisive : elle doit être accompagnée de réformes économiques radicales ; elle n'est, prise en soi, qu'une mesure préparatoire et préliminaire ; elle dégage le terrain, elle rend possible des améliorations d'un autre ordre ; toute son action se borne à un rôle presque négatif. Quand il existe dans un pays un état traditionnel, contraire à l'ordre économique, quand de cette fausse organisation invétérée il résulte un paupérisme considérable, quand enfin le grand nombre des intéressés à l'ancien état de choses, les catastrophes affreuses qui résulteraient pour eux d'un changement soudain, empêchent les réformes nécessaires, alors il est bon parfois de recourir à l'émigration ; et plus cette émigration sera subite, plus elle se fera sur une vaste échelle, plus aussi elle aura d'influence bienfaisante : c'est là un remède *in extremis*, qui doit être appliqué avec vigueur. Tel était et tel est encore l'état de l'Irlande. Quelles que soient les réformes politiques que l'on veuille consentir, le mal de l'Irlande est dans le mode d'exploitation agricole : l'immense majorité de la population, depuis des siècles, n'a de ressource que le travail des champs et la location à une rente relativement élevée de quelques arpents qu'on cultive en pommes de terre ; de cette culture morcelée, naine, sans capital, il ne peut sortir qu'une production de peu de valeur, variant continuellement dans son rendement et ramenant à peu d'années d'intervalle de véritables famines. Toutes les améliorations de détail, toutes les modifications partielles sont sans résultat contre un ordre de choses aussi foncièrement vicieux. Que l'on fixe, comme on le fait en ce moment, par des arrêts de cours de justice le taux des fermages, on n'aura apporté qu'un soulagement momentané à la classe agricole, et, d'un autre côté, l'on aura consacré et prolongé peut-être l'existence d'un mode de tenure essentiellement défectueux et contraire aux intérêts bien entendus de tous. Le seul procédé qui ait de l'efficacité, c'est la reconstitution de la propriété, soit grande, soit moyenne, unissant dans l'exploitation des terres les capitaux à la main-d'œuvre, variant les cultures, les rendant progressives, d'uniformes et de stationnaires qu'elles se trouvaient être. Mais une réforme agricole aussi complète ne se peut opérer sans amener une crise intense et longue ; tout au contraire des crises commerciales, qui de leur nature sont passagères et n'atteignent, du moins avec violence, que la moindre partie de la population, les crises agricoles, quand elles ont leur origine dans une transformation totale du mode d'exploitation des terres, pèsent pendant de longues années sur l'immense majorité des habitants d'un pays. Cette opération si utile et si malheureusement considérée comme odieuse, le *clearing of estates*, l'évacuation des domaines, entraînerait avec soi la misère et la mort peut-être d'une notable partie de la population de l'Irlande : ce serait le sacrifice de presque toute une génération pour le salut des générations à venir ; dans de telles circonstances cette réforme si urgente serait indéfiniment éloignée, rendue à la fois impraticable par l'esprit de charité et par la prudence politique. C'est alors que l'émigration vient à propos, mais que de difficultés dans sa conduite ! il ne s'agit pas, en effet, de mener en Amérique ou en Australie deux ou trois cent mille paysans par année ; si l'on s'arrête là, on n'a rien fait de durable. Merivale l'a parfaitement prouvé, les vides ne tarderont pas à se remplir, il faudra sans cesse recommencer. Ce qu'il faut, c'est que l'émigration soit le point de départ d'une réforme économique radicale dans le régime des terres et ne constitue que l'opération initiale, le *clearing of estates;* pour arriver à ce résultat, il faudrait, non pas que l'émigration se répandît sur toute la surface de l'Irlande, mais qu'elle se fît graduellement, par district, emportant en peu de temps la plus grande partie des tenanciers d'un territoire déterminé, de façon que l'on pût immédiatement y supprimer sans trop de malaise le mode de petite tenure et y organiser une exploitation mieux entendue. Se bornant ainsi chaque année à un district et le mettant à net, on pourrait en une génération modifier radicalement la constitution économique et sociale de l'île et rendre cette contrée à une vie nouvelle. On a proposé avec raison de faire des prêts aux propriétaires qui voudraient faire émigrer leurs tenanciers pour changer le mode d'exploitation de leurs terres. Mais tant que l'on continuera à faire émigrer quelques centaines de mille hommes, pris dans la population entière de l'Irlande, l'on n'arrivera à aucun résultat permanent. Déjà l'on a vu, quoique sur une plus petite échelle, s'opérer, grâce à une émigration bien entendue, cette transformation des cultures dans différents pays et à diverses époques. Si l'on se reporte à nos observations sur la colonisation anglaise au XVIe et au commencement du XVIIe siècle, l'on verra que le changement qui s'opéra alors dans l'exploitation des terres en Angleterre et la substitution du pâturage au labourage furent les raisons principales qui déterminèrent l'émigration britannique soit vers l'Amérique, soit vers l'île d'Irlande, alors insuffisamment peuplée. Ce fut la même raison qui, en Écosse, au commencement de ce siècle, occasionna le courant abondant d'émigrants qui se rendit au Canada, au cap de Bonne-Espérance, aux États-Unis, plus récemment en Australie. On vit ainsi un spéculateur anglais acheter l'île de Lewis tout entière, la plus grande des Hébrides, ayant 150,000 hectares pour y introduire un système de culture, qui supposait l'émigration d'une partie des habitants (1). En Allemagne aussi s'est produit sur certains points le même phénomène: on a vu des villages entiers disparaître, les habitants ayant émigré après avoir vendu leurs terres à un capitaliste, qui y organisa une grande exploitation agricole (2). Si tristes que paraissent au premier abord de tels changements, si pénibles que puissent être leurs conséquences immédiates, il ne faut pas les condamner : ils sont nécessaires et légitimes, ils enrichissent la société en lui procurant un accroissement de valeur et de revenu pour un moindre travail, ils produisent une utilité permanente, achetée, il est vrai, par des souffrances passagères. C'est dans ces occasions qu'une émigration intelligente et bien conduite rend des services. Il est à remarquer d'ailleurs que l'émigration de familles d'agriculteurs est pour les colonies bien plus avantageuse que celle de familles d'artisans; les premiers trouvent bien plus facilement de l'emploi et arrivent plus vite à l'aisance. Ils ont en effet toujours sous la main, et en abondance, l'instrument de production qui leur est propre, la terre : tandis qu'un tisserand ou tout autre ouvrier des manufactures n'a rien aux colonies à tisser ou à manufacturer. Il ne faudrait pas croire que l'émigration, même sur une vaste échelle, de familles de paysans eût pour effet permanent de restrein-

(1) Léonce de Lavergne, *Economie rurale de l'Angleterre*, p. 363.
(2) Jules Duval, *Histoire de l'émigration*, p. 89 et passim.

dre considérablement la population du pays. La plus-value qu'acquiert le sol par un meilleur régime d'exploitation, la création plus prompte et le meilleur emploi des capitaux, développent la prospérité générale et impriment à l'industrie un plus grand essor ; la population finit par remonter presque au même niveau, mais il y a cependant une différence importante entre l'état de choses qui précédait l'émigration et l'état de choses qui le suit, c'est que la population est autrement répartie : au lieu de peser sur le sol en le morcelant à outrance et d'épuiser ses forces en un travail peu productif, la population se consacre à des œuvres plus variées, plus rémunératrices, répondant mieux à la diversité des besoins humains. La société, en un mot, se trouve mieux organisée et produit, à égalité de bras, une bien plus grande masse de valeurs.

La crise agricole qui a sévi dans le midi de la France depuis 1870, par suite de la maladie des vers à soie, de l'abandon de la culture de la garance et surtout par les ravages du phylloxera, a montré combien l'émigration peut être utile en pareil cas. Des milliers de vignerons ont abandonné nos départements méditerranéens, y dégageant le marché de la main-d'œuvre qui y était encombré, et sont allés porter leurs bras et leurs connaissances agricoles en Algérie où ils ont singulièremens développé la culture de la vigne qui jusque-là y avait langui. Ce sera pour notre colonie une abondante source de richesse. On peut presque dire que tout fléau dans la métropole est un bénéfice pour les colonies. L'émigration provoquée par le phylloxéra a, d'ailleurs, été toute spontanée.

Au point de vue du paupérisme, l'émigration, bien dirigée et accompagnée de réformes économiques dans les institutions de prévoyance, s'est montrée parfois d'une grande efficacité. Lors de la réforme de la loi des pauvres en Angleterre, les communes se taxèrent pour faire émigrer une partie de leurs indigents. Un économiste, qui n'est certes pas trop favorable à l'émigration, Merivale, n'hésite pas à constater que d'excellents effets ont été obtenus. Ce qu'il faut observer, c'est que cette émigration, qui rendit de grands services, fut cependant minime. Les rapports des *Poor-Law commissionners* montrent que 5,000 personnes en l'année 1835-36 émigrèrent par leurs soins. Dans l'année 1836-37 l'on n'en compta plus que 1,200 et l'année suivante que 800. Au 31 décembre 1861, l'on avait ainsi fait émigrer 25,941 personnes avec une dépense de 140,841 livres. C'était bien peu en plus de vingt-cinq années. Et cependant ce courant si faible eut une influence sensible et durable.

« Les conséquences heureuses de l'émigration sous ce rapport, dans différentes localités, quand elle est accompagnée de bons règlements, sont attestées par les faits, dit Merivale; il est remarquable combien une émigration, même légère avec de bons règlements, a pu produire en peu d'années une révolution matérielle dans le prix des salaires et une amélioration de la condition des pauvres dans quelques localités (1). » Dans ces circonstances, comme la hausse des salaires correspondait à une amélioration de l'état moral des populations, à un accroissement chez elles du sentiment de leur propre dignité, et aussi presque toujours à un développement de leur instruction, c'était une hausse bienfaisante, normale, permanente, qui était amplement justifiée par la plus grande productivité de la main-d'œuvre. La même influence d'une émigration bien ordonnée et faite même sur une faible échelle, a été signalée dans diverses contrées de l'Allemagne, spécialement dans le grand-duché de Bade (2). Mais il ne faut pas perdre de vue que là, comme en Angleterre, cette émigration officielle n'avait été que transitoire et qu'elle se trouvait accompagnée de réformes radicales dans les services de bienfaisance. C'est seulement dans de telles circonstances que l'émigration est utile. Par elle-même, elle n'a pas d'influence permanente, elle est également impuissante contre l'excès de population et contre le paupérisme. Mais, dans une situation donnée, quand il s'agit de tenter une réorganisation soit du mode de culture, soit des lois sur les pauvres, c'est alors qu'elle peut être d'un grand secours comme moyen préparatoire pour faciliter la voie ou encore comme palliatif pour atténuer les douleurs de la transition.

Ainsi réduite à sa juste mesure, l'influence de l'émigration est bien moindre qu'on ne l'a cru ; il est donc chimérique de vouloir l'organiser sur une grande échelle d'une manière régulière et de chercher à en faire un des ressorts permanents de l'ordre social. Il est inutile également de lui accorder une subvention annuelle de l'État et de la ranger au budget des dépenses d'intérêt public. A part des circonstances tout à fait exceptionnelles où l'Etat peut intervenir et encore d'une manière seulement temporaire, ce qui importe c'est de lui laisser toute liberté, de ne pas mettre d'entraves artificielles à son naturel développement. On a essayé en Allemagne, et spécialement en Bavière, en Autriche et dans le Mecklembourg, de l'étouffer par des règlements, quelquefois même des amendes, des confiscations et des peines corporelles. Aujourd'hui encore, en l'année 1881, le grand chancelier de l'Empire d'Allemagne se préoccupe des moyens de retenir les centaines de mille émigrants qui

(1) Merivale, *On colonies*, t. II, p. 148.
(2) Jules Duval, *Histoire de l'émigration*, p. 67.

quittent, sans la dépeupler, la patrie germanique; dans l'Espagne, qui manque d'habitants et dans l'Italie, qui en surabonde, les gouvernements auraient aussi le désir d'arrêter une émigration qui leur paraît une cause de faiblesse nationale : soucis inutiles ; le vrai moyen d'arrêter une émigration trop nombreuse, c'est d'opérer à l'intérieur les réformes sociales indispensables, de supprimer toutes les iniquités légales, quant au droit de mariage et à la constitution de la famille, d'effacer toutes les servitudes abusives qui pèsent dans certains pays sur la propriété ou les barrières féodales qui transforment les métiers en corporations closes, de rendre moins pesants les impôts et moins dur le service militaire : voilà le seul moyen de retenir dans leur patrie les gens de toute classe et de toute aptitude. Si la liberté et l'égalité règlent les relations sociales, industrielles et commerciales, si le gouvernement n'intervient pas pour solliciter à l'émigration certaines classes de citoyens, on peut être sûr que l'émigration se renfermera dans les limites les plus convenables; que, au lieu de détourner des centaines de mille hommes, comme elle l'a fait pendant quelques années, elle n'entraînera plus qu'un courant faible, mais régulier, qui suffira au développement rapide des colonies. Il est en effet des natures et des situations pour lesquelles l'émigration est d'un grand secours ; ce sont les caractères exceptionnels, faits de hardiesse et de patience, que les formes trop douces et trop lentes de nos vieilles sociétés semblent enchaîner au lieu de les soutenir; ce sont, en outre, les déclassés qui cherchent l'oubli, et qui ont parfois de précieuses ressources dans une intelligence et une énergie que les circonstances auront mal servies dans le vieux monde. Tous ces hommes sur lesquels pèsent les conventions ou les susceptibilités, légitimes dans leur principe, mais exagérées peut-être, de nos sociétés raffinées, sont les vraies recrues que la nature des choses destine aux colonies : ils sont presque assurés d'y prospérer ; ils ne soustraient à la métropole qu'une bien faible partie de sa force ; leur départ est plutôt pour elle une garantie de sécurité et de repos ; car ces éléments turbulents et mécontents, humiliés et inquiets, sont un ferment de trouble et de discordes. Dans les sociétés jeunes ils sont, au contraire, une semence précieuse : comme l'a remarqué Roscher, il n'est guère de vice du vieux monde qui ne puisse dans une terre neuve et peu peuplée s'amender et tourner à bien. L'isolement, la vie de famille, la propriété, les progrès continus vers l'aisance et, après quelques années de stage, les droits municipaux, les fonctions locales exercent une action puissante sur les caractères les plus rebelles. Ce sont donc ces éléments indisciplinés qu'il est désirable de voir traverser les mers et porter à des sociétés naissantes des facultés précieuses pour elles et qui auraient été plutôt dangereuses pour la métropole. On conçoit que, ainsi constituée, l'émigration ne devrait plus enlever annuellement des centaines de mille âmes à un même pays, mais seulement des dizaines de mille. C'est un spectacle toujours cruel et qui éveille l'idée d'une injustice sociale que les expatriations par grandes masses : on ne peut les excuser que dans des circonstances spéciales et passagères, mais d'une manière régulière et permanente elles sont un symptôme morbide qui accuse une organisation funeste. Quand, au contraire, elle n'entraîne que ces individus isolés et d'un caractère spécial, l'émigration est saine et normale. Au point de vue des colonies, de leur croissance régulière, de la stabilité de leur avenir, cette dernière émigration nous paraît aussi préférable à l'autre. Il n'est pas bon, à notre avis, que l'on voie se précipiter soudainement sur une société jeune des bandes d'affamés, de prolétaires déguenillés et sans ressources : il n'est pas bon que dans ces établissements, nés d'hier, en quelques années la population s'enfle au niveau de celle des vieux États européens. Quelque brillante que puisse paraître aux esprits superficiels la situation de ces sociétés lointaines, qui n'ont eu, pour ainsi dire, ni enfance, ni jeunesse, nous la trouvons périlleuse : il nous paraît que l'avenir y est compromis, que la civilisation éclose en un instant y manque de consistance et de garanties ; il nous semble surtout que tous les vices du vieux monde ont été inoculés à ces colonies en proportion trop grandes pour qu'ils puissent s'amender ou disparaître. Le plus grand exemple de cette prospérité rapide par une émigration désordonnée, c'est l'Australie vers 1850 : eh bien, nous devons l'avouer, si séduisant que soit le mirage des richesses de cette prétendue terre promise, nous ne trouvons pas ce développement normal. Si nous avions à faire un vœu pour notre colonie d'Algérie, nous lui souhaiterions une immigration régulière de 20,000 âmes, immigration lentement croissante, mais nous serions effrayé d'y voir arriver en une année soixante, quatre-vingt ou cent mille individus, et, si elle grandissait soudainement par des arrivages aussi nombreux, nous douterions de sa prospérité à venir et de la solidité des bases de sa grandeur, de sa richesse et de sa civilisation. Ainsi, au point de vue colonial comme au point de vue métropolitain, au point de vue économique comme au point de vue social, ces émigrations par masses énormes nous paraissent plus à craindre qu'à encourager (1).

(1) Nous n'avons pas voulu changer ici le texte de la première édition de cet ouvrage. Nous devons cependant, en atténuer dans une certaine mesure le sens. Avec

L'abstention en matière d'émigration, tel est à nos yeux le devoir et l'intérêt de la métropole. Il y a toutefois des bornes à cet intérêt et à ce devoir. Nous avons noté deux cas, celui d'une réorganisation nécessaire dans le mode d'exploitation du sol, celui de réformes dans la législation des pauvres et les moyens d'assistance publique, où une intervention habile et prudente de l'État et des communes peut être justifiée. En outre et toujours, le gouvernement a l'obligation de surveiller les agents que certaines contrées entretiennent en Europe pour y provoquer l'émigration. Rien n'est trompeur souvent et perfide même comme les promesses et les déclarations de ces agents. On a vu de malheureux paysans tyroliens séduits par des prospectus fallacieux aller chercher la misère et la mort dans les provinces brûlantes, désertes et malsaines du Pérou : on a vu aussi de pauvres laboureurs français, trompés par de belles paroles, se transporter au Paraguay pour y être en butte aux souffrances de la faim, aux injustices légales et à une quasi-servitude. L'obligation de tout gouvernement honnête est donc de surveiller ces recruteurs de mauvaise foi, d'arrêter toute propagande qui repose sur des promesses fallacieuses, d'avertir et d'éclairer les populations que l'on cherche à séduire par des mensonges (1), mais sans entraver toutefois la liberté d'action des émigrants, car la volonté individuelle échappe à toute tutelle administrative et l'individu seul a le droit de juger en premier et en dernier ressort ce qui est de son

l'énorme développement de la population en Allemagne, en Belgique, en Italie, avec les charges militaires insupportables du vieux monde, et en présence des immenses terres vacantes qui existent dans le nouveau et qui n'attendent que des bras pour porter de riches moissons, il nous paraît naturel que plusieurs centaines de mille hommes, bientôt peut-être un million d'hommes, quittent chaque année l'Europe pour se rendre en Amérique et en Australie. Dans l'année qui finit au 30 juin 1881, l'Union américaine a reçu, d'après des statistiques, il est vrai, qui ne sont qu'approximatives et dont les chiffres ne concordent pas complètement, 669,431 émigrants, parmi lesquels 210,485 Allemands, 153,718 Anglais ou Canadiens, 49,760 Suédois, 22,705 Norvégiens, 15,387 Italiens, 11,293 Suisses, etc. Si l'on ajoute tous les émigrants qui se rendent au Brésil, à la Plata, dans l'Uruguay, en Australie, etc., on doit bien approcher du chiffre de 7 à 800,000 émigrants pour l'Europe. Il est presque certain que bientôt on atteindra à 1 million. Ce mouvement est en partie naturel, en partie dû à la mauvaise administration du continent européen. (Note de la 2e édition.)

(1) Parmi les fraudes usitées par les agents d'émigration, l'une des plus habituelles et des plus difficiles à atteindre consiste dans des insertions, sous la forme de faits divers, publiés par les journaux européens, annonçant que tel individu parti d'Europe sans un sou est décédé de l'autre côté de l'Atlantique en laissant une fortune de dix, douze ou vingt millions. Il ne se passe guère d'années où les journaux ne fassent ainsi connaître qu'un nommé Durand ou un nommé Legrand, simple paysan émigré de France, est mort à La Plata ou au Brésil colossalement riche. Ce sont là des inventions des agents d'émigration qui cherchent à surexciter l'imagination des paysans et des ouvriers, à les porter à émigrer par le mirage des colossales fortunes qu'on leur fait entrevoir.

intérêt. La surveillance de l'Etat peut et doit aussi se porter sur les moyens d'émigration, c'est-à-dire sur les vaisseaux qui servent aux émigrants et les conditions de passage qui leur sont faites. Ce ne sont pas là de vraies dérogations au principe de l'abstention, en voici, au contraire, une véritable : dans le cas de fondation d'une colonie nouvelle nous ne désapprouvons pas que l'État offre dans les premières années à ceux qui consentent à y émigrer des avantages spéciaux pour amorcer le courant d'émigration qui, malgré toutes les richesses naturelles de la colonie, pourrait bien ne jamais prendre de lui-même. Le passage gratuit ne nous semble pas excessif dans ce cas exceptionnel. Nous nous rangeons sur ce point à l'avis que M. Gladstone, secrétaire d'État des colonies dans le second ministère Peel, émettait dans un manifeste que nous avons cité plus haut. Mais c'est une bien grande responsabilité que l'État endosse par cette initiative ou ces encouragements; il ne saurait agir alors avec trop de prudence et de mesure : les malheureuses tentatives du Mississipi, de la Guyane, tant sous Choiseul que sous la Restauration, doivent prouver combien de réflexion il faut apporter à de pareilles entreprises.

Nous en avons fini avec l'émigration humaine : nous avons montré qu'on avait exagéré son influence sur la métropole, en faisant d'elle le régulateur de la population et le remède assuré du paupérisme. Grâce au ciel les colonies offrent à la mère patrie des avantages bien plus considérables. Mais l'émigration naturelle et spontanée n'en est pas moins une chose bonne, juste et sacrée, qui peut beaucoup pour le bonheur des émigrants bien doués et qui dégage la mère patrie d'éléments perturbateurs : bien plus, dans des circonstances très exceptionnelles, l'émigration officielle et par grandes masses peut, elle aussi, rendre des services considérables à la métropole en facilitant des réformes radicales dans sa constitution économique ou sociale.

CHAPITRE II

De l'émigration des capitaux.

Les opinions opposées sur les effets de l'émigration des capitaux. — Calculs sur les sommes emportées par les émigrants. — Relation de ces sommes avec la capitalisation annuelle dans les vieilles contrées. — De l'importance de cette capitalisation.
L'émigration des capitaux relève légèrement l'intérêt et les profits dans la métropole ou du moins en arrête la baisse rapide. — Elle prévient ainsi l'état stationnaire. — L'émigration des capitaux accroît les revenus des capitalistes nationaux, fournit de nouveaux équivalents d'échange aux fabricants métropolitains et, à la longue, développe l'industrie dans la métropole.
La *colonisation* des capitaux est la forme la plus perfectionnée de l'émigration des capitaux. — Différence de productivité des capitaux dans le vieux monde et dans les contrées neuves. — Avantages pour un peuple, en temps de catastrophe nationale, d'avoir de grands capitaux à l'étranger.
Recherches statistiques sur l'ensemble des placements à l'étranger de l'Angleterre et de la France. — Heureux effets de ce système.

De l'émigration des personnes nous passons à l'émigration des capitaux : il est évident à première vue que ce sont là des phénomènes connexes et que le premier ne peut se produire sans amener à sa suite le second. Mais les effets de chacun d'eux sont distincts et méritent une étude spéciale. Nous allons rencontrer, dans l'examen de cette question nouvelle, l'influence de l'expatriation des capitaux sur l'état social et économique de la mère patrie, des difficultés nombreuses qui nous contraindront à des observations minutieuses et délicates.

La colonisation ne se peut opérer sans qu'un nombre notable de personnes abandonnent une société déjà formée pour une terre nouvelle ; cet abandon ne se peut faire sans qu'une certaine somme de capitaux soit soustraite à la métropole pour être transportée aux colonies. Sur les résultats de cet amoindrissement du capital de la mère patrie les avis des économistes diffèrent ; les uns y voient un phénomène heureux, qui dégage le marché métropolitain de capitaux disponibles et sans emploi, et qui, en prévenant une baisse exagérée des profits, empêche l'industrie de languir et d'arriver à l'état stationnaire. Cet état stationnaire, c'est-à-dire la situation où le taux des profits étant tombé à un chiffre très minime, le penchant à la capitalisation tend à disparaître, cet état qui ne s'est encore jamais réalisé et paraît appartenir au monde des rêves, ne laisse pas que de remplir d'une vive terreur un certain nombre de publicistes, tandis que d'autres, au contraire, Stuart Mill en tête, le regardent d'un œil favorable et invoquent son avènement comme une sorte de *millenium*, où la société doit trouver le repos définitif (1). Tandis que quelques économistes se félicitent du drainage des capitaux surabondants, dont ils croient constater l'existence dans chaque contrée d'une civilisation de vieille date, quelques autres s'effraient de voir diminuer la masse des capitaux de la mère patrie, de voir retarder par leur expatriation la baisse des profits et la hausse des salaires. C'est ainsi que, suivant les points de vue, l'on vante comme un bonheur ou l'on blâme comme un fléau l'émigration des capitaux nationaux pour les colonies, soit naissantes, soit adolescentes, soit même adultes.

Ramenons la question à ses véritables proportions ; elles sont modestes. S'il est incontestable que tout émigrant emporte un pécule, il ne l'est pas moins que ce pécule est très minime. Voilà, sans doute, ce que n'ont pas assez remarqué les écrivains qui ont pris ombrage à l'exportation de ces sommes presque insignifiantes, et auxquelles il est à peu près impossible de supposer de l'influence sur le marché général des capitaux d'une grande nation. « Les statisticiens se demandent, dit Roscher, quel capital revient en moyenne dans la patrie à chaque individu de la nation ; s'il est inférieur à la somme que les émigrants emportent d'ordinaire, il est clair que toute émigration considérable rendra de plus en plus désavantageux le rapport des consommateurs aux capitaux, rapport qui a tant d'influence sur le bonheur d'un peuple. Sans doute la partie de la population qui émigre pourrait se trouver bien de cette situation, mais celle qui reste deviendrait plus pauvre de jour en jour en capitaux et en hommes capables de travailler et verrait s'augmenter chaque jour la proportion des misérables qu'elle compte dans son sein. » Ainsi, l'horrible contraste de richesses colossales et de misères vagabondes ne pourrait que grandir, surtout par la fondation de colonies agricoles où se rend presque exclusivement la classe moyenne, les riches en général ne voulant pas et les pauvres ne pouvant pas y aller. Il s'en faut que cette situation déplorable ait jamais été sur le point de se réaliser ; bien loin d'emporter plus que leur quote-part dans le capital national, les émigrants n'em-

---

(1) Dans notre *Essai sur la Répartition des Richesses et sur la tendance à une moindre inégalité des conditions* (Paris, Guillaumin, éditeur, 2ᵐᵉ édition, 1882), nous avons étudié en détail ce phénomène de l'état stationnaire.

portent que des sommes fort inférieures à celle qui leur reviendrait, si, ainsi que le suppose Roscher, l'on répartissait par tête l'ensemble des ressources de la nation. Il en est pour les fortunes comme pour les capacités physiques ou intellectuelles : ceux qui sont dans une condition même médiocre n'ont en général aucun penchant à l'émigration, du moins pour l'émigration sans espoir de retour ; ce sont ceux qui se trouvent dans une situation évidemment mauvaise qui sont portés à s'expatrier; les exceptions, qui existent sans aucun doute, ne valent pas la peine d'être signalées. Les rapports officiels du gouvernement prussien établissent que les émigrants emportaient, en moyenne, par tête :

1848-49	1851-52	1852-53
195 thalers.	201 thalers.	210 thalers.

Mais l'on n'avait compté, nous dit Roscher, que ceux qui avaient déclaré posséder quelque argent. Avec la même restriction le comité d'émigration de Francfort calculait 374 florins par tête; en Bavière, de 1835 à 1844, les émigrants emportaient avec eux en moyenne 298 florins; de 1844 à 1851, 424 florins; dans les années suivantes il paraît que la moyenne a baissé. C'est donc entre 700 et 900 francs par tête que flotte le pécule des émigrants. Assurément, il n'y a rien là d'alarmant. En calculant au plus bas chiffre la richesse nationale de l'Allemagne, il est impossible de ne pas admettre qu'elle donnerait, répartie également, une quote-part de 3,000 francs environ par tête. Il s'en faut donc que la proportion de la population au capital existant devienne, par l'expatriation des pécules d'émigrants, plus désavantageuse. Il faut d'ailleurs tenir compte de cette circonstance, que la majeure partie de ces pécules a été amassée *pfennig* par *pfennig* en vue de l'émigration, c'est-à-dire que la pensée de l'émigration a été leur cause première et leur raison d'existence, si bien que sans elle tous ces petits capitaux n'auraient sans doute pas été créés, pour la majorité du moins. Enfin il faut se rappeler que cette expatriation annuelle des pécules d'émigrants ne constitue qu'une faible partie de l'augmentation annuelle du capital national par la voie de l'épargne. Nous ne savons au juste ce qu'est en moyenne l'épargne allemande, mais des calculs dignes de foi estiment à 1,500 millions au moins par an, peut-être même à deux milliards, l'épargne française. Il est probable, vu la grande étendue et la plus grande population de l'Allemagne, que l'épargne y doit bien être de douze à quinze cents millions; en supposant même qu'elle n'atteignît qu'un milliard, il s'en faudrait que le total des pécules d'émigrants, si considérables qu'on veuille les supposer et au temps de l'émigration la plus intense, approchât de cette somme. La plus forte émigration allemande, celle de 1854, portait sur un nombre de 251,931 individus ; dans les années suivantes, elle ne montait pas à plus de cinquante ou soixante mille ; puis elle est remontée à 200,000 en 1881 ; même en adoptant ce chiffre exceptionnellement élevé, même en supposant à chaque émigrant le maximum des pécules moyens des dernières années, soit 424 florins, nous n'arriverions pour toutes les sommes emportées par les émigrants dans cette année exceptionnelle qu'au chiffre de 227 millions et demi de francs, ce qui n'est pas le quart de l'épargne annuelle. Il n'est pas douteux que ce ne soit là un chiffre beaucoup trop élevé ; d'abord, ainsi que Roscher nous l'a appris, le pécule moyen n'avait été calculé dans les documents officiels que pour les émigrants qui avaient déclaré posséder quelque chose, de façon qu'il se trouve plus considérable qu'en réalité : ensuite ces pécules proviennent souvent non pas d'épargnes faites par les émigrants ni de biens patrimoniaux, mais d'avances que des parents ou des amis des colonies leur font tenir pour facilité leur passage. Il est donc probable que cette émigration de deux cent mille âmes n'enlève pas à l'Allemagne plus d'une centaine de millions de francs au maximum, et il est à supposer que dans les années ordinaires l'émigration allemande n'emporte pas plus de 30 ou 40 millions. Or, qu'est-ce que cette somme minime relativement à l'importance de la capitalisation annuelle de l'Allemagne, et quelle influence peut-on lui accorder soit sur le taux des profits, soit sur le taux des salaires, soit encore sur le prix des marchandises ? En Angleterre, d'après Merivale, les émigrants pour le Canada emportaient en 1834 environ un million sterling : vers 1840 l'on estimait à 3 ou 400,000 livres sterling le capital qui s'expatriait annuellement pour l'Australie. Le comité d'émigration de 1827 évaluait la dépense pour le transport et l'établissement d'une famille pauvre sur une ferme aux colonies à 60 livres sterling ; mais il faut remarquer qu'il s'en faut de beaucoup que tous les émigrants aillent s'établir de prime abord comme fermiers : la grande majorité fait un stage comme salariés et amasse pendant ce stage le petit capital nécessaire pour créer une ferme ; il ne faut donc pas croire que chaque famille d'émigrants enlève 60 livres au capital national, il faut rabattre ce chiffre de moitié. D'après ces données l'on voit combien il est exagéré d'attribuer à l'exportation des pécules d'émigrants une influence perceptible sur le marché des capitaux, des salaires ou des marchandises. C'est ici que trouvent justement place les comparaisons que nous avons citées dans le chapitre précédent. Cette exportation des capitaux par la voie de l'émigration aux colonies ne fait pas subir à la société une perte plus appréciable que celle qu'éprouve le corps humain par suite d'un saignement de nez, ou la masse de l'Océan par l'écoulement de l'eau que la marée montante pousse dans les docks de Londres. Il arrive parfois que l'émigration, par suite de circonstances exceptionnelles, se recrute dans les classes aisées et non parmi les travailleurs manuels de la métropole. C'est ce qui se passe en Angleterre et plus encore en Écosse depuis quelques années, où un grand nombre de fermiers, réalisant leur avoir vont s'établir dans la Nouvelle-Zélande ou au Canada. Il se peut qu'il émigre ainsi un ou deux milliers de ces riches fermiers par année, emportant en moyenne une quarantaine de mille francs chacun, soit quarante à quatre vingts millions. Ce sont encore là des chiffres bien faibles, une goutte d'eau, non seulement par rapport au capital de l'Angleterre, mais à l'accroissement annuel de ce capital. Une semblable émigration peut mettre dans l'embarras les propriétaires fonciers, mais elle n'a aucune influence profonde sur la prospérité générale du pays.

Quelques économistes, cependant, ont insisté sur cette question : ils ont fait remarquer qu'il y a des colonies où le capital se porte en très grandes masses relativement à l'émigration des personnes, ce sont les colonies qui ont un monopole pour la production de denrées d'exportation comme presque toutes les colonies tropicales. On calculait, au commencement de ce siècle, qu'il y avait aux Indes occidentales près de 2 milliards de capital anglais. On peut donc se demander si l'exportation des capitaux vers ces colonies ne porte pas un certain détriment à la métropole, si la situation relative des salaires et des profits n'en est pas modifiée. Un économiste, doué d'infiniment de perspicacité, Torrens, dans son livre sur la colonisation de l'Australie du Sud, a traité cette question *ex professo* avec grands développements. Cette discussion est curieuse et instructive, nous nous y arrêterons quelques instants.

Voici d'abord une observation préliminaire qu'il ne faut pas perdre de vue; un rentier, soit qu'il émigre lui-même, soit qu'il confie ses fonds à un tiers, convertit des valeurs mobilières en argent pour l'envoyer aux colonies. Bien que ce rentier n'employât pas lui-même son capital d'une façon productive, il est parfaitement certain qu'en fait ce capital était employé productivement par quelqu'un auquel il avait été prêté et des mains duquel on le retire, si bien qu'on ne peut nier que la masse des capitaux productifs de la métropole ne soit diminuée. Cette diminution est-elle toujours un mal? C'est ce qui *paraît* résulter des principes ordinaires et généraux de la science économique : et cependant, à y regarder de près, dit Torrens, et Merivale est de son avis, et nous-mêmes nous nous y rangeons, il se peut, que dans certaines circonstances, cette expatriation d'une partie du capital national soit un bien. Voici la démonstration que le colonel Torrens donne de cette thèse qui paraît d'abord paradoxale : « Dans une contrée manufacturière et commerçante, important des matières premières, le champ d'emploi (*the field of employment*) et la demande du travail ne peuvent pas être déterminés uniquement par l'abondance des capitaux. Dans un pays placé en de semblables conditions, le champ d'emploi et les salaires du travail dépendront non pas tant de la somme du capital commercial ou manufacturier que de l'étendue du marché étranger. Si le marché étranger ne s'étend pas, aucune extension du capital manufacturier ne peut amener d'accroissement avantageux de la production ou de hausse permanente des salaires. Bien plus, un accroissement du capital manufacturier, non accompagné par une extension proportionnelle du marché étranger, loin d'être bienfaisant, aurait une tendance à abaisser les profits de l'entrepreneur et les salaires de l'ouvrier. » (Torrens, *Colonisation of South Australia*, p. 232.) « C'est un fait établi par l'expérience et universellement admis, continue le même auteur, que, dans une contrée industrielle, des épargnes peuvent être faites sur les revenus et que le capital social peut ainsi s'accroître : d'un autre côté, c'est un fait également établi par l'expérience et admis aussi universellement que, dans les différents états de civilisation, le capital peut s'accroître dans des proportions diverses. Si donc, en Angleterre, le capital employé à fournir les cotons manufacturés pour le marché étranger, augmente plus rapidement que le capital employé dans les contrées étrangères à produire les matières premières qui entrent dans la fabrication des articles de coton, dans ce cas, l'expérience ne l'a que trop prouvé, la valeur des articles de coton sortant de nos usines baissera par rapport au coût de la production : et dans l'industrie cotonnière, les salaires ou les profits ou tous deux subiront une baisse. Maintenant, des causes analogues à celles qui produisent ces effets dans l'industrie cotonnière, peuvent, dans le même temps, exercer une influence analogue sur l'industrie des soies, l'industrie des laines, en un mot sur toutes les autres branches de l'industrie qui travaillent en vue du marché étranger. Ainsi, si le capital employé à préparer les articles de coton pour le marché étranger augmente plus vite que le capital employé dans les contrées étrangères à produire les matières premières des articles de coton, d'un autre côté, il se peut que, au même moment, le capital employé à préparer les articles de laine augmente plus vite que le capital employé à l'étranger pour fournir la matière première de cette fabrication, et le même phénomène peut se produire dans toutes les autres industries. En somme, le capital manufacturier peut augmenter plus vite que le capital étranger qui produit les matières premières des différentes fabrications; et, ainsi, dans toutes les branches de l'industrie qui fournissent des articles au marché étranger, il peut y avoir une concurrence simultanée dans le pays (*a contemporaneous home competition*), qui occasionne une baisse générale des prix, des profits et des salaires et, en fin de compte, des chômages et la détresse. » (Torrens, *Colonisation of South Australia*, p. 242-43.) Toute cette discussion se ramène à un seul point : peut-il y avoir dans une contrée un excès général de production, *a general glut of commodities*? Si cet excès général de production est possible, il en résulte qu'il peut se produire, dans un pays déterminé, surabondance de capitaux, *a redundancy of capital*. Torrens soutient l'affirmative et Merivale l'adopte aussi. Un grand nombre d'autorités sont d'un avis contraire. Les produits s'achètent, dit-on, avec des produits, comme Say l'a admirablement démontré : quand toutes les productions se développent d'une manière régulière et dans des proportions analogues, il ne peut y avoir d'excès, si rapide que soit leur développement : par conséquent, cette supposition d'un encombrement général, d'une pléthore universelle, est une véritable chimère.

Nous sommes parfaitement de ce dernier avis, mais nous croyons que la question mérite d'être étudiée de plus près. Sous le régime des relations internationales fondées sur le principe plus ou moins complètement appliqué de la liberté du commerce, il n'est guère de nation qui n'ait spécialisé sa production : la division du travail s'est introduite parmi les peuples comme parmi les hommes ; il en résulte que chaque contrée est spécialement adonnée à certaines branches d'industrie ; il y a des pays qui sont spécialement manufacturiers, d'autres spécialement agricoles, d'autres sépécialement commerçants; dans l'industrie même, il y a des pays qui fabriquent de préférence les articles communs d'un usage général, d'autres qui se distinguent surtout par la fabrication des articles de luxe; ainsi chaque nation s'est plus ou moins spécialisée : quand donc l'on parle d'un excès de production dans un pays, il ne s'agit pas d'un excès de production universelle, mais d'un excès de certaines productions particulières. Sans doute la production en général, la production du monde entier ne sera jamais trop grande, au contraire, elle demeurera toujours trop faible relativement à la variété et à l'intensité des besoins humains. Mais il est possible que la production des articles de laine, de coton, de lin, de soie et de toutes les industries, qui emploient la plus grande partie des capitaux et des ouvriers d'un pays déterminé, devienne excessive, non pas certes relativement aux besoins auxquels ces industries doivent pourvoir, mais relativement aux équivalents et contre-valeurs que les hommes peuvent fournir en échange de ces produits. Quand, dans une contrée comme l'Angleterre, dont l'industrie travaille en grande partie pour le commerce étranger, la somme des capitaux s'accroît beaucoup plus rapidement que dans les pays avec lesquels l'Angleterre trafique, nous croyons que si une partie de ces capitaux anglais n'émigre pas, il y aura en Angleterre une sorte d'excès de production, c'est-à-dire que les articles anglais produits en nombre beaucoup plus grand qu'auparavant, alors que la contre-partie qui leur est destinée en articles étrangers est restée à peu près stationnaire, baisseront de prix par rapport à ces derniers. Telle est l'opinion de Torrens et de Merivale et telle est aussi la nôtre. Cet état de choses aurait pour effet inévitable une baisse des profits ; or, la baisse des profits, quand elle est exagérée, malgré l'opinion de Ricardo et de quelques autres économistes, est, à nos yeux, un mal réel, un symptôme redoutable : c'est, en effet, la mort de l'esprit d'entreprise, c'est la langueur de l'industrie, c'est un pas vers cet état stationnaire, que Stuart Mill vante, il est vrai, mais qui ne laisse pas que de nous effrayer. Au contraire, une partie de ces capitaux accumulés en Angleterre émigre dans des colonies nouvelles, ils y développent une production abondante, ils rapportent à leurs propriétaires des intérêts plus élevés, ils créent, au delà des mers, de nouveaux articles d'échange qui vont se troquer contre les articles de la mère patrie, ils donnent naissance à des matières premières qui alimentent à meilleur prix les usines de la métropole, ils constituent en même temps une demande toujours croissante pour les produits manufacturés métropolitains. Nous ne craignons pas de le dire : les capitaux anglais qui se sont transportés aux colonies, qui ont mis au jour le coton de l'Union américaine, le sucre des Indes occidentales, la laine de l'Australie, les bois de construction du Canada, ces capitaux-là, en s'expatriant, en créant au loin de nouvelles matières premières et de nouveaux objets d'échange, en ouvrant de nouveaux marchés, ont infiniment plus contribué au développement de l'industrie britannique, à la hausse permanente et normale des salaires britanniques, que s'ils étaient restés en Angleterre, où leur effet inévitable eût été d'amener une baisse des profits qui aurait plongé dans la stagnation l'industrie nationale. Il est donc utile que dans une contrée où la capitalisation est plus rapide que partout ailleurs, une partie de l'épargne annuelle soit transportée dans des terres nouvelles où elle rend des services plus intenses et où elle crée une nouvelle demande pour les produits manufacturés de la métropole en lui offrant comme contre-partie les produits bruts qui pourraient lui manquer. C'est le moyen le plus régulier pour rétablir un équilibre qui pourrait se détruire, c'est l'aiguillon le plus vif pour la production métropolitaine.

Ainsi l'on doit se féliciter de cette expatriation des capitaux vers les colonies bien organisées et en voie de prospérité ; ces capitaux-là ne sont pas perdus, ils sont plutôt multipliés ; chacun gagne à leur emploi plus productif sur des sols nouveaux : la colonie, la métropole, le monde entier, en retirent un incontestable avantage. C'est donc une politique à courte vue que celle qui blâme la création et l'entretien de colonies, parce qu'elles coûtent soit au gouvernement, soit aux particuliers, mais en définitive à la nation, quelques millions de frais d'établissement. La merveille des créations coloniales, les États-Unis eux-mêmes ont absorbé dans l'origine une masse importante de capitaux anglais, et il sembla pendant quelque temps que les résultats obtenus ne valaient pas les sommes dépensées. Tous les propriétaires, toutes les compagnies qui fondèrent les états primitifs épuisèrent leurs ressources, tombèrent en faillite, allèrent en prison pour dettes ; et il se trouva sans doute alors dans la métropole des hommes politiques pour blâmer ce qu'ils regardaient comme un gaspillage de capitaux. Et, cependant, qui oserait dire que la somme entière des capitaux qui furent consacrés à la fondation des États-Unis, soit équivalente aux avantages annuels que l'Angleterre retire actuellement de ses relations commerciales avec l'Union américaine?

Il n'y a donc nul sujet de s'inquiéter des sommes qu'emportent avec eux les émigrants ou de celles que des rentiers résidant dans la métropole envoient aux colonies : cette émigration est aussi heureuse que naturelle. Il y a même une supériorité immense en faveur de l'émigration des capitaux. C'est qu'il est difficile de trouver des hommes qui aient les qualités nécessaires au colon et que beaucoup d'émigrants, faute de ces aptitudes particulières, tombent dans la misère et deviennent une surcharge pour les colonies où ils se trouvent : tous les capitaux, au contraire, indistinctement sont bons et productifs, et dans les contrées neuves spécialement on en fait un usage infiniment plus utile que dans les contrées vieilles.

C'est un phénomène très important que celui de la colonisation des capitaux. Depuis quelques années il a été particulièrement éclairé par d'attentives études, et les événements financiers en ont beaucoup mieux fait comprendre les divers aspects. Aussi aux observations précédentes qui figuraient seules dans la première édition de cet ouvrage est-il bon d'en joindre d'autres plus précises. Un capitaliste d'Europe, et par ce mot nous n'entendons pas seulement un banquier, mais toute personne faisant des économies, un modeste employé, un paysan, un ouvrier, une vieille fille ou une veuve, peuvent, sans quitter le coin de leur foyer, sans avoir de grandes connaissances en géographie, travailler puissamment à la colonisation, à l'exploitation du globe. Il leur suffit de placer leurs épargnes dans une entreprise industrielle qui construit des chemins de fer, creuse des canaux, élève des usines, défriche des terres dans les contrées jeunes. En donnant à leurs économies cette direction, les habitants du vieux monde ne manquent aucunement à leurs devoirs envers leur patrie. Les contrées où la civilisation est ancienne, comme l'Angleterre ou la France, sont d'énormes productrices de capitaux, et l'embarras y devient grand pour employer d'une manière rémunératrice sur leur propre sol leurs colossales épargnes annuelles. Certes on pourra toujours consacrer à des améliorations soit industrielles, soit agricoles, soit sociales, des sommes considérables dans les vieux pays ; mais l'exportation d'une partie de ces sommes au delà des mers, dans les contrées adolescentes, est pour le genre humain tout entier d'une productivité beaucoup plus grande. Le même capital qui produira 3 ou 4 p. 100 dans une amélioration agricole sur le sol de France, rapportera 10, 15, 20 p. 100, dans une entreprise agricole aux États-Unis, au Canada, à la Plata, en Australie, à la Nouvelle-Zélande. Il en est de même pour les sommes consacrées à la construction de chemins de fer. Employées à faire de petites lignes montagneuses ou des concurrences superflues dans la métropole, elles donneront à grand'peine 2 ou 3 p. 100 d'intérêt (1), il se peut que dans les pays neufs elles produisent 10, 12, 15 ou 20 p. 100, si ce n'est immédiatement, du moins au bout de peu d'années. Les capitalistes du vieux monde qui ont ainsi exporté une partie de leurs épargnes en retirent, s'ils ont été avisés, une rémunération double, triple, quadruple, décuple parfois de celle qu'ils auraient pu obtenir en employant ces fonds autour d'eux. Il se constitue ainsi toute une créance considérable des vieux pays sur les pays neufs. Les contrées anciennes, considérées chacune en bloc, deviennent ainsi des rentières auxquelles le reste du monde sert une rente croissante.

(1) Les lignes d'intérêt local exploitées en France ont fourni 1 1/4 pour 100 d'intérêt en 1881 par rapport au prix d'établissement.

Ce ne sont pas seulement les particuliers qui peuvent gagner à cette exportation de capitaux, le pays même d'où partent ces épargnes n'en éprouve aucune perte. Il y gagne de trois façons : d'abord la rente que paient annuellement aux capitalistes du vieux monde les pays nouveaux que ces capitalistes, sans se déranger, ont contribué à mettre en valeur, vient accroître dans des proportions parfois considérables le revenu des vieux pays ; les moyens de consommation ou de commande de travail des habitants des contrées européennes sont ainsi sensiblement augmentés ; l'aisance générale en Europe en est, par conséquent, relevée. En second lieu, ces capitaux qui ont été développer la prospérité de pays neufs y créent de nouveaux marchés d'approvisionnement et d'écoulement, c'està-dire d'achat et de vente. Si les blés d'Amérique sont venus si à propos sauver l'Europe de plusieurs disettes, si le coton des Etats-Unis a pu venir en quantités croissantes alimenter les filatures européennes, si la laine australienne a fourni une matière première de plus en plus abondante aux fabriques de lainages de notre continent, la raison en est que des capitaux considérables ont quitté depuis trente ans l'Angleterre, la Belgique, la France, pour étendre l'agriculture en Australie et en Amérique. Que quelques propriétaires européens y aient perdu, dans une faible proportion, par un certain recul de leurs fermages, la généralité des habitants dans notre partie du monde en a tiré un avantage considérable. Ces mêmes capitaux qui, partis d'Europe, allaient exploiter les pays nouveaux créaient, en même temps, dans ces derniers une demande pour nos produits. On y avait besoin de nos objets manufacturés, de vêtements, d'instruments de travail, de machines, même de nos articles de luxe. L'expérience a montré qu'il y a un certain parallélisme entre le développement de l'exportation et celui de l'importation : les énormes ventes de céréales, par exemple, qu'ont faites à l'Europe les États-Unis d'Amérique en 1879 et 1880 ont été la cause d'une grande exportation d'articles manufacturés européens de toutes sortes pour les États-Unis. Nous ne nous arrêtons pas plus longtemps ici à ce phénomène dont traitera avec détail le chapitre suivant. Il est seulement une observation importante qui mérite d'être mise en lumière. Plus un pays reçoit de capitaux français, plus il devient un grand consommateur d'articles français. L'exportation même du capital se fait souvent sous la forme de marchandises ; si nos capitalistes souscrivent pour l'exécution de chemins de fer à la Plata ou au Brésil, il est probable qu'une forte partie du montant des sommes versées ira dans ces contrées sous la forme de rails français ou de machines françaises. En outre ces entreprises lointaines qui seront faites en totalité ou en partie avec nos propres capitaux auront en général une direction, soit totalement, soit partiellement française. Il en résultera que lorsque ces entreprises auront des commandes de matériel à faire à l'Europe, ce sera à la France, de préférence, qu'elles s'adresseront. Nos produits deviendront ainsi plus communs dans ces pays, nos relations avec les habitants augmenteront, le nombre de nos clients s'y accroîtra; plus on exporte de capitaux vers un pays, plus ce pays est enclin à lier un commerce actif avec la contrée d'où ces capitaux lui proviennent.

A un autre point de vue encore l'exportation des capitaux, quand elle n'absorbe pas toute l'épargne annuelle d'un vieux pays, est d'un puissant secours. Elle aide à solder l'excédent des importations sur les exportations ; c'est par cet excédent que se manifeste le tribut, si nous pouvons ainsi parler, qu'acquittent envers nous les pays que nos capitaux ont mis en valeur. Il est très exact qu'un excédent d'importation peut représenter un tribut ou du moins une rente payée par les pays étrangers débiteurs à un riche pays créancier. Enfin, dans les circonstances critiques, comme dans de grandes catastrophes nationales, ces rentes qu'une vieille contrée s'est ainsi constituées au dehors lui sont souvent très utiles. C'est une sorte de domaine *extra muros* qui n'éprouve aucune détérioration par les événements se produisant chez nous. Aux jours de malheur national, nous y trouvons des ressources intactes, des moyens de paiement, de liquidation. Au lendemain de la guerre de 1870-71, on en a fait l'heureuse expérience (1).

Il s'en faut de beaucoup que l'émigration des capitaux, même au moment où elle est le plus active, absorbe tout le montant de l'épargne nationale d'un vieux pays. En France, d'après notre estimation très réfléchie, l'épargne annuelle ne doit pas être inférieure à 2 milliards de francs. Il y a peu d'années, un statisticien anglais de renom, M. Giffen, se fondant sur les valeurs imposées à l'*Income Tax* (impôt sur le revenu), et sur les statistiques des *Legacy and Succession duties* (droits de legs et de succession) estimait que de 1865 à 1875, le capital de la Grande-Bretagne s'était accru de 240 millions de livres sterling par an, soit 7 milliards de francs. Ce serait, à coup sûr, une erreur de prendre ce chiffre pour l'expression de l'épargne annuelle : celle-ci est certainement beaucoup moindre. Il y a, en effet, des capitaux dont le revenu s'accroît et dont la valeur vénale augmente sans qu'aucune épargne soit venue en changer le

---

(1) Sur l'influence de cette colonisation de capitaux on peut encore consulter notre *Essai sur la répartition des richesses* et notre *Traité de la science des finances*.

montant primitif : une maison bien située, par exemple, dont le loyer s'élève. Il serait donc chimérique de croire que le peuple anglais épargne 7 milliards et demi par an, mais il ne l'est pas de penser qu'il économise et capitalise 2 à 3 milliards au moins. Or, sur une somme aussi importante, le pays peut bien exporter 4 ou 500 millions par an, même un milliard ou davantage par année, en gardant encore des fonds considérables pour améliorer l'agriculture nationale, édifier des nouvelles fabriques et perfectionner les moyens de transport. Nous ne serions aucunement alarmé, quant à nous, si les capitalistes français plaçaient au dehors en moyenne 7 à 800 millions par année ; nous croyons même que le chiffre de 1 milliard pourra aisément être dépassé ; il en resterait au moins autant pour accroître annuellement le capital intérieur.

M. Giffen, dans l'étude citée plus haut, évaluait pour l'année 1875, à un revenu de plus de 65 millions de livres sterling, soit 1 milliard 645 millions de francs, les intérêts ou dividendes des capitaux anglais placés à l'étranger en fonds publics ou en actions et obligations de Sociétés. Ce revenu de 1 milliard 645 millions pouvait correspondre à un capital de 35 milliards environ. Les fonds publics étrangers à eux seuls, américains, français, autrichiens, italiens et autres (y compris probablement ceux des colonies anglaises) fournissaient aux habitants de l'Angleterre un revenu de 1 milliard 5 millions de francs ; les chemins de fer des mêmes pays leur rapportaient 425 millions ; les dividendes des banques fonctionnant à l'étranger montaient pour les capitalistes du Royaume Uni à 57 millions de francs ; les intérêts et dividendes de compagnies industrielles diverses, à 71 millions ; enfin les dividendes des Compagnies d'assurances anglaises exerçant à l'étranger et les intérêts sur les dépôts faits par les capitalistes anglais à des Banques établies au dehors atteignaient un revenu annuel de 82 millions de francs. Voilà les éléments dont se composait, d'après M. Giffen, cette rente annuelle de 1,645 millions de francs que l'étranger paye à l'Angleterre en retour des capitaux qu'il en a reçus. Il faut remarquer que le statisticien anglais n'a pas compris dans ces calculs les propriétés individuelles que des capitalistes résidant dans la Grande-Bretagne peuvent avoir dans le reste du monde, non plus que les sommes qu'ils peuvent avoir prêtées à des commerçants autres que des Compagnies par action. En tenant compte de ces éléments supplémentaires qui sont considérables, on peut admettre que l'Angleterre, avec ses placements effectués de 1875 à 1881, doit avoir sur l'ensemble du monde, y compris ses colonies, une créance de 60 à 70 milliards de francs en capital, rapportant un revenu moyen de plus de 3 milliards. Avant un quart de siècle cette créance et ce revenu auront certainement doublé.

La France n'a pas essaimé au dehors des capitaux aussi importants. Beaucoup de statisticiens ont évalué à une quinzaine de milliards le montant de notre créance sur les nations étrangères, du chef de nos exportations de capitaux. Nous croyons cette somme trop faible, et nous tenons qu'on peut porter l'évaluation à 20 ou 25 milliards. Le canal de Suez à lui seul rapporte à nos nationaux une quarantaine de millions par an ; ils ont bien une quarantaine de millions d'autres revenus en Égypte. Les chemins de fer espagnols et portugais leur paient bien près de 100 millions, sous la forme d'actions, d'obligations, de primes de remboursement ; les chemins de fer autrichiens et hongrois, une centaine de millions aussi ; qu'on y joigne tous les revenus des entreprises industrielles diverses, des maisons de Banque travaillant à l'étranger, toute la part considérable des capitalistes français dans les fonds italiens, autrichiens, hongrois, espagnols, portugais, russes, roumains, suédois, norvégiens, belges, hollandais, américains ; qu'on y ajoute aussi le produit des commandites consenties par des Français à des industriels étrangers et le rendement des propriétés que les Français possèdent au dehors, on atteindra très probablement le chiffre de 1 milliard de rente que les pays étrangers nous servent. Il est probable que dans vingt ans ce chiffre sera, non pas doublé, mais triplé, tant par l'intérêt des nouveaux capitaux exportés que par le développement de la productivité des entreprises anciennement créées par nos capitaux.

Un lecteur scrupuleux pourrait peut-être objecter que l'émigration des capitaux peut aller sans la colonisation. Cela est vrai. Il vaut mieux néanmoins, à égalité de conditions, exporter ses capitaux dans ses propres colonies que dans des pays tout à fait étrangers. On est plus assuré de trouver dans les premières une bonne administration, une justice impartiale, un accueil favorable et un traitement équitable de la part du public et du gouvernement. Plusieurs pays ont une inclination à traiter durement les capitaux étrangers, quand ils croient pouvoir désormais se passer du secours du dehors. Les capitalistes courent, à ce point de vue, de moindres risques dans les colonies, qui sont en quelque sorte le prolongement de la métropole. Enfin, au point de vue moral, il y a une jouissance élevée à penser que ses épargnes ont contribué à créer au loin des sociétés qui ajouteront à la grandeur nationale, qui conserveront et honoreront la langue, les mœurs et l'esprit de la patrie.

CHAPITRE III

Du commerce colonial et de son utilité pour la métropole.

La principale utilité des colonies est le développement du commerce des métropoles. — Accroissement de puissance et accroissement d'industrie.
Les avantages procurés par les colonies sont de deux sortes : ceux qui profitent à toutes les contrées du Vieux-Monde, qu'elles soient ou non colonisatrices ; ceux qui profitent particulièrement aux métropoles. — Le commerce des colonies avec les métropoles est en général beaucoup plus régulier, plus sûr, plus progressif que le commerce avec les contrées étrangères.
Examen doctrinal des cinq classes de restrictions de l'ancien pacte colonial. — 1° Restriction sur l'exportation des produits des colonies. — 2° Restriction sur l'importation des articles étrangers dans les colonies. — Du droit octroyé aux colonies de fixer elles-mêmes leurs tarifs. — Abus qui en a été fait à Victoria et au Canada. — D'une limite possible à ce droit, et d'un maximum de taxes. — 3° Restriction à l'importation dans la métropole de produits coloniaux étrangers. — 4° Restriction sur les transports maritimes des colonies avec la métropole. — 5° Restriction sur la manufacture par les colons de leurs propres matières premières.
Inconvénients de toutes ces restrictions. — Du régime de complète liberté. — Des avantages naturels que la métropole conserve encore sous ce régime.
Le commerce colonial se rapproche, à plusieurs points de vue, du commerce intérieur et diffère du commerce étranger.

La grande utilité des colonies, les chapitres qui précèdent l'ont prouvé, ce n'est pas principalement de servir de déversoir au superflu de la population de la métropole, c'est de donner à son commerce un grand essor, d'activer et d'entretenir son industrie et de fournir aux habitants de la mère patrie, industriels, ouvriers, consommateurs, un accroissement de profits, de salaires ou de jouissances. Mais, d'après l'ordre naturel des choses, ces avantages, résultant de la création et de la prospérité des colonies, ne se bornent pas aux seules métropoles, ils s'étendent à toutes les contrées de l'ancien monde et il n'est pour ainsi dire pas de nation qui ne retire un bénéfice réel de cette augmentation du champ productif de l'humanité. Aussi Adam Smith a-t-il cru devoir distinguer les avantages généraux que l'Europe, considérée comme un seul vaste pays, a retirés de la colonisation et les avantages spéciaux dont chaque mère patrie a profité du chef de ses colonies particulières. Se prononçant sur l'utilité universelle de la colonisation, l'auteur de *la Richesse des*

Nations s'est exprimé en ces termes : « Les avantages généraux que l'Europe, considérée comme un seul grand pays, a retirés de la découverte de l'Amérique et de sa formation en colonies consistent, en premier lieu, dans une augmentation de jouissances; en second lieu, dans un accroissement d'industrie. » La colonisation a eu pour effet d'ouvrir de nouvelles sources de production, où les articles de nécessité, de convenance ou de luxe peuvent être obtenus avec plus d'abondance, plus de variété et à meilleur prix que partout ailleurs, grâce aux facultés spéciales et aux ressources inépuisables de sols placés dans d'autres climats et vierges de culture. C'est ainsi que des produits inconnus sont arrivés aux consommateurs d'Europe pour multiplier leurs jouissances : que d'objets utiles et agréables, pour la satisfaction des besoins matériels et intellectuels, ont été subitement mis au jour! Il en est résulté plus de bienêtre et d'élégance dans nos habitudes et nos mœurs, un raffinement plus grand dans notre civilisation et, d'une manière générale, une élévation du *standard of life*, ou du niveau de notre existence. C'est là le premier et incontestable résultat de la colonisation ; voici le second : c'est d'ouvrir de nouveaux marchés pour le débit des produits manufacturés d'Europe, marchés plus profitables et d'une plus grande extensibilité que ceux auxquels on était borné auparavant, parce que les sociétés nouvelles ont une force de croissance et des facilités pour la création et l'accumulation des richesses infiniment plus grandes que les vieilles sociétés. Ainsi l'échange se trouve activé et étendu, la division augmente; l'industrie ayant devant elle de plus vastes débouchés peut et doit produire davantage, et cette production sur une plus grande échelle appelle des perfectionnements nouveaux et de nouveaux progrès.

De ces deux avantages l'on a pu se demander quel était le plus grand, et l'on a généralement conclu que c'était le premier. « Nos meilleurs clients, dit Merivale, ne sont pas ceux qui prennent le plus de nos produits, mais ceux qui donnent la plus grande quantité de valeurs en échange : sous un système de liberté entière, le plus grand bénéfice des colonies, c'est-à-dire la jouissance des articles qu'elles produisent, serait acquis, non pas toujours à la mère patrie, mais à la contrée qui pourrait leur fournir des produits au meilleur compte en échange de leurs articles. Une contrée qui ne produirait que des objets dont ses colonies n'auraient pas besoin, ne trouverait en elles aucun marché et ne pourrait faire aucun commerce direct avec elles; c'est ce qui arriverait à la Russie, si elle colonisait! » Ces observations, justes dans une certaine limite, pourraient cependant induire en erreur. L'on n'a que faire de distinguer ici la consommation de la production; car l'on ne peut consommer des articles des colonies qu'à la condition de leur fournir une contre-valeur en échange : ainsi l'acquisition des denrées spéciales qu'elles produisent est subordonnée à un développement de l'industrie métropolitaine; si bien que les deux avantages principaux, que nous avons notés comme les résultats importants de la colonisation pour la métropole, l'augmentation des jouissances et l'accroissement de l'industrie, ne sont pas deux faits indépendants et isolés, ils sont connexes et corrélatifs. Toute denrée coloniale de production, soit nouvelle, soit plus grande, soit à meilleur compte, est un équivalent nouveau pour l'industrie européenne; cet équivalent agit comme un stimulant qui provoque la création d'une valeur en échange : c'est comme un besoin nouvellement découvert et dont on entrevoit la satisfaction possible, moyennant un surcroît de travail et d'habileté. Il se produit un effort pour cette satisfaction désirée; l'industrie en reçoit une impulsion nouvelle. Avec cette perspicacité profonde et exacte, qui est le trait saillant de son talent, Adam Smith a démontré que la création sous les tropiques de denrées spéciales, d'équivalents nouveaux, a influé sur le monde entier et non seulement sur les nations qui étaient en relations directes avec les colonies. « Ce qui est moins évident, dit-il, c'est que ces grands événements (la découverte et la colonisation des deux Indes) aient dû pareillement contribuer à encourager l'industrie de pays, qui, peut-être, n'ont jamais envoyé en Amérique un seul article de leurs produits, tels que la Hongrie et la Pologne : c'est cependant ce dont il n'est pas possible de douter. On consomme en Hongrie et en Pologne une certaine partie du produit de l'Amérique, et il y a dans ces pays une demande quelconque pour le sucre, le chocolat et le tabac de cette nouvelle partie du monde. Or ces marchandises, il faut les acheter ou avec quelque chose qui soit le produit de l'industrie de la Hongrie ou de la Pologne, ou avec quelque chose qui ait été acheté avec une partie de ce produit. Ces marchandises américaines sont de nouvelles valeurs, de nouveaux équivalents, survenus en Hongrie et en Pologne pour y être échangés contre l'excédent de produit de ces pays. Transportées dans ces contrées, elles y créent un nouveau marché, un marché plus étendu pour cet excédent de produit. Elles en font hausser la valeur et contribuent par là à en encourager l'augmentation. Quand même aucune partie de ce produit ne serait jamais portée en Amérique, il peut en être porté à d'autres nations qui l'achètent avec une partie de la portion qu'elles ont dans l'excédent de produit de l'Amérique, et ainsi ces nations trouveront un débit au moyen de la circulation du commerce nouveau que l'excédant de produit de l'Amérique a primitivement mis en activité. Ces grands événements peuvent même avoir contribué à augmenter les jouissances et à accroître l'industrie de pays qui, non seulement, n'ont jamais envoyé aucune marchandise en Amérique, mais même n'en ont jamais reçu aucune de cette contrée. Ces contrées-là même peuvent avoir reçu en plus grande abondance les marchandises de quelque nation dont l'excédent de produit aura été augmenté par le commerce de l'Amérique..... Il leur a été présenté un plus grand nombre de nouveaux équivalents, d'une espèce ou d'une autre, pour être échangés contre l'excédent de produit de leur industrie. Il a été créé un marché plus étendu pour ce produit surabondant, de manière à en faire hausser la valeur, et par là à en encourager l'augmentation. Cette masse de marchandises qui est jetée annuellement dans la sphère immense du commerce de l'Europe, et qui, par l'effet de ses diverses révolutions, est distribuée annuellement entre toutes les diverses nations comprises dans cette sphère, a dû être augmentée de tout l'excédent de produit de l'Amérique. Il y a donc lieu de croire que chacune de ces nations a recueilli une plus grande part dans cette masse ainsi grossie, que ses jouissances ont augmenté et que son industrie a acquis de nouvelles forces. » Si ingénieuse et si exacte que soit cette analyse, elle n'est pas encore complète. Le seul mérite des colonies n'a pas été de fournir des denrées agréables et d'un goût universel, équivalents nouveaux qui provoquaient une extension de l'industrie du vieux monde. Les colonies ont aussi offert à nos sociétés des matières premières dont le bas prix a singulièrement stimulé la production intérieure des contrées d'Europe. Le coton de l'Amérique centrale, la laine de Buenos-Ayres ou d'Australie, les peaux de l'Amérique du Sud ont notablement abaissé, en Europe, le prix de revient d'une foule d'articles d'une universelle utilité : il en est résulté un accroissement immense dans la demande de ces articles; et cette forte demande en a multiplié la production dans une proportion inouïe. L'on sait les avantages que l'on attribue à l'invention de machines nouvelles; il en résulte, dit-on, par le bas prix des produits qu'elles créent, une extension immense de la fabrication, une élévation des salaires en même temps qu'un accroissement des jouissances, une multiplication des échanges qui profite à la société tout entière. Eh bien, à notre gré, les mêmes résultats doivent se produire quand, sans progrès nouveau dans la machinerie, les matières premières deviennent beaucoup moins chères : les produits, en effet, baissent de prix dans une large mesure, la consommation est sollicitée à s'étendre, la demande s'élargit et les phénomènes que nous avons notés dans le cas d'invention de machines nouvelles, doivent se manifester dans le cas qui nous occupe. Aussi n'est-ce pas seulement en tant qu'équivalents qui provoquent la création de valeurs en échange que les produits de l'Amérique ont influé sur l'industrie du vieux monde; c'est encore en tant que matières premières à bon marché entrant dans la fabrication d'articles d'utilité universelle : ça été là un stimulant des plus vifs à la fabrication; et, de même que le commerce extérieur s'est multiplié et que la production en vue de l'exportation s'est accrue pour se procurer les denrées spéciales aux colonies, de même que le commerce intérieur s'est étendu, la production en vue de la consommation locale s'est multipliée par suite du bas prix des matières premières que l'Amérique nous a fournies et de la baisse de prix des articles où elles entrent comme éléments. On peut dire que dans toute l'histoire du monde on ne rencontre aucun fait qui ait eu une influence aussi bienfaisante sur l'industrie que la découverte et la colonisation des deux Indes. L'influence de ces grands événements a été profonde et radicale sur la société tout entière, ils en ont altéré singulièrement les conditions et les relations existantes : en fournissant à bon marché des denrées spéciales, précieuses entre toutes, au point de vue de l'utilité et de l'agrément, en sollicitant par une rémunération meilleure la création de capitaux nouveaux, en en facilitant l'accumulation par un emploi plus productif, en rendant la main-d'œuvre plus utile et plus demandée, ils ont, plus que tous les autres événements, contribué à fonder cette société industrielle et démocratique dans laquelle nous vivons. Ces résultats de la colonisation dans le passé, il les faut attendre encore de la colonisation dans le présent et dans l'avenir : l'Australie, dans notre siècle, a exercé sur l'Europe, à tous les points de vue, une influence analogue à celle qu'exerça l'Amérique; et les colonies qui se fondent ou qui se fonderont auront incontestablement pour l'Europe ces deux mêmes avantages : augmentation de jouissances, accroissement d'industrie.

Les avantages dont nous avons parlé jusqu'ici sont généraux et communs, non seulement aux mères patries, mais à toutes les contrées civilisées, même dénuées de colonies. Mais n'y a-t-il pas, pour les métropoles, des avantages particuliers résultant du caractère spécial de leurs relations avec les colonies qu'elles ont fondées et entretenues? Il nous paraît incontestable que les métropoles retirent une utilité particulière de leurs colonies : d'abord ce sont des capitaux métropolitains qui s'y portent; dans ce champ plus productif ils prélèvent un intérêt plus élevé; le sort de leurs propriétaires, dont un bon nombre, sans doute, est resté dans la mère patrie, se trouve amélioré. En outre, la communauté de langues, d'habitudes, de traditions, donne, même dans le commerce colonial libre, une grande supériorité à la métropole sur toutes les nations étrangères. Les colons conservent longtemps les mœurs et les goûts de la mère patrie, il se fournissent chez elle de préférence, leurs relations avec elle ont un caractère d'intimité qu'elles ont rarement avec d'autres nations. Même lorsque le lien colonial se trouve rompu, la ténacité des mœurs et des goûts nationaux persiste : on n'efface pas par une révolution les traces d'une éducation commune et de traditions séculaires. Même de nos jours l'exportation de la Hollande pour le Cap est considérable : on a fait la remarque que les vins d'Espagne et de Portugal sont encore d'un usage général dans l'Amérique du Sud, quoique sous ce climat brûlant les vins légers de France dussent être préférables. Quelle que soit l'organisation politique et la législation économique, deux peuples qui sont unis par la langue et par la race garderont toujours dans leur manière d'être, leurs goûts et leurs habitudes, des analogies ineffaçables et que l'on peut ranger parmi les liens les plus forts au point de vue des relations commerciales. C'est sur la métropole que les colonies se modèlent. Pour la sécurité, pour la continuité, pour le développement graduel des relations, le commerce des colonies avec la métropole se rapproche beaucoup plus du commerce intérieur que du commerce étranger.

Ces avantages tout naturels n'ont pas suffi aux métropoles, elles ont cherché à s'en assurer d'artificiels au moyen de lois et de règlements; elles ont eu la prétention de monopoliser le commerce de leurs colonies; mais comme, à l'honneur du genre humain, si égoïste que soit un peuple, il ne commet guère d'injustice sans la pallier par une compensation au moins apparente, en échange des privilèges que les mères patries prenaient de vive force dans leurs rapports avec les colonies, elles ont consenti, au profit de celles-ci, à se charger également de chaînes et à s'imposer de réels et importants sacrifices. Ce système de restrictions réciproques qui porte le nom de pacte colonial, et que nous avons retrouvé à chaque page de l'histoire de la colonisation, il importe d'en prendre ici une vue d'ensemble et d'examiner brièvement sa valeur.

Les différentes restrictions usitées dans le système colonial peuvent se ramener à cinq classes : 1° Restrictions sur l'exportation des produits des colonies autre part que pour la mère patrie; 2° Restrictions sur l'importation des articles étrangers dans la colonie ; 3° Restrictions sur l'importation des produits coloniaux, soit de contrées, soit de colonies étrangères dans la métropole ; 4° Restrictions sur le transport des marchandises à destination ou en provenance des colonies autrement que sur des vaisseaux de la métropole ; 5° Restrictions sur la manufacture par les colons de leurs propres matières premières.

1° Restrictions sur l'exportation des produits des colonies pour des contrées autres que la mère patrie. Nous avons retrouvé presque partout et dès l'origine cette première dérogation à la liberté du trafic. Elle s'expliquait et se justifiait aux yeux des hommes d'Etat par les sacrifices que la métropole avait dû faire pour la fondation de ses colonies ou tout au moins pour leur défense : c'était une compensation. Mais, comme il arrive toujours, cette mesure artificielle et violente allait contre le but qu'elle se proposait. Il est incontestable que la métropole retirait de ces restrictions un avantage relatif : les denrées coloniales que l'on bornait au marché métropolitain ou qui ne pouvaient être transportées aux autres nations qu'après avoir touché le sol de la mère patrie, devaient assurément revenir moins cher dans la métropole que partout ailleurs. Cette première dérogation au cours naturel du trafic avait donc pour effet de diminuer à la fois les jouissances et l'industrie des pays qui étaient exclus de ce commerce, ce qui donnait un avantage relatif manifeste aux contrées qui en étaient seules en possession. Mais, ainsi que Smith l'a parfaitement démontré, ce n'était là qu'un avantage relatif, lequel en réalité était fort coûteux pour le pays qui en jouissait. « Si la France et tous les autres pays d'Europe, écrit l'auteur de *la Richesse des Nations*, eussent eu dans tous les temps la faculté de commercer librement au Maryland et à la Virginie, le tabac de ces colonies aurait pu dans la même période se trouver revenir à meilleur compte qu'il ne revient actuellement, non seulement pour tous ces pays, mais aussi pour l'Angleterre elle-même. Au moyen d'un marché qui eût été si fort étendu au delà de celui dont il a joui jusqu'ici, le produit du tabac aurait pu tellement s'accroître, et probablement même se serait tellement accrû pendant cette période, qu'il aurait réduit les profits d'une plantation de tabac à leur niveau naturel avec ceux d'une terre à blé, au-dessus desquels ils sont encore, à ce que l'on croit ; durant cette période le prix du tabac aurait pu tomber et vraisemblablement serait tombé un peu plus bas qu'il n'est à présent. Une pareille quantité de marchandises, soit d'Angleterre, soit des autres pays, aurait acheté dans le Maryland et dans la Virginie plus de tabac qu'elle ne peut en acheter aujourd'hui, et ainsi elle y aurait été vendue à un prix d'autant meilleur. Par conséquent, si l'abondance et le bon marché de cette plante ajoutent quelque chose aux jouissances et à l'industrie de l'Angleterre ou de tout autre pays, ce sont deux effets qu'ils auraient vraisemblablement produits à un degré plus considérable qu'ils ne font aujourd'hui, si la liberté du commerce eût eu lieu. A la vérité, dans cette supposition, l'Angleterre n'aurait pas eu d'avantages sur les autres pays : elle aurait bien acheté le tabac des colonies un peu meilleur marché qu'elle ne l'achète et, par conséquent, aurait vendu quelques-unes de ses marchandises un peu plus cher qu'elle ne le fait à présent : mais elle n'aurait pas pu pour cela acheter l'un meilleur marché, ni vendre les autres plus cher que ne l'eût fait tout autre pays. » Ce qui est vrai du tabac l'est du sucre et de toutes les autres denrées : la limitation de la vente de ces produits au seul marché métropolitain bornait leur production dans les colonies et en élevait par conséquent le prix ; ainsi, au lieu que les restrictions à la liberté du trafic rendissent les denrées coloniales moins chères, du moins pour la métropole, elles avaient pour effet de les renchérir, même pour cette dernière ; en même temps elles arrêtaient le développement de la culture aux colonies, ce qui rendait les colons moins riches, c'est-à-dire moins capables d'acheter les produits manufacturés de la métropole : cette dérogation au cours naturel du commerce avait donc pour effet de diminuer les jouissances et l'industrie, non seulement des nations étrangères et de la colonie, mais de la métropole elle-même. Adam Smith avait donc raison de s'étonner que les métropoles se fussent imposé de pareils sacrifices « en vue d'exécuter un projet de pure malice et de pure jalousie, celui d'exclure autant que possible toutes les autres nations de la participation à ce commerce. » Mais il est probable que l'erreur avait autant de part à ces restrictions que « la jalousie » et la « malice » ; on croyait se procurer ainsi les denrées coloniales à meilleur compte, tandis qu'on les faisait artificiellement enchérir.

Cette première catégorie de restrictions a été la première atteinte dans la pratique : nous avons vu qu'on y a bien des fois dérogé en Angleterre et en France dans le courant du XVIIIe siècle ; aujourd'hui elles ont disparu presque complètement de la législation des nations civilisées.

2° Les restrictions sur l'importation d'articles de fabrication étrangère dans les colonies sont aussi vieilles que les précédentes et durèrent encore plus longtemps. Chaque métropole voulut donner à ses commerçants le privilège du marché colonial : on croyait ainsi assurer le développement de l'industrie métropolitaine ; ce fut encore là une erreur, selon nous. Il n'est que trop prouvé par les faits que ces prohibitions, en renchérissant aux colonies les articles de nécessité, quelquefois les ustensiles de fabrication, avaient pour effet de ralentir le progrès de ces jeunes sociétés, elles les maintenaient dans l'état d'enfance et entravaient leur essor : croissant moins vite, arrivant plus difficilement à la richesse, leur puissance d'acheter se trouvait réduite et les articles de fabrication métropolitaine dont les prix étaient artificiellement élevés se vendaient moins, en fin de compte, qu'ils ne se seraient vendus sous un régime plus libéral. Ou bien ces prohibitions étaient sans effet, si la métropole, comme l'Angleterre, par exemple, avait une véritable supériorité dans la fabrication de la plupart des articles qui répondaient aux besoins des colons ; ou, si la métropole était sous ce rapport dans un état d'infériorité relativement aux nations voisines, en contraignant ses colonies à lui acheter les objets de première nécessité et les ustensiles de fabrication agricole, elle les condamnait à végéter, elle arrêtait leur progrès dans son germe, elle tuait la poule aux œufs d'or. Ce dont il faut surtout tenir compte, en pareille matière, c'est la contrebande, qui, aux colonies, se faisait sur une très grande échelle. Jamais et nulle part, malgré la surveillance la plus minutieuse et les grands frais qu'elle occasionna, l'on n'a pu arrêter le trafic interlope. Qu'en résulta-t-il? C'est que la prohibition d'importer des marchandises étrangères aux colonies équivalait dans la plupart des cas à une prime donnée aux contrebandiers. Voici donc quelles étaient les conséquences du système : les colons payaient plus cher les articles de nécessité et les ustensiles de production, ce qui arrêtait considérablement les progrès de la colonie ; les fabricants de la métropole ne profitaient qu'en très petite partie du privilège qu'on voulait leur assurer ; c'étaient les contrebandiers qui en tiraient le profit le plus net et qui percevaient une sorte d'impôt sur les agriculteurs d'Amérique ; la métropole se condamnait à d'énormes frais de surveillance ; d'un autre côté, par suite du marasme où un tel régime plongeait les colonies, les colons étaient moins en état d'acheter les marchandises de convenance, d'agrément ou de luxe pour la production desquelles la métropole avait des avantages qu'elle tenait de la nature ou de la communauté des goûts et de mœurs entre les colonies et la mère patrie ; en dernier lieu, il résultait de ces prohibitions et des souffrances qu'elles imposaient aux colons, une vive irritation qui, demeurant longtemps muette, finissait par éclater en troubles, en révoltes, et par amener la séparation.

Cette seconde catégorie de restrictions ne put non plus résister indéfiniment aux lumières de la science et de l'expérience. Peu à peu, dans les colonies hollandaises, dans les colonies anglaises, dans les colonies françaises enfin, les liens primitifs, si étroitement noués, furent relâchés. Nous avons suivi ce progrès dans le courant de cet ouvrage et, après en avoir marqué les étapes, nous avons vu qu'il aboutit à la faculté pour les colonies de fixer elles-mêmes leurs droits de douane. Telle est du moins la législation anglaise et la législation française ; on ne peut nier qu'elle ne soit bienfaisante : toutes les autres nations tendent à l'adopter. Certaines colonies, cependant, comme le Canada et Victoria en Australie, ont abusé dans ces derniers temps, de la faculté qui leur était laissée, pour établir des tarifs très élevés destinés à protéger les manufactures coloniales. Ces colonies sont sans doute les premières victimes de ces essais de réaction économique. C'est ainsi que la colonie de Victoria, depuis l'établissement de son tarif protectionniste, se développe beaucoup moins rapidement que la colonie libre-échangiste de la Nouvelle Galles. Les droits protecteurs nuisent néanmoins à la métropole. Il serait peut-être sage que la métropole fixât une fois pour toutes une limite assez large à la faculté dont jouissent les colonies, que celles-ci par exemple ne pussent taxer à plus de 15 ou 20 p. 100 de leur valeur les produits manufacturés européens. Il n'y aurait là aucune infraction à la liberté coloniale ; ce serait une clause analogue à celle qui figure dans nos traités de commerce, avec la différence que cette clause serait regardée comme ayant une durée éternelle, sauf accord des deux parties pour la modifier (1).

3° Les restrictions sur l'importation des denrées coloniales soit de contrées, soit de colonies étrangères dans la métropole, forment la troisième partie du système. C'était une compensation accordée aux colonies et qui complétait cet engagement synallagmatique connu sous le nom de *pacte colonial*. Cette classe de prohibitions, on l'a fait remarquer avec raison, était d'une application plus facile que la classe précédente : en effet, à la différence des articles manufacturés, les denrées coloniales sont des matières de beaucoup de poids relativement à leur valeur et dont l'introduction en fraude rencontre beaucoup d'obstacles dans leur nature même ; ces prohibitions sont donc efficaces, en ce sens du moins qu'elles sont

---

(1) Lorsque les colonies sont devenues complètement adultes, qu'elles ne demandent plus rien au Trésor métropolitain, il faut leur laisser, même en matière de douanes, la liberté de l'erreur, sinon l'on pourrait peut-être les pousser à un affranchissement violent.

exécutées, d'autant plus que, à la différence des colonies où la population est disséminée et rare, ce qui y rend la surveillance difficile, les métropoles sont, d'ordinaire, des terres très peuplées où la multitude d'agents gouvernementaux et les moyens d'information et de répression rendent la contrebande singulièrement malaisée, impossible même dans le cas qui nous occupe. Les droits prohibitifs sur les matières coloniales de provenance étrangère ont trois effets nuisibles à la métropole : elles élèvent, et parfois d'une manière considérable, les prix des denrées qui sont non seulement de convenance et de luxe, mais de nécessité comme le sucre ; elles restreignent la consommation parmi les classes peu aisées ; elles introduisent souvent des articles de qualité inférieure à la place de produits de bonne qualité.

Sur l'élévation des prix qui frappe les denrées coloniales par suite de cette sorte de prohibitions, tout a été dit. On sait combien les sucres de Cuba et de Java sont inférieurs comme prix et supérieurs comme qualité aux sucres de la Jamaïque ou de la Guadeloupe. Il s'est produit dans la première partie de ce siècle ce fait étrange, qui semble contre nature, mais qu'expliquait la législation coloniale du temps, c'est que les contrées d'Europe, qui n'ont pas de colonies, avaient les denrées coloniales à bien meilleur marché et de bien meilleure qualité que la France ou l'Angleterre qui possèdent de grandes colonies tropicales.

Quand il s'agit de denrées d'un goût aussi général et d'une utilité aussi universelle que le sucre, il est impossible de calculer l'extension que la consommation pourrait prendre par suite d'un abaissement de droits. « Ceux qui n'ont pas vu de leurs propres yeux quelle immense quantité de sucre est consommée dans l'Amérique espagnole, même parmi les familles les plus pauvres, seraient étonnés, dit Humboldt, de trouver que la France ne réclame pas pour sa fourniture de sucre une quantité supérieure à trois ou quatre fois celle que consomme l'île de Cuba. » Quand Humboldt écrivait ces lignes, Cuba n'avait que 340,000 habitants, la France en comptait 80 fois davantage (1).

Il est incontestable que le privilège accordé aux colonies pour l'approvisionnement de la métropole en denrées coloniales tend à substituer des denrées de qualité médiocre ou inférieure aux denrées de première qualité. Ce résultat se manifeste par plu-

---

(1) La suppression des droits sur le sucre, il y a peu d'années, en Angleterre et leur réduction considérable en France dans l'année 1881 ont montré combien la consommation de cette denrée est extensible. On peut consulter sur ce point un article que M. René Stourm a publié dans l'*Économiste français* (avril 1882).

sieurs raisons. D'abord les colonies privilégiées dont la culture est déjà ancienne et qui reposent sur le monopole n'ont pas toujours des produits aussi parfaits que d'autres contrées plus neuves et où la culture se perfectionne sous l'aiguillon de la concurrence. Le sucre de Cuba et de Java est même, comme qualité, supérieur à celui de la Jamaïque et de la Guadeloupe. Un des produits coloniaux que l'Angleterre a le plus favorisés, c'est le bois du Canada : il a été prouvé que ce bois était non seulement beaucoup plus cher mais qu'il était encore beaucoup moins durable que les bois de Norwège. Dans une enquête qui fut faite en 1831, sir Robert Seppings constatait que les frégates construites en bois canadien ne possédaient pas la moitié de la durée de celles qui étaient construites en bois de la Baltique. Quant aux denrées de consommation, il n'est pas contestable que les hauts droits qui pèsent sur elles ne constituent un stimulant à la falsification : quoique l'on ne puisse espérer de venir jamais complètement à bout des fraudes du trafic de détail, il est cependant certain qu'on les réduirait considérablement, si l'on abaissait les droits excessifs sur les denrées coloniales, si l'on diminuait par conséquent l'intérêt qu'ont les marchands à les falsifier. De même que les prohibitions d'importer des marchandises étrangères dans les colonies constituent une sorte de prime pour les contrebandiers ; de même les hauts droits sur les sucres ou les cafés étrangers constituent une sorte de prime au profit des détaillants qui les falsifient, et, quoique ce dernier abus soit beaucoup moins général que le premier et frappe moins les yeux, il n'en faut pas moins tenir compte dans l'appréciation des inconvénients si multiples et si complexes du pacte colonial.

Pour justifier la catégorie de restrictions qui nous occupe, on a invoqué l'importance du commerce colonial. On est tombé sur ce point dans des exagérations et des oublis qui dénotent une singulière légèreté d'esprit ; c'est ainsi que l'on a oublié, selon la juste remarque de Mérivale, que, pour chaque client que l'Angleterre gagnait au Canada, elle en perdait un en Suède ou en Russie, de même que pour chaque client qu'elle gagnait à Demerara ou à la Jamaïque, elle en perdait un à Cuba à Java ou au Brésil. Les tableaux de douane ont aussi induit en erreur les partisans du pacte colonial. Il y a dans les statistiques commerciales des chiffres qui prêtent aux méprises et qui sont souvent interprétés à contre-sens. « Plusieurs de nos colonies, dit Merivale, sont des entrepôts importants pour notre commerce étranger ; on y transporte un grand nombre d'articles anglais pour y être réembarqués à d'autres destinations, et cela de deux façons, par le commerce autorisé et par la contrebande. Tous ces articles paraissent dans les tableaux statistiques des colonies, d'un côté, à l'exportation et, de l'autre, à l'importation, ce qui enfle démesurément la consommation apparente des colonies. Ainsi, en 1836, les importations d'Angleterre à la Jamaïque étaient, d'après les tableaux, de 2,108,606 livres sterling, et les exportations de l'île de 3,315,670 livres sterling; c'était par an et par habitant plus de trois livres st. de consommation de produits anglais, soit dix fois plus que pour les États-Unis et le Brésil, qui sont deux de nos plus importants marchés étrangers. Mais, en examinant les tableaux de plus près, on trouve qu'une très grande proportion des articles manufacturés ainsi portés à la Jamaïque sont réexportés pour l'Amérique du Sud. L'autre déduction nécessaire de l'apparente consommation de marchandises anglaises aux colonies provient de la contrebande. Que d'articles sont transportés de la Jamaïque à Saint-Thomas et aux autres entrepôts de la contrebande dans le golfe du Mexique. La grande exportation du Canada dans le nord de l'Amérique ne paraît pas sur les tables statistiques. D'après les Américains, cette exportation serait très considérable. » Ce ne sont pas là les seules raisons qui rendent les tableaux des douanes difficiles à consulter en pareille matière. Il y a encore une autre correction nécessaire aux calculs sur l'importation d'une métropole à ses colonies, de l'Angleterre, par exemple, à la Jamaïque. C'est que peu d'articles parviennent aux ports étrangers en provenance de l'Angleterre, s'ils ne sont pas des produits, soit de l'Angleterre, soit de ses colonies; tandis que dans le commerce colonial, du moins jusqu'à l'abolition de l'acte de navigation, l'Angleterre avait le transport des produits de toutes les nations; et ces produits, confondus avec les articles anglais, figuraient, selon Merivale, sur les tableaux statistiques sous le titre commun d'importations de la Grande-Bretagne. C'était donc par des interprétations erronées que l'on soutenait l'utilité au point de vue métropolitain de la classe de restrictions qui nous occupe, c'est-à-dire du privilège accordé aux colonies pour la vente de leurs produits sur le marché de la mère patrie. Il est incontestable que ces restrictions avaient pour effet d'élever dans la métropole le prix des denrées coloniales, d'en réduire la consommation et parfois de substituer des produits de mauvaise qualité aux produits de qualité supérieure; et il n'est pas le moins du monde prouvé que ces inconvénients considérables aient eu pour équivalent un avantage réel et sérieux.

Mais ces restrictions, dit-on, à supposer qu'elles fussent un fardeau pour la métropole, étaient un acte de justice et une compensation due aux colonies pour les entraves qu'on avait mises à la liberté de leurs importations dans l'intérêt des fabricants métropolitains. S'il en était ainsi, il en faudrait conclure qu'on ne saurait s'arrêter trop tôt dans la voie du monopole, parce que chaque privilège, à moins d'injustice odieuse, en amène à sa suite un autre qui lui est contraire et lui sert de contre-partie : l'on forme ainsi peu à peu une longue série de privilèges multiples, destinés à se faire équilibre les uns aux autres et dont l'action combinée est singulièrement nuisible au progrès des sociétés. Mais, à notre avis, le monopole accordé aux colonies pour l'approvisionnement du marché métropolitain en denrées coloniales a eu des conséquences funestes pour les colonies elles-mêmes. S'il a favorisé leur prospérité momentanée et leur essor passager à certaines périodes de leur histoire, il a nui à leur développement normal, à la constitution régulière de la société coloniale, à la saine organisation économique. C'est grâce à ce monopole que les colonies des tropiques se sont tournées tout entières vers la production de denrées d'exportation : elles ont négligé les cultures vivrières; elles ont consacré toutes leurs ressources à la canne à sucre; elles ont épuisé leur sol par une production hâtive et sans merci; elles ont fondé l'esclavage et multiplié à l'infini le nombre des esclaves; elles sont devenues des fabriques; tout a été artificiel dans leur opulence; elles ont bientôt passé par des crises intenses et ont fini par tomber dans le marasme; aujourd'hui, sous l'influence de réformes nécessaires, elles luttent péniblement contre des maux qui n'ont jamais frappé les contrées européennes avec cette intensité et cette permanence. De cet abîme de difficultés où ces colonies se trouvent actuellement, il n'est pas contestable qu'une des causes principales ne soit la direction tout artificielle qui a été imprimée, dès l'origine, à leur production par un monopole qu'elles regardaient comme un précieux et durable avantage.

4° Une quatrième catégorie de restrictions qui, plus que toutes les autres, a trouvé faveur auprès du public et a même été vue d'assez bon œil par certains économistes, c'est celle qui prohibe le transport des marchandises, en destination ou en provenance des colonies, autrement que sur des vaisseaux de la métropole. Ce fut là, on le sait, un des points favoris de la politique anglaise pendant deux siècles. Nous avons fait l'histoire des lois de navigation dans la première partie de cet ouvrage : on sait que dans l'origine elles eurent un but tout politique, celui d'élever la marine anglaise au-dessus de la marine hollandaise qui, au commencement du xvii⁰ siècle, avait sur toutes les autres marines d'Europe une incontestable supériorité. Aussi l'application de l'acte de navigation était-elle tantôt rigoureuse, tantôt très douce, selon les circonstances politiques. Ces restrictions sur les pavillons étrangers étaient renforcées toutes les fois que l'on appréhendait une guerre, et elles ne manquaient pas d'être considérablement atténuées dans la pratique en temps de paix quand les intérêts particuliers des marchands prévalaient sur les considérations de défense ou de suprématie maritime nationale. Mais dans le courant du xviii⁰ siècle, qui fut par excellence l'époque du système mercantile, les intentions politiques qui avaient inspiré l'acte de navigation subirent l'alliage d'idées économiques erronées qui rendirent les règlements beaucoup plus sévères et plus tenaces. Il ne s'agit plus seulement de défense nationale, mais encore d'augmenter la richesse du pays, par des mesures qui lui donneraient la direction la plus favorable à son développement et en feraient couler une certaine portion dans certains canaux.

On sait que politiquement le système des restrictions sur les transports maritimes a trouvé grâce auprès d'Adam Smith. L'événement, en effet, semble avoir prouvé son efficacité. Mais il est si difficile dans l'entrecroisement des causes qui influent sur la situation politique d'un pays de discerner la part exacte qui revient à chacune d'elles, qu'on peut se demander si l'acte de navigation est en effet la seule cause, ou la cause principale, ou même une des causes de la puissance maritime de l'Angleterre. L'enquête parlementaire qui précéda l'abolition des lois de navigation tend à nier que ces lois aient eu une influence décisive ou même considérable sur l'essor de la marine anglaise. On fait valoir avec raison, pour soutenir cette opinion, que le monopole des Hollandais n'était pas le résultat d'avantages naturels ; que ce petit peuple habite une contrée pauvre en bois de construction comme en métaux ; qu'il devait uniquement sa prospérité d'abord à un grand capital moral, l'énergie, l'esprit industrieux, l'habitude des affaires et la liberté des institutions, et ensuite à une très grande accumulation de capitaux matériels, à la concentration du commerce dans les mains de quelques grandes maisons, ce qui lui permettait de se contenter d'un fret moins considérable que ne le pouvaient faire les petits capitalistes des pays voisins. On ajoute que, à partir de la seconde moitié du xvii⁰ siècle, les guerres fréquentes que la Hollande eut à soutenir contre la France et l'Angleterre entamèrent singulièrement sa prospérité économique et politique ; que l'énormité de sa dette publique, les taxes exorbitantes qui vinrent peser sur l'industrie néerlandaise, élevèrent en Hollande le prix de la construction et de l'équipement des vaisseaux et par suite le fret ; on termine par la remarque que si l'Angleterre a développé, à partir de l'acte de navigation, ses transports maritimes avec l'Amérique, d'un autre côté, sa navigation avec l'Europe, avec les pays méditerranéens spécialement et les pays de la Baltique diminua considérablement : l'on conclut de cet ensemble de raisonnements et de faits qu'il est erroné d'attribuer aux actes de navigation une grand part dans la prospérité de la marine britannique.

Quittant le terrain des considérations politiques pour celui des recherches économiques, nous devons nous demander quel effet de pareilles restrictions produisent, soit à l'origine, soit dans le cours de leur application, sur le commerce et l'industrie d'un grand pays. Nous avons déjà noté dans une autre partie de cet ouvrage les plaintes que les commerçants et les publicistes anglais élevèrent contre l'acte de navigation, à l'époque de son établissement : on a vu que plusieurs colonies britanniques refusèrent pendant de longues années de s'y soumettre. Il est incontestable, en effet, que les producteurs métropolitains et coloniaux souffrent également d'un pareil régime ; et nous ne croyons pas que ces souffrances soient compensées par les avantages qui peuvent échoir aux armateurs. Supposons qu'une marine étrangère soit moins chère que la marine nationale, la prohibition de se servir des vaisseaux étrangers fait supporter, par les commerçants de la métropole et des colonies, toute la différence entre le fret par vaisseaux étrangers et le fret par vaisseaux nationaux. Or, cette différence qui est tout entière à la charge des producteurs ne constitue pas un profit net pour les armateurs privilégiés : une partie de cette différence, en effet, représente l'infériorité naturelle de la navigation nationale par rapport à la navigation étrangère ; les armateurs privilégiés ne perçoivent donc, comme profit net, qu'une partie de cette différence, laquelle, au contraire, constitue dans son intégralité une perte sèche pour les producteurs de la métropole et des colonies : les uns perdent beaucoup plus que ne gagnent les autres ; il y a, en définitive, perte pour la nation dans son ensemble. Toute restriction sur l'usage de la marine étrangère pour le transport des marchandises nationales a, de toute nécessité, l'un de ces deux effets : ou de détourner une partie du capital des autres branches d'industrie pour l'employer d'une manière moins profitable à la construction de vaisseaux, ou d'amener une réduction dans les exportations du pays sur lequel pèsent ces règlements. Selon nous, l'un et l'autre de ces deux effets doit se produire à la fois dans une mesure qu'il n'est pas possible de déterminer : d'un côté, une certaine quantité de capitaux abandonne l'industrie pour se porter vers le commerce maritime où l'appellent les faveurs légales : d'un autre côté, la production des articles d'exportation doit diminuer par suite de l'élévation du fret qui, en faisant hausser le prix de revient des marchandises aux lieux de destination, en diminue nécessairement la demande, et aussi par la plus grande rareté des capitaux destinés à l'industrie, puisqu'une partie de ces capitaux se trouve appelée par les règlements à la construction, à l'équipement et à l'entretien des vaisseaux. La question si agitée par Adam Smith, Mac Culloch, Merivale et d'autres encore, la question de savoir si l'acte de navigation, en détournant de l'industrie une partie des capitaux anglais pour les consacrer au commerce maritime, ne produisit pas, d'une manière permanente, une hausse des profits en Angleterre ; cette question nous paraît facile à trancher d'après les observations que nous venons de faire. Il est incontestable qu'au moment de l'établissement de l'acte de navigation il dut se produire dans toutes les branches de l'industrie anglaise une hausse générale de l'intérêt des capitaux ; la raison en est bien simple : une partie des capitaux se portant subitement vers le commerce maritime auquel ils ne s'étaient que peu livrés jusque-là, les capitaux destinés à l'industrie devinrent moins nombreux, et leur demande restant, du moins au premier moment, à peu près égale à ce qu'elle était auparavant, on fut amené à leur accorder une rémunération plus considérable ; c'est ainsi que toute création d'industrie nouvelle a pour effet d'amener, au moins d'une façon momentanée, une hausse de l'intérêt du capital, parce que, en soustrayant aux autres industries une partie des capitaux qu'elles employaient, elle modifie le rapport de la demande à l'offre des capitaux. Mais on ne peut nier que, dans le cas des actes de navigation, un pareil effet ne fût passager et sans durée, et voici les raisons qui empêchèrent que l'augmentation de l'intérêt du capital, produite par l'établissement de ces actes, pût se maintenir pendant de longues années : il est évident que le premier effet de la prohibition de se servir pour les transports d'une marine étrangère moins coûteuse fut de faire hausser le fret ; on ne peut nier que cette hausse du fret n'augmentât le prix des marchandises aux lieux de destination ; il est évident que cette hausse des marchandises aux lieux de destination dut, dans une certaine proportion, en diminuer la demande; enfin cette diminution de la demande dut avoir pour conséquence une diminution équivalente de la production dans la contrée manufacturière. Il est donc inexact que les actes de navigation aient eu pour conséquence permanente de faire hausser les profits en Angleterre : ils purent, il est vrai, avoir pour conséquence passagère d'élever l'intérêt du capital, ce qu'il faut bien distinguer, d'ailleurs, de l'élévation des profits de l'entrepreneur ; mais cette hausse même de l'intérêt ne fut qu'éphémère : l'effet permanent de l'acte de navigation fut de rendre les marchandises anglaises plus chères aux colonies qu'elles ne l'étaient auparavant et les marchandises coloniales plus chères en Angleterre : cette cherté produite par l'élévation du prix des transports dut amener une réduction de la demande, et, à la longue, une réduction dans la production des articles destinés à l'exportation tant en Angleterre qu'aux colonies. L'acte de navigation agit donc, au point de vue économique, sur la métropole et sur les colonies, « comme un poids mort qui pèse sur l'un des ressorts principaux de l'activité humaine », pour nous servir d'une expression d'Adam Smith dans une autre circonstance. En renchérissant la consommation aux lieux de destination, il décourageait la production aux lieux de provenance et constituait, par conséquent, un obstacle aux progrès et à la prospérité des colonies et de la métropole. Cet effet ne cessa qu'au moment où la marine privilégiée parvint, à force de temps et d'efforts, à égaler la marine proscrite, c'est-à-dire au moment même où l'acte de navigation perdit toute son efficacité ; ce moment, il est impossible de le déterminer dans l'histoire.

Une des meilleures preuves du tort que les restrictions sur le commerce de transport font tant à la métropole qu'aux colonies, ce sont les circuits auxquels se livrent les marchandises pour échapper aux droits différentiels : ces circuits sont aussi grands que ceux qui proviennent de la guerre quand les relations directes entre le pays de provenance et les pays de destination sont interrompues. Say nous apprend (*Cours complet*, t. III, p. 361) que dans les guerres de l'Empire l'on vit des marchandises d'Amérique arriver à Paris par la voie de Salonique, en Turquie : et Tooke, dans son histoire des prix, parle de pièces de soie qui, pour arriver de Bergame en Angleterre, pendant les mêmes guerres, prirent l'une la voie de Smyrne, l'autre la voie d'Arkhangel, mettant, la première, une année, la seconde, deux ans à faire ce voyage. Des effets analogues sont produits, d'après Merivale, par les restrictions sur le commerce de transport : il en résulte un singulier gaspillage de capital et de travail. « Il n'est pas rare, dit cet économiste, de voir la farine des États-Unis en destination des Antilles, au lieu de s'embarquer à New-York, prendre la direction de Montréal ou de Québec pour être transportée de l'une de ces villes sous pavillon anglais. On élève ainsi le prix de cet article de nécessité ; et, pour mettre quelques centaines de livres dans la poche des armateurs, on fait dépenser plusieurs milliers de livres aux colonies. Il y a des exemples de blé transporté d'Arkhangel à Québec, puis débarqué et réembarqué pour la Jamaïque. On a vu des vaisseaux charger des bois de construction du Nord, les porter au Canada et de là en Angleterre comme bois du Canada, la différence des droits suffisant pour indemniser les dépenses énormes du circuit. Tout cela prouve l'énorme addition faite au prix naturel de chaque article par le monopole, spécialement par celui du transport et la manière très improfitable dont cette différence est gaspillée. » C'est là le meilleur jugement que l'on puisse porter sur cette quatrième catégorie de restrictions. Elles imposent aux producteurs métropolitains et coloniaux, aux consommateurs coloniaux et métropolitains, des charges excessivement lourdes dont une minime partie seulement devient pour les privilégiés un bénéfice net, et dont la plus grande partie par conséquent est une perte sèche pour la nation prise dans son ensemble.

5° La cinquième catégorie de restrictions consiste dans l'interdiction faite aux colons de manufacturer leurs propres produits bruts. C'est une des parties essentielles du pacte colonial, et malheureusement sur plusieurs points et en plusieurs contrées, elle a survécu au pacte lui-même. On connaît le mot de lord Chatam, mot étrange dans la bouche d'un homme dont l'esprit était doué de tant de lumières et le cœur si sensible à l'équité : « Les colonies anglaises du Nord-Amérique, disait-il en plein parlement, n'ont aucun droit à manufacturer même un clou ou un fer à cheval. » Ainsi s'exprimait un défenseur avoué des colonies. Nous nous sommes élevé dans la première partie de cet ouvrage contre cette restriction aussi insensée qu'impraticable. Nous avons montré qu'empêcher les colons de fabriquer les objets grossiers et usuels, c'était vouloir entraver les progrès de la culture ; il est presque impossible à une société de prospérer par l'agriculture, si elle n'y joint un certain degré d'industrie locale élémentaire. Il y a une foule de travaux qui, par la présence de matériaux en abondance et à bon marché, ne peuvent être exécutés que sur place ; et les interdire, c'est nuire au développement de la richesse, c'est arrêter l'essor de la contrée. Si l'on eût voulu prendre à la lettre le mot de lord Chatam et le faire appliquer en fait, il n'y a pas de doute qu'on eût arrêté le défrichement. Ce n'est pas seulement, en effet, par leurs résultats matériels, c'est plus encore par leur influence morale que de telles mesures pèsent sur les colons. Leur application nécessite des procédés inquisitoriaux, qui sont spécialement odieux aux caractères fiers et indépendants dont ces jeunes sociétés sont en général composées. On se rappelle les difficultés que les règlements de la métropole apportaient à la libre circulation des marchandises et des hommes dans les colonies anglaises du continent américain ; pour empêcher les transports des chapeaux d'une province dans une autre on gênait la viabilité par terre et par eau. De tels règlements sont aussi vexatoires qu'injustes. La métropole n'a que faire dans l'intérêt de ses fabricants de défendre aux colonies de s'adonner à l'industrie. L'intérêt même des colons les porte à se consacrer de préférence à l'agriculture, à la pêche ou au commerce. Tant que les terres sont en abondance, la rémunération des capitaux élevée, la main-d'œuvre rare et chère, il est évident que la grande industrie n'a aucune raison de s'établir, ni aucune chance de prospérer. Ce n'est que l'industrie domestique qui se pratique dans l'intérieur des familles, qui porte sur une fabrication rudimentaire, c'est ce premier degré d'industrie seulement qui peut et doit prendre naissance dans une société jeune, parce que, non seulement il est compatible avec le développement agricole du pays, mais même il lui est essentiel. Pour prohiber cette industrie rudimentaire les règlements sont aussi impuissants que vexatoires ; pour interdire la grande industrie dont la nature des choses détourne les colons, ils sont complètement inutiles et sans raison d'être.

Les prohibitions redoutables sont celles qui portent sur des produits bruts d'un gros volume ou d'une facile préparation sur les lieux, comme le raffinage du sucre ; par différentes raisons, en partie pour favoriser les raffineurs nationaux, en partie pour étendre leur marine, les métropoles ont établi ces restrictions, les ont conservées avec ténacité et quelques-unes les conservent encore. On ne comprend guère l'importance que plusieurs grandes nations d'Europe ont attachée au monopole du raffinage du sucre et les charges dont elles se sont grevées pour favoriser artificiellement une industrie si secondaire. Le Trésor a considérablement souffert pendant des années de l'usage d'encourager par des drawbacks exorbitants, l'exportation du sucre raffiné. Ces drawbacks étaient, d'ordinaire, plus élevés que le montant des droits qu'avait eus à payer le raffineur pour les produits bruts. En France, en 1832, sur 40 millions prélevés sur les sucres coloniaux, 19 avaient été restitués par drawback. Une telle législation était singulièrement dispendieuse pour les métropoles et vraiment calamiteuse pour les colonies. Sauf quelques raffineurs métropolitains, que l'on pourrait compter, tout le monde en souffrait dans une proportion plus ou moins grande. Le Trésor y perdait tout le premier non seulement par l'élévation des drawbacks, qui, par une inexplicable contradiction dans les mots, étaient plus hauts que les droits perçus à l'entrée et contenaient ainsi, outre une restitution de droit, une véritable prime à l'exportation ; mais encore le Trésor en souffrait par la réduction de la consommation ; cette réduction de la consommation est inévitable sous un pareil régime ; le prix du sucre, en effet, est notablement surélevé par une mesure qui ordonne le transport d'une matière brute de gros volume à une distance de 2,000 lieues ; il se produit une augmentation de fret qui fait hausser la valeur du produit, et en diminue par conséquent la demande au lieu de consommation. Le renchérissement du sucre ne résulte pas seulement, en pareil cas, de la différence entre le prix de transport de la matière brute et le prix de transport de la matière raffinée ; il a encore une autre cause : quand le terrage et le raffinage peuvent se faire sur les lieux, les producteurs coloniaux tirent un très grand profit des déchets, lesquels sont beaucoup moins bien utilisés dans la métropole. C'est encore là une cause de hausse dans les prix ; en voici une autre : si le raffinage et le terrage étaient permis, sous l'influence d'une consommation plus grande, c'est-à-dire d'une demande plus étendue, par suite du bon marché, les producteurs coloniaux augmenteraient leur production, ils tireraient un meilleur parti de leurs terres et de leurs capitaux et, produisant infiniment plus, ils pourraient dans une certaine mesure baisser les prix ; l'on sait, en effet, que pour ces produits, plus la production s'étend, plus les frais proportionnels diminuent et plus le prix de revient s'abaisse. Par tous ces motifs il est donc probable que, sans la prohibition du raffinage et du terrage, le prix du sucre tomberait notablement dans la métropole, ce qui en accroîtrait la consommation et enrichirait le Trésor. Les producteurs coloniaux souffrent encore sous le régime que nous critiquons, par d'autres raisons que celles que nous venons d'indiquer. La différence entre les types et entre les degrés d'élaboration des sucres est d'une très grande délicatesse et donne lieu à de nombreuses erreurs. Il est arrivé souvent, c'est un fait parfaitement constaté et connu de tous, que des sucres non raffinés avaient, grâce à la perfection de la distillation, le même aspect que des sucres raffinés ordinaires et par suite étaient refusés à la douane. Les règlements avaient donc pour effet de décourager tout progrès dans la distillation et, en général, dans la production des sucres. Est-il vrai, du moins, que les armateurs aient tiré un profit réel d'un pareil état de choses ? Nous ne le pensons pas. Nous avons déjà fait remarquer que la permission accordée aux colons de terrer et de raffiner eux-mêmes leurs produits aurait pour effet d'en diminuer le prix et par conséquent d'en augmenter la demande dans la métropole. Il en résulterait que les exportations des colonies seraient plus considérables qu'auparavant ; d'un autre côté, les importations seraient aussi supérieures à ce qu'elles étaient. Produisant davantage et tirant un meilleur parti de leurs produits, les colons achèteraient aussi davantage. Le mouvement des échanges entre la métropole et les colonies serait ainsi plus étendu qu'auparavant, au grand profit des colons et des fabricants métropolitains ; le progrès des colonies serait plus rapide et plus assuré ; il est donc probable que les armateurs n'auraient, en définitive, aucune raison de se plaindre, et qu'ils trouveraient dans l'accroissement des échanges une compensation pour la différence entre le fret des produits bruts et le fret des produits élaborés. Ainsi les restrictions que les lois apportent au terrage et au raffinage des sucres coloniaux frappent gravement les intérêts les plus sérieux et les plus nombreux, compromettent la prospérité des colonies et entravent leur progrès, sans satisfaire aucun intérêt légitime et considérable. Le Trésor, les consommateurs métropolitains, les producteurs coloniaux, les fabricants métropolitains qui travaillent pour les colonies, tous souffrent notablement de l'existence de ces lois restrictives ; et il y a toute probabilité que les armateurs n'y gagnent rien.

Nous avons examiné minutieusement les cinq catégories de restrictions, dont l'ensemble a constitué le vieux système colonial adopté par toutes les nations d'Europe, pratiqué par elles pendant trois siècles et récemment réformé par presque toutes. Il en reste cependant des vestiges dont les colons se plaignent encore et dont la réforme est urgente. On a vu que tous ces règlements étaient ou inutiles, ou contraires au but qu'ils se proposent, mais que tous avaient ce double caractère d'être injustes et d'être vexatoires. Entre la colonie et la métropole, peuplées par des citoyens de même race, de même langue, de mêmes droits, il ne saurait y avoir inégalité de législation commerciale, voilà ce que dit l'équité, et voici ce que dit l'expérience : c'est que toutes ces prohibitions entravent le progrès des colonies, arrêtent le mouvement des échanges, nuisent à la fois aux producteurs coloniaux, aux fabricants métropolitains, aux consommateurs de l'une et l'autre contrée et, en définitive, au Trésor public.

Il n'est pas besoin de pacte colonial pour assurer les relations régulières de la métropole et des colonies. L'on n'a que faire dans ce cas de mesures artificielles. Les liens naturels du langage, de la race, de la capitalisation, la communauté d'éducation, d'idées, de mœurs, l'analogie des besoins et des goûts, ce sont là les meilleures garanties et, à vrai dire, les seules possibles, de relations commerciales durables et profitables à tous. Séparée de l'Angleterre, l'Amérique ne lui reste pas moins unie par l'échange continuel des produits.

Est-ce à dire, cependant, qu'une colonie ne présente pas à la métropole plus d'avantages qu'une contrée étrangère florissante, de même race ou de même langue, pourrait lui en offrir? Une telle affirmation partirait d'une observation superficielle et dénoterait un point de vue trop étroit. Une grande contrée industrielle, où la population est dense et les capitaux nombreux, agit avec sagesse et prévoyance en prenant possession de contrées bien situées et sans maîtres, et en y envoyant une partie de ses enfants et de ses moyens de production. En effet, selon la remarque de Torrens, il n'est pas de commerce plus avantageux, plus sûr, plus stable, plus capable de s'étendre, que celui qui se fait entre une contrée manufacturière, très peuplée et d'une haute culture, et un pays agricole fertile. Car les matières premières que la contrée manufacturière tire de la contrée agricole lui permettent de développer à l'infini sa production industrielle ; en même temps, les objets manufacturés que reçoit la contrée agricole, les instruments et les outils qu'elle se procure dans la contrée manufacturière, lui permettent d'étendre de plus en plus la culture. Il en résulte que ces deux progrès, si les deux pays sont économes et laborieux, allant de pair, l'on n'entrevoit pas de limites à l'extension de ce commerce. En se privant d'une part de son capital pour fonder des colonies, la métropole ne fait donc que le placer à haut intérêt. Appliqué à un sol nouveau et fertile, il produit infiniment plus qu'il n'eût pu le faire dans la mère patrie ; et les bénéfices qui résultent de cet accroissement de productivité profitent à tous : bien loin d'être un capital perdu, c'est un capital très utilement employé et qui se multiplie avec une rapidité sans exemple dans le vieux monde. Voilà pourquoi les colons sont, en général, de si grands consommateurs des articles de la métropole : produisant beaucoup, vendant beaucoup, ils ont beaucoup de moyens d'acheter et ils ont de grands besoins qu'ils peuvent plus facilement contenter en s'adressant à la mère patrie qu'en travaillant eux-mêmes directement à les satisfaire.

Un autre avantage des colonies, c'est que les relations commerciales avec elles sont beaucoup plus sûres qu'avec les nations étrangères. Tant que le lien commercial subsiste, l'on n'a pas à craindre de leur part des droits différentiels dans les tarifs de douanes, qui peuvent diminuer d'une année à l'autre le commerce entre deux pays indépendants et le réduire même à néant. On sait les périls nombreux d'un commerce à l'exportation surtout avec des pays lointains. Ces périls sont beaucoup moindres avec des colonies. La métropole n'a pas à redouter de se trouver en guerre avec elles; elle peut attendre de leurs magistrats, de leurs administrateurs une justice équitable et un traitement impartial. Les goûts également sont plus stables et moins changeants dans ces sociétés jeunes et analogues à la mère patrie par leurs éléments constitutifs. Les colons ont, sauf les différences de climat, des mœurs semblables à ceux des habitants du vieux pays. Tous les produits de ce dernier ont plus de chance de leur plaire que les produits étrangers. Le commerce entre la métropole et les colonies a donc quelque chose de cette régularité et de cette permanence dont jouit le commerce intérieur ; et cependant il offre cet avantage spécial de porter sur des articles très différents, produits sous des climats très divers, et en même temps d'être rapidement progressif par le développement prompt et ininterrompu des colonies, grâce aux privilèges naturels qui leur sont propres.

De tout ce qui précède l'on peut conclure que le mot suivant de Stuart Mill est d'une remarquable justesse : « On peut affirmer dans l'état actuel du monde, que la fondation des colonies est la meilleure affaire dans laquelle on puisse engager les capitaux d'un vieil et riche pays. »

CHAPITRE IV

De l'entretien des colonies.

Il est rare qu'une colonie fournisse un revenu net à la mère patrie. — L'établissement d'une colonie est nécessairement coûteux. — Cette raison ne doit pas être un obstacle à la colonisation de la part d'une nation riche.
Calculs exagérés sur ce que la fondation et la défense de ses colonies ont coûté à l'Angleterre. — Même quand la colonie est adulte et florissante, la mère patrie ne doit pas lui demander de tribut.
La métropole rentre d'une manière indirecte dans l'intérêt de ses déboursés. — Les avantages procurés par les colonies ne sont pas tous d'ordre commercial. — Débouchés de toutes sortes qu'offrent les colonies aux classes moyennes de la métropole. — Le budget des colonies en France.

Les partisans de la colonisation ont quelquefois invoqué, pour justifier l'importance qu'ils attachent aux colonies, les revenus que la métropole en peut tirer. Plus souvent les détracteurs de la colonisation ont mis en relief les dépenses considérables que les colonies causent à la métropole afin de détourner leurs compatriotes d'en créer ou pour les engager à abandonner celles qui étaient déjà fondées. Il importe de se garder, à l'un et l'autre point de vue, de toute exagération ; il serait, en effet, aussi déraisonnable de vouloir créer des colonies dans l'intention d'en tirer un revenu, que d'abandonner des colonies déjà adultes et en voie de progrès pour les frais qu'elles imposent momentanément à la métropole.

Il est excessivement rare qu'une colonie fournisse un revenu net à la mère patrie : dans l'état d'enfance, elle ne le peut pas, dans l'état adulte, elle ne le veut pas. Toute tentative pour en tirer des ressources aboutirait, lorsqu'elle est jeune et en voie de croissance, à arrêter son progrès, lorsqu'elle est grande et forte, à provoquer la séparation. Tant qu'une colonie doit être administrée par des fonctionnaires métropolitains et défendue par des soldats et marins tirés de la mère patrie, il est évident qu'il y aura, à la charge de la métropole, des dépenses considérables. Les fonctionnaires coloniaux doivent être hautement payés, d'abord à cause de l'éloignement, de la différence de climat, ensuite parce que le contrôle aux colonies est difficile et qu'il faut s'en rapporter aux employés. Pour les troupes, les frais de transport sont une première cause d'accroissement

des dépenses, la mortalité souvent plus grande, la difficulté de
donner à des soldats européens un régime conforme à leurs habitudes, font, selon Say, qu'un soldat coûte deux fois plus cher aux
colonies que dans la mère patrie. Si les dépenses sont considérables,
les ressources sont chétives ; les impôts dans toute colonie jeune
doivent être excessivement modérés sous peine de nuire aux progrès
de la culture. Nous traiterons plus loin dans un chapitre spécial
cette question fiscale. Qu'il nous suffise de dire pour le moment que
l'impôt foncier et, en général, tous les impôts directs sont presque
impossibles à établir dans une colonie naissante : tout au plus y peut-on introduire, comme aux États-Unis, des taxes locales modérées,
dont le produit doit être réservé aux communes ou aux districts
pour la viabilité. Les impôts indirects sont mieux vus et produisent
davantage : en Australie, par exemple, les droits sur les boissons
donnent un produit considérable. Mais la perception de ces impôts
indirects est aux colonies d'une certaine difficulté à cause de l'étendue des terres et de la dispersion des colons. Tant que le peuplement n'a pas atteint un chiffre élevé et un certain degré de densité,
les frais de perception de l'impôt pourraient presque équivaloir à
leur revenu. La seule taxe qui soit, à la fois, d'une rentrée facile et
parfaitement inoffensive dans ses résultats, c'est un droit léger à
l'importation des marchandises par la voie de mer, ce que l'on a
appelé l'*octroi de mer :* mais il faut que cet impôt soit excessivement
modéré pour ne pas restreindre la demande des marchandises, ce
qui nuirait à la fois aux consommateurs coloniaux et aux fabricants
métropolitains. Quant au produit de la vente des terres aux colonies, il nous paraît incontestable qu'il doit être appliqué tout entier
aux besoins de la colonie, spécialement à la viabilité, à l'arpentage,
à tous les travaux préparatoires indispensables. Il ne faut donc pas
se dissimuler que les dépenses dépasseront de beaucoup les ressources et que la métropole aura à supporter très généralement des frais
assez considérables. Ces frais ne seront pas positivement des avances
au point de vue du Trésor, car la colonie, devenue adulte, se refusera selon toute probabilité à les rembourser ; il serait téméraire de
vouloir tirer d'elle un revenu net sous prétexte des soins qu'on lui
a donnés dans la première période de son existence : on risquerait
de la blesser et de la pousser à des extrémités regrettables.

Il faut donc en prendre son parti : l'établissement d'une colonie
coûte cher ; on a vu la ruine de toutes les compagnies des Indes
soit orientales, soit occidentales. Les seules colonies qui puissent
donner un revenu à la métropole, sont celles qui ont des avantages
naturels bien caractérisés pour la production de certaines denrées

d'exportation ou d'objets précieux pour lesquels la demande est très grande. Ces denrées d'exportation, ces objets précieux, si la colonie a pour leur production des facilités exceptionnelles, sont une excellente matière imposable ; on peut facilement les grever de taxes, dans une proportion même considérable, sans nuire d'une manière très sensible au développement de la colonie. C'est ainsi que le Mexique, par son abondance en métaux précieux et la facilité de l'exploitation des mines, supportait avec aisance les droits élevés qui portaient sur la production minière d'Amérique. Mais si l'on se reporte à la partie de cet ouvrage, l'on verra qu'une portion notable du revenu du Mexique était employée en subsides aux colonies espagnoles moins fortunées et qu'il était loin de tomber tout entier dans les coffres du Trésor métropolitain. De nos jours l'on a cité comme un fait presque inouï que, dans certaines années du commencement du siècle, la Jamaïque ait pu payer tous ses frais d'administration. Nous ne connaissons que deux colonies qui aient fourni d'une manière régulière un revenu à leur mère patrie, c'est Cuba et Java. Si l'on se reporte au second livre de cet ouvrage, l'on verra que l'une et l'autre forment l'une des ressources principales de leurs métropoles et que dans des moments critiques les revenus de ces îles ont préservé soit l'Espagne, soit la Hollande de catastrophes financières. Mais ces îles, on ne le saurait nier, sont dans une position toute spéciale ; pour la production du sucre, elles ont un véritable monopole naturel ; la fertilité des terres y est si grande que le prix de revient du sucre y est infiniment plus bas que dans toutes les autres colonies européennes : on peut donc y mettre des impôts assez élevés sans exagérer les prix et sans nuire à la production. Si l'on voulait tirer également un revenu de la Guadeloupe ou de Bourbon, de la Jamaïque ou de la Guyane, l'on ruinerait bientôt ces colonies. D'un autre côté, ce qui fait que Cuba et Java se soumettaient à des impositions considérables, c'est leur constitution sociale : le nombre des Européens n'y est pas prédominant, le gros de la population est, soit esclave, soit dans une quasi servitude et prêt à se soulever si la crainte de la métropole ne le retenait dans l'obéissance ; voilà pourquoi les planteurs de Java et de Cuba ont payé pendant longtemps sans trop de résistance des impôts considérables. A Cuba cette patience a fini par se lasser. A Java les *bonis coloniaux* ont diminué, et ils tiennent surtout à l'organisation de la propriété, la plus grande partie du sol étant considérée de temps immémorial comme appartenant au souverain, c'est-à-dire aujourd'hui au gouvernement hollandais. Si l'on cherchait ainsi à tirer un revenu notable de colonies peuplées de blancs et où les races indigènes auraient disparu ou bien seraient trop faibles pour donner des inquiétudes sérieuses aux colons, comme le Canada ou l'Australie, il n'y a aucun doute que de telles colonies n'en vinssent à se révolter et à se séparer de la métropole.

C'est donc une grande illusion que de fonder des colonies dans l'espérance d'en tirer un revenu : d'un autre côté, les charges que les colonies imposent à la métropole ont été singulièrement exagérées par les adversaires de la colonisation. Des documents parlementaires de l'année 1835 portaient à 2,360,000 livres la dépense totale des colonies anglaises à la charge de la mère patrie. Quelques statisticiens joignaient à ces dépenses la perte annuelle occasionnée aux consommateurs métropolitains par les monopoles coloniaux pour la vente en Angleterre du sucre, du café, du cacao, etc., des bois de construction, perte annuelle estimée à 2 millions et demi de livres sterling. Allant plus loin encore on y ajoutait la somme payée par la mère patrie pour l'émancipation des esclaves aux colonies, somme équivalant à une dépense annuelle de 600,000 ou 700,000 livres sterling. Mais c'est aller trop loin, selon nous, que de supputer dans le nombre des charges normales et régulières que les colonies imposent à la métropole ces deux dépenses provenant de fautes et d'erreurs politiques et morales, dont la colonie et la métropole s'étaient rendues coupables et qui ne sont pas inhérentes à la fondation ou à l'entretien des colonies. On ne s'arrêtait cependant pas là : on ajoutait à toutes ces dépenses les frais des guerres dont les colonies avaient été l'origine. « La guerre de 1739, dit lord Sheffield, laquelle peut véritablement être appelée un conflit américain, nous fit contracter une dette de plus de 31 millions de livres st. ; la guerre de 1755 nous en fit contracter une autre de 71 millions et demi de livres et la guerre de l'indépendance de l'Amérique ajouta aux deux guerres précédentes environ 100 millions de livres. Ainsi nous avons dépensé pour défendre et retenir nos colonies une somme plus forte que la valeur des marchandises que nous leur avons envoyées dans les meilleures années. » Mais c'est là de la rhétorique et non de l'argumentation, dit avec raison Merivale, « il est vraiment bizarre de compter parmi les dépenses d'entretien de nos colonies des sommes que nous avons gaspillées pour satisfaire notre propre entêtement, *our own propugnacy*. »

En écartant toutes ces exagérations, les dépenses que les colonies portent au budget de la métropole, quoique presque impossibles à éviter, sont beaucoup moindres que ne le feraient croire les calculs fantastiques des adversaires de la colonisation. Ce qui importe, c'est que l'emplacement pour la fondation de colonies soit bien choisi et le régime, auquel on les soumet, favorable à leur développement. Les charges qu'elles imposent à la mère patrie pendant la période de leur enfance ne doivent être qu'une raison de plus pour les politiques intelligents de hâter autant que possible leurs progrès en population, en culture et en richesses. D'ailleurs, si les frais de premier établissement que la métropole doit supporter en tout état de cause (on n'a pas oublié l'échec complet du fameux *self supporting principle* dans l'Australie du Sud), si ces frais de premier établissement ne sont presque jamais remboursés directement par les colonies parvenues à l'âge adulte, ils n'en constituent pas moins un placement avantageux qui rentre par voies détournées avec des intérêts considérables. On a vu, en effet, quelle influence salutaire une colonie progressive exerce sur l'industrie de la métropole et en même temps sur les jouissances des consommateurs métropolitains. Cet accroissement du nombre des objets de consommation et d'échange qu'elle fournit à la mère patrie, ce débouché toujours grandissant qu'elle offre à ses produits, valent bien les dépenses minimes qui ont été nécessaires pour la mener à l'état adulte. Chaque jour les gouvernements emploient des sommes importantes à faire des canaux ou des routes pour l'usage desquels ils n'exigent aucune rémunération : ces dépenses ne rentrent donc jamais au Trésor d'une manière directe, mais elles n'en sont pas moins excessivement utiles à la nation par les débouchés qu'elles ouvrent à des provinces qui n'en avaient pas, par la plus-value qu'elles donnent à des terres dont la valeur était faible, par la masse des marchandises qu'elles introduisent dans la circulation générale. Mieux que tous les canaux et toutes les routes, la colonisation ouvre des débouchés et des marchés nouveaux ; elle met en culture des terres en friche, elle accroît la circulation des marchandises et l'activité de l'industrie ; elle entretient dans la nation l'esprit d'entreprise ; elle sert de déversoir à l'excès de population ; c'est donc là une dépense hautement productive, qu'il est aussi insensé de critiquer qu'il le serait de blâmer l'ouverture de canaux et de routes : ce sont également des dépenses d'administration intelligente et prévoyante ; il s'agit seulement de bien choisir l'emplacement de la colonisation et de la bien diriger, de même que pour la viabilité, il faut bien placer les canaux et les routes, et les bien construire.

Les colonies anglaises aujourd'hui ne coûtent plus rien à la métropole, pour la plupart du moins. Les frais légers du *colonial office*, les tournées des escadres anglaises ne peuvent guère être pris en compte, car les premiers sont insignifiants et les secondes servent à faire respecter dans le monde entier la marine et le commerce britanniques. Il n'y a plus aujourd'hui que ses possessions de l'Afrique australe qui soient de temps à autre pour l'Angleterre l'occasion de dépenses de quelque importance ; la raison en est double : d'une part, l'établissement de Natal est encore tout récent ; de l'autre part, la politique anglaise n'est peut-être pas dans l'Afrique méridionale aussi prudente, aussi habile, aussi humaine même qu'elle devrait l'être. Dans un temps assez rapproché, peut-être 15 ou 20 années, on peut espérer que les colonies anglaises de l'Afrique, ayant une population double, une richesse quadruple, se contentant de leurs territoires immenses et nouant de bons rapports avec leurs voisins de race hollandaise, ne seront plus, même dans la moindre mesure, à charge au budget métropolitain. On sait que le budget de l'Inde — et il y a là quelque rigueur — supporte seul les dépenses des guerres en Afghanistan et sur les frontières. Qu'est-ce donc que les quelques centaines de mille livres que paie actuellement la Grande-Bretagne pour l'entretien de ses colonies, auprès des immenses avantages matériels et moraux qu'elles lui procurent ?

Ces avantages ne sont pas tous d'ordre commercial ; il y en a d'autres que l'on oublie et qui ne sont pas moindres. Les colonies offrent aux classes libérales et à la partie supérieure de la classe ouvrière de la métropole un débouché dont l'importance doit être singulièrement prise en considération. Dans un pays de vieille civilisation où l'éducation, les arts techniques, les sciences, sont très répandus, le marché des professions libérales est encombré. Ingénieurs, architectes, médecins, employés de quelque capacité, ne savent trouver un emploi rémunérateur pour leurs connaissances et leurs talents. Les cadres s'élargissant toujours de la vie coloniale leur offrent des ressources inappréciables. Dans une colonie d'exploitation comme les Indes et comme Java, ils remplissent les fonctions publiques : ils sont juges, administrateurs, légistes, professeurs ; ils exercent à ses divers degrés l'art médical ; ils vont s'y établir avec esprit de retour. C'est ainsi que, en dehors du commerce et de l'industrie à proprement parler, des dizaines de mille Anglais font fortune aux Indes ou du moins y gagnent une aisance que la métropole ou que les pays étrangers, avec leurs mœurs différentes et leurs lois souvent partiales, n'eussent pu leur assurer. Dans les colonies de peuplement parvenues à l'âge adulte, les fonctions publiques doivent nécessairement être réservées aux colons ; mais il reste encore une foule d'occupations rémunératrices pour les jeunes gens de la métropole ; ils peuvent remplir des postes avantageux dans les entreprises privées fondées avec les capitaux de la mère patrie ; comme ingénieurs, comme architectes, comme professeurs, ils possèdent longtemps, pas suite de la supériorité de l'éducation métropolitaine, des avantages sur leurs concurrents coloniaux qui sont d'ailleurs assez rares. Les ouvriers d'élite qui augmentent chaque jour de nombre dans les vieilles contrées trouvent aussi aux colonies, pendant la longue période de leur adolescence, des emplois qui leur permettent d'amasser pour leurs vieux jours. Ainsi en dehors des émigrants qui veulent s'expatrier définitivement, il vient aux colonies chaque année une foule d'hommes entreprenants, ayant soit une éducation scientifique, soit une éducation technique, et qui sont décidés à y passer leur jeunesse et une partie de leur âge mûr, pour rentrer ensuite, aux abords de la vieillesse, riches du fruit de leur travail, dans la mère patrie. Une grande partie de ces hommes répugneraient à aller s'établir dans des pays complètement étrangers ; ils trouvent dans l'identité de langue, dans la similitude de mœurs et de lois, un attrait qui les détermine. La classe libérale et la classe des ouvriers techniques retire donc des colonies une utilité au moins égale à celle dont profite la classe commerciale métropolitaine. L'esprit d'initiative et l'esprit d'aventure sont ainsi entretenus dans tout le corps métropolitain. Evaluer les avantages des colonies uniquement d'après les statistiques du commerce entre elles et la mère patrie c'est ne considérer que l'une des parties, non peut-être la plus importante, de relations qui ont tant d'effets variés et heureux.

En France, l'ensemble du budget des colonies pour 1883 est de 33 millions de francs ; mais de ce chiffre il faut déduire 8 millions et demi qui représentent les frais du service pénitentiaire, lequel profite incontestablement à la métropole, puisque si elle n'entretenait pas ses condamnés au dehors, il faudrait bien qu'elle pourvût dans les prisons de l'intérieur à leurs besoins. Il reste 24 millions et demi, dont les trois quarts sont pris par les dépenses militaires. Ce qui figure pour les dépenses civiles n'est guère que de 6 ou 7 millions ; il faudrait en déduire comme ressources les sommes que les colonies versent au budget de l'État, à savoir : 940,000 francs produit de la rente de l'Inde et 2 millions 200,000 francs contingent de la Cochinchine. L'ensemble des dépenses de la France pour ses colonies, en dehors des services militaires, tomberait alors à 3 ou 4 millions de francs. On doit, d'ailleurs, avouer qu'il est abusif de faire payer des redevances aussi considérables à nos faibles établissements indiens et à la Cochinchine.

L'Algérie n'est pas comprise dans les chiffres qui précèdent. Au budget de 1883 les crédits demandés pour cette grande possession montent à 31,189,000 fr. pour le service ordinaire et à 3,879,000 fr. pour les dépenses sur les ressources extraordinaires ; on peut y ajouter encore 3,199,000 fr. du budget des dépenses sur ressources spéciales. On sait que ce dernier budget se compose uniquement de recettes qui sont perçues en Algérie même et qui, par conséquent, ne coûtent rien à la mère patrie. Les 31,000,000 fr. du budget ordinaire sont entièrement payés par le produit des impôts ou des revenus algériens : à savoir 7 millions 625,000 fr. par les contributions directes algériennes et les taxes spéciales qui y sont assimilées ; 2,488,000 fr. par les produits des domaines ; 580,000 fr. par les produits des forêts ; 3,964,000 fr. par les produits de l'enregistrement ; 3,185,000 fr. par ceux du timbre ; 7,408,000 fr. par les droits de douane ; 2,257,600 fr. par les contributions diverses ; 2,766,000 fr. par les postes et les télégraphes ; et enfin 876,000 fr. par divers autres revenus. Ainsi l'Algérie défraie par elle-même son budget ordinaire. La métropole n'intervient en 1883 que pour des dépenses extraordinaires montant à moins de 4 millions de francs et pour l'entretien de l'armée. C'est déjà un résultat considérable que, constituée il y a cinquante ans par une conquête qui s'est prolongée sur plusieurs décades d'années, notre grande colonie ne coûte rien à la métropole si ce n'est pour sa protection militaire et pour des travaux extraordinaires très limités. Quand l'Algérie pourra-t-elle, comme les Indes, prendre à sa charge l'entretien de l'armée que nous y entretenons ? Avec l'extension de nos possessions africaines à l'Est et au Sud, il est probable que bien du temps sera nécessaire avant que l'on obtienne ce résultat. Est-il désirable, d'ailleurs, qu'on l'obtienne de si tôt ? Nous ne le pensons pas. Si dans un quart ou un demi-siècle l'Algérie pouvait être amenée à contribuer pour le quart ou la moitié aux dépenses militaires qui s'y font, c'est le maximum qu'un esprit raisonnable puisse souhaiter. Dans l'intérêt même de l'expansion de notre œuvre africaine et pour le maintien de l'union si désirable entre la France et sa colonie grandissante, il convient que la métropole fasse toujours les frais d'une forte partie, de la moitié environ, des dépenses militaires en Afrique. Si l'on voulait affranchir complètement de cette charge la mère patrie, ce serait décréter la séparation de l'Algérie. Les temps sont encore éloignés où ces questions auront de l'actualité.

LIVRE DEUXIÈME

DU MEILLEUR RÉGIME APPLICABLE AUX ÉTABLISSEMENTS COLONIAUX.

CHAPITRE PREMIER

Des différentes sortes de colonies. — Des travaux préparatoires à la colonisation. — Du régime des terres et de la main-d'œuvre.

Avant de coloniser, il faut bien se rendre compte du genre de colonies que l'on veut fonder. — Une colonie de peuplement ne convient pas à un peuple ayant beaucoup de capitaux et peu de population. — Une colonie d'exploitation ne convient pas à un peuple ayant beaucoup de population et peu de capitaux. — Erreurs nombreuses à ce sujet, surtout dans les plans des publicistes ou des hommes d'État allemands.
Les trois catégories de colonies.
Nécessité d'importants travaux préparatoires pour frayer la voie à la colonisation. — Exemples de colonies qui ont péri faute de cette préparation. — Projet d'employer les condamnés pour ces premiers travaux. — Un plan de M. Gladstone.
Les travaux préparatoires essentiels se ramènent à trois services : la viabilité, l'arpentage et la délimitation des lots de terrain, l'aménagement des ports. — Exemple des États-Unis et de l'Australie à ce point de vue.
Le régime d'appropriation des terres. — Résumé des expériences américaines et australiennes. — Certains cas où les concessions gratuites peuvent êtres utiles. — Comparaison de la vente à prix fixe et de la vente aux enchères. — Le système Wakefield.
Les grandes Compagnies foncières : leurs avantages et leurs inconvénients.
De la main-d'œuvre dans les colonies. — L'esclavage, l'immigration des coolis, les *indented-servants*, les prisonniers mis en assignement.
De certains projets pour introduire aux colonies la main-d'œuvre en grandes masses. — De l'immigration subventionnée. — Le bureau et les agents d'immigration.

Après avoir considéré la colonisation au point de vue de la métropole et des avantages qu'elle lui procure, on la doit examiner au point de vue des colonies et du régime qui leur convient.

La plupart des colonies européennes, l'histoire en fait foi, furent fondées presque au hasard, sans direction systématique et furent abandonnées à toutes les crises qui attendent les sociétés naissantes. Composées d'éléments aventuriers, laissées à leur propres forces, elles luttèrent pendant de longues années contre les obstacles de toute sorte que leur opposaient la nature, les circonstances économiques et aussi les conditions politiques auxquelles elles se trouvaient subordonnées. Si la plupart, à force de temps et de patience, parvinrent à traverser ces difficultés premières et à s'élever, après plusieurs siècles, à un degré plus ou moins élevé de richesse et de puissance, il n'en faut pas conclure que le régime d'abandon, le système d'abstention et le principe de *laisser faire* soient pour la métropole la règle de conduite la plus prudente et la plus sage. Tout concourt à prouver, au contraire, qu'une direction intelligente, un ensemble de préceptes puisés dans les règles de la science et dans les données de l'expérience, une tutelle habile, modérée, s'atténuant progressivement et cessant à propos, peut conduire avec succès les colonies à travers les obstacles qui entourent leur enfance, leur abréger la période initiale de lutte et d'inquiétude, et hâter leur progrès en population, en richesse et, d'une manière générale, en civilisation.

Toute contrée qui veut coloniser doit se poser, au préalable, la question suivante : quel est le genre de colonies qui est le plus approprié aux ressources, aux mœurs et au génie de la nation? Le moindre examen de l'histoire coloniale suffit à prouver, en effet, que les colonies se divisent en classes nettement tranchées, essentiellement différentes et qui exigent des aptitudes très distinctes de la part des peuples qui veulent s'adonner à chacune d'elles. Quelles que soient les classifications variées qui ont été présentées par les historiens ou les économistes, les colonies se ramènent, selon nous, à trois types irréductibles et entre lesquels il ne peut y avoir aucune confusion. Ce sont les colonies de commerce, les colonies agricoles et ce que l'on a appelé les colonies de plantations, d'une manière plus exacte, les colonies ayant un monopole naturel pour la production de denrées d'exportation. Les colonies de commerce sont, à proprement parler, des comptoirs, des factoreries, établies dans une contrée riche et peuplée, mais primitive sous certains rapports et où le commerce se trouve encore à l'état d'enfance ou, tout au moins, n'a pas atteint cette liberté d'allures, cette sécurité, ce développement spontané et cette expansion cosmopolite, qu'il acquiert tôt ou tard dans les nations civilisées. De telles colonies ne peuvent être fondées avec succès que par un peuple très avancé au point de vue commercial, dont la marine marchande et militaire a une grande extension, qui se livre avec profit à l'industrie des transports et qui a acquis de vieille date, par l'habileté héréditaire et l'accumulation des capitaux, une certaine supériorité maritime sur les autres nations. Un tel peuple, d'ailleurs, n'a pas besoin, pour fonder de semblables colonies, les entretenir, les exploiter ou les défendre, d'avoir un territoire très étendu ou une population très nombreuse : il lui suffit d'être accoutumé à la mer, d'être riche et industrieux. Quant à ces colonies elles-mêmes, la première condition de prospérité est dans leur situation. L'essentiel, c'est qu'elles soient placées à l'entrecroisement des grandes routes commerciales, qu'elles aient un port sûr et qu'elles jouissent, au point de vue du trafic, d'un régime libéral. Il importe peu qu'elles aient des terres. Un îlot comme Saint-Thomas ou Hong-Kong, une pointe de rocher comme Singapore, ont, au point de vue commercial, une valeur plus grande que beaucoup d'autres ports entourés d'une grande contrée sujette. Roscher assigne à ces colonies de commerce trois destinées : ou bien le peuple, chez lequel elles se trouvent établies, rétrograde en force et en unité, comme l'Inde depuis le second quart du dernier siècle, alors ces colonies deviennent des forteresses et peu à peu le noyau d'un grand empire continental ; ou bien ce peuple fait des progrès, il ne peut souffrir cette sorte de petit État indépendant enclavé dans son territoire, il développe lui-même son commerce, y convie toutes les nations, l'entoure de toutes les garanties désirables, et alors ces colonies perdent toute raison d'être et disparaissent ; ou bien le peuple chez lequel elles se trouvent reste stationnaire, et l'état des choses ne change pas. Ces colonies n'attirent pas une émigration considérable, elles n'emploient qu'un petit nombre d'hommes en comparaison des capitaux qu'elles occupent : ceux qui y viennent sont des commerçants qui conservent, d'ordinaire, l'esprit de retour, ne s'y marient pas, ou, du moins, n'y établissent pas leurs enfants. Il peut donc résulter de ces possessions un accroissement de richesse et d'influence pour la métropole, mais non pas directement une augmentation de puissance ou une extension de la race métropolitaine. Dans cette catégorie de colonies rentrent les établissements des Portugais en Afrique et en Asie, une partie de ceux des Hollandais dans la mer des Indes et toutes les stations que les Anglais possèdent en Orient, y compris les trois belles créations de ce siècle, Aden, Singapore et Hong-Kong. Rien n'est simple comme cette colonisation : elle naît spontanément des relations commerciales et de la suprématie naturelle à certains peuples maritimes, elle se conserve tant que cette suprématie dure et que les conditions du commerce avec les peuples lointains ne se sont pas modifiées.

Les deux autres catégories de colonies sont bien plus complexes et réclament une étude plus minutieuse. Les colonies agricoles ne peuvent s'établir, d'ordinaire, que dans des pays vacants ou peu habités ; elles doivent être dans des conditions de climat à peu près analogues à celles de la nation colonisatrice ; la métropole doit être grande et peuplée de façon à fournir une abondante émigration, sans quoi les colonies à peine nées lui échappent et tombent aux mains d'autres peuples qui fournissent un courant d'émigration plus considérable, comme la Nouvelle-Suède et la Nouvelle-Amsterdam qui finirent par se fondre dans les colonies anglaises voisines (1). Il n'est pas besoin que la métropole soit riche et fasse de grands envois de capitaux. La croissance des colonies agricoles est fort lente : il faut plusieurs générations pour qu'elles parviennent à l'aisance, mais une fois ce premier stage passé, leur progrès est assuré et sans limite. Ayant en elles-mêmes le principe de leur développement, elles tendent à devenir un jour ou l'autre indépendantes de la mère patrie et à former des États libres et puissants. Elles ont, sans exception, un caractère démocratique fort accusé : l'on trouve chez elles, surtout pendant la première époque de leur histoire, une grande égalité des conditions : la forme républicaine est celle qui convient le mieux à leur situation économique et aux mœurs qui résultent de cette situation même. Comme exemples de ces colonies, l'on doit surtout citer la Nouvelle-Angleterre et le Canada. Le dessein, de la part de la mère patrie, de maintenir éternellement dans la sujétion de pareilles sociétés est une chimère impraticable ; tôt ou tard une séparation doit se produire ; il n'y a qu'un moyen d'y échapper en apparence, c'est d'y consentir, en fait, par l'octroi d'une constitution libre, ne consacrant plus qu'un lien nominal et volontaire.

La troisième catégorie de colonies comprend celles qui ont des facilités spéciales pour la production de denrées d'exportation et qui, dès l'abord, s'adonnent, si ce n'est exclusivement, du moins d'une manière particulière à la culture des produits destinés au commerce extérieur. Telles sont les terres des tropiques qui fournissent le sucre, le café, le cacao ; telle est encore l'Australie, qui a un véritable monopole naturel pour la production de la laine. De telles colonies diffèrent notablement des précédentes. Elles réclament de très grands capitaux et semblent avoir besoin pour

---

(1) Dans les colonies mixtes comme l'Algérie, il n'est pas nécessaire que l'émigration provenant de la métropole soit très considérable ; si douze ou quinze mille Français viennent annuellement se fixer en Afrique, ce nombre est suffisant pour encadrer les éléments divers de la population algérienne et pour donner à notre possession africaine un très grand développement.

prospérer d'une organisation artificielle du travail, soit l'esclavage, soit l'immigration avec engagement comme celle des coolies de l'Inde ou de la Chine, ou celle des *indented servants* au XVIᵉ et au XVIIᵉ siècle, soit encore la déportation des criminels, l'assignement des convicts, soit enfin ce régime tout spécial que Wakefield et ses disciples ont mis en faveur pour assurer aux capitalistes une main-d'œuvre abondante. Dans ces colonies la richesse se multiplie dans une proportion et avec une rapidité inouïes ; la population, au contraire, a un développement moins rapide que dans les colonies purement agricoles. La prospérité, beaucoup plus prompte et plus étendue, est, d'un autre côté, soumise à beaucoup plus de crises. L'état social de ces colonies, alors même que l'esclavage proprement dit y aurait été inconnu, laisse toujours singulièrement à désirer ; il n'y a pas d'égalités des conditions ; l'absence des titres n'empêche pas la distinction des classes ; il subsiste longtemps des différences d'origine qui ne s'effacent que bien lentement entre les divers rangs de la société. De telles colonies, en général, sont moins promptement mûres pour l'indépendance ; l'esprit démocratique y est plus contesté (1).

Telles sont les trois catégories principales que nous présente la colonisation moderne ; ces trois types bien tranchés ne s'offrent pas toujours à l'état pur ; quelquefois deux d'entre eux se combinent sur un même point ; il n'en est pas moins nécessaire de les distinguer parce que les conditions de leur développement ne sont nullement identiques.

Rien n'est plus commun que de confondre ces trois modes de colonisation : cette confusion cependant conduit à de cruelles déceptions dans la pratique. Un peuple qui n'a qu'une marine faible se consumerait en vains efforts pour se créer dans les mers lointaines des colonies de commerce ; il ne retirerait pas l'intérêt de ses dépenses et de ses peines ; la fondation et l'entretien de pareils postes serait pour lui une charge plus qu'un profit. Un peuple d'une richesse médiocre et d'une population exubérante n'a que faire de chercher à créer des colonies de plantations, qui ne sont pas un grand débouché à l'émigration et qui réclament des capitaux considérables ; c'est là, cependant, une faute que les Allemands ont commise à plusieurs reprises, et qu'était encore sur le point de renouveler en 1881 le Conseil économique de l'Empire ; les gouverne-

---

(1) En Australie les *squatters*, locateurs de *runs* (terrains de parcours) et propriétaires d'immenses troupeaux, constituent une sorte d'aristocratie ; depuis quelques années c'est néanmoins l'esprit démocratique qui prédomine, quoique l'antagonisme soit très violent entre les *squatters* et les petits cultivateurs.

ments germaniques ont cherché à se créer des établissements sous les tropiques, oubliant que ce dont regorgeait l'Allemagne, c'étaient les bras et non les capitaux. Le grand électeur de Prusse qui voulait avoir des établissements en Guinée, et qui dépensait la valeur de deux marcs d'or en équipements et en salaires pour se procurer un marc en poudre d'or, faisait une erreur de ce genre. Le bruit a couru, en l'année 1868, que la Prusse voulait prendre une position près de la colonie anglaise de Natal et des colonies hollandaises de Transvaal et d'Orange ; ç'eût été de la part de cette puissance un mauvais calcul ; ce dont elle aurait besoin, en effet, ce serait d'une terre fertile, dans un climat tempéré, pour y diriger son émigration qui est considérable. Mais aller fonder une colonie maritime à l'extrémité du monde, quand on n'a qu'une marine secondaire, aller créer une colonie de plantations sous un ciel ardent, alors que la mère patrie est pauvre en capitaux, ce serait une tentative qui n'amènerait que des déceptions. On a prêté encore à la même puissance le dessein de s'annexer la Hollande, principalement en vue de faire des îles de la Sonde le déversoir de l'émigration allemande ; c'était encore là une erreur économique qui provenait de l'ignorance des différences essentielles qui séparent les trois catégories de colonies. Par leur climat, par leur position, par leur population indigène, par leurs produits, les îles de la Sonde sont des colonies de plantations et de commerce ; ce serait une chimère que de vouloir y diriger une émigration européenne considérable; le climat y est un obstacle insurmontable, et en outre la population indigène, qui atteint une vingtaine de millions d'âmes et qui se laisse tranquillement exploiter par quelques milliers de Hollandais, ne permettrait pas qu'une race étrangère vînt en grandes masses lui ravir ses champs et occuper son sol. D'un autre côté, c'était une erreur contraire que commettaient les Hollandais, quand, au lieu d'étendre leurs comptoirs et leurs factoreries, ils vinrent fonder dans les solitudes de l'Amérique du Nord la Nouvelle-Amsterdam (New-York). Il était évident qu'un pareil établissement ne pouvait présenter aucun avantage pour le commerce ou pour la production de denrées d'exportation ; il ne pouvait se développer que par une émigration considérable que la Hollande était hors d'état de fournir. On voit par ces exemples combien il importe de distinguer les trois classes de colonies afin d'éviter les mécomptes et les échecs.

Il ne suffit pas seulement de bien choisir l'emplacement des colonies que l'on veut fonder et de s'inspirer dans ce choix de l'étude sérieuse des ressources, des mœurs et du génie national du peuple qui a l'ambition de coloniser : il faut, avant tout établissement, faire des travaux préparatoires considérables, qui mettent la contrée que l'on veut occuper en état d'être habitée et cultivée avec profit. « Dans son essence, l'art de coloniser, a-t-on dit avec raison, consiste, pour une nation, à mettre à la portée des colons ou des émigrants, la libre disposition des forces naturelles dont les principales sont le sol, les eaux, les forêts, les carrières, les mines (1). » Mais il ne faudrait pas croire que, pour mettre ces forces de la nature à la portée des colons, il suffise de transporter des émigrants dans une contrée neuve et de leur accorder, même à titre perpétuel et irrévocable, l'usage gratuit du sol et de tous les autres agents productifs naturels. La colonisation est un fait social bien plus complexe et exige de l'État qui a la prétention de s'y livrer, des efforts autrement grands et persistants. De tous les éléments nécessaires à la prospérité des colonies nouvelles, il en est un qui tient le premier rang, c'est celui que les économistes anglais ont appelé la *préparation*, c'est-à-dire l'ensemble des travaux indispensables d'assainissement, de terrassement, de défrichement, d'arpentage, sans l'aide desquels les émigrants sont livrés à la presque certitude de périr de misère et de faim. Or, la préparation a presque toujours été négligée dans les colonies modernes, voilà pourquoi leur naissance a été si pleine d'épreuves et leur croissance soumise à tant de crises et de lenteurs. « On dit que dix ou vingt mille émigrants, écrit Merivale, vinrent en Virginie dans les dernières années d'Élisabeth ; et sous Jacques Ier la Virginie avait besoin d'être colonisée à nouveau. » Nous avons exposé le double échec des deux grandes tentatives de colonisation à la Guyane, sous Choiseul et sous la Restauration. Choiseul avait envoyé douze ou quinze mille malheureux sur les rives désertes du Kourou ; la Restauration renouvela la tentative en la plaçant sur les rives de la Mana. Dans l'un et l'autre cas, aucun travail préparatoire n'avait été fait pour recevoir ces bandes d'émigrants : la terre était à l'état de nature, sans défrichements, sans terrassements et sans routes ; du jour au lendemain, tout était à improviser. D'une pareille imprévoyance, il ne pouvait résulter que d'horribles souffrances et, en définitive, la mort de l'immense majorité des immigrants. La colonie de la rivière du Cygne en Australie présente encore un exemple de cette légèreté en matière de colonisation, de cette ignorance des éléments les plus essentiels à la prospérité d'une société jeune. Il ne suffit pas de mettre des masses d'hommes en face de la nature brute et de les convier au travail, il faut que, préalablement, cette nature ait été assouplie,

---

(1) Jules Duval, *les Colonies de la France*, p. 453.

rendue hospitalière, circonscrite et adaptée à la réception d'une immigration nombreuse. Partout où l'on a cru pouvoir se passer de travaux préparatoires, on a vu se produire les plus grandes calamités. Les colonies françaises de l'isthme de Tehuantepec au Mexique, la colonie belge de Santo-Thomas au Guatémala, les colonies allemandes de Valdivia au Chili et des Amazones au Pérou, mille autres établissements analogues dans les différents États de l'Amérique du Sud n'ont amené que les plus déplorables résultats, parce que l'on s'était contenté de distribuer avec largesse des terres aux familles d'émigrants, sans avoir pris le soin de faire des routes et de préparer le pays à la réception d'une société nombreuse. Ces échecs initiaux, que le défaut de préparation rend inévitables, sont d'autant plus fâcheux aux colonies que, non seulement ils rendent leurs débuts singulièrement pénibles et lents, mais encore ils jettent sur elles un discrédit qu'il est bien difficile d'effacer et qui en détourne, pendant de longues années, le courant de l'émigration. L'expérience prouve donc, de la façon la plus irréfutable, qu'une colonie ne s'improvise pas et qu'elle ne peut prospérer sans cet élément préalable qu'on a appelé la *préparation*.

Comment pourvoir à cette tâche préliminaire? comment frayer la voie aux familles des colons? Divers projets ont été présentés ou appliqués, offrant tous beaucoup d'analogies et ne différant guère que par les détails. On a proposé dans les enquêtes parlementaires anglaises d'employer les condamnés comme pionniers pour les colonies nouvelles. Dès que l'on aurait découvert un lieu propre à l'emplacement d'une colonie, on y déporterait des convicts en troupes (*in gangs*); l'on se servirait d'eux pour les travaux de défrichement et de viabilité, pour le creusement des ports, en un mot pour la préparation du sol. On aurait ainsi le double avantage de faire porter l'expérience du climat et des ressources du pays sur des criminels et non pas sur des émigrants libres, *experimentum in anima vili*, et, dans le cas où la contrée serait en effet propice, de la livrer à la colonisation toute préparée, dans les dispositions les meilleures pour attirer les émigrants et rémunérer leurs labeurs. Ce premier ouvrage terminé, on pourrait ramener le gros de la bande des *convicts* et ne laisser, en les consignant chez les colons, que ceux qui auraient donné des preuves de bonne conduite. Ce plan ne diffère que par une plus grande perfection de celui qui fut suivi en Australie et qui assura la prospérité des colonies de cette contrée. Nous avons parlé d'un autre projet qui fut formé par M. Gladstone, ministre des colonies dans le second cabinet Robert Peel. L'État, disait cet habile ministre dans une circulaire qui eut le plus grand retentissement, doit, à ses frais et sous sa direction propre, défricher les forêts, fixer les lieux convenables à la fondation des villes, y élever des églises, des écoles et des auberges. Ces premiers travaux faits, l'État doit diriger sur la colonie des émigrants en nombre considérable. Après trois ans de séjour chacun d'eux pourrait, sur sa demande, être ramené gratuitement en Angleterre. La marine de l'État serait employée à tous ces transports. Des règles générales arrivant à une application particulière, M. Gladstone se proposait d'envoyer au sud de l'Afrique, dans le voisinage de Natal, un corps de 560 pionniers avec un ingénieur général pour fixer l'emplacement de la capitale de la colonie que l'on voulait fonder, un corps de défricheurs pour rendre apte à la culture immédiate le territoire nécessaire à la réception des premiers colons. Il n'en coûterait que 100,000 livres sterling, pensait-on, pour l'implantation de 10,000 hommes ; aussitôt que ces frais seraient couverts par la vente des terres, l'on coloniserait un autre district. Le peu de durée du second cabinet Peel et les difficultés qu'il rencontra, empêchèrent l'exécution de ce plan. A notre avis, il y avait dans ce projet un peu d'exubérance et l'exagération d'une pensée juste. Sans doute, puisqu'il est prouvé que la colonisation ne s'improvise pas, puisqu'il faut que l'État fasse nécessairement des frais de premier établissement, nous approuvons qu'on emploie la marine, les condamnés et même les soldats à une œuvre aussi rémunératrice, aussi civilisatrice que la colonisation. Mais doit-on aller jusqu'à ces détails, élever des églises, des écoles, des auberges ? Il importe d'examiner quelle est la limite des travaux préparatoires essentiels, et dans quelle mesure il est utile et juste qu'on s'y adonne.

Les travaux préparatoires indispensables se ramènent, selon nous, à ces trois services : la viabilité, l'arpentage et la délimitation géométrique des lots de terrain qui doivent être concédés ou mis en vente, enfin les travaux des ports. Quant au défrichement, il faut en général le laisser au colon ; il est évident toutefois qu'un certain territoire, voisin du centre initial de colonisation, devra nécessairement être défriché par ces pionniers, convicts ou soldats que l'État chargera des travaux préparatoires : ce sera même là la première de toutes les mesures ; mais il ne nous paraît pas utile que l'État aille plus loin et pratique le défrichement en grand, ainsi que le proposait la circulaire Gladstone. La viabilité est, dès l'origine, indispensable et ne peut être retardée : sans elle les débuts de la colonisation sont singulièrement pénibles et lents; la culture ne peut s'étendre faute de moyens de transports et de relations faciles ; le peuplement se trouve arrêté ; attendre pour faire des chemins qu'il y ait une population et des villages, c'est commettre une erreur capitale : ce sont précisément les chemins qui doivent attirer la population et donner naissance aux villages. Les routes ont une grande puissance d'attraction et, quand elles sont nombreuses et en bon état, elles créent la culture, elles font les villes. Un bon réseau de chemins est donc l'intérêt premier de toute colonie, la condition essentielle de son progrès ; on ne saurait s'appliquer trop à rendre dès le début, et avant même l'arrivée des colons, ce service aussi parfait que possible. Quand l'administration algérienne consacrait toutes ses ressources à la construction de villages et qu'elle délaissait les chemins, elle faisait preuve d'une singulière inexpérience ; les villages naissent tout seuls et en leur temps ; les routes, au contraire, tiennent le premier rang dans les travaux du premier établissement. L'Union américaine, dans la colonisation du Far-West, ne s'occupe nullement de construire des villes ou des villages, elle se contente de faire. un réseau de routes qui aboutissent aux voies navigables et elle laisse les populations s'agglomérer où il leur plaît sur ces routes et le long de ces chemins de communication. Les centres se créent ainsi spontanément par un mouvement tout naturel, selon les avantages de position des différentes localités. Après les routes le principal travail préparatoire, c'est l'arpentage et la délimitation géométrique des lots de terrain. C'est là un service de premier ordre, qui a été presque universellement négligé dans les colonies antérieures au XIXe siècle et qui, même de nos jours, est imparfait dans beaucoup d'établissements européens. En Australie ce service des *surveys* fut organisé sur une très grande échelle. Mais c'est surtout en Amérique qu'il est admirablement constitué et qu'il donne les résultats les meilleurs. Il importe que toutes les autres nations qui veulent coloniser empruntent sur ce point les procédés américains. Une des conditions essentielles de la prospérité des colonies, c'est en effet que la propriété y soit nettement délimitée et ne donne lieu à aucune contestation. L'histoire des colonies de l'Amérique a montré combien il fallait de temps pour arriver à cette parfaite sécurité de la propriété, si l'on ne prenait, dès l'origine, des mesures pour bien délimiter les lots que l'on concède ou que l'on vend. Voici un résumé du système américain d'allotissement des terres vacantes, que nous empruntons aux lettres de M. Michel Chevalier sur l'Amérique du Nord. On sait qu'une fois reconnue par l'Angleterre, l'Union américaine voulut se substituer à la couronne en tout ce qui concerne le disposition des terres non occupées ; les divers États qui avaient d'abord prétendu s'étendre à l'infini soit jusqu'au

Pacifique, soit, tout au moins, jusqu'au Mississipi, cédèrent leurs droits à l'Union quant aux terres vacantes. L'exemple avait été donné dès 1780 par l'État de New-York, la Géorgie fut la dernière à adhérer à ce système en 1802. Ces domaines de l'Union, agrandis successivement par l'acquisition de la Louisiane (1803), de la Floride (1810), du Nouveau-Mexique et de la Californie (1848), furent réservés pour la fondation de nouveaux États qui présentent tous les caractères de véritables colonies. L'Union américaine met en vente les terres incultes, mais elle a soin de les allotir avec une précision géométrique ; elle emploie à cet effet toute une légion d'arpenteurs et de géomètres. L'unité territoriale est appelée *township* et divisée en 36 sections, lesquelles se subdivisent en quarts, huitièmes et seizièmes ; voici quelles sont les contenances de chacune de ces subdivisions :

	Milles.		Acres	
	Côté.	Surface.	(40 ares 46 cent.)	Hectares.
District ou *township*...............	6	36	23,040	9,323
Divisé en 36 *sections*, chacune de...		1	640	250
Divisées en *quarts*, chacune de.....			160	64
Divisés en *demi-quarts*, chacun de..			80	32
Divisés en seizièmes de section......			40	16

La vente se fait par section qu'un acquéreur peut acheter seul, et jamais le morcellement ne descend au-dessous du seizième de section ou lot de 16 hectares. On conçoit les avantages de cet allotissement géométrique : la propriété se trouve ainsi nettement circonscrite et acquiert une grande sécurité ; les procès sont évités ; tout cultivateur se sent puissamment attiré vers ces contrées où la propriété naît entourée de tant de garanties. Les plans de chaque *township* sont livrés au public pour un prix des plus minimes, 25 cents soit 1 fr. 30. Il serait fort à désirer que les diverses nations qui colonisent empruntassent aux États-Unis cet allotissement régulier et géométrique : ce serait un bien plus grand stimulant pour la colonisation qu'une foule de faveurs qui coûtent infiniment plus.

Après la viabilité intérieure et le service de l'arpentage (*survey*), le troisième travail préparatoire, c'est le creusement des ports, l'établissement de phares et tous les autres ouvrages nécessaires pour rendre facile l'abord de la côte, pour diminuer les dangers de la navigation et les frais d'assurance maritime, pour encourager ainsi le commerce extérieur et l'immigration. La viabilité, l'allotissement géométrique des terres, les travaux des ports, ce sont là, à notre avis, les trois services essentiels, préliminaires, auxquels l'État doit se livrer dès les premiers jours de la colonisation, sous peine de voir celle-ci languir pendant de longues années et peut-être même disparaître.

On s'est demandé à différentes reprises par quels moyens l'Etat recouvrerait ces avances ; cette question a donné lieu dans la presse anglaise à des discussions nombreuses et très spéciales, au moment de la grande faveur du système Wakefield. On sait que ce système consiste dans la vente des terres à un prix relativement élevé et dans l'emploi du produit de ces ventes au soutien de l'immigration gratuite. Les wakefieldiens purs ne voulaient pas permettre qu'aucune portion du *landfund*, fond de la vente des terres, fût employée à d'autres dépenses que celles de l'immigration. Ils conseillaient de subvenir aux frais de premier établissement par un emprunt que la colonie rembourserait avec ses ressources futures ; c'est ce que l'on voulut faire pour l'Australie du Sud, qui, dès sa création, emprunta des sommes considérables pour la viabilité, le service de l'arpentage, l'établissement des ports et des phares ; on a vu que l'Australie du Sud ne put suffire à ses engagements et fit en peu de temps banqueroute. Il nous paraît incontestable qu'une colonie ne peut subvenir elle-même à ses frais de premier établissement ; la garantie de ses revenus futurs est une chimère : ce que les wakefieldiens appelaient le *self supporting principle* est une utopie. Nous croyons indispensable que la nation qui colonise fasse elle-même le sacrifice de ces dépenses préparatoires, sans espérer jamais les recouvrer, du moins d'une manière directe. Il faut que la mère patrie paie seule les frais de premier établissement de sa colonie : elle en retirera au bout d'un certain temps des avantages importants qui compenseront le sacrifice initial qu'elle aura fait : ces avantages consisteront notamment dans le développement de son industrie et de son commerce, grâce au nouveau marché que sa colonie lui ouvrira.

On ne doit cependant mettre à la charge de la mère patrie que les travaux de premier établissement : quand la colonie a acquis un certain développement, elle peut suffire avec ses propres ressources aux services permanents de la viabilité, de l'allotissement des terres et aux travaux des ports. C'est une question qui fut vivement controversée que celle de savoir si la colonie doit subvenir à ces différentes dépenses en prélevant une partie du produit de la vente des terres, comme on l'a fait dans les colonies de l'Australie et de la Nouvelle-Zélande, ou bien au moyen de taxes spéciales, telles que les *taxes locales* qui frappent dans l'Union américaine toutes les terres vendues après un certain délai à partir du jour de la vente. Nous aurons à étudier cette question quand nous nous occuperons de la taxation aux colonies.

Après l'exécution des travaux préparatoires, ce qui importe le plus à la prospérité d'une colonie naissante, c'est un bon régime d'appropriation des terres. Toute l'histoire coloniale prouve surabondamment l'influence décisive que le régime des terres a sur l'avenir d'une jeune colonie. Or, il n'y a que deux régimes possibles : la concession gratuite ou la vente. Il peut paraître, en principe, juste et utile de distribuer le sol gratuitement aux immigrants; c'est là, semble-t-il au premier abord, le meilleur moyen d'attirer les prolétaires d'Europe, avides de devenir propriétaires; c'est de plus le mode d'aliénation qui semble le plus conforme à la nature des choses, puisque les terres coloniales sont vierges de tout travail humain et, d'après l'école qui met dans le travail l'origine unique de toute valeur, semblent n'en avoir aucune ; c'est en troisième lieu le système qui laisse aux immigrants le plus de ressources pour la mise en culture du sol, tandis que tout prélèvement fait sur leur capital, ordinairement fort mince, a pour effet de mettre les colons moins en état de défricher et de cultiver avec succès; c'est enfin le mode d'aliénation qui permet le plus à l'Etat de surveiller la conduite des immigrants et qui lui donne le mieux les moyens de veiller avec efficacité aux progrès et à l'extension des cultures. Si péremptoires que puissent paraître ces raisons à l'observateur superficiel, elles n'en sont pas moins victorieusement réfutées par une expérience de trois siècles et par un examen approfondi de la constitution des colonies naissantes. Au point de vue purement théorique, il est faux que les terres non défrichées des colonies soient absolument sans valeur; la preuve pratique qu'elles en ont une, c'est que partout où on les a mises en vente, elles ont trouvé des amateurs, quelquefois même à des prix relativement élevés, comme en Australie. Sans entrer ici dans les discussions superflues sur la nature de la rente de la terre et sur les doctrines de Ricardo, il est bon de faire remarquer que les terres coloniales, celles du moins qui sont dans le voisinage immédiat des centres de colonisation qui se trouvent près des côtes, sur les voies navigables, près des chemins établis, en un mot, à portée du marché existant, et qui, de plus, ont été arpentées et circonscrites, ont, par toutes ces circonstances, acquis, du fait de l'homme et de la société, une valeur réelle et incontestable. Quoique aucun travail n'ait, à proprement parler, été incorporé à ces terres elles-mêmes, cependant il y a eu comme un travail extérieur qui leur a communiqué une utilité nouvelle et les a rendues susceptibles d'être mises à prix. Elles ont profité, en effet, de l'établissement d'un certain groupe social dans leur voisinage, du creusement des ports, de la percée des chemins, de la délimitation géométrique et de tous ces autres ouvrages préparatoires. Or, s'il est vrai que les terres coloniales aient acquis une utilité nouvelle par le seul fait de l'établissement dans leur entourage d'un groupe social, qui n'y existait pas auparavant, il nous paraît tout à fait naturel et légitime que ce groupe social, qui a communiqué à ces terres cette valeur nouvelle, en retire un certain profit en les vendant. Il n'y a rien dans l'aliénation par mode de vente qui ne soit conforme à l'ordre des choses et à l'équité. Au point de vue de l'utilité pratique, il est amplement démontré par l'histoire que les concessions gratuites n'ont pas la force d'attraction qu'on leur a supposée : elles n'exercent sur les émigrants aucune fascination ; tout au contraire, l'on voit ceux-ci accourir de préférence dans les colonies où les terres sont mises en vente. C'est que la propriété n'a d'attrait pour l'homme qu'à la condition d'être entière, irrévocable, inconditionnelle. Or, la concession gratuite mutile le droit de propriété au point de le détruire, ou, tout au moins, le soumet à des conditions qui le rendent singulièrement précaire. Le concessionnaire est tenu à des obligations nombreuses qui amènent à leur suite une surveillance pénible : il est tenu tantôt de défricher dans un temps déterminé une certaine portion de son lot, tantôt d'y essayer des cultures que l'administration voit d'un bon œil, tantôt d'y construire une maison dont l'autorité lui désigne l'emplacement, les dimensions et les matériaux. Garrotté dans sa liberté d'action, il est en outre humilié dans sa dignité. Pour obtenir la concession, il lui a fallu jouer le rôle de solliciteur ; pour la conserver, il doit avoir des allures modestes et respectueuses envers les agents de l'administration ; pour la rendre définitive, il doit perdre son temps en des démarches multipliées, parfois aussi gaspiller son capital en frais de déplacement ou d'actes, lesquels dépassent souvent le montant du prix qu'il aurait eu à payer sous le régime de la vente. Aussi tous les colons sérieux, intelligents, munis de ressources, aiment mieux acheter la terre de seconde main à des spéculateurs qui la leur vendent à haut prix, que de la tenir gratuitement de l'autorité. Le système des concessions met le sol entre les mains de laboureurs besogneux et incapables ou d'agioteurs avides qui ne cherchent qu'à la revendre avec grand profit. Quant à la surveillance que l'autorité peut exercer sur les concessionnaires et qui lui échappe relativement aux acheteurs, c'est à nos yeux non un bien, mais un mal. Cette ingérence administrative, qui se traduit généralement par des tracasseries puériles, des caprices peu honorables et des prescriptions inutiles ou nuisibles, a pour effet de diminuer la responsabilité et l'initiative individuelles, c'est-à-dire les plus énergiques ressorts du progrès social. De cet ensemble d'effets nuisibles qu'amène à sa suite le système des concessions, on peut facilement déduire l'influence pernicieuse qu'il doit exercer sur la constitution des sociétés naissantes. La culture s'en trouve singulièrement ralentie par la précarité de la propriété; le crédit ne peut existi, et, en outre, dans la distribution des concessions dont l'administration est seule juge, il est rare qu'elle garde la juste mesure et qu'elle ne cède pas à des entraînements irréfléchis. Nous avons déjà cité quelques faits qui prouvent jusqu'où les autorités coloniales se laissent entraîner sur cette pente de faveurs. Dans le bas Canada un seul gouverneur avait concédé 1,425,000 acres de terre à 60 personnes. Dans le haut Canada, en 1825, sur 17 millions d'acres mesurés, une étendue presque aussi grande que l'Irlande, 15 millions se trouvaient concédés, bien que la population ne fût que de 150,000 âmes. Aussi, depuis lors, le gouvernement n'avait-il plus de terres fertiles à concéder. Dans la Nouvelle-Écosse, sur 6 millions d'acres de bonnes terres, 5,750,000 avaient été partagés gratuitement. Toute l'île du Prince-Edouard, en 1767, avait été concédée en un jour à 60 personnes. Sur la petite île Saint-Vincent le général Monckton obtint, en 1768, 4,000 acres et M. Swinburne, 20,000. Ces détails que nous empruntons à Roscher, sont caractéristiques. On sait d'ailleurs que l'abus des concessions fut une des causes principales des plaintes si vives que le Canada éleva contre la mère patrie pendant toute la première moitié de ce siècle. Mais, dira-t-on, n'est-il pas possible d'éviter l'abus, et faut-il complètement condamner les concessions ? Un économiste judicieux, Merivale, admet dans certains cas le système de l'aliénation gratuite. « Deux modes de concessions, dit-il, peuvent être utiles : d'abord des concessions de petits lots de 5 acres à des travailleurs des classes inférieures. Cela peut être utile, quand des émigrants arrivent à un moment où la demande du travail est faible, quand les lots sont placés dans le voisinage des villes ou marchés ; l'on a ainsi des colons qui peuvent être employés comme salariés, n'ayant pas assez de terres pour être complètement indépendants. L'autre plan est de faire des concessions gratuites de 40 à 100 acres à des familles d'émigrants dans les comtés nouveaux; spécialement le long des grandes lignes de communication, à la condition que ces émigrants justifient d'un capital suffisant pour cultiver la terre avec fruit. Cette dernière condition est de la plus grande nécessité et malheureusement très difficile à observer: on crée ainsi une race de petits propriétaires très utiles. » Nous craignons que Merivale, en réclamant ces deux exceptions, n'arrive par une voie détournée à rétablir en fait le système des concessions dont il a cependant montré mieux que tout autre les énormes inconvénients. Pour nous, nous ne saurions admettre ce mode d'aliénation gratuite qu'à l'origine même et aux premiers jours de la colonisation. Alors, en effet, il peut être difficile de trouver des acquéreurs à prix d'argent. Mais, dès qu'il s'est formé un petit noyau social, il faut recourir à la vente des terres.

Le système des ventes étant admis comme règle générale, une nouvelle question se pose : la vente doit-elle se faire à bas prix, comme aux États-Unis, ou à un prix relativement élevé, comme en Australie? doit-on procéder par la vente à bureau ouvert et à prix fixe ou par adjudication ? Ici, croyons-nous, il faut faire une distinction. Nous avons déjà fait remarquer la différence essentielle qui existe entre les colonies dites agricoles, comme le Canada et la Nouvelle-Angleterre, c'est-à-dire des contrées qui produisent directement des objets de nécessité pour leur propre consommation, et les colonies appelées souvent par les économistes, *colonies de plantations*, ou plus exactement colonies ayant un monopole naturel pour la production de denrées d'exportations, comme les colonies tropicales qui produisent le sucre, ou bien encore comme l'Australie, qui produit avec une grande supériorité la laine fine. Cette distinction est capitale, elle a été faite par les auteurs les plus compétents dans ces matières et toute l'histoire prouve qu'elle est fondée.

Partant de cette distinction nous dirons : dans toute colonie purement agricole, qui cultive le sol principalement en vue de sa consommation propre, la vente des terres incultes doit nécessairement se faire à bas prix. La terre, en effet, n'ayant aucune facilité spéciale pour la production de denrées de haute valeur et n'ayant reçu aucun travail humain, ne trouverait pas d'acquéreur, si on voulait la mettre à un prix élevé. On découragerait la culture, ou tout au moins l'on forcerait tous ceux qui aspirent à la propriété à se faire *squatters :* ainsi, d'une manière ou de l'autre, l'on n'atteindrait pas le but qu'on se propose et l'État ou la colonie ne recueillerait pas les avantages qu'ils attendent de la vente des terres. Le meilleur système pour ces contrées, c'est celui qui a été suivi par les États-Unis. Nous avons déjà expliqué plus haut la méthode observée par l'Union pour l'allotissement géométrique des terres vacantes : la vente des terres se rattache d'une manière étroite à cette opération préliminaire. Chaque année, le président des États-Unis fixe la quantité des terres à vendre dans chaque État, et trois mois avant la vente on annonce publiquement le jour et le lieu où elle se fera. La vente, en principe, doit se faire aux enchères, sur la mise à prix d'un dollar un quart l'acre (40 ares 40 centiares), soit 16 fr. 48 c. l'hectare. Mais comme il y a infiniment plus de terres vacantes que d'acheteurs, il est très rare qu'il y ait aucune enchère. Alors, quinze jours après la mise en adjudication non suivie d'effet, on vend les terres à bureau ouvert, au taux minimum de la mise à prix. La vente se fait au comptant depuis 1826. Auparavant on payait en différents termes ; mais ce mode de paiement avait l'inconvénient grave de rendre la propriété précaire pendant un laps de temps assez long. Dans le système actuel, tout immigrant peut, le lendemain de son arrivée, acquérir des terres, dont il se trouve immédiatement propriétaire absolu et irrévocable. Depuis vingt ans les facilités sont encore devenues beaucoup plus grandes. D'après une loi du 14 août 1854, les terres restées dix ans en vente, sans trouver d'amateur au prix fixé, peuvent être vendues un dollar l'acre ou 100 cents ; au bout de quinze ans on les cède pour 75 cents, au bout de vingt ans pour 50, au bout de vingt-cinq ans pour 25 cents, au bout de trente ans pour 12 cents 1/2. Ainsi le laboureur qui a peu de ressources peut se procurer, pour presque rien, des terres de qualité inférieure, il est vrai, ou de position mauvaise : il en résulte, au point de vue général, cet avantage que tous les interstices incultes qui arrêtent le progrès du défrichement disparaissent au bout de peu d'années. Seulement, dans le cas d'achat de terres au rabais, l'acheteur doit certifier qu'il achète la terre pour s'y établir et la cultiver, ou pour la joindre à une exploitation voisine qu'il possède, et qu'il n'a pas acheté déjà plus de 320 acres ou une demi-section du domaine public. Ces précautions ont été prises pour empêcher l'accaparement de ces terres de qualité inférieure par des agioteurs qui les retiendraient pendant de longues années sans les défricher, attendant que les progrès des districts environnants en aient élevé la valeur. On sait combien une pareille spéculation, qui interpose des espaces non défrichés au milieu de terres cultivées, est défavorable à la culture. En réglementant avec tant de soin et d'habileté l'allotissement et la vente des terres, l'Union américaine n'a pas la prétention d'empêcher complètement le *squatting*, c'est-à-dire l'occupation de terres incultes par des aventuriers qui s'enfoncent dans les solitudes et s'emparent, par leur propre travail, du sol vacant. Le squatter (1), bien qu'il soit un travailleur irrégulier,

(1) Le mot de *squatter* est employé aux États-Unis dans un sens autre qu'en Aus-

est un élément très utile à toute colonisation : il sert d'éclaireur et de pionnier, il fraie les voies à la culture, il contribue singulièrement à son extension : bien qu'il ne s'appuie sur aucun titre légal, il y a cependant dans son travail tout personnel quelque chose de recommandable, dont les sociétés jeunes doivent tenir compte. Aussi les règles suivies par l'Union américaine n'enlèvent pas le droit de première occupation sur les terres alloties et non encore mises en vente ; elle le reconnaissent, du moins, dans la limite de 320 acres. Cette prise de possession donne lieu au droit de préemption à un dollar 1/4 l'acre, lorsque la terre sera vendue. Grâce à ces mesures si pleines de sens, le défrichement et le peuplement des États de l'Ouest s'opèrent avec une rapidité sans égale au monde. L'exemple le plus éclatant et la plus brillante justification du système, c'est la colonisation de l'Ohio. Cette colonie, car vraiment c'en est une, est née en 1788 : elle a toujours été fermée à l'esclavage : les terres y ont été vendues lot par lot selon la méthode que nous venons de décrire. Il s'y est formé en peu de temps une race active de petits propriétaires, *small yeomen :* la terre a été gagnée morceau par morceau à la culture. L'industrie de cet État était exclusivement agricole, il ne produisait que du bétail et du blé ; et cependant le développement de cette contrée a été sans précédent. En 1790, ce n'était qu'une forêt ; en 1840, il y avait 1,519,000 habitants ; c'était alors en population le troisième État de l'Union, quoique le seizième seulement en étendue ; c'était le premier en productivité pour le blé, le troisième pour les autres grains, le troisième pour le petit bétail, le second pour les chevaux. Qu'une partie de cette prospérité soit due aux nombreux arrivages d'immigrants provenant d'Europe et des États de l'Est, c'est ce que l'on ne peut contester ; mais ce qui attirait précisément ces immigrants, c'était cet excellent régime d'appropriation des terres (1).

Il n'en résulte pas, cependant, que ce régime doive être appliqué à toutes les colonies sans distinction : c'est sans contredit le meilleur mode pour les colonies dites *agricoles*, c'est-à-dire dont la culture est dirigée spécialement vers les produits communs

tralie où il signifie le locataire des grands terrains de parcours pour les bestiaux. Le *squatter* australien est un personnage aristocratique, tandis que celui d'Amérique est en général un très pauvre hère.

(1) Aujourd'hui, c'est le même excellent régime des terres qui est la cause principale de la colonisation rapide du Texas, du Minnesota, du Dakota et même du Manitoba ; cette dernière contrée fait partie du Canada, qui s'est approprié dans ces derniers temps, avec peu de variantes, la méthode des États-Unis pour l'aliénation des terres.

et qui ne demandent pas de grands capitaux, comme le blé ; il en est différemment des colonies ayant un monopole naturel pour la production de denrées d'exportation. Celles-ci se trouvent infiniment mieux du système Wakefield, c'est-à-dire de la vente des terres à des prix relativement élevés. En principe, d'abord, et en droit il est légitime que le prix des terres soit plus haut dans ces contrées, puisqu'elles y ont des aptitudes spéciales pour la production de denrées de haute valeur. D'un autre côté, en fait, il est difficile de faire arriver ces colonies à un haut degré de richesse, si l'on ne produit, par les prix élevés des terres, une certaine concentration des colons et une grande abondance de main-d'œuvre. Si, dans une colonie des tropiques où la culture du sucre peut s'implanter avec facilité, on concède les terres pour rien, ou si même on les vend à vil prix, les colons se disperseront, ils cultiveront des bananes pour leur propre consommation et, faute de main-d'œuvre abondante, jamais la culture du sucre ne pourra se développer. La production de la colonie aura alors une valeur bien inférieure à celle qu'elle pourrait avoir : et ces progrès en richesse, en population même seront infiniment plus lents qu'ils n'auraient été sous le régime des terres à haut prix. C'est ce que l'histoire prouve surabondamment, c'est aussi ce qu'admet la science avec unanimité par ses représentants les plus éminents Merivale, Roscher, Stuart Mill, pour ne parler ni de Wakefield, ni de Torrens. De plus, l'émigration nombreuse ne peut être attirée vers ces terres brûlantes et lointaines que par un vaste système de subventions, lesquelles ne peuvent s'alimenter que par le produit de la vente des terres, *landfund*. La rapide croissance de l'Australie vient à l'appui de ce mode d'aliénation des terres. Nous avons exposé dans la première partie de cet ouvrage l'essor inouï des colonies australiennes. On a vu que le sol inculte dans ces colonies privilégiées pour la production de la laine s'était vendu à des prix beaucoup plus hauts qu'aux États-Unis, une livre sterling l'acre en général, puis trente shellings, une livre douze shellings et souvent davantage, c'est-à-dire 100 francs l'hectare et même plus. Et ces prix élevés, bien loin d'être un obstacle au progrès de la culture et de la richesse, étaient le ressort principal du développement de ces colonies. Ils donnaient, en effet, chaque année, des revenus considérables dont la plus grande partie, employée en subventions à l'immigration, attirait en grand nombre les travailleurs, et dont l'autre partie, consacrée aux travaux publics et à l'aménagement du sol et des eaux, mettait la colonie en état d'être facilement cultivée. Sous l'influence de ces prix élevés, les immigrants étaient retenus pendant plusieurs années au service des capitalistes; il en résultait une certaine concentration du travail favorable à la production. A ce système chacun gagnait : les capitalistes qui avaient de la main-d'œuvre en abondance, les prolétaires qui, arrivant sans ressources, obtenaient des salaires énormes et se faisaient en trois ou quatre ans un important capital. Mais, dira-t-on, si l'intérêt de tous et de chacun réclame dans ces colonies la concentration du travail et s'oppose à la dispersion des colons, comment peut-on soutenir qu'il y ait besoin d'un système artificiel, comme la vente des terres à haut prix, pour éviter cette dispersion et amener cette concentration? Le plus grand adversaire du système Wakefield, Mac Culloch, faisait valoir avec force cette raison : « Qui peut prétendre, disait-il, connaître mieux les intérêts des colons que les colons eux-mêmes ? Tout ce système repose sur cette supposition fausse que les colons, à la différence des autres individus, ne sont pas les meilleurs juges de leur propre intérêt. » Argument singulièrement superficiel, et dont Stuart Mill, avec son admirable netteté habituelle, a démontré la complète inexactitude : «Il y a dans cette argumentation, dit-il, une erreur fondée sur ce qu'on ne comprend pas le système ou le principe auquel on dit que son application est contraire. Cette erreur est tout à fait du même genre que celle dont nous venons de donner un exemple à propos des heures de travail. Quelque utile qu'il pût être à la colonie, en général, et à chacun de ceux qui la composent que nul ne pût occuper plus de terre qu'il n'est en état d'en cultiver et ne devienne propriétaire avant que d'autres ouvriers ne soient venus le remplacer dans le travail salarié, chacun en particulier n'aurait jamais intérêt à avoir cette abstinence, s'il n'était assuré que d'autres l'auront aussi. Entouré de colons qui ont chacun mille acres de terre, à quoi servirait au travailleur de différer pendant quelques années d'acquérir de la terre, si tous les autres travailleurs couraient échanger le premier salaire qu'ils gagneraient en terres situées dans les déserts à plusieurs milles l'un de l'autre? Si, en s'emparant de la terre, ceux-ci empêchent la création d'une classe de salariés, il ne réussira pas, en attendant quelque temps pour acquérir de la terre, à en tirer un meilleur parti que dans le moment présent : pourquoi donc se mettrait-il dans une position que lui et les autres regardent comme inférieure, en restant salarié, lorsque ceux qui l'entourent deviennent propriétaires ? *Il est de l'intérêt de chacun de faire ce qui est utile à tous, mais seulement à la condition que tous feront comme lui.* Le principe que chacun est le meilleur juge de son propre intérêt, compris comme ceux qui élèvent des objections le comprennent, irait à établir que les gouvernements ne doivent pas remplir leurs obligations les plus reconnues ou plutôt qu'ils ne doivent pas exister. Il est, au plus haut degré, de l'intérêt de la société en général, et de chaque citoyen en particulier, que chacun ne commette ni vol, ni fraude ; mais il n'est pas moins nécessaire d'avoir des lois qui punissent le vol et la fraude ; car, quoiqu'il soit de l'intérêt de chacun que personne ne vole et n'escroque, il n'est de l'intérêt de personne de ne pas voler et escroquer le bien d'autrui, lorsque tout le monde pratique le vol et l'escroquerie. La principale cause de l'existence des lois pénales est précisément ce fait que, lors même que, selon l'opinion de tous, certaines règles de conduite sont d'intérêt général, ce n'est pas une raison pour que l'intérêt particulier se conforme à ces règles. »

En dehors de la question de la vente des terres à bas prix comme aux États-Unis ou à haut prix comme en Australie, se présente celle de la vente à prix uniforme et de la vente aux enchères. Lequel de ces deux modes est préférable ? On a beaucoup argumenté dans un sens et dans l'autre et l'on a trouvé de bonnes raisons en faveur de chacun de ces modes. Nous avons exposé déjà dans une autre partie de cet ouvrage les arguments que les wakefieldiens invoquaient pour faire prévaloir le régime du prix uniforme : ces arguments provenaient du fond même de la doctrine de Wakefield et de la théorie du *sufficient price* et du *self supporting principle*, dont nous avons démontré l'inanité. Nous ne reviendrons pas sur cette discussion spéciale qui exigerait une nouvelle exposition de toute la doctrine wakefieldienne. En dehors de ces arguments particuliers à Wakefield, voici les raisons que l'on a invoquées pour et contre la vente à prix uniforme. Moins on tire de la poche de l'acquéreur, a-t-on dit, plus il est à même de bien cultiver : d'où il résulte que toute imposition sur le colon est un mal qui ne se peut justifier que par l'urgente nécessité d'assurer certains services ; mais une fois que ces services sont passablement assurés, il est bon de ne pas entamer les ressources du colon. Le prix uniforme, dit-on encore, doit amener ce résultat, que les meilleures terres seront mises les premières en culture, tandis que dans le système de l'auction l'infériorité du prix pousse les laboureurs peu fortunés à appliquer leur travail à des terres médiocres, parfois mauvaises, ce qui, ajoute-t-on, est une condition singulièrement défavorable aux progrès d'une jeune colonie. Cet argument se trouve mis en relief dans une dépêche de lord Russell en date du 31 mai 1840. Sous le système de l'auction, le capitaliste est en butte aux manœuvres d'envieux, qui veulent tirer avantage, soit de l'ignorance, soit de la capacité supposée d'autrui. Le colon peut rencontrer une concurrence acharnée en proportion de la connaissance des qualités du sol qu'on lui suppose et peut avoir à payer un prix excessif précisément à cause de sa renommée de bon cultivateur. Les partisans de l'auction ne manquent pas de réfuter ces objections. La vente à prix uniforme, disent-ils, ne diminue en rien les dépenses que devra faire le colon véritable pour l'acquisition du sol. En effet, les bonnes terres seront toutes accaparées par des capitalistes, qui feront ensuite la loi aux immigrants et les tiendront à leur complète discrétion. Tel était l'avis de sir George Gipps, gouverneur de la Nouvelle-Galles du Sud. Ainsi le colon véritable devra dépenser autant sous le régime du prix uniforme que sous le système de l'auction ; la seule différence, c'est que sous le premier de ces régimes une partie du prix payé par le colon tomberait entre les mains des particuliers, tandis que, sous le régime de l'auction, tout le prix de vente parviendrait au gouvernement qui l'emploierait en travaux d'utilité publique ou en subventions à l'immigration. Le système du prix uniforme favorise donc l'agiotage au détriment de la colonie : il serait facile d'éviter, sous le régime d'auction, l'inconvénient d'une concurrence déloyale et personnelle, ce serait de faire l'adjudication par la voie de soumissions cachetées. Le système du prix uniforme cause une plus grande dispersion des colons et, par conséquent, une augmentation des frais généraux, voies de communication et police. Le système de l'auction, au contraire, amène une certaine concentration, éminemment favorable au développement régulier et aux progrès normaux de la colonie. Le système d'auction a de plus des avantages spéciaux dans certaines contrées, comme l'Australie. Dans ces pays de culture pastorale chacun a besoin d'avoir accès aux cours d'eau : or, l'eau étant excessivement rare en Australie, tous les terrains qui bornent les rivières seraient, sous le régime du prix uniforme, immédiatement accaparés par des capitalistes, tandis que, sous le régime d'auction, le haut prix des bords de l'eau forcerait chacun à n'en prendre que ce qui est strictement nécessaire. Les partisans du régime du prix uniforme répondent que rien ne serait plus facile que de fixer, dans la délimitation des lots, la part de *water frontage* que chacun peut avoir et de laisser, en outre, des chemins pour servir d'accès à ceux qui ne posséderaient aucun terrain contigu à la rivière.

Tels sont les principaux arguments que l'on a fait valoir en faveur de l'un et de l'autre système. Le public et les économistes se sont partagés et ont varié dans leurs préférences. Le système du prix uniforme fut spécialement suivi dans l'Australie du Sud, celui de l'auction dans la Nouvelle-Galles. Il nous semble difficile et téméraire de se prononcer en théorie d'une manière absolue pour l'un ou l'autre système ; le choix dépend des circonstances. Dans une colonie où la terre n'a pas d'aptitude spéciale pour la production des denrées d'exportation, nous croyons que le prix uniforme doit être préféré. On peut éviter par de bonnes mesures les inconvénients de l'accaparement du sol dans un petit nombre de mains : en faisant un grand nombre de petits lots à des prix modiques l'on développe la petite culture, qui est essentiellement favorable aux progrès de la population et de l'aisance générale, les deux biens principaux de toute jeune société agricole. Quand le sol sera ainsi occupé par une race de petits propriétaires, *yeomanry*, avec le temps la grande propriété, la culture intensive et l'industrie finiront par se constituer grâce à la réunion par voie de vente volontaire des parcelles appartenant à divers, grâce aussi au développement des marchés et au progrès des villes. Le prix uniforme nous paraît donc beaucoup plus favorable à l'extension de la culture et aux progrès de la population ; aussi, en règle générale, serions-nous porté à nous prononcer en sa faveur. Cependant nous concevons que dans les colonies qui ont des facilités spéciales pour la production de denrées d'exportation, l'on adopte de préférence le système de l'auction. Ce système, en effet, nous paraît plus propre à développer la grande propriété, à amener la concentration des colons, à rendre la main-d'œuvre abondante, conditions essentielles de la production en grand et à bon marché des denrées d'exportation. Dans de pareilles colonies le régime de l'auction hâtera singulièrement les progrès de la richesse, mais il n'en sera pas de même des progrès de la population.

Au régime des terres se rattache la question des grandes compagnies foncières, question qui est également fort controversée ; est-il juste et utile, soit de concéder, soit de vendre en grandes masses à des compagnies de capitalistes d'immenses quantités de terrain, comme ces 100,000 hectares que l'on a concédés en Algérie à la Société générale algérienne? De tout temps l'on a eu recours à ce procédé, la plupart des colonies anglaises de l'Amérique n'ont pas eu d'autre raison de naître. Les compagnies foncières au Canada ont subsisté jusqu'à nos jours et il s'en est formé de très puissantes dans la Nouvelle-Zélande et en Australie. Au point de vue des principes l'on justifie la vente de grandes quantités de terrain à des sociétés de capitalistes par la doctrine de la liberté des échanges : on ne voit pas pourquoi, dit-on, l'on exclurait de grandes compagnies si elles remplissent toutes les conditions exigées pour la culture des terres. Cet argument ne nous semble pas suffisant ; car c'est un intérêt évident de la colonie que les terres ne soient pas accaparées par quelques grandes sociétés, ce qui finirait précisément par détruire la liberté des échanges et mettrait les colons à la discrétion des capitalistes. Nous maintenons ce que nous avons établi plus haut, qu'il est du devoir du gouvernement de prendre les mesures nécessaires pour éviter cet accaparement, et pour faire que le colon ait toujours à choisir entre les terres domaniales vendues par l'État et les terres de propriété privée que les acheteurs primitifs voudront mettre en vente. Nous ne prétendons pas pourtant condamner les grandes compagnies foncières ; tout au contraire, nous aimons à les voir s'établir dans les colonies naissantes, pourvu qu'elles n'absorbent pas la plus grande partie des terres fertiles. Il y a donc une limite dans les concessions ou les ventes qu'il est bon de leur faire : pouvant être très utiles si elles ne possèdent qu'une certaine portion du sol, elles deviendraient nuisibles si elles l'accaparaient. Réduites à cette juste mesure qu'il est facile à une administration habile de déterminer, les compagnies foncières ont, à l'origine de la colonisation, beaucoup plus d'avantages que d'inconvénients. On a prétendu qu'elles laissaient les terres en friche, attendant que la hausse des terrains environnants ait donné aux leurs de la valeur. Il serait aisé de prévenir ces abus, d'abord en recourant au système d'impositions locales en usage aux États-Unis, ensuite en introduisant dans les ventes des conditions de résiliation pour non-culture ; or, comme le remarque Merivale, dans ce cas la responsabilité d'une grande compagnie est bien plus réelle que celle de petits colons dispersés : la surveillance, en outre, est facile et de plus elle est légitime ; car s'il est imprudent de s'immiscer dans la gestion de propriétaires privés, il est, au contraire, très utile et très juste de se rendre un compte exact des opérations de grandes sociétés anonymes. Il faut remarquer, d'ailleurs, que l'on a beaucoup exagéré les inconvénients des compagnies foncières coloniales. En fait, l'histoire prouve qu'elles se sont, en général, appliquées à donner à leurs terrains de la valeur par une multitude de travaux, comme routes et canaux, allotissement des parcelles, et parfois construction de villages et de maisons : elles s'entendent infiniment mieux à des travaux de ce genre que l'administration. C'est ainsi que les compagnies ont agi, spécialement au nord de l'Amérique : le Canada leur doit une partie de sa prospérité : « Elles ont rendu la terre habitable, dit Merivale, pour la classe des petits laboureurs, qui, sans l'avance de quelques capitaux et sans des travaux préparatoires pour leur réception, auraient été incapables de sortir des difficultés que présentent les forêts d'Amériques. Ces compagnies leur construisent des *loghouses*, leur défrichent le terrain et leur font des prêts... Dans les colonies d'Australie, les compagnies foncières ont rendu d'autres services, elles sont parmi les plus habiles et les plus heureux spéculateurs pour la production d'articles d'exportation et elles ont entrepris et bien conduit de grands ouvrages de travaux publics. » Comme le fait remarquer le même auteur, les intérêts des compagnies de capitalistes sont les mêmes que ceux des capitalistes ordinaires : c'est d'amener une plus value de leurs propriétés par des dépenses intelligentes ; seulement les compagnies sont beaucoup plus en état de faire les travaux avec économie et habileté que des capitalistes particuliers. De telles sociétés sont beaucoup plus portées à pécher par excès de confiance dans leurs opérations, par une trop grande activité et des entreprises trop considérables que par l'inertie. Il faut d'ailleurs penser que l'obligation de distribuer à leurs actionnaires des dividendes annuels les contraint à réaliser leur actif, dès qu'elles le peuvent faire avec profit et à hâter par tous les moyens l'avènement des gros bénéfices. Bien loin d'être enclins à attendre passivement d'un lointain avenir des gains assurés, ces grands établissements financiers ont l'habitude de provoquer par tous les moyens les bénéfices présents, parfois même aux dépens des bénéfices futurs. La critique contre les grandes compagnies foncières est tombée dans de telles exagérations qu'on a été jusqu'à leur faire un crime d'exporter de la colonie la plus grande partie de leurs dividendes annuels, presque tous leurs actionnaires résidant dans la mère patrie ; c'était ne pas réfléchir que le capital qui avait produit ces dividendes avait été attiré dans la colonie précisément par la fondation des grandes compagnies et que les colons par conséquent devaient se féliciter de cette fondation. Un autre avantage des grandes compagnies foncières dans les colonies nouvelles, c'est celui que M. Jules Duval a mis en relief à propos de la Société générale algérienne (*Politique de l'empereur en Algérie*) ; ces puissantes compagnies attirent sur la colonie l'attention des habitants de la mère patrie; elles y créent une masse considérable d'intérêts nouveaux ; elles forment un corps doué d'une imposante autorité pour soutenir dans la métropole la cause des colonies.

Quelle que soit l'importance d'un bon régime d'appropriation des terres, il faut encore bien d'autres mesures pour assurer la prospérité d'une colonie. La production a trois facteurs : la terre, le capital et le travail ; elle ne se peut passer d'aucun d'eux, bien qu'ils ne doivent pas toujours se combiner dans la même proportion.

Ainsi certaines colonies qui ont un monopole naturel pour la production de denrées d'exportation, ont un grand besoin du facteur capital ; on calculait au commencement du siècle que l'Angleterre avait fixé aux Antilles un capital de plus de 2 milliards. D'autres colonies, au contraire, qui produisent principalement des articles de nécessité en vue de leur consommation propre comme le Canada et qui, par cela même, sont spécialement destinées aux petits agriculteurs ont un beaucoup moindre besoin de capital ; il leur en faut cependant dans une certaine proportion ; car des évaluations dignes de foi et déjà anciennes portaient à 80 livres sterling (2,000 fr.) la somme dont une famille a besoin pour s'établir sur une ferme au Canada ; il est probable que maintenant il faut un capital au moins double. Ainsi les trois facteurs étant indispensables à la production et les colonies n'en offrant naturellement qu'un seul, la terre, il reste à savoir comment l'on se procurera les deux autres. Il doit sembler à une multitude d'esprits qu'il est complètement superflu d'organiser par des moyens artificiels un courant permanent de capital et de travail, partant de la métropole pour alimenter les colonies. Ce courant, dira-t-on, s'établit naturellement par le seul attrait des terres nouvelles où le capital se trouve plus rémunéré et où le travail est plus productif. A l'appui de cette opinion l'on citera l'Union américaine et l'Australie, vers lesquelles se dirigent sans cesse une quantité énorme de bras et une quantité considérable de capitaux. C'est là une vue superficielle et qui donne la preuve de la légèreté avec laquelle même des esprits distingués et sensés en d'autres matières jugent des choses de la colonisation. Il est vrai que, quand une colonie est parvenue à l'âge adulte, un courant stable s'est formé qui lui apporte une partie du capital et du travail des vieilles sociétés ; mais il s'agit de faire parvenir ces sociétés à l'âge adulte et d'amorcer ce courant ; or, c'est là une entreprise infiniment plus difficile qu'on n'est, en général, porté à le croire.

Beaucoup de plans ont été soit imaginés par des publicistes, soit exécutés par les colons pour réunir l'immigration des capitaux à l'immigration de la main-d'œuvre. De tous ces plans le plus ancien, le plus universel, le plus durable, ç'a été le servage ou l'esclavage soit des populations indigènes, soit de populations étrangères, de race inférieure, importées par la force. Quelque sévère que soit le jugement que l'on porte au point de vue du droit et de l'humanité sur l'institution de l'esclavage, il ne faut pas perdre de vue les avantages qu'elle a pu présenter, à un certain point de vue et en un certain temps, aux colonies et à l'Europe. Nul plus que nous ne flétrit cette odieuse violation des principes les plus élémentaires de

l'éternelle justice, cet attentat éhonté à la fraternité humaine ; nul
n'applaudit avec plus de sincérité aux nobles efforts tentés par les
peuples civilisés pour extirper cette ignominie de la face de la terre ;
nul ne trouve plus justifiées ces énormes dépenses de capitaux et de
sang humain qui ont eu pour but l'abolition de l'esclavage, mais
aussi, tout en condamnant, au point de vue de la justice et de l'é-
quilibre durable des sociétés, cette institution barbare, cependant on est forcé de reconnaître qu'elle a présenté à l'origine des
avantages, qui ne rachetaient, il est vrai, en aucune façon ses
monstrueux inconvénients, mais qu'il est puéril de contester. Un
économiste éminent, Roscher, a osé écrire ces lignes : « L'esclavage des nègres a son côté économique brillant...... L'injustice sociale de l'esclavage a fait perdre de vue ses avantages économiques. » Quels peuvent donc être ces avantages ? Un économiste
anglais, Merivale, qui écrivait avant l'économiste allemand que
nous venons de citer, les expose avec son habituelle netteté : « Le
travail esclave est bien plus cher que le travail libre partout où l'on
peut se procurer en abondance du travail libre. Quand la densité
de la population pousse l'homme libre à offrir ses services comme
dans les vieilles contrées pour un peu plus seulement que le minimum naturel des salaires, ses services sont plus productifs et moins
chers que ceux de l'esclave, cela est vrai sans exception de climat. »
Mais il arrive très malheureusement que cette offre du travail libre
n'existe pas dans les colonies où il y a une grande étendue de sol
fertile non approprié. Alors les hommes libres dédaignent le salaire, si considérable qu'il puisse être, et se dispersent sur cette
vaste étendue déserte, y cultivant de petits champs qui, en retour
de quelques heures de travail par semaine, leur donnent une nourriture suffisante. Il se produit alors non pas une société, mais une
juxtaposition de petits propriétaires végétant dans une indolence
barbare sur un sol d'une étonnante fertilité, et à la longue un retour
complet à la barbarie. « Il est donc évident, ajoute Merivale, qu'aucune cause économique ne peut être assignée sur laquelle on
puisse compter pour l'abolition de l'esclavage, et que ceux qui ont
cru que les nations se convaincront graduellement que le maintien
de l'esclavage est contraire à leurs intérêts se font des illusions. »
Cette conclusion a besoin de quelques explications et de quelques
réserves. L'esclavage a eu pour effet d'enrichir les colons à l'origine et pendant un certain laps d'années, et, d'un autre côté, d'imprimer à la production de certaines denrées, le sucre et le coton
spécialement, un essor singulièrement rapide, qui a profité par
conséquent aux sociétés européennes. Voilà deux faits qu'il nous

semble impossible de contester. Le colon a tiré un énorme profit de l'esclavage parce que la différence entre le coût du travail esclave et le coût du travail libre était considérable, et beaucoup plus encore parce qu'il pouvait au moyen de la traite se procurer du travail esclave dans une proportion illimitée, tandis qu'il n'eût pu, quelque prix qu'il y eût mis, augmenter en peu de temps dans une proportion considérable l'offre du travail libre. J.-B. Say estime qu'un nègre aux Antilles françaises coûtait annuellement 300 francs pour son entretien et 200 francs pour intérêt et amortissement du prix d'achat, tandis que les gages d'un laboureur libre montaient à 1,800 francs. En admettant même qu'un travailleur libre travaillât deux fois plus ou deux fois mieux qu'un esclave, et assurément c'est une exagération, le colon aurait encore eu un immense intérêt à se servir de travail esclave. Aussi les produits des plantations furent-ils exorbitants à l'origine. Adam Smith nous apprend que les planteurs anglais couvraient leurs frais avec le rhum et le sirop, et avaient le sucre pour produit net: c'est, dit Roscher, comme si les fermiers européens pouvaient rentrer dans leurs avances par la vente de la paille, et avaient comme profit net tout le produit de leurs grains. Et cela se produisait aux colonies, alors que la culture était dans l'état d'enfance, sans engrais, sans changement de récoltes, sans ustensiles perfectionnés. Voici précisément l'un des grands inconvénients de l'esclavage : c'est cette immobilité de la culture, c'est cette absence de rotation de récolte, c'est la fabrication à outrance et sans mesure d'un seul produit, qui épuise la terre, qui expose à des crises fréquentes et qui condamne, en fin de compte, les colonies à esclaves à une décadence rapide ou à une liquidation longue et pleine d'angoisses. L'esclavage a été utile aux premiers colons, c'est une puérilité de le nier, mais cette utilité a été momentanée, elle a duré 100 ans, 150 ans peut-être, mais à la longue elle a amené l'appauvrissement. Voilà pourquoi l'esclavage est nuisible et pourquoi, en définitive, même au point de vue économique, quoi qu'en disent Roscher et Merivale, il doit être condamné, non pas qu'il n'ait singulièrement contribué dans le passé à la rapide croissance des colonies et à l'essor de la production des denrées coloniales, non pas qu'il ne puisse encore dans le présent offrir à ceux qui s'en servent des avantages immédiats et positifs ; mais parce qu'il forme des sociétés anormales, non seulement au point de vue moral mais au point de vue économique, des sociétés dépourvues de tout élément de stabilité industrielle, entièrement adonnées à la production de denrées de luxe en vue de l'exportation, c'est-à-dire un commerce plein de risques et de soubresauts, parce qu'il entraîne avec soi l'exploitation abusive et, en dernier résultat, l'épuisement du sol.

Quand les colonies anglaises et françaises ont vu l'esclavage leur échapper, quand les colonies espagnoles ont senti qu'elles-mêmes, malgré l'appui de la métropole, ne pourraient le conserver toujours, elles ont eu recours à une institution analogue, ayant dans l'ordre économique, moral et politique, des effets presque identiques, quoique le droit humain fût respecté en apparence ; cette institution, c'est l'immigration par voie d'engagement de travailleurs exotiques, indiens ou chinois en général. Nous nous sommes longuement arrêté dans la première partie de cet ouvrage sur cette méthode facile de se procurer de la main-d'œuvre. Nous avons fait ressortir ses avantages immédiats pour soutenir, rétablir, étendre même une production qui faiblissait; on a vu l'île Maurice, entre autres, développant d'une manière inattendue ses cultures et son industrie, grâce au travail des coolis; mais nous n'avons pas caché les inconvénients immenses et durables de cet expédient d'une passagère utilité. L'immigration des coolis sur une très grande échelle est peut-être encore plus dangereuse que le maintien de l'esclavage. Nous ne nous plaçons pas ici au point de vue de la morale et de la liberté humaine, qui se trouvent rarement respectées dans ces engagements que vicient presque toujours la fraude ou l'ignorance; nous parlons uniquement au point de vue économique, social et politique. L'introduction dans nos îles de ces milliers d'ouvriers étrangers, ayant des mœurs, une religion, un langage complètement différents de notre langage, de notre religion et de nos mœurs; la corruption asiatique que ces aventuriers appartenant à la lie des sociétés indienne ou chinoise inoculent aux colonies européennes; l'instabilité qui résulte de cette vaste population flottante que rien n'attache à la terre qu'elle cultive; les crises monétaires ou alimentaires qui se multiplient, soit par le drainage des métaux précieux que produit périodiquement le départ des coolis pour leur patrie emportant leurs épargnes à l'expiration de leur engagement, soit la nécessité permanente de demander aux Indes des aliments spéciaux que les coolis consentent seuls à consommer; le spectacle de cette société bigarrée, sans lien d'aucune sorte, sans communauté d'intérêts, sans subordination réelle: c'est là quelque chose d'affligeant et qui doit donner des inquiétudes. Les gouvernements ont trop encouragé cette institution vicieuse; au lieu d'aider à son développement, il eût été plus prudent de chercher à la restreindre. L'immigration des coolis perpétue en fait l'état de choses que l'esclavage avait créé : la culture exclusive et à outrance des denrées d'exportation, l'absence d'esprit de progrès et de recherche ; elle maintient cet état antisocial et artificiel des colonies, dont il est résulté tant de maux dans le passé et qui enfantera sans doute encore bien des maux dans l'avenir.

Une autre organisation du travail qui se rapproche par certains côtés des deux précédentes, qui offre des ressources analogues et des périls moins graves, c'est la colonisation au moyen de condamnés. L'étude des débuts de l'Australie a montré quelle est l'heureuse influence économique qu'un tel régime habilement dirigé peut avoir sur l'influence d'une société nouvelle : mais cette étude a, d'un autre côté, ouvert les yeux sur les dangers moraux de ce système, quand il n'est pas accompagné de beaucoup de précautions et pratiqué avec tact et mesure. On a vu dans le courant de cette histoire que l'emploi de condamnés à la colonisation est d'origine lointaine. Les Portugais eurent recours à cet expédient au Brésil et, dans le sud de cet empire, la race vigoureuse, remarquablement douée, connue sous le nom de *Paulistas*, est issue de brigands déportés. Cromwell, qui vendait les condamnés politiques aux planteurs des Indes occidentales, Jacques II, qui, pour dix ou quinze shellings, mettait à prix ses sujets compromis dans la conspiration de Monmouth, introduisirent également en Angleterre l'habitude de la déportation. Malgré les réclamations des colonies l'on y transporta longtemps un certain nombre de criminels, au Maryland et à la Virginie surtout. Mais c'est dans le groupe des possessions océaniennes connues sous le nom d'Australie, que le système de la colonisation au moyen de criminels s'est effectué sur la plus grande échelle et avec le plus saisissant succès. Nous n'avons pas à revenir sur les détails que nous avons donnés dans une autre partie de cet ouvrage; il nous suffit de résumer ici les enseignements que l'expérience nous a offerts. Le travail du convict comme celui de l'esclave est cher : cependant l'entretien d'un condamné aux colonies est à meilleur marché que son entretien dans les prisons de la métropole. Un économiste célèbre en matière de colonisation, et dont le nom a été souvent cité et les doctrines discutées dans cet ouvrage, Wakefield, a défini de la manière suivante l'utilité spéciale, *sui generis*, que les convicts offrent aux colons : c'est un extrait de sa déposition devant le Comité d'enquête de l'Australie du Sud : « Savez-vous, lui demandait-on, quelle a été l'offre de la main-d'œuvre à Nouvelle-Galles du Sud pendant les quatre ou cinq dernières années? Je ne puis le dire exactement, répondit-il, mais je sais que la main-d'œuvre a été considérablement offerte : et cependant elle était insuffisante, si grande qu'elle fût, pour remplacer le travail des convicts ; car le travail des convicts a une utilité, qu'il ne faudrait pas seulement apprécier par le nombre des convicts (*the convict labour is much more valuable than in proportion to the number of convicts*); ce qui fait surtout le prix de ce travail, c'est que le maître est sûr qu'il ne lui sera pas enlevé (*the master can hold it*); le maître n'a pas à se préoccuper du prix des terres et des diverses circonstances qui peuvent engager les classes ouvrières à cesser de louer leurs services, parce que *le convict est une sorte d'esclave* : à supposer que l'immigration libre dût immédiatement fournir un nombre d'ouvriers aussi grand que le nombre des convicts dans la Nouvelle-Galles, je doute fort que cette main-d'œuvre libre pût avoir la même puissance productive que la main-d'œuvre des convicts, parce qu'une très grande partie de ces travailleurs indépendants, au lieu de louer leurs services, se feraient immédiatement petits propriétaires. » Ainsi, ce qui constitue le prix du travail des condamnés, c'est surtout cette circonstance que le maître peut, en tout état de cause, compter sur ce travail, il est parfaitement sûr qu'il ne lui échappera pas. Voilà en quoi la colonisation par criminels se rapproche de la colonisation par esclaves. Voilà aussi pourquoi elle est vue d'un très bon œil par les capitalistes : ceux-ci sont sûrs, grâce aux criminels, de ne jamais manquer de main-d'œuvre, tandis que sous le régime du travail libre, quelque hauts que soient les salaires, l'attrait de la propriété est si grand pour les prolétaires que l'offre du travail peut être très réduite, tout au moins est-elle très instable et les entreprises du capital souffrent singulièrement de cette instabilité. Il faut conclure de ces observations que la colonisation par criminels est surtout utile dans les contrées qui ont des facilités naturelles spéciales pour la production de denrées d'exportation, comme les contrées des tropiques ou l'Australie : la déportation serait loin de présenter les mêmes avantages dans des contrées où la production est dirigée en vue de la consommation locale ou de la culture de denrées ne demandant pas de grands capitaux, comme le Canada et le nord de l'Union américaine. Dans les colonies qui produisent en vue de l'exportation, ce qu'il faut attirer, c'est le capital; or le travail des condamnés, comme le travail des esclaves, lui offre des garanties qu'il ne trouverait pas ailleurs. Dans les autres colonies, au contraire, colonies purement agricoles, ce qu'il faut surtout attirer c'est l'immigration libre, et la présence des *convicts* serait plus propre à la diminuer qu'à l'augmenter. Nous dirons aussi que c'est surtout dans les colonies lointaines où l'immigration libre ne se porterait pas d'elle-même, et à l'origine de la colonisation pendant la période d'enfance, qu'il faut employer le travail des criminels. Il sert alors aux travaux préparatoires et donne la première impulsion qui sans cela ferait défaut : c'est d'ailleurs ce que demandaient les enquêtes parlementaires anglaises, ainsi qu'on l'a vu plus haut ; mais une fois le premier degré de culture franchi, il faut suspendre résolument la déportation, afin de ne pas compromettre pour toujours la santé morale et sociale de la colonie. Il y a d'ailleurs deux précautions importantes qui ont été négligées en Australie et qu'il importe de ne pas oublier à l'avenir. La première c'est que le nombre des femmes déportées égale à peu près celui des hommes, de façon que des familles puissent se fonder, sans quoi il se produit une épouvantable démoralisation ; la seconde, c'est de ne livrer aux colons comme serviteurs (*assigned convicts*) que les criminels qui auront bien mérité par leur conduite et donneront des gages de leur amélioration morale : faire de l'assignement comme en Australie une mesure universelle et sans préliminaire, c'est compromettre sérieusement l'état moral de la colonie : il est vrai que la restriction par nous demandée diminue notablement l'utilité économique de la déportation.

Dès l'origine de la colonisation l'on essaya d'un autre moyen pour se procurer de la main-d'œuvre sur laquelle on pût compter. Dans les États continentaux de l'Amérique anglaise, spécialement en Virginie, au Maryland et dans les provinces voisines, où l'on cultivait le tabac et d'autres produits d'exportation, l'on attendait beaucoup de l'institution des *indented servants*. C'étaient des Européens libres que des spéculateurs américains engageaient et auxquels ils avançaient les frais d'immigration moyennant une sorte de servitude personnelle temporaire. La principale utilité que les colons tiraient de ces auxiliaires, c'est qu'ils, étaient sûrs de n'être pas abandonnés par eux : *they could hold them*, selon l'expression de Wakefield. Cependant cet avantage ne se présentait réellement que quand ces *indented labourers* appartenaient à une race étrangère et ignoraient la langue du pays : c'était le cas pour les Allemands qui finirent par former la presque totalité de ces engagés ; ils étaient retenus chez leurs maîtres par la difficulté de se faire comprendre, par le manque de relations et d'appui ; ils se trouvaient dans une sorte d'esclavage mitigé et déguisé. Quant aux Anglais que l'on avait raccolés dans la mère patrie pour servir chez les agriculteurs des colonies, après avoir profité de la gratuité du prix de passage, ils ne tardaient pas à s'enfuir et à s'établir pour leur compte dans les solitudes des forêts. Le trafic des Allemands dans les provinces anglaises du continent finit par prendre d'assez vastes proportions : il constitua une industrie montée sur une grande échelle et donna lieu à toutes sortes d'excès. Dans les principaux ports d'Europe il y avait des agents d'émigration, qui usaient de ruse et souvent de force pour engager les vagabonds ; une fois maîtres de ces malheureux, les capitaines des navires en disposaient à leur guise et les transportaient dans les lieux d'Amérique où la demande de serviteurs était la plus grande, il y avait une sorte de marché pour ce trafic scandaleux. Ces raccoleurs pour les colonies, que l'on nommait, par dérision sans doute, *redemptioners*, enlevaient dans les ports d'Europe des enfants pour les engager aux planteurs de la Virginie ou du Maryland, de même que les jésuites dans les colonies espagnoles faisaient des razzias parmi les tribus indiennes auxquelles ils dérobaient leurs enfants pour recruter les missions chrétiennes. Un arrêt du conseil privé d'Angleterre interdit en 1686 cette traite des blancs. Dans les îles françaises les engagés blancs furent aussi très nombreux. Il ne paraît pas que ces engagements aient donné lieu dans nos colonies aux abus qui se produisirent dans l'Amérique anglaise. La cause en est facile à concevoir : nos îles de la Guadeloupe et de la Martinique sont infiniment plus petites que les provinces de la Virginie, de la Georgie, qui étaient alors illimitées. Il était donc beaucoup plus facile dans nos possessions de retenir sur les plantations les engagés : l'étendue des terres fertiles étant réduite, presque toutes se trouvant appropriées, la population étant plus dense, il eût été difficile à ces engagés de se dérober de chez leurs maîtres pour devenir propriétaires à leur compte ; aussi n'avait-on pas besoin de mesures de rigueur et de surveillance sévère pour faire observer les conditions de l'engagement. Ces engagés blancs sont la souche de cette nombreuse population d'artisans d'origine européenne, que l'on appelle aux Antilles les *petits blancs*.

De nos jours encore les théoriciens ont proposé différents systèmes pour introduire aux colonies la main-d'œuvre en grandes masses. Un des projets les plus extravagants qui aient été mis au jour est celui de Frédéric List, l'auteur bien connu du *Système économique national*. Rêvant de transporter des sociétés entières à l'extrémité du monde et d'improviser en quelques années une colonisation, List proposait à l'Allemagne le plan suivant : l'on enverrait d'abord quelques hommes d'expérience pour fixer l'emplacement de la colonie, puis l'on transporterait, au lieu choisi, des hommes jeunes qui feraient les premiers défrichements et les constructions les plus indispensables; ensuite partiraient les fiancées de ces jeunes gens et les ménages encore forts, capables de travail ; en dernier lieu les êtres qui sont des charges, les enfants et les vieillards. De cette façon, Frédéric List croyait réunir plusieurs avantages importants : en premier lieu, il pensait qu'en dégageant la colonisation, à son début, de toutes les charges, de toutes les personnes faibles, délicates, qui pèsent sur la société, il activerait l'essor de la colonie. Ensuite il s'imaginait avoir concilié, de la manière la plus heureuse, les intérêts des capitalistes et ceux des ouvriers : ce seraient les capitalistes qui feraient l'avance de tous les frais, ils seraient sûrs que les ouvriers les indemniseraient par leur travail, parce que, ayant été transportés sans leurs femmes, leurs fiancées ou leurs enfants, les ouvriers ne pourraient attendre que des capitalistes de leur faire revoir leurs familles : supposition étrange que ce système! Peut-on croire que des gens sains d'esprit aillent consentir à passer les mers sans ceux qui leur sont chers, et à se séparer de leurs familles pour un temps indéfini ! On voit à quelles chimères peuvent s'abandonner, en matière de colonisation, des hommes sérieux cependant et instruits.

Parmi tous les projets destinés à assurer de la main-d'œuvre aux agriculteurs et aux capitalistes des colonies, l'un des plus dignes d'attention est celui d'un économiste anglais, qui s'est acquis un certain renom en matière de colonisation, M. Poulett-Scrope. L'Etat ferait les frais de l'émigration qui serait gratuite : ses avances seraient remboursées par une taxe sur les salaires des travailleurs dans la colonie. Il y aurait un bureau où chaque ouvrier serait immatriculé dès son arrivée ; on fixerait la somme qu'il doit payer chaque semaine ou chaque mois pour restituer au gouvernement les frais de transport ; à la seule condition de s'acquitter régulièrement de cette dette, il pourrait travailler où bon lui plairait et chez le maître de son choix. Cet expédient, si simple en théorie, est singulièrement difficile en pratique. La grande difficulté, en effet, c'est d'assurer le payement de cette taxe, sans mettre les ouvriers transportés gratuitement dans une sorte d'esclavage; rien ne leur est plus facile, en effet, dans ces contrées vastes, abondantes en terres fertiles et peu peuplées, que de s'enfuir dans l'intérieur, de travailler à leur compte et de se dérober ainsi à la taxe. Essayé bien des fois en Australie et spécialement à la Nouvelle-Galles du Sud, cet expédient donna toujours des résultats très insuffisants.

Le même économiste, M. Poulett-Scrope, voyant échouer son plan sous cette forme, lui fit subir une modification. Il proposa que la taxe fût payée non par les ouvriers, mais par les capitalistes: cela serait toujours une taxe sur les salaires, mais indirecte, par l'incidence de l'impôt. Les capitalistes ne feraient que l'avance, l'impôt porterait en définitive sur les ouvriers et voici comment : c'est que son produit étant employé à alimenter l'immigration, le plus grand nombre de bras offerts par suite des transports gratuits, ferait baisser, dans la colonie, le taux des salaires. Le défaut de ce plan, c'est qu'il ne contient encore aucune règle pour retenir les ouvriers au service des capitalistes, en admettant que les salaires dussent subir l'incidence de la taxe : l'abondance des terres fertiles et leur bas prix permettraient toujours à l'ouvrier de se dérober à l'impôt en travaillant pour son compte. Ainsi le plan de M. Poulett-Scrope ne serait applicable que dans de vieilles colonies où toute la terre est occupée, comme le sont les petites Antilles.

Un autre système est celui d'Uniacko : il consiste à laisser un espace vide entre les propriétés des cultivateurs des colonies, à constituer ainsi des réserves; et une fois que le prix du sol a haussé notablement par les progrès de la culture, à vendre ces réserves pour faire des subventions à l'immigration. L'on a dit, avec quelque raison, que ce projet était une sorte de pétition de principe, en ce qu'il attendait que la colonie eût atteint un haut degré de prospérité, pour donner des subventions à l'immigration et procurer de la main-d'œuvre aux capitalistes ; or comment la colonie parviendrait-elle à cette prospérité, si on ne s'occupait préalablement de lui fournir des bras?

De tous les projets inventés par les économistes et appliqués par les hommes d'Etat, il n'en est aucun qui ait donné d'aussi bons résultats que le système Wakefield. Nous en avons assez parlé dans divers endroits de cet ouvrage pour n'avoir pas à en faire une nouvelle exposition. Il consiste à vendre les terres coloniales à un prix relativement élevé, une livre, une livre et demie et jusqu'à deux livres l'acre, c'est-à-dire de 60 à 125 francs l'hectare environ et à employer le prix des terres ainsi vendues en subsides à l'immigration, sans s'occuper de faire rembourser, soit par les immigrants, soit par ceux qui les emploient, le prix du passage gratuit. Le fond des terres suffit à alimenter un courant d'immigration considérable. Non seulement l'immigrant n'a pas à rembourser le prix du passage, mais encore, au bout d'un certain délai, trois ans généralement, passé dans la colonie, il a droit, s'il le désire, à être transporté gratuitement en Angleterre. Ce régime s'est montré singulièrement fructueux: grâce à lui, des colons par centaines de mille ont été donnés aux différentes colonies d'Australie ; il est incontestable que sans cet ingénieux expédient, le développement de la

Nouvelle-Galles du Sud et de Victoria eût été moins rapide. Cependant c'est surtout et même seulement dans la période initiale et au premier âge des colonies qu'il est bon d'user de passages gratuits, l'immigration subventionnée ne tarde pas à amener une foule d'abus. On a vu qu'en une année il avait été accordé près de 100,000 passages gratuits pour l'Algérie, suivis presque tous de retour ; de même, au bout d'un certain temps les retours d'Australie en Angleterre de la part d'immigrants transportés gratuitement devinrent tellement fréquents, qu'il fallut faire d'importantes modifications au système initial.

Nous avons parcouru les différents modes auxquels l'on a eu recours pour attirer la main-d'œuvre dans les colonies nouvelles. Il est incontestable que, à l'origine d'une colonie, il faut amorcer un courant d'immigration qui, probablement, ne se formerait pas seul. Nous avons repoussé l'esclavage et l'immigration des coolis par engagement comme des institutions, l'une évidemment inique, l'autre presque toujours abusive et vicieuse en fait, malgré l'innocence du nom dont elle se pare. Au contraire nous ne pouvons qu'approuver dans les limites et avec les restrictions que nous avons tracées, l'emploi de condamnés à l'origine de la colonisation et l'usage des subventions à l'immigration d'après les règles du système Wakefield. Hâtons-nous de dire que l'une et l'autre de ces mesures ne sont que des expédients initiaux, qu'il faut les appliquer avec tact et précaution. Bien des circonstances, d'ailleurs, viennent modifier dans la pratique l'application des mesures les meilleures en théorie. Il est évident, par exemple, qu'il faut tenir compte de la distance et de la situation des colonies. Dans une terre presque complètement déserte et extrêmement lointaine, comme l'Australie ou la Nouvelle-Calédonie, l'utilité de la déportation et de l'immigration subventionnée est très grande : c'est vraiment le seul moyen de créer une population de colons, d'attirer des capitaux. Dans une colonie, au contraire, excessivement voisine de la mère patrie et déjà douée d'une certaine culture, comme l'Algérie, l'utilité de ces expédients artificiels est infiniment moins grande, pour ne pas dire nulle : la déportation même offrirait à tous les points de vue plus d'inconvénients que d'avantages, et la gratuité des transports donnerait lieu à une foule d'abus (1). Il faut également tenir compte de la nature des productions des diverses colonies : les colonies qui

(1) Au lieu de la gratuité des transports pour une colonie comme l'Algérie, il vaut beaucoup mieux accorder des réductions de tarifs, des quarts de place qui, en laissant toujours à la charge de l'aspirant colon une certaine dépense, garantissent qu'il n'agira pas à la légère.

ont un monopole pour la production de denrées d'exportation et qui sont principalement faites pour la grande culture comme les îles à sucre ou l'Australie, ne peuvent que se bien trouver d'une déportation considérable et d'une immigration gratuite nombreuse, parce que l'élément dont elles ont besoin pour prospérer, c'est une main-d'œuvre non seulement abondante, mais sur laquelle les colons puissent compter; au contraire, les colonies qui cultivent principalement des produits agricoles en vue de la consommation locale, comme le Canada, la Nouvelle-Angleterre, contrées naturellement faites pour les petits propriétaires, ont beaucoup moins besoin de ces mesures artificielles; tout au plus celles-ci sont-elles nécessaires à l'origine. La Nouvelle-Angleterre et le Canada n'ont pas eu, ou n'ont eu que pendant peu d'années, des esclaves, des *assigned convicts* ou des *indented servants*, non pas tant à cause des mœurs des colons qui répugnaient à ces institutions, qu'à cause de la nature du sol et des cultures, qui n'en avaient que faire. Pour ces dernières colonies et pour toutes en général, l'appât d'une propriété bien garantie, le bon régime intérieur, attirent les bras plus que toute autre chose : en ayant une bonne administration, vous aurez une nombreuse immigration. La métropole doit néanmoins faire une certaine propagande autour des colonies dont elle souhaite le développement. Il est bon qu'elle constitue fortement un bureau d'immigration et qu'elle entretienne des agents pour attirer vers ses possessions les émigrants, soit nationaux, soit étrangers. Sans recourir aux fraudes que nous avons souvent flétries dans le courant de cet ouvrage, ces agents doivent s'efforcer d'éclairer les émigrants et de les diriger. Le meilleur moyen d'y parvenir est encore un bon service de publicité. L'Union américaine répand à profusion des livres ou des brochures où l'on donne sur les territoires encore vacants les détails statistiques et économiques les plus précis. Dans tous les principaux ports d'Europe, l'homme qui est mécontent de son sort est ainsi bien vite renseigné sur le marché du travail et le marché des terres en Amérique. On devrait faire de même pour notre Algérie, rédiger chaque année des manuels que l'on répandrait en France et dont l'on ferait faire des extraits par les journaux. Il faudrait aussi qu'à leur arrivée sur le sol algérien, des comités, soit libres, soit officiels, fussent chargés de veiller pendant les premiers jours sur les émigrants et de leur procurer du travail. Sans qu'il soit nécessaire de faire pour elle de grandes dépenses, l'immigration, dans une colonie encore adolescente, ne peut être absolument abandonnée à elle-même.

CHAPITRE II

Des progrès de la richesse dans les colonies. — De l'assiette des impôts.

Merveilleux progrès de la richesse aux colonies. — La cause principale en est à l'énorme productivité des capitaux employés au défrichement de sols vierges. — Les profits des capitaux y sont très élevés non seulement à cause de leur rareté, mais à cause de leur productivité. — Exemples.
Rapide développement de la population. — Précocité des mariages. — L'accroissement de la richesse est encore beaucoup plus rapide que l'accroissement de la population. — Chiffres sur ce sujet.
Pendant leur première période les colonies sont exclusivement agricoles. — L'industrie n'y peut naître et se développer que par des circonstances accidentelles et exceptionnelles.
Prédominance du commerce extérieur dans la plupart des colonies. — Importance du crédit. — Fréquence des crises commerciales. — Les lois dans les pays neufs sont plus favorables au débiteur qu'au créancier.
Du régime financier. — Les meilleures ressources coloniales sont les droits modérés à l'importation, n'ayant aucun caractère protecteur, et le prix de la vente des terres. — Exemple de plusieurs colonies anglaises. — Les colons supportent souvent une somme d'impôts beaucoup plus élevée que les habitants de la métropole.
De la constitution de réserves de terres au profit des églises, des écoles ou des États. — Avantage et inconvénients. — Système ingénieux proposé par l'archevêque Whately.
Des droits d'enregistrement. — De la mesure dans laquelle ils peuvent être établis aux colonies. — L'utilité de la facile circulation des terres et de la sécurité des transactions en immeubles.

Après avoir étudié successivement le meilleur régime des terres et l'organisation du travail la meilleure dans les colonies, il convient d'examiner brièvement la nature spéciale des progrès et le caractère distinctif du développement de ces jeunes sociétés. C'est un préliminaire indispensable aux règles qu'il nous faudra tracer pour l'administration et le gouvernement des colonies et spécialement pour l'établissement des taxes.

Une foule de circonstances concourent à donner aux sociétés coloniales une force d'impulsion et d'expansion avec laquelle rien ne se peut comparer au monde. La première cause de cette capacité de développement, c'est l'accroissement de productivité du travail quand on l'applique à des sols à la fois fertiles et vierges. Un publiciste, contemporain des premiers établissements anglais en Amérique, sir Josiah Child, disait que le travail d'un homme a quatre fois fois plus de valeur aux colonies que dans la métropole. William Penn émettait la même pensée sous forme d'aphorisme. Alexandre de Humboldt la justifia par des statistiques scientifiques. Selon un calcul de ce savant, le blé rendait en Prusse quatre ou cinq fois la semence; en France, cinq ou six fois en moyenne, dans les meilleurs sols treize fois la semence; à la Plata, il rendait, en moyenne, douze grains pour un; au Mexique, en moyenne, dit-sept; au Pérou, dix-huit, et au Mexique équinoxial, vingt-quatre fois la semence. Ce sont assurément des preuves notables de fertilité. Mais si l'on compare la quantité de valeur échangeable produite par un laboureur en Europe à celle qui est créée aux tropiques par un travailleur sur une plantation de sucre, ou même en Australie par un pasteur de moutons, la différence devient encore beaucoup plus frappante. Ce qu'il y a de particulier aux colonies, c'est que cette productivité très grande des sols vierges, merveilleusement doués pour la fourniture de certaines denrées, est exploitée dès l'origine par des populations d'une haute culture, ayant toutes les ressources de la civilisation la plus avancée : tandis que l'histoire de l'Europe, au contraire, nous montre les forces inépuisées du sol tombant en échéance à l'origine à des populations barbares, dénuées des moyens nécessaires pour en retirer toute l'utilité possible. Non seulement dans les États coloniaux, l'étendue des terres fertiles peut, pendant un grand nombre d'années, être regardée comme illimitée, non seulement les colons apportent avec eux toutes les ressources de la civilisation la plus avancée, mais l'on peut encore dire que les premiers immigrants ont, pour la plupart, des capacités morales et des ressources intellectuelles plus grandes que la moyenne des habitants des vieilles contrées. Ceux qui quittent leur patrie pour chercher fortune dans des sociétés naissantes, ce sont généralement les plus énergiques et les plus entreprenants, les esprits les plus sagaces et les plus actifs. En outre, l'on a fait remarquer, avec raison, qu'un grand nombre de penchants, qui sont des défauts dans les vieilles sociétés, s'annihilent dans les sociétés naissantes ou se transforment même en facultés utiles. Ce qui contribue à donner au développement des colonies cette rapidité qui étonne au premier abord, c'est que toutes les forces de l'homme y sont exclusivement tournées vers la production et la capitalisation ; c'est qu'en outre toutes ses facultés les plus variées et les plus contraires y trouvent un champ d'emploi sans pareil. La main-d'œuvre est excessivement rétribuée dans ces sociétés naissantes, parce que, grâce à l'étendue et à la productivité du sol, son utilité est très grande :

cette élévation des salaires permet à chaque ouvrier de sortir promptement du prolétariat où, dans les vieilles contrées, il serait sans doute resté toute sa vie : cette possibilité d'avancer rapidement sa carrière et cette absence de limite à l'amélioration de sa condition redoublent l'activité de son travail et l'énergie de ses efforts. L'intérêt des capitaux est aussi excessivement haut par les mêmes raisons qui maintiennent élevé le taux des salaires, c'est-à-dire par la productivité et l'étendue du champ d'emploi (*field of employment*). Aussi voit-on aux colonies un taux de l'intérêt analogue à celui qui existait au moyen âge. Mais quelle différence dans les causes qui amenaient alors en Europe et celles qui amènent aujourd'hui aux colonies cette élévation de l'intérêt ! Au moyen âge, la cause presque unique de l'élévation de l'intérêt, c'était le risque de l'état social et politique ; aussi les capitaux ne se prêtaient-ils guère qu'à des seigneurs pour des emplois improductifs : la prime d'assurance était trop élevée pour que le commerce et l'industrie pussent, dans une large mesure, recourir au crédit. Aux colonies, au contraire, la cause principale de l'élévation de l'intérêt, c'est la productivité des capitaux, leur utilité multiple et leur force créatrice. On a vu qu'au beau temps de Saint-Domingue, une plantation ordinaire rapportait 20 p. 100 des frais de premier établissement. Dans l'Australie du Sud, avec toutes les garanties de sécurité, l'intérêt était encore, il y a trente-cinq ans, de 15 p. 100 (1). On conçoit combien cette élévation du taux de l'intérêt, provenant non pas de l'étendue du risque, mais de la productivité des capitaux, se trouve être favorable à l'épargne. Aussi l'épargne est-elle immense aux colonies, en proportion du revenu. Dans les vieilles contrées, la consommation presque partout va d'un pied à peu près égal avec la production, l'on dépense presque tout ce que l'on gagne ; aux colonies, au contraire, du moins à l'origine, l'accumulation est presque le seul objet du capitaliste et même, quoique dans une moindre mesure, de l'ouvrier. Le désir de la dépense, le besoin de briller, les goûts du luxe, les habitudes de société qui font concurrence à l'épargne dans les vieilles contrées, existent à peine dans ces établissements naissants. De même que toutes les forces physiques et intellectuelles y sont tournées vers la production matérielle, toutes les forces morales portent à la capitalisation.

La population s'accroît aussi en proportion bien plus grande que dans les contrées depuis longtemps habitées ; non seulement l'immigration lui apporte des contingents nouveaux ; mais le mouvement

---

(1) Roscher, *Colonien und colonial Politik*, p. 66.

intérieur de multiplication est singulièrement accéléré. Dans les contrées vieilles, de nombreuses catégories de la société redoutent le mariage comme une charge ; des classes entières, pour ne pas dire toute la nation, à peu d'exceptions près, craignent le grand nombre des enfants comme la ruine. Aux colonies le mariage précoce est presque une nécessité ; car, dans ces sociétés laborieuses et dispersées, la femme légitime est la seule compagnie qui puisse distraire le travailleur ; la famille est la seule joie qui soit à la portée de ces pionniers des forêts ; les enfants sont une source de revenu et de bien-être. Parmi les boërs du Cap, dit Roscher, six ou sept enfants sont regardés comme une très petite famille (*ausserst wenig*) : les veuves avec plusieurs enfants trouvent facilement à se marier, parce que le travail d'enfants à moitié adultes fait plus que compenser les frais de leur éducation. D'après Tucker, la règle aux États-Unis, au commencement du siècle, était que les hommes s'établissent et se mariassent à 21 ans : Depons affirme, c'est à peine si on peut le croire, que dans l'Amérique espagnole les jeunes gens qui n'étaient pas mariés à 20 ans commençaient à passer pour de vieux garçons.

Dans de pareilles circonstances on conçoit que le développement soit rapide. Nous avons donné dans le chapitre précédent l'exemple merveilleux de l'Ohio, vaste forêt à la fin du XVIIIe siècle, devenant en cinquante années l'un des États les plus peuplés de l'Union américaine. L'augmentation de la richesse, du moins dans les colonies qui ont des facilités pour la production de denrées d'exportation, prime cependant encore les progrès du peuplement. Le New-Jersey, en 1795, dit Roscher, produisait cinq fois autant qu'avant la Révolution ; l'exportation du coton aux États-Unis, qui, en 1792, montait seulement à 62,100 kilog., passait, en 1834, à 173 millions de kilog. ; en 1852 et en 1853, elle avait une valeur de plus de 109 millions de dollars. L'on sait ce qu'elle est devenue depuis. Dans dix États de l'Union la population augmentait tous les ans de 30.8 p. 100, la valeur des terres de 68 p. 100. En Virginie, l'augmentation de la population n'était que de 7 p. 100, celle des terres de 31. Pendant que dans toute l'Union la population tous les dix ans croissait de 33 p. 100, l'importation montait de 47 et l'exportation de 51, l'usage du thé de 61, du café de 81, du vin de 46 et la masse des espèces précieuses de 80 p. 100, en moyenne l'augmentation de la richesse se comportait avec l'augmentation de la population comme 50 avec 31 (Roscher). On connaît, d'autre part, les progrès encore plus extraordinaires de l'Australie ; nous avons dressé plus haut le tableau du développement de la production de la laine dans la

Nouvelle-Galles du Sud. On a vu quelle quantité prodigieuse de richesse était sortie de ces huit moutons mérinos, trois béliers, cinq brebis importés en Australie, il y a moins d'un siècle.

Mais il ne suffit pas de constater le développement rapide des colonies, il convient encore d'en examiner les particularités. Au point de vue économique la société coloniale présente quelques-uns des caractères des sociétés qui sont dans un état inférieur de culture ; les terres abondent, les bras et les capitaux manquent. Mais ce qui distingue les sociétés coloniales des sociétés primitives, c'est que l'esprit d'entreprise est aussi hardi et aussi persistant dans les premières qu'il est dans les autres faible et intermittent. Cependant cet esprit d'entreprise, se portant principalement vers les opérations agricoles ou rencontrant dans les opérations industrielles des obstacles considérables, ne parvient pas à changer l'état des choses qui résulte de la pénurie de capital et de bras. Pendant tout le premier âge de la colonisation les produits bruts, c'est-à-dire ceux où la collaboration de la nature a la plus grande part, la plupart des produits agricoles en un mot, sont à bon marché ; au contraire, les marchandises qui ont exigé du capital et de la main-d'œuvre en quantité notable, c'est-à-dire presque tous les articles de manufactures, sont à des prix considérablement élevés. Roscher fait remarquer que le paysan du Far-West de l'Amérique envoyait récemment encore quatre boisseaux de blé au meunier pour en retirer trois de farine, pendant que, en Allemagne, la rétribution du meunier n'équivaut généralement qu'au seizième du blé qu'il convertit en farine. La division du travail fait toujours défaut à cette première époque de la vie coloniale : l'industrie rudimentaire y est habituelle ; il n'y a pas généralement de fixité dans les prix ; l'échange en nature tient d'ordinaire une plus grande place que l'échange au moyen de l'équivalent monétaire. Une foule d'autres caractères des sociétés primitives se retrouvent dans les sociétés coloniales à leur première période. Ainsi, comme le remarque encore Roscher, l'on est étonné de la quantité de corvées ou de prestations personnelles que les paysans américains fournissent pour les services publics. Au lieu de se racheter par une contribution équivalente, ils préfèrent travailler de leurs personnes et avec leurs voitures et chevaux aux chemins et aux autres ouvrages d'intérêt local. Quoique contraire en apparence aux intérêts bien entendus des cultivateurs, cette organisation y est cependant complètement conforme au fond, à cause de la rareté des salariés dans cette contrée et par conséquent de la grande élévation du salaire.

Pendant longtemps les travaux agricoles sont l'occupation presque exclusive des colons ; la possession de la terre est trop attrayante, la main-d'œuvre et les capitaux trop rares, la division du travail trop rudimentaire pour que l'industrie puisse prendre bientôt essor aux colonies. Ce ne sont que des circonstances exceptionnelles, du fait de la nature ou de l'homme, qui peuvent déterminer dans ces sociétés naissantes l'établissement des manufactures. Ainsi, quand une colonie est excessivement éloignée de la métropole, il arrive souvent que certaines industries s'y développent, mais d'abord uniquement pour les articles grossiers. Dans la Nouvelle-Galles du Sud, par exemple, les chapeaux, les cuirs, les étoffes communes de lin ou de laine ont pris du développement comme fabrication locale, parce qu'il faut presque faire le tour du monde pour chercher en Angleterre ces articles de peu de valeur et de beaucoup de volume. Dans la Nouvelle-Espagne l'industrie s'éleva de bonne heure, en partie à cause de la densité de la population et de l'habileté des Indiens pour les ouvrages manuels, en partie à cause du très mauvais état des chemins qui séparaient les plateaux des côtes et qui augmentaient les difficultés du transport ainsi que les prix des marchandises venant d'Europe. Aux États-Unis, c'est l'année 1806 qui est le point de départ de l'industrie nationale, parce que, alors, les règlements sévères pris par l'Angleterre et la France rendirent le commerce des neutres presque impossible ; l'année 1812 et la guerre avec l'Angleterre produisirent aussi les mêmes effets. On peut dire que cet état de choses eut en Amérique une influence analogue à celle de droits protecteurs qui auraient frappé les marchandises européennes en faveur de celles de l'Union.

Sauf ces circonstances exceptionnelles du fait de l'homme ou de la nature, les colonies, pendant toute la première période de leur existence, s'adressent aux vieilles sociétés pour se pourvoir d'objets manufacturés. Or, il est à remarquer que les colons, qui quittent une contrée douée d'une haute culture pour une contrée toute primitive, emportent avec eux une foule de besoins et de goûts raffinés que les ressources du pays où ils sont venus se placer sont pendant longtemps dans l'impossibilité de satisfaire. Aussi le commerce extérieur a-t-il pour les colonies une singulière importance et tient-il une prédominance bien caractérisée dans leur organisation économique. Dans un grand nombre d'entre elles, dans toutes celles notamment qui ont des facilités spéciales pour la production des denrées d'une utilité universelle, presque toute la production a l'exportation en vue ; et dans celles mêmes qui ne jouissent pas de ces conditions privilégiées, le commerce extérieur ne laisse pas que d'avoir une exceptionnelle importance. De cet état de choses résultent des conséquences qu'il est important de noter.

Un des effets de cette prédominance du commerce extérieur dans la plupart des colonies et de la rareté des capitaux dans presque toutes, c'est le développement que le crédit ne tarde pas à y prendre. Dans presque toutes les colonies le crédit a une extension singulière, soit par rapport à la population, soit par rapport à la richesse existante. Il est presque impossible qu'une colonie se développe rapidement, si elle n'a recours, sous une forme ou sous une autre, mais dans une large proportion, au crédit. Dans les colonies dont la production a l'exportation en vue, le crédit agit au moyen de prêts que les fabricants ou commerçants de la métropole font aux colons. De tout temps et chez toutes les nations la dette des planteurs envers les ports métropolitains a été énorme ; et il n'en pouvait être autrement, parce que les colons ne pouvaient développer leur production qu'en obtenant des capitaux considérables ; or, ces capitaux, c'étaient leurs correspondants des ports qui avaient le plus d'intérêt à les leur avancer et qui se trouvaient le mieux placés pour rentrer dans ces avances. D'un autre côté, dans les colonies même qui dirigent leur production vers la consommation locale et immédiate, le crédit ne laisse pas que de prendre aussi un développement notable ; la cause en est dans l'esprit d'entreprise que suscite l'abondance des terres et dans la rareté du numéraire, laquelle est toujours excessive aux colonies. M. Michel Chevalier raconte dans ses lettres sur l'Amérique du Nord, que dans un village qui se construisait, où trente maisons à peine étaient achevées, où l'on se heurtait partout aux racines des arbres brûlés ou abattus, il rencontra tout à coup une maison fort apparente avec cette inscription : « *Office of deposite and discount, Schuylkill Bank* ». C'était une banque d'émission dûment autorisée par la législature de l'État. Presque toutes les colonies américaines ont passé à leur berceau par l'école périlleuse du papier-monnaie, et les raisons en sont faciles à saisir ; il est naturel que les premiers colons aient eu infiniment plus d'objets à tirer de l'étranger que d'équivalents à lui offrir. L'importation pendant toute la première période de la vie coloniale dépasse nécessairement l'exportation ; aussi les métaux précieux de la colonie sont-ils drainés chaque année par le commerce extérieur ; les moyens d'échange font défaut pour le commerce du dedans et l'on a recours au papier. Cette situation, jointe à l'esprit de spéculation et d'aventures, influe sur tout l'état social des colonies. Roscher fait remarquer que dans presque toutes les colonies les lois sont plus favorables au débiteur qu'au créancier. C'est ainsi que dans la plupart des établissements européens la saisie immobilière n'existait pas et l'on sait combien on a eu de peine à l'introduire aux Antilles françaises lors de l'abolition de l'esclavage. Les mœurs comme les lois sont pleines d'indulgence pour le débiteur insolvable ; la faillite n'a rien qui entache l'honneur ; c'est dans ces sociétés singulièrement élastiques un accident passager, qui n'a rien de définitif et que l'on fait facilement oublier.

On comprend que les crises commerciales soient singulièrement fréquentes dans ces sociétés si actives et si dépourvues de moyens de résistance. Elles le sont d'autant plus que par le développement considérable de leur commerce extérieur, les colonies supportent toutes les influences de la mère patrie et ressentent très gravement les moindres commotions du commerce métropolitain. Les colonies surtout qui se consacrent tout entières à la production de deux ou trois denrées spéciales pour l'exportation sont exposées à des catastrophes aussi intenses que nombreuses. Les Indes occidentales ont eu à traverser un grand nombre de ces crises. Dès que les prix du sucre et du café s'élevaient, les planteurs par la facilité qu'ils avaient d'emprunter à leurs correspondants des ports et de recruter des esclaves par la traite, étendaient immédiatement leur production. Dès qu'une cause ou une autre amenait une baisse dans les prix, la production ainsi étendue ne pouvait plus aisément se restreindre, et il en résultait pour certaines colonies un état de crise permanent. Ce ne sont pas seulement les colonies à sucre qui ont été ainsi frappées. Dans les autres aussi les circonstances politiques ou commerciales de l'ancien monde exercent une influence considérable et produisent parfois de terribles commotions. Les prix des objets les plus usuels varient aux colonies dans des proportions inouïes. Quelques années avant l'arrivée de Humboldt au Mexique, le prix du fer monta de 20 francs à 240 et celui de l'acier de 80 francs à 1,300. Aux États-Unis, en 1836, l'exportation n'atteignit pas 107 millions de dollars et l'importation monta à 190 millions. On conçoit qu'il en résulta une crise monétaire ; les colonies, d'ailleurs, sont exposées à ces sortes de crises. L'inégalité considérable qui se présente parfois entre leurs exportations et leurs importations et les variations fréquentes et énormes que subissent les unes et les autres, en sont la cause. Il est incontestable que beaucoup de ces difficultés et de ces catastrophes qu'eurent à traverser les colonies européennes, venaient du mauvais régime qu'on leur avait imposé ou qu'elles avaient elles-mêmes adopté, l'esclavage, le pacte colonial ; mais, même avec des institutions meilleures, elles ne pourront encore complètement échapper à ces conséquences naturelles de leur constitution économique (1).

On voit par cet exposé de la situation des colonies dans cette première période combien elles sont délicates, susceptibles, sujettes à des perturbations et à des crises. Aussi sont-elles d'une administration peu aisée et réclament-elles un régime d'une grande douceur pour arriver, à travers ces maladies économiques qui forment les terribles épreuves de leur enfance, à la consistance et à la force de la maturité.

De toutes les branches de l'administration coloniale, la plus ardue peut-être est celle qui concerne l'assiette et la levée des impôts.

Nous avons déjà dit que la mère patrie doit dans tous les cas faire l'avance des frais de premier établissement et qu'elle doit renoncer en général à rentrer d'une manière directe dans ces avances. Le développement de son commerce et de son industrie compensera au bout de peu de temps et bien au delà les sacrifices qu'elle aura dû faire, mais il est excessivement rare que, devenue adulte, la colonie l'en indemnise en fournissant un revenu au Trésor métropolitain. De toutes les colonies européennes on n'en peut guère citer que trois ou quatre qui aient donné ou qui donnent un revenu à la mère patrie, et il suffit de les nommer pour voir qu'elles sont dans une situation particulière et même tout à fait exceptionnelle : le Mexique au dernier siècle, et dans le nôtre Cuba et Java. Mais si la métropole doit faire les premiers frais d'établissement de ses colonies, du moins doit-il y avoir une limite à ses dépenses ; les colonies elles-mêmes, au bout de peu d'années, doivent suffire à leur administration intérieure.

Les deux meilleures impositions coloniales, celles qui grèvent le moins les colons et nuisent le moins au développement de la culture, celles aussi qui sont de la perception la plus facile et la moins coûteuse, consistent dans des droits à l'importation des marchandises, l'octroi de mer, selon l'expression reçue dans les colonies maritimes, et dans la vente des terres. Ce sont presque les seuls impôts qui aient été appliqués dans les colonies anglaises, et l'on a toujours remarqué que, à la condition que l'assiette en fût intelligente et le taux modéré, ils ne produisaient aucun résultat mauvais et donnaient un revenu suffisamment abondant. Les droits à

(1) On doit encore à ce point de vue considérer comme des colonies les contrées politiquement émancipées, telles que la République Argentine, le Brésil, le Pérou, qui, sous le rapport des capitaux, de l'immigration et du commerce, sont complétement dépendants du vieux monde.

l'importation aux colonies doivent être simplement fiscaux et n'avoir aucun caractère protecteur, car alors ils pourraient devenir très nuisibles ; mais, établis sur toutes les marchandises sans distinction de provenance ou d'origine, ne prélevant sur elles qu'une perception légère qui ne pourrait pas dépasser 5 ou 10 p. 100 par exemple, ils n'ont, pour ainsi dire, aucun inconvénient économique. Les colons les supportent sans se plaindre et ils rentrent avec la plus grande facilité : comme presque toutes les colonies naissantes, en effet, ne sont abordables que par quelques ports, un nombre limité d'agents établis dans ces ports suffit pour lever la taxe sur le chargement des vaisseaux entrants; il n'y a là aucune des vexations inquisitoriales qui rendent si funeste l'octroi à l'entrée des villes. Ces droits à l'importation tombent presque tous sur des articles de consommation immédiate, car les colonies n'importent pas de matières premières pour les manufactures. On peut par les faits suivants empruntés à l'histoire des colonies anglaises, juger du genre d'articles sur lesquels pèse principalement cette taxe : le revenu de la Nouvelle-Galles du Sud en 1836 était de 190,000 livres, dont 126,000 provenaient de l'impôt sur les liqueurs fortes et alcools importés, *on imported spirits*, et 17,000 venaient de la taxe sur le tabac; le droit de 5 p. 100 sur les marchandises étrangères ne donnait pas plus de 10,000 livres. Dans le Nouveau-Brunswick, sur 58,000 livres de revenu, 49,000 provenaient de taxes sur les liqueurs fortes, le sucre, le café et de droits *ad valorem* sur divers articles de marchandises. La plupart des économistes désapprouvent les impôts de consommation et se prononcent de préférence pour les impôts directs ; il y aurait beaucoup à dire sur cette opinion (1) ; dans les colonies les impôts directs sont, du moins à l'origine, d'une perception singulièrement difficile et coûteuse ; ils ont, en outre, pour effet presque inévitable de retarder le développement de la culture. Au contraire, les impôts de consommation se perçoivent facilement et à peu de frais à l'entrée des ports : quand ils sont modérés, ils sont vus d'un œil favorable par les colons. Il nous paraît que tous ces avantages valent bien qu'on les adopte en dépit des répugnances que beaucoup d'économistes pourraient avoir. Si dans la science théorique il est facile de citer un impôt type dont l'application serait désirable et de condamner tous les autres, dans la pratique on est tenu de se conformer aux circonstances sociales et géographiques, aux goûts et aux mœurs du public, et le meilleur impôt dans une situation donnée est celui qui

---

(1) Voir notre *Traité de la Science des finances* (Guillaumin, éditeur).

pèse le moins sur les contribuables qui le supportent et qui rapporte le plus à l'État qui le perçoit.

Il y a eu parmi les économistes de vives discussions sur l'incidence d'un pareil impôt de consommation ; il serait oiseux de nous y arrêter avec insistance : dans notre opinion ces taxes ne retombent en réalité ni sur les ouvriers seuls ni sur les seuls capitalistes, elles se répartissent à la longue sur les uns et sur les autres : sur ce point Ricardo nous semble avoir eu grande raison d'écrire : « C'est une conséquence problable, quoique non nécessaire, d'une taxe sur les salaires, que, bien que les salaires haussent, leur hausse ne soit pas cependant complètement proportionnelle au montant de la taxe, et par conséquent non seulement les jouissances du patron (*employer*) mais encore celles de l'ouvrier sont entamées par la taxe. » S'il en est ainsi, l'impôt est suffisamment équitable, puisqu'il se répartit sur tous, et si l'on réfléchit que ces taxes à l'importation doivent toujours être très modérées, rester aux environs de 5 p. 100 par exemple, et ne jamais dépasser 10 p. 100, si l'on se rappelle, d'un autre côté, qu'aux colonies les salaires et les profits sont également très élevés, l'on n'hésitera pas à reconnaître la supériorité d'un pareil impôt en de semblables circonstances. Sa productivité est d'ailleurs prouvée par l'histoire. Merivale fait remarquer qu'à la Nouvelle-Galles du Sud, vers 1840, chaque colon payait annuellement de deux à trois livres sterling au gouvernement (50 à 75 francs), indépendamment du produit de la vente des terres, et que, à la même époque, les habitants de la Grande-Bretagne et de l'Irlande ne payaient pas plus de une livre 15 shellings (43 fr. 75) par tête.

Nous nous sommes assez longuement expliqué dans d'autres parties de cet ouvrage sur la vente des terres incultes pour ne pas nous y arrêter ici. On a vu que le système Wakefield prétendait réserver tout le produit du fond des terres (*landfund*) à l'entretien de l'immigration subventionnée ; nous avons fait à ce système exclusif les restrictions nécessaires ; nous avons approuvé le gouvernement anglais qui avait employé généralement une partie de la vente des terres aux différents services publics indispensables. Quant au prix à mettre aux terres incultes, on sait qu'il n'est pas possible de le fixer en théorie : il dépend des circonstances et des avantages que la colonie peut présenter pour la culture de produits de haute valeur ; il peut être tantôt minime, un dollar un quart l'acre comme aux États-Unis, tantôt élevé, une livre sterling, une livre quinze shellings l'acre, comme en Australie, mais il est presque toujours avantageux de vendre les terres au lieu de les concéder gratuitement, et le produit de leur vente fournit un excellent revenu. On a vu dans notre étude sur l'Australie qu'il montait parfois à des sommes fort considérables.

Pour subvenir à certains services d'intérêt général, le culte, comme dans les colonies anglaises, l'école, comme dans l'Union américaine, on a eu recours à des réserves de terres, qui tantôt ont été inaliénables, tantôt n'ont pu être aliénées que dans certaines conditions. Le Canada, par exemple, présentait, au commencement du siècle, de vastes étendues de terres, qui avaient été mises en réserve pour subvenir à l'église établie ; quant à l'Union américaine, c'est pour elle un principe de réserver pour l'école et les besoins de l'instruction une section de 640 acres dans chaque *township* ou mille carré. On a proposé, et l'essai a été fait dans certaines colonies, de faire de semblables réserves en faveur des indigènes, propriétaires primitifs du pays, afin de leur donner les moyens de vivre quand les progrès du défrichement auraient réduit les forêts où ils avaient l'habitude de chasser et détruit le gibier, et aussi afin de pouvoir, par ces ressources toujours croissantes, relever leur situation et les amener à la civilisation. Ce système de réserves de terres a certains avantages : il ne prélève aucun impôt sur les colons, et cependant il subvient abondamment aux besoins des services auxquels les réserves sont destinées. A mesure que la culture environnante se développe, la terre réservée prend de la valeur : elle arrive, au bout d'un certain temps, à en avoir une considérable ; on peut alors l'affermer et en tirer un revenu, qui, allant toujours croissant avec le développement de la population dans le district, permet que les moyens d'instruction et de moralisation croissent proportionnellement aux besoins. Mais les inconvénients sont peut-être encore plus grands que les avantages ; car cette terre inculte, et qui doit rester telle par la force des choses pendant un temps assez long, puisque ces personnes morales, l'église et l'école, ne cultivent pas elles-mêmes, cette terre inculte est un obstacle au développement de la culture environnante ; spécialement quand ces réserves sont inaliénables, elles amènent tous les abus bien connus des biens de mainmorte. Ces inconvnéients sont si notables que l'Angleterre a dû renoncer, dans ses colonies, aux réserves pour la couronne et pour l'église. Cependant un homme d'un esprit singulièrement ingénieux, l'archevêque Whately, a inventé un plan pour écarter les mauvais côtés du système, en en conservant les bons. Tout acquéreur de terres aurait droit, outre la propriété des terres qu'il aurait payée, à la jouissance gratuite, pendant un certain temps, d'une autre portion du sol y attenant : ainsi, par exemple, l'acquéreur de 80 acres en pourrait occuper 100 ; après une certaine période, il serait tenu d'en livrer 20 à l'église, à l'école, à la commune ou à l'État. La séparation se ferait de la manière suivante : le propriétaire commencerait par prélever 40 acres sur ses 100, puis l'agent de l'Etat, de la commune, de l'école ou de l'église, choisirait 20 acres sur les 60 qui resteraient. C'est là un système ingénieux et qui n'est pas impraticable ; il enlève, en effet, la plupart des inconvénients des réserves de terres. Toutefois, nous n'admettons aucunement ces réserves en faveur de l'église ; constituer une dotation foncière aux différents cultes reconnus est une idée contraire aux principes généraux de notre civilisation ; nous ne ferions aucune objection à l'établissement de ces réserves en faveur de l'école ou de la commune.

Indépendamment de ces diverses branches de revenus qui ont été les seules auxquelles l'Angleterre ait eu recours dans ses colonies, l'on s'est demandé si l'on ne pourrait pas établir dans ces jeunes sociétés la plupart des impôts qui existent dans les États européens. C'est là, à notre avis, une question d'opportunité et de mesure. Ainsi l'un des impôts les plus productifs, l'enregistrement, peut parfaitement s'acclimater aux colonies à la condition d'être fort adouci. Que l'Etat prélève une certaine rémunération pour les actes dont il garantit la publicité et à l'exécution desquels il prête main-forte, rien de mieux, mais cette rémunération doit être, non pas précisément proportionnelle au service rendu, lequel est inappréciable, mais plutôt proportionnelle aux frais et à la peine qu'il a coûtés à rendre. Tout ce qui peut donner à la propriété des garanties solides est indispensable aux colonies nouvelles : si la propriété n'y est pas parfaitement sûre et à l'abri de toute contestation injuste, le défrichement ne fera aucun progrès, et la population, par conséquent, restera stationnaire. Il est donc nécessaire que les services de l'enregistrement et des hypothèques y soient parfaitement organisés. Les discussions qui ont eu lieu récemment à différentes reprises sur l'Algérie, ont mis cette vérité en pleine lumière et ont complètement développé les inconvénients immenses qui résultent de l'inobservation des formes que la loi exige pour la garantie des actes. Mais pour que ces formes soient observées il faut qu'elles ne soient pas trop coûteuses : or, dans nos sociétés européennes, et spécialement en France, elles sont à un prix déraisonnable. Il est de la nature des colonies que les transactions immobilières, surtout à l'origine, soient très fréquentes. Le sol doit passer de main en main par la voie de la vente ou de l'échange. On sait qu'aux Etats-Unis chaque terre du Far-West appartient presque régulièrement à trois propriétaires successifs, en très peu d'années, avant d'arriver à un certain degré de culture ; c'est une division du travail agricole qu'il serait très nuisible d'empêcher. Le premier occupant défriche, fait les gros ouvrages et vend alors sa terre ; son successeur commence une culture plus ordonnée, mais il est arrêté par le défaut de capital ; dès qu'il a un peu amélioré son fonds par le travail, il le vend à un fermier capitaliste qui le cultive alors selon les règles : ces trois opérations sont distinctes et seraient mal accomplies par le même homme. Tout ce qui tend à restreindre les transactions immobilières est un obstacle aux progrès de la culture dans une jeune colonie. Or, malheureusement, en France nos droits sur la vente et l'échange des immeubles sont si extravagants que, transportés dans de jeunes colonies agricoles. ils leur nuiraient dans une incalculable proportion. On a dit avec raison qu'en général le droit sur les transactions ayant pour objet la vente des propriétés territoriales ne devrait guère excéder 1 p. 100. En Angleterre il n'est que 1/2 p. 100, plus un droit proportionnel à la longueur de l'acte de vente (1).

On s'est demandé encore si l'on ne pourrait pas établir aux colonies un impôt foncier. L'impôt foncier soulève de très grosses questions quant à son incidence et à ses effets économiques : ce n'est pas ici le lieu d'étudier ou même d'exposer les différents systèmes qui se sont produits à ce sujet. Il importe, en premier lieu, de distinguer la forme de cet impôt. Ce peut être une taxe fixe par chaque hectare de terre, sans examen de sa qualité ; ce peut être, au contraire, une taxe proportionnelle à la qualité de la terre et au revenu qu'elle donne ou qu'elle est susceptible de donner. Le premier mode serait infiniment préférable pour plusieurs raisons : d'abord, dans les colonies naissantes, dans celles, du moins, qui n'ont pas d'avantages spéciaux pour la production de denrées d'exportation, il n'y a pas de très grandes différences à l'origine dans la valeur des terres. On les vend généralement toutes au même prix comme aux États-Unis. La différence de valeur entre les différentes terres ne naît que plus tard par le progrès et l'extension des cultures : une taxe foncière qui serait proportionnelle au revenu de chaque terre pourrait être considérée, dans cette première période de la vie coloniale, comme un impôt sur l'emploi des capitaux à l'amélioration des terres. Enfin il est très difficile de déterminer avec précision et d'une manière équitable le revenu des terres, surtout dans la première période de la colonisation, alors

---

(1) Michel Chevalier, *Introduction aux rapports sur l'Exposition de* 1867, p. 233.

que les précédents manquent : l'on pourrait risquer de s'égarer, car les bases d'évaluation dans une contrée qui vient d'être mise en culture sont trop peu nombreuses et trop incertaines. Si l'impôt foncier doit être établi, il faut qu'il soit fort modéré et il est à désirer que, pendant un certain temps à partir de la vente par l'État, les terres en soient exemptées. Nous préférerions de beaucoup à l'impôt foncier qui tombe dans les caisses de l'État, le système des impositions locales suivi aux Etats-Unis ; le produit de ces taxes étant employé en chemins et en travaux indispensables, sous les yeux mêmes et au profit immédiat de celui qui les paie, la rentrée en est beaucoup plus facile et la perception n'excite aucune plainte.

Nous avons considéré les colonies dans leur première période ; c'est en effet à ce moment surtout qu'elles diffèrent des vieilles sociétés : elles s'en rapprochent de jour en jour davantage, et l'heure arrive bientôt où les districts les premiers mis en culture ne diffèrent guère des districts de l'Europe. Ainsi, non seulement la Nouvelle-Angleterre et le Bas-Canada, mais encore plusieurs des provinces de l'Australie sont assez semblables aux contrées européennes pour que tous les impôts qui ne donnent pas de mauvais résultats dans ces derniers pays soient appliqués dans les premiers. Il y a cependant une observation à faire : dans notre vieille Europe nous sommes enchaînés souvent par des habitudes séculaires à des impôts mauvais et vexatoires en eux-mêmes, mais qui sont assez passés dans nos mœurs pour qu'il soit dangereux de les remplacer par d'autres. Une colonie, au contraire, est une table rase, où l'innovation est facile parce que tout y est innovation, et il serait insensé de transporter dans ces contrées nouvelles, où aucun précédent mauvais n'est établi, des taxes qui existent dans l'ancien monde, parce qu'elles y ont depuis longtemps existé, mais qui sont reconnues comme mauvaises et pernicieuses, les octrois par exemple.

CHAPITRE III

De l'administration et du gouvernement dans les colonies.

Dans la première période de la colonisation les colons sont uniquement tournés vers la poursuite de la fortune. — Ils ont peu d'aspirations politiques. — Grande égalité relative des conditions parmi eux.
Importance primordiale des libertés communales. — Nécessité d'une forte constitution et d'une grande étendue des communes coloniales. — Utilité de larges libertés civiles, droit d'association, liberté de la presse. — Le jury, la magistrature.
De la création d'un ministère spécial pour les colonies. — Les conseils coloniaux. — Inconvénients de la mobilité du personnel administratif colonial. — Nécessité d'un corps administratif spécial aux colonies. — De la protection des indigènes.
De l'émancipation graduelle des colonies. — Des ressentiments durables que suscite une guerre d'indépendance.
Des avantages des colonies au point de vue intellectuel.

Nous arrivons, pour compléter cette étude, aux problèmes les plus ardus de la colonisation, c'est-à-dire au mode d'administrer et de gouverner les établissements coloniaux. De toutes les nations qui ont colonisé avec succès, il n'en est peut-être pas une qui ait suivi, sur ce point, une politique juste et constante et qui ait pu éviter les perturbations que la majorité des colonies prépare souvent aux métropoles. Mais les enseignements de l'histoire ont amené des modifications considérables dans les doctrines officielles sur les rapports normaux et permanents des colonies adultes avec les mères patries ; il est permis d'espérer que ces catastrophes que présente l'histoire coloniale dans le passé, une politique à la fois plus juste et plus prudente les préviendra à l'avenir.

Dans la première période de la colonisation, les pensées des colons sont exclusivement tournées vers l'acquisition de la richesse. Le goût de l'épargne et de l'accumulation, qui partout est un des principaux ressorts de l'activité nationale, est aux colonies presque le seul mobile d'action ; la poursuite de la fortune est l'intérêt presque unique de ces existences laborieuses. Tous les hommes sont adonnés à un travail incessant pour arriver à la richesse ; et comme tous ont des occupations analogues et un but identique, celui qui parvient à devenir riche a le double honneur d'être à la fois le plus puissant et de passer pour le plus habile de la communauté. Dans la vie du colon, tourmentée par le désir et l'espoir du lucre, il n'y a point de place pour des pensées spéculatives ; la vie privée est tellement pleine de projets, d'événements et de travaux, qu'il ne reste rien à la vie publique ; toutes ces fonctions et ces dignités que l'on envie dans nos vieilles sociétés européennes, sont dédaignées par les premiers colons comme des charges importunes qui leur déroberaient un temps précieux et seraient pour eux un obstacle à l'acquisition de la richesse, le seul objet de leurs pensées et le but unique de leurs efforts. Il existe, en général, dans ce premier état de la colonisation une égalité frappante entre les hommes. L'instruction primaire étant presque universelle tandis que la haute instruction est tout à fait exceptionnelle, il en résulte une identité d'éducation qui supprime toute distinction de classes. L'on ne voit alors rien de pareil à cette catégorie, si nombreuse dans nos vieilles sociétés, d'hommes ayant une aisance de longue date, éloignés de toutes les professions qui ont le lucre pour objet principal, nourris dans des études spéculatives et revendiquant la gestion des affaires publiques comme le domaine naturel réservé à leur activité et à leur intelligence. Aussi, dans ce premier âge des colonies, la mère patrie peut gouverner sans obstacle, administrer son nouveau domaine sans contrôle, sûre de n'exciter aucune plainte si elle sait mettre de la mesure dans ses règlements et de l'habileté dans ses décisions ; on ne lui demande que d'établir partout la sécurité et de ne jamais intervenir d'une manière vexatoire dans les intérêts privés : à ces deux conditions on lui abandonne sans regret la gestion des affaires d'intérêt général.

Il est cependant, même à cette première période de la colonisation, une limite à l'action métropolitaine ; cette limite, elle est posée par la commune, qui naît dès les premiers jours de la colonie par la simple juxtaposition de quelques fermes ou de quelques huttes, et qui, dès les premiers jours aussi, réclame la plénitude de ses attributions et le respect de son indépendance. La commune, comme la famille, est une institution de l'ordre naturel non moins que de l'ordre politique : c'est l'élément primordial de toute civilisation, et plus cet élément est développé, plus la civilisation sera forte et active. Or cette indépendance de la commune, dont les peuples les mieux doués et les plus progressifs ont proclamé en tous temps l'utilité, elle est encore plus indispensable, croyons-nous, aux colonies qu'aux autres sociétés ; et nous ne craignons pas de dire que le degré de respect que montre un peuple pour les attributions des corps municipaux est la meilleure mesure de son aptitude colonisatrice. Aux colonies, la commune a une importance qu'elle n'a pas partout ailleurs, parce que, dans cet état de croissance et de progrès rapide qui caractérise la colonisation, les intérêts municipaux sont plus souvent en jeu que dans les sociétés déjà vieilles, lesquelles ont atteint un degré de stabilité qui comporte une certaine routine. La tutelle administrative sera donc infiniment plus vexatoire dans les colonies que nulle part ailleurs, parce que son action devra être plus fréquente, plus apparente et plus sensible ; cette tutelle sera en même temps plus difficile à exercer à cause de l'étendue du territoire, de la diversité des circonstances, de la variété et de la mobilité des intérêts ; elle sera, en outre, beaucoup plus sujette à erreur par le manque de précédents, par l'insuffisance et l'inexpérience des fonctionnaires, presque tous pris en dehors du corps colonial et dépourvus de la connaissance des circonstances et des conditions locales. Les colons ressentiront infiniment plus que les habitants des vieilles contrées cette immixtion incessante et inexpérimentée des fonctionnaires administratifs. A cette époque de la civilisation, les intérêts de tous étant beaucoup plus enchevêtrés et moins distincts qu'ils ne le seront plus tard, les autorités auxquelles on peut appeler des erreurs et des fautes des agents subalternes étant beaucoup plus éloignées, les communications se trouvant beaucoup plus difficiles, le temps que font perdre les formalités prescrites par une administration minutieuse ayant beaucoup plus de valeur dans les sociétés jeunes, toutes ces circonstances rendraient la tutelle administrative singulièrement nuisible aux colonies. De toutes les institutions du vieux monde, il n'en est pas dont l'importation puisse être plus pernicieuse. Toute nation qui s'applique avec sérieux à la colonisation, et qui a la louable ambition de former dans une contrée neuve une société vivace et progressive, doit laisser la vie municipale se développer sans entrave à l'exemple de ce qu'elle était dans les colonies anglaises de l'Amérique et de ce qu'elle est encore aux États-Unis.

« Pour tout ce qui n'a rapport qu'à elles seules, les communes sont restées des corps indépendants, et, parmi les habitants de la Nouvelle-Angleterre, il ne s'en rencontre aucun, je pense, qui reconnaisse au gouvernement de l'État le droit d'intervenir dans la direction des intérêts purement matériels. S'agit-il de vendre, d'acheter, de s'imposer, d'intenter une action en justice ou d'y défendre, la commune a le droit de le faire sans la permission de l'administration supérieure. Les rapports avec l'Etat l'obligent seulement à pourvoir aux services d'utilité générale en se conformant aux lois de l'Etat. Si l'Etat demande des contributions, la commune est obligée de les lui accorder. Si l'Etat veut ouvrir une route qui traverse plusieurs communes, une des communes n'a pas le droit de fermer son territoire ; si l'État fait un règlement général de police, toutes les communes doivent s'y conformer ; si l'État veut que l'enseignement soit organisé partout d'après le même plan, la commune est obligée de créer le nombre d'écoles prescrit par la loi (1). » Le rôle de l'Etat reste encore très étendu, mais il est nettement délimité ; les attributions de la commune bien tracées sont sauves, intactes, à l'abri d'ingérences arbitraires : c'est le seul moyen de créer des mœurs publiques, fortes et saines, et de conserver de viriles mœurs privées. Toute politique contraire amoindrit l'initiative des citoyens en amoindrissant leur responsabilité, affaiblit leur activité et leur ardeur sous le poids de règlements inutiles : or, cette activité, cette ardeur, cette initiative, ce sont les ressorts principaux du développement et des progrès d'un peuple, et ces facultés si précieuses, éléments de toute vitalité, c'est en vain qu'on espèrerait les maintenir intactes dans la sphère des intérêts privés, si on les réduit à leur expression la plus minime dans la sphère des intérêts collectifs ; tout se tient, en effet, dans les facultés de l'homme : dès qu'on les rapetisse sur un point, on les rapetisse dans leur ensemble.

Un des sujets de plainte parmi les publicistes décentralisateurs, c'est que nos communes françaises sont trop morcelées, trop chétives et par conséquent, en dehors même de la tutelle administrative, naturellement impuissantes. Il importe que, aux colonies, on évite avec soin cet excès de morcellement ; il n'y a d'ailleurs qu'à laisser faire les choses : de fortes et vigoureuses communes se constitueront d'elles-mêmes, si l'on n'intervient pas pour les réduire et les diviser. A l'origine les communes coloniales, par suite de la rareté de la population, auront toujours une étendue considérable ; et, à mesure que le peuplement se développera, le cadre primitif restant le même, les communes auront une population nombreuse, douée de ressources et par conséquent de vitalité. Dans la Nouvelle-Angleterre le *township* comprend en général de 5 à 6 milles carrés et de 2 à 3,000 habitants (2). De telles agglomérations présentent une consistance que n'offrent malheureusement pas nos chétives communes françaises.

La constitution de fortes communes et leur complète indépendance dans le cercle de leurs attributions naturelles, voilà donc le premier gage du développement des colonies. Il est contraire à ce développement de fausser l'institution communale en accordant au pouvoir le droit de nommer les membres des conseils

(1) Tocqueville, *Démocratie en Amérique*, t. I, p. 106.
(2) Laboulaye, *Histoire politique des États-Unis*, t. I, p. 257.

municipaux, c'est-à-dire en établissant des commissions gouvernementales au lieu de représentations populaires. Il est également abusif et nuisible de laisser à l'administration le droit de nommer les maires comme cela s'est pratiqué si longtemps en France. Que dans la mère patrie certaines raisons, dont quelques-unes peut-être ne manquent pas de valeur, excusent ou justifient même dans une certaine mesure cet empiètement du pouvoir central et cette diminution des pouvoirs locaux, nous n'entreprendrons pas ici de l'examiner. Mais il est certain que les peuples qui veulent développer la vie locale, qui veulent former chez les citoyens des mœurs publiques fortes, qui se plaisent à l'extension de l'initiative et de la responsabilité des particuliers, il est certain que ces peuples, l'Angleterre, les États-Unis, n'ont jamais imaginé de faire du premier magistrat d'une commune un personnage gouvernemental. Il faut dans l'organisation d'une colonie toujours tenir compte de l'observation suivante : c'est qu'une colonie est une table rase et que, si certaines considérations, provenant de circonstances spéciales et d'habitudes de vieille date, autorisent dans la mère patrie des déviations à l'ordre naturel et normal des sociétés, il n'en est pas ainsi dans une société jeune, sans traditions mauvaises, sans précédents dangereux.

En général, tout ce qui peut restreindre l'initiative et la responsabilité des particuliers doit être soigneusement évité ; le devoir de l'administration dans une colonie se résume en ces trois mots : sécurité, salubrité, viabilité. Les colons n'attendent rien de plus du gouvernement, et ils ont le droit de se plaindre toutes les fois que, non content de ces trois services, il s'ingère dans le cercle de la vie économique. C'est une manie de l'administration coloniale française de se croire plus apte que les colons à comprendre les intérêts de la culture. Tous ces fonctionnaires, qui se succèdent si rapidement, entreprennent de lutter contre la prétendue routine des colons et cherchent à amener par des voies nouvelles des perfectionnements dans la production. Ils croient pouvoir diriger eux-mêmes la vie économique des colonies ; ils recommandent et prescrivent quelquefois, nous en avons eu des exemples, certaines cultures ou certaines méthodes : d'une manière arbitraire et non justifiée, ils imposent aux cultivateurs des obligations inutiles ; ils veulent improviser selon leurs conceptions étroites une production à laquelle se refusent soit le sol, soit les capitaux, soit la main-d'œuvre ; ils font de grandes dépenses en écoles modèles, en expériences d'acclimatation, en pépinières, en jardins botaniques ; singulières illusions d'officiers de marine et de généraux qui chargent d'entreprises onéreuses le berceau des colonies. On a vu comment ces beaux projets avaient échoué sous la Restauration au Sénégal, avec quel peu de succès ils se poursuivaient à la Guyane ; dans cette dernière colonie les chemins manquent et les canaux aussi, et l'on dépense en primes et en expériences un capital qui trouverait un emploi si productif dans la viabilité ou la canalisation.

L'absence complète de toute ingérence dans les intérêts des particuliers, c'est une condition essentielle du bon ordre et du progrès aux colonies. Ce qu'il faut, c'est permettre à ces intérêts de se faire valoir, de s'entendre, de s'éclairer par tous les moyens que la morale ne réprouve pas. Il faut avoir de bonnes lois, très simples, surtout sur les syndicats, les sociétés civiles ou commerciales ; il faut que l'autorisation administrative soit réduite autant que possible, que les frais soient diminués et que les lenteurs également, si funestes en tout pays, mais surtout dans ces sociétés naissantes, soient épargnées aux colons. Tout ce qui entrave le droit de s'associer est un obstacle au développement matériel de ces jeunes établissements. On voyait, il n'y a pas encore longtemps en France, sous une législation qui heureusement vient de se modifier, une réunion de viticulteurs être rendue impossible faute de l'autorisation administrative ; si de pareils abus se commettent aux colonies, on peut être sûr que leur avancement sera singulièrement lent et que l'immigration y sera rare. A ce droit de se concerter et de s'entendre se joint le droit de s'éclairer par le moyen de la presse ; que dans les vieilles contrées, à certains moments de grandes crises sociales, il puisse être opportun d'exiger des journaux, d'une manière transitoire, des garanties spéciales et de les soumettre à une législation exceptionnelle, on peut invoquer des raisons pour le soutenir. Mais aux colonies il n'en est pas de même ; la presse libre y est, dans toutes les circonstances, un instrument indispensable ; il est à désirer que, comme aux États-Unis, chaque village grandissant ait sa feuille d'informations locales ; l'on ne saurait croire quelle influence pratique la presse exerce dans les territoires du Far-West américain ou dans les villages de l'Australie ; grâce à elle, l'esprit d'entreprise est tenu en haleine, les procédés et les méthodes se répandent, la vie circule, les progrès se multiplient. Ajoutez que cet instrument si utile est aussi complètement inoffensif ; en admettant qu'il soit fautif de temps à autre, il n'en peut résulter de conséquences grandes comme ces perturbations sociales auxquelles les vieilles contrées sont spécialement exposées. Une nation qui veut coloniser doit toujours se souvenir qu'une colonie a besoin, à l'origine, d'une grande liberté d'allures et d'expansion, que c'est folie de réclamer d'elle une régularité continue, une correction de mouvements et de pensées qui ne se trouve que chez les peuples adultes; la plus chimérique de toutes les prétentions, c'est celle de fonder une société vieille dans une contrée neuve.

Il y a certaines garanties établies dans les mères patries qu'on s'est demandé s'il était bon de transporter aux colonies, le jury par exemple et l'inamovibilité des juges. Il est de tout évidence que quand une société est à peine née, que les individus qui la composent sont dispersés à de grandes distances et absorbés par des travaux sans relâche, il peut être expédient de n'avoir pas recours au jugement par jury, attendu qu'il serait presque impossible de composer un jury. Mais, ce n'est là qu'un état de choses transitoire, qui ne doit durer qu'un certain nombre d'années. Le jugement par ses pairs est pour tout citoyen un droit personnel imprescriptible, dont l'exercice peut être suspendu par des circonstances exceptionnelles contre lesquelles on ne peut lutter, mais qui ne cesse pas d'exister comme un droit naturel au-dessus de toute atteinte. On n'a jamais ouï dire que les colons de la Nouvelle-Angleterre aient renoncé, en quelque circonstance que ce soit à cette institution sacrée du jury; et il n'est pas survenu non plus jusqu'à nous que l'existence de cette institution ait jamais été nuisible au développement de ces colonies. Aussi trouvons-nous inexplicable que quand une colonie est peuplée de plusieurs centaines de milliers de colons on persévère à ne pas constituer le jury, comme on l'a fait jnsqu'à ces derniers temps en Algérie. Les mêmes arguments peuvent valoir pour l'inamovibilité des juges.

Nous avons dit que dans la période de leur enfance les colonies, sauf la réserve que nous venons de faire, peuvent être administrées directement par la métropole et qu'il n'est pas alors expédient d'avoir recours à des assemblées coloniales; comme l'écrit avec raison Merivale, dans cette première période de la colonisation, ce qu'il faut au colon ce sont des institutions simples et pratiques; il n'est pas encore mûr pour le gouvernement représentatif. Si la métropole a le droit pendant ce stage de diriger elle-même sans contrôle les affaires coloniales, du moins faut-il qu'elle s'applique à substituer aux garanties représentatives qui manquent aux colons toutes les garanties subsidiaires qui peuvent lui être accordées. Ainsi doit-on trouver exorbitante la prétention que le pouvoir exécutif a émise et fait valoir dans certains pays de gouverner les colonies par des décrets ou règlements sans l'intervention du pouvoir législatif métropolitain, ou même l'attribution à une chambre non élective, le sénat du second empire, des modifications à apporter dans le régime des colonies. C'est un système déraisonnable à bien des titres ; il a pour objet de soustraire aux représentants naturels de la nation l'examen d'affaires qui touchent gravement les intérêts nationaux présents et futurs ; c'est donc un empiétement du pouvoir exécutif sur les attributions essentielles de la représentation du peuple ; il a pour conséquence, en outre, de faire artificiellement le silence autour des questions coloniales, de les enterrer sans bruit, ou de les trancher avec le minimum possible de discussions et d'informations ; il excite par conséquent, à très juste titre, la défiance et le mécontentement des colons. Ce n'est jamais par des décrets, règlements ou sénatus-consultes, c'est uniquement par des lois que l'on doit décider du régime des colonies.

D'un autre côté, toute nation qui veut sérieusement coloniser, doit avoir pour les colonies un ministère spécial : faire dépendre les affaires coloniales du ministère de la marine ou de la guerre, c'est d'abord les ranger au second plan, c'est ensuite les soumettre à des fonctionnaires qui, pourvus ordinairement d'habitudes et d'idées militaires, manquent des lumières spéciales et des qualités nécessaires à la bonne gestion d'intérêts essentiellement civils. L'Angleterre et la Hollande ont depuis longtemps un ministère des colonies ; l'Espagne, il y a quelques années, a pris l'utile résolution d'en créer un ou plutôt de le ressusciter ; la France, en 1858, a fait un essai dans le même sens : cette expérience n'a duré que deux ans et demi et cependant elle a donné d'excellents résultats ; des considérations de personnes ou de finances y ont mis fin. C'est en vain que l'on peut dire que les colonies n'ont pas pour la France une importance suffisant à l'établissement d'un ministère spécial ; il suffit de jeter les yeux sur nos ministères pour voir qu'il y en a dont les attributions sont beaucoup moins étendues et dont la besogne est d'un intérêt bien moindre. Créer un ministère spécial pour l'Algérie et nos autres colonies, c'est d'ailleurs un moyen de rendre un peu de vie à nos établissements coloniaux, de rappeler sur eux l'attention publique, d'attirer vers eux l'immigration, de hâter ainsi le progrès et le développement de nos dépendances. Si l'on hésite, par des raisons que nous ne devinons pas, à créer un ministère spécial, tout au moins faudrait-il faire dépendre les colonies d'un ministère civil et non d'un ministère militaire, les rattacher, par exemple, au ministère des travaux publics et du commerce plutôt qu'au ministère de la marine (1) : la subordination des questions coloniales aux

(1) En 1881, pendant la courte existence du cabinet Gambetta, on a rattaché les colonies au ministère du Commerce.

vues de la marine et de la guerre est, en effet, une des principales causes de la stagnation de nos établissements coloniaux.

Il ne suffit pas de faire ressortir les affaires coloniales à un ministère civil, qui ait la compétence spéciale nécessaire pour les bien comprendre et les bien gérer, il faut encore donner à l'administration des colonies une unité de plan et de pensée, que les changements de ministres seraient susceptibles de troubler. Porter (t. III, p. 320) remarquant que le grand nombre de ministres des colonies, qui se succèdent selon les victoires ou les défaites des partis, est un obstacle à la colonisation, insiste pour que les hommes d'État, de toute opinion politique, ayant servi dans les colonies, forment un conseil permanent dont le ministre n'aurait que la présidence. Ce serait une imitation du célèbre conseil des Indes de la monarchie espagnole. Le Portugal a créé une institution analogue dans le *conseil d'outre-mer* qui garantit la perpétuité des traditions et des études coloniales. En Angleterre le plan de Porter a trouvé un commencement de réalisation par la fondation de la *Colonial land and emigration commission*, œuvre de lord John Russell. On pourrait arriver en France à la formation d'un conseil du même genre : en réunissant les hauts fonctionnaires qui auraient rempli d'importantes charges coloniales, en faisant au pouvoir une obligation de consulter cette assemblée pour toutes les modifications à apporter au régime des colonies, l'on arriverait à de bons résultats.

Le recrutement des fonctionnaires coloniaux et le régime d'avancement parmi eux ont aussi une importance capitale. Toute nation qui veut coloniser avec sérieux et non par ostentation doit avoir un personnel tout spécial de fonctionnaires coloniaux : la tâche de ces agents est, en effet, singulièrement délicate et exige une éducation particulière commencée de bonne heure. C'est une très grande imprudence que de confier l'administration coloniale à des fonctionnaires pris dans le personnel de l'administration métropolitaine : il y a, en effet, des différences essentielles, parfois énormes, entre la manière d'administrer une contrée vieille, comme la France, et celle de diriger une contrée neuve, comme l'Algérie. C'est encore une imprudence que d'appeler au gouvernement des colonies déjà adultes des fonctionnaires militaires, officiers de terre ou de mer ; on peut en rencontrer un, par hasard, qui soit doué d'excellentes aptitudes pour la colonisation, mais c'est un fait exceptionnel : et, d'ordinaire, les idées prises dans la carrière militaire sont antipathiques aux idées spontanées et libres des colons. Ce qui est encore plus nuisible, ce sont les changements continuels dans le personnel colonial. Dans le système français un gouverneur est un personnage appartenant à la marine ou à l'armée, qui ne fait qu'apparaître et quitte la colonie au moment même où il commence un peu à la connaître et à la comprendre. En France, des tableaux faits avec soin établissent que, en moyenne, nos dépendances changent de gouverneurs tous les trois ans, quelquefois davantage.

Les développements qui précèdent ne s'appliquent, pour la plupart, qu'aux colonies dans leurs deux premiers âges, l'enfance et l'adolescence ; mais, quoi qu'il en puisse coûter à la métropole, elle doit s'habituer à la pensée qu'elles deviendront un jour adultes et que, inévitablement, elles réclameront alors une indépendance de plus en plus grande, et enfin absolue. La mère patrie ne devra plus conserver qu'un pouvoir général de direction et une influence morale : encore devra-t-elle apporter une grande modération et beaucoup d'habileté et de tact pour user d'une manière efficace de cette autorité purement de conseil qui lui sera restée. L'on sait que les fils majeurs sont loin de recevoir toujours avec docilité et condescendance les avis de leurs pères ; ils sont généralement d'une singulière susceptibilité à cet endroit et redoutent toute espèce d'empiètement sur leur indépendance ; encore est-il cependant qu'ils sont retenus dans une déférence, au moins extérieure, par un lien de respect qui ne se brise jamais dans les cœurs bien nés et par la certitude que les conseils paternels, s'ils sont erronés, reposent toujours sur de bonnes et loyales intentions. Mais les colonies adultes relativement aux métropoles sont des enfants mal élevés, soupçonneux, revêches, insolents. Ce serait folie que d'attendre d'elles quoi que ce soit qui fût de la reconnaissance ou du respect. Les rudes mœurs des colons, l'absence de la haute éducation, le défaut de cette urbanité exquise dans les rapports privés, rendent les allures politiques des colonies pleines d'arrogance, d'une personnalité qui ne cherche pas à se déguiser et d'un orgueil dont rien n'approche dans le vieux monde ; les colons sont des parvenus, à ce titre il y a dans leur langage et leurs actes une part irréductible de hauteur et de brutalité.

Cette âpreté de caractère peut être la source de grands dangers : il en peut résulter non seulement des discordes, mais des luttes sanglantes, qui amènent d'ordinaire une séparation violente dont les effets se font longtemps sentir non seulement dans les rapports d'intérêt matériel, mais dans les relations morales des deux peuples autrefois confondus et subitement divisés. Cette crise menaçante, qui semble être l'issue probable de toute colonisation sur une grande échelle, par quels moyens l'éviter ? Un administrateur, qui fut en même temps un homme d'État de la plus grande valeur et de la plus haute science, sir Cornewal Lewis, a écrit un long ouvrage sur le régime de gouvernement des colonies, ou, pour prendre le mot anglais, des *dépendances*. Dans cette fine et délicate analyse politique, où le corps colonial et ses divers éléments se trouvent disséqués, où tous les ressorts de la vie et du développement des colonies sont mis à nu, l'on trouve une foule d'enseignements d'une grande portée. Le judicieux et ingénieux observateur ouvre des aperçus nouveaux sur les effets des concessions partielles et successives que les métropoles font trop souvent à contre-cœur à leurs dépendances.

Il montre ce qu'a de choquant et d'injurieux pour les colons le recrutement exclusif parmi les métropolitains du haut personnel qui est chargé de les administrer. Quand, après les pénibles labeurs de la première époque de la vie coloniale, il a commencé à se constituer dans les centres les premiers habités une catégorie de colons, jouissant de l'aisance ou de la fortune, moins tourmentés par le désir du lucre et par la poursuite de plus amples richesses, alors il naît dans cette classe de propriétaires et de capitalistes, plus ou moins oisifs, des ambitions qui prennent l'énergie, la vivacité et la ténacité de tous les sentiments coloniaux. Ces hommes qui se trouvent à la tête de leurs concitoyens par l'importance ou la vieille date de leur fortune, dont quelques-uns aussi ont reçu une éducation qui se rapproche de l'éducation des hautes classes de la société européenne, ces hommes se sentent profondément blessés dans leur légitime orgueil, de se voir préférer pour l'administration de la colonie des personnages métropolitains qui n'ont ni leur expérience, ni leur connaissance des besoins locaux, ni leur activité d'intelligence, ni leur esprit d'initiative. Ces rancunes qui fermentent au fond des cœurs acquièrent d'autant plus de force, qu'avec les habitudes de favoritisme qui prévalent dans presque toutes les nations d'Europe, les hautes et les moyennes positions coloniales échoient souvent à des fonctionnaires sans valeur ni consistance personnelle et dont le plus grand mérite est d'être bien apparentés. Aussi toute nation qui veut éviter une crise doit-elle faire dans la composition de son personnel colonial une part de plus en plus large aux colons; elle doit apporter en outre l'attention la plus scrupuleuse au choix des fonctionnaires d'origine métropolitaine et veiller à ce qu'ils soient tous gens d'un incontestable mérite, d'un esprit judicieux et d'un tact éprouvé. Dans nos nations d'Europe, où les mœurs faciles et souples ont été façonnées par quatorze siècles d'influences aristocratiques et monarchiques, nos populations supportent sans trop de murmure la présence d'un sous-préfet insignifiant ou d'un préfet sans valeur; mais dans ces rudes sociétés où tout, dans l'ordre privé, est le prix du mérite personnel et de l'intelligence, où toutes les autres considérations que celles qui concernent la valeur propre, morale et intellectuelle, de l'homme, sont encore à peu près inconnues, la présence d'un fonctionnaire de quelque importance dont les titres ne sont pas justifiés équivaut à un scandale et devient une cause de réprobation.

La France, plus que tout autre pays, a commis de singuliers abus dans le recrutement de son personnel colonial : elle n'a eu d'autre loi que le hasard et la faveur. Après cinquante ans d'expériences des difficultés de la colonisation africaine, elle prenait encore dernièrement un sous-préfet de Cherbourg ou de Rochefort pour en faire un préfet d'Oran ou de Constantine. Ces fonctionnaires métropolitains, sans préparation spéciale, ne restent d'ailleurs, pour la plupart, que quelques mois aux colonies ; ils en reviennent bientôt préfets de Nevers ou d'Évreux. En 1881, alors que tout le sud de la province d'Oran était en insurrection et que l'esprit de la population arabe fermentait en tout notre territoire, quand la Tunisie s'était pas encore soumise, on vit se produire au même moment le changement du gouverneur général de l'Algérie, M. Albert Grévy, et des trois préfets de nos provinces algériennes. Dans le temps le plus critique, tout le haut personnel administratif de l'Algérie était changé. Il est temps que la France imite l'Angleterre et la Hollande et qu'elle crée un corps administratif colonial, distinct, par les conditions de recrutement et d'instruction, du corps administratif métropolitain.

Un des points dont la mère patrie doit aussi particulièrement s'occuper, c'est la protection des indigènes. Partout le colon considère l'indigène comme un ennemi. Il le tuerait volontiers, comme on tue le Kangourou ou le renard. C'est à la métropole qu'il convient de prendre la défense de la justice. Dans les colonies où, comme l'Algérie, la population indigène est excessivement nombreuse, dépassant de beaucoup le nombre des colons, le devoir de la métropole est encore plus impérieux. Elle ne peut, en effet, abandonner 2 ou 3 millions d'indigènes à la discrétion de 3 ou 400,000 colons. Une colonie de ce genre ne peut être considérée comme adulte que lorsque la race indigène et les colons ont fusionné, qu'il ne reste entre eux presque plus de traces des différences d'origine (1). Aussi, au point de vue politique, la période d'adolescence ou de minorité des colonies de cette nature est-elle beaucoup plus

(1) Voir le chapitre où nous traitons particulièrement de l'Algérie.

étendue qu'elle ne l'est pour les colonies qui se sont constituées sur des terres à peu près vacantes, comme l'Australie.

Quand une colonie est parvenue à l'état adulte, il est évident que l'administration de ses finances doit lui être conférée, qu'une chambre élective doit être établie et qu'aucun vestige de tutelle, au point de vue financier, ne doit subsister. Mais cela même ne suffit pas. C'est une observation fort sensée de sir Cornewal Lewis, qu'une assemblée coloniale élective chargée de voter l'impôt local, doit être amenée par la force des choses à réclamer que toute l'administration des affaires coloniales lui soit conférée sans la moindre réserve et sans le moindre contrôle métropolitain. La moindre ingérence de la métropole, alors qu'il existe une assemblée représentative, doit être d'abord une cause de discorde et bientôt une cause de rupture. « Un corps représentatif ayant le pouvoir de lever les impôts, dit le judicieux observateur, est porté à se croire omnipotent dans toutes les affaires domestiques et à agir dans cette conviction. S'il devient nécessaire de contrôler sa gestion administrative, il devient impossible de le maintenir dans son pouvoir de voter les impôts. Une assemblée, telle qu'elle existe dans certains États sous un gouvernement absolu, qui est chargée seulement de répartir les taxes, peut parfaitement subsister sans réclamer et s'arroger les prérogatives d'une véritable législature : mais une assemblée qui, non seulement répartit, mais vote l'impôt (*which originates taxation*), qui accorde ou refuse les crédits, ne peut pas s'en tenir là. »

Il ne faudrait pas croire qu'il suffit que la métropole gère avec la plus grande habileté les intérêts coloniaux, pour que toute espèce de revendication d'indépendance de la part des colons soit rendue impossible. En supposant même que la mère patrie administre infiniment mieux et à meilleur compte les affaires coloniales que les colons ne seraient eux-mêmes capables de le faire, en admettant que la métropole fasse des sacrifices pécuniaires considérables pour le développement de ses dépendances, en posant le cas où les colons auraient un intérêt matériel évident à se confier sans réserve à la mère patrie, en mettant ainsi les choses au mieux et faisant une hypothèse qui ne s'est jamais réalisée, il n'en est pas moins vrai qu'un jour ou l'autre les colons ne se contenteraient pas de ce facile et inerte bonheur : ils aimeraient mieux sacrifier une partie de ces avantages matériels pour acquérir ces avantages moraux, l'indépendance, la liberté. C'est une bien superficielle connaissance de l'homme, que celle qui suppose que les jouissances matérielles et le bonheur passif peuvent lui suffire : cela peut être pendant l'état d'enfance, ou pendant l'épuisement qui suit un état de crise, mais cette situation passagère ne saurait passer pour normale et permanente ; un jour vient, où, ayant la conscience de sa force et de sa libre activité, l'homme aime mieux se confier à son étoile et s'engager, à ses risques et périls, dans les hasards d'une destinée obscure, que de se laisser mollement aller sous la direction d'autrui par une route facile vers un bonheur calme et sûr. A l'honneur de la nature humaine, il est des sentiments plus forts, plus invincibles, plus entraînants que cette disposition à la jouissance tranquille et sans labeur. Il est d'autres satisfactions que celles du lucre, et, si dans les premiers âges des colonies la passion du gain semble dominer toutes les autres, un temps arrive où les premières et les plus grandes difficultés étant surmontées, où de notables positions de fortune s'étant formées, d'autres considérations surgissent et s'emparent de l'esprit et du cœur du colon. Adam Smith a une admirable page, où l'on retrouve à côté de l'économiste le philosophe psychologue, qui a fait une si vivante analyse des sentiments moraux : « Les hommes désirent avoir part au maniement des affaires publiques, dit-il, principalement pour l'importance que cela leur donne. C'est du plus ou moins de pouvoir que la plupart des meneurs (les aristocrates naturels du pays) ont de conserver ou de défendre leur importance respective que dépendent la stabilité et la durée de toute constitution libre. C'est dans les attaques que ces meneurs sont continuellement occupés à livrer à l'importance l'un de l'autre, et dans la défense de leur propre importance, que consiste tout le jeu des factions et de l'ambition domestique. Les meneurs de l'Amérique, comme ceux de tous les autres pays, désirent conserver leur importance personnelle. Ils sentent ou, au moins, ils s'imaginent que si leurs assemblées qu'ils se plaisent à décorer du nom de parlements, et à regarder comme égales en autorité au parlement de la Grande-Bretagne, allaient être dégradées au point de devenir les officiers exécutifs et les humbles ministres de ce parlement, ils perdraient eux-mêmes à peu près toute leur importance personnelle. Aussi ont-ils rejeté la proposition d'être imposés par réquisition parlementaire, et, comme tous les autres hommes ambitieux qui ont de l'élévation et de l'énergie, ils ont tiré l'épée pour maintenir leur importance..... Ils voient bien mal, ceux qui se flattent que dans l'état où en sont venues les choses il sera facile de conquérir nos colonies par la force seule. Les hommes qui dirigent aujourd'hui les résolutions de ce qu'ils appellent leur congrès continental se sentent, dans ce moment, un degré d'importance que ne se croient peut-être pas les sujets de l'Europe les plus hauts en dignité. De marchands, d'artisans, de procureurs, les voilà devenus hommes d'État et législateurs : les voilà employés à fonder une nouvelle constitution pour un vaste empire qu'ils croient destiné à devenir, et qui, en réalité, paraît bien être fait pour devenir un des plus grands empires et des plus formidables qui aient jamais été au monde. Cinq cents différentes personnes peut-être qui agissent immédiatement sous les ordres du congrès continental, et cinq cent mille autres qui agissent sous les ordres de ces cinq cents, tous sentent également leur importance personnelle augmentée. Presque chaque individu du parti dominant en Amérique remplit à présent dans son imagination un poste supérieur, non seulement à tout ce qu'il a pu être auparavant, mais même à tout ce qu'il avait jamais pu s'attendre à devenir, et, à moins que quelque nouvel objet d'ambition ne vienne s'offrir à lui ou à ceux qui le mènent, pour peu qu'il ait le cœur d'un homme, il mourra à la défense de ce poste. » Nous pourrions continuer encore cette citation ; nous aimons mieux nous arrêter à ces lignes magistrales qui résument d'une manière frappante l'une des plus belles analyses de physiologie sociale qui soient à notre connaissance. Ces sentiments si naturels à l'homme et qui sont l'un des ressorts principaux de sa libre activité, il serait téméraire de désirer en priver les colonies, ce serait châtrer ces jeunes sociétés de ce qui fait la force et la grandeur de tout homme et de toute association d'hommes, il serait d'ailleurs impossible d'y réussir. Ce noble sentiment d'indépendance, cette conscience naturelle de sa dignité et de son importance, ce sont là les signes certains de la virilité d'un peuple comme de la virilité d'un homme : le moment où ces aspirations doivent se produire, il est d'une politique prudente pour la métropole de le prévoir ; il est aussi à la fois équitable et sage de se résigner aux conséquences graves que cette transformation dans les idées et les sentiments des colons doit nécessairement amener.

Il n'y a que deux moyens de donner satisfaction à ces instincts légitimes et irrésistibles, l'incorporation de la colonie dans la métropole, quand les conditions de voisinage, d'analogies économiques et sociales le permettent : autrement, la constitution d'un lien purement fédéral, avec une indépendance administrative réciproque aussi complète que possible.

Si la métropole se refusait à adopter celui de ces deux moyens qui est naturellement déterminé par les circonstances, il en résulterait à coup sûr une rupture violente. Or, il ne faut pas perdre de vue qu'une séparation guerrière de la colonie et de la métropole a dans la suite des temps des effets singulièrement funestes et persistants. C'est une observation qui a été faite par quelques judicieux observateurs, qu'une colonie garde longtemps rancune des extrémités auxquelles l'entraînement irréfléchi et déraisonnable de la métropole l'a réduite. Alors que la mère patrie a oublié la lutte déjà vieille, l'ancienne colonie en a conservé le vivant souvenir, et ce souvenir est toujours plein d'aigreur. Divers motifs expliquent cette permanence des premières impressions de haine dans le milieu colonial. Une guerre affecte infiniment plus la colonie que la métropole, parce qu'elle se fait sur le territoire de la première ; parce que aussi, étant plus jeune et moins développée, la colonie a besoin de plus d'efforts et que ces efforts l'épuisent davantage ; enfin les annales de la colonie sont vides, le premier grand fait qu'elle y place c'est sa guerre d'indépendance ; or, il suffit que ce grand nom soit attaché à une guerre, pour que son seul souvenir excite des colères justifiées par le sentiment du droit lésé ; en outre, comme c'est là le seul grand événement qui, pour la colonie, fasse saillie dans ce passé terne et mort, il s'élève en quelque sorte à l'état de légende, il forme le fond de l'instruction historique des générations nouvelles, il devient le seul thème des commentaires et des amplifications ; l'imagination le grandit, il acquiert ainsi par la suite des temps des proportions qu'il n'avait pas à l'origine. Aussi voit-on pendant des années, et nous dirons sans crainte pendant des siècles, la trace de ces rancunes et de ces souvenirs pleins de colères. Il ne sert à rien que les relations matérielles entre les deux pays soient devenues plus nombreuses et plus étroites que jamais, il subsiste un fonds de défiance et d'irritabilité. Or, cette défiance et cette irritabilité, qui ont leur origine dans un fait lointain du passé, sont la source de difficultés perpétuelles dans les relations des deux contrées. Les moindres différends s'enveniment ; la susceptibilité excessive de l'ancienne colonie la fait immédiatement recourir aux menaces ; et l'on a le spectacle étrange de deux nations, qui semblent n'en former qu'une, dont les intérêts sont enchevêtrés et qui, malgré cette intimité de rapports matériels, sont pleines d'aigreur, de rancune et d'arrogance l'une pour l'autre. Ne serait-ce pas une singulière folie pour une métropole que de s'exposer, par un entêtement aveugle, à transformer ainsi en ennemie une nation dont la communauté d'origine et la multiplicité des relations matérielles, intellectuelles ou morales font une sœur ?

Nous sommes arrivé au terme de cette longue étude ; nous n'avons pas l'intention de la clore par un dithyrambe. Il est des faits trop évidents aux yeux de tout homme de sens pour qu'il soit nécessaire de les formuler dans de résonnantes périodes. La colonisation est la force expansive d'un peuple, c'est sa puissance de reproduction, c'est sa dilatation et sa multiplication à travers les espaces ; c'est la soumission de l'univers ou d'une vaste partie, à sa langue, à ses mœurs, à ses idées et à ses lois. Un peuple qui colonise, c'est un peuple qui jette les assises de sa grandeur dans l'avenir et de sa suprématie future. Toutes les forces vives de la nation colonisatrice sont accrues par ce débordement au dehors de son exubérante activité. Au point de vue matériel, le nombre des individus qui forment la race s'augmente dans une proportion sans limite ; la quantité des ressources nouvelles, des nouveaux produits, des équivalents en échange jusqu'alors inconnus, qui se trouvent solliciter l'industrie métropolitaine, est incommensurable ; le champ d'emploi des capitaux de la métropole et le domaine exploitable ouvert à l'activité de ses citoyens, sont infinis. Au point de vue moral et intellectuel, cet accroissement du nombre des forces et des intelligences humaines, ces conditions diverses où toutes ces intelligences et ces forces se trouvent placées, multiplient et diversifient la production intellectuelle. Qui peut nier que la littérature, les arts, les sciences d'une race ainsi amplifiée n'acquièrent un ressort que l'on ne trouve pas chez les peuples d'une nature plus passive et sédentaire ? Il se produit aussi dans ce domaine intellectuel un phénomène analogue à celui que nous avons noté dans le domaine de l'industrie. Quand le personnel des arts libéraux se recrute parmi les citoyens d'une même race, qui ont peuplé de vastes contrées des quatre parties du monde, n'est-il pas naturel que les œuvres intellectuelles soient plus nombreuses et plus remarquables ? D'un autre côté, quand un écrivain sait qu'il s'adresse dans sa propre langue à des millions de lecteurs situés à des milliers de lieues, quel encouragement n'est-ce pas, quel appui et en même temps quel frein ? Si ces effets bienfaisants ne se font pas sentir avec une grande intensité dans la première période des établissements coloniaux, c'est qu'alors toutes les forces vives y sont tournées vers la poursuite de la richesse ; mais un temps arrive bientôt où l'intelligence dans ces contrées neuves se porte à des spéculations plus sereines et où elle s'élance dans le monde des idées au lieu de se renfermer, comme au berceau, dans le monde des faits. N'a-t-on pas vu déjà surgir, depuis cinquante ans, en Amérique Cooper, Longfellow, Prescott, Irving, Hawthorne, Motley et bien d'autres encore moins connus, philosophes, mathématiciens, juristes, historiens ? Que sera-ce dans un siècle ou deux ? De nos jours Boston n'est-il pas un centre de culture, qui approche déjà de Paris, de Londres, d'Édimbourg, ou de Berlin ? A quelque point de vue que l'on se place, que l'on se renferme dans la considération de la prospérité et de la puissance matérielle, de l'autorité et de l'influence politique, ou qu'on s'élève à la contemplation de la grandeur intellectuelle, voici un mot d'une incontestable vérité : le peuple qui colonise le plus est le premier peuple ; s'il ne l'est pas aujourd'hui, il le sera demain.

FIN.

TABLE DES MATIÈRES

Préface de la deuxième édition.. v
Introduction.. x

PREMIÈRE PARTIE

HISTOIRE

LIVRE PREMIER

DE LA COLONISATION ANTÉRIEURE AU XIXe SIÈCLE.

CHAPITRE PREMIER

De la colonisation espagnole.

En quoi la fondation des colonies des peuples modernes diffère de la fondation des colonies des peuples anciens. — Les premières colonies modernes ont été en quelque sorte l'effet du hasard. — Situation de l'Espagne au moment de la découverte de l'Amérique. — Les trois éléments qui prennent part à la colonisation : la Couronne, les aventuriers de la noblesse et le clergé. — Influence persistante de ces trois éléments sur toute la conduite de la colonisation espagnole. — L'Espagne veut fonder une société vieille dans une contrée neuve.
Faiblesse de l'émigration espagnole vers l'Amérique. — Agglomération des immigrants dans les villes. — Nombreuse population blanche des grandes villes du Pérou et du Mexique au XVIIIe siècle. — Les majorats et les *encomiendas*. — La noblesse créole est exclue des emplois. — Distinctions nombreuses de classes dans l'Amérique espagnole. — Situation des indigènes. — Lois protectrices des Indiens. — Territoires interdits aux blancs. — Les Missions.
Influence du climat. — Les plaines et les plateaux. — Difficulté des relations des diverses provinces entre elles. — A ces difficultés naturelles la métropole en ajoute d'artificielles.
Le régime politique et administratif. — Les vice-royautés, les capitaineries générales et les *audiencias*. — Luxe obligatoire des vice-rois. — Mystère dont s'entoure l'administration. — Importance du clergé. — Extension de la mainmorte.

Le régime commercial et industriel : il est tout entier dominé par la jalousie et la défiance que ressent la métropole. — Exclusion complète des étrangers. — Au début de la colonisation il n'est pas interdit aux habitants de l'Amérique espagnole d'avoir des manufactures. — Le système mercantile ne fut appliqué à ces colonies qu'au xviii° siècle. — Les *officios viles y baxos*. — Le privilège du port de Séville et la *Casa de contratacion*. — Les caravanes maritimes : la *flotte d'argent* et les *galions*. — Monopoles de fait qui résultent des règlements restrictifs. — Commerce analogue avec les Philippines. — Très faible développement du trafic sous ce régime. Les réformes du xviii° siècle. — La contrebande, le traité de l'*asiento*. — Compagnies privilégiées. — Décadence des *galions*. — Régime plus libéral à partir de 1765. — Essor des colonies à la fin du dernier siècle. Les griefs des colons : manifeste des autorités insurrectionnelles. — Vice de tout le système colonial de l'Espagne. — Faible importance des revenus que l'Espagne tirait du nouveau monde. — Comment le système colonial espagnol hâta la décadence de la métropole et arrêta le développement des colonies. — Nullité presque complète du commerce actuel de l'Espagne avec ses anciennes colonies. 1

CHAPITRE II

De la colonisation portugaise.

Caractère particulier de la colonisation portugaise. — Chaîne de comptoirs, de relais ou d'escales. — Le but des Portugais fut la possession non des Indes, mais de la route et du commerce des Indes. — L'idée de commerce lucratif se liait alors à l'idée de monopole. — Le principe du *mare clausum*. — Analogies de la colonisation portugaise et de la colonisation phénicienne.
Les deux systèmes de colonisation commerciale. — Reproches adressés aux Portugais dans l'Inde. — Organisation du commerce portugais : les *Carraques*. — Les Portugais dédaignent le rôle de commissionnaires et de courtiers. — Corruption de l'administration.
Après la perte de leur commerce asiatique, les Portugais se rejettent sur l'industrie de la *traite des noirs*. — Décadence de leurs colonies africaines.
La colonisation portugaise en Amérique. — Causes du développement de la colonisation au Brésil. — Cette colonie est plus dédaignée de la métropole et moins réglementée. — Temps d'arrêt par suite de l'institution des compagnies privilégiées. — Découverte tardive des mines; régime oppressif des établissements miniers.
Malgré tous les vices de leur ancien système colonial les Portugais occupent une grande place dans l'histoire de la colonisation. — Avenir de la race portugaise au Brésil; développement dont sont susceptibles les établissements portugais en Afrique. 43

CHAPITRE III

De la colonisation hollandaise.

Les Hollandais préludent à leur puissance coloniale en accaparant le commerce de grand cabotage entre Lisbonne et les contrées d'Europe. — Élan que la révolution donne à l'esprit d'entreprise des Hollandais. — Grand nombre d'expéditions particulières pour les Indes dans les dernières années du xvi° siècle.
Création de la célèbre Compagnie des Indes en 1602. — Motifs qui ont pu déterminer les Anglais et les Hollandais à créer des compagnies privilégiées : difficulté du commerce avec des peuples demi-barbares ; lenteur et incertitude des retours ; absence de grandes maisons commerciales et de division du travail dans le commerce extérieur; supériorité de loyauté du grand commerce concentré relativement au

commerce disséminé. — Constitution intime de la compagnie hollandaise des Indes. — Les *Chambres* ; le capital social, l'administration.
L'unité de but et la simplicité des moyens de la colonisation hollandaise. — Excellent esprit de l'administration dans la première période d'existence de la Compagnie. — Éloges que font les écrivains anglais et allemands de la colonisation hollandaise. — Fascination qu'exerce sur les Hollandais le commerce des épices. — Abus qui en résultent. — Esprit étroit de jalousie des Hollandais. — Corruption du personnel de la Compagnie. — Circuit obligatoire et absurde que les règlements imposent à la marine. — Mauvais état des finances de la Compagnie. — Causes de la décadence de la compagnie hollandaise des Indes.
Fâcheuse influence qu'exerce sur la métropole la mauvaise politique de la compagnie.
De l'esclavage aux Indes hollandaises. — Prompte dégénérescence des mœurs.
La colonie hollandaise du Cap. — Administration oppressive.
La colonisation hollandaise en Amérique. — Grandeur et décadence de Surinam. 63

CHAPITRE IV

De la colonisation anglaise.

Caractère tout particulier qu'a dès le début la colonisation anglaise. — Elle ressemble, dès l'origine, à la colonisation contemporaine.
Situation économique de l'Angleterre au xvi° siècle. — Crise agricole par suite des changements de culture : substitution du pâturage au labourage. — Un curieux sermon de l'évêque Latimer en 1548. — Peinture des différentes classes de la société sous Élisabeth.
La colonisation anglaise est la seule qui ait eu pour première cause une crise économique intérieure. — Attrait qu'exerce la colonisation sur les grands esprits d'Angleterre. — Les doctrines coloniales sont, dès le début, beaucoup plus justes en Angleterre que partout ailleurs.
Les trois classes de colonies anglaises : les colonies de propriétaires; les colonies à charte et les colonies de la Couronne. — Trois faits caractéristiques de la colonisation anglaise au xvi° et au xvii° siècle; le gouvernement ne prend aucune part réelle à la fondation des colonies ; les colonies une fois fondées, l'ingérence de la métropole dans ces établissements est très limitée ; les citoyens anglais sont regardés comme portant avec eux les droits inaliénables dont ils jouissaient dans la mère-patrie.
Différences entre les trois classes de colonies : caractère aristocratique des colonies de propriétaires; caractère démocratique des deux autres sortes de colonies.
Expéditions d'Humphrey Gilbert et de Raleigh. — Fondation de la Virginie, du Maryland, des Carolines, de la Pensylvanie. — A l'origine, les propriétaires sont des entrepreneurs de colonisation ; postérieurement, sous Jacques II, on concède des colonies à des favoris de cour. — Émancipation successive des colons dans les colonies de propriétaires.
Les colonies à charte : elles sont fondées par des compagnies privilégiées. — Les principales compagnies privilégiées. — Comment des associations d'affaires se changent en des communautés de colons.
Institutions locales et judiciaires dont jouissent toutes ces colonies. — Constitution économique intérieure. — Pour le régime des terres, pour les lois de succession, pour la modération des impôts, les colonies anglaises l'emportent de beaucoup, dès le début, sur toutes les autres colonies européennes.
Examen du régime des terres. — Communauté primitive des colons. — Absence de substitutions, de majorats et de mainmorte. — Libre trafic des terres sous le régime de la vente ou du *libre soccage;* en quoi consistait ce dernier mode. — Les grandes concessions de terres à l'origine ; les dépenses faites par les « propriétaires » et par les compagnies. — Le régime des terres réalise dès l'abord les

648   TABLE DES MATIÈRES.

conditions les plus favorables : la liberté, la sécurité et la perpétuité. — Comment les compagnies furent moins nuisibles dans les colonies anglaises qu'ailleurs.
Les lois de successions favorisent dans ces colonies l'égalité des conditions.
Le bon marché du gouvernement dans les colonies anglaises. — Jusqu'au conflit de la fin du XVIIIe siècle la métropole n'impose aucune taxe aux colons. — Médiocrité des dépenses de l'administration intérieure ; les causes de cette médiocrité.
L'émigration pour les colonies : attrait qu'exercent les libertés religieuses. — Les *indented servants* et le *Kidnapping*. — Introduction de l'esclavage. — Résistance des législatures et des colons à la traite et à l'esclavage. — Traitement des Indiens.
Asservissement commercial des colonies. — Le système mercantile. — L'acte de navigation. — Les marchandises « énumérées » et les marchandises « non énumérées ». — Protestations constantes des colonies contre le régime commercial imposé par la métropole.
Fondation et développement des Antilles anglaises. — Échec de la colonisation officielle, succès de la colonisation spontanée. — Prospérité et décadence de la Barbade.
Altérations, dans un sens plus restrictif, de l'acte de navigation à la fin du XVIIe siècle et dans le courant du XVIIIe. — Le pacte colonial. — Interdiction rigoureuse aux colonies d'avoir des manufactures. — Entraves mises au commerce international. — Faveurs et primes décernées à certains produits coloniaux. — Irritation croissante des colons. — La révolution d'Amérique est universellement prévue.
Absurdité démontrée du vieux système colonial. — Le commerce de l'Angleterre avec les États-Unis avant et depuis l'émancipation. — Persistance du système colonial aux Antilles. — Détriment qui en résulte pour ces îles. — Les circuits maritimes obligatoires.
Influence de la colonisation anglaise sur la métropole. — Augmentation de puissance et accroissement d'industrie ; ces deux bénéfices sont diminués par le mauvais système colonial. — Les inconvénients du monopole pour la marine, pour le commerce intérieur.
De la prétendue influence de l'acte de navigation. — De la possession et de l'administration des Indes orientales par l'Angleterre.   90

CHAPITRE V

De la colonisation française.

Les qualités et les défauts des Français en colonisation. — Les premiers essais colonisateurs de la France sous Charles V. — Les expéditions en Amérique sous François Ier, sous Henri IV. — Opposition de Sully.
La colonisation sous Richelieu. — Les nombreuses compagnies françaises à monopole. — Préférence invétérée des Français pour ces sortes de compagnies. — Étendue déraisonnable des privilèges de ces sociétés.
Le Canada : lenteur de l'immigration ; les ordres monastiques et les couvents ; les institutions du moyen âge ; la propriété féodale. — Différence avec les colonies anglaises. — Absence au Canada de la liberté commerciale, des libertés municipales et provinciales. — Dépenses extravagantes de l'administration. — Faiblesse de la population à la fin du XVIIe siècle. — Brillants exploits des explorateurs laïques ou religieux. — Développement du Canada depuis Law jusqu'en 1759. — Interdiction de la Nouvelle-France aux protestants français.
La colonisation française aux Antilles : ses débuts. — Lenteur de la colonisation sous le régime d'une compagnie privilégiée. — Développement rapide sous le régime de liberté : rôle utile des flibustiers, et des boucaniers. — Excellence de la colonisation française dans les îles ; les divers éléments dont elle se compose : les cadets de noblesse, le clergé médiocrement austère mais entreprenant, les petits marchands ou les petits capitalistes, les engagés blancs. — Tolérance reli-

gieuse aux Antilles. — Mérites des colons français. — Indépendance relative des îles.
Grande prospérité des Antilles au xviii° siècle à partir de Law. — Essor de Saint-Domingue. — Bonne administration relative des îles. — Le régime économique des îles françaises est meilleur que celui des îles anglaises.
Infériorité de notre colonisation sur le continent, à la Guyane. — Oppression des Hollandais. — Mauvais régime d'appropriation des terres. — Excellentes observations de Malouet. — Essai de colonisation officielle tenté par le duc de Choiseul sur les rives du Kourou. — Création des assemblées coloniales par Turgot et Necker.
Les colonies françaises de commerce. — La Guinée, le Sénégal et Madagascar. — Les compagnies privilégiées dans ces régions. — Causes de l'échec à Madagascar. — La politique française aux Indes. — Causes générales de l'insuccès de la colonisation française. 144

CHAPITRE VI

De la colonisation danoise et suédoise. — Resumé de la colonisation antérieure au XIX° siècle.

Avantages et inconvénients de la colonisation pour les petits peuples. — Les compagnies privilégiées danoises et suédoises pour le commerce oriental. — Causes de leur prospérité intermittente. — Réflexions d'Adam Smith sur l'appauvrissement dont la manie coloniale fut cause en Suède et en Danemark. — Les essais de colonisation suédoise dans le New-Jersey et la Delaware. — De l'importance de l'émigration en Suède ; de l'utilité qu'il y aurait à ce que cette émigration constituât une colonie scandinave (note).
Caractères généraux des systèmes de colonisation antérieurs au xix° siècle. — Absence de libertés commerciales ; monopoles et privilèges, pacte colonial. — Travail forcé, asservissement des races indigènes et esclavage. — Mauvais régime des terres et administration intrusive. 189

LIVRE DEUXIÈME

DE LA COLONISATION AU XIX° SIÈCLE.

CHAPITRE PREMIER

Les colonies d'exploitation ou de plantations.

Le xix° siècle doit complètement transformer le commerce, le travail et la propriété dans les établissements coloniaux.
Caractère artificiel de la société et de la propriété dans les colonies de plantations. — Phases successives de médiocrité, d'opulence et de décadence par lesquelles passent toutes ces colonies. — Prépondérance de la colonie qui met en culture des sols vierges. — A la fin du xviii° siècle, les Antilles anglaises sont arrivées à la période de crise. — Infériorité de la Jamaïque relativement à Saint-Domingue. — Mortalité des noirs. — Révoltes des esclaves, abandon des propriétés. — Décroissance des exportations.
Le vieux système colonial perd du crédit. — Wilberforce et les abolitionnistes anglais. — Abolition de la traite en 1812. — Impossibilité de maintenir par elle-

même la population esclave. — Les colonies européennes autres que les anglaises continuent pendant plusieurs dizaines d'années à pratiquer la traite clandestine. — Grande perturbation dans les îles anglaises. — Propositions incessantes pour l'abolition de l'esclavage. — Les mesures protectrices de 1821. — Abolition définitive en 1833. — Clauses de l'acte d'émancipation. — Apprentissage pendant six ans. — Dans la plupart des colonies cet apprentissage est supprimé ou diminué.
Effets de l'émancipation au point de vue de la criminalité. — Effets économiques. — Substitution partielle des cultures vivrières aux cultures d'exportation. — Abandon des plantations. — Nombre considérable de noirs devenus propriétaires. — Souffrances des planteurs. — Progrès de l'outillage agricole ; les usines centrales.
L'immigration par engagement d'Indiens, de Chinois et d'Africains remplace en partie la traite et offre quelques-uns des vices de ce trafic. — Importance de l'importation des coolies dans les différentes sortes de colonies. — Relèvement de la plupart des colonies anglaises.
De la destruction graduelle du pacte colonial. — Les premières atteintes à ce système économique remontent à la fin du xviiie siècle. — Sous Napoléon Ier dispense du circuit par l'Angleterre pour les bâtiments anglais trafiquant des colonies avec les ports de la Méditerranée. — Acte de 1822 qui règle les rapports des colonies d'Amérique avec les autres contrées américaines. — Autre acte de 1822 réglant le commerce colonial avec les contrées d'Europe. — Mesures importantes adoptées sur la proposition d'Huskison en 1825 et 1826. — Dégrèvements sur les produits coloniaux à l'entrée de la Grande-Bretagne. — Jusque-là les modifications au pacte colonial n'avaient profité qu'aux colonies.
Manifeste de la Chambre du commerce de Manchester en 1841 contre les droits différentiels. — Diminution de ces droits malgré l'opposition des antiesclavagistes. — Propositions fréquentes pour la suppression absolue des droits différentiels. — Mesures votées en 1846 et en 1848. — Suppression absolue de toute protection accordée aux produits des colonies à partir de 1854. — Abolition de toute protection aux colonies pour les produits anglais. — Suppression de l'acte de navigation en 1849.
Données statistiques sur l'état actuel des colonies anglaises de plantations. . 195

CHAPITRE II

Les colonies de plantations. — Suite. — Colonies françaises.

Causes spéciales des souffrances des colonies françaises à la fin du xviiie siècle et au commencement du xixe.
Protection dont l'ancienne monarchie entoure la traite des noirs. — Mesures des assemblées révolutionnaires au sujet des hommes de couleur, de l'esclavage et de la traite. — La Martinique et les îles de l'océan Indien furent en fait soustraites à la domination révolutionnaire. — Le Consulat rétablit l'esclavage et la traite. — Les colonies sont régies par des règlements.
La perte pour la France de sa marine et de ses colonies a toujours été la conséquence de sa politique d'intervention sur le continent. — La Restauration rétablit dans les colonies qui lui reviennent l'ancien système colonial. — Mesures réparatrices prises par la Restauration. — Ignorance de l'art de coloniser. — Les deux tentatives malheureuses de colonisation officielle à la Guyane et au Sénégal.
La Charte de 1830 décide que les colonies seront régies par des lois. — Mesures humanitaires prises par le gouvernement de Juillet relativement aux noirs ; résistance des tribunaux coloniaux. — Les projets d'émancipation. — L'émancipation immédiate et simultanée en 1848. — Négligences qui contribuent à accroître la perturbation que cet acte produit aux colonies. — La modicité et le retard de

l'indemnité. — Effets immédiats de l'émancipation. — Diminution, puis relèvement dans les exportations. — La modification de l'agriculture et de l'industrie : les usines centrales, les banques.

L'immigration par engagement des Indiens et des Chinois. — Inconvénients de cette immigration. — Réapparition d'un trafic analogue à la traite. — L'immigration des Indiens perpétue les procédés agricoles routiniers.

Abolition partielle des restrictions qui formaient le pacte colonial. — Cette abolition est d'abord uniquement favorable aux colonies. — Traité de réciprocité avec l'Angleterre et les États-Unis. — La législation sur les sucres. — Inconvénients de la complication et de l'instabilité de cette législation. — Lutte du sucre indigène et du sucre colonial. — Les colons réclament le droit de s'approvisionner à l'étranger, la suppression des surtaxes de pavillon et la pleine liberté de leur industrie sucrière. — Satisfactions graduelles qui leur sont données. — Les colonies reçoivent le droit de régler elles-mêmes leurs tarifs de douanes.

État présent des colonies françaises de plantations. — Prédominance politique de l'élément nègre aux Antilles. — Danger de l'élimination de la race blanche des Antilles françaises et du retour de ces îles à la barbarie comme Saint-Domingue 224

CHAPITRE III

Colonies de plantations. — Colonies espagnoles.

Colonies espagnoles. — Origines et développements de la colonisation à Cuba jusqu'à la fin du xviiie siècle. — Ouverture de l'île en 1809 au commerce de toutes les nations. — Avantages naturels de Cuba. — L'abolition de la traite aide merveilleusement à la prospérité mercantile de Cuba. — Évaluation du nombre des esclaves. — Les primes, l'immigration des blancs dans la première partie du xixe siècle. — L'immigration par engagement des Chinois. — Les primes à l'élevage de la race noire.

Revers de la prospérité industrielle de Cuba. — Fâcheuse influence de l'esclavage sur la condition morale et sociale de l'île. — Les lois de l'Espagne, primitivement humaines en ce qui concerne l'esclavage, se raidissent dans l'application. — Les abus criants de l'immigration chinoise.

La révolution métropolitaine de septembre 1868 a son contre-coup à Cuba. — Les trois causes de l'insurrection cubaine : régime commercial restrictif, abus administratifs, esclavage. — Le régime commercial relativement libéral institué en 1809, au lieu de s'améliorer avec le temps, s'était plutôt empiré. — Inconvénients des droits différentiels. — Obstacle au libre commerce entre Cuba et les États-Unis. — Absence complète de libertés coloniales. — Les énormes budgets coloniaux. — Les fortunes scandaleuses des fonctionnaires métropolitains. — Le premier acte des insurgés est de proclamer l'émancipation des noirs. — Caractère implacable de la guerre civile à Cuba. — Destinées probables de l'île.

Porto-Rico : cette île est d'abord dédaignée par la métropole. — La contrebande la fait prospérer. — Régime économique libéral introduit en 1815. — Nombre relativement faible des esclaves. — Grand nombre des petits propriétaires blancs. — Importance des cultures vivrières et de l'élevage du bétail. — Cet état de choses a commencé à s'altérer vers 1835. — L'abolition de l'esclavage à Porto-Rico.

Les Philippines. — Les ordres monastiques se multiplient dans cette colonie qu'ils ont particulièrement contribué à fonder. — Importance de l'élément chinois. — État très arriéré de cette colonie.

Les lambeaux de la puissance coloniale de l'Espagne sont encore magnifiques. — Situation languissante de ces colonies. 255

CHAPITRE IV

Colonies d'exploitation. — Fin. — Les colonies hollandaises.

Décadence du commerce des épices. — Les Hollandais trouvent une large compensation dans le développement de leurs colonies des îles de la Sonde. — Les gouverneurs généraux célèbres.
Organisation coloniale et agricole de Java. — Domination passagère des Anglais dans cette île de 1811 à 1815. — Le système colonial du général Van der Bosch. — Les monopoles et les corvées. — Le régime administratif : les chefs indigènes, les résidents, les *dessas*. — La production, par voie de corvée, du café et du sucre. — Détails sur la culture du café et sa productivité. — Changements de la législation sur la production du sucre.
Le système Van der Bosch, maintenu presque intact de 1830 à 1850, est depuis lors l'objet de beaucoup d'altérations. — Les réformes de 1870, de 1874 et de 1878. — Limitation et atténuation des corvées. — Les baux emphytéotiques. — Tentatives pour l'émancipation économique graduelle de la population indigène. — Essai de constitution de la propriété privée.
Suppression des droits différentiels et des surtaxes de pavillon. — Essor du commerce de Java.
Énorme revenu net que Java verse au budget métropolitain. — Les « bonis coloniaux ». — Leurs inconvénients. — Affaiblissement de ces « bonis » depuis 1870. — Déficit actuel des budgets des Indes néerlandaises. — La guerre d'Atchin.
L'étendue et la population des *Indes néerlandaises*. — Tentatives d'immigration européenne. — Tâche qui incombe aux Hollandais dans leurs îles de l'Océan indien.
Les possessions hollandaises en Amérique.
Les petites îles danoises et suédoises dans les Antilles. — Vente de ces îlots aux États-Unis ou à la France.
Les projets de colonisation allemande. — En quoi ils seraient justifiés. — Le vœu exprimé en 1881 par le Conseil économique de l'Empire. — Confusion entre les colonies de peuplement et les colonies d'exploitation ou de plantations. — Les premières seules conviennent à l'Allemagne dans son état actuel. — Les projets de colonisation italienne.
Résumé des observations sur les colonies d'exploitation ou de plantations. . 274

CHAPITRE V

L'Algérie et la colonisation française au XIX° siècle.

CONSIDÉRATIONS GÉNÉRALES. Origine tout exceptionnelle de notre établissement colonial en Algérie. — L'Algérie doit tenir une place à part dans l'histoire de la colonisation.
L'IMMIGRATION, LE PEUPLEMENT, L'ACCLIMATATION. Obstacles que dans les premiers temps le gouvernement oppose à l'immigration. — Infiltration lente de l'élément européen. — Appel aux agriculteurs européens vers 1840. — Alternatives de faveur et de rigueur vis-à-vis de l'immigration. — Marche ascendante de la population européenne. — Comparaison du peuplement de l'Algérie avec le peuplement de l'Australie. — Excédent des décès sur les naissances pendant les vingt premières années. — Depuis lors excédent notable et continu des naissances sur les décès dans l'élément européen. — Acclimatation inégale des diverses nationalités européennes. — Proportion de ces diverses nationalités dans le nombre total des colons. — Craintes inspirées par l'afflux des Espagnols. — Les naturalisations. — Moyens de favoriser à la longue les Européens étrangers.

TABLE DES MATIÈRES. 653

Le régime des terres et la colonisation. Nécessité d'avoir des idées claires sur ce que la France veut faire en Afrique. — L'Algérie ne peut être ni une simple colonie de peuplement comme le Canada ou l'Australie, ni une simple colonie d'exploitation comme les Indes ou Java. — Caractère mixte que doit avoir la colonisation algérienne. — Situation défavorable de l'Algérie pour le régime des terres. — La propriété indivise des Arabes. — Le domaine du bey. — Les concessions de terre et les obligations qu'elles entraînaient primitivement. — Améliorations apportées à ce régime. — Essai en 1856 et en 1860 de la méthode de vente des terres suivant les procédés australiens. — La population agricole européenne en 1864. — Perfectionnements apportés en 1881 au régime des concessions gratuites. — Les deux méthodes simultanées par lesquelles procède la colonisation territoriale : les concessions et les achats de terres aux Arabes. — Le système de colonisation par centres ou villages. — Étroitesse de la zone de colonisation. — Rappel en 1855 des colons établis dans des localités excentriques.

Pénurie du domaine. — L'insurrection de 1871 accroît l'étendue du domaine au moment où il était presque épuisé. — Les colons alsaciens-lorrains. — Caractère artificiel de cette colonisation. — Étendue des concessions de terres depuis 1870. — Projet de loi relatif à l'expropriation de 4 ou 500,000 hectares de terres appartenant aux indigènes. — Critiques adressées à ce projet de loi. — Le gouvernement ne doit pas exproprier les petits propriétaires indigènes. — Comment la colonisation agricole peut se développer. — La colonisation agricole spontanée et indépendante égale déjà la colonisation agricole et officielle. — Nombre des colons ruraux en Algérie. — La production agricole chez les Européens et chez les indigènes. — La viticulture. — La race arabe ne doit pas être expropriée complètement. — Dans une dizaine d'années la colonisation officielle n'aura plus de raison d'être. — La loi de 1872 sur la constitution de la propriété privée. — Lenteur des résultats. — État actuel des travaux.

Le rôle de l'administration en Algérie. Le rôle de l'administration est immense dans les colonies nouvelles, il est néanmoins compatible avec les libertés des colons. — L'administration doit se restreindre aux grands services d'intérêt collectif. — Les dépenses préparatoires et les dépenses conservatoires. — L'administration des forêts. — Les puits artésiens. — Le service topographique.

Le régime commercial et le régime financier. Régime relativement libéral de 1851. — Le développement du commerce extérieur algérien de 1830 à 1864 et de 1864 à 1879. — Le mouvement de la navigation. — Le produit de la douane. — L'octroi de mer ; caractère de cet impôt. — De l'établissement de l'impôt foncier. — Des inconvénients particuliers de hauts droits d'enregistrement dans une colonie. — — Le budget colonial de l'Algérie. — Les budgets départementaux et communaux. — La part de dépenses qui incombe à la métropole. — Le crédit en Algérie. — Le fléau de l'usure. — La Banque d'Algérie et ses succursales. — Taux excessif auquel on a maintenu pendant longtemps l'intérêt légal en Algérie : abaissement de ce taux en 1881. — Les institutions de crédit particulières créées avec ou sans le concours de l'État. — Rôle de ces sociétés.

De la politique a suivre vis-à-vis des indigènes. Situation sans précédent de notre colonie algérienne. — Les trois politiques que l'on peut suivre à l'égard des indigènes : le refoulement, le fusionnement, l'abstention. — Dangers de la première et de la dernière ; nécessité de l'intermédiaire. — Oscillations de notre politique à ce sujet.

Des obstacles à la fusion de l'élément indigène et de l'élément européen. — Ces obstacles ne sont pas insurmontables avec le temps et la persévérance. — Les différents éléments de la population indigène. — La féodalité arabe est liée à la propriété collective. — De la désagrégation de la tribu. — Répartition du territoire des tribus entre les douars. — Du passage de la propriété du douar à la propriété individuelle. — De l'institution de la polygamie. — Raisons d'être de la polygamie chez les Arabes. — La division du travail et le développement des échanges devront singulièrement restreindre la polygamie.

De l'instruction chez les indigènes. — Efforts modiques faits avant 1870 : les écoles arabes françaises d'alors. — Les collèges arabes français d'Alger et de Constantine. — Depuis 1870, réaction contre l'enseignement des indigènes. — Préjugés des colons. — Suppression des collèges arabes-français. — Petit nombre des écoles arabes-françaises. — Chiffre infime des indigènes qui reçoivent de l'instruction. — Dotation mesquine de ce service dans le budget colonial et dans les budgets locaux.
La justice chez les indigènes. — Les procès portés librement par les indigènes devant nos tribunaux. — Nombre et situation des cadis ; ils ignorent presque tous la langue française. — Grand nombre des actes faits entre musulmans devant des notaires français. — Organisation vicieuse de la justice criminelle à l'égard des indigènes.
Le régime politique de l'Algérie. Phases diverses par lesquelles ont passé les institutions algériennes. — Alternatives de régime libéral et de régime restrictif. — Division de l'Algérie en territoire civil et en territoire militaire. — Étendue et population de chacune de ces deux régions. — Raisons d'être de cette division.
Organisation municipale : les communes de plein exercice, les communes mixtes et les communes indigènes. — Difficultés spéciales de la vie municipale algérienne. — Les électeurs indigènes et les électeurs européens non français.
Des droits des indigènes. — Les assesseurs musulmans dans les conseils généraux. — De la représentation des indigènes dans le parlement métropolitain.
L'Algérie doit être régie par des lois, non par des décrets ou des arrêtés. — La politique de l'assimilation et la politique de l'autonomie. — De la création en Algérie d'un personnel administratif spécial à l'abri des fluctuations politiques.
Les travaux publics, leur importance, la direction a leur donner. Étendue des routes en Algérie. — Les chemins. — Les dépenses pour travaux divers. — Les chemins de fer. — De la productivité des chemins de fer algériens. — Les travaux projetés. — De la nécessité de faire des lignes perpendiculaires à la mer et de les pousser jusqu'à l'Extrême Sud. — De l'exploitation du désert. — Le Transsaharien. — Les chemins de fer doivent être construits en Algérie à beaucoup moins de frais et beaucoup plus rapidement qu'en France. — Influence des travaux sur l'immigration.
Résumé de la situation de l'Algérie. Espérances légitimes qu'elle suscite. — L'Algérie doit être pour nous une base d'opération sur le continent africain. — Des expéditions dans les oasis. — Tort de les avoir suspendues depuis 1873. — Le Transsaharien. — Utilité de soumettre le Soudan à notre influence. — Nécessité de l'annexion de la Tunisie. 296

CHAPITRE VI

Les colonies de la France. (Suite.)

La Guyane. — Caractère artificiel de la colonisation à la Guyane. — Mauvaise direction donnée aux cultures. — Absence de libertés municipales. — Composition et rôle de la Chambre d'agriculture, du commerce et de l'industrie. — Le régime pénitentiaire et ses vices. — La production et le commerce.
Le Sénégal. — Grande importance de cette colonie. — Tentative de colonisation officielle faite par la Restauration. — Ressources du Sénégal. — Extension de notre influence dans l'intérieur. — Notre conduite avec les indigènes. — Le régime commercial. — Le mouvement du commerce et de la navigation. — Les chemins de fer au Sénégal. — La route du Niger et du Soudan.
Le Gabon. — Possibilité de grand avenir pour ce comptoir.
Les îles françaises sur la côte de Madagascar.
Les établissements français de l'Inde. — Développement des libertés locales dans ces dépendances.
La Cochinchine. — Importance de cette colonie. — Rapide essor du commerce de

Saïgon. — L'administration générale et les libertés locales en Cochinchine. — Notre avenir dans ce pays. — De l'annexion du Tonquin et de l'Annam.
Nos possessions océaniennes. — Les îles Marquises. — La Nouvelle-Calédonie. — La transportation et la déportation. — De l'annexion des îles Hébrides.
Les îlots de Saint-Pierre et Miquelon.
Résumé des colonies françaises. 392

CHAPITRE VII

De la colonisation anglaise au XIX° siècle.

Causes générales de la grandeur coloniale de l'Angleterre.
Situation du Canada quand il échut à l'Angleterre en 1763. — Libertés administratives octroyées par les Anglais aux Canadiens. — Émigration des loyalistes Américains au Canada. — Constitution politique du Canada. — Ses inconvénients pendant le premier tiers de ce siècle ; mécontentement qu'elle suscite.
Le mode d'appropriation des terres au Canada. — Abus des concessions gratuites au commencement de ce siècle. — Réforme vers 1840. — Les ventes de terres domaniales et de terres du clergé. — Les compagnies foncières et les travaux publics.
Grand soin apporté par le gouvernement canadien au choix des immigrants. — Fluctuation de l'immigration. — Accroissement de la population.
Le régime commercial du Canada. — Caractère artificiel de ce régime. — Les droits différentiels. — Faveurs considérables, mais en partie imaginaires, accordées au commerce colonial.
La Compagnie de la baie d'Hudson. — La Colombie britannique. — L'île de Terre-Neuve.
Constitution et extension du *Dominion* canadien. — Renseignements statistiques sur la superficie, la population, le commerce, le revenu public de ces contrées.
Les colonies de l'Angleterre au sud de l'Afrique. — État de la colonie du Cap lorsqu'elle échappa aux Hollandais. — Premiers essais de colonisation artificielle au Cap. — Leur échec et ses causes. — Les Boërs.
Libertés municipales accordées aux colons. — Constitution octroyée en 1853. — Mauvaise organisation du régime des terres. — Régime commercial. — Renseignements statistiques sur les colonies du Cap et de Natal.
Les colonies australasiennes. — Découverte de l'Australie. — Aspect de ce continent. — L'établissement pénitentiaire de Botany-Bay et plus tard de Sydney. — Progrès de la colonisation en cinquante années.
Importance de la déportation en Australie. — Questions diverses relatives aux colonies pénitentiaires. — Les quatre buts que l'on peut chercher à atteindre. — La question financière : prix comparé de l'entretien d'un condamné aux colonies et dans la métropole. — La question économique. — Division des déportés en deux catégories. — Les *preparatory works* ou la *préparation*. — Les *assigned convicts*. — Avantages du système de l'assignement. — La déportation n'empêche pas l'immigration libre ; preuves. — La question morale. — Enrichissement prompt et énorme de certains *convicts*. — Inégalité de nombre des deux sexes. — Excellence du régime de la déportation des criminels. — C'est elle qui a créé l'Australie et qui a joué jusqu'en 1830 le rôle prédominant dans la colonisation de ce Continent.
Le régime des terres. — On débute par les concessions gratuites ; leurs inconvénients. — La théorie de Wakefield et l'*École de colonisation systématique*. — Les six points de la doctrine Wakefieldienne. — Mélange de vérités et d'erreurs dont cette doctrine est formée. — Les ventes à prix fixe et les ventes par auction. — Le *land fund* et le fond d'immigration. — Application presque littérale de la théorie de Wakefield à l'Australie du Sud. — La catastrophe de cette colonie et les causes diverses de cette catastrophe.
Part de l'émigration subventionnée dans le peuplement de l'Australie.

La Nouvelle-Zélande.
La découverte des mines d'or en Australie et son influence. — Tort que les mines australiennes font à la Tasmanie.
Renseignements statistiques sur la superficie, la population, le commerce, les cultures et la situation financière des colonies australasiennes.
Les institutions politiques et la situation sociale en Australie. — Influence de ces colonies sur la métropole.
Les Indes anglaises. — Constitution intérieure de la célèbre Compagnie des Indes. Son gouvernement. — Le compromis de 1833. — Suppression de la Compagnie des Indes. — L'administration des Indes anglaises. — Le système financier. — Traitement des Hindous. — Aspirations des classes élevées. — Renseignements statistiques sur l'état présent des Indes. 427

DEUXIÈME PARTIE

DOCTRINES

LIVRE PREMIER

DE L'INFLUENCE DES COLONIES SUR LES MÉTROPOLES.

CHAPITRE PREMIER

De l'émigration humaine.

De l'influence de l'émigration sur les vieilles contrées. — Les deux doctrines opposées à ce sujet. — Eloge de l'émigration par Bacon. — Mesures prises autrefois par l'Espagne contre l'émigration. — Politique variable de l'Angleterre à ce sujet. — Alternative d'encouragements et d'obstacles à l'émigration. — Mêmes variations en Allemagne.

Mot de Jean-Baptiste Say, que le départ de cent mille émigrants, avec des dizaines de millions de francs, équivaut à la perte de 100,000 hommes avec armes et bagages.

De l'excédent des naissances sur les décès ; des avantages et des inconvénients du rapide accroissement de la population. — Il est très rare que l'émigration dépeuple un pays. L'influence de l'émigration sur la santé du corps social est analogue à l'influence d'un saignement de nez sur la santé d'un homme. — Part de vérité, mais exagération, que contient cette image. — Une émigration même considérable ne ralentit que faiblement l'accroissement de la population dans les contrées prolifiques.

Théorie sur l'influence de l'émigration choisie et systématique. — De l'influence de l'émigration sur le taux des salaires et sur les crises industrielles.

Des qualités nécessaires chez les émigrants. — De l'émigration qui encombre les contrées neuves sans leur apporter de crises réelles.

TABLE DES MATIÈRES.

Utilité dont peut être l'émigration dans les changements de culture sur toute la surface d'un pays. — Du rôle que l'émigration peut jouer dans la réduction du paupérisme.
De l'utilité générale de l'émigration.
L'abstention de l'État en ce qui concerne la faculté d'émigrer est un devoir d'équité. — Des seules précautions à prendre relativement aux agents et aux moyens d'émigration. 503

CHAPITRE II

De l'émigration des capitaux.

Les opinions opposées sur les effets de l'émigration des capitaux. — Calculs sur les sommes emportées par les émigrants. — Relation de ces sommes avec la capitalisation annuelle dans les vieilles contrées. — De l'importance de cette capitalisation.
L'émigration des capitaux relève légèrement l'intérêt et les profits dans la métropole ou du moins en arrête la baisse rapide. — Elle prévient ainsi l'état stationnaire. — L'émigration des capitaux accroît les revenus des capitalistes nationaux, fournit de nouveaux équivalents d'échange aux fabricants métropolitains et, à la longue, développe l'industrie dans la métropole.
La *colonisation* des capitaux est la forme la plus perfectionnée de l'émigration des capitaux. — Différence de productivité des capitaux dans le vieux monde et dans les contrées neuves. — Avantages pour un peuple, en temps de catastrophe nationale, d'avoir de grands capitaux à l'étranger.
Recherches statistiques sur l'ensemble des placements à l'étranger de l'Angleterre et de la France. — Heureux effets de ce système. 528

CHAPITRE III

Du commerce colonial et de son utilité pour la métropole.

La principale utilité des colonies est le développement du commerce des métropoles. — Accroissement de puissance et accroissement d'industrie.
Les avantages procurés par les colonies sont de deux sortes : ceux qui profitent à toutes les contrées du Vieux-Monde, qu'elles soient ou non colonisatrices ; ceux qui profitent particulièrement aux métropoles. — Le commerce des colonies avec les métropoles est en général beaucoup plus régulier, plus sûr, plus progressif que le commerce avec les contrées étrangères.
Examen doctrinal des cinq classes de restrictions de l'ancien pacte colonial. — 1° Restrictions sur l'exportation des produits des colonies. — 2° Restrictions sur l'importation des articles étrangers dans les colonies. — Du droit octroyé aux colonies de fixer elles-mêmes leurs tarifs. — Abus qui en a été fait à Victoria et au Canada. — D'une limite possible à ce droit, et d'un maximum de taxes. — 3° Restrictions à l'importation dans la métropole de produits coloniaux étrangers. — 4° Restrictions sur les transports maritimes des colonies avec la métropole. — 5° Restrictions sur la manufacture par les colons de leurs propres matières premières.
Inconvénients de toutes ces restrictions. — Du régime de complète liberté. — Des avantages naturels que la métropole conserve encore sous ce régime.
Le commerce colonial se rapproche, à plusieurs points de vue, du commerce intérieur et diffère du commerce étranger. 542

42

CHAPITRE IV

De l'entretien des colonies.

Il est rare qu'une colonie fournisse un revenu net à la mère patrie. — L'établissement d'une colonie est nécessairement coûteux. — Cette raison ne doit pas être un obstacle à la colonisation de la part d'une nation riche.
Calculs exagérés sur ce que la fondation et la défense de ses colonies ont coûté à l'Angleterre. — Même quand la colonie est adulte et florissante, la mère patrie ne doit pas lui demander de tribut.
La métropole rentre d'une manière indirecte dans l'intérêt de ses déboursés. — Les avantages procurés par les colonies ne sont pas tous d'ordre commercial. — Débouchés de toutes sortes qu'offrent les colonies aux classes moyennes de la métropole. — Le budget des colonies en France. 566

LIVRE DEUXIÈME

DU MEILLEUR RÉGIME APPLICABLE AUX ÉTABLISSEMENTS COLONIAUX.

CHAPITRE PREMIER

Des différentes sortes de colonies. — Des travaux préparatoires à la colonisation. — Du régime des terres et de la main-d'œuvre.

Avant de coloniser, il faut bien se rendre compte du genre de colonies que l'on veut fonder. — Une colonie de peuplement ne convient pas à un peuple ayant beaucoup de capitaux et peu de population. — Une colonie d'exploitation ne convient pas à un peuple ayant beaucoup de population et peu de capitaux. — Erreurs nombreuses à ce sujet, surtout dans les plans des publicistes ou des hommes d'État allemands.
Les trois catégories de colonies.
Nécessité d'importants travaux préparatoires pour frayer la voie à la colonisation. — Exemples de colonies qui ont péri faute de cette préparation. — Projet d'employer les condamnés pour ces premiers travaux. — Un plan de M. Gladstone.
Les travaux préparatoires essentiels se ramènent à trois services : la viabilité, l'arpentage et la délimitation des lots de terrain, l'aménagement des ports. — Exemple des États-Unis et de l'Australie à ce point de vue.
Le régime d'appropriation des terres. — Résumé des expériences américaines et australiennes. — Certains cas où les concessions gratuites peuvent être utiles. — Comparaison de la vente à prix fixe et de la vente aux enchères. — Le système Wakefield.
Les grandes Compagnies foncières : leurs avantages et leurs inconvénients.
De la main-d'œuvre dans les colonies. — L'esclavage, l'immigration des coolis, les *indent d servants*, les prisonniers mis en assignement.
De certains projets pour introduire aux colonies la main-d'œuvre en grandes masses. — De l'immigration subventionnée. – Le bureau et les agents d'immigration. 574

CHAPITRE II

Des progrès de la richesse dans les colonies. — De l'assiette des impôts.

Merveilleux progrès de la richesse aux colonies. — La cause principale en est à l'énorme productivité des capitaux employés au défrichement de sols vierges. — Les profits des capitaux y sont très élevés non seulement à cause de leur rareté, mais à cause de leur productivité. — Exemples.
Rapide développement de la population. — Précocité des mariages. — L'accroissement de la richesse est encore beaucoup plus rapide que l'accroissement de la population. — Chiffres sur ce sujet.
Pendant leur première période les colonies sont exclusivement agricoles. — L'industrie n'y peut naître et se développer que par des circonstances accidentelles et exceptionnelles.
Prédominance du commerce extérieur dans la plupart des colonies. — Importance du crédit. — Fréquence des crises commerciales. — Les lois dans les pays neufs sont plus favorables au débiteur qu'au créancier.
Du régime financier. — Les meilleures ressources coloniales sont les droits modérés à l'importation, n'ayant aucun caractère protecteur, et le prix de la vente des terres. — Exemple de plusieurs colonies anglaises. — Les colons supportent souvent une somme d'impôts beaucoup plus élevée que les habitants de la métropole.
De la constitution de réserves de terres au profit des églises, des écoles ou des États. — Avantages et inconvénients. — Système ingénieux proposé par l'archevêque Whately.
Des droits d'enregistrement. — De la mesure dans laquelle ils peuvent être établis aux colonies. — Utilité de la facile circulation des terres et de la sécurité des transactions en immeubles. 611

CHAPITRE III

De l'administration et du gouvernement dans les colonies.

Dans la première période de la colonisation les colons sont uniquement tournés vers la poursuite de la fortune. — Ils ont peu d'aspirations politiques. — Grande égalité relative des conditions parmi eux.
Importance primordiale des libertés communales. — Nécessité d'une forte constitution et d'une grande étendue des communes coloniales. — Utilité de larges libertés civiles, droit d'association, liberté de la presse. — Le jury, la magistrature.
De la création d'un ministère spécial pour les colonies. — Les conseils coloniaux. — Inconvénients de la mobilité du personnel administratif colonial. — Nécessité d'un corps administratif spécial aux colonies. — De la protection des indigènes.
De l'émancipation graduelle des colonies. — Des ressentiments durables que suscite une guerre d'indépendance.
Des avantages des colonies au point de vue intellectuel. 626

FIN DE LA TABLE DES MATIÈRES.

www.ingramcontent.com/pod-product-compliance
Lightning Source LLC
Chambersburg PA
CBHW050105230426
43664CB00010B/1444